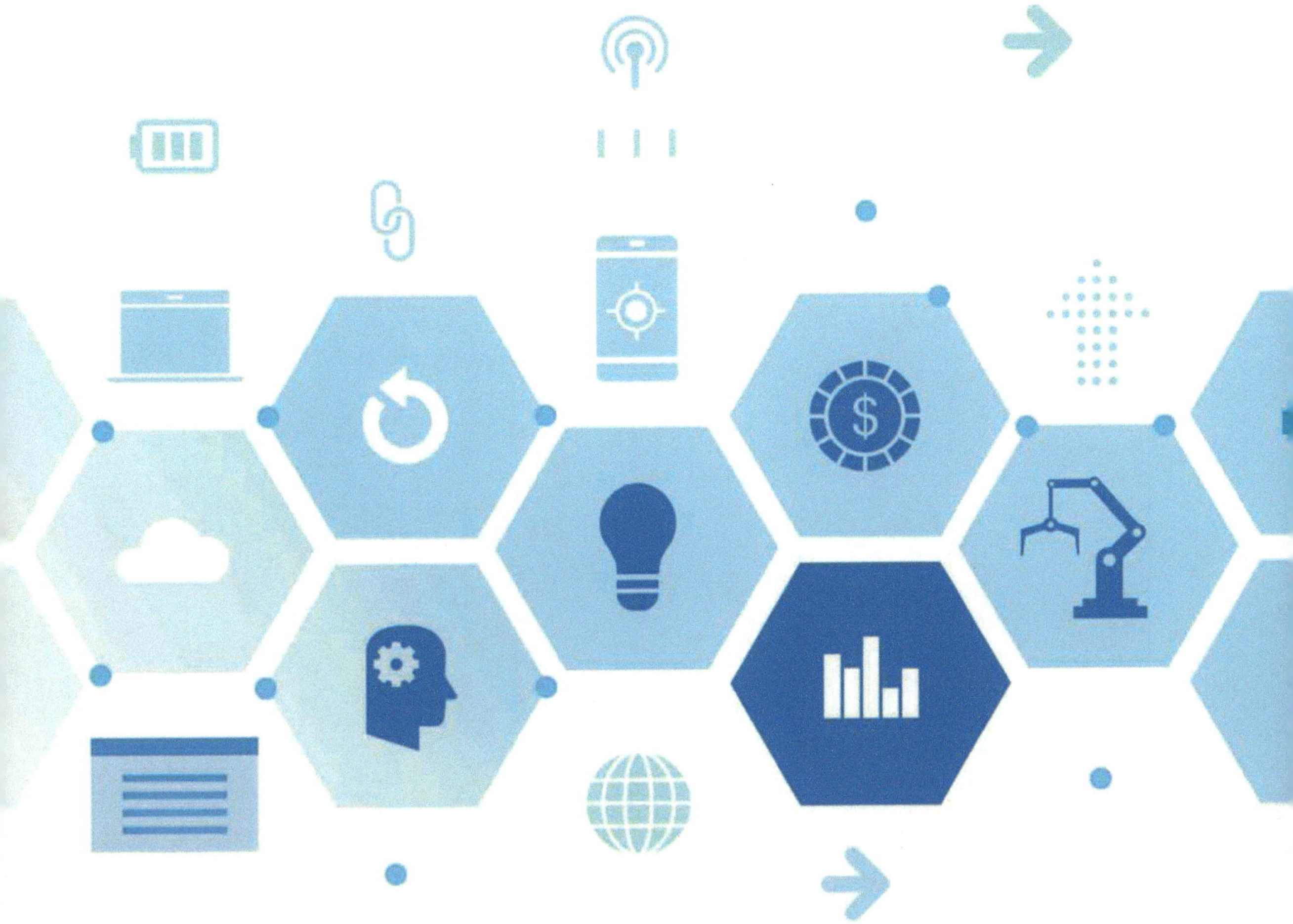

TECHNOLOGY ROADMAP FOR SME

중소기업 전략기술로드맵
2022-2024
스마트 제조

중소벤처기업부, 중소기업기술정보진흥원

조지 크로스

Contents

전략 분야

전략분야 선정배경 ··· 1

스마트제조
1. 개요 ··· 7
2. 시장 분석 ··· 15
3. 기술 분석 ··· 32
4. 정책 분석 ··· 49
5. 중소기업 전략 제품 ··· 56

전략 제품

Hyper Connected SCM 플랫폼
1. 개요 ··· 66
2. 산업 및 시장 분석 ··· 69
3. 기술 개발 동향 ··· 76
4. 특허 동향 ··· 87
5. 요소기술 도출 ··· 97
6. 전략제품 기술로드맵 ··· 101

디지털트윈 생산시스템
1. 개요 ··· 108
2. 산업 및 시장 분석 ··· 113
3. 기술 개발 동향 ··· 121
4. 특허 동향 ··· 135
5. 요소기술 도출 ··· 146
6. 전략제품 기술로드맵 ··· 150

산업용 지능형 센서

1. 개요 ··· 156
2. 산업 및 시장 분석 ·· 160
3. 기술 개발 동향 ··· 167
4. 특허 동향 ·· 182
5. 요소기술 도출 ·· 192
6. 전략제품 기술로드맵 ··· 196

중소기업용 스마트제조 플랫폼

1. 개요 ··· 202
2. 산업 및 시장 분석 ·· 205
3. 기술 개발 동향 ··· 210
4. 특허 동향 ·· 222
5. 요소기술 도출 ·· 232
6. 전략제품 기술로드맵 ··· 236

중소기업용 On-Site 엣지 시스템

1. 개요 ··· 242
2. 산업 및 시장 분석 ·· 247
3. 기술 개발 동향 ··· 255
4. 특허 동향 ·· 271
5. 요소기술 도출 ·· 281
6. 전략제품 기술로드맵 ··· 285

스마트제조용 인간-기계 협업패키지

1. 개요 ·· 292
2. 산업 및 시장 분석 ·· 296
3. 기술 개발 동향 ··· 300
4. 특허 동향 ·· 312
5. 요소기술 도출 ··· 322
6. 전략제품 기술로드맵 ·· 326

머신비전 검사 시스템

1. 개요 ·· 334
2. 산업 및 시장 분석 ·· 338
3. 기술 개발 동향 ··· 343
4. 특허 동향 ·· 355
5. 요소기술 도출 ··· 365
6. 전략제품 기술로드맵 ·· 369

스마트 설비 관리 시스템

1. 개요 ·· 376
2. 산업 및 시장 분석 ·· 380
3. 기술 개발 동향 ··· 385
4. 특허 동향 ·· 397
5. 요소기술 도출 ··· 407
6. 전략제품 기술로드맵 ·· 411

생산 스케쥴링 시스템(APS)

1. 개요 ·· 420
2. 산업 및 시장 분석 ··· 424
3. 기술 개발 동향 ··· 429
4. 특허 동향 ··· 437
5. 요소기술 도출 ··· 447
6. 전략제품 기술로드맵 ··· 451

스마트제조용 지능형 어플리케이션

1. 개요 ·· 458
2. 산업 및 시장 분석 ··· 461
3. 기술 개발 동향 ··· 467
4. 특허 동향 ··· 483
5. 요소기술 도출 ··· 493
6. 전략제품 기술로드맵 ··· 497

스마트제조용 웨어러블 기기

1. 개요 ·· 504
2. 산업 및 시장 분석 ··· 508
3. 기술 개발 동향 ··· 519
4. 특허 동향 ··· 536
5. 요소기술 도출 ··· 546
6. 전략제품 기술로드맵 ··· 550

자율형 공정 제어 솔루션

1. 개요 ·· 556
2. 산업 및 시장 분석 ··· 559
3. 기술 개발 동향 ·· 564
4. 특허 동향 ·· 575
5. 요소기술 도출 ·· 585
6. 전략제품 기술로드맵 ·· 589

스마트제조용 보안시스템

1. 개요 ·· 596
2. 산업 및 시장 분석 ··· 600
3. 기술 개발 동향 ·· 607
4. 특허 동향 ·· 617
5. 요소기술 도출 ·· 627
6. 전략제품 기술로드맵 ·· 631

보급형 스마트팜 솔루션

1. 개요 ·· 638
2. 산업 및 시장 분석 ··· 641
3. 기술 개발 동향 ·· 649
4. 특허 동향 ·· 662
5. 요소기술 도출 ·· 672
6. 전략제품 기술로드맵 ·· 676

스마트 축산 솔루션

1. 개요 ··· 682
2. 산업 및 시장 분석 ·· 685
3. 기술 개발 동향 ·· 693
4. 특허 동향 ··· 705
5. 요소기술 도출 ·· 715
6. 전략제품 기술로드맵 ··· 719

전략분야 선정배경

　스마트제조는 ICT를 활용하여 기존 제조업의 전 과정을 디지털화하고 미래 첨단산업으로 전환함으로써 국가 산업구조를 혁신하기 위한 제반 활동으로, 제품과 생산 시스템 및 이와 연계된 제조 활동을 포함한다. 2011년 이후 4차 산업혁명에 대한 국제적 논의가 본격적으로 이루어지면서 풍부한 데이터와 상호 연결되어 자동화된 생산 형태인 스마트제조가 개발되기 시작했다.

　스마트제조는 기존의 공장 자동화와는 다른 개념이며, 공장 자동화는 정해진 '개념'을 바탕으로 처음에 설정한 값에 따라 작동한다. 반면 스마트제조는 '인공지능(AI)'을 바탕으로 관련 지식을 실시간 수집·활용하여 스스로 발전하는 목표를 지향한다. 기존 공장자동화는 인간이 모아진 데이터를 분석을 하고 대책을 강구하여 발전시키는 반면, 스마트제조는 모르던 데이터까지 누적해 발전을 도모한다. 기업은 이렇게 쌓은 데이터를 분석하고 향후 벌어질 현상을 예상해 스마트 팩토리를 운영할 수 있다.

[스마트제조의 구성 개념도]

* 출처 : 스마트제조 국제표준화 로드맵 (국가기술표준원, 2018)

전략분야 선정배경

스마트공장은 제품의 기획, 설계, 생산, 유통·판매 등 전 과정을 IT 기술로 통합해 제조기업의 생산성 향상과 불량률 감소, 실시간 개별 맞춤형 생산을 지향한다. 실제, 중소벤처기업부 발표 자료에 따르면 스마트공장을 구축할 경우 생산성 향상·불량률 감소 등의 경영성과와 새로운 일자리도 창출된 것으로 나타났으며, 도입효과는 기업의 특성마다 다르나 스마트제조혁신추진단은 평균적으로 생산성은 30%가 증가하고 불량률은 43.5% 감소하는 등 원가 15.9% 절감과 산업재해 22% 감소 효과가 있다고 발표한 바 있다.

이에 따라 스마트공장의 효과 입증과 제조업의 디지털 전환 가속화 및 코로나19의 확산으로 비대면제조 등에 따른 수요 급증으로 스마트제조혁신추진단은 '20년에는 당초 목표치(5,600개)를 초과한 7,139개의 스마트공장을 보급했고, '20년까지 누적기준으로도 목표치(17,800개)를 상회한 1만9,799개를 보급해 중소기업 스마트제조의 저변을 크게 확대했다.

이는 해외의 사례에서도 나타난다. 독일과 미국의 스마트 제조 관련 기술 기업들이 제조 생태계를 선점하고 있는 가운데 다양한 글로벌 기업들이 ICT를 기반으로 한 베스트 프랙티스들을 발표하고 있다. 독일에서는 인더스트리 4.0이라 불리는 민-관-학 프로젝트를 정부주도로 추진하고 있으며, 스마트 제조를 위한 통합 및 상호운용성 문제를 해결하기 위해 레퍼런스 아키텍처 모델인 RAMI 4.0을 개발하였다. 미국은 대통령 과학기술자문위원회(PCAST)의 권고로 첨단 제조 파트너십 프로그램을 발족시켰으며, 미국표준기술연구소(NIST)를 중심으로 본 분야에 대한 연구를 진행하고 있다. 일본은 소사이어티 5.0 커넥티드 인더스트리즈 정책을 발표하였으며, 중국은 향후 30년간 3단계 제조업 혁신을 통해 세계 제조업 선도국가 지위 확립을 목표로 제조 2025를 추진하고 있다.

[레퍼런스 아키텍처 모델 RAMI 4.0]

* 자료 : Hankel, M., Rexroth, B., "The reference architectural model industrie 4.0(rami 4.0)," ZVEI, 2015, 410.

이러한 추진전략은 국가별로 주체별 역할에 다소 차이가 있는데, 이는 국가별 제조업 현황과 비전, 스마트제조역량의 차이에서 비롯된다. 각국은 자국 제조업의 구조와 역량 차이를 인정하고 취약한 분야에 정책을 집중하지만 궁극적으로는 글로벌 기업과의 협력으로 효과성과 추진속도를 높이고 있다. 예를 들어 독일은 AI, 스마트데이터를 활용하여 자국이 경쟁우위를 갖는 기계장비산업에서 프리미엄의 우위를 유지하는 한편, 중국은 제조강국으로 성장하기 위한 적극적인 전략으로 스마트화를 추진하고 있다. 일본은 고령화로 인한 노동력 부족과 제조혁신을 목표로 총리 직속의 거버넌스를 구축하여 범부처적 차원에서 스마트제조를 추진 중이다.

실제로 국내 중소·중견기업의 스마트 제조시스템 도입효과 분석에 의하면, 스마트 제조시스템을 도입한 기업들의 가동률, 생산성이 획기적으로 개선된 것으로 나타났다. 하지만 납기단축, 재고량, 불량률 등이 유의미하게 개선되고 공정 효율성의 향상에 기반한 긍정적 성과들에도 불구하고, 투자 대비 기대이익의 불확실성으로 인해 우리나라 중소·중견기업들의 자발적인 스마트제조 시스템 도입 및 고도화 유인은 약한 것으로 보인다.

스마트제조는 메가트렌드 및 부처별 정책자료 분석을 통해 도출된 7대 핵심투자주제 중 '중소 제조업 역량 강화'와 직접적인 연관성이 있는 전략분야로, 커넥티드 로보틱스, 3D 프린팅, 클라우드 컴퓨팅 등의 하위 개념 기술과 함께 핵심 요소로 주목받고 있다.

산업의 지능화라는 점에서 자동화 및 정보화와는 구분되는 스마트 제조는 가치사슬의 전체적인 변화를 통해 새로운 제조업으로 변화하는 관점에서 산업혁신의 가장 강력한 경로가 될 수 있다. 이전까지의 적극적인 스마트공장 보급 정책의 추진으로 국내 중소기업들은 가동률과 생산성을 향상하였지만 제품혁신과 시장혁신, 수익성 증가 효과는 미흡한 상황이다. 한국의 스마트제조 전략은 중장기 산업발전 비전을 기반으로 한국 제조업의 장점을 살려 내실화 등에 주력하는 것이 필요할 것이다.

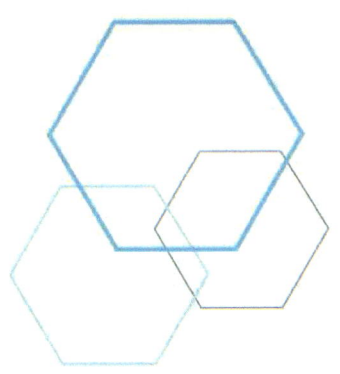

전략분야 현황분석

스마트제조

스마트제조

1. 개요

가. 일반적 정의

(1) 정의

◎ 스마트제조의 정의

☐ ICT(Information and Communication Technologies)를 활용하여 기존 제조업의 전 과정을 디지털화하고, 미래 첨단 산업으로 전환(Digital Transformation)함으로써 국가 산업구조를 혁신하기 위한 제반 활동으로 제품(Product)과 생산 시스템(Production System), 그와 관련된 비즈니스 등 제품의 생산 및 이와 연계된 제조 활동을 포함

- 제품의 기획, 설계, 생산, 유통·판매 등 전 과정이 IoT(Internet of Things), CPS(Cyber Physical System), IoS(Internet of Services) 등의 ICT와 융합하여 자동화 및 정보화되어 가치사슬 전체가 실시간 연동 통합됨으로써 생산성 향상, 에너지절감, 인간중심의 작업 환경을 구현하고, 최적비용 및 시간으로 고객맞춤형 제품을 생산

[스마트제조의 개념도]

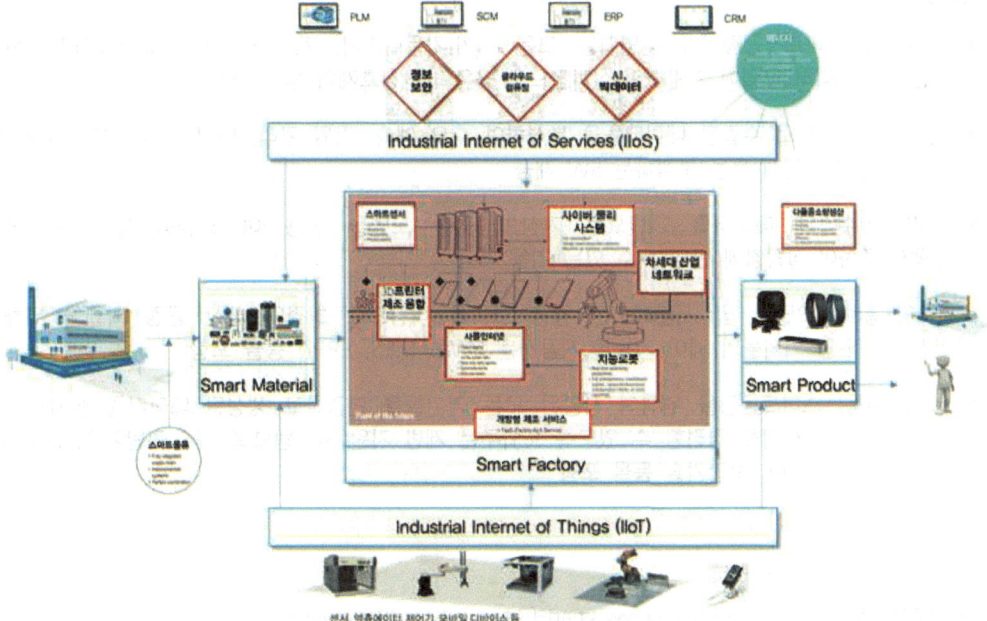

* 출처 : 스마트제조혁신추진단

◎ 스마트공장의 정의

☐ 제조 과정의 전부 또는 일부에 IoT·AI·빅데이터와 같은 ICT기술을 적용하여 자동화, 디지털화된 공장을 구현하여 기업의 생산성, 품질 등을 향상시키는 지능형 공장을 의미[1]

- 최소 비용 및 시간으로 고객맞춤형 제품을 생산하는 공장으로 공정 자동화 및 다품종 생산에 대응하는 유연생산체계 등을 통해 생산성 향상, 에너지 절감, 인간 중심의 작업 환경 등을 지향

[스마트공장 개념도]

* 출처 : 대한민국 제조혁신 컨퍼런스(KMAC), 한국인더스트리4.0협회

☐ 최적화된 생산을 달성하기 위한 스마트공장은 기존의 공장에 비해 데이터와 분석이 특히 강화된 특징 보유

- (데이터) 스마트 공장에서 운영되는 모든 기기(자동화기기, 제어기, 센서, 스마트기기 등)들이 표준화된 데이터 모델에 기반하여 실시간으로 공유되고 상호제어 될 수 있는 환경 제공

- (분석) 실시간으로 수집된 데이터들을 분석하여 수요 예측, 자원 관리, 예지 보전, 문제 발생 회피, 통제·운영상의 문제 등을 분석하는 SW 제공

- (모델) 수집된 데이터를 기반으로 가상의 공장 모델을 활용하여 모델링 및 시뮬레이션을 수행/검증하여 실공장에 반영할 수 있는 기능 제공

- (운영·통제) 모델링 및 시뮬레이션 검증 결과를 바탕으로 최적의 생산 공정 확립을 위해 각 생산시스템 및 기기들의 제어 기능을 제공하는 SW로 MES, ERP[2] 등을 포함

- (통합·연동) 스마트공장을 위하여 사용된 모든 기기들을 연결하고 생성된 데이터를 실시간 저장, 공유하여 최적 생산을 결정할 수 있도록 도와주는 제반 지원 시스템으로 CPS 기반기술, IIoT, IIoS, 클라우드, 빅데이터, 보안기술 등을 포함

---

[1] 스마트제조혁신추진단 홈페이지(https://www.smart-factory.kr/smartFactoryIntro)

[2] MES(Manufacturing Execution System, 제조실행시스템), ERP(Enterprise Resource Planning,전사적 자원관리)

[스마트공장의 제조 단계별 모습]

제조단계	모습
기획·설계	· 가상공간에서 제품성능을 제작 전에 시뮬레이션 함으로써 제작기간 단축 및 소비자 요구 맞춤형 제품 개발
생산	· 설비-자재-관리시스템 간 실시간 정보교환으로 1개 공장에서 다양한 제품생산 및 에너지·설비효율 제고
유통·판매	· 생산 현황에 맞춘 실시간 자동 수·발주로 재고비용이 획기적으로 감소하고 품질, 물류 등 전 분야에서 협력 가능

* 출처 : 스마트 공장의 글로벌 추진동향과 한국의 표준화 대응전략, 2018, 스마트공장 추진단

☐ 스마트공장은 공장자동화(Factory Automation)와는 다른 개념과 성격
- 공장자동화는 대량생산의 시대에 초점을 맞추고 있다면 스마트공장은 유연생산을 추가한 개념
- 유연생산과 자동화의 개념을 동시에 달성함으로써 다품종 소량생산에도 대응이 가능

[스마트공장과 공장자동화]

구분	스마트공장	공장자동화
개념	· 제조에 관련된 조달, 물류, 소비자 등의 객체가 존재하여 객체에 각각 지능을 부여하고, 이를 사물인터넷으로 연결해 자율적으로 데이터를 연결·수집·분석	· 컴퓨터와 로봇 같은 장비를 이용해 공장 전체의 무인화를 이루고, 생산 과정의 자동화를 만드는 시스템
특징	· 제조 전 과정을 ICT 기술로 통합해 최소 비용·시간으로 고객 맞춤형 제품 생산	· 컴퓨터를 이용한 설계 및 제조, 해석 시스템, 다품종 소량생산을 가능하게 하는 생산 시스템 등을 조합한 것
통합 방향	· 수평적·수직적 통합	· 수직적 통합
지원 기술	· 제품설계 도구인 CAD/CAE 등의 PLM 솔루션, 3D프린터, CPS, 공정 시뮬레이션 등을 포함	· 스마트 센서, 사물인터넷 기술, 생산현장 에너지 절감 기술, 제조 빅데이터 기술 등을 포함

* 출처 : 스마트팩토리, 공장자동화와 다른 점 5가지, 2018, FA저널

(2) 필요성

☐ 코로나19 팬데믹으로 인한 제조업계의 변화 및 스마트제조 도입의 필요성 증대
- 급작스럽게 변화하는 원격 근무환경에 따른 민첩한 대응과 관리 서비스의 도입 필요
- 글로벌 공급망이 불안전해지면서 핵심 부품을 자급할 수 있는 방안을 찾는 추세
- 호주는 코로나19가 확산되면서 식품가공 분야 관련 자동화된 가공 장비 도입 및 상용화 추진

☐ 국내 제조업 평균가동률, 매출증가율 등 제조업 지표 부진, 국제경쟁력은 하락 추세였으나 최근 스마트공장의 보급확대 등의 성과로 다시 경쟁력을 확보
- 제조업 평균가동률 : '21년 1월 기준 73.2%로 '12년 이후 지속적인 하락세였다가 코로나 19로 바닥을 찍고 다시 상승(KOSIS, 통계청)
- 한국의 제조업경쟁력지수는 '10년 3위에서 '16년 5위로 하락했으나 '20년 7월 유엔산업개발기구가 발표한 세계 제조업 경쟁력 지수(CIP, 2018년 경제지표 분석)에서 한국은 세계 152개국 중 독일·중국에 이어 3위에 오름
  - 보고서는 주요 28개국 중 한국은 두 번째로 제조업 비중이 높은 나라이며, 주요국들이 대부분 마이너스 성장을 기록하는 바람에 한국의 성장률 감소 폭은 주요 28개국 중 네 번째로 낮았음

☐ 세계 3위 수준의 한국 제조업 경쟁력이 코로나19 위기를 극복하는 데 기여했다는 평가
- GDP대비 제조업 비중은 한국이 27.8%로 미국(11.6%), 독일(21.6%), 일본(20.8%) 등 제조업 선진국들보다 높은 수준을 기록[3]
- 한국의 제조업이 경제에서 차지하는 비중은 신흥국인 중국(27.5%)보다도 높은 수준을 보이고 있을 정도로 제조업은 현재 한국에서 중요한 산업 부문의 위치를 차지

[GDP대비 제조업 기여도]

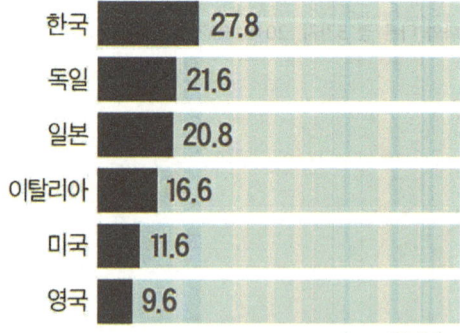

* 출처: 한국 제조업 비중, 미·영의 2~3배…코로나 위기 버팀목 됐다(중앙경제,2020.04)

---

[3] 한국 제조업 비중, 미·영의 2~3배…코로나 위기 버팀목 됐다(중앙경제,2020.04)

☐ 국가의 미래 경쟁력을 높이는 성장 동력으로서 스마트공장의 확산과 고도화가 요구

- 국내제조업이 국민총생산에서 차지하는 부가가치비율은 중국 다음으로 약 28% 정도를 차지하고 있어 제조업이 부가가치 창출의 중요 원천

☐ 스마트제조의 궁극적 목표는 고객 맞춤형 제품을 최고의 효율로 생산하여 제공하는 것으로 고객과 시장의 변화가 긴밀히 연관

- 전통 제조공장 대비 스마트제조의 핵심 경쟁우위 중 하나가 '소비자 맞춤형 제품 생산'으로 이에 대한 수요 수준에 따라 스마트공장의 수요가 결정

☐ 스마트공장 도입은 제조현장에서 발생하는 돌발 장애·품질 불량 등의 정확한 원인을 알아내고 해결할 수 있는 대응능력을 제공하고, 생산성 혁신을 야기

[스마트공장 구축효과와 수준]

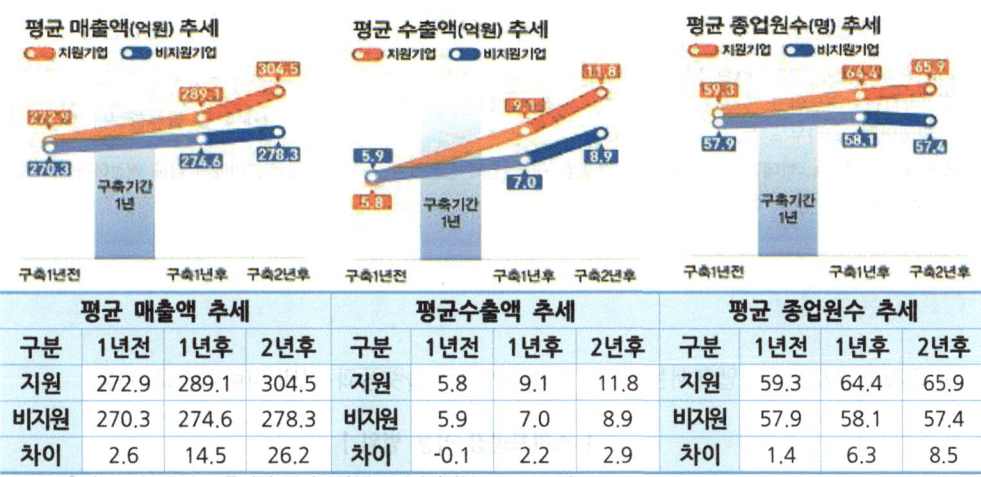

평균 매출액 추세				평균수출액 추세				평균 종업원수 추세			
구분	1년전	1년후	2년후	구분	1년전	1년후	2년후	구분	1년전	1년후	2년후
지원	272.9	289.1	304.5	지원	5.8	9.1	11.8	지원	59.3	64.4	65.9
비지원	270.3	274.6	278.3	비지원	5.9	7.0	8.9	비지원	57.9	58.1	57.4
차이	2.6	14.5	26.2	차이	-0.1	2.2	2.9	차이	1.4	6.3	8.5

* 출처 : 스마트공장 보급사업 성과분석(중소벤처기업부, 2019.5.23)

나. 구축 범위

(1) 가치사슬

- ☐ 스마트제조 관련 산업은 공장구축기술을 공급하는 공급 산업과 이 기술을 필요로 하는 수요 산업으로 나눌 수 있는데, 이는 일반적인 상품의 수요 및 공급과는 구별
  - 공급 산업은 산업용 네트워크, 센서, 로봇, 3D프린터, 인공지능, 빅데이터, 클라우드, CPS 등 스마트공장 구축에 필요한 구성요소 및 시스템 설계 기술을 의미
  - 수요 산업은 제조공장을 운영하는 제조업 대부분을 포괄하며, 큰 범위에서 볼 때 농업과 건축 등 부가가치를 만들어내는 전 산업이 포함

[스마트제조 가치사슬]

후방산업	스마트제조	전방산업
디바이스(센서, 로봇, 3D프린팅 등) 플랫폼기반산업*(네트워크, 인공지능, 빅데이터, 클라우드 등)	어플리케이션, 플랫폼	全제조업 (개발 및 물류를 포함한 전 과정)

* 네트워크와 인공지능, 빅데이터, 클라우드 등 플랫폼 기반산업의 근본적인 기술은 타 전략분야에서 다룰 예정이지만 이를 스마트공장에 응용한 상품과 기술은 본 로드맵에서 다룰 예정

(2) 대표적 분류 방법

- ☐ 스마트제조 R&D 로드맵에서는 크게 애플리케이션·플랫폼과 장비·디바이스로 분류

[스마트공장 적용 범위]

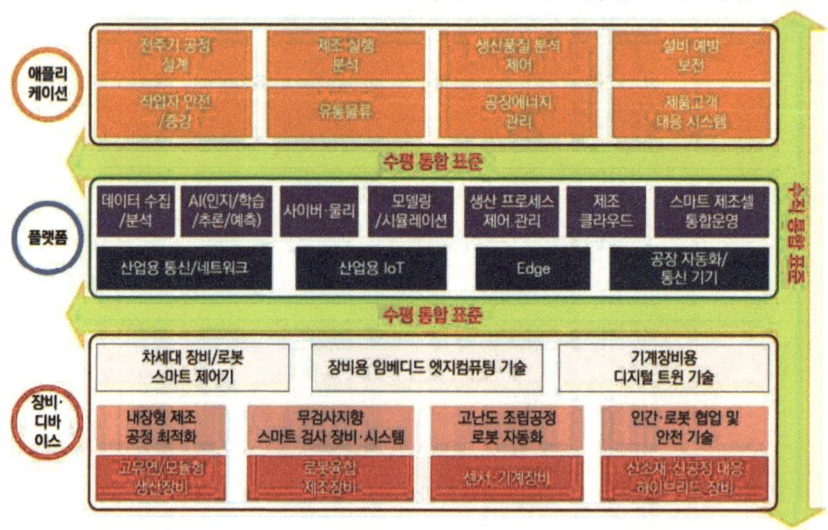

* 출처 : 스마트제조 R&D 로드맵(2019, 산업통상자원부)

- (애플리케이션) 스마트제조 IT 솔루션의 최상위 소프트웨어 시스템으로 MES(Manufacturing Execution System), ERP(Enterprise Resource Planning), PLM(Product Lifecycle Management), SCM(Supply Chain Management) 등 플랫폼 상에서 각종 제조 실행을 수행하는 애플리케이션으로 공정설계, 제조실행분석, 품질분석, 설비보전, 안전/증감작업, 유통/조달/고객대응 등이 존재[4]

- (플랫폼) 스마트공장의 기반에 해당하는 장비·디바이스에서 입수한 표준화된 정보를 최상위 애플리케이션에 전달하는 역할을 수행하는 미들웨어 수준의 기술들로 디바이스에 의해 수집된 정보의 실시간 취합, 처리, 분류 등을 포함한 상위 애플리케이션과 연계할 수 있는 빅데이터 분석, CPS(사이버 물리 기술), 클라우드 기술 등이 존재

- (장비·디바이스) 최하위 하드웨어 중심의 시스템으로 주력산업, 신산업과 관련된 공정·장비를 위한 컴포넌트인 컨트롤러, 로봇, 센서 등 다양한 요소로 구성되어 있으며, 장비에 내장되는 지능형 임베디드 소프트웨어 영역도 포함

☐ 스마트제조 혁신단에서 스마트공장 수준별 5단계 정의

- 스마트공장 수준(단계)는 ICT기술의 활용정도 및 역량 등에 따라 4단계로 구분

- 스마트공장은 기업의 여력이나 상황에 따라 점직적으로 구현 가능하기 때문에 기업의 사정에 따라 적절한 수준 및 기능을 선택해 집중하는 것이 중요

[스마트공장의 단계별 플랫폼(참조모델)]

구분	현장자동화	공장운영	기업자원관리	제품개발	공급사슬관리
고도	IoT/IoS 기반 CPS화				인터넷공간 상의 비즈니스 CPS 네트워크 협업
	IoT/IoS화	IoT/IoS(모듈)화 빅데이터			
중간2	설비제어 자동화	실시간 공장제어	공장운영 통합	실물레이션과 일괄 프로세스 자동화	다품종 개발 협업
중간1	설비데이터 자동집계	실시간 의사결정	기능 간 통합	기술 정보 생성 자동화와 협업	다품종 개발 협업
기초	실적집계 자동화	공정물류 관리(POP)	관리 기능 중심 기능 개별 운용	서버를 통한 기술/납기 관리	단일 모기업 의존
ICT 미적용	수작업	수작업	수작업	수작업	전화와 이메일 협업

* 출처 : 스마트제조혁신추진단, 스마트공장 소개(2020)

---

[4] 스마트공장 기술 및 표준화동향(2015.09, 국가표준기술원)의 내용을 기반으로 수정

전략분야 현황분석

☐ 스마트공장은 크게 지능화, 연결화, 가상화의 방향으로 발전 중
  ■ 스마트공장은 OT(Operation Technology, 운영기술)의 기반하에 IT를 접목하여 지능화와 연결화를 하고 여기에 가상화를 통한 다양한 분석과 솔루션이 제공

[스마트공장 구현 이미지]

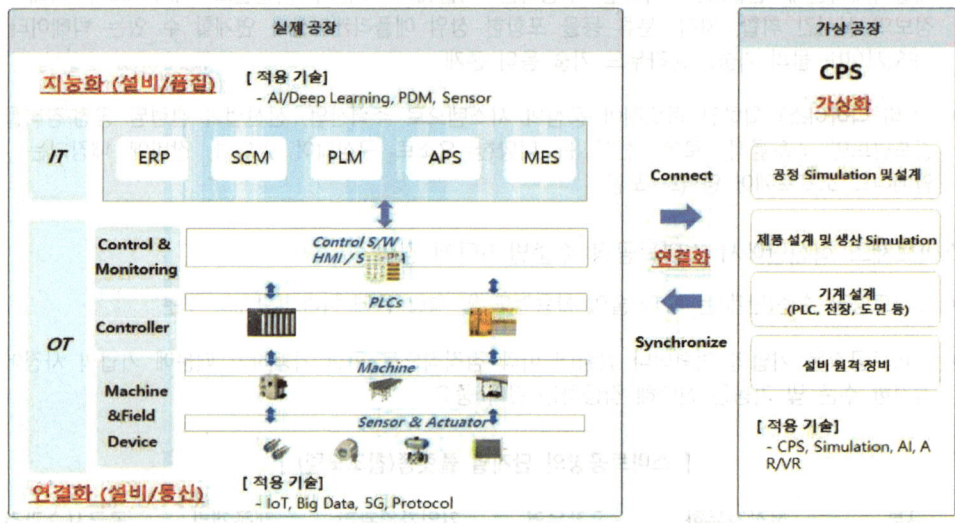

* 출처 : Smart Factory 구현을 위한 Engineering Model(스마트제조 국제컨퍼런스 2017)을 재해석

(3) 기술로드맵 전략분야의 범위

☐ 본 전략분야에서는 2019년 스마트제조 관련된 사업의 관리주체가 중소벤처기업부로 통합됨에 따라 기존의 산업통상자원부와 중소벤처기업부의 R&D 지원사업의 방향성에 대한 일관성 유지를 위해 산업통상자원부의 2019년 '스마트제조 R&D 로드맵'의 분류를 참조하여 로드맵의 구축 범위를 통합

[스마트공장 기술로드맵 전략분야의 범위]

* : 본 전략분야의 범위

대분류	중분류	상품 및 기술
애플리케이션	비즈니스	APS, SCM, ERP, PLM
	공장운영시스템	MES
플랫폼	플랫폼	클라우드, AR/VR/MR, IoT, CPS, 빅데이터/AI, 보안
장비·디바이스	제어시스템	HMI, SCADA, DCS, PLC, CAx
	장비	AR/VR/MR단말기, Motion Controller, CNC장비, 스마트센서
	통신	산업용통신*, 인터넷통신
	생산현장	로봇, 머신비전, 3D프린팅

출처: 산업통산자원부 스마트제조 R&D로드맵(2019)를 바탕으로 네모아이씨지에서 재가공

2. 시장 분석

가. 세계 시장 분석

(1) 세계시장 동향 및 전망

◎ **스마트제조 전체시장 전망**

☐ 세계 스마트제조 시장 규모는 2019년 1,910억 달러에서 연평균 12.4% 성장하여 2025년에는 약 3,848억 달러 성장 전망

[세계 스마트제조 시장 전망]

(단위: 십억 달러)

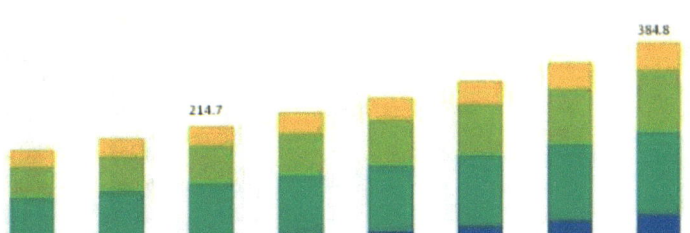

* 출처: Smart Manufacturing Market - Global Forecast to 2024, 2019, marketsandmarkets

- 제조 공정에서의 자동화에 대한 관심 증가, 산업 자동화 지원에 대한 정부의 참여 확대, 규제 준수에 대한 강조, 공급망의 복잡성, 시간과 비용을 줄이는 소프트웨어 시스템에 대한 수요가 늘어날 것으로 전망

- 특히 IIoT(Industrial IoT)와 제약 산업이 스마트 제조 시장에서 높은 성장을 보이며 주도적으로 시장을 견인할 것으로 예측

- 지역 중에서는 아시아태평양 지역이 가장 높은 연평균성장률을 기록할 전망으로 성능과 보안 개선 등에 대한 지출 등이 증가하면서 빠르게 성장

[스마트제조 분야의 세계 시장규모 및 전망]

(단위 : 십억 달러, %)

구분	'19	'20	'21	'22	'23	'24	'25	CAGR
세계시장	191	215	241	271	305	343	385	12.4

* 출처 : Smart Manufacturing Market - Global Forecast to 2024, 2019, marketsandmarkets, 네모아이씨지 재가공

◎ 세부 시장 전망

☐ (스마트제조 장비·디바이스 시장 규모) 세계 센서 시장은 2019년 211억 달러에서 연평균 6.2% 성장하여 2025년 302억 달러 규모로 성장할 전망

- 센서 산업의 세계 시장 점유율은 미국이 31.8%로 가장 앞서고 있으며, 그 뒤를 일본(18.3%), 독일(12.2%)이 따르고 있으며, 한국은 1.7%를 차지[5]

☐ (스마트제조 플랫폼, 애플리케이션 시장 규모) 스마트제조 플랫폼 시장은 2019년 44억 달러에서 2025년까지 129억 달러로 연평균 19.7% 성장 예정

[세계 스마트제조 플랫폼 시장 전망]

(단위: 십억 달러)

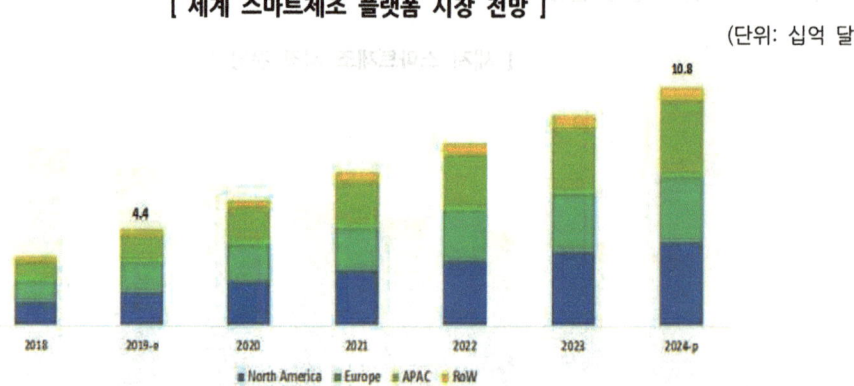

* 출처: Smart Manufacturing Market - Global Forecast to 2024, 2019, (MarketsAndMarkets)

- 스마트제조, 스마트팩토리 등의 중요성이 증가함에 따라 산업용 장비를 제어할 수 있는 소프트웨어 및 플랫폼에 대한 투자 증가
- 스마트제조기술의 플랫폼, 애플리케이션이 적용된 자동차산업 분야의 경우 2018년에서 2023년까지 연간 8.3%로 고속 성장하여 2023년에는 스마트 제조 어플리케이션 시장 중 가장 큰 전방산업 시장을 형성할 전망
  - 플랫폼 및 애플리케이션 분야에서는 분산제어시스템(DCS), 프로그래머블 로직콘트롤러(PLC), 생산관리시스템(MES)이, 디바이스 분야에서는 산업용로봇과 센서가 가장 큰 비중을 차지할 전망

---

5) 대한상의 브리프, 기계에 눈이 달린다 센서 산업을 주목하라, 2017.08.07.

[스마트 제조 플랫폼·애플리케이션 적용 산업별 시장 규모]

(단위 : 십억 달러, %)

개별 산업	'19	'20	'21	'22	'23	'24	'25	CAGR
자동차	10.6	11.5	12.6	13.6	14.8	16.0	17.3	8.3
반도체/전자	3.1	3.3	3.6	3.9	4.3	4.7	5.1	8.6
기계 제조	1.2	1.3	1.3	1.4	1.5	1.6	1.68	4.7
항공 및 방위	2.9	3.2	3.5	3.8	4.2	4.6	5	9.5
의료 장치	1.2	1.3	1.5	1.6	1.8	2	2.2	9.8
기타	2.9	3.2	3.6	4.1	4.6	5.2	5.83	12.2
총계	21.9	23.7	26	28.3	30.9	34.1	37.1	8.9

* 출처 : marketsandmarkets(2019) 네모아이씨지 재가공

◎ 스마트제조 지역별 시장 전망

☐ (스마트제조산업 지역별 시장 규모) 우리나라가 속한 APAC 시장 규모는 2019년 683억 달러로, 전 세계 스마트제조 시장의 41.3%를 차지하고 있으며, 2025년까지 매년 11.1%로 성장하여 1,287억 달러에 도달 예상

- 북미 지역의 스마트제조 시장은 매년 8.2%씩 성장할 것으로 예상되며, 2019년에 403억 달러에서 2025년 651억 달러에 도달할 것으로 예상

[스마트제조산업 지역별 시장 규모]

(단위 : 십억 달러, %)

지역	'19	'20	'21	'22	'23	'24	'25	CAGR
아시아·태평양	68.7	75.9	84.9	93.9	104.3	115.9	128.7	11.1
북아메리카	40.5	43.7	47.6	51.4	55.6	60.2	65.1	8.2
유럽	32.7	35.2	38.3	41.4	44.8	48.5	52.5	8.2
기타	15.5	16.4	17.6	18.7	20.0	21.3	22.7	6.6
총계	157.4	171.3	188.4	205.4	224.7	245.6	268.4	9.3

* 출처 : marketsandmarkets(2019) 네모아이씨지 재가공

(2) 세계시장 핵심플레이어 동향

◎ 해외 주요기업 동향

□ (Amazon) 아마존의 Amazon.com은 AI 비서, 온라인 마켓플레이스, 라이브 컴퓨팅 플랫폼 및 클라우드 컴퓨팅 플랫폼을 제공

- Amazon Web Services는 기업이 제조 운영을 혁신할 수 있도록 지원하는 고급 클라우드 솔루션 세트를 제공

- AWS는 IoT, 에지 컴퓨팅, 고급 데이터 분석을 활용하여 공정을 수집 및 분석하여 제조 공정을 개선, 예측 분석을 제공하여 글로벌 공급망의 전반적인 장비 효과, 제품 품질 및 효율성을 향상, 연결된 플랜트 또는 스마트 제품 프로그램과 관련된 비용을 최소화하기 위해 종량제 마이크로 서비스와 서버리스 컴퓨팅 모델을 제공

□ (Siemens) 생산설비, 제어시스템 및 산업용 소프트웨어 등 거의 모든 산업분야의 제조 및 공정자동화 솔루션을 보유하고 있으며, 자동화 및 디지털화 영역 핵심 역량 집중과 CAD/CAE/CAM, MES에서 드라이버까지 폭넓은 포트폴리오를 바탕으로 가장 높은 시장 점유율을 확보

- 독일 지멘스의 암베르크 공장은 IIoT(Industrial Internet of Things) 플랫폼인 '마인드 스피어(Mindsphere)'를 바탕으로, 스마트 공장 수준은 중간 수준으로 현존하는 기업 중 최고의 자동화·스마트화된 기업으로 선정[6]

  - 지멘스의 암베르크 스마트 공장은 IoT 플랫폼 '마인드 스피어'를 통해 빅데이터를 바탕으로 전체공정의 75%가 자동화로 진행되며, 불량률 0.001% 수준에 불과

- '마인드 스피어'는 견고성·개방성·보안성·분석도구를 모두 갖춘 오픈 IIoT 플랫폼으로 표준화에 큰 강점

  - 1천여 개의 IoT 센서로 설비를 연결해 각 공정 단계마다 제품의 이상 유무를 점검하고, 불량품 발생 시 바로 생산 라인을 멈추고 부품 교체가 가능(센서와 계측기술 중요)

  - 하루에 수집되는 5,000만 건의 정보를 통해 제조 공정마다 실시간으로 작업 지시를 내려 작업 및 공정을 최적화하였고 그 결과 전 제품의 99.7%를 주문 후 24시간 이내에 출하

- 지멘스의 CEO Helmuth Ludwig은 자사의 성공 배경을 PLM(Product Lifecycle Management), MES(Manufacturing Execution System), 자동화 생산으로 설명

- 100여 개의 기업과 파트너십을 맺고 있으며, 코카콜라·아마존·SAP 등 많은 기업이 주요 고객

---

[6] ICT로 제조혁신, 스마트 팩토리(IITP, 2017)

☐ (Bosch) 복잡한 공정을 IT기술로 단순화하고 적시 생산이 가능한 BPS(Bosch Production System) 생산방식 등 지속적으로 혁신을 위한 노력 및 스마트공장 구축에 대한 교육 투자 및 지원

- 공장 생산공정 제어를 위해 ActiveCockpit 솔루션을 비롯하여 현동로봇 및 센서, CPS구현, 스마트폰을 활용한 유지보수 기능 등 개발
- 자사 제조현장을 스마트공장으로 전환한 노하우를 바탕으로 기술판매자 역할 수행, 적극적으로 글로벌 시장 공략

[보쉬의 미래 공장 비전]

* 출처: [독일의 제조분야 디지털 트랜스포메이션] 8부 - 보쉬의 미래 공장 비전, ZDNet(2019)

☐ (ABB) 디바이스에서 엣지·클라우드까지 연결하는 ABB의 통합·표준 디지털 제품인 ABB Ability를 출시하여 ABB의 전문지식과 네트워크 연결성, 최신 디지털 기술·혁신이 결합된 솔루션과 플랫폼을 제공

- 하이델베르크 공장은 90년 이상 차단기를 생산해 온 ABB의 대표공장으로 최근 ABB Ability를 적용하여 미래형 스마트화를 추진 중이며 3% 생산성 증대, 유연한 운영, 변형제품 생산 3배 상승, 정확한 납기일정, 고품질 제품 생산 등의 효과를 기대

☐ (Rockwell Automation) IT와 OT의 융합을 통해 효율적 자동화 시스템을 구현하는 스마트 공장 비전 및 종합 솔루션인 커넥티드 엔터프라이즈(Connected Enterprise) 출시

- 네트워크를 통합하여 공통의 생산 플랫폼을 구축하고, 데이터 엑세스를 실현하여 연간 4~5% 생산성 향상, 정시 납품률 18%p 향상 등 실질적인 사업 실적 획득

☐ (Schneider Electric) 자동화 및 에너지 관리 분야의 글로벌 기업으로 빌딩자동화, 제어 및 전력 모니터링 기술을 바탕으로 공장, 주택, 빌딩의 에너지 인프라와 데이터 및 네트워크 통합 솔루션인 에코스트럭처 인더스트리를 제공

- 전세계 207개의 공장 중 프랑스 르 보드레이(le Vaudreuil) 공장, 중국의 우한(Wuhan) 공장, 인도네시아 바탐(Batam) 공장은 세계 경제 포럼(WEF)에서 4차 산업혁명 등대공장으로 지명

☐ (Dassault Systemes) 카티아라는 3D CAD로 알려져있고 다쏘의 MES는 2017년 가크너보고서에서 실행력과 비전의 완성도 부분에서 최고점을 받으며 리더회사로 등극

- 최근에는 MES의 한계를 극복한 전 세계에 걸쳐진 공장끼리 정보를 공유하며 통합 생산운영 관리가 가능한 MOM(Manufacturing Operation Management)을 출시
- 다쏘시스템의 DELMIA Apriso는 세계적인 규모와 협업과 동기화, 시스템 통일성을 이뤄내 통상적으로 2%에서 6%까지의 이익 증가가 가능하다고 표현
- 다쏘시스템은 항공 우주 및 방위 산업, 운송과 자동차, 산업 장비, 최첨단 산업, 소비재, 소매 제품과 의료기기에 이르기까지 폭넓은 분야에서 600여 개의 회사와 협력관계

[글로벌 업체의 MES의 성능평가]

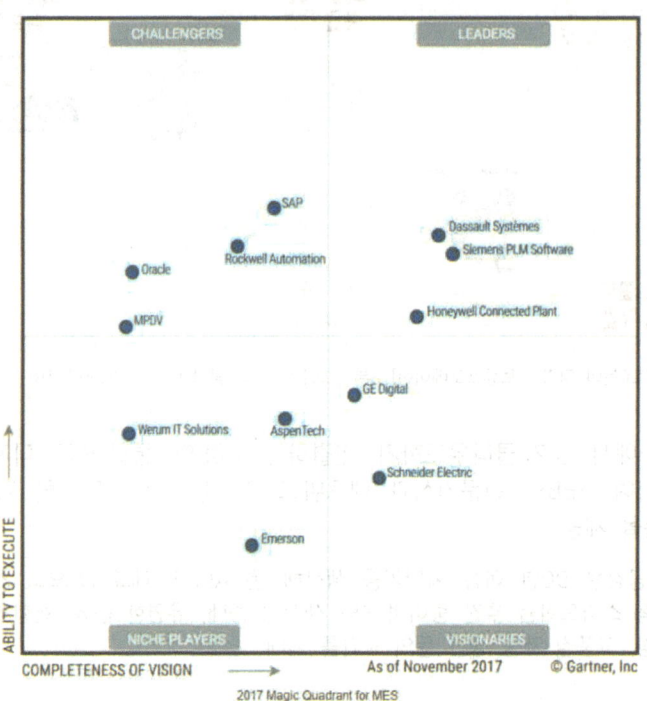

* 출처: 다쏘시스템코리아 공식블로그

☐ (Fanuc) FIELD(Fanuc Intelligent Edge Link & Drive system)라는 이름의 개방형 스마트제조 플랫폼을 출시하여 화낙의 로봇 뿐만 아니라 다양한 업체의 하드웨어 및 소프트웨어와 연동하여 데이터를 공유하고 분석에 활용할 수 있도록 설계

- FIELD가 제공하는 대표적인 서비스 중 iPMA(Production Monitoring & Analysis)는 공장 운영을 분석해주고 생산성 개선을 이끌어주는 애플리케이션으로 가동되는 모든 장비, 디바이스의 상태를 실시간으로 모니터링, 원하는 장비의 작업 결과, 작동 알람 등을 제공
- 다른 서비스인 iZDT(Zero Down Time)은 다운타임 즉, 예기치 않은 정지시간을 최소한으로 줄여주는 애플리케이션으로 지속적으로 장비의 상태를 체크하여 비정상적인 활동 등을 통해 사전에 설비 정지 예방 가능

- ☐ (Omron) AI를 활용한 생산라인 제어 서비스는 Omron 엔지니어가 고객사의 생산라인에 참여, 숙련 엔지니어의 노하우를 분석해 기존의 감각에 의존하는 판단을 AI로 대체하는 스마트 팩토리 시스템을 구축
  - AI와 IoT 센서를 통해 설비 상태, 온도와 시간, 불량 등을 체크하며, 이를 통해 정확도와 속도를 개선해 생산 효율을 30%까지 향상

- ☐ (Mitsubishi Electric) 기업환경 변화에 대비할 필요성이 높아짐에 따라 스마트공장 통합솔루션인 'e-F@actory' 개발
  - Mitsubishi Electric의 스마트팩토리는 지능형로봇 활용으로 자동화 기능 향상 및 셀생산방식을 도입하여 다품종 소량생산에 적합한 유연 생산공장 구축
  - 자사 제품(변압기, 차단기, 계측모듈, PLC, 인버터 등) 생산성 향상
  - 스마트팩토리 구축기술 판매로 기술 공급업체로서의 부상 및 제품·솔루션 판매를 통해 파생되는 서비스 사업영역 확대 진출

[Mitsubishi Electric의 e-F@ctory 솔루션]

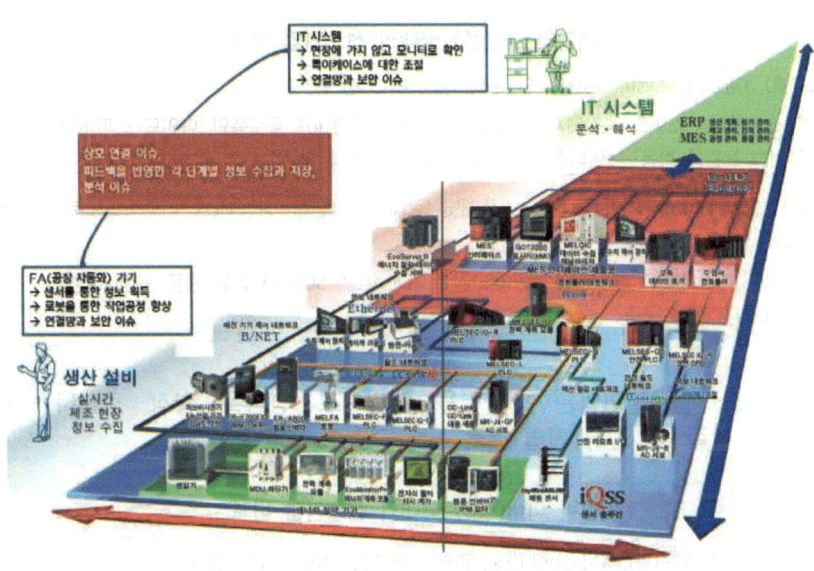

* 출처: 스마트공장 구축 사례 및 시사점, 산업분석리서치센터(2018)

◎ 국내외 공급 선도기업 현황 비교

☐ (제조 솔루션) 글로벌기업은 토탈 솔루션 중심으로 영업 중, 국내기업은 기업별 최적화를 요하는 중저가 제품·서비스 중심

	(제조 솔루션) 국내외 선도기업 비교
해외	▶ SAP(獨), Dassault Systemes(佛), Simence(獨) 등 * SAP : 최신 ERP 클라우드인 'S/4 HANA' 고객을 대상으로, 산업별로 가장 적합한 플랫폼·솔루션·인프라를 추천하는 '임브레이스 프로젝트'를 진행 중
국내	▶ 삼성SDS, LG CNS, 현대오토에버, 미라콤, 에스아이티 등(대기업), 티라유텍, 엠아이큐브솔루션, 유라, 더존비즈온, 가온소프트 등(중소·중견기업) * LG CNS : 필요한 기능만 선택·구매하여 유지보수비용을 외산 대비 절반 수준까지 낮춘 ERP인 'EAP'를 출시

☐ (데이터 플랫폼) 글로벌기업은 시장 지배력·실증 경험을 바탕으로 수직·수평 통합 중, 국내기업은 개별 기술 중심으로 접근

	(데이터 플랫폼) 국내외 선도기업 비교
해외	▶ GE(獨), Dassault Systemes(佛), Simence(獨), PTC(美) 등 * 지멘스 : EWA 스마트 공장에서는 클라우드 기반 개방형 IoT 플랫폼인 '마인드 스피어'에 디지털 트윈을 접목, 데이터를 기반으로 공정의 75%를 자동화
국내	▶ LG CNS, 케이티하이텔, 시큐아이, SK플래닛 등(대기업), 안랩, 한컴MDS, 티맥스소프트, 유디엠텍 등(중소·중견기업) * 한컴MDS : 자사 IIoT 플랫폼인 ThingSPIN과 atvise社의 SCADA 등을 활용, 원격 해양 시추제어시스템을 구축

☐ (장비·디바이스) 글로벌기업은 기술력을 바탕으로 영역을 확장 중이나, 국내 기업은 호환성·연결성 부족으로 신규 진입 애로

	(장비·디바이스) 국내외 선도기업 비교
해외	▶ Fanuc(日), Kukka(獨), Mitsubishi(日), Rockwell(美), ABB(스위스) 등 * 화낙·쿠카 : 자국 자동차·전후방 산업에 제조 로봇 납품
국내	▶ LS산전, 현대로보틱스, 두산인프라코어, 로보스타 등(대기업), LIG넥스원, 신성이엔지, 뷰웍스, 로체시스템즈 등(중소·중견기업) * 현대로보틱스(자동차), 로보스타(가전) 등이 제조용 로봇 관련 국내 대규모 수요처 확보 * LS 산전 : 국내 자동차·전기·화학·기계 업종 등을 대상으로 PLC를 공급

나. 국내 시장 분석

(1) 국내 시장 동향 및 전망

☐ 한국의 스마트제조 시장 규모는 2019년 기준 약 10조 6,920억 원에 달하며, 2025년경에는 20조 4,213억 원을 돌파하여 세계 시장에 비해 빠른속도로 성장할 것으로 전망

☐ 한국 스마트제조 시장은 연평균 11.3% 성장할 것으로 전망되며, 스마트제조 요소 시장(12.3%)이 기술 시장(9.6%)에 비해 빠른 속도로 확대될 전망[7]

[스마트 제조 분야 국내 시장규모 및 전망]

(단위 : 억 원, %)

구분	'19	'20	'21	'22	'23	'24	'25	CAGR
기술 시장	40,560	44,040	48,360	52,680	58,500	64,320	70,494	9.6
요소 시장	66,360	74,160	83,760	93,360	106,260	119,160	133,816	12.3
합계	106,920	118,200	132,120	146,040	164,760	183,480	204,213	11.3

* 출처 : South Korea Smart Factory Market, 2019, marketsandmarkets, 환율 1200원/달러 기준으로 네모아이씨지 재가공

☐ 한국의 시장 규모는 아시아 지역 주요국가 중에서 두 번째로 빠른 성장 속도를 보일 것으로 예상

[APAC 지역 국가별 스마트제조 분야 시장 규모]

(단위 : 십억 달러, %)

지역	'19	'20	'21	'22	'23	'24	'25	CAGR
중국	26.7	29.7	33.4	37.1	41.4	46.0	51.3	11.6
일본	16.7	18.3	20.3	22.3	24.6	27.1	29.9	10.4
한국	8.91	9.85	11.01	12.1	13.7	15.2	16.9	11.3
인도	6.1	6.7	7.5	8.3	9.2	10.2	11.3	11.2
그 외 지역	10.2	11.1	12.3	13.5	14.8	16.1	17.7	9.8
합계	68.6	75.7	84.5	93.4	10	114.7	127.3	11.0

* 출처 : MARKETSANDMARKETS (2019)을 기준으로 네모아이씨지 재가공

☐ 정부의 2022년 3만 개 보급·확산사업에 힘입어 중소·중견기업(중소기업 비중 98.1%, 중견기업 비중 1.9%)을 중심의 스마트공장 구축으로 시장이 활황을 맞이하고 있으나, 아직까지는 SW 위주로 보급 중

☐ ICT 공급시장과 디바이스 공급시장이 각각 연평균 11.6%, 8.9%씩 성장해 스마트공장 보급 확산속도가 빨라질 전망

---

7) South Korea Smart Factory Market, marketsandmarkets(2019)

(2) 국내 생태계 현황

☐ 스마트제조는 선도기업 중심으로 M&A, 기술개발 등을 통한 수직적, 수평적으로 통합 가속화가 나타나는 중

- 국내 주요 대기업들은 그룹 내 IT 계열사(LG CNS, 삼성 SDS, SK C&C, 포스코 ICT)를 통해서 애플리케이션 영역을 구축하고 최근에는 클라우드나 빅데이터 플랫폼에 초점을 두고 진행 중
- 중소기업은 주로 SI 프로젝트의 형태로 중소기업 대상 비즈니스를 영위하거나 기업별 장점이 있는 분야의 니치 마켓에 주력하는 중

[스마트제조 생태계 이슈]

소분야	생태계 주요이슈
어플리케이션	- (수평·수직적 통합) ERP, SCM, MES 등의 어플리케이션 기술은 이미 성숙되어 있다고 볼 수 있으나 기존의 제조 엔지니어링 SW 공급 기업들과 비즈니스 솔루션 공급 기업들이 서비스하던 솔루션의 영역을 넓혀가는 상황이며, 애플리케이션의 수평적·수직적 통합 이슈가 화두
플랫폼	- 센서 디바이스, 정밀제어 기기와 애플리케이션을 이어주는 역할로 IoT, 빅데이터, 클라우드 플랫폼을 포함하는 네트워크 플랫폼이 가장 일반적 - 네트워크, 빅데이터, 클라우드 등 제조업 이외의 영역에서 서비스하던 업체들이 제조영역으로 진출하여 수요기업에게 플랫폼 제공을 하거나 디바이스 업체들과의 협력을 통해서 각자의 사업 영역을 구축하고 스마트제조 기술이 고도화될수록 구성요소 간 표준, 통신 등 연결성 문제로 소수기업의 지배력 강화 - 국내 플랫폼업체들의 서비스 영역은 통신망이나 빅데이터 분야가 주를 이루고 있기 때문에 애플리케이션 영역으로 진출 - 국내 산업용 디바이스/네트워크 업체들이 쉽게 접근할 수 있는 IoT, 빅데이터, 플랫폼 서비스와 같이 국내 플랫폼업체들의 제조업 지원 서비스 영역확대가 필요 - 사이버 공간에서 발생하는 위협이 증가하고 클라우드형 솔루션이 보급화되면서 클라우드 및 포그컴퓨팅 보안이 사이버 보안의 핵심이 되었고, 스마트제조에 대한 오퍼레이션 컨설팅 중 사이버 보안에 대한 위험관리 컨설팅이 크게 성장할 것으로 전망
장비·디바이스	- (수직적 통합)HW 공급에서 벗어나 수직적으로 연계된 SW나 인프라를 패키지로 제공하여 제어에서 MES 영역으로 확장하거나 제어기와 클라우드 연계 확대 - 국내 HW 공급 분야에서도 역량강화를 통해 신뢰성을 높이는 것은 물론 ICT융합을 통한 SW 공급 분야와의 협력 및 기술 개발 필요 - 단순 자동화에서 벗어나 지능형 센서를 통해 다양한 정보를 수집·전송하고, 실시간 피드백을 통해 제어에 반영할 수 있는 다양한 디바이스 출시 - (지능형 설비) 일부 범용 중저가 장비에서 양적 성장을 거두었으나, 지능화·패키지화 지연 - (로봇) 기술수준·신뢰성 부족으로 대부분 부품·S/W를 수입에 의존하여 로봇 제작 단가 높은 편 - (센서) 대외의존도가 매우 높으며 스마트제조의 근간산업으로 국산화율을 높일 필요 - (3D프린팅) 50인 미만 사업장이 73%, 장비 외산의존도 高, 다양한 신소재 개발 미흡 - (머신비전) 반도체 등 활용처는 많으나, 기술경쟁력 없어 외산제품 수입·가공·유통

* 출처 : 스마트제조 R&D로드맵(2019.03,산업통상자원부) 참조 재가공

(3) 생태계 핵심플레이어 동향

◎ 어플리케이션 및 플랫폼 분야 대기업 동향

[주요 대기업 스마트제조용 플랫폼 동향]

소분야	플랫폼	특징
삼성 SDS	넥스플랜트	- 설비, 공정, 검사, 자재물류 등 제조 4대 핵심설비에 센서를 부착하여 수집된 대용량의 빅데이터를 AI로 분석 실시간 이상 감지 및 장애시점 등을 예측 - 5G TB AI IoT 망을 기반으로 수집된 데이터를 클라우드 등을 통해 분석, 예측 가능
LG CNS	팩토바	- 표준화된 개발 및 운영환경을 제공하는 제조업체용 통합 솔루션 제공으로 스마트제조 시스템 도입 희망기업은 동 플랫폼 기반으로 단기간에 자사 고유 특성 접목 가능 - ICT, 상품기획부터 생산 물류 등 제조 全 과정에 적용할 수 있는 공장 지능화 가능
포스코 ICT	Smart X	- AI, AR, 빅데이터 블록체인 등 스마트 기술을 다양한 산업분야에 융합하여 새롭게 추진해 공장 발전소 등에 솔루션 지원
SK C&C	SCALA	- SK 그룹사의 스마트 공장 플랫폼솔루션인 SCALA를 발표하여 사업 기반 확보 후 같은해 하반기 폭스콘 충칭 공장의 프린터 생산 라인 스마트 공장 사업에 착수 - 제조, 품질, 설비, 물류 영역에서 새로운 ICT기술 기반 새로운 제조혁신을 가능하게 해주는 End-to-End 토털 서비스 제공
SKT	심플 플랫폼	- 5G 네트워크 특화·솔루션 데이터·분석 플랫폼 단말이·유기적으로 연동하여 다기능 유연생산 자율주행 설비관리 등으로 특화하여 작동
KT	공장 메이커스	- '공장 메이커스 는' KT 5G 가 보유한 기업전용 에지 클라우드를 기반으로 제조업 분야 공장 내 장비와 연결돼 원격 관제 및 운용을 지원하는 플랫폼으로 현대중공업과 IoT를 접목한 디지털 트렌스메이션 신기술 공동 연구 중

* 출처 : 5G시대 스마트공장확산을 위한 정책적 제언에서 발췌(IITP, 2019. 10)

☐ (삼성SDS) 삼성그룹 계열의 ICT 기업으로 미라콤아이앤씨를 인수하여 MES뿐 아니라 설비자동화, 공장모니터링, 제조품질관리, 생산 스케쥴링 등 다양한 솔루션 제공

☐ (포스코) 데이터 수집과 분석 플랫폼인 '포스프레임'을 27개 공장으로 확대

- 데이터 수집과 분석 플랫폼인 '포스프레임'을 개발해 데이터를 쉽게 활용할 수 있도록 표준화를 구축하고, 기초적인 머신러닝 기법부터 딥러닝 같은 고급 분석기법까지 다양한 분석 도구 활용이 가능

- 현재 포스코 제철소 내 20개 공장에서 포스프레임을 적용 중이며 포항, 광양제철소 소재 7개 공장에 추가로 도입할 계획

- 포항제철소 제선부 3소결공장은 스마트 센서를 활용해 데이터화 및 딥러닝 기반 인공지능 자동 제어 시스템을 적용하여 조업 편차를 60% 개선하고 3%에 달하는 연료비 절감

- ☐ (LG CNS) LG 그룹사 및 외부 IT 서비스 및 컨설팅 서비스를 제공하고 있으며, 특히 MES같은 소프트웨어나 공정설계 서비스와 같이 공장의 전반적인 솔루션을 제공
  - 스마트제조 영역의 축적된 경험과 솔루션을 바탕으로 Global Open Innovation을 진행

[LG CNS의 'Factova' 구성도]

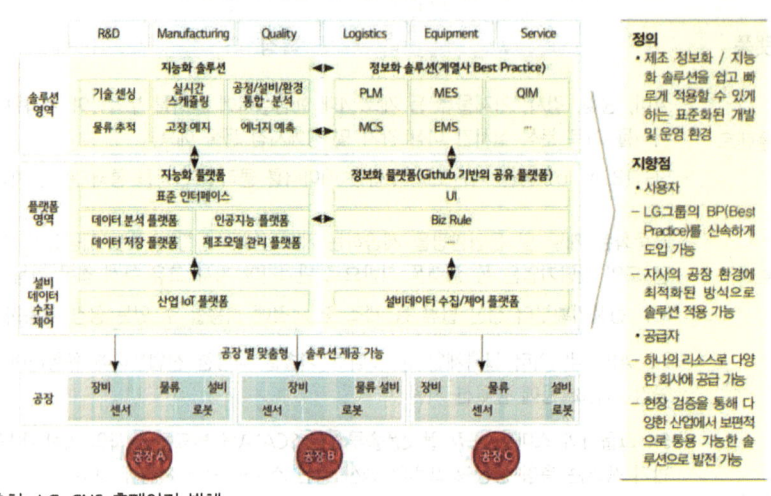

* 출처: LG CNS 홈페이지 발췌

- ☐ (SK텔레콤) '18년 9월 명화공업과 현대BS&C와 스마트팩토리 사업 확장을 위한 업무협약 체결
  - 3사는 딥러닝을 적용해 생산품 외관의 불량 여부를 검사하는 'AI 머신 비전'과 로봇 팔이 공간을 인식해 원하는 물건을 집어 옮기는 '3D 빈피킹(bin-picking)'등의 사업을 추진

- ☐ (SK C&C) 실제 SK그룹 내 반도체·소재·정유·화학 분야 계열사에 적용, 제품 생산 시 발생하는 빅데이터를 통합 분석해 수율 제고와 생산 최적화, 운영 효율화 측면에서 비즈니스 가치를 높이는 중

- ☐ (농심엔지니어링) 식품·제약 플랜트 엔지니어링 및 자동화를 전문으로 하며, 이물질검사장치, 비전검사장치, 자동포장기 등 식품 위생을 철저하게 할 수 있는 시스템 보유
  - 이물질검사장치 '엑스레이 검사 시스템'은 X-Ray를 이용해 컴퓨터 투시 영상분석을 하고 제품을 검사하는 자동 생산 품질관리 시스템이며, 이물검사 외에 누락·결손·판별검사 등이 가능

- ☐ (KT) 동원그룹과 '대한민국 AI 1등 국가를 위한 업무협약(MOU)'을 체결하여 AI 기반 스마트팩토리·물류 통합플랫폼 구축 추진
  - AI를 활용한 식품제조·영업마케팅 업무혁신, AI 스마트팩토리 구축, AI 물류 통합플랫폼 구축, 산학연 연계 AI 인재양성 플랫폼 조성 등을 단계적으로 추진

◎ **어플리케이션 및 플랫폼 분야 중소기업 동향**

☐ (KAMP) 제조데이터 수집·저장·분석 인프라, AI 전문가, 실증 서비스 등을 한곳에 모아, 중소 제조기업이 AI를 효율적으로 활용할 수 있도록 통합 지원

[KAMP 기업 로드맵]

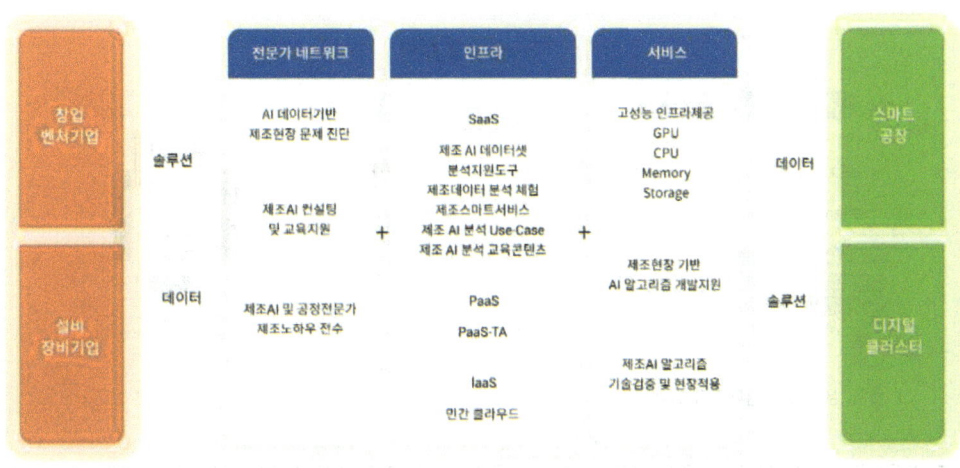

* 출처: KAMP 홈페이지 발췌

☐ (심플랫폼) 산업용AI 기반의 'Pinpoint 스마트팩토리 서비스'는 산업용 AI(Industrial AI)로 제조업을 비롯한 산업 현장에서 차별화된 분석기법을 통해 기기의 예지 보전, 품질 관리, 상황 판단 서비스를 SaaS 형태로 제공

  ■ 기존의 스마트팩토리에 비해 다양한 장점을 갖는 산업용AI 기반의 Pinpoint 스마트팩토리 서비스는 우선 공정 전체가 아닌 핵심 공정에 우선 적용됨으로써 적은 초기 투자 비용으로도 즉각적인 효과 체감

☐ (위즈코어) 스마트팩토리 통합 관리 플랫폼인 '넥스폼(NEXPOM)'은 제조 환경에서 사용하는 운영 시스템을 모듈화해 탑재 및 관리할 수 있는 상위 플랫폼으로 기존에는 필요에 따라 각각 설치해서 개별 관리하던 시스템들을 모아 한 번에 관리해주는 서비스 제공

- 품질데이터를 수집, 가공해 LOT 추적관리시스템을 통해 데이터를 시각화하는 SPC, 원자재투입부터 출하까지 데이터 기록 및 관리로 업무 흐름을 모니터링하는 제조실행시스템 MES, 등 이러한 데이터와 시스템을 수집 및 가공해 하나의 모니터로 통합 운영할 수 있는 모니터링 모듈로 구성

[넥스폼 프로그램 구성도]

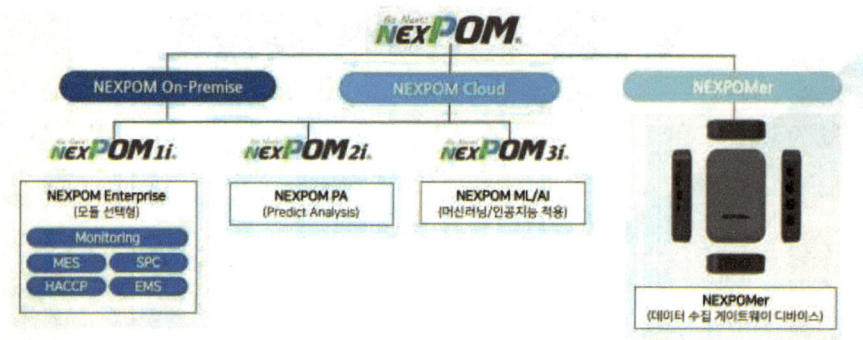

* 출처: 위즈코어 홈페이지 발췌

☐ (티라유텍) 외산 제품이 주도하던 스마트 공장의 소프트웨어 분야에서 국산화에 성공하여 중소 제조기업에 SCM, MES 및 FA를 원스톱으로 실현하는 토탈 솔루션을 제공하며 '19년에 코스닥에 상장

☐ (울랄라랩) 산업용 분석엔진 '스나이프'가 적용된 스마트공장 플랫폼 '윔팩토리' 제공, 이 플랫폼은 센서와 생산설비 데이터를 수집·전송하는 하드웨어 '위콘'과 데이터의 저장·시각화·분석을 담당하는 소프트웨어 '윔엑스' 솔루션으로 구성

☐ (엠아이큐브솔루션) 2017년부터 AI 관련 연구를 시작하면서 제조뿐 아니라 건설, 발전 등 다양한 산업을 대상으로 사업을 전개 중

- 디지털 스마트 팩토리 팩키지는 엠아이큐브솔루션이 보급하고 있는 MES솔루션, 연구소에서 개발 후 고도화중인 AI솔루션과 CPPS(Cyber Physical Production Systems)를 융합

- ☐ (피도텍) 정부가 지정한 우수공학연구센터인 최적설계신기술연구센터의 스핀오프로 출발해서 다분야통합최적설계(Multidisciplinary Design Optimization) 기술을 국내 최초로 상용화
    - 공학 데이터 기반 설계공간 탐색 및 제품설계를 위한 최적의 의사결정 기술로 혁신 중이며, 최근에는 인공지능 기술을 결합한 서비스 개발 중

- ☐ (아이티공간) 자체개발, 상용화한 EMS(에너지 관리 솔루션)인 유예지는 EOCR의 발전형으로, 전기기계에 흐르는 전류를 실시간으로 모니터링하여 기계의 상태를 분석하고 알려주는 설비보전 장비로써 전기고장, 다운타임 등의 사고위험을 미리 예측하고 막아 주는 예지보전 시스템

- ☐ (진코퍼레이션) 국내외 대기업에 다양한 스마트 팩토리, 스마트 로지스틱스 솔루션을 성공적으로 공급, 운영하고 태국과 베트남에도 진출 중

- ☐ (지에스티) 저비용, 고효율의 정밀가공 공작기계와 인터페이스가 가능한 IIoT 디바이스를 자체 개발하고, MES/POP 등 생산현장 디지털화 개발 및 H/W 구축
    - 공작기계 가동 시 생산 부품의 입고에서 가공, 출고까지 전 과정 정밀 모니터링 가능

- ☐ (임픽스) 스마트공장 구축에 애로를 겪는 중소기업을 위해 기업 실정에 맞는 최적 솔루션을 제시하고 있고, 기존 생산설비를 최대한 유지하면서 스마트공장화 하는 데 중점을 두는 중
    - 임픽스는 휴온스 제천공장 제품설계·생산공정 개선 등을 위한 스마트공장 솔루션을 도입하고 솔루션과 연동하는 자동화장비, 제어기, 센서 등을 구축할 예정

- ☐ (크레스프리) 국내 엣지컴퓨팅 선도 기업인 크레스프리는 클라우드에서 방대한 데이터와 알고리즘을 분석해 머신러닝 모델을 생성하고, 이를 엣지에 전달하여 실시간으로 데이터를 처리하는 스마트공장 플랫폼 'ALOOH Edge Computing 플랫폼'을 제공

- ☐ (아이지) 스마트공장 도입·구축을 위한 기반기술 및 엔지니어링 능력을 보유하였으며, MES, POP, CPS 등 다양한 솔루션을 이용해 통합시스템을 구축

- ☐ (하티오랩) 'Things-Factory'는 웹 기반 공장 자동화 기술로 스마트공장을 위한 IoT, 센서, 클라우드, 빅데이터 기반 웹 표준을 지원하며, 모바일 환경에 맞춰 설계

- ☐ (펜타시큐리티시스템) 스마트공장 보안 솔루션을 통해 공장 내 센서를 통한 데이터 수집에서부터 모니터링, 프로세스 제어에 이르기까지 전반적 스마트공장 보안환경을 구축하는 통합 솔루션을 개발하고 공급 중
    - 중소기업들이 기존에 운영하고 있던 설비에 플랫폼 추가가 가능하여 저렴한 가격으로 스마트팩토리 전환이 가능

전략분야 현황분석

◎ 장비·디바이스 대기업 동향

☐ (두산공작기계) 공작기계 부문 전체 매출액 35%, 영업이익 40%를 차지하고 있으며, 터닝센터, 머시닝센터, 문형 머시닝센터, NC보링기, 스위스턴, 자동화시스템 등에 주력

☐ (현대로보틱스) 음성을 인식하는 협동로봇을 비롯해 클라우드 기반의 자동화 로봇 관리시스템, KT스마트팩토리 솔루션인 '팩토리 메이커스' 등을 개발

- 아울러 2019년 11월에는 '5G기반 사업협력 성과발표회'를 열고 이들 제품들을 선보이면서 본격적으로 산업시장에 뛰어들 계획 추진

[현대로보틱스 하이팩토리 시스템 과정]

* 출처: 현대로보틱스

☐ (한화정밀기계) 부품 자동화 설비인 'SM485P'와 협동로봇을 함께 구성하여 스마트팩토리 존에서 실제 공장과 같은 시뮬레이션 라인을 구성, 설비-소프트웨어(SW)간 실제 연동 구현 및 원격제어 기능을 시현

☐ (LS산전) PLC, AC드라이브, 서보, GIMAC 등의 자동화·전력기기 디바이스 제품에 경쟁력을 갖추어 패키지 솔루션, 공장자동화 솔루션, 스마트공장 솔루션 등 고객의 현장에 최적화된 최고의 부가가치를 창출하는 솔루션을 제공

☐ (현대위아) 공작기계연구센터 내에 로봇개발팀을 신설하여 시험 협동로봇을 완성해 실질적으로 생산현장에서 인간-공작기계와 함께 협업할 수 있도록 할 예정

- 인공지능(AI) 및 4차 산업 핵심기술을 접목해 물류로봇 사업과 필드로봇, 무인이동체 로봇 등으로 사업을 확장할 계획

◎ **장비·디바이스 중소기업 동향**

☐ (에스피시스템스) 로봇 기술을 활용, 자동차 디스플레이 등 산업군에서 국내 대기업과 함께 자동화 사업을 영위하면서 자체 개발을 통해 국산화에 성공한 리니어 모듈(Linear Module)과 갠트리 로봇 시스템(Gantry Robot System)을 공급 중

☐ (티로보틱스) 국내 유일의 '진공 로봇' 전문기업으로 반도체·디스플레이 제조 환경의 진공·고온 등 악조건에서도 정밀하게 작동하는 로봇을 개발·제조하며, '로봇 메커니즘 설계 기술', '정밀 모션 제어 기술', '진공 및 청정 유지 기술', '대형 구조물 설계·해석 기술' 등 중대형 진공 로봇의 원천기술을 보유

☐ (수아랩) 머신 비전 분야에 특화된 딥러닝 검사 솔루션 'SuaKIT'을 제공하며, 이는 기존 머신 비전 기술로 검사가 어려운 반도체 등 다양한 제조 산업에 적용이 가능
  - 세계적인 선도기업 코그넥스(Cognex Corporation)가 19년 10월 수아랩을 인수

☐ (코윈테크) 2차전지를 중심으로 석유화학·반도체·디스플레이 등 다양한 산업에 물류 자동화 시스템을 공급 중이며 2019년 코스닥에 상장

☐ (라온피플) AI기반 비전 검사 솔루션 제공 기업으로 딥러닝 비전 검사 소프트웨어, 2D 카메라, 열화상 카메라, 바코드 리더기, 카메라 모듈 및 렌즈 검사기 전 제품을 라온피플 내부기술로 개발하여 전자, 자동차, 물류, F&B(식음료), 의료 등 다양한 영역에서 활동 중

☐ (와이즈센싱) 온도, 습도, CO_2를 측정할 수 있는 대기 환경센서를 개발 및 공급하며, pH 측정이 가능한 수질환경 센서 개발 중

☐ (Studio 3S) 스마트공장용 물류자동화 로봇(저상 AGV)을 만들어 판매 중

☐ (버넥트) AR/VR 기술을 기반으로 설비의 구동과정 등을 재현하고 분석하는데 활용할 수 있는 솔루션 개발, '17년 KT에서 진행한 '5G 서비스 공모전'에 AR·VR 전문기업 분야 최우수상 수상

☐ (마크베이스) 초당 2백만 개의 태그 데이터를 저장하고 실시간으로 압축 및 저장하는 고속 시계열 DBMS인 Machbase를 바탕으로 IoT기기와 센서를 통해 수집되는 신호를 기록하고 실시간 분석하며, 산업 IoT 환경에서 실시간 데이터처리에 특화된 기능과 성능을 제공

☐ (와이즈맥스) 네트워크기반의 유무선 센서모니터링 및 RADIONODE을 기반으로 현장의 계측정보 제공 및 환경 실시간 모니터링이 가능한 솔루션 제공

☐ (에어릭스) 국내 최대 철강기업 현장에 'IoT 스마트 집진기'를 시험 적용한 결과 탈진과 불출제어에서 약 45%의 연간 절감 효과와 약 10억 원 이상의 연간 전력비 절감 효과

☐ (3D솔루션) 2017년 7월, 3D프린팅 플랫폼 개발에 착수했고 국내 최초로 3D프린팅 공장을 짓고 지그를 만드는 프린터를 현대차에 부품납품을 추진하는 중

3. 기술 분석

가. 해외 기술 동향

(1) 주요 기술

◎ 스마트제조 어플리케이션

[스마트제조 어플리케이션 구성요소]

	정의
APS	- Advanced Planning and Scheduling, 생산계획 시스템 - ERP와 MES 두 시스템 간 중간에 위치하여 수요계획, 생산계획 및 스케줄을 관리하는 시스템
ERP	- Enterprise Resource Planning, 전사적 자원관리 - 경영활동 데이터를 통합·관리하는 전사적 자원관리 시스템
PLM	- Product Life-cycle Management, 제품수명주기관리 - 제품개발부터 폐기에 이르기까지 제품생산 전 과정의 데이터를 관리하는 시스템
SCM	- Supply Chain Management, 공급사슬관리 - 제조업의 전체 공급망을 전산화하여 효율적으로 처리할 수 있는 관리 시스템
FEMS	- Factory Energy Management System, 공장에너지관리시스템 - 제조공장의 에너지 이용 효율을 개선하는 에너지관리시스템(EMS)
MES	- Manufacturing Execution System, 제조실행시스템 - 제조 데이터를 통합하여 관리하는 시스템으로 공장운영 및 통제, 품질관리, 창고관리, 설비관리, 금형관리 등 제조현장에서 필요로 하는 다양한 기능을 지원

* 출처 : 국내 스마트제조 공급산업 현황과 발전과제, KIET(2020)

☐ 전사적 관점의 관제 시스템(ERP/SCM/PLM)

■ Legacy System(레거시 시스템)8)으로 불리며 실시간 공장/설비의 운영 상태를 모니터링하며 KPI 현황 및 Visibility를 제공하는 등 스마트공장 구축과 연계를 위한 기반이 되는 시스템

[공장운영에서 MES/APS/ERP의 역할]

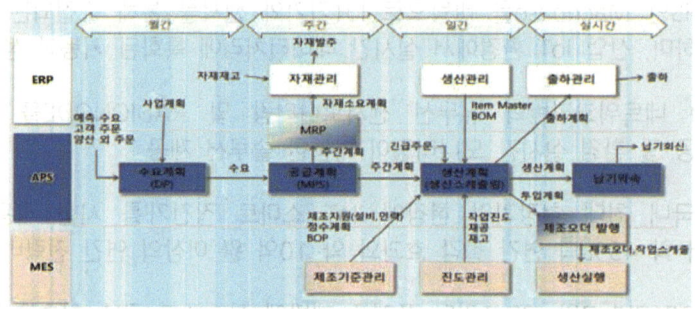

* 출처: KSTEC 스마트팩토리 구성을 위한 APS 적용방향 및 사례

---

8) 과거에 개발되어 현재까지 계속 사용되는 기술, 데이터, 플랫폼, 소프트웨어 및 하드웨어 등을 총칭한다. 현재 사용하지 않지만 새로운 시스템에 영향을 주는 경우도 포함

◎ 스마트제조 설비/디바이스

[스마트제조 장비·디바이스 구성요소]

구성요소	정의
제조로봇	- 각 산업의 제조현장 내 제품생산에서 출하까지 공정 내 작업을 수행하기 위한 로봇으로 자동제어되고, 재프로그램이 가능하며 다목적인 3축 또는 그 이상의 축을 가진 자동 조정장치
협동로봇	- 사람과 같은 공간에서 작업하면서 사람과 물리적으로 상호작용할 수 있는 로봇
자율이송로봇	- 공장 내에서 물품의 분류, 적재, 포장, 이송 등을 수행하는 물류용 로봇으로 로봇의 주행을 돕는 마커, 자석 등이 불필요하다는 점에서 기존 이송로봇과 차별화
3D프린팅	- 3차원 디지털 설계도에 따라 금속, 플라스틱 등의 액체, 가루, 분말, 필라멘트사, 박판 등을 재료로 한층씩 쌓아올리는 적층방식의 성형 기계와 관련된 주변 구성요소(3D스캐너, 전용소재, 설계 소프트웨어, 후공정기기 등)
AR·VR	- 증강현실(AR), 가상현실(VR), 혼합현실(MR) 기술을 제조업에 적용하여 효율적인 공정을 구현하거나 제조작업상 추가 정보를 제공하는 등의 서비스를 제공하는 기기
통신 네트워크 장비	- 무선통신 게이트웨이: 스마트 단말과 무선통신(BLE, Z-WAVE, Zigbee, LoRa, UUWB 등)으로 연결되어 수집된 정보를 통신망에 연결하는 네트워크 장비 - 유선통신 게이트웨이: 스마트 단말과 유선통신(PLC, RS-485, USB 등)으로 연결되어 수집된 정보를 통신망에 연결하는 네트워크 장비 - 보안장비: IoT 네트워크의 보안과 관련된 네트워크 장비
스마트센서·머신비전	- 소자부품과 각종 센서, 통신기술과 영상처리기술 등을 활용해 제조공장의 각종 데이터를 측정하는 장치 (예: 광학센서, 바이오센서, 물리센서 등)
IoT 기기 및 장비	- 각종 기기와 장비에 IoT 센서를 탑재하여 데이터의 수집(센싱, 전달)과 가시화(모니터링), 설비 제어 등을 지원
CPS·디지털트윈	- 물리 시스템과 이를 제어하는 컴퓨팅 요소가 결합된 차세대 네트워크 기반 분산제어 시스템 - 공장의 생산설비와 각 공정, 제품의 디지털 모델을 구축하여 사이버세계와 실제 세계를 실시간 통합하고, 가상공장 시뮬레이션 기능 등을 구현

* 출처 : 국내 스마트제조 공급산업 현황과 발전과제, KIET(2020)

[스마트제조 서비스 구성요소]

구성요소	정의
SI	- 생산현장의 스마트화에 필요한 각종 설비와 솔루션(SW)을 조합하여 수요기업이 필요로 하는 기능을 통합적으로 구현하는 서비스
컨설팅	- 스마트팩토리 관련 설비와 솔루션 도입, 운영에 대한 자문·교육 등을 제공하는 서비스
클라우드	- 스마트공장 관련 소프트웨어를 사용자가 자신의 컴퓨터에 설치하지 않고 네트워크를 통해 사용할 수 있고, 데이터 공유·분석이 가능한 온라인 환경을 제공하는 서비스
빅데이터·AI	- 입고, 생산, 재고, 납기 등 제조현장의 모든 데이터를 수집하고 분석하여 의사결정을 도와주는 데이터 관리 서비스 - 예) 데이터수집 분산처리, 원인분석, 예지분석, 처방분석, 인지분석, 머신러닝(AI), 딥러닝(AI) 등 데이터 처리 방법론)
보안	- 생산시스템의 모니터링과 제어, 데이터 분석 등 전 과정에서 기업과 생산현장의 데이터를 보호하는 보안서비스 - 예) 방화벽, 침입탐지, VPN 접근통제, 통합위험관리 등 종합적인 보안 서비스

* 출처 : 국내 스마트제조 공급산업 현황과 발전과제, KIET(2020)

전략분야 현황분석

☐ **사물인터넷을 통한 스마트공장의 연결**

- 산업용 사물인터넷(IIoT)는 IoT와 같이 사물에 센서를 부착해 실시간으로 데이터를 인터넷으로 주고받는 기술은 같지만, 산업용 목적에 중심을 둬 IoT보다 뛰어난 센서의 응답성

- 사물인터넷은 근거리 통신에 의해 구현되는데 RFID, NFC, 블루투스(비콘) 등이 존재
  - NFC(Near Field Communication)은 넓은 의미에서 RFID의 한 형태이며, 특히 모바일에 특화
  - RFID는 저장된 태그의 정보를 리더가 읽는 일방적인 통신 방식
  - 양방향 통신이 가능한 무선 통신 방식인 블루투스는 인식 거리가 길고 통신 속도가 빠름
  - 블루투스의 일종인 비콘은 전력소모가 작은 것이 특징

☐ **머신비전과 딥러닝의 적용**

- 딥러닝을 적용한 머신비전 검사를 통해 검사 속도와 정확도 향상, 예외 처리의 자동화가 가능할 것으로 기대

- 딥러닝은 이미지의 특징을 스스로 추출하여 인식할 수 있기 때문에 모든 규칙을 일일이 정의할 필요가 없고 정확도도 기존 머신비전 검사보다 향상되어 현재 딥러닝의 이미지 인식 정확도는 99% 이상

- 반도체, 디스플레이뿐만 아니라, 전기전자, 기계, 식품, 유통 등 비전검사를 적용하는 거의 모든 산업 영역에서 활용할 수 있을 것으로 예상

- 인공지능 분야의 세계 3대 권위자인 앤드류 응(Andrew Ng)도 제조업 비전검사를 위한 스타트업 업체인 Landing.AI을 '17년에 창업하고 최근 팍스콘에 기술 공급을 시작

- AI 머신 비전은 작업장에 설치된 카메라를 통해 머신러닝 기반으로 영상을 분석하고 불량품을 판정하는 기술로 공장 내 생산라인 마지막 단계에서 생산품(제품)의 불량 여부를 판별

☐ **생산빅데이터 어낼리틱스**

- 생산 현장 데이터 수집/관리: IoT 기술을 활용한 설비 장착 디바이스(PLC, sensor류)에 대한 안정적 실시간 데이터 수집과 생산 전 과정에서의 기기의 유지·보수·관리·제어에 대한 이력 정보 수집 및 관리

- 생산 데이터 분석: 생산 현장 설비 기본 감시제어 시스템 운용 및 관리를 위한 생산 데이터의 실시간 분석(Alarm Rule 등) 및 사용자 주도 분석(현상분석 및 원인분석)과 시스템 Batch 분석(감시 Point 등급 및 감시 Spec. 설정) 수행

- 분석 결과 정보 가시화: 실시간 분석, 사용자 주도 분석, 시스템 Batch 분석을 통해 얻어진 실시간 모니터링 상태 및 생산 현장 데이터 분석 결과에 대한 가시화와 특정 상황에 대한 시뮬레이션이 가능한 대쉬보드 구현

- 공장 에너지 소비를 고려한 생산운영 최적화 기술: 공장 에너지를 주요 변수로 설정하고, 다른 생산 투입요소와 환경변수를 함께 고려하여 최소의 에너지 소비를 통해서 최대의 생산운영 환경을 찾아내기 위한 수리최적화, 시뮬레이션 기반 최적화 등의 기술

☐ 디지털 트윈

- 디지털 트윈이라고도 불리는 CPS는 공장을 가상으로 가동해 보는 시스템으로 가동률 등을 미리 예측하고 문제점이 발생 시 보완 및 최적화된 설비와 인력의 배치도 가능

- 사이버물리시스템(CPS)을 구현하기 위해서는 모든 사물들을 연결시키는 사물인터넷(IoT)과 데이터를 통합적으로 수집하는 플랫폼, 자율적으로 의사결정을 지원하는 빅데이터 분석력, 인공지능 기술 등 다양한 기술 요구

- CPS 기술이 활용된 스마트공장의 궁극적 모습은 디지털 트윈(Digital Twin)으로 가상의 공간과 현실 공간의 생산 활동이 완벽히 동기화되는 것을 목표
  - 미국 GE는 공장 내 모든 장비에 센서를 부착해 데이터를 수집하여 공정 효율성을 높이고, 독일 지멘스의 '마인드 스피어'는 디지털 트윈 플랫폼으로 비슷한 효과를 거두는 중

[디지털 트윈 적용 이미지]

* 출처:: 마이크로소프트 홈페이지

☐ 증강/가상/혼합현실(AR/VR/MR) 활용한 스마트공장

- 가상 시뮬레이션을 이용하면 기기와 설비에 대한 CPS를 구축하여 시행착오에 따른 오류와 비용 절감 가능
  - 공장 자체를 CPS로 구현하면 가상 시운전을 통해 공장 운영 과정의 비효율성을 사전에 점검하거나 교육 및 훈련 프로그램으로 활용 가능
  - 스마트 글라스를 쓴 뒤 바코드를 바라보면 자동으로 이를 인식해 한 기계가 일정시간 동안 얼마나 많은 작업 결과물을 만들어냈고 작동하고 있는지 등에 대한 정보를 쉽게 파악해 이를 바탕으로 비숙련 기술자도 빠른 판단과 선택이 가능

- 공작기계 제조 기업들이 가상 시뮬레이터까지 고객에게 제공하는 사례가 늘어나는 추세
  - CNC 머신의 가상 시뮬레이터를 활용하면 실제 적용하기 전에 부품 생산을 위한 최적 프로그래밍이 가능해지면서 시간과 비용을 절감

전략분야 현황분석

☐ 협동로봇(CoBot, Collaborative Robot) / 산업용로봇

- 인간과 로봇이 같은 공간에서 함께 작업하기 위한 협동 운용(Collaborative Operation)조건을 충족하는 산업용 로봇(ISO10218)[9]으로 협동 방식에 따라 크게 4가지 카테고리로 분류되며, 최근 "Power&Force Limiting" 관련 기술의 급격한 발전에 따라 협동로봇의 상용화가 활발히 이루어지는 중
  - (Safety-rated Monitored Stop) 작업영역에 사람이 없을 경우에 한해서만 일반 산업용 로봇(non-collaborative robot)처럼 작동하는 로봇
  - (Hand guiding) 사람이 수작업 장치(handoperated device)를 사용하여 이용하는 로봇
  - (Speed & Separation Monitoring) 로봇과 사람 사이의 거리를 모니터링하며, 안전거리를 확보하며 작업하는 로봇
  - (Power & Force Limiting) 일정 값의 동력 또는 힘이 감지되면 로봇이 즉각 작동을 멈춤으로써 사람의 상해를 방지하는 로봇
- 디지털화 진전에 따라 로보틱스는 고용환경 변화와 더불어 인간과 로봇의 협업뿐만 아니라 자율형 로봇으로 진화 예상
  - 1,314개 글로벌 기업을 대상으로 한 BCG의 2019년 1~2월 설문조사 결과, 설문조사 응답기업의 86%가 3~5년 내에 '첨단로봇(Advanced Robots)'을 생산 운영에 적용할 계획이라고 답변[10]

☐ 데이터 처리를 위한 엣지컴퓨팅

- 산업 현장에서 발생하는 방대한 데이터를 클라우드에 한번에 업로드하지 않고, 엣지(Edge)에서 사전에 처리한 후에 선별적으로 데이터를 전송, 서버와 엣지가 연동하여 데이터 분석 및 실시간 제어를 수행하는 기술
- 다양한 디바이스에서 발생하는 데이터를 같은 중앙집중식 데이터 센터에 보내지 않고, 데이터가 발생한 현장 또는 현장과 가까운 곳에서 분석하여 지연시간 없이 데이터를 처리할 수 있는 기술
- IoT의 대중화로 많은 사물 및 기기들이 대량의 데이터를 생산하게 되었고, 멀리 떨어져있는 클라우드에 모든 데이터를 모아놓으면 신속하고 정확한 처리가 어려워 '엣지컴퓨팅'이 등장
- 분산되어있는 소형 서버가 사용자에게 꼭 필요한 데이터를 선별·처리하여 전달하면 처리 속도 및 정확성이 향상되어 데이터 처리의 지연 시간을 줄이고, 즉각적인 현장 대처가 가능

☐ 유연생산을 위한 3D프린팅

- 3D프린팅은 단일 장비로 다양한 제품생산이 가능하여 공장의 생산라인을 간소화할 수 있고, 제품개발 단계에서 시제품의 제작비용과 시간 절감이 가능
- 미리 재고를 확보해둘 필요가 없고, 필요 시 맞춤형 주문 생산이 가능하고, 다품종 소량생산 구현이 가능해질 것으로 전망
  - 최근 현대차는 국내기업인 3D솔루션으로부터 지그제작용 3D프린터를 도입하는 것을 검토 중

---

9) 협동로봇 산업 동향, 융합연구정책센터, 2018
10) BCG, Advanced Robotics in the Factory of the Future, 2019

☐ 공장자동화에 따른 스마트 물류

- 유연생산시스템에 의해 스마트 물류가 공장에 적용되고, 그 중 공장 내에서 무인배송을 가능하게 하는 '무인반송차(AGV)'가 활용

- 제품의 배송을 포함한 관점에서 '무인 배송'이 가장 주목받고 있으며, 중국의 징동, 알리바바 등의 전자상거래업체들은 배송로봇 시험 운영, 무인차 및 물류창고 확대 등에 노력을 기울이고 있으며, 미국의 아마존이 선도 중인 드론 배송의 상용화 가능성은 매우 높은 평가를 받는 중

☐ 다양한 정보를 수집하는 스마트센서

- 스마트 센서란 다양한 정보를 감지하여 스마트한 제조환경을 가능하게 하는 센서를 말하며 기존 센서가 발전하여 지능화된 센서로, 센싱 소자와 신호처리가 결합하여 데이터 처리, 자동보정 자가진단, 의사결정 기능을 수행

- 센서 기술은 고성능화, 소형화, 다기능화, 저전력화 등이 주요 이슈

- 센서 시스템 분야는 특히 소형화와 대량생산화 등에 관하여 기술개발 중이며, 벌크 시스템 형태에서 SiP(System in Package)로 발전하여 패키지를 층층이 쌓는 MCP(Multi-Chip Package)가 등장

- 향후 SoC 형태의 MEMS와 CMOS를 직접 집적하는 iMEMS가 등장할 것이며, 나노 기술이 접목되면서 소형화 및 멀티 센서로 진화될 것으로 전망

[자동화용 물리센서 및 센싱방식]

근접센서	위치/속도센서	힘/압력 센서	진동/가속도 센서
Mechanical Optical Inductive Capacitive Ultra sonics	Potentiometer LVDT Encoders Tacho-generator	Strain Gage Pieo Load Cell Pressure	Silicon MEMS Fiber Optic Mechanical Body

* 출처: 산업테마보고서(한국IR협의회,2019.6.7)

(2) 해외 기업 기술 현황

☐ (Siemens) 스마트공장 'EWA(Electronics Works Amberg)'는 현재까지 가장 성공적이라는 평가를 받고있는 스마트공장이며 이 공장은 독일 '인더스트리 4.0'의 표준 모델

- EWA에서는 하루 기준 수집되는 5,000만 건의 정보를 통해 제조 공정마다 자동으로 실시간 작업 지시를 내리며 이로 인해 작업 및 공정 최적화가 가능

- 최적화로 인해 EWA는 전제품의 99.7%를 주문 후 24시간 내 출하가 가능하며 급한 설계 변경에도 유연하게 대처할 수 있게 되었고, 제품의 불량률이 0.001% 수준으로 급감

☐ (Schneider Electric) '에코스트럭처 인더스트리'는 산업용 사물인터넷을 접목해 산업 전반에 걸친 에너지 관리, 공정 자동화, 소프트웨어까지 종합 포트폴리오를 제공하는 통합 솔루션

- 프로세스 및 기계 자동화, 오일 및 가스, 식음료, 마이닝, 수처리, 광석 및 시멘트, 메탈 등 다양한 분야에 적용 중

- 독일의 청정에너지 생산 OEM 기업 '엔트라드(Entrade)'는 슈나이더 일렉트릭의 '에코스트럭처 인더스트리'를 적용해 전세계 각지에 판매된 기계를 원격으로 제어·관리

- 국내 자동포장기계 전문 생산 기업 '흥아기연'은 슈나이더 일렉트릭의 산업용 증강현실(AR) 솔루션인 EcoStruxure Augmented Operator Advisor'를 제조 설비기술에 도입

☐ (Fanuc) 자동화 시스템과 지능형 로봇을 이용한 대량생산뿐 아니라 다품종 소량생산 체제에도 대응할 수 있도록 기술을 개발하고 생산 공정을 설계

- 화낙은 조립공정의 80%를 로봇이 처리하는 등 공장의 자동화 수준이 높으며, 기계가공시스템은 공작기계 6대와 부품창고 및 라인을 이동하는 지능로봇 1대, 그리고 작업자 1명만으로 구성이 되어 720시간 연속 가동이 가능

- 화낙의 'FIELD system'은 제휴기업으로부터 CNC, 산업용 로봇의 실시간 데이터를 집적하고, 분석 및 제어하는 IIoT 플랫폼으로 클라우드 영역과 엣지의 중간인 '포그(Fog)' 영역에 설치

- 화낙은 IREX 2017에서 근로자와 로봇이 안전 펜스 없이 한 공간에서 안정적으로 작업 시연

☐ (Mitsubishi) 로봇, 제어기, PLC 등 공장자동화와 관련된 다양한 기기 및 제어 솔루션을 보유하고 있으며, 전기기기 분야의 강점을 활용한 엣지컴퓨팅을 바탕으로 제조업 스마트화를 추진

- Mitsubishi의 e-F@ctory는 생산현장의 데이터를 실시간 수집하고, 공장자동화로 수집한 데이터를 엣지 컴퓨팅으로 1차 처리하고, IT시스템에 의해 분석·해석한 결과를 생산현장에 피드백하는 구조로 구성

- 엣지컴퓨팅은 현장 설비와 ERP나 MES 등의 IT 시스템 중간에서 실시간으로 데이터를 분석하여 이벤트 발생에 대응하는 방식

- 분석과 프로그래밍을 위한 알고리즘이 내장된 형태의 다양한 제품군을 소개
  - 설비의 가동 시 진동신호를 실시간으로 해석하여 고장 가능성을 알려주는 알고리즘 내장한 건전성 솔루션 장치를 출시

- ☐ (Honeywell) 자동화기기, 제어기기, 전자통신 제조업체로 대형 전자장치에서 소형 온도조절기까지 다양한 제품을 공급하고 있으며 데이터 처리 시스템과 산업용 애플리케이션 등 소프트웨어 솔루션으로 사업영역 확대

- ☐ (SAP) SAP는 기존의 PLC → MES → ERP로 수직구조화 되어 있는 아키텍처에서 PLC와 바로 실시간 인터페이스 가능한 MES와 통합된 ERP를 제공해 생산 환경의 동적 변화에 더 유연하게 대응할 수 있는 솔루션 제공

- ☐ (DMG Mori) 전체적인 생산성 향상과 다양한 제조 공정간 융합화로 발전이 가속화되고 있는 고속·복합화 기술개발과 함께, 다품종 생산이 일반적인 대형부품 가공 장비에서도 자동화되고 유연한 다축 생산시스템으로 진화 중

- ☐ (Dassualt Systemes) 3D CAD, 3D 디지털 목업, 기업 간 협업 솔루션, 제조 인텔리전스 솔루션, PLM 솔루션을 자동차 및 항공 등 다양한 제조 기업에 제공

- ☐ (PTC) 3D 캐드 기반의 PLM 및 서비스관리 솔루션을 보유하고 있으며 엔지니어링 분야의 수치해석 기반 솔루션 제공

- ☐ (Rockwell Automation) 시스코와 협력해 이더넷/IP 기반으로 기업과 플랜트 전체를 통합할 수 있는 아키텍처를 공동개발 및 무선까지 확대하여, 이더넷/IP 기반의 개방형 통합네트워크 모델을 제시하고 이를 지원하는 커넥터 장치 및 운용 시스템 개발

- ☐ (Autodesk) 건축, 엔지니어링, 건설, 제도 등 다양한 분야의 소프트웨어를 제공하며 클라우드 서비스, CAD 기반 솔루션, 3D 솔루션 보유

- ☐ (Cisco) 네트워크 전문기업으로 스위치, 클라우드, 스토리지 네트워킹, 라우터, 소프트웨어 등 다양한 통신관련 제품을 보유하고 있으며 엔터프라이즈 네트워크 서비스, 클라우드 서비스, 통합 컴퓨팅 서비스 등을 제공

- ☐ (Bosch) Industry 4.0에 맞추어 설비/품질 관리, 공정제어 등의 SW와 자동화, 에너지 모니터링, 물류 관리 등의 다양한 HW 솔루션 보유

나. 국내 기술 동향

☐ 스마트제조 분야의 기술경쟁력 평가 결과, 최고기술국은 미국으로 나타났으며 우리나라의 경우는 최고기술국 대비 83.7% 수준으로 나타났고 중소기업은 70.0% 수준으로 평가

- 최고기술국 대비 우리나라의 기술격차는 1.2년으로 평가되었으며 중소기업의 경우 2.2년으로 평가

(1) 기술 동향

☐ 스마트공장의 한국 기술 수준은 최고기술수준보유국(미국) 대비 72.3%

- 국가별 기술수준은 미국(100.0%) > 독일(93.4%) > 일본(79.9%) > EU(79.6%) > 한국(72.3%) > 중국(66.0%) 의 순

[국가별 스마트공장 상대 수준 및 기술 격차]

(단위 : %, 년)

한국		중국		일본		독일		유럽	
상대 수준	격차 기간	상대 수준	격차 기간	상대 수준	격차 기간	상대 수준	격차 기간	상대 수준	격차 기간
72.3	2.5	66.0	3.1	79.9	1.5	93.4	0.4	79.6	1.5

* 출처 : 스마트제조 기술수준조사, 2018, 스마트공장추진단/한국스마트제조산업협회

☐ 미국은 생산현장, IoT, 통신, 공장운영시스템, 비즈니스, 플랫폼에서 최고 수준을 나타내고 있으며 제어시스템에서는 독일이 최고 수준

- 한국의 경우 통신과 공장운영시스템에서 선도 그룹에 해당되며, 특히 통신에서는 93.2%의 기술수준을 나타내며 가장 높은 기술적 수준
- 생산현장, IoT, 제어시스템, 비즈니스, 플랫폼에서는 추격 그룹에 해당, 가장 낮은 기술수준인 제어시스템은 최고 수준 대비 67.2% 수준

☐ 세부 기술분야 초고기술수준보유국 대비 한국 기술수준 현황

- 미국은 25개 기술 중 15개 기술에서 최고기술수준 보유국이고 독일은 9개 기술에서 최고기술수준 보유국으로 나타났으며 한국은 인터넷 통신에서 최고기술수준보유국으로 선정
- 그 외에 한국은 산업용 통신, MES 등 5개 기술이 선도그룹(80% 이상)이며 3D프린팅, 로봇 등 16개 기술이 추격그룹(60% 이상)으로 나타나고 있으며 3개 기술(PLM, DCS, CAx) 분야에서는 후발그룹으로 분류

☐ 표준화 역량

- 국가기술표준원을 중심으로 스마트제조 관련 표준화 대응 체계는 갖춘 상황이며, 단기·중기·장기 표준화 목표 설정 및 전략 수립 중

[스마트제조기술별 국내 기술역량 평가]

(단위 : %)

스마트제조기술 분류			최고 기술국 (수준)	한국의 기술역량 및 평가
대분류	중분류	소분류		
애플리케이션	비즈니스	APS	미국 (86.8)	- 대기업은 세계적 SCM 경쟁력 확보, 동기화 생산기술 최고 수준 - 조선산업은 공급망을 고려한 생산계획 모듈 설계 및 일정 계획을 보완하는 TOC 기반의 블록도장 실행시스템 우수
		SCM	독일 (85.8)	- 우수한 인력 및 산업체 응용 경험 풍부 대기업을 중심으로 세계적인 SCM 경쟁력 보유
		EPR	미국 (81.8)	- 중소형 솔루션 보급으로 중소기업에서 활용도가 높지만(고객 특화 개발 가능) 대기업 및 중견기업은 외산 선호 - 삼성 SDS, LG CNS, SK C&C와 같은 국내 SI업체들 또한 SAP 위주의 ERP 기술 보유
		PLM	미국 (50.2)	- 대부분의 개발업체 파산 및 개발자 이직, 업체의 영세성 등 전반적으로 업체수와 인력수급 부족으로 솔루션 업그레이드 및 유지보수 불가 - 3D CAD를 비롯한 선행 기술이 외산이므로 기술 종속 심화
	공장운영시스템	MES	미국 (86.8)	- 오랜 경험을 바탕으로 기술력을 확보한 우수 공급사들이 많음 - 시장이 대기업 중심으로 구성되어 있으며 지역 종속성이 강함 - 우수 공급사들의 해외 시장 진출이 어렵고 해외 마케팅 역량 부족 - 자동차 부품 제조업 중심으로 MES 시장 전개
플랫폼		클라우드	미국 (72.0)	- 인터넷 보급률이 높고 정보통신기술은 발달했지만 IT자원(SW, 저장공간, 서버, 네트워크)이 국내에 한정되어 글로벌 경쟁력 빈약
		AR/VR/MR	미국 (69.1)	- 현재 연구개발을 통해 기술개발 진행 중으로 당장 상용화는 힘든 상황
		IoT	독일 (71.5)	- 인터넷 인프라는 우수하지만 플랫폼 자체는 선진국 의존도가 높고, 산업 생태계 취약
		CPS/Digital twin	미국 (62.0)	- 유디엠텍 등의 우수 솔루션사 등장 (전자, 자동차 분야 활용) - 3D CAD를 비롯한 선행 기술이 외산이므로 기술 종속 심화 효용성 실증을 위해 테스트베드 및 설비 모델링 기술 필요
		빅데이터/AI	미국 (62.5)	- 제조업에서 생성되는 빅데이터의 공유가 어려워 데이터 분석 경험 축적이 어려움 - 학계를 중심으로 논문 게재 수가 증가하는 추세지만 개인정보 보호법 등 과도한 규제로 인해 연구자들이 가용할 수 있는 절대적인 빅데이터 양이 적어 분석 경험 능력에서 떨어짐 - 기술수준이 상승세이나 중국에 비해 상승 속도가 느리며, 전반적으로 미국, 유럽, 중국에 비해 기술 열세
		보안	미국 (60.5)	- IT 보안 관련하여서는 기술력이 어느정도 확보하고 있으나, 산업용 보안 분야는 취약
장비·디바이스	제어시스템	HMI	독일 (73.4)	- Panel PC 및 Touch panel 등 기본적인 HMI 기능구현은 선도 수준이지만 스마트화 및 네트워킹, ICT 연계 기능은 초기단계
		SCADA	미국 (78.5)	- XISOM은 산업자동화 소프트웨어 개발 툴 'X-SCADA'기술을 보유하여 최적 통합 플랫폼 환경 구축 및 제어 감시가 가능하나 외산 의존도가 높음
		DCS	미국 (58.1)	- 한정된 국내시장과 해외업계의 등장 등 과열경쟁으로 인해 저가 수주가 심함. 국내 DCS 산업이 전반적으로 침체기

[스마트제조기술별 국내 기술역량 평가]

(단위 : %)

스마트제조기술 분류			최고 기술국 (수준)	한국의 기술역량 및 평가
대분류	중분류	소분류		
		PLC	독일 (77.5)	- DCS는 규모 및 범위의 경제가 나타나고 경험곡선효과가 적용 되는 - 플랜트 업종에 활용되고 있으나 DCS에 대한 개발투자 비용을 매몰비용으로 인식하고 최근 PLC가 DCS의 일부기능을 대체 - 한국은 외산 선호(Lock-in 효과가 큼) - LS산전의 활동으로 약 33% 국내 시장점유율 확보 - 적합성 인증 프로그램 부재로 센서, I/O디바이스 등 유관 중소중견 기업들의 제품 상용화 개발 참여도가 낮고 외산의 공격적 시장 전략으로 인해 국산 인지도가 떨어지는 등 시장 확대에 어려움이 있음
		장비연동 CAx	독일 (50.3)	- 한국은 원천 기술 개발이 늦어 외산 의존이 강하고 일부 전용화된 분야를 제외하고는 매우 취약하지만 CAE분야에서는 일부 선도 기술을 따라 가고 있음(펑션베이 등) - 중소기업의 경우 외산이 고가여서 사용이 저조하므로 중소기업용 임베디드 솔루션 보급이 필요
	내장형 IoT	AR/VR/MR	미국 (69.1)	- 현재 연구개발을 통해 기술개발 진행 중으로 당장 상용화는 힘든 상황
		모션제어	독일 (78.7)	- 대표공장(신성이엔지) 등 일부 공장에서 실험적으로 적용 중
		CNC	독일 (74.2)	- 기본 인터페이스·제어기능은 가능하나 스마트기능·고속제어·타제품 연계성 등이 취약하고 구동부는 CNC 연계 개발 경험 부족
		스마트센서	독일 (76.4)	- 해외 선진국과의 기술격차 누적, 가격 차이와 기술 장벽 극복이 어렵고 세계 시장 점유율 미미 - 센서의 교정, 감도, 정확도, 정밀도 등이 취약하여 외산에 의존도가 높고 저가형 제품 위주로 공급
	통신	산업용통신	미국 (83.4)	- 정보통신기술 및 초고속 인터넷 통신망의 발전으로 기술력은 외산과 큰 차이가 없지만 브랜드 인지도 부족으로 외산을 사용
		인터넷통신	한국 (100)	- 5G, 스마트폰, 인터넷망 등 품질이나 서비스가 우수하고 우수한 개발 인력 또한 풍부 - 전국적인 통신 인프라 구축 등 기업의 적극적 투자 기술의 최신성, 통신 속도 및 안정성 등 기술력 우위
	생산현장	로봇	독일 (70.2)	- 한국은 '교육용 로봇' 분야에서 우수한 기술 보유 - 제조로봇 생산·수출 성장에도 불구하고 국내 시장은 여전히 협소하며, 차세대 분야를 선도할만한 역량 있는 로봇 전문기업 부족 - 한국에서는 핵심 컨트롤러 및 고도의 기술력을 요구하는 특성화 로봇 등은 일본 업체(야스카와 전기, 화낙) 제품 사용 - 중국에 비해 내수시장규모 및 시장성장성도 작고 원천 및 상용화 기술력 또한 낮아 성장이 정체된 상황
		머신비전	미국 (79.5)	- 머신러닝, 딥러닝 등 알고리즘 분야에서는 기술력이 있는 편이나, 렌즈, 카메라 등 기본 기술 취약
		3D프린팅	미국 (71.1)	- 정부 주도로 기술개발이 이루어지고 있으나 선도 기업 부재 및 사업화 정체로 인해 시장 성장성은 약하며, 투자 규모도 작음

* 출처: 스마트제조 기술수준조사(스마트공장추진단/한국스마트제조산업협회, 2018)를 재편집

☐ 설문조사에 의하면 스마트제조 공급기업 중 약 96%는 중소기업이 차지하고 있으며 사업분야별로는 솔루션·서비스·설비분야 모두를 취급하는 기업 비중이 57.5%로 통합적 사업 포트폴리오를 추진하는 기업들이 가장 많음[11]

- 설비분야 사업만 영위하는 기업은 4%에 불과하였는데 이는 설비 기업의 솔루션·서비스 분야에 대한 진입장벽이 높고 사업전환이 쉽지 않은 것에서 기인
  - 그러나 상당수의 설비분야 기업들은 향후 사업범위를 확장하여 통합화된 패키지 서비스를 제공할 계획을 지니고 있음
  - 이에 따라 2025년에 사업분야를 솔루션·서비스와 설비 등 스마트제조 공급의 모든 분야를 영위할 계획이라고 답한 기업 비중이 74.9%로 2019년에 비해 17.4%포인트 증가
  - (현대중공업지주) 2015년 로봇사업부 신설 후 2019년부터 스마트공장 솔루션을 개발하여 상용화
  - (한화정밀기계) 스마트공장에 최적화된 모바일 협동로봇에 적용 가능한 칩마운터 스마트공장 구축 솔루션을 상용화
- 생산 공장 보유현황은 설비 기업이 64.3%로 가장 높았음
- 솔루션·서비스+설비 유형은 생산공장 보유 비중 35.3%로, 생산역량을 갖춘 설비 기업이 스마트제조 솔루션·서비스 분야로 진출
- 국내 공급 기업들의 기술연구소 보유 비중은 설비 기업 78.6%, 솔루션·서비스+설비 기업 76.1%, 솔루션·서비스 기업 61.9% 등 대체로 높게 나타남
  - 많은 스마트제조 공급 기업들이 연구개발 활동 기반을 가지고 스마트제조와 관련된 신사업 영역에 진출하고 있음을 의미

---

[11] KIET 산업경제, 산업포커스 '국내 스마트제조 공급사업 현황과 발전과제'

전략분야 현황분석

[스마트제조 사업 분야별 기업수(복수 응답) 현황]

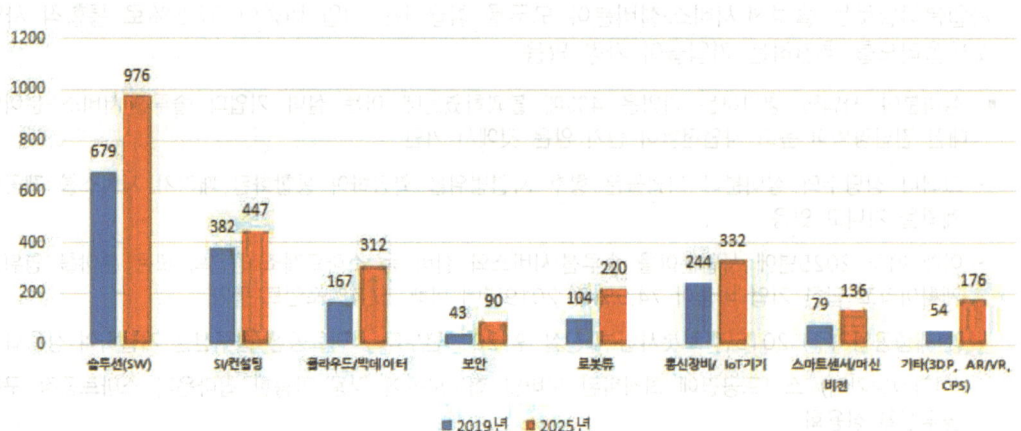

* 출처:: 산업연구원 실태조사(2019)

[스마트제조 공급기업의 사업 분야별 비중 현황]

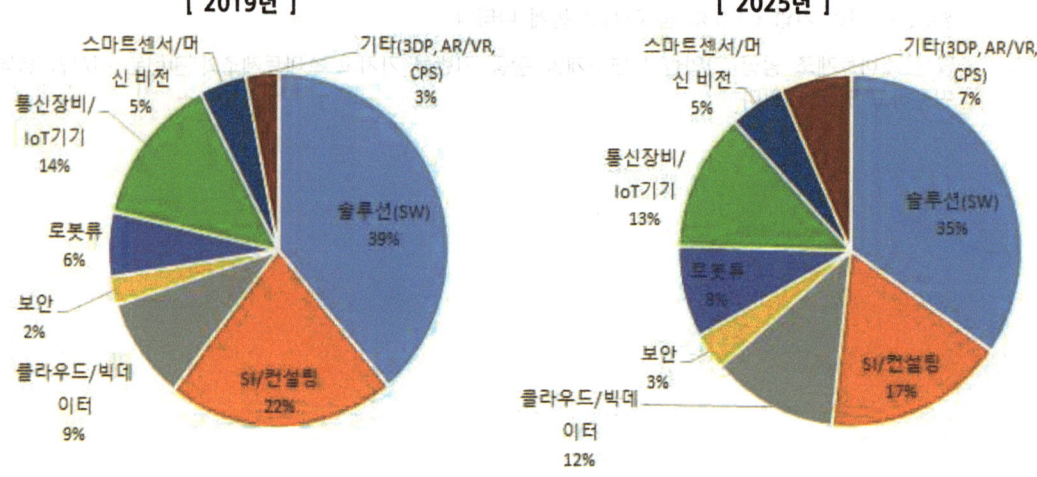

* 출처:: 산업연구원 실태조사(2019)

☐ 스마트제조 공급부문을 솔루션, 서비스, 설비 등 3개 분야와 총 20개의 구성요소로 구분하여 기업의 영위 사업 분야를 조사

- 2019년 기준 공급기업 1개사가 영위하는 사업 분야 수는 4.9개로 나타났고, 과반수가 MES(68.1%)와 SI(59.4%), IoT 기기 장비(59.0%)분야의 사업을 영위한다고 응답

- 2025년에는 기업의 사업 범위 확장으로 사업분야가 평균 7.2개로 증가하여 사업 분야 비중이 전반적으로 증가할 것으로 보인다. MES와 SI, 컨설팅, IoT 기기 장비가 여전히 가장 보편적인 사업분야로 인식되나 PLM, 클라우드, 빅데이터, 스마트센서·머신비전 분야의 성장세가 두드러짐

- 20개 사업 분야를 서로 유사한 사업 분야로 묶어서 분야별 비중의 변화를 살펴보면, 현재 높은 비중을 차지하는 솔루션(SW), SI/컨설팅 분야의 비중은 감소하는 반면 로봇류, 기타(3D 프린팅, AR/VR, CPS), 클라우드/빅데이터, 보안 등의 사업을 영위하는 기업 비중은 증가

[공급기업의 애로요인 조사결과]

주 : 1점(매우 낮음), - 3점(보통), - 5점(매우 높음).

* 출처: KIET 산업경제, 산업포커스 '국내 스마트제조 공급산업 현황과 발전과제'

☐ 조사에 따르면 스마트제조 공급 기업들이 경쟁력 확보에 어려움을 느끼는 요인으로 R&D 자금부족(3.9), 판로개척(3.8), 인력부족(3.7), 과도한 시장경쟁(3.7), 사업자금조달(3.7) 순서로 나타남

- 스마트공장 지원 자금이 집중되면서 중소 공급업체들의 시장 진입이 증가하였고, 이에 따라 비교적 진입장벽이 높은 소프트웨어 등 일부 시장에서는 과도한 시장경쟁, 판로개척 등의 애로사항이 생김

- 스마트제조 관련 제품과 서비스를 개발하는 데 기술적 요인보다는 새로운 시장을 개척하고 전문 인력을 확보하는 것이 더욱 큰 과제임

(2) 국내 기업 기술 현황

◎ 대기업 동향

- ☐ (LG CNS) 구글, MS 등 글로벌 기업과의 기술협력을 강화하면서 종합 솔루션 기술 강화 중
  - AI빅데이터 플랫폼 '디에이피(DAP)'와 구글 클라우드의 AI 솔루션 '오토ML'을 결합해 LG계열사 제조 공장의 불량품 판독시간을 기존 일주일에서 최대 2시간으로 단축
  - 마이크로소프트사의 Azure Cloud에 스마트제조 솔루션을 탑재하여 글로벌 자산을 실시간으로 모니터링, 제어, 사후 분석 및 사전 예지 보전을 진행
  - Field Device의 지능화를 위하여 Advantech의 임베디드 솔루션에 다양한 산업용 프로토콜을 지원할 수 있는 제어 솔루션을 탑재

- ☐ (KT) 텔스타홈멜과 협업으로 제작한 5G 제조 클라우드와 연동해 동작하는 미래형 스마트 공장 및 사이버물리시스템(CPS) 등을 공개
  - 텔스타홈멜은 경주공장의 실제 제조라인과 코엑스 전시장에 있는 가상 제조 공간이 5G로 실시간 연결돼 동작하는 모습 공개
  - 5G로 연결된 협동로봇과 머신비전의 데이터가 관제 플랫폼인 팩토리 메이커스(Factory Makers)로 실시간 전송돼 원격 모니터링과 분석하는 시연
  - 아울러 KT는 텔스타홈멜과 함께 개발 중인 'Link 5G'는 5G 무선신호를 수신해 공장 내 통신장비도 5G로 통신할 수 있도록 산업용 장비의 프로토콜을 연결해주는 장치

- ☐ (포스코 ICT) 철강분야 시스템에 공정별 IT 설계 및 구축을 주로 수행하였으며 MES 뿐만이 아니라 HMI, 전기제어, 설비 등의 역량 보유
  - Legacy 시스템 및 OPC-UA 등이 신규 표준 시스템 등을 수용할 수 있도록 상호 운용성을 고려한 유연한 구조 채택
  - 철강업 특성을 반영하고 기존 표준을 준용한 자체 Smart Industry 4.0 Framework을 설정하였으며, 이를 기반으로 스마트제조 플랫폼을 개발
  - 포스코가 운영하는 제철소에 스마트제조 플랫폼의 레퍼런스 구축 및 다양한 프로젝트를 추진

- ☐ (현대로보틱스) 자동차용접, 조선분야에 적용되는 로봇과 슬림형 다관절 로봇기술을 보유
  - 자동차 용접, 조선 분야 적용, 슬림형 다관절 로봇 기술이 있으며 자체 제어 솔루션 활용

- ☐ (한화로보틱스) 협동로봇인 HCR-3, HCR-5, HCR-12 제품을 선보임
  - 서로 다른 작업 환경의 요구사항을 해결 할 수 있는 효율적인 생산 환경을 구현하여 검사, 스크류 체결, 연마, 디스펜싱, 용접 등 다양한 공정에 투입을 진행 중

☐ (두산공작기계) 자동차 엔진 및 구조물, 항공, 의료, 금형의 수요산업 공정에 대응하는 5축 및 복합축 장비 개발

- 표준기반 스마트 팩토리 기술 지원을 위한 스마트 팩토리 컨트롤러 국산화 개발
- 국내 최초로 6개의 관절 마다 토크 센서가 내장되어 힘 감지력과 충돌 민감도가 뛰어난 협업로봇을 개발하여 출시('18) : 표준규격 로봇안전 시험 통과
- 로봇제어기는 Drag & Drop 방식의 간편한 프로그래밍 방식으로 개발이 용이한 장점 보유

☐ (LS산전) 수요예측 시스템(APS)이 적용된 유연생산 시스템 방식의 스마트공장 체제를 구축하여 설비 대기 시간 절반 감축, 생산성 60% 향상, 에너지 사용량 60% 이상 절감, 불량률 6ppm 급감 등의 성과를 달성

- ICT와 자동화 기술 융합을 통해 다품종 대량 생산은 물론 맞춤형 소량다품종 생산도 가능한 시스템 변혁을 구현
- 공장 자동화 시스템과 스마트 그리드 기술을 융합한 에너지 최적화를 위한 통합제어관리시스템 도입
- 자동화 솔루션, 전력 솔루션, 드라이브 솔루션 등 산업용제어 기반 사업영역 커버, 각종 단위 기계에서 대규모 프로세스 제어까지 다양한 산업현장 솔루션 제공

☐ (현대위아) 서산 엔진공장에 IoT, 빅데이터 솔루션을 적용해 2019년까지 스마트공장을 시범 구축할 예정으로 여기에 적용될 스마트팩토리 솔루션(HW-MMS)*을 상용화해 외부에 판매하는 방안 추진 중

- 공작 기계에 첨단 IoT 센서를 붙여 설비 상태를 실시간으로 전송하는 시스템을 구축하고, 스마트 팩토리 구축으로 고장예측·가동률 최적화에 의한 생산량 향상이 기대
- 최근 알루미늄, 플라스틱 수지에 특화된 수직형 머시닝센터 F850 출시

  * HW-MMS(HYUNDAI WIA-Machine Monitoring System): 현대위아 공작기계에서 출시한 공장내 공작기계의 가동현황을 모니터링 할 수 있는 소프트웨어

☐ 현대제철은 디지털 트윈을 구축하면서 문제 해결이 아닌 프로세스 개선에 중점을 두고, 공장 운영과 공장 관리를 진행

- 원격에서 원하는 정보를 빠르고 쉽게 조회할 수 있는 '데이터 통합 수집'은 물론 타 시스템과의 인자 분석과 자가 학습이 가능한 'AI 기능'의 스마트 플랫폼
- 현대제철이 구축한 디지털 트윈은 시스템 및 센서에서 신호를 모두 동기화시키고, 설비에 있는 데이터는 카피하여 IoT 플랫폼과 빅데이터 플랫폼, 머신러닝에 동기화 가능

☐ (삼익THK) 2018년 LM시스템 기술을 활용해 '수직다관절 로봇'을 출시, 반도체 웨이퍼 이송과 LCD 패널 이송용으로 나뉘어 생산되는 트랜스퍼 로봇도 활용도가 높음

- 반도체 웨이퍼 이송용 로봇은 웨이퍼 사이즈에 따라 150㎜부터 450㎜까지 4종류를 생산. 운동방식에 따라 모델을 확장 가능

◎ 중소기업 동향

- ☐ (유진로봇) '라이다(LiDAR) 센서'와 자율주행 물류배송 시스템 '고카트120(GoCart 120)'을 개발하여 물류이송에서 컨베이어와 로봇간에 물품을 이송하는 데모를 시행
  - 고카트200 모델도 출시 예정이며, 고카트200에는 매카넘휠을 적용할 예정
    - 공장이나 물류창고, 병원, 호텔, 쇼핑몰, 식당, 빌딩 등 다양한 환경에서 사용이 가능
  - 독자 개발한 2D, 3D 라이다 센서는 360도×90도 와이드 뷰(Wide View)가 가능하며 AGV(무인운반차), 공장자동화에서 장애 탐지·고속정밀제어·목표물 탐지, 산업용 자동문 등 보안분야, 안전 레이저 스캐너 등 다양한 분야에서 사용이 가능

- ☐ (뉴로메카) 신개념 협동로봇 플랫폼 비즈니스인 '인디고(IndyGO)'를 개발
  - 인디고는 중소제조기업의 성공적인 협동로봇 도입을 위해 분석, 설계, 설치, 운용, 유지보수, 인력교육에 이르는 전 공정을 제공하는 서비스

- ☐ (레인보우로보틱스) 휴보의 기술력을 갖춘 연구진이 국내 기술로 6축 협동로봇 RB5(가반하중 5kg)를 개발
  - 하모닉 드라이브를 제외한 모터, 센서, 제어기, 소프트웨어에 이르는 로봇의 모든 핵심 부품을 직접 개발

- ☐ (다인큐브) 다인큐브는 로봇 티치 펜던트와 제어기, 로봇 모션 컨트롤러 등을 선보임. 다인큐브는 지난 12일 로봇·장비용 로봇 세프티 콘트롤러인 DSRC 제품에 ISO 13849-1 Cat.3을 만족하는 S-마크 인증을 인증기관인 KOSHA로 부터 받음

- ☐ (AIM 시스템) 반도체 LCD 산업을 대상으로 MES 시스템 기술을 고도화 하여 실시간 설비연동이 가능한 설비 제어 통신 서비스를 개발

- ☐ (에이시에스) 에이시에스는 MES를 기반으로 제조실행 및 제조 정보 시스템 운영을 위한 기반 기술을 제공하여 다양한 제조업체에 적용 중

- ☐ (이랜서) RFID 기반의 IT 아웃소싱, SI, 및 컨설팅 서비스를 제공하고 있으며 제조 기업을 대상으로 ICT를 적용

- ☐ (에임시스템) 반도체, 태양광, 자동차/기계, 화학전자 재료 등 다양한 분야의 생산정보시스템을 구축하였으며, 공장·장비 자동화를 위한 MES 및 제어 솔루션 보유

- ☐ (엑센 솔루션) 자동차 부품, 반도체, 중공업, 기계, 식품, 제약 등 다양한 제조업을 대상으로 MES 마스터플랜 컨설팅 서비스 및 제조 시스템 구축 서비스 제공

- ☐ (신명정보통신) 뿌리산업 위주로 센서, M2M 디바이스 및 정보통합 솔루션 제공

4. 정책 분석

가. 해외 정책 동향

[주요국 스마트제조 정책 현황 및 특징]

	주요 정책	추진방향	기업·산업 동향
독일	· Industrie 4.0 · Mittelstand 4.0 · Plattform industrie 4.0 · Arbeit 4.0, RAMI 4.0	· 글로벌 프리미엄 기계장비시장의 경쟁우위 유지, 중소/중견기업 혁신 기회 · 국제 산업표준 정립, 인적자원 양성	· AI, 스마트데이터 활용하여 기계장비산업의 글로벌 경쟁우위 강화 · 금속, 전기산업 등 교육규정 마련
미국	· 첨단제조파트너십(AMP) · 신미국혁신전략(NNMI) · 스마트 제조 프로그램(Smart Manufacturing Program)	· 제조 신기술 개발과 신제조업으로의 전환 · 공공-민간 협력체계에 기반한 산업화	· 글로벌 대기업들이 산업 인터넷 컨소시엄(IIC) 구성(2014.1.) · 테스트베드 구축 추진, 글로벌시장 진출
일본	· Society 5.0 미래투자회의 · 미래투자전략 · 데이터 기반 조성사업 · 로봇 신전략(RRI)	· 총리 직속의 거버넌스체제 · 개인·산업 구분하여 데이터 활용기반 확보	· 로봇, 첨단소재·부품시장 선점 · 노동자-기업 간 소통과 협력, 수용성 제고
중국	· 중국제조 2025 · 국가 스마트 제조 표준체계 정립 지침 · 스마트 제조 발전계획(2016~2020)	· 제조강국을 위한 중점 산업의 스마트화 · 국가 스마트 제조 표준 정립 · 공급부문 국내자급률 확대, 스마트 제조 시범 프로젝트 추진	· 주요 제조사와 IT기업 중심으로 스마트 제조 활발하게 추진 · 하이얼, 온라인 기반 대량 맞춤생산 플랫폼 · 알리바바, 클라우드 기반 산업인터넷 플랫폼
한국	· 제조업혁신 3.0 · 스마트공장 확산 및 고도화 전략 · 중소기업 스마트 제조 혁신 전략	· 중소기업 혁신전략의 일환으로 스마트공장 지원 강화 · 스마트공장 R&D 로드맵 수립 · 공장표준 등 국제협력 진행	· 사회적 수용성을 높이기 위한 이해관계자간 소통 착수 · 빅데이터산업 육성을 위한 데이터 3법 입법화

* 출처 : 한국형 스마트 제조전략 수립의 중요성과 기본방향, 2020, KIET

전략분야 현황분석

◎ 스마트공장의 선도국가, 독일

☐ 국가주도로 미래 제조업 청사진을 제시, 기업이 자율적으로 혁신을 추구할 수 있도록 기본 인프라 스마트화에 중점

- 인더스트리 4.0은 '12년 독일 정부의 핵심 미래 프로젝트로 도입되어 '13년부터 산업협회의 주요 연구 주제로 시작되었으나 실제 적용이 부진하여 '15년 정부주도의 플랫폼 인더스트리 4.0으로 재탄생

- '16년에는 표준화 로드맵을 개정하여 인간-기계 상호작용, 통신, IT 보안에 중점을 두고 추진

☐ 플랫폼 인더스트리 4.0을 기반으로 회원사 간의 정보 교류 및 공동 연구를 촉진

- 500개의 테스트베드를 구축해 기업들의 적응을 돕고, 실제 성공사례를 공유해 확산 도모

- 독일 중소기업들의 4차 산업혁명 관련 사업모델 성숙도 중 '시장성숙' 단계의 사례가 51%로 가장 많았으며 플랫폼 인더스트리 4.0 네트워크에 등록된 업체 중 중소기업이 전체의 45%에 이를 정도로 높은 참여도[12]

☐ 인더스트리 4.0 표준화 체계인 RAMI 4.0 모델 개발

- 인더스트리 4.0에 스마트 그리드의 표준화 모델인 'Smart Grid Architecture Model(SGAM)'의 개념을 적용하여 확장

- RAMI 4.0을 만들며 국제표준을 최대한 활용하여 신규 표준 수립에 들어가는 시간 및 비용을 최소화하고자 하였고 이는 향후 RAMI 4.0이 국제표준의 기준이 될 수 있음을 고려

☐ 국제협력을 통한 개방적 혁신 추구

- (독일-미국) 독일의 플랫폼과 미국의 산업인터넷컨소시엄(IIC)은 2016년 3월 공식적으로 4차 산업혁명 관련 협력을 추진하기로 합의

- (독일-중국) 독일 경제에너지부와 중국 공업신식화부(工业和信息化部)는 스마트제조 및 상호연계성 생산공정 분야의 양국 기업 협력을 지원하기로 하고 2015년 7월 MOU를 체결

- (독일-일본) 독일 연방경제에너지부와 일본 경제산업성은 2016년 4월 말 하노버 선언을 통해 IoT 분야에 협력

---

12) 독일 중소기업, 4차 산업혁명성숙단계(한국무역협회, 2019.01.07.)

◎ ICT기반의 첨단 제조업 혁신정책, 미국

□ 첨단 제조업을 국가 경쟁력의 근간으로 인식하고 인력양성·R&D 투자 확대 등의 정책을 추진하며, 민간 제조업체들 간의 원활한 소통 체계를 토대로 제조업 혁신 선두 중

- 정부와 대기업, 다른 한편으로 중소기업 및 개인이 각자의 장점을 살리며 혁신에 참여하여 시너지를 내도록 하는 투트랙(Two Track)으로 혁신을 진행 중
  - 미국 정부는 국방부와 과학재단(NSF) 주도로 개발해온 로봇기술이 제조혁신과정과 연계될 수 있도록 하고, DARPA 등의 기관을 활용하여 민간에서 자율적으로 수행하기 어려운 유형의 연구개발에 집중

□ 대기업 중심의 개방형 스마트화로 글로벌 제조 및 IT 기업을 중심으로 산업인터넷 컨소시엄(IIC)을 구축해 산업용 사물인터넷(IIoT) 확산을 위해 노력 중

- 미국 국내 기업 외의 외국 기업 및 제조업 외의 다양한 산업 분야도 아우르는 표준을 제정
- IIC는 사물인터넷(IoT), 스마트 생산 등 생산망 최적화나 기술혁신 뿐 아니라 스마트 서비스 발굴 등 신규 비즈니스 모델에 초점을 둔 시장 주도적 접근방식이 특징
  - 시장 주도적 접근은 벤처캐피탈, 엔젤펀드 등 자금조달이 원활한 비즈니스 환경에서 비롯된 것으로 표준화나 상용화에 유리
  - 산업인터넷 관련 아이디어와 기술을 신속히 테스트 할 수 있는 유스케이스 발굴 및 테스트베드 구축
  - GE, 보쉬, IBM, SAP, 델 등을 중심으로 전 세계 260여 개에 달하는 다국적 기업 및 기관 회원을 보유하고 있으며, 26개 테스트베드 구축·운영

◎ Society 5.0, 일본

□ 중소기업을 중심으로 스마트팩토리 도입 수요가 활발해진 것은 경제산업성 중소기업청이 2020년 사업재구축보조금을 조성하여 수혜기업을 확대하기 시작한 이후

- 2015년, 경제산업성 중부경제산업국은 '2040년 모노즈쿠리 미래 통찰 조사'를 실시하고 2017년 5월에는 중소·중견기업을 위한 '스마트팩토리 로드맵'을 발표하면서 일본 제조업 DX를 준비

□ 일본은 적용가능성을 높인 개별 기업 수준의 제조업의 스마트화로 IoT를 통한 제조업 고도화를 목표로 일본 기계학회와 주요 제조사가 참여한 IVI가 '인간 중심의 IoT'와 '관대한 표준'을 내세우며 출범

- 제조업이나 제조기계 메이커, IT 벤더 등이 참가한 일본의 대표 협의체인 IVI(Industry Value Chain Initiative)는 독일 정부의 인더스트리 4.0과 같이 엄격한 표준화를 최우선 과제로 설정하면 제조업의 개별 프로젝트가 큰 폭으로 지연된다고 지적
- 프로젝트별로 IVI의 '표준화 팀'이 참가해 기존 참고 모델을 적용하되, 신규 참고 모델을 개발하기 위한 지원
- '스마트팩토리' 전환 자체에 초점을 두기보다 '생산성이 얼마나 개선이 됐는지, 차별성은 무엇인지'를 먼저 채택하는 전략

◎ 제조 2025, 중국

☐ 중국은 '중국제조 2025' 시행으로 스마트제조 관련 정책을 본격 수립
- 동 전략의 목표는 기존 대량생산 체제에서 첨단기술 기반 경제로 체질을 전환시키고, '35년까지 글로벌 제조 강국 건설
  - 10년(2015~2025년)안에 전 세계 제조업 '2부 리그' 진입, 그 다음 10년(2025~2035년)엔 '1부 리그' 진입, 세 번째 10년 기간(2035~2045년)에 1부 리그의 선두로 발돋움하겠다는 전략
  - '중국제조 2025' 성과의 가시화를 위해 '15년 1차 시범사업 대상 스마트공장을 46개 선정, '16년 64개 시범사업 대상 발표, '17년 약 90개 시범사업 대상을 추가 지정
- 제조업 전반에 대한 톱다운 방식의 전략적 대응과 상황변화에 유연한 대응을 할 수 있는 전략과 함께 차세대 IT 기술, 첨단 CNC 공작기계 및 로봇 등의 10대 육성 전략

☐ 제조업과 ICT 융합을 촉진하는 '인터넷 플러스' 전략을 실행 중이며, 민간기업은 정부의 강력한 지원과 거대한 내수시장, 과감한 혁신을 통해 스마트화, 서비스화 등을 빠르게 실행 중
- 제조업의 인터넷화·자동화·스마트화를 강조, 중국 제조업의 중장기 비전 달성을 위한 5개 핵심 프로젝트 제시하였고, 이 중 제조혁신센터, 지능형제조 프로젝트가 스마트공장과 연관
  - 제조혁신센터 : 미국의 IMI(제조혁신연구소)의 유사개념으로 '17년 10월 기준 베이징과 저장성에 제조혁신센터 설립
  - 제조혁신센터를 플랫폼으로 핵심기술 확보, 여러 기관의 협력개발, 기술이전, 사업화 등 지원
- 중국은 기업 간 기술편차가 크긴 하지만, 기술도입 속도가 빠르고, 효율적 무선센서, 네트워킹, 보안 분야 등에 강점

나. 국내 정책 동향

◎ 주요 정책 동향

☐ 2020년, '한국판 뉴딜 종합계획' 발표

- '한국판 뉴딜 종합계획' 10대 대표과제 중 하나인 '스마트 그린 산단'은 산업단지를 디지털 기반 고생산성, 에너지 고효율 등 스마트·친환경 제조공간으로 전환 추진

- 스마트 생태공장(100개소)* 및 클린팩토리(1,750개소)* 구축

    *(스마트 생태공장) 폐열·폐기물 재사용, 재생에너지 등을 통한 오염물질 최소화

    *(클린팩토리) 기업별 배출 특성 진단 및 오염물질 저감 설비·기술 지원

☐ 2020년, 스마트공장을 구축한 중소 제조업체들이 활용할 AI 플랫폼 'KAMP' 제공 개시

- KAMP는 스마트공장을 구축한 중소 제조업체를 위한 제조 분야 특화 AI 플랫폼

- NHN, KT, KAIST, 아이브랩, 티쓰리큐, 스코인포, 엠아이큐브솔루션 등 국내 최고 수준의 클라우드·AI·소프트웨어(SW) 분야 전문 기업과 기관이 참여해 시스템을 구축

- KAMP는 스마트공장에서 생성되고 있는 제조데이터를 활용하여 그 이익을 데이터 생산 제조기업에 환원하는 '마이제조데이터'의 기반으로 중소기업의 생산성 향상 및 '마이제조데이터' 체계 마련

- 엑스레이, 건조구동장치, 살균기, 교반구동장치, 용해탱크, 프레스기, 머신비전, 용접기, 사출성형기, 컴퓨터수치제어(CNC)기, 포드 엔진 진동, 제조 현장용 광학문자판독(OCR) 학습 등 AI 데이터셋 12종을 제공

[KAMP 개요도]

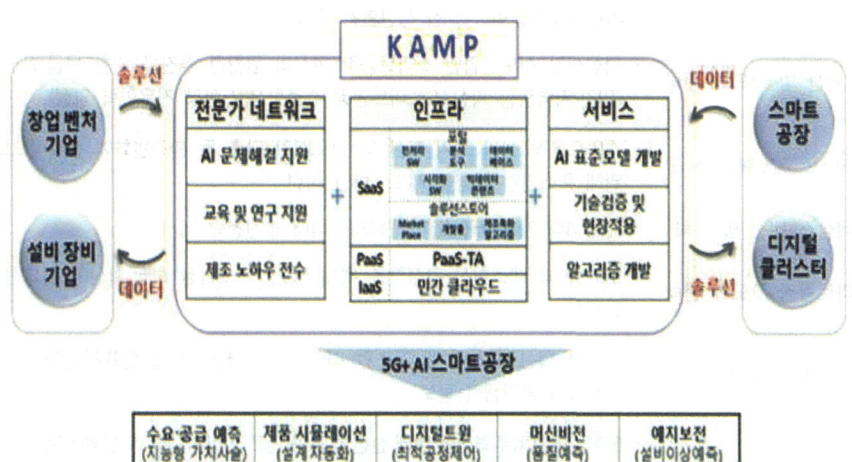

* 출처: 인공지능(AI)·데이터 기반 중소기업 제조혁신 고도화 전략, 중소기업벤처부(2020)

□ 2019년, '스마트제조 R&D로드맵' 발표

- 산업통상자원부가 '19년 3월 발표한 스마트제조 R&D로드맵에서는 스마트 제조산업의 미래 신성장동력화를 비전으로 설정
- 스마트제조기술 역량강화를 통해 기술수준을 높이고('25년 90%), 세계시장 점유율을 제고('25년 5.0%)하는 목표를 수립함
- 자동차, 전자, 석유화학, 항공을 집중분야로 선정하였고 추후 산업을 추가하여 진행 예정

[스마트공장 관련 전략분야 R&D 지원계획]

사업명	개발목표	협업부처
AI기반 자율제조공장 프로젝트	정보통합, 자가분석, 최적화 등 자율생산 관련기술	과기부 중기부 산업부
5G 기반 생산, 제조 및 협업로봇 실증	초고속, 저지연 제조서비스	과기부
데모공장 고도화 제조핵심, 협업패키지 기술개발 스마트 제조산업 HW 기술개발	유연 생산라인 구축 → 다품목 소량생산 개별 제품을 연계한 통합 솔루션 확보 로봇, 센서 등의 원천, 상용화 기술	산업부

* 출처 : 중소벤처기업부, 중소기업 스마트 제조혁신 전략 (중소벤처기업부, 2018.12.13.)

[스마트공장 관련 주요 정책 내용]

구 분	스마트제조 관련 주요전략
문재인 정부 국정과제	- 33. 소프트웨어 강국, ICT 르네상스로 4차 산업혁명 선도 기반구축 - 38. 주력산업 경쟁력 제고로 산업경제의 활력 회복 - 40. 중소기업의 튼튼한 성장환경 구축
스마트공장 확산 및 고도화 전략	- 혁신성장 선도산업인 스마트공장 확산의 원활한 추진을 위한 보급·확산 방안 마련 (민간·지역중심 확산 / 스마트공장 수준향상 / 현장 전문인력 양성)
중소기업 스마트 제조혁신 전략	- 스마트공장 성과 조기 확산 및 근로시간 단축 등 환경변화에 선제적으로 대응하기 위해 중소기업 경쟁력 제고 방안 마련
제조업 르네상스 비전 및 전략	- 세계 4대 제조강국 도약을 목표로 4대 추진전략 제시
5G기반 스마트공장 고도화 전략	- 5G기반의 제조혁신 활성화를 위해 5G 스마트공장 보급·확산에 필요한 정책적 지원계획
4차 산업혁명 대응계획	- 지능화 혁신 전략 아래 제조업 디지털혁신 추진, 산업 인프라·생태계 조성을 위한 지능화 기술경쟁력 확보
정부 R&D 중장기 투자전략	- 5대투자분야(주력산업,미래·신산업,공공·인프라,삶의 질, 혁신생태계)설정 및 투자전략
제4차 과학기술기본계획 (2018~2022)	- 4대전략(과학기술 역량 확충, 과학기술 생태계 조성,신산업·일자리 창출, 행복한 삶 구현)

◎ 스마트공장 관련 기관

☐ 대통령직속 4차 산업혁명위원회
- 4차 산업혁명 시대를 맞아 국가 전략과 정책을 점검하고 정부 부처 간 정책을 조정하는 대통령 직속기구로, 2017년 8월 '4차산업혁명위원회 설치 및 운영에 관한 규정'이 국무회의에서 의결
- 4차산업혁명에 대한 종합적인 국가전략 수립에 관한 사항, 4차 산업혁명 관련 각 부처별 실행계획과 주요 정책, 4차 산업혁명의 근간이 되는 과학기술 발전 지원, 인공지능·ICT 등 핵심기술 확보 및 기술혁신형 연구개발 성과창출 강화에 관한 사항에 관한 사항 및 전 산업의 지능화 추진을 통한 신산업·신서비스 육성에 관한 사항 등을 심의, 조정하는 역할 수행

☐ 스마트제조혁신추진단
- '19년 7월 스마트공장보급사업의 컨트롤타워 역할을 하게 될 '스마트제조혁신추진단' 출범
- 이전의 중소기업기술정보진흥원, 스마트 공장관련 사업을 통합한 조직으로 스마트공장 보급, 제조혁신 연구개발(R&D), 표준화 등 중소벤처기업부의 스마트공장 보급사업을 총괄
- 기정원이 추진해 온 스마트공장 구축 지원사업을 이어받고 전국 18개 테크노파크에 설립한 스마트제조혁신센터를 총괄하는 등의 역할

['19년 스마트공장 보급확산 사업과 주관기관]

사업	기관명
신규구축 및 고도화 시범 스마트공장 구축 지원 노동친화형 시범 스마트공장 구축 지원 업종별 특화 스마트공장 구축 지원 스마트화 역량 강화 지원 스마트공장 수준확인	스마트제조혁신추진단
대중소 상생형 스마트공장 지원	중기중앙회
로봇활용 제조혁신지원	한국로봇산업진흥원
스마트 마이스터	대한상공회의소

* 출처 : 스마트제조혁신추진단 홈페이지

☐ 스마트제조혁신센터(SMIC)
- 중소벤처기업부는 지역 스마트공장 보급업무를 전담하는 스마트 제조혁신센터를 전국 19개 테크노파크에 구축하여 운영 중
- 주요 역할은 지역별 스마트 공장 구축/보급과 스마트마이스터 활용 컨설팅, 구축 희망 기업 대상 스마트공장 도입 교육 등이 존재

5. 중소기업 전략제품

가. R&D 추진전략

Factor	기회요인	위협요인
정책	• 대통령직속 4차 산업혁명위원회 설치 등 정부의 정책적 지원 강화 추세 • 스마트공장 공급기업 R&D 강화 정책 • 스마트공장 보급·확산 정책 확대 • 노동시간 단축 및 임금인상으로 인한 스마트화 필요성 증대	• 세계 각국의 제조업 혁신경쟁 가속화 • 미국, 일본 등 자국 중심주의로 인한 관련 기술 도입이 어려운 것으로 판단 • 지식재산권 등 연구개발의 결과물을 적절히 보호하기 위한 보호방안 미흡
산업	• 로봇 보급률 세계 1위 등 디지털화에 유리한 공정설비 확보 • 세계 최고 수준의 대기업과 넓은 저변의 중소기업 보유 • 스마트공장 관련 산업 범위 확대 추세	• 글로벌 선도기업들의 독점이 점차 강화 • 스마트공장 구축을 위한 자금 조달의 어려움 • 주력산업 구조조정으로 가동률이 하락하는 등 제조업 활력 저하
시장	• 우리의 제조업 경쟁력은 세계 3위 수준으로 양질의 인력도 존재 • 우수하고 복잡한 제조공정을 가진 기업 다수 • 다품종 소량생산의 니즈가 강화되는 추세	• 중소기업의 스마트공장에 대한 인식이 여전히 낮음 • 후발국의 시장 진입 위협과 세계 시장 개척에 따른 경제적 부담 • 규모의 경제, 역량의 한계로 대응력과 경쟁력이 약한 중소기업에게 불리
기술	• 빅데이터, 웨어러블 디바이스 분야의 기술 접근성이 좋고, 생산설비와 네트워크 기술이 글로벌 기업에 준하는 수준 • 제조 데이터 활용을 위한 ICT 인프라도 OECD 1위 달성 • 높은 대학진학률 등 풍부한 인재양성 시스템	• 선진국의 핵심기술 도입이 국내기술의 성장 방해 • 생산설비, 센서, 기반SW 등의 솔루션은 대부분 글로벌 기업에 종속되어 있음 • ICT 등에서 빠르게 등장하는 새로운 기술 활용에 필요한 인력부족 및 직원훈련한계

중소기업의 시장대응전략

→ 주력산업(자동차, 반도체, 화학 등) 가치사슬 전반의 대·중소기업간 연계 및 생산 최적화
→ 공장없는 제조기업(생산 아웃소싱), 개인맞춤형 제품 수요 대응을 위한 다품종 유연생산 기술 확보
→ 중소기업 생산현장의 제조 데이터 생성→수집→분석 구현을 위한 요소 기술개발
→ 스마트공장 보급·확산사업과 연계하여 성공 DNA 확산
→ 스마트제조 기반 기술개발의 성공적인 현장 적용을 위해 설계기술 동반 연구개발 추진
→ 개도국 및 중국의 가격경쟁력을 극복할 수 있는 고부가가치 기술우위 스마트제조 산업화 제품 개발

나. 전략제품 선정 절차

전략제품 후보군 도출	전략제품 선정위원회	전략제품 확정
✓ 기술 수요조사 기반 전략제품 후보 도출 - 중소기업 기술 수요조사 - 수요처 기술 수요조사 - 국가추진전략 ✓ 대국민 온라인 재밍(Jamming) 기반 전략제품 후보 도출 - 국민건강, 환경, 재난/안전 분야 ✓ 산학연 전문가 추천	✓ 산학연 전문가로 선정위원회 구성 ✓ 평가 기준에 따른 평가 종합 ✓ 마일스톤 제품을 우선 선발 후, 전략제품을 결정 ✓ 스크리닝(중복, 전략범위, 내용 고려)	✓ 제품 선정결과 검토 및 조정 ✓ 전략제품 확정

☐ 전략제품 후보군 도출

- (중소기업 기술수요조사) 성과분석 진행 시 수신한 6,932건의 기술수요에 대하여 전문가가 과제명, 개발 목표 및 내용을 확인 후 전략제품 후보 도출

- (수요처 기술수요조사) 대기업이 중소기업에게 구매할 의사가 있다고 응답한 제품을 기반으로 기술수요를 확인하고 전략제품 후보 도출

- (국가추진전략) 최근 3년간 정부부처에서 발표한 정책자료를 분석하여 향후 정부 주도로 연구개발을 추진할 것으로 기대되는 전략제품 후보 도출

- (산학연 전문가 추천) 분야별 전문가 대상 후보 추천 의뢰 의견 수렴

- (재밍) 대국민이 참여한 데이터 기반의 전략제품 발굴을 위하여 3개 분야(국민건강, 환경, 재난/안전) 10개 세션을 운영하여 데이터 수집 후 빅데이터 분석을 통해 전략제품 후보 도출

☐ 전략제품 선정위원회

- (선정방식) 중소기업 적합형 기술로드맵 수립 및 전략 강화를 위해 전략제품 선정위원회의 평가를 종합하여 전략제품을 선정

- (전략제품 선정평가위원회) 분야별 산·학·연 전문가 위원회를 구성하여 전략제품에 대해서 각 6개 항목을 평가 및 검토 진행

- (평가항목) 기술성, 시장성, 중소기업 적합성, 기술개발 파급효과, 정부지원 필요성, 개발기간을 기준으로 평가

- (마일스톤 제품 선정) 5년 이상의 중장기 개발 필요성 및 정부정책 등을 종합적으로 고려하여 전문가 위원회가 우선적으로 선정

☐ 전략제품 확정

- (검토 및 조정) 선정된 전략제품들에 대해 최종적인 타당성 검증 및 분야 간 전략제품 검토 및 조정을 통해 전략분야별 전략제품 확정

다. 전략제품 선정결과

◎ HyperConnected(초연결) SCM 플랫폼

- 인공지능, IoT 등 4차 산업혁명의 기반기술을 활용하여 제조, 물류, 유통 서비스의 초지능초실감초연결화를 실현하기 위한 플랫폼

  - IT, 빅데이터, 인공지능, 블록체인 등 4차 산업기술의 발달과 스마트폰, 인터넷 보급 확대로 세계적으로 사람과 사물, 정보가 서로 연결된 초연결 사회로 진입이 가속화 되고 있음
  - 초연결사회는 기존 산업에서 불가능했던 일들을 가능하게 하며 여러 분야와 융합으로 시너지 효과를 창출함. 또한, 급변하는 IT 기술로 사람의 다양한 영역에서 변화를 만들어 내고 있음

◎ 디지털 트윈 생산시스템

- 사이버 시스템을 통해 실세계의 사람, 운영환경, 기계장치와 같은 물리 시스템을 네트워크로 연결하여 제어 가능하도록 하는 시스템

  - 가상 시뮬레이션을 이용하면 사전에 기기와 설비에 대한 CPS를 구축하여 진행 양상을 예측할 수 있어 시행착오에 따른 오류와 비용을 절감 가능
  - 디지털트윈 기술로 제조 시스템의 데이터를 수집하고 가공하여 빅데이터를 생성하고 생산된 빅데이터를 통해 제조 공정 효율화 및 품질 개선

◎ 산업용 지능형 센서

- 데이터의 통계처리 및 저장, 자동교정 및 보상, 상황판단, 네트워킹 등이 가능한 차세대 지능화된 센서

  - 지능형 센서 산업은 센서 제조를 위한 소재 산업이 필요하며 센서에서 발생하는 데이터를 가공 및 활용하여 유의미한 정보를 만들어내는 프로세싱 과정을 통해 작업 현장의 효율화 및 안전한 환경 제공
  - 인공지능, IoT, 빅데이터 등의 첨단 기술 발전과 함께 센서에서 발생하는 데이터를 효율적으로 해석하려는 움직임이 활발

◎ 중소기업용 스마트제조 플랫폼

- 저렴하며 가벼운 중소기업형 스마트제조 공통 플랫폼, 제조공정의 효율화를 위한 다양한 기술과 인프라를 포함하는 시스템으로 사물과 사람, 데이터와 서비스가 통합

  - 네트워크와, IoT 기술 발달과 함께 고속 생성되는 데이터를 공정 개선을 위해 활용하기 위해선 중앙 관리를 위한 플랫폼 개발 필요
  - 스마트 팩토리 도입이 가속화되고 있는 추세이며 관련 표준 기술 및 가이드라인이 부족한 실정으로 규격통합이 어려워 이를 해결할 수 있는 플랫폼 형태의 서비스 필요

◎ 중소기업용 On-Site 엣지시스템

- 장비 내에 자가진단이나 지능제어 기능들을 탑재하여 운영하는 설비 지능화 요소와 상위 시스템 계층의 최적 운영 부분을 연계하기 위한 네트워크 엣지단에서의 컴퓨팅 기술

  - 엣지컴퓨팅 기술은 중앙에서 연산을 수행하는 클라우드에 비해 로컬(Local) 연산 처리를 늘린 형태로 지연 시간이 짧으며, 범용성이 크다는 장점이 있음
  - 증가하는 데이터 용량으로 새로운 방식의 분산 처리 시스템 요구
  - 스마트제조의 확산에 따라 엣지컴퓨팅 수요 증가로 시장 확대

- 사람 중심의 인간-기계 협업을 위해 작업 모델링, 작업자 노하우 수집·분석, 상호작용 및 작업자 지원 기술 등을 제조 과정에서 효과적으로 인간에게 제공함으로써 인간 친화적으로 협업해 생산성을 높이는 시스템

◎ 스마트제조용 인간-기계 협업패키지

- 사람 중심의 인간-기계 협업을 위해 작업 모델링, 작업자 노하우 수집·분석, 상호작용 및 작업자 지원 기술 등을 제조 과정에서 효과적으로 인간에게 제공함으로써 인간 친화적으로 협업해 생산성을 높이는 시스템

  - 작업자에게 실시간 정보 제공과 어시스트를 통해 효율성을 증가시키고 실수를 감소
  - 저숙련자 교육을 위한 최고의 플랫폼 기술

◎ 머신비전 검사 시스템

- 사람이 육안으로 확인할 수 없는 불량까지 머신 비전, 센서 등을 통해 검사할 수 있으며, 머신 비전에 의해 불량여부와 불량의 종류를 스스로 판별할 수 있는 검사 장치

    - 전자제품 소형화 및 정밀화 트렌드로 사람이 감지하기 어려운 불량이나 문제가 발생하고 있어 보다 안정적이고 확실한 검사 시스템의 중요성 대두
    - 스마트폰 등과 같은 스마트 기기와 이를 이용하는 서비스가 출시됨에 따라 각종 기기의 안전성과 이를 검사하는 단계는 매우 중요할 것으로 판단

◎ 스마트 설비관리 시스템

- 생산설비에 대해 설비의 내구수명 전주기에 걸쳐 고장을 예지하여 수리/관리하고 업그레이드 및 새로운 설비교체, 중고기계 유통 등 설비기능을 유지 보전하는데 필요한 체계화된 토탈 시스템

    - 생산 공정 고도화로 정밀하고 신속하게 문제를 감지할 수 있는 설비관리 시스템 필요
    - 저출산으로 인한 노동력 감소와 전문 인력 부족
    - 생산성 향상, 비용 절감을 통한 기업경쟁력 향상

◎ 생산 스케줄링 시스템

- 전통적 생산관리방식인 자재소요량계획(MRP)에 의한 비현실적인 한계를 극복하기 위해 만들어진 새로운 생산관리 방식

    - 제조업은 공급자 중심에서 소비자 중심으로 산업구조가 변화되고 있음, 그에 따라 다품종 소량생산 추세로 제품 생산관리가 더욱 중요해짐
    - APS 시스템은 급변하는 제조 환경에서 다양한 현장의 요건들을 고려하여 효율적인 스케줄을 수립할 수 있고, 변화하는 상황에 신속한 스케줄 변경 및 수정을 할 수 있는 시스템적 지원체계

◎ 스마트제조용 지능형 어플리케이션

- 스마트 제조 IT 솔루션의 최상위 시스템으로 MES(Manufacturing Execution System), ERP(Enterprise Resource Planning), PLM(Product Lifecycle Management), SCM(Supply Chain Management) 등의 플랫폼 상에서 각종 제조 실행을 수행하는 소프트웨어

  - 스마트제조의 핵심인 어플리케이션은 주어진 데이터를 바탕으로 연산을 실시하여 최적 솔루션을 제공. 따라서 어플리케이션의 성능이 곧 스마트공장의 생산성과 밀접한 연관
  - 제조업에 종사하는 노동력 감소 및 기능공이나 숙련공의 고령화 가속으로 인한 지능형 어플리케이션이 필요

◎ 스마트제조용 웨어러블 기기

- CPS, AR/VR 기술, 시스템 등을 활용하여 작업자가 착용할 수 있고, 스마트제조 활동을 간접적으로 도와주는 장비나 도구

  - 실시간 3D 형식의 정보 제공을 통해 실수의 사전방지와 작업의 효율성 제공
  - 세부적인 공정 과정에 부분적으로도 적용할 수 있어 전체 공정 통합에 기여
  - 스마트 공장의 타당성을 확보하기 위한 사전 검증 도구로 활용

◎ 자율형 공정 제어 솔루션

- 스마트공장 전체에 걸쳐 고신뢰 제어성능 확보와 함께 (자율)제어 알고리즘, 지능형 HMI, 센서·네트워크, 엣지 컴퓨팅 등이 차세대 신기술이 융합된 제어 시스템 기술

  - 자율형 공정제어는 목표와의 오차에 더 빠르게 반응하고, 이보다 이상적인 것은 오차를 예상하여 사전에 대응할 수 있도록 하여 생산 시스템을 예측할 수 있도록 체계 형성
  - 스마트제조는 OT와 ICT의 융합을 통한 생산성과 품질향상에 목표를 두며 OT와 ICT를 연결하는 축이 바로 자율형 공정제어 솔루션

◎ 스마트제조용 보안시스템

- ICT 기술 의존도가 높은 스마트 제조의 안전하고 안정적인 운영을 위하여 스마트 제조 수행 요소인 어플리케이션, 플랫폼 및 장비·디바이스의 정보 보안을 위해 효과적인 모니터링 및 통제를 수행하는 시스템

  - 공장 설비를 제어하고 운영하기 위해 기반 기술이 디지털화되었으며 인터넷에 연결되는 추세, 그러나 그 취약점을 이용한 기술 및 정보 유출 사례가 빈번하게 발생하고 있어 관련 보안 시스템 확보가 중요해짐
  - 스마트공장의 대형화로 추세로 증가하는 IoT 기기들에 대한 보안 솔루션 필요

◎ 보급형 스마트팜솔루션

- 정보통신 기술(ICT)을 활용해 원격, 자동으로 시간과 공간의 제약 없이 작물의 생육환경을 관측하고 최적의 상태로 관리하는 과학 기반의 농업 방식

  - 농·축산업 종사자 고령화로 인력 확보에 어려움을 겪는 농가가 증가하고 있음. 지속적인 인력난으로 농사를 중단하여 생산면적 감소는 물론 품질 경쟁력 약화. 상대적으로 인력이 적게 필요한 스마트팜 방식의 농업이 주목을 받는 중
  - 스마트팜은 ICT, 빅데이터, 인공지능 등의 첨단기술이 융합된 것으로 농업 분야에 청년 인구 유입에 기여할 뿐만 아니라 관련 기반 산업 활성화에도 도움

◎ 스마트 축산 솔루션

- ICT관련 기자재 및 기술을 축산에 접목하여 원격·자동으로 가축의 생육환경을 적정하게 유지·관리하는 생산관리와 축산 시설의 안전을 강화하고 에너지를 절약할 수 있는 하드웨어적 시설과 소프트웨어적 기술

  - 농촌 절대 인구의 지속적 감소 및 농업 인력의 고령화로 인한 지속가능한 안전 축산물 생산의 위협을 생체정보와 환경정보 등의 데이터를 기반으로 사료·물·에너지 등의 다양한 축산 투입재의 효율적 사용과 더 깨끗하고 안전한 축산물 생산을 위한 새로운 축산생산 시스템이 필요
  - 축산의 경우 축사 내·외부 온도, 습도 센서 및 CCTV를 이용한 환경제어 및 자동급이기 등의 사양관리 기술이 보급되고 있고, 가축의 체온과 행동 패턴 등 생체정보 센싱을 통한 축사 환경 계측정보를 활용한 질병 조기 예찰과 최적 사육환경 설정 모형 개발에 관한 연구가 이루어지고 있음

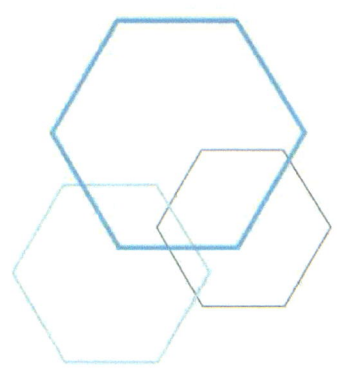

전략제품 현황분석

Hyper Connected SCM 플랫폼

Hyper Connected SCM 플랫폼

정의 및 범위

- Hyper Connected(초연결) SCM은 인공지능(AI : Artificial Intelligence), IoT (Internet of Things) 등 4차 산업혁명의 기반기술들이 활용되면서 제조, 물류, 유통 서비스의 초지능·초실감·초연결화가 실현된 현상

전략 제품 관련 동향

시장 현황 및 전망	제품 산업 특징
• (세계) 2019년 글로벌 SCM 시장은 158억 5,000만 달러이고 연평균 11.2%의 성장률을 보이며 2025년에는 약 299억 9,680만 달러에 이를 것으로 전망 • (국내) 국내 SCM 시장은 2019년 970억 원에서 연평균 13.2%로 2025년에는 2,041억 원으로 성장할 것으로 전망	• 5G 네트워크, IoT등의 첨단 산업 발달로 모든 것이 연결되어 유통-제조-물류 등 산업간 경쟁이 본격화 • 제조산업은 IoT와 클라우드 기반으로 XaaS 등 서비스 비즈니스와 유통·물류 산업에 진출
정책 동향	기술 동향
• 정부 및 기업들은 물류 효율화를 추구하고 산업경쟁력 강화를 위하여 스마트팩토리에 대한 관심이 증대 • 정부는 민관합동 스마트제조추진단을 통해 지능형 유연생산공장 보급사업을 진행 중	• 스마트팩토리 애플리케이션과 스마트 SCM은 비용 및 시간 절감, 기업의 생산성과 효율성을 높이기 위해 제품의 전 주기를 수평적으로 통합 • 실시간 변동형 차세대 SCM은 시장 상황에 빠르게 대응할 수 있도록 가치사슬의 통합으로 확대·발전
핵심 플레이어	핵심기술
• (해외) Amazon, Uniqlo, Nike, CokaCola, Flexe, Adidas, Dollar Shave Club, Mondelez • (대기업) 삼성 SDS, 현대자동차, 삼성전자, SK C&C, CJ올리브영, GS홈쇼핑 • (중소기업) 마이창고	• 스마트 물류정보 및 추적시스템 기술 • 예측기반 적시배송 지원 및 관제 기술 • 스마트제조, SCM용 클라우드 기반 IoS(Internet of Service) 처리 기술 • 스마트 제조어플리케이션 연동기술 및 물류시스템간의 인터페이스 기술 • 실시간 리스크 분석 및 공급망 최적설계 가시화 기술

중소기업 기술개발 전략

→ 효율적인 SCM을 위한 중소기업용 스마트 소프트웨어 개발

→ Hyper Connected SCM 사용시 비용절감에 대한 정부 및 공공차원에서의 지원과 홍보 가이드 필요

→ 스마트팩토리 SCM을 위한 기술 협력과 초기투자 재원 마련 및 공유 형태로 방향을 설정하여 다수의 중소기업이 동시다발적 사용가능하게하여 시스템 유휴 시간 최소화

→ 중소기업에 강점이 있는 응용기술을 활용, 안전한 배송, 화물의 개성에 특화된 물류시스템 개발

1. 개요

가. 정의 및 필요성

(1) 정의

- ☐ 초연결(Hyper Connectivity)은 사람과 사물을 포함한 모든 것이 하나로 연결돼 서로 소통하고 협업하는 것을 의미하며, 초연결 시대는 이를 기반으로 시간과 장소 제약없이 정보를 공유하며 소통할 수 있는 시대를 의미
  - 초연결(Hyper Connected)이라는 말의 이전에 이미 전 세계는 초연결 사회로 진입 스마트폰, 인터넷 등을 통해 자유로운 정보 전달은 물론 시간과 장소 상관없이 24시간 소통이 가능하다는 표현을 2008년 가트너가 처음 사용하며 쓰이기 시작됨
  - 사람과 사물을 연결하는 IoT(Internet Things)도 여기에 해당

- ☐ SCM(공급망관리, Supply Chain Management)은 공급자에서 고객까지의 Supply Chain 상의 물자/정보/자금 등을 총체적인 관점에서 통합하여 제품의 생산부터 판매까지 모든 과정을 관리하는 시스템을 의미

- ☐ Hyper Connected(초연결) SCM은 인공지능(AI : Artificial Intelligence), IoT (Internet of Things) 등 4차 산업혁명의 기반 기술들이 활용되면서 제조, 물류, 유통 서비스의 초지능·초실감·초연결화가 실현된 현상을 말함

[초지능, 초연결, 초연결 사회의 모습]

* 출처 : 초지능, 초연결, 초융합-생활산업 뿌리부터 바뀐다, 충청투데이 2019

(2) 필요성

☐ IT, 빅데이터, 인공지능, 블록체인 등 4차 산업기술의 발달과 스마트폰, 인터넷 보급 확대로 세계적으로 사람과 사물, 정보가 서로 연결된 초연결 사회로 진입이 가속화 되고 있음

☐ 초연결사회는 기존 산업에서 불가능했던 일들을 가능하게 하며 여러 분야와 융합으로 시너지 효과를 창출 또한, 급변하는 IT 기술로 사람의 다양한 영역에서 변화를 만들어 내고 있음

☐ SCM 물류관리 분야는 초연결사회에 가장 밀접한 영향을 받는 분야 초연결사회라고 하더라도 사람의 의식주 생활방식은 쉽게 변하지 않기 때문에 음식, 옷 등의 재화 공급망관리시스템은 인간에게 필수적

☐ 제조업의 혁신이 스마트팩토리로 일어났다면, 물류와 유통 등 공급망에서의 혁신은 스마트 SCM 구축을 통해 구현됨. 인공지능을 활용한 실시간 재고 모니터링, 배송 일정 관리 자동화로 효율적인 물류 시스템 구축이 가능

☐ 5G와 같은 초고속 통신 기술의 발달로 스마트시티, 스마트에너지, 가상현실, 디지털 헬스케어, 자율주행차 등의 새로운 비즈니스 창출

[5G 초연결 사회가 가져올 신규 비즈니스]

* 출처 : 삼정KPMG, 2019

나. 범위 및 분류

(1) 가치사슬

☐ 후방산업은 산업용 네트워크, RFID 시스템, 센서, 산업용 로봇, 3D 프린터, 컨트롤러 등의 하드웨어 기술과 MES, ERP, 빅데이터, 클라우드, CPS, 시뮬레이션 등의 소프트웨어 기술로 구성

☐ 전방산업은 자동차, 반도체, 핸드폰, 항공 등 조립 프로세스를 포함하고 있는 이산산업(Discrete Industry)과 정유, 발전, 제지, 제약 등의 연속적인 프로세스를 포함하고 있는 연속공정 산업(Continuous Industry)으로 구성

[Hyper Connected(초연결) SCM 산업구조]

후방산업	Hyper Connected(초연결) SCM	전방산업
산업용 네트워크, RFID 시스템, ICT 관련 시장, IoT 통신, 고신뢰 OS 시장, 임베디드 SW시장 등	스마트제조 애플리케이션 SW POP, MES, ERP, PLM, SCM 등	스마트 제조 산업, 센서산업, 자동차, 전자, 조선, 건설, 기계, 에너지, 첨단무기 관련 산업 등

(2) 용도별 분류

☐ SCM은 상품관리, 물류관리, 재고관리, 원가관리, 기간시스템 총 5가지 용도로 나뉘어서 적용

[SCM 용도별 분류]

구분	주요 기술
상품관리	바코드, RFID, EPC
물류관리	EDI, GPS, 전자카탈로그
재고관리	JIT, VMI, QR
원가관리	ABC
기간시스템	ERP, DW, CRM

2. 산업 및 시장 분석

가. 산업 분석

◎ 스마트팩토리 산업 동향

☐ SCM은 생산자부터 고객에 이르기까지 end-to-end 물류를 관리하는 시스템으로 전체적인 공급망을 관리하고 모니터링하는 시스템

☐ 개별 단위 최적화를 넘어 구성요소 간 흐름을 고려해 전체 프로세스를 최적화하려는 전략 기업이 제품과 서비스를 고객에게 제때 전달하려면 SCM이 필수

[인공지능이 적용된 SCM - 품목 분류 자동화]

구분	간접비 대상 식별 및 품목분류 자동화	Spend Analysis	
역할	ERP 회계 전표 중 간접비 대상 자동 식별 간접비 관련 정보를 활용한 품목분류 자동 매핑	간접비 현황>이슈>원인 분석을 위한 핵심지표로 구성된 보고서와 시각화/분석 Tool 제공	
수행 업무	(ERP 전표 → Text Vectorization → Text Feature 학습 및 모델 생성 → 신규 입력 Text 자동 분류 및 매핑 → 간접비 대상 식별, 간접비 품목분류)	분석관점	분석지표
		Cost	현황파악
		Supplier	이슈도출
		Compliance	원인분석
		핵심 지표 리포트	• 의사결정에 필요한 핵심정보 제공 • 구성비, 주세, 변동, 차이, 건별 정보 제공 • 실시간 정보 제공을 통한 상시 모니터링
		사용자 분석 Tool	• 사용자 요건에 따라 필요 데이터, 지표, 분석기준을 직접 선택하여 쉽게 구성 • 외부 데이터 연계&기본 통계 분석 기능 제공
솔루션	START	SMART	

* 출처 : AI 기반 품목 분류 자동화 솔루션 출시, ZDnet Korea 2020

☐ 스마트팩토리 애플리케이션은 비용 및 시간을 절감하고 기업의 생산성과 효율성을 높이기 위해 제품의 전 주기를 수평적으로 통합하여 시장 상황에 빠르게 대응할 수 있도록 가치사슬의 수평적 통합으로 확대·발전할 것으로 예상됨

☐ 산업별, 업종에 따른 스마트팩토리 구축을 위해 요구되는 핵심 요소, 모듈을 하드웨어 및 소프트웨어를 포함하여 수직적으로 통합한 패키지 기술이 적용되고 있음

전략제품 현황분석

◎ 제조업의 XaaS 및 유통·물류 진출

☐ XaaS란 각종 디지털 재화가 네트워크를 통해 사용 가능한 형태로 제고오디는 서비스를 의미. 모든 것이 연결되어 유통·제조·물류 등에 적용되어 개별 사용자의 다양한 수요에 맞는 맞춤형 비즈니스 시대가 열림

☐ 제조산업은 IoT와 클라우드 기반으로 XaaS(Everything as a Service) 등 서비스 비즈니스와 유통·물류에 진출

☐ (GE Predix) GE Digital이 개발한 산업 인터넷 빅데이터 플랫폼으로 산업 기계/설비의 대규모 데이터를 수집·분석하여 제조기업의 운영체제 기능 서비스(PaaS, Product as a Service) 제공

[스마트 공급망의 기술 개발 사업]

구분	주요 기술	투자비용 및 기대효과
화물운송	• 자율주행 화물운송 인프라 지원 • IoT 기반 콜드체인 관리 • 대량화물 자동운송 및 지하운송	• 약 650억 원 • 국가물류비 절감 및 고용환경 개선
물류센터	• 도심용 물류센터 자동 반출입 셔틀 • 화물 상자 로봇 개발 • 비정형화물 자동 적재·하역·피킹	• 약 570억 원 • 처리속도 향상, 시간단축 등 물류센터 생산성 향상
생활물류	• 단거리용 택배로봇 개발 • 도심배송용 소형 수소·전기트럭 • 블록체인 기반 전자운송장 표준화	• 약 530억 원 • 서비스 품질 향상 및 다양화 • 미세먼지, 온실가스 절감
물류정보화	• 빅데이터 기반 물류정보 플랫폼 표준화 및 예측 배송·재고관리 • IoT 기반 물류시설·장비 운영 기술	• 약 350억 원 • 초연결 물류 공급망 구축 • 첨단기술 적응 신산업 창출

* 출처 : 국토교통부, 2019

☐ (포드자동차) 2016 월드 모빌리티 리더십 포럼에서 자동차산업의 미래는 자율주행차량 공유 서비스라고 선언 이후 2018 CES에서 TaaS(Transportation as a Service) 사업 착수

- TaaS 모빌리티 서비스로 2030년까지 자동차산업 매출 2배 증가하고 TaaS 서비스 비중이 2015년 0.86%에서 2030년 22.4% 증가 예상

- 자동차 제조업체의 한계를 극복하기 위한 TaaS 전략으로 패키징 딜리버리 서비스 착수

◎ 공급망 혁신기업 출현 : 아마존

☐ 온라인 서점에서 시작 20년 만에 매출 천억불의 쾌속 성장 기업인 아마존은 글로벌 온라인 소매시장을 석권하였을 뿐만 아니라 디지털 공급망을 전략적으로 활용하여 성공한 대표기업

☐ 공급망 산업을 주도하는 거대한 규모와 단위의 경제로 인해 아마존은 거의 전체 공급비가 거의 들지 않는 최저가로 유지 가능

☐ 물류 처리 속도 향상을 위한 무인 효율화 시도(드론&키바 시스템)
- 아마존 프라임 에어 프로젝트를 발표하여 무인 택배 관련 기술을 사용
- 창고에서 고객에 배송할 상품을 직접 골라 담당자에게 전달하는 일을 맡고 있으며, 적외선 센서를 이용해 충돌에 방지하고, 수 대의 카메라가 장착되어 제품 종류 인식 및 이동 시 위치를 파악하는 데 사용

[아마존 스마트 공급망]

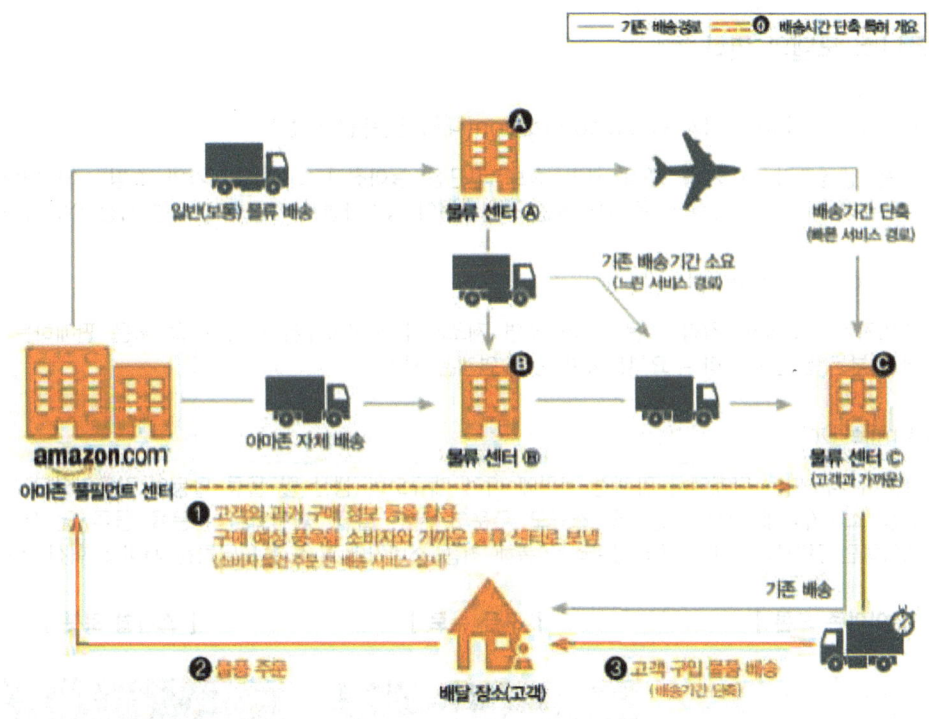

* 출처 : 연합뉴스(재구성)

◎ 옴니채널 비즈니스 확산

☐ 온라인유통 지형이 변화되어 오프라인 기업들이 경쟁을 위해 온라인과 오프라인을 통합 연계하는 옴니채널 비즈니스 모델 확산

- 옴니채널(Omni-channel)은 인터넷, 모바일, 카탈로그, 오프라인매장 등 여러 채널을 유기적으로 결합해 고객 경험을 극대화해 판매를 촉진하는 전략

☐ 오프라인 기업: 낮은 가격경쟁력의 온라인 기업과 경합을 위해 온라인 및 오프라인 채널에서 같은 서비스 받을 수 있도록 물류 네트워크 재정 및 재고 통합관리

- 모바일로 제품 검색, 오프라인으로 테스트, 모바일 주문의 옴니채널 유통

☐ 온라인 기업: 가격경쟁력 및 서비스 강화를 위해 더 빠른 배송 서비스 및 반품 서비스 제공하여 물류 경쟁력이 기업 운영의 핵심 경쟁력으로 급부상

◎ 비즈니스 모델의 변화

☐ Mass Production → Mass Customization(대량 맞춤형 생산)

- 제품 생명주기 등 제품 품질 관리 정보 접근성 높아졌고 최종 소비자의 쇼핑, 소비패턴 (일명 프로슈머 내지 트라이슈머) 등 적극적인 소비유형이 등장하면서 개인화에 대한 시장 수요가 증가

☐ Direct-To-Consumer(DTC)

- 소비자가 제조사에 직접 주문을 의뢰하면 제조사가 소비자에게 직접 전달 혹은 판매하는 것으로 제조 부문 뿐만 아니라 수요부문까지 통합 연계된 서비스

☐ Last-mile Delivery

- 제품이 제조되는 단계에서 정해진 계획에 따라 대규모의 생산 및 물류 활동이 집중적으로 발생하나 최종 소비자에게 가까이 갈수록 소규모 주문이 자주 발생, 파편화된 주문을 물류 및 유통업체가 대응하던 것에서, 스마트 공급망관리를 통해 최종 소비자에게 직접 도달하는 서비스 혁신 추구

[아마존 드론]	[구글 누로]	[스타쉽 로봇]

* 출처 : Amazon 홈페이지	* 출처 : Google 홈페이지	* 출처 : 스타쉽 테크놀로지 홈페이지

나. 시장 분석

(1) 세계시장

◎ 글로벌 SCM 시장

☐ 2019년 글로벌 SCM 시장은 158억 5,000만 달러이고 연평균 11.2%의 성장률을 보이며 2025년에는 약 299억 9,680만 달러에 이를 것으로 전망

[SCM 세계 시장 규모 및 전망]

(단위 : 십억 달러, %)

구분	'19	'20	'21	'22	'23	'24	'25	CAGR
세계시장	15.8	17.6	19.5	21.7	24.2	26.9	29.9	11.2

* 출처 : Statista(2019)를 바탕으로 네모아이씨지에서 재가공

☐ SaaS로의 전환은 자본 지출(CAPEX)에서 운영비용(OPEX)으로 비용을 이용시키고 있고, SaaS는 중소기업과 신흥시장의 조직으로부터 SCM 기술에 투자를 이끌어내고 있음
  - 전체적인 지출액은 늘어나고 SCM 시장이 확대되는 효과가 있는 것으로 예측

☐ SCM 시장 예측은 공급망 계획(SCP), 공급망 실행(SCE) 및 조달(Procurement)이라는 세 가지 카테고리로 구성. SaaS 도입 및 관련 매출은 다른 속도로 시장에서 이동하고 있음

☐ 전반적으로 SaaS 매출은 다양한 요소의 조합으로 인해 증가
  - 클라우드 우선 또는 클라우드 전용 배포 모델로 이동하고 있는 공급 업체, 최첨단 기능의 SaaS 솔루션의 혁신 및 기능들에 대해 높은 평가를 하는 최종 사용자 조직 등이 SaaS 매출 증가에 기여

◎ 클라우드 SCM 시장

☐ 클라우드 SCM 시장규모는 2020년 기준 45억 달러로 집계되었고 2026년까지 86억 달러로 연평균 19.2% 성장률을 보이며 성장할 것으로 기대. 북미는 세계시장 내 가장 큰 시장규모를 계속 유지할 것으로 보임

- 아시아태평양 내 여러 국가 정부에서 늘어나고 있는 중소기업 대상 지원이 해당 지역 클라우드 SCM 시장 수요성장에 기여하였음

☐ 수요계획 및 예측은 2019년 기준 클라우드 SCM 사업에서 가장 큰 수익을 내는 솔루션 분야로 집계되었고, 전망 기간에도 가장 빠른 성장세를 보이는 솔루션 분야가 될 것으로 예측

- 시장과 소비자들이 원하는 바를 예측하고자 하는 기업들의 수요가 늘어나는 것이 이런 급성장 성장의 원동력 중 하나

[글로벌 클라우드 SCM Market]

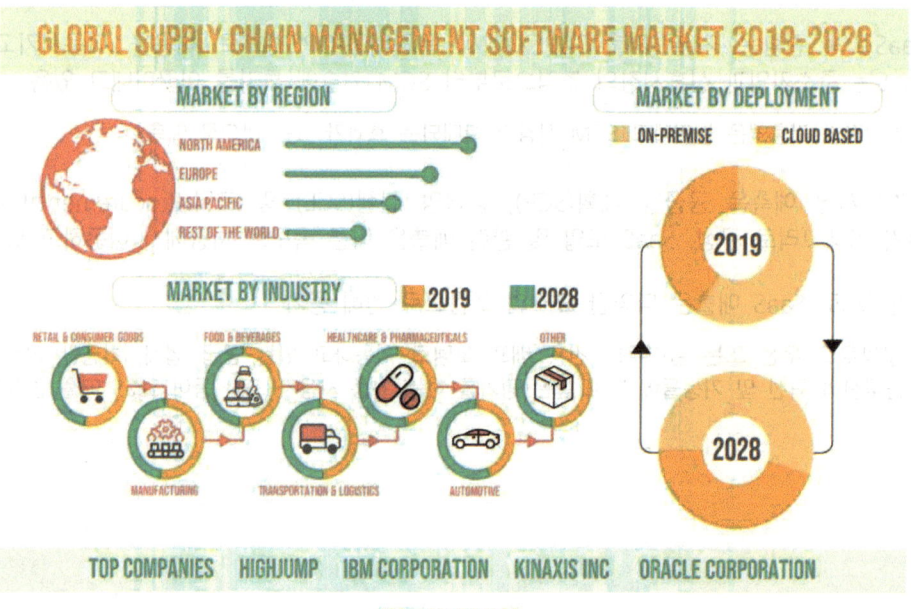

* 출처 : Ink Wood Research, 2019

☐ 수요관리 솔루션은 여러 제품과 채널에 대한 독립/비 독립 수요 데이터를 바탕으로 기업들이 다양한 상황에서 정보를 예측하는 것을 도움

☐ 전자상거래 보급의 증가, 인터넷 보급률 증가와 소비자 1인당 평균 소비금액 상승은 전 세계 전자상 상거래 시장의 수요를 이끌고 결과적으로 클라우드 SCM 시장의 성장에도 긍정적인 영향을 줌

(2) 국내시장

☐ 국내 SCM 시장은 2019년 970억 원에서 연평균 13.2%로 2024년에는 2,041억 원으로 성장할 것으로 전망

[SCM 국내 시장 규모 및 전망]

(단위 : 억 원, %)

구분	'19	'20	'21	'22	'23	'24	'25	CAGR
국내시장	970	1,098	1,242	1,407	1,592	1,803	2,041	13.2

* 출처 : Statista(2019)와 MarketandMarkets(2019)를 바탕으로 네모아이씨지에서 재추정

☐ SCM 시장은 1990년대 후반부터 인터넷 등 네트워크 기술의 발전과 더불어 기업 로지스틱스 부문의 최적화로 인해 수요가 증가함에 따라 시장이 형성

- 기업들이 정보 인프라를 제공하는 ERP시스템 구축을 완료하고, 정보기술이 제공하는 다양한 전략적인 기회를 활용함에 따라 로지스틱스 측면에서 최적의 솔루션을 제공하는 SCM 시장은 빠르게 성장

  -ERP는 글로벌 경영환경에 기업현안에 대한 실시간 분석을 통하여 기업 전체의 최적화를 추구할 수 있도록 유연한 정보기술 구조를 근간으로 기업 내의 비즈니스 프로세스를 통합한 시스템

[4차 산업혁명의 방향]

시장 성장 요인	시장 저해 요인
• 전자상 거래의 발전에 따라 제조업 외의 산업에서도 로지스틱스 부문을 최적화하고자 하는 움직임이 활발함 • 대규모 제조업체들이 ERP 시스템을 구축 완료하고 정보 인프라를 구축함에 따라 로지스틱스 부문의 최적화를 위한 SCM 도입에 적극적 • 글로벌 기업의 제품생산은 국경을 초월하고 있어 지역별 제품 제조 프로세스의 효율성 극대화를 위해 SCM을 도입	• 인터넷 기반의 애플리케이션에 대한 수요가 증가함에 따라 SCM 애플리케이션 또한 관련 제품을 개발하고 있으나 완전 인터넷 기반 솔루션의 제공에는 한계 • CSM 벤더들이 솔루션 영역을 확장함에 따라 B2B 전자상거래와 기능 측면에서 충돌 • 세계 경제의 침체에 따라 정보 시스템 분야에 대한 투자가 전반적으로 감소

3. 기술 개발 동향

☐ 기술경쟁력
- Hyper Connected SCM 플랫폼은 미국이 최고기술국으로 평가되었으며, 우리나라는 최고기술국 대비 68.3%의 기술 수준을 보유하고 있으며, 최고기술국과의 기술격차는 2.2년으로 분석
- 중소기업의 기술경쟁력은 최고기술국 대비 60.4%, 기술격차는 2.9년으로 평가
- 유럽(86.9%)>일본(70.4%)>한국>중국(65.0%)의 순으로 평가

☐ 기술수명주기(TCT)[13]
- Hyper Connected SCM 플랫폼은 7.33의 기술수명주기를 지닌 것으로 파악

가. 기술개발 이슈

◎ 4차 산업혁명과 공급망의 혁신

☐ 증기기관의 1차 산업혁명, 전기의 2차 산업혁명, 컴퓨터·네트워크 기반 자동화의 3차 산업혁명을 이은 4차 산업혁명은 신 디지털 테크놀로지(클라우드, 빅데이터, IoT, 3D프린팅, AR 등)를 기반으로 산업 전 영역의 디지털화로 이어짐

[4차 산업혁명의 방향]

데이터·기술	산업구조	사회구조
데이터 수집 ↓ 데이터 저장 ↓ 데이터 분석 + 네트워크 (5G 등 인프라) + 인공지능(AI)	**지능화·효율화** 제조업: 스마트공장, 지능형로봇, 3D 프린팅 서비스업: 정밀의료, 맞춤형교육, 핀테크 혁신 공공서비스: 국방, 치안, 복지 혁신	**고용구조** 단순반복 일자리 감소, 탄력적 고용형태 증가 **삶의 질** 자동화·지능화 → 편의성 증대 개인맞춤형 서비스 → 개인후생 증가

* 출처 : 뉴스1 제공, 2019

---

13) 기술수명주기(TCT, Technical Cycle Time): 특허 출원연도와 인용한 특허들의 출원연도 차이의 중앙값을 통해 기술 변화속도 및 기술의 경제적 수명을 예측

☐ 스마트 공급망은 마케팅, 상품개발, 제조, 유통 및 최종 소비자 도달하기까지 모든 정보, 제품, 서비스 단계들이 순차적으로 진행되던 기존 공급망 모델을 벗어나 단계 간의 경계를 허물고 공급자(원자재, 부품, 부속품 등)부터 운송자(자재 및 최종 제품)까지 모든 플레이어가 통합된 생태계로서의 작동하는 생태계

[전통적 공급망과 스마트 공급망]

기존 공급만 모델	구분	스마트 공급망
부분적	가시성	전체
각 단계 별 이동 시 정보의 지연 발생	소통	모든 플레이어에게 동시적으로 모든 정보 제공
전체 공급망 가시성이 제한되어 의미 있는 협력 저조	협력	고유한 공급망 가치 취득을 위한 협력 기회 높음
최종고객수요 정보가 원자재 계획에 반영이 미흡	유연성	최종고객수요의 변화가 신속하게 적용됨
전체 공급망 내 사업계획 주기 불일치로 납기 지연되고 공급 흐름의 동기화 미흡	대응도	계획/실행에 대한 실시간 대응

* 출처 : PwC, Strategy&. 2017

☐ 스마트 공급망 구현

- 기존 공급망 모델은 제품이 개발되어 시장에 도달하기까지 시장 수요 및 원자재 조달 등 공급망이 순차적 진행에 의존하여 수요·공급의 지연과 차질에 따른 재고 발생 등 비용 손실이 불가피함

- 스마트 공급망에서는 초연결된 디지털 인프라 환경에서 활발한 소셜미디어를 통해 시장 트렌드 파악이 가능하고 판매상과의 직접적인 소통 채널도 가능하여 모든 단계의 정보가 가시화됨

  - 공급망 내 정보 흐름이 동시적, 실시간으로 공유, 소통되어 신속, 유연한 의사결정으로 제품·서비스의 시장 도달 속도를 높임

◎ 스마트 공급망 구현 기술

☐ IoT 기술 활용
- 화물 선적, 집하, 운송에서 소비자에게 정확히 전달되기까지 공급망의 가시성과 효율성을 높이고 배송 상의 문제를 사전에 방지하기 위해 활용
- 유무선 네트워크와 센서 및 디바이스를 활용하여 화물운송 수단에서 물류거점 간 반·출입, 하역 등 공급 관리상의 가시적 정보공유 실시간 물류 추적

☐ AI 기술 활용
- 제조사, 유통사, 재 판매업자, 공급자로부터 수집된 데이터를 고급 분석 및 머신러닝 알고리즘을 적용하여 수요를 예측하고 위기관리
- 전 세계 디지털 데이터 볼륨은 2년마다 평균 2배씩 급증, 데이터 분석·관리가 디지털 공급망의 핵심 역량(SAP)
- 검색, 음성 인식, 자연어 처리 등 기능을 통합시킨 시리(Siri), 알렉사(Alexa), 구글(Google) 등 VCA(Virtual Customer Assistants)와 챗봇(Chatbot)을 활용하여 즉각적인 시장 수요를 파악하고 고객서비스 제공
- VCA는 보다 공감적, 이해도 높고 인간 검토없이 고도로 복잡한 지원기능 가능하며, 아마존, IBM, Salesforce 등에서 대화형 AI플랫폼 도입

☐ 로보틱스 기술 활용
- 소매 매장 내 고객지원 서비스 로봇
- 재고 관리
  - 월마트: 선반 위를 사진 찍어 재고가 없는 제품의 가격과 위치 정보를 저장인 Bosa Nova Robot 운행
  - 아마존: 이미지 인식 기능의 입체 카메라가 장착된 로봇을 이용해 재고 개수 파악하며 컴퓨터 비전과 실내 위치추적 가능한 저장 선반 시스템으로 재고 관리

☐ 블록체인 기술 활용
- 위·변조가 불가능한 분산 장부인 블록체인이 국제무역의 안전성과 효율성 확보를 위해 도입되고 있음

[**블록체인 적용 스마트 공급망 사례**]

구분	사례
IBM과 머스크	• 글로벌 해운 생태계에 사용될 국제무역디지털 플랫폼 개발
SAP	• 농장에서 식탁까지(Fam to Consumer) 계획으로 이름 붙인 농업 부문 공급망 관리 사업에 블록체인 기술 적용 프로젝트 런칭
UPS	• 자율 선택 시스템과 분산 운송 데이터베이스 블록체인 기술 특허 출원 및 물류운송 블록체인 컨소시엄 가입하여 540억 달러 매출(2017년)

* 출처 : 공급망의 디지털 혁신, 스마트 공급망, 정보통신산업진흥원, 2018

☐ 3D프린팅 기술 활용

- 재료비와 인건비 등 비용 절감을 위해 전 세계에 산재되었던 기존의 공급망의 단점을 극복하고 소비지 중심으로 공급망을 재편하고 보관과 운송을 위한 물량 수요 자체를 급감시킬 수 있음
- 공급망 단축으로 소비지와 생산지 거리가 좁혀지고 고객이 공동 생산자가 될 수 있음
  - 부품이 필요할 때 디자인 및 제조 관련 데이터만으로 근방 3D프린팅센터에서 생산 가능하며 필요에 따라 디자인 조정 및 맞춤화 가능
- 준비시간도 짧고 하나의 기계에서 다품종·대량 생산이 가능하며 수요변화에 신속·대응하며, 생산량 확대는 기계를 추가하거나 다른 생산시설로 신속 이용하여 민첩하게 대응 가능
- 복잡한 형태를 단 하나의 조각으로 인쇄하기에 조립품의 수가 적고 이로 인해 여러 다양한 조립품을 공급하는 공급자와 조율 필요 줄어듦

[3D 프린터 적용 분야]

적용 영역	적용 방법	적용 사례
의료 산업	• 수술 전 수술 부위 상태 파악을 위한 시뮬레이션 모형 제작 • 손상된 신체 부위를 대신할 신체 기관 제작	• 2살 여아에게 로봇팔 부착 • 환자 턱을 원형 그대로 제작
자동차 산업	완성차, 차량 부품 모형을 제작하는데 활용	• 테스트용 조향 장치 등을 제작해 검사와 조립시간 단축
항공기 산업	항공기 설계 모형, 소형 항공기 부품 제작	• 1.2m 무인비행기 SULSA를 제작해 비행 성공
중소형 소재 산업	영화 소품 및 장난감 제조	• 영화 '아이언맨2'의 소품을 3D 프린터로 즉석 제작해 사용 • 레고 블록 프로토타입 제작 시 활용

* 출처 : 인터비즈, 2019

나. 생태계 기술 동향

(1) 해외 플레이어 동향

◎ Mass Production → Mass Customization(대량 맞춤형생산)

☐ (Nike) NIKEiD 웹사이트를 통해 실시간 디자인 프로그램을 도입하여 고객 스스로 자신의 신발을 디자인하고 구매할 수 있는 기능 제공

- 소비자가 직접 만든 디자인 운동화 제작하고 배달하는 사업
- 고객 주문에 따라 기호나 이니셜을 삽입하여 세계에서 단 한 켤레 뿐인 운동화를 제공

☐ (Adidas) SpeedFactory 기술 개발

- 고객맞춤 상품을 신속 생산하고 동일 시즌에 핫제품을 신속하게 보충해낼 수 있도록 완전 자동화 생산공장을 전략 시장 근접 설치
- AM4NYC(Adidas made for New York City): 뉴욕 소비자 데이터를 사용하여 뉴욕시장 아디다스 제작

◎ Direct-To-Consumer (DTC)

☐ (Dollar Shave Club) 매달 최소 1달러에 교체용 면도날을 정기 배송 스타트업으로 2012년 설립, Unilever가 10억 달러에 인수(2016)

- 정기 배송을 통해 고객 지속 확보하며 고객별 취향파악 및 맞춤형 서비스 확대하고 정기적 거래를 통해 실시간 확보하며 최종 소비자의 소비정보 이는 공급망 및 신제품 개발 효율을 높이는 데 기여

☐ (Uniqlo) fast fashion, fast retailing을 추구하던 Uniqlo는 과거 전략적인 기획기반 저비용 국가 대량 생산공급의 '원가 중심'에서 '고객수요 맞춤형' 시스템으로 전환하는 아리아케 프로젝트를 통해 2017년부터 매출 급성장

☐ (Mondelez) Oreo 생산업체

- 휴일 시즌에 맞춰 고객이 웹사이트에 직접 자신만의 오레오 쿠키 조리법을 올리면 이를 맞춤형으로 생산해 고객에게 배송하는 비즈니스로, 최종 소비자와의 접점을 확보, 개별 소비자의 기호와 시장정보를 파악하여 제품개발에 반영

☐ (Nike) 2017년 7월부터 소비자가 아마존 웹사이트 내 나이키 브랜드숍을 통해 Nike에 직접 주문을 넣으면 Nike가 최종 소비자에게 직접 제품을 공급

- 아마존과 나이키 딜(2017.6), 아마존이 나이키를 직판 시작. 아마존의 라이선스 없는 도매상과 제3의 판매상에 의한 나이키 무분별한 할인 판매를 정리하고 관리 판매를 위해 진행

◎ Last-mile Delivery

☐ (Coca-Cola) 과거 대규모 주문을 통해 도매 유통기업에 제품 공급하던 방식에서, 최근 Bringg이라는 Last-mile Delivery 전문 스타트업과 협업으로 직접 소규모 주문에 On-Demand로 재고 보충

- On-Demand 재고 보충을 통해 기존 3-5 소요되던 재고소요 기간을 당일에서 다음날로 85% 단축하고 재주문을 91% 증가시킴

[Project Last mile delivery의 개요도]

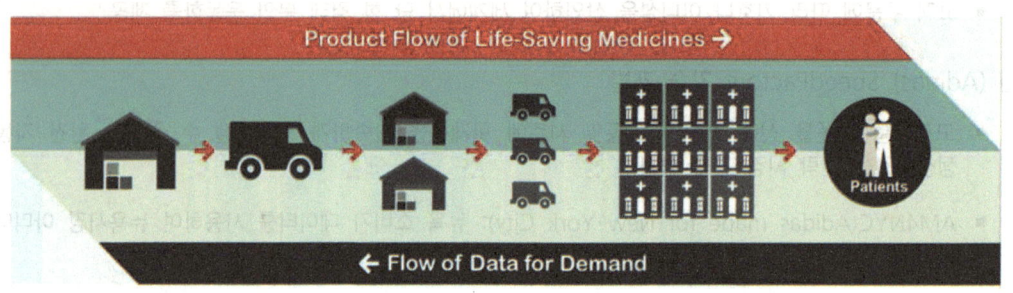

* 출처 : Coca-cola 제공, 2020

◎ Fulfillment Center

☐ 기존 보관 기능 위주에서 진화한 기능적 물류센터로 시장 접근성과 교통 효율성 높은 거점에 설치하여 판매상의 상품을 보관하고 주문과 동시에 바로 패킹 후 바로 최종 소비자에게 배송

☐ (Amazon) 200개 이상의 Fulfillment Center 운영하여 자체 물동량 및 경쟁 유통 기업에게 서비스 제공

☐ (Flexe) 미 Fulfillment 스타트업으로 Amazon, Nike와의 경쟁을 위해 미국 내 산재한 물류센터와 계약, 이 서비스를 필요기업에 제공. 가장 적합한 센터를 필요기업에 소개하는 서비스 제공

- 북미 45개 시장에 1,000개 이상의 웨어하우스 소유, 씨애틀 소재

(2) 국내 플레이어 동향

☐ (삼성 SDS) 2020년 '디지털 기술 기반 기업 경영 혁신'을 주제로 차세대 ERP(전사적 자원관리), SCM(공급망관리) 등 경영 시스템 혁신 사례를 소개

- 디지털 SCM 구현을 위한 4가지 핵심 역량을 제시

- '인텔리전트 센싱(Intelligent Sensing)', '리얼타임 플래닝(Real Time Planning)', '오토노머스 풀필먼트(Autonomous Fulfillment)', '엔드투엔드 컨트롤타워(End-to-End Control Tower)'가 4가지 핵심 역량이며 이들을 '디지털 SCM 프레임워크'에 녹여서 구현했음

☐ (현대자동차) 2000년 초부터 SCM 혁신 본격화

- 협력업체와 원활한 커뮤니케이션을 위해 바츠(VAATZ) 시스템을 구축하고 판매·생산계획 분야의 APS(Advanced Planning & Scheduling) 프로젝트를 시작하면서 현대자동차는 공급망관리를 위한 새로운 발판을 마련하게 됐음

☐ (삼성전자) '1Day 혁명', 스마트폰 시장 변화에 맞춰 하루 단위로 생산에 반영, 3일 결정서 1일로 단축

- 수시로 바뀌는 고객의 수요 맞춰 생산량 조절 기간을 획기적 단축

- 재고 줄이고 공급 시간 짧아져 유통사마다 다른 케이스·포장에 30분~1시간마다 부품을 공급받고 모바일 AP·핵심 모듈은 범용화로 추진

- 삼성전자가 주력 스마트폰에 초단기 공급망관리(SCM) 혁신을 단행한 것은 세계 소비재 가운데 제품 수명이 가장 짧은 것이 휴대전화이기 때문

☐ (CJ올리브영) 2019년 국내 직매입 유통업계 최초로 '딥 러닝(Deep Learning)' 기술을 기반으로 한 수요 예측 시스템을 구축, 국내 유통업계 SCM 패러다임을 선도

- 딥 러닝 기술은 과거 데이터로부터 예측 가능한 패턴을 학습해 미래 시점의 판매량을 예측하는 머신 러닝(Machine Learning) 개념 중 하나. 올리브영은 지난 3년간의 판매 데이터를 학습시켜 통계 기법을 활용한 기존 발주 체계 대비 높은 정확도의 수요 예측 시스템을 구현

☐ (SK C&C) 육상에서는 SK텔레콤의 사물인터넷(IoT) 전용망인 로라(LoRa)망을 활용해 컨테이너 화물 위치추적 및 관리 체제를 구현, 해상에서는 해상 운송 중 상태 정보를 수집했다가 항구 도착 시 정보를 일괄 공유하는 방식으로 진행

- 특히 IoT 기술과 블록체인 기술을 연계해 원천 데이터의 신뢰성은 물론, 컨테이너 화물의 위치 정보를 비롯해 컨테이너의 온·습도 관리정보의 인위적 개입 가능성을 차단하면서 자동으로 수집되고 물류 관계자(선주-육송 업체-화주) 모두에게 실시간 공유

【 SK C&C의 LoRa 네트워크를 활용한 SCM 플랫폼 】

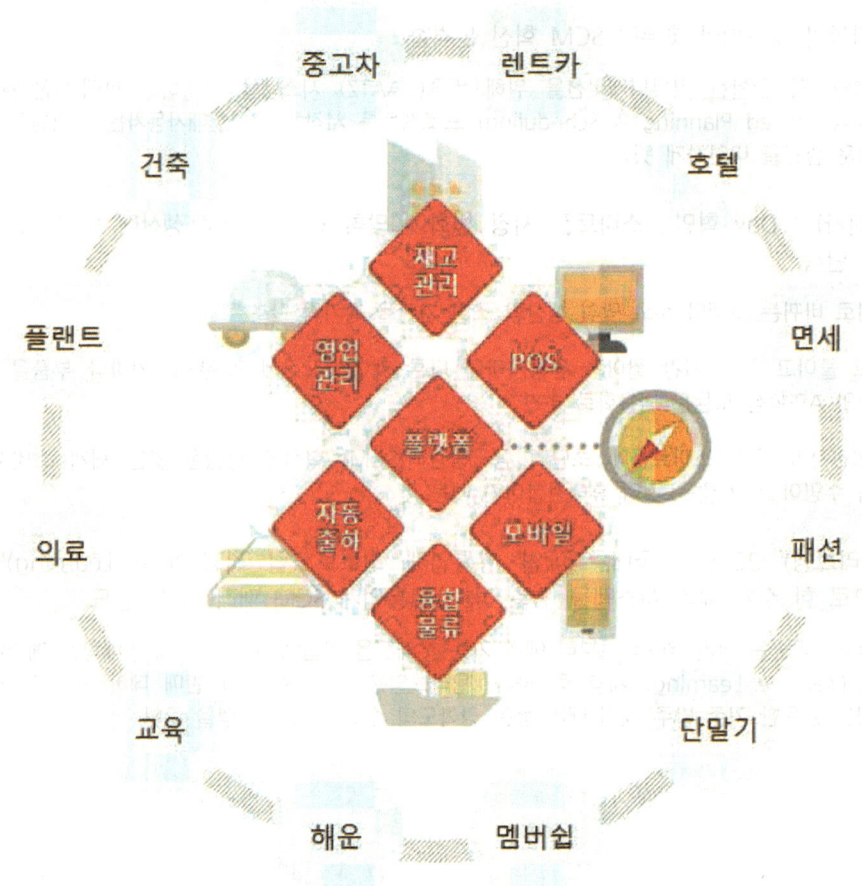

* 출처 : SK C&C 제공, 2021

다. 국내 연구개발 기관 및 동향

(1) 연구개발 기관

[Hyper Connected SCM 플랫폼 기술개발 기관]

기관	소속	연구분야
한국전자기술연구원	융합시스템연구본부	• IoT 플랫폼 및 데이터 허브 기술 • 프로세서와 메모리간 융합기술 • 무선전력 등 자립형 디바이스 기술
한국생산기술연구원	스마트제조연구센터	• 스마트공장 기기 간 상호호환성, 확장성 지원 기술 • 공정·설비 개선 제품 및 서비스 지원 기술 • 스마트공장 관련 설비·SW 기술 • 개방형 IIoT 스마트공장 플랫폼, 엣지 컴퓨팅 기술
한국기계연구원	로봇메카트로닉스연구실 초정밀장비연구실 스마트산업기계연구실	• 인간형핸드, 조립용그리퍼, 만능그리퍼 등 고난도작업용 그리퍼 기술 • 생산장비 IT 융합 및 지능화기술 • 고속/경량 드라이브트레인 기술 • 오프로드 자율주행 및 자율작업 기술

(2) 기관 기술개발 동향

- ☐ (에릭씨앤씨) 초연결 네트워크기반 자가발전형 위치추적 플랫폼 및 디자인 개발 (2020-04-01 ~ 2022-12-31)
  - 자가발전 시 영구 사용 가능한 저전력 비콘 H/W설계, 위치 정확도 향상 등을 위한 비콘 운용 S/W설계
  - 에너지 하베스팅 시스템 비교 평가 및 H/W 설계
  - 휴대기기별 RSSI데이터 수집분석 및 비콘 기반 위치 추정 AI시스템 설계

- ☐ (한국전자기술연구원) 물수요·물공급(SWG)·물순환(LID) 데이터 통합관리 초연결 플랫폼 기반 분석 및 예측 기술개발 (2019/06/10 ~ 2022/12/31)
  - 수자원 데이터 통합관리 초연결 플랫폼 표준기술 확보
  - 지능형 수자원 분석/예측 원천기술 확보
  - 리빙랩 기반 수자원 데이터 통합관리 초연결 플랫폼 및 API 공개를 통하여 여러 산업 도메인을 연계한 새로운 Cross-Cutting 서비스의 실험적 개발을 지원
  - 수자원과 밀접하게 관련된 에너지, 농업, 환경 등 타 분야와의 실시간 연계를 기반으로 스마트 물관리 기반 사회를 효율화를 확대하기 위한 후속 연구 추진

- ☐ (한국생산기술연구원) 서비스 생산성 혁신을 위한 데이터 기반 중소형 유통사업장 통합관리 시스템 개발 (2020-04-01~2022-12-31)
  - ICT 활용(using)도에 따른 생산성 수준 비교 분석
  - 유통사업장의 종합생산성 측정 및 생산성 변동요인 분석 모형 개발
  - 연관규칙 분석 및 나이브 베이즈 분류기 기반 방문시점 예측모형 개발
  - 유통사업장-물류창고 연계형 운영관리 서비스 플랫폼 구조 설계

- ☐ (한국건설기술연구원) IoT 기반 도로포장 재료생산 및 시공관리 통합운영 시스템 개발 (2019-04-30~2023-12-31)
  - IoT 기반 시멘트 콘크리트 도로 포장 품질관리 기술 개발
  - IoT 기반 아스팔트 콘크리트 도로포장 품질관리 기술 개발 및 테스트베드 운영
  - IoT 기반 도로포장 재료생산 및 시공관리 통합운영 시스템 개발

4. 특허 동향

가. 특허동향 분석

(1) 연도별 출원동향

☐ Hyper Connected SCM 플랫폼 기술의 지난 20년(2000년~2019년)간 출원동향[14]을 살펴보면 2000년대 초반 큰 폭의 출원 증가가 있었으나, 그 이후 최근까지 특허 출원 증감 추이에 큰 변화 없이 관련 특허 출원이 지속적으로 이루어지고 있는 것으로 나타남

- 각 국가별로 살펴보면 미국이 가장 활발한 출원 활동을 보이고 있는 것으로 나타났으며, 상대적으로 비중이 적긴 하나 일본, 유럽 및 한국도 유사한 추세의 출원 활동이 진행되고 있는 것으로 나타남

☐ 국가별 출원비중을 살펴보면 미국이 전체의 62%의 출원 비중을 차지하고 있어, 최대 출원국으로 Hyper Connected SCM 플랫폼 분야를 리드하고 있는 것으로 나타났으며, 일본은 19%, 유럽은 12%, 한국은 7% 순으로 나타남

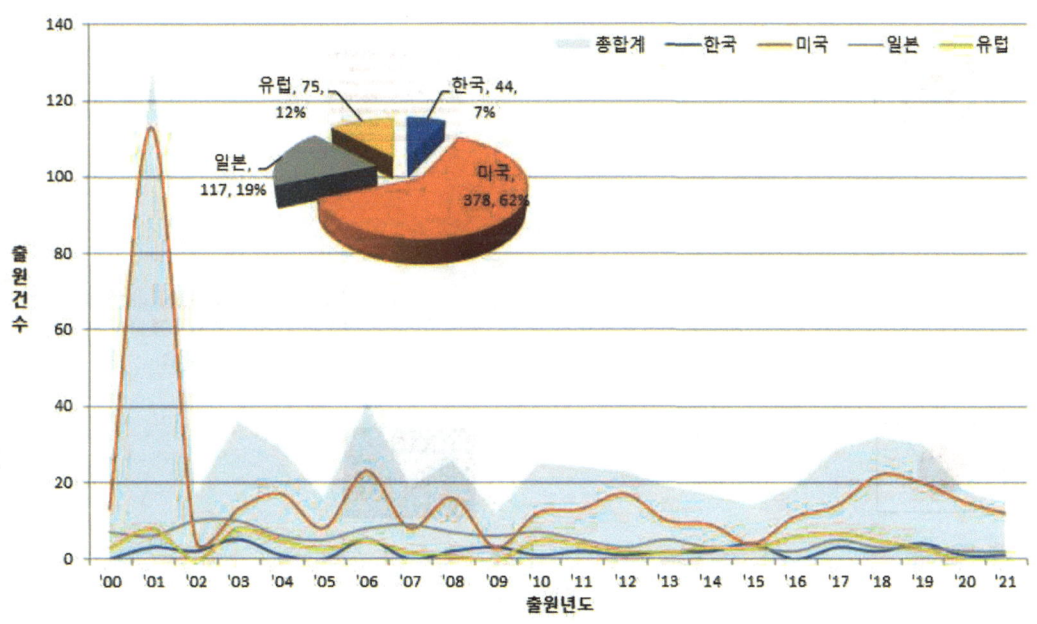

[연도별 출원동향]

---

14) 특허출원 후 1년 6개월이 경과하여야 공개되는 특허제도의 특성상 실제 출원이 이루어졌으나 아직 공개되지 않은 미공개데이터가 존재하여 2020, 2021년 데이터가 적게 나타나는 것에 대하여 유의해야 함

(2) 국가별 내·외국인 출원현황

☐ 한국의 내외국인 출원현황을 살펴보면, Hyper Connected SCM 플랫폼 기술과 관련하여 출원활동이 저조하게 진행된 것으로 나타나 증감의 경향을 판단하기 어려우나, 외국인의 출원활동이 활발하지 않은 것으로 조사되었으며, 특히 최근에는 내국인에 의한 출원활동 비중이 더 높은 것으로 나타나, 해당 기술 분야에서 한국 시장에 대한 관심도가 높지 않은 것으로 나타남

☐ 미국의 경우, Hyper Connected SCM 플랫폼 기술을 주도하고 있는 것으로 나타났으며, 2000년대 초반부터 최근까지 내국인의 출원 비중이 높은 것으로 나타나, 해외 기업의 진출 가능성이 낮은 것으로 나타남

☐ 일본의 내외국인 출원현황은, 2000년대 초반부터 최근까지 외국인의 출원 비중이 낮은 것으로 나타나, 해당 기술 분야에서 내수 시장 장악도가 높은 것으로 나타남

☐ 유럽의 경우, 2000년대 초반부터 최근까지 외국인의 출원활동이 활발한 것으로 조사되어, 외국 출원인에 의한 해외 기술 의존도가 높은 것으로 분석됨

[국가별 출원현황]

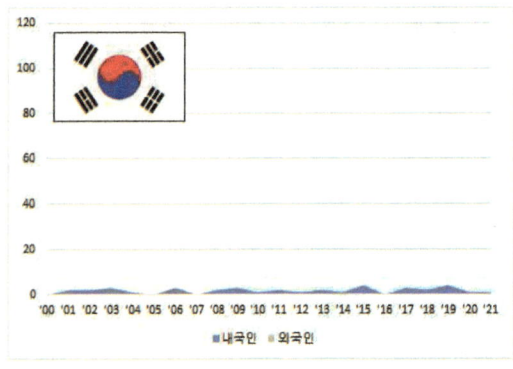
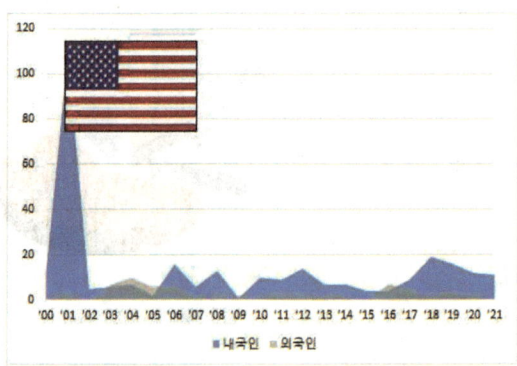
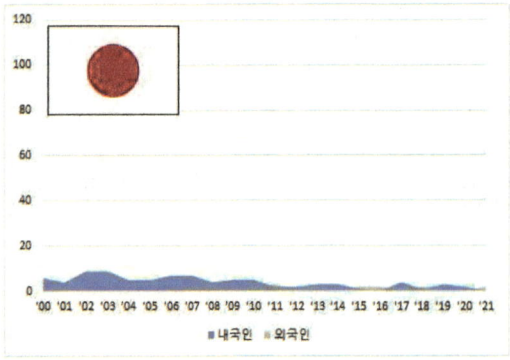

나. 주요 기술 키워드 분석

(1) 기술개발 동향 변화 분석

☐ Hyper Connected SCM 플랫폼 기술에 대한 구간별 기술 키워드 분석을 진행하였으며, 전체 분석구간에서 Supply Chain, Computer Program Product, Electronic Order Form 등 Hyper Connected SCM 플랫폼 관련 기술 키워드들이 다수 도출됨

- 최근 분석구간에 대한 기술 키워드 분석 결과, 최근 1구간에는 Supply Chain, Computer Implemented, Hierarchical Relationship 등의 키워드가 도출되었으며, 2구간에서는 Supply Chain, Computer Implemented, Value Chain 등 1구간의 주요키워드와 유사한 키워드가 도출됨

[특허 키워드 변화로 본 기술개발 동향 변화]

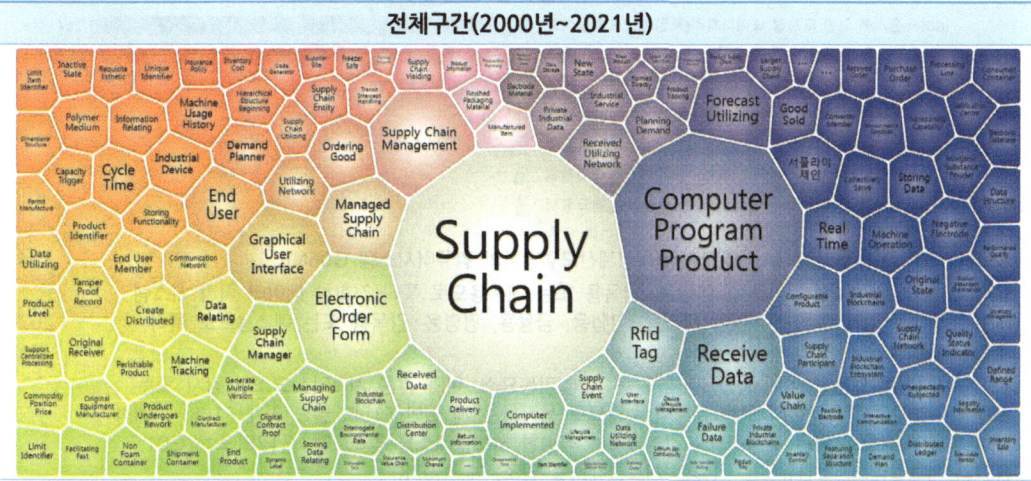

- Supply Chain, Computer Program Product, Electronic Order Form, Supply Chain Management, Receive Data, Graphical User Interface, Forecast Utilizing, Computer Implemented, Managed Supply Chain, Configurable Product, Supply Chain Manager, Received Utilizing Network, Rfid Tag

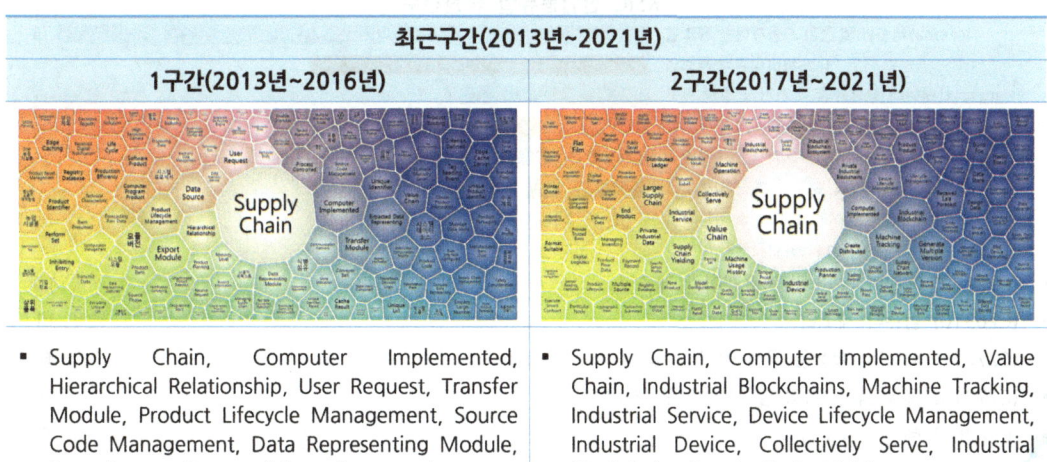

- Supply Chain, Computer Implemented, Hierarchical Relationship, User Request, Transfer Module, Product Lifecycle Management, Source Code Management, Data Representing Module, Data Source, Extracted Data Representing

- Supply Chain, Computer Implemented, Value Chain, Industrial Blockchains, Machine Tracking, Industrial Service, Device Lifecycle Management, Industrial Device, Collectively Serve, Industrial Blockchain, Supply Chain Yielding

(2) 기술-산업 현황 분석[15]

☐ Hyper Connected SCM 플랫폼 기술에 대한 Subclass 기준 IPC 분류결과, 전기에 의한 디지털 데이터처리(특정계산모델방식의 컴퓨터시스템 G06N)(G06F) 및 관리용, 상업용, 금융용, 경영용, 감독용 또는 예측용으로 특히 적합한 데이터 처리 시스템 또는 방법; 그 밖에 분류되지 않는 관리용, 상업용, 금융용, 경영용, 감독용 또는 예측용으로 특히 적합한 시스템 또는 방법(G06Q)으로 다수의 특허가 분류되는 것으로 조사됨

☐ KSIC 산업분류 결과, 다수의 특허가 배전반 및 전기 자동제어반 제조업 산업으로 분류되는 것으로 조사됨

[기술-산업 분류 분석]

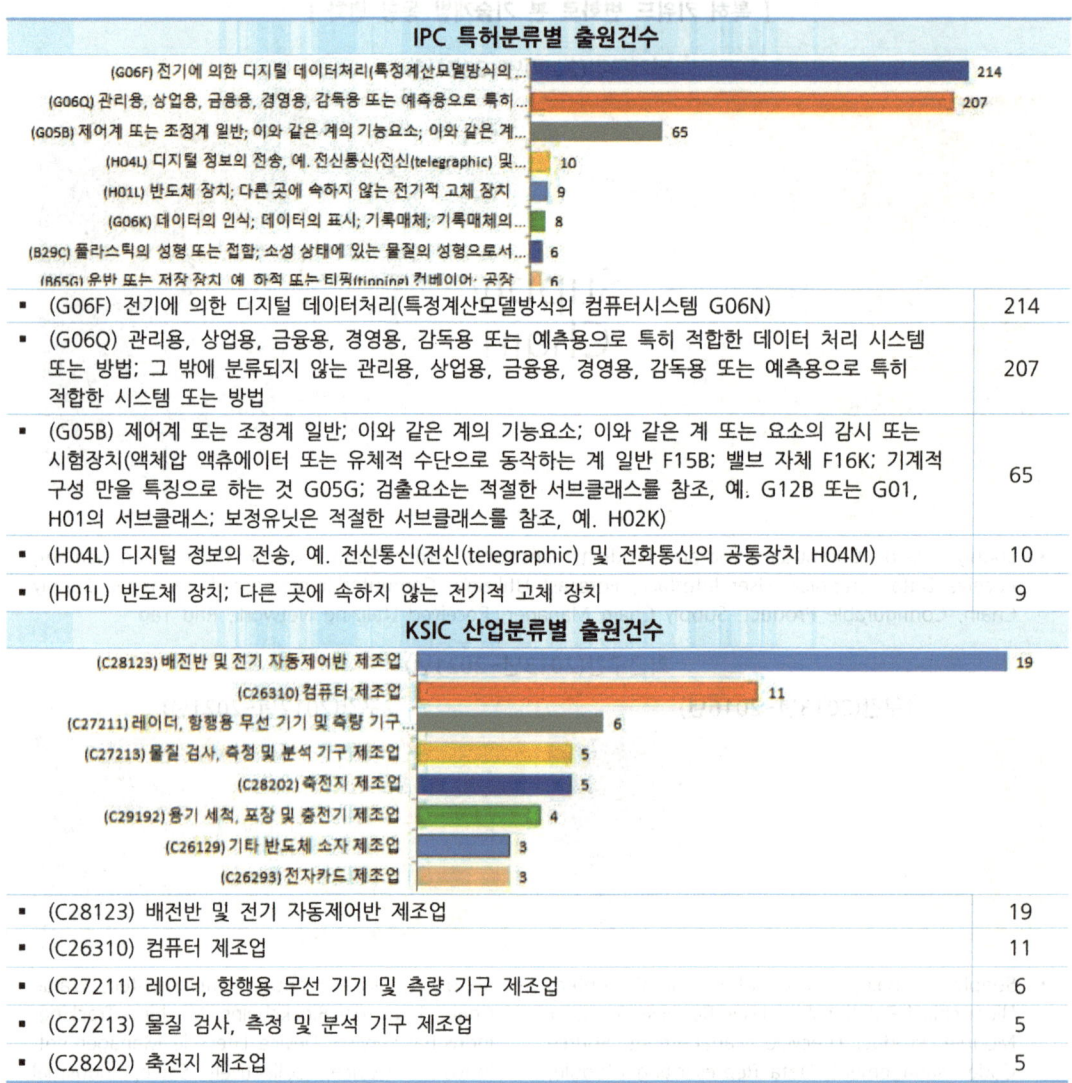

(G06F) 전기에 의한 디지털 데이터처리(특정계산모델방식의 컴퓨터시스템 G06N)	214
(G06Q) 관리용, 상업용, 금융용, 경영용, 감독용 또는 예측용으로 특히 적합한 데이터 처리 시스템 또는 방법; 그 밖에 분류되지 않는 관리용, 상업용, 금융용, 경영용, 감독용 또는 예측용으로 특히 적합한 시스템 또는 방법	207
(G05B) 제어계 또는 조정계 일반; 이와 같은 계의 기능요소; 이와 같은 계 또는 요소의 감시 또는 시험장치(액체압 액츄에이터 또는 유체적 수단으로 동작하는 계 일반 F15B; 밸브 자체 F16K; 기계적 구성 만을 특징으로 하는 것 G05G; 검출요소는 적절한 서브클래스를 참조, 예. G12B 또는 G01, H01의 서브클래스; 보정유닛은 적절한 서브클래스를 참조, 예. H02K)	65
(H04L) 디지털 정보의 전송, 예. 전신통신(전신(telegraphic) 및 전화통신의 공통장치 H04M)	10
(H01L) 반도체 장치; 다른 곳에 속하지 않는 전기적 고체 장치	9
(C28123) 배전반 및 전기 자동제어반 제조업	19
(C26310) 컴퓨터 제조업	11
(C27211) 레이더, 항행용 무선 기기 및 측량 기구 제조업	6
(C27213) 물질 검사, 측정 및 분석 기구 제조업	5
(C28202) 축전지 제조업	5

---

15) 해당제품 특허데이터를 대상으로 윕스 보유 기술·산업·시장 동향 분석 플랫폼 'Build' 활용

다. 주요 출원인 분석

☐ Hyper Connected SCM 플랫폼 기술의 전체 주요출원인(Top 5)을 살펴보면, 주로 미국 및 일본 국적의 출원인이 다수 포함되어 있는 것으로 나타났으며, 제 1 출원인으로는 미국의 RESTAURANT SERVICES, INC.인 것으로 나타남

- RESTAURANT SERVICES, INC.는 미국의 프렌차이즈 버거 기업인 버거킹의 독립적인 공급망을 관리 유통하는 기업임

☐ Hyper Connected SCM 플랫폼 기술 관련 국내 주요출원인으로 미산에프앤비 및 로지텍코리아(주)가 도출되었으며, 한국만 출원을 진행한 것으로 나타남

[주요출원인 동향]

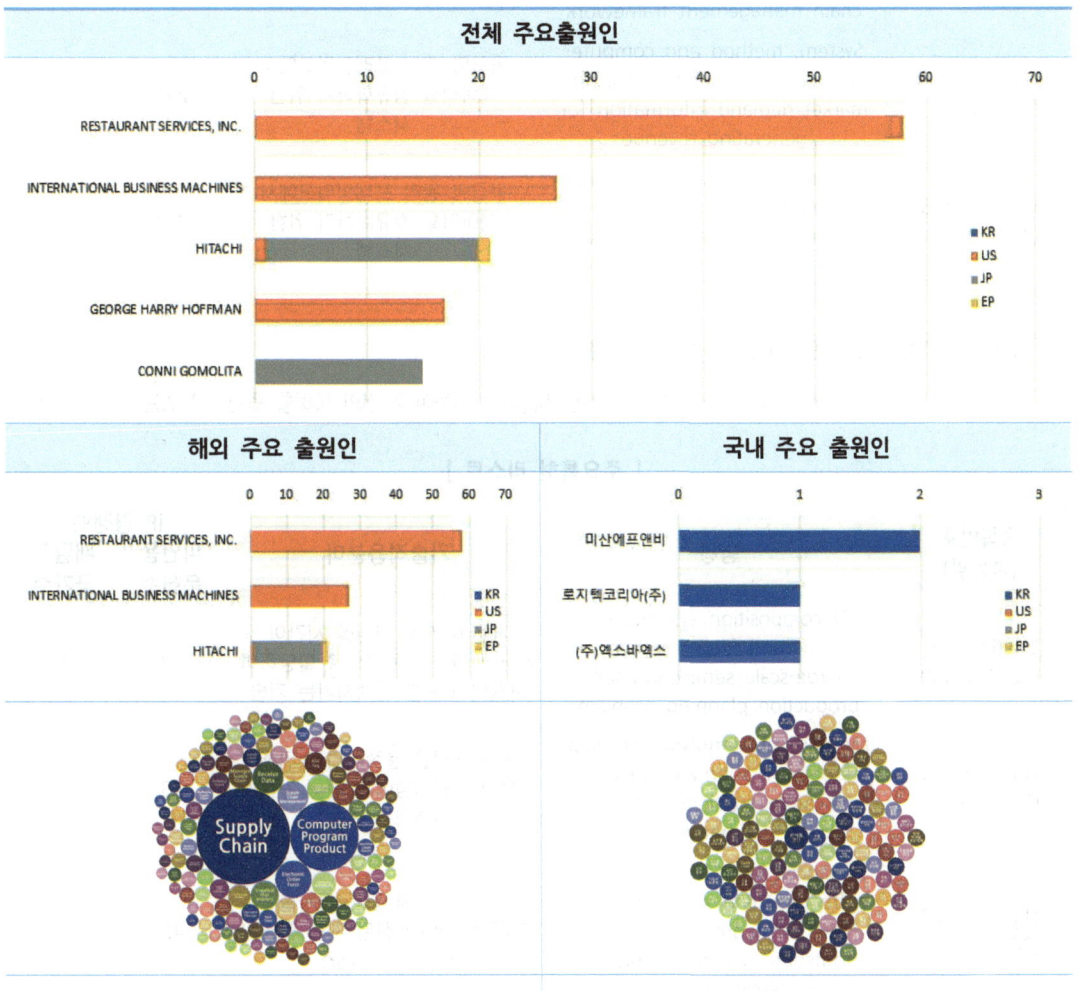

- Supply Chain, Computer Program Product, Electronic Order Form, Supply Chain Management, Receive Data, Graphical User Interface, Forecast Utilizing
- 완제품 생산, 부품 생산자, 점검 정보, 커버 유리, 제품코드 인식, 액체 플러스, 기반 농산물 관리, 생산 시스템, 농업 시설물, 타이어 회전방향, 공급망 체인 관리서버, 검출 데이터, 제조사 서버

(1) 해외 주요출원인 주요 특허 분석16)

☐ **RESTAURANT SERVICES, INC.**

- 미국 기업으로, Hyper Connected SCM 플랫폼 기술과 관련하여 58건의 특허를 출원하고 있는 것으로 조사됨

[주요특허 리스트]

등록번호 (출원일)	명칭	기술적용분야	IP 경쟁력 피인용 문헌수	IP 경쟁력 패밀리 국가수
US 7171379 (2001.03.23)	System, method and computer program product for normalizing data in a supply chain management framework	공급망 관리 프레임워크에서 데이터를 정규화하기 위한 시스템	292	3
US 7546257 (2005.07.12)	System, method and computer program product for utilizing market demand information for generating revenue	공급망 관리 프레임워크에서 데이터를 정규화하기 위한 시스템	242	3
US 6954736 (2001.03.23)	System, method and computer program product for order confirmation in a supply chain management framework	공급망 관리 프레임워크에서 데이터를 정규화하기 위한 시스템	211	3

☐ **INTERNATIONAL BUSINESS MACHINES**

- 미국 기업으로, Hyper Connected SCM 플랫폼 기술과 관련하여 27건의 특허를 출원하고 있는 것으로 조사됨

[주요특허 리스트]

등록번호 (출원일)	명칭	기술적용분야	IP 경쟁력 피인용 문헌수	IP 경쟁력 패밀리 국가수
US 6701201 (2001.08.22)	Decomposition system and method for solving a large-scale semiconductor production planning problem	제한된 제조 자원을 시간이 지남에 따라 효율적으로 할당하여 고객의 요구를 충족시키는 기술	73	1
US 7606743 (2004.02.10)	Method for identifying product assets in a supply chain used to satisfy multiple customer demands	고객 요구를 충족시키기 위해 사용되는 공급망에서 제품 자산을 식별하는 기술	43	1
US 7069230 (2001.11.13)	Enhanced method and system for providing supply chain execution processes in an outsourced manufacturing environment	계약 제조자 및 공급자를 포함하는 아웃소싱된 제조 환경의 공급망 프로세스	42	1

16) 최근 출원특허 중, 등록특허를 기준으로 피인용문헌수 및 패밀리 국가수가 큰 특허를 주요특허로 도출

☐ HITACHI

- 일본 기업으로, Hyper Connected SCM 플랫폼 기술과 관련하여 21건의 특허를 출원하고 있는 것으로 조사됨

[주요특허 리스트]

등록번호 (출원일)	명칭	기술적용분야	IP 경쟁력	
			피인용 문헌수	패밀리 국가수
US 7092775 (2005.04.06)	Production planning apparatus and production planning method	여러 회사 및 여러 공장에 걸친 공급망에서 서로 다른 특성을 갖는 여러 생산 단계를 통해 생산될 제품의 생산 계획을 기획하는 기술	18	2
JP 6050980 (2012.07.26)	생산 가능수계산 장치, 생산 가능수계산 프로그램 및 기억 매체	서플라이 체인(supply-chain)의 일부의 공급이 단절된 경우, 제품의 생산 가능수를 계산하는 기술	4	2
JP 4479316 (2004.04.08)	생산계획 입안장치 및 방법	서플라이 체인(supply-chain)의 규모를 연산하는 기술	3	2

(2) 국내 주요출원인 주요 특허 분석[17]

☐ 미산에프앤비

- Hyper Connected SCM 플랫폼 기술과 관련하여 한국을 위주로 2건의 특허를 출원하고 있는 것으로 조사됨

[주요특허 리스트]

공개번호 (출원일)	명칭	기술적용분야	IP 경쟁력	
			피인용 문헌수	패밀리 국가수
KR 2020-0093378 (2019.01.28)	상품정보관리시스템	주문, 제조, 물류, 납품에 이르는 SCM(Supply ChainManagement) 전반에 발생되는 물동의 흐름을 계획하는 기술	0	1
KR 2020-0093376 (2019.01.28)	물류정보 시스템	주문, 제조, 물류, 납품에 이르는 SCM(Supply ChainManagement) 전반에 발생되는 물동의 흐름을 계획하는 기술	0	1

---

[17] 최근 출원특허 중, 등록특허를 기준으로 피인용문헌수 및 패밀리 국가수가 큰 특허를 주요특허로 도출

전략제품 현황분석

☐ 로지텍코리아(주)

- Hyper Connected SCM 플랫폼 기술과 관련하여 한국을 위주로 1건의 특허를 출원하고 있는 것으로 조사됨

[주요특허 리스트]

등록/공개번호 (출원일)	명칭	기술적용분야	IP 경쟁력	
			피인용 문헌수	패밀리 국가수
KR 2315898 (2021.02.24)	클라우드 기반 제조업체 사내물류 및 자동구매관리 플랫폼 관리 시스템 및 방법	산업자재에 대한 전반적인 유통절차를 클라우드 플랫폼 상에 구축된 시스템	0	2

☐ 철원군

- Hyper Connected SCM 플랫폼 기술과 관련하여 한국을 위주로 1건의 특허를 출원하고 있는 것으로 조사됨

[주요특허 리스트]

등록/공개번호 (출원일)	명칭	기술적용분야	IP 경쟁력	
			피인용 문헌수	패밀리 국가수
KR 2082551 (2017.10.11)	상품 공급망 자동설계 방법 및 이를 이용하는 시스템	외식업소의 식자재 등의 상품을 공급하기 위하여 공급업체 추천 과정을 자동화하고 시스템화하는 상품 공급망 자동설계 기술	0	1

라. 기술진입장벽 분석

(1) 기술 집중력 분석[18]

☐ Hyper Connected SCM 플랫폼 관련 기술에 대한 시장관점의 기술독점 현황분석을 위해 집중률 지수(CRn) 분석 결과, 상위 4개 기업의 시장점유율이 20.0으로 독과점 정도가 보통 수준으로 분석되어 주요 출원인들 간의 시장 경쟁이 치열하게 이루어지는 경쟁적 시장으로, 규제 당국이 목표로 하는 경쟁 강도의 보통 범위에 속하는 것으로 분석됨

☐ 국내 시장에서 중소기업의 점유율 분석결과 68.2로 Hyper Connected SCM 플랫폼 기술에서 중소기업의 점유율은 매우 높은 것으로 분석되고, 국내 시장에서 중소기업의 진입장벽은 낮은 것으로 판단됨

[주요출원인 및 한국 중소기업 집중력 분석]

	주요출원인	출원건수	특허점유율	CRn	n
주요 출원인 집중력	RESTAURANT SERVICES, INC.(미국)	58	9.4%	9.4	1
	INTERNATIONAL BUSINESS MACHINES(미국)	27	4.4%	13.8	2
	HITACHI(일본)	21	3.4%	17.3	3
	GEORGE HARRY HOFFMAN(미국)	17	2.8%	20.0	4
	CONNI GOMOLITA(일본)	15	2.4%	22.5	5
	SAP AG(독일)	13	2.1%	24.6	6
	ROCKWELL AUTOMATION TECHNOLOGIES(미국)	8	1.3%	25.9	7
	JDA SOFTWARE GROUP, INC.(미국)	8	1.3%	27.2	8
	UNITED PARCEL SERVICE OF AMERICA(미국)	7	1.1%	28.3	9
	APPAREON(미국)	7	1.1%	29.5	10
	전체	614	100%	CR4=20.0	
	출원인 구분	출원건수	특허점유율	CRn	n
국내시장 중소기업 집중력	중소기업(개인)	30	68.2%	68.2	중소기업
	대기업	5	11.4%		
	연구기관/대학	3	6.8%		
	기타(외국인)	6	13.6%		
	전체	44	100%	CR중소기업=68.2	

---

18) 상위 몇 개 기업의 특허점유율을 합한 것으로, 특허동향조사에서는 통상 CR4를 사용하며, CRn값이 0에 가까울수록 시장 독과점 수준이 낮은 것을 의미하고, CR4 값이 40에서 60일 경우(CR1 지수는 50 이상일 경우, CR2 또는 CR3 지수는 75 이상일 경우) 시장의 독과점 수준이 높은 것으로 해석됨

CRn(집중률지수, Concentration Ratio n) = (1위 출원인의 특허점유율) + … + (n위 출원인의 특허점유율)

(2) IP 경쟁력 분석[19]

☐ Hyper Connected SCM 플랫폼 기술의 주요출원인들의 IP 경쟁력 분석결과, UNITED PARCEL SERVICE OF AMERICA의 기술영향력 및 시장확보력이 가장 높은 것으로 분석됨
- UNITED PARCEL SERVICE OF AMERICA : 영향력지수(PII) 5.31 / 시장확보력(PFS) 2.16

☐ 1사분면으로 도출된 RESTAURANT SERVICES, INC., UNITED PARCEL SERVICE OF AMERICA의 특허가 시장확보력 및 질적 수준이 높은 특허로, 기술적 파급력과 상업적 가치가 큰 것으로 해석됨

[주요출원인 IP 경쟁력 분석]

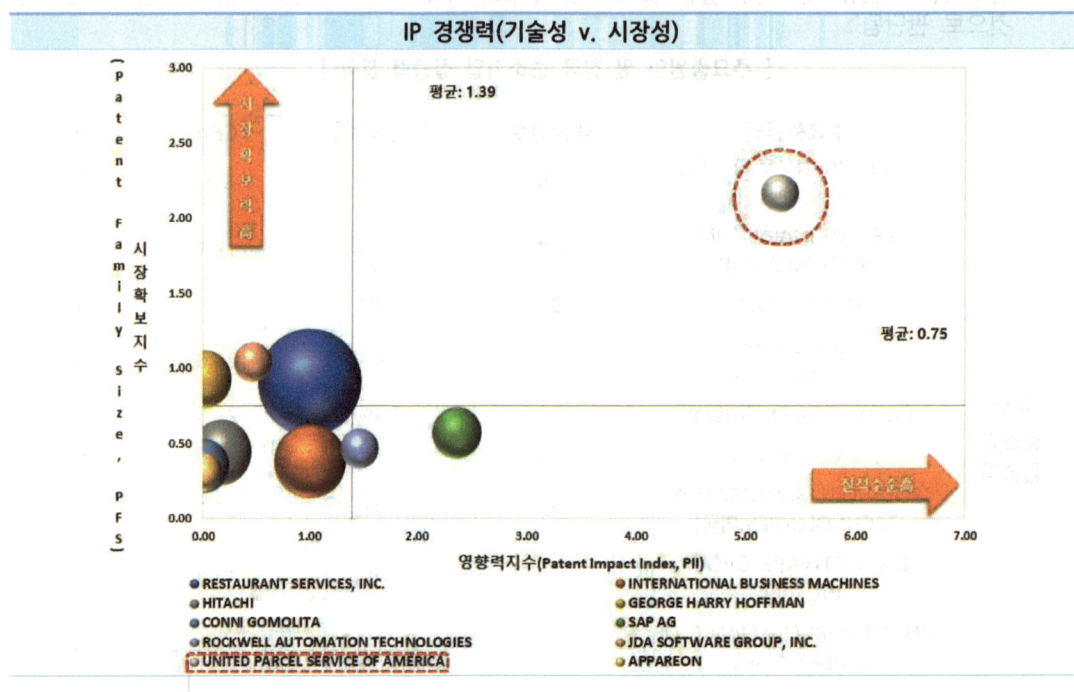

UNITED PARCEL SERVICE OF AMERICA	▪ (US 7149658) Systems and methods for transporting a product using an environmental sensor ▪ (US 7937244) System and method for automatic redirection of a product under transport using an environmental sensor ▪ (US 7454315) System and method for automatic redirection of a product under transport using an environmental sensor

* **영향력지수(Patent Impact Index, PII)**: 다른 경쟁주체의 기술수준이 고려된 특정한 주체의 '상대적인' 기술적 중요도 또는 혁신성과의 가치 정보가 포함된 기술수준으로, 특허의 피인용 횟수를 특정 기술분야 내에서의 상대적인 값으로 전환시킨 지수임

* **시장확보지수(Patent Family Size, PFS)**: 특정 주체가 특정 기술분야에서 소수의 특정 국가에서만 시장확보를 하고자 하는지 아니면 다수의 세계 주요 국가들에서 시장확보를 하고자 하는지에 대한 분석으로, PFS가 높은 특허는 그만큼 상업적 가치가 큰 기술에 대한 특허인 것으로 해석될 수 있으며, PFS가 높은 출원인은 세계 여러 국가에서 사업을 하고 있는 출원인인 것으로 해석될 수 있음(2020 공공 R&D 특허기술동향조사 가이드라인, 한국특허전략개발원)

* **버블크기**: 출원 특허 건 수 비례

---

19) PFS = 특정 주체의 평균 패밀리 국가 수 / 전체 평균 패밀리 국가 수
　　PII = 특정 주체 보유특허의 피인용도[CPP] / 전체 유효특허의 피인용도

5. 요소기술 도출

가. 특허 기반 토픽 도출

☐ 614개의 특허의 내용을 분석하여 구성 성분이 유사한 것끼리 클러스터링을 시도하여 대표성이 있는 토픽을 도출

[Hyper Connected SCM 플랫폼에 대한 토픽 클러스터링 결과]

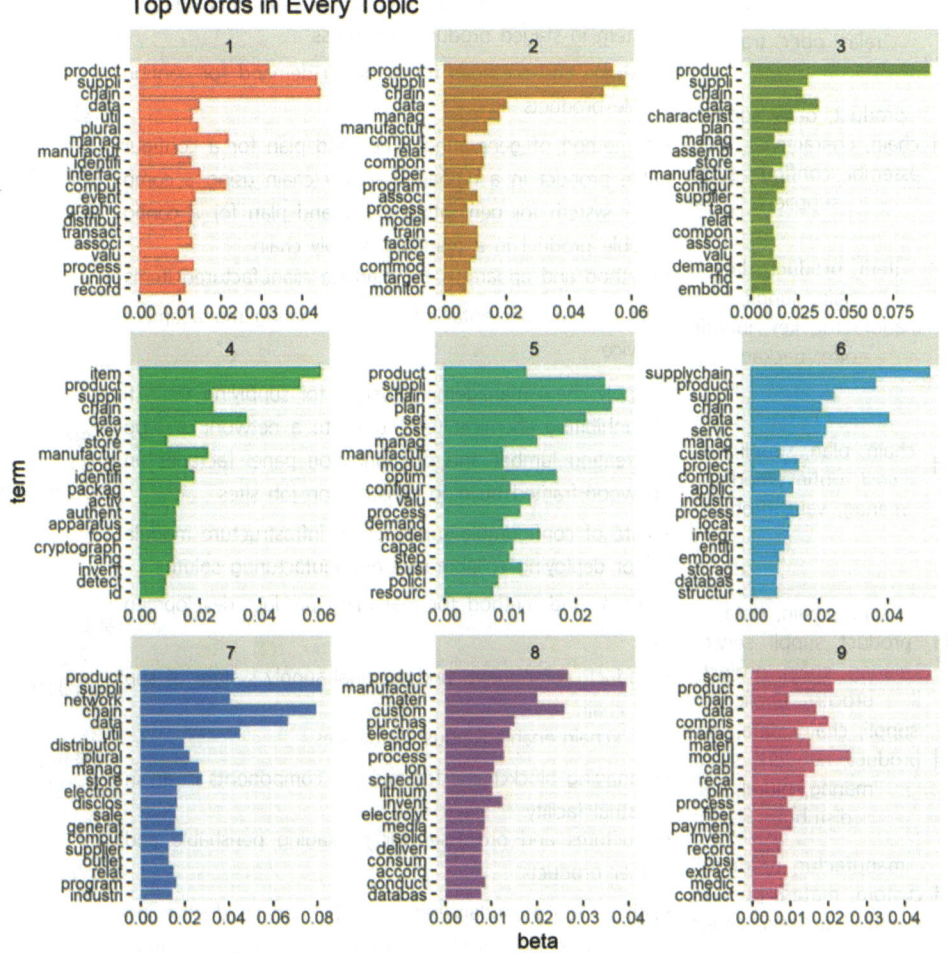

나. LDA[20] 클러스터링 기반 요소기술 도출

[LDA 클러스터링 기반 요소기술 키워드 도출]

No.	상위 키워드	대표적 관련 특허	요소기술 후보
클러스터 01	chain, suppli, product, manag, comput, interfac, data, plural, event, process	• Method and apparatus providing a supply chain management system useful in outsourced manufacturing • Analytics system for product purchase management	물류/재고 빅데이터 기반 고객 및 매장관리 기술
클러스터 02	suppli, product, chain, data, manag, manufactur, compon, relat, oper, train	• Controlling production resources in a supply chain • Single-pegging-based product supply chain management system in staged production process	-
클러스터 03	product, data, suppli, chain, characterist, plan, assembl, configur, store, supplier	• Systems and methods for planning demand for configurable products • A method of generating a demand plan for a configurable product in a managed supply chain using a computer system for generating a demand plan for a configurable product in a managed supply chain	실시간 리스크 분석 및 공급망 최적설계 가시화 기술
클러스터 04	item, product, data, chain, suppli, manufactur, key, identifi, code, packag	• Method and apparatus for marking manufactured items • Product environmental information sharing management device	-
클러스터 05	chain, plan, suppli, set, cost, optim, model, manag, valu, product	• Supply chain management system for supplying clean fire inhibiting chemical (cfic) totes to a network of wood-treating lumber and prefabrication panel factories and wood-framed building construction job sites • Suite of configurable supply chain infrastructure modules for deploying collaborative e-manufacturing solutions	실시간 리스크 분석 및 공급망 최적설계 가시화 기술
클러스터 06	supplychain, data, product, suppli, servic, manag, chain, project, process, applic	• System and method for managing product development • Product, component, and material supply system of supply chain	물류/재고 빅데이터 기반 고객 및 매장관리 기술
클러스터 07	suppli, chain, data, util, product, network, store, manag, plural, distributor	• Blockchain-enabled industrial devices • Managing blockchains for multiple components in an industrial facility	블록체인, 3D 프린팅 활용기술
클러스터 08	manufactur, product, custom, materi, purchas, electrod, process, andor, invent, ion	• Structures and processes for packaging perishable and other products • Lithium ion secondary battery with li ion conductive inorganic solid electrolyte and a method for manufacturing the same	-
클러스터 09	scm, modul, product, compris, data, cabl, materi, recal, plm, manag	• Method, computer program product and bending machine for bending metal sheets • Modular plant growing system for food production and decoration, and methodology for use	-

---

20) Latent Dirichlet Allocation

다. 특허 분류체계 기반 요소기술 도출

☐ Hyper Connected SCM 플랫폼 관련 특허에서 총 10개의 주요 IPC코드(메인그룹)를 산출하였으며, 각 그룹의 정의를 기반으로 요소기술 키워드를 아래와 같이 도출

[IPC 분류체계에 기반한 요소기술 도출]

IPC 기술트리		요소기술 후보
(서브클래스) 내용	(메인그룹) 내용	
(G05B) 제어계 또는 조정계 일반; 이와 같은 계의 기능요소; 이와 같은 계 또는 요소의 감시 또는 시험장치	•(G05B-019) 프로그램제어계	-
(G06F) 전기에 의한 디지털 데이터처리(특정계산모델방식의 컴퓨터시스템 G06N)	•(G06F-007) 취급하는 데이터의 순서 또는 내용을 조작하여 데이터를 처리하기 위한 방법 또는 장치	AI 기반 빅데이터 비정형데이터 처리 및 정보추출 기술
	•(G06F-009) 프로그램 제어를 위한 장치, 예. 제어 장치	예측기반 적시배송 지원 및 관제 기술
	•(G06F-017) 디지털 컴퓨팅 또는 데이터 처리 장비 또는 방법, 특정 기능을 위해 특히 적합한 것	스마트제조, SCM용 클라우드 기반 IoS(Internet of Service) 처리 기술
	•(G06F-019) 특수한 어플리케이션에 특히 적합한 디지털 컴퓨팅 또는 데이터 처리 장치 또는 방법	스마트 제조어플리케이션 연동기술 및 물류 시스템간의 인터페이스 기술
(G06Q) 관리용, 상업용, 금융용, 경영용, 감독용 또는 예측용으로 특히 적합한 데이터 처리 시스템 또는 방법; 그 밖에 분류되지 않는 관리용, 상업용, 금융용, 경영용, 감독용 또는 예측용으로 특히 적합한 시스템 또는 방법	•(G06Q-010) 경영; 관리	물류/재고 빅데이터 기반 고객 및 매장관리 기술
	•(G06Q-030) 거래, 예. 쇼핑 또는 전자상거래	-
	•(G06Q-040) 금융; 보험; 세무 전략; 법인세 또는 소득세의 처리	-
	•(G06Q-050) 특정의 업종에 특히 적합한 시스템 또는 방법, 예. 공익 사업 또는 관광업 (헬스케어 인포매틱스 G16H)	블록체인, 3D 프린팅 활용기술
(H04L) 디지털 정보의 전송, 예. 전신통신(전신(telegraphic) 및 전화통신의 공통장치 H04M)	•(H04L-009) 비밀 또는 보안통신을 위한 배치	-

라. 최종 요소기술 도출

☐ 산업·시장 분석, 기술(특허)분석, 전문가 의견, 타부처 로드맵, 중소기업 기술수요를 바탕으로 로드맵 기획을 위하여 요소기술 도출

☐ 요소기술을 대상으로 전문가를 통해 기술의 범위, 요소기술 간 중복성 등을 조정·검토하여 최종 요소기술명 확정

[Hyper Connected SCM 플랫폼 분야 요소기술 도출]

요소기술	출처
스마트 제조어플리케이션 연동기술 및 물류 시스템간의 인터페이스 기술	IPC 기술체계, 전문가추천
스마트제조, SCM용 클라우드 기반 IoS(Internet of Service) 처리 기술	IPC 기술체계, 전문가추천
실시간 리스크 분석 및 공급망 최적설계 가시화 기술	특허 클러스터링, 전문가추천
스마트 물류정보 및 추적 시스템 기술	전문가추천
예측기반 적시배송 지원 및 관제 기술	IPC 기술체계, 전문가추천
AI 기반 빅데이터 비정형데이터 처리 및 정보추출 기술	IPC 기술체계, 전문가추천
스마트 물류 적용 RFID·센서 기술	전문가추천
물류/재고 빅데이터 기반 고객 및 매장관리 기술	특허 클러스터링, IPC 기술체계, 전문가추천
블록체인, 3D 프린팅 활용기술	특허 클러스터링, IPC 기술체계, 전문가추천

6. 전략제품 기술로드맵

가. 핵심기술 선정 절차

☐ 특허 분석을 통한 요소기술과 기술수요와 각종 문헌을 기반으로 한 요소기술, 전문가 추천 요소기술을 종합하여 요소기술을 도출한 후, 핵심기술 선정위원회의 평가과정 및 검토/보완을 거쳐 핵심기술 확정

☐ 핵심기술 선정 지표: 기술개발 시급성, 기술개발 파급성, 기술의 중요성 및 중소기업 적합성
- 장기로드맵 전략제품의 경우, 기술개발 파급성 지표를 중장기 기술개발 파급성으로 대체

[핵심기술 선정 프로세스]

① 요소기술 도출	② 핵심기술 선정위원회 개최	③ 핵심기술 검토 및 보완	④ 핵심기술 확정
• 전략제품 현황 분석 • LDA 클러스터링 및 특허 IPC 분류체계 • 전문가 추천	• 전략분야별 핵심기술 선정위원의 평가를 종합하여 요소기술 중 핵심기술 선정	• 선정된 핵심기술에 대해서 중복성 검토 • 미흡한 전략제품에 대해서 핵심기술 보완	• 확정된 핵심기술을 대상으로 전략제품별 로드맵 구축 개시

나. 핵심기술 리스트

[Hyper Connected SCM 플랫폼 분야 핵심기술]

핵심기술	개요
스마트 물류정보 및 추적시스템 기술	• IoT등을 활용하여 실시간 화물 이동 정보 모니터링 및 물류 서비스 제공하는 기술 • ICT기술 활용하여 화물운송 수단에서 물류거점 간 반출입, 하역 등의 정보를 실시간으로 알려주는 추적시스템 기술
예측기반 적시배송 지원 및 관제 기술	• 물동량 연계 물류센터의 자동화 및 물류운영 최적화를 통한 적시배송을 지원하는 기술
스마트제조, SCM용 클라우드 기반 IoS(Internet of Service) 처리 기술	• IoT를 통해 스마트물류와 관련된 정보를 실시간으로 수집·처리할 수 있는 기술 • 사물인터넷 디바이스, 바코드, RFID 및 센서가 연결된 클라우드의 데이터 처리 속도와 안정성을 높이는 기술
스마트 제조어플리케이션 연동기술 및 물류시스템간의 인터페이스 기술	• 스마트제조 어플리케이션간 호환성 보장 및 스마트 물류시스템과의 인터페이스를 원활하게 하는 응용 및 활용 기술
실시간 리스크 분석 및 공급망 최적설계 가시화 기술	• 제조에 영향을 미치는 빅데이터 분석 기반으로 부품공급 과잉/과소 또는 급격한 수요 변동 등으로 공급망의 낭비를 제거하는 기술

다. 중소기업 기술개발 전략

- ☐ 중소기업용 스마트팩토리 애플리케이션과 SCM 기술 개발
- ☐ 정부 및 공공 사이드에서 중소기업 프로세스에 적합한 스마트팩토리 애플리케이션과 SCM 적용 가이드 제공 필요
- ☐ 대기업의 전유물인 ISP(정보화 전략 수립, Information Strategy Planning)를 포함한 스마트팩토리 애플리케이션/SCM 프로세스 컨설팅 지원 필요
- ☐ 중소기업에 강점이 있는 응용기술을 활용해 안전한 배송, 화물개성에 특화된 물류시스템 개발

라. 기술개발 로드맵

(1) 중기 기술개발 로드맵

[Hyper Connected SCM 플랫폼 기술개발 로드맵]

Hyper Connected SCM 플랫폼	스마트 SCM 플랫폼 구축을 통한 제조·물류·유통 서비스의 최적화된 공급망 구현			최종 목표
	2022년	2023년	2024년	
스마트 물류정보 및 추적시스템 기술	→	→	→	• 물류추적 평균오진률 감소 • 스마트 물품정보 추적 시스템 완성
예측기반 적시배송 지원 및 관제 기술	→	→	→	• 예측 정확도 95% 이상 • 적시배송 위한 물류센터 운영 효율화
스마트제조, SCM용 클라우드 기반 IoS(Internet of Service) 처리 기술	→	→	→	• 물류흐름 추적관리 및 물류운영 최적화 • 중기업용 클라우드 기반 보안 플랫폼 구축
스마트 제조어플리케이션 연동기술 및 물류시스템간의 인터페이스 기술	→	→	→	• 산·학·연 기관의 협력을 통한 통합 거버넌스 구축 • 스마트 제조 연계 물류정보 제공 시스템 구축
실시간 리스크 분석 및 공급망 최적설계 가시화 기술	→	→	→	실판매 기반 수요예측 정보의 생산시스템과 연계 구축

(2) 기술개발 목표

□ 최종 중소기업 기술로드맵은 기술/시장 니즈, 연차별 개발계획, 최종목표 등을 제시함으로써 중소기업의 기술개발 방향성을 제시

[Hyper Connected SCM 플랫폼 핵심요소기술 연구목표]

핵심기술	기술요구사항	연차별 개발목표			최종목표	연계R&D 유형
		1차년도	2차년도	3차년도		
스마트 물류정보 및 추적시스템 기술	물류추적 평균오진률 (10%기준)	10%	5%	0%	물류추적 평균오진률 감소	상용화
	GPS/RFID/센서 및 IoT 기반의 운송기술	GPS/RFID/센서 활용 및 화물정보 추적 시스템 개발	운송수단과 관제 시스템간의 통신기술 개발	이벤트 알람 및 각종 정보 수집 등 관제 모니터링 기술	스마트 물품정보 추적 시스템 완성	상용화
예측기반 적시배송 지원 및 관제 기술	예측 모델 AI 알고리즘 기술	규칙 기반 예측 모델 개발	실시간 예측 및 대응	예측 모델 적용 통한 AI 알고리즘 기술 개발	예측 정확도 95% 이상	상용화
	RFID, 로봇기술, 설비제어기술	납기예측 시뮬레이션 기술 개발	Location 운영 및 Picking 최적화 기술	물류센터의 무인운영 시스템 개발	적시배송 위한 물류센터 운영 효율화	상용화
스마트제조, SCM용 클라우드 기반 IoS(Internet of Service) 처리 기술	클라우드 기반 지능형 유통 및 조달 물류 기술	실시간 데이터 기반 지능형 창고 운영 기술	데이터 분석 연계 공급망 리스크 관리 기술	물류흐름 추적관리 및 물류운영 최적화 기술	물류흐름 추적관리 및 물류운영 최적화	산학연
	클라우드 기반 침해탐지·분석 기술	클라우드 기반 보안 플랫폼 표준화 추진	중소기업용 클라우드 기반 보안 플랫폼 개발	중소기업용 클라우드 기반 보안 플랫폼 실증	중기업용 클라우드 기반 보안 플랫폼 구축	산학연
스마트 제조 어플리케이션 연동기술 및 물류시스템간의 인터페이스 기술	제조·물류 데이터 통합체계 구축	실시간 연계 생산·납기 통합운영기술	제조·물류 서비스 통합운영 기술	오픈 기반 개방형 제조·물류 시스템 구축	산·학·연 기관의 협력을 통한 통합 거버넌스 구축	산학연
	실시간 재고파악, 창고운영 및 이상감지 기술	실시간 데이터 기반 지능형 창고운영기술	데이터 분석 연계 공급사슬관리	물류흐름 추적관리 및 물류운영 최적화 기술	스마트 제조 연계 물류정보 제공 시스템 구축	상용화
실시간 리스크 분석 및 공급망 최적설계 가시화 기술	ERP/MES 활용을 위한 EDI/FTP 전송 기술과 수요예측 기술	RFID 활용한 POS와 EDI/FTP등을 활용한 유통정보 수집 기술	유통정보의 ERP/MES 연계 활용 기술 개발	ML 등을 활용한 판매예측 및 부품 소요량 예측 기술	실판매 기반 수요예측 정보의 생산시스템과 연계 구축	산학연

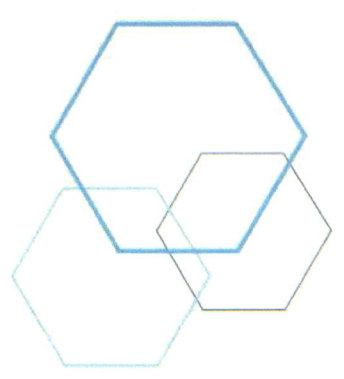

전략제품 현황분석

디지털트윈 생산시스템

디지털트윈 생산시스템

정의 및 범위

- 디지털트윈 생산시스템은 사이버-물리 시스템(CPS)으로도 불리며 사이버 시스템을 통해 실세계의 사람, 운영환경, 기계장치와 같은 물리 시스템을 네트워크로 연결하여 제어 가능하도록 하는 시스템

전략 제품 관련 동향

시장 현황 및 전망	제품 산업 특징
• (세계) 디지털 트윈 세계 시장 규모는 2019년 30억 달러 수준에서 2025년 350억 달러가 넘는 시장으로 연평균 약 42.7%씩 성장할 것으로 전망 • (국내) 국내 CPS 시장은 '19년 약 12조 9,687억 원에서 '25년 약 72조 508억 원으로 연평균 33.1% 성장할 것으로 전망	• 실제현실과 사이버 시스템의 유기적인 연결과 시뮬레이션 결과 정확성을 보장하여 초기투자에 비용을 절감하고 산업 분야 활용성 증대 • 디지털 트윈을 다양한 산업 문야에 적용시켜 제조업 뿐 아니라 반도체, 배터리 등 첨단 산업에도 사용하려는 움직임이 활발
정책 동향	**기술 동향**
• 한국판 뉴딜의 10대 대표과제에 '디지털트윈'과제가 포함되었음 • 서울시는 국내 기업 솔루션을 이용해 3D 기반의 디지털 트윈을 구축해 정책 결정 지원 및 도시 문제 해결에 활용중	• IoT, 인공지능, 빅데이터와 함께 혼합현실 모델링을 통해 가상환경의 현실성을 높이는 추세. 튜닝, 모델링, 런타임 엔진 응용, 3D 그래픽스 기술 연구 • 예측 신뢰도를 높이기 위해 빅데이터 네트워크 강화, 양질의 데이터 확보를 위한 대용량 저장 시스템 강화
핵심 플레이어	**핵심기술**
• (해외) GE, Tesla Motors, Bosch, Siemens, Qualcomm, ANSYS, Google, RTI, Siemens, IBM, MS, Dassault Systems • (대기업) KT, LG유플러스, LG CNS, 포스코건설, 현대제철 (중소기업) 다쏘시스템, PTC, 아인스에스엔씨, 녹원정보기술, 케이넷이엔지, 지멘스코리아	• 생산공정 시뮬레이션 기술 • IoT 기반 원격 제어 기술 • 맞춤형 공정설계 자동화 기술 • 제조 가상화 시스템 기술 • 도메인 모델링 기술

중소기업 기술개발 전략

→ 국내 디지털 트윈 시장은 아직 태동 단계로 적극적인 초기 개발 투자 필요

→ 여러 분야에 시범 및 실증 사업을 통해 디지털트윈 기술의 효율성 홍보 필요

→ 국내외 기술제휴/협력을 통해 디지털트윈 운용환경 구축을 위한 기반 확보가 필요

→ 정부 주도의 중소기업 기술 장려 정책 필요, 산학 협력을 통한 핵심역량 확보

1. 개요

가. 정의 및 필요성

(1) 정의

- ☐ 디지털트윈 생산시스템은 사이버-물리 시스템(CPS)으로도 불리며 사이버 시스템을 통해 실세계의 사람, 운영환경, 기계장치와 같은 물리 시스템을 네트워크로 연결하여 제어 가능하도록 하는 시스템을 의미

- ☐ 사이버-물리 생산 시스템(CPPS, Cyber-Physical Production Systems)은 제조 산업 분야에 CPS 기술이 적용되어 IoT, 스마트센서, 정보통신 기술과 함께 현실 세계의 사물을 네트워크와 연결시켜 자동화 혹은 지능화된 센서기반 스마트제조 시스템을 의미

    - CPPS는 공정 생산 계획 P3R(Product, Process, Plant, Resource)을 연계한 3D Model 기반 공정 계획, 설계 및 공정 시뮬레이션 기능을 수행하며 생산 공정, 설비, 레이아웃, 생산량을 예측이 가능한 시스템으로써 초기 계획, 설계 단계부터 제조, 생산, 운영 및 유지보수단계까지의 전체 제조 공정 라이프 싸이클을 관리할 수 있는 역할

    - CPPS는 공장 현장의 필드버스나 PLC, 센서 등에서 데이터를 수집하고, 그 상위로 MES, ERP, SCM 등의 기업운영 어플리케이션의 데이터로 변환하여 전달하는 수직적인 데이터의 통합을 통해 제조와 비즈니스 영역을 연결시킬 수 있는 역할

    - CPPS는 제품개발부터 출시 AS, 단종, 재활용의 단계까지 제품 Life Cycle상에 존재하는 제품의 기획, 수요조사, 설계 및 제품 시뮬레이션 등 PLM 전 과정에서 작동되고 있는 시스템과 협력 기업의 제조 및 비즈니스 활동에서 발생하는 데이터를 수평적으로 수집, 통합해서 CPPS 내부로 전달

[디지털트윈의 개념]

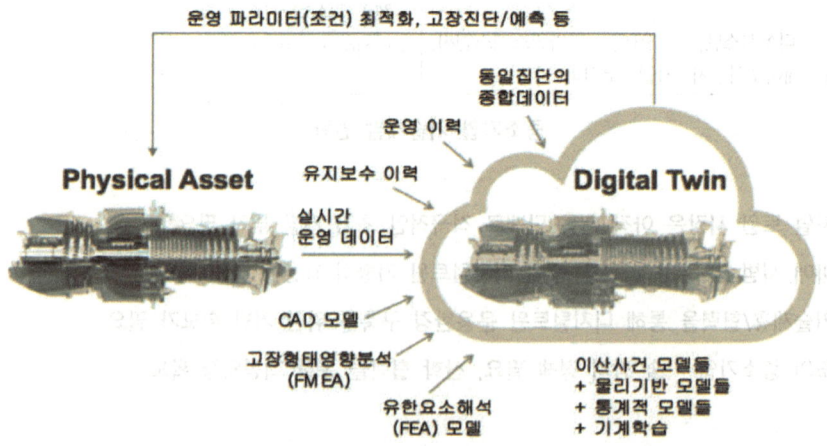

* 출처: 한국산업기술평가관리원 제공, 2021

[디지털 트윈 기술 프로세스]

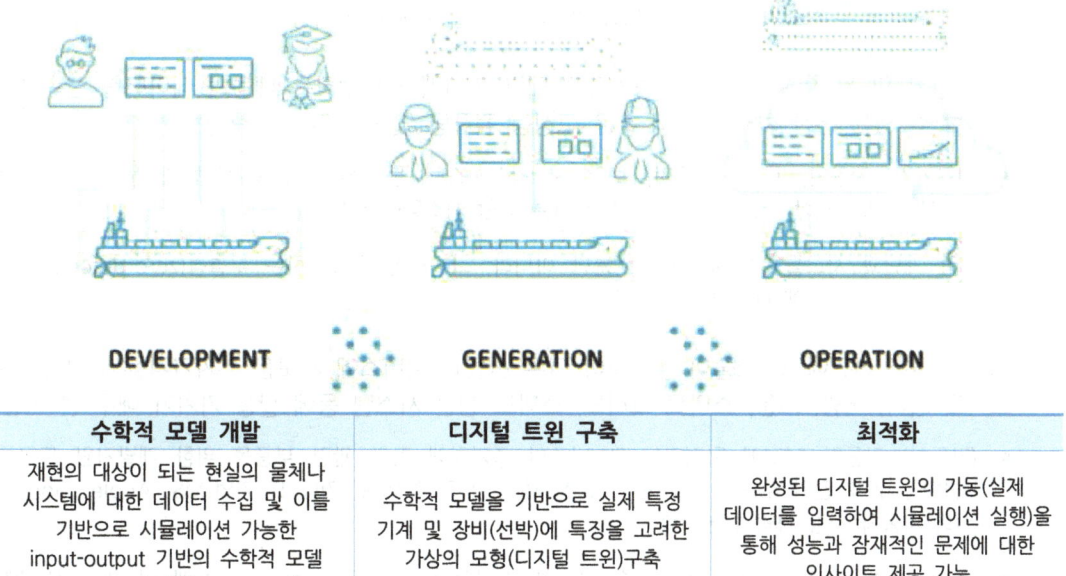

수학적 모델 개발	디지털 트윈 구축	최적화
재현의 대상이 되는 현실의 물체나 시스템에 대한 데이터 수집 및 이를 기반으로 시뮬레이션 가능한 input-output 기반의 수학적 모델 개발	수학적 모델을 기반으로 실제 특정 기계 및 장비(선박)에 특징을 고려한 가상의 모형(디지털 트윈)구축	완성된 디지털 트윈의 가동(실제 데이터를 입력하여 시뮬레이션 실행)을 통해 성능과 잠재적인 문제에 대한 인사이트 제공 가능

* 출처 : KB국민은행 경영연구소, 2019

(2) 필요성

☐ 가상 시뮬레이션을 이용하면 사전에 기기와 설비에 대한 CPS를 구축하여 진행 양상을 예측할 수 있어 시행착오에 따른 오류와 비용을 절감 가능

- 가상 시뮬레이션은 실제 공장을 가동하기 전 단계에서 활용하여 미리 어느 정도의 수준 운영이 가능할지 예측할 수 있게 도움
- 시뮬레이션 결과와 초기 예측을 비교 대조하여 최적 생산을 위한 방법 도출이 용이해짐
- 공장 자체를 CPS로 구현하면 가상 시운전을 통해 공장 운영 과정의 비효율성을 사전에 점검하거나 교육 및 훈련 프로그램으로 활용 가능
- 특히 대규모 산업현장에선 디지털트윈을 활용한 사전 생산량 예측과 작업 프로세스 점검이 필수적으로 진행되어 손실을 최대한 줄이고 효율성 증가를 꾀하는 추세

☐ 디지털트윈 기술로 제조 시스템의 데이터를 수집하고 가공하여 빅데이터를 생성하고 생산된 빅데이터를 통해 제조 공정 효율화 및 품질 개선

- 빅데이터를 분석하여 유의미한 정보나 통계량 생성하여 지능화된 자율의사 결정을 통해 물리세계인 설비와 공정 운영을 각종 엑츄에이터와 작업지시 등을 통해 제어 가능

☐ 센서 장치 및 무선 통신 장치가 증가하고 해당 기기에서 발생하는 대량의 데이터를 신속하게 처리할 수 있는 분산 처리 시스템 혹은 고성능 컴퓨팅 및 메모리가 요구됨

- 의료기기, 자동차, 로봇, 항공기, 보안 및 감시시스템 등 대부분의 컴퓨터탑재 물리시스템들은 복잡성 증가로 결함 가능성이 증가. 이에 따른 통합 시스템이 필요

- 각종 재난과 사고를 미연에 방지할 뿐만 아니라, 고신뢰성을 보장하는 무결점(zero-defect) 지능 시스템으로의 발전에 대한 필요성을 감안

☐ CPS는 전통 산업에 ICT기술이 결합되어 기존 산업과 서비스에 새로운 부가가치를 부여하고자 스마트 시티, 국방, 교통, 스마트 그리드, 스마트 생산 시스템 등에 활용 가치가 매우 큰 기술

- (자동차) 자동차 ECU에 탑재되는 SW비중이 증가함에 따라 관련 부품을 위한 개발지원 도구를 개발하는 업체 간의 주도권 경쟁이 더욱 심화될 것으로 보이며, 거대 IT 기업(MS, Apple, Google 등)의 자동차 시장 공략이 본격화

- (조선) 선박 및 해양구조물 설계기술 고도화 및 생산성 향상을 위해 선박 설계 및 생산 시스템, 관리지원 시스템 시장이 확장되고 있으며, 대부분 해외 기술 의존도가 높은 상황으로 국내에서는 조선해양 전용 시스템 개발로 이에 대응

- (건설) 초고층, 초정밀 등 시공환경이 고도화됨에 따라 가상건설 설계 기법을 통한 비용 및 기간 최적화 경쟁이 가속화되는 추세

- (섬유) 엔터테인먼트용 디지털 의류를 시작으로 헬스케어 의류 및 i-Fashion 기술 등 원천요소 기술에서 제품응용까지 선진국과 큰 기술격차가 없는 것으로 분석

- (의료) 기존 의료기기 제조업체뿐만 아니라 센서 및 측정기기가 부착된 가전, 의류 등이 개발되면서 다양한 산업군에서 활발히 참여

- (기계) 조선, 자동차, 반도체, 디스플레이 등은 외산 기계제품에 의한 제품개발이 대부분인 것으로 확인

- (에너지) 유럽 및 미국에서는 신재생에너지 개발을 위하여 태양열, 풍력, 바이오 가스 등을 중심으로 집중적인 연구개발을 수행 중

나. 범위 및 분류

(1) 가치사슬

☐ 전 산업 분야에서 CPS 간의 통합 연동을 촉진할 수 있는 IoT 통신 및 연동 미들웨어 기반이 구축될 경우 ICT 기술의 산업 융합이 가속화되어 전 산업 분야에서 추가적 부가가치 창출이 가능

- CPS 기술을 이용하여 산업별 다양한 요구사항에 따라 최적의 자원을 배치하여 에너지 및 운영비용 절감을 통한 경제 발전 예상
- 안전성을 위하여 복수 개의 시스템과 복수 개의 OS를 사용하여 처리하던 기존 방식과 달리 고신뢰 듀얼 OS 기술을 활용하여 하나의 시스템에서 범용 및 실시간 기능을 동시에 제공하게 됨으로써 시스템 구축비용을 획기적으로 절감

☐ 무인자동차, 무인항공기 등 자율 운전 및 원격 제어관련 산업이 CPS의 새로운 시장을 형성하고 있으며, 이러한 분야에서의 자율제어를 위한 시스템, SW, 부품 수요가 폭발적으로 성장할 것으로 예상

☐ 제조업, 건설업 등의 기존 산업 및 운송·물류, 헬스케어·의료 분야에 큰 영향을 미칠 것으로 전망되며 전 세계 GDP의 46%에 해당 하는 산업 영역에서 직·간접적인 새로운 부가가치 창출이 가능할 것으로 예상

- 제조·생산 분야에 CPS 모델링 및 시뮬레이션 기술을 적용해 국내 제조업(전체 수출 중 97.8% 차지)의 경쟁력 향상 및 경제 발전에 이바지

[디지털트윈 생산시스템의 산업구조]

후방산업	디지털트윈 생산시스템	전방산업
IoT 통신 및 연동 미들웨어, 고신뢰 OS 시장, 임베디드 SW시장 등	센서 네트워크 시스템, 확률적 복합 시스템, 복합적 안전 및 효율제어, 가상제조기술 속도조절 등	자동차, 조선, 건설, 기계, 에너지 등

(2) 용도별 분류

□ 국가 인프라, 운송, 전력망, 국방, 공장 등의 다양한 분야에 CPS를 포함한 정보통신 기술이 적용되어 새로운 차원의 부가가치가 생겨날 것으로 예상

- 기존 임베디드 시스템의 미래지향적이고 발전적인 형태인 CPS기술은 전력망, 국가 인프라, 헬스케어 등 매우 복잡한 핵심 인프라에 모두 적용 될 것으로 예상

- CPS는 제조분야에 적용되어 제품기획단계에서부터 출시, 유통에 이르는 제품의 Life Cycle 전반에 걸쳐 그 적용범위가 다양하고 그 효용성도 증가할 것으로 예측

[용도별 분류]

구분	세부 내용
스마트제조 공장	• 공장 스마트화로 새로운 제품 생산뿐만 아니라, 에너지 소비나 기피되는 제조업 근로자의 노동환경 등 현대 사회가 안고 있는 다양한 문제까지도 해결이 가능
스마트그리드	• 전력망은 ICT로 효율을 향상시킬 수 있는 인프라로 특히 풍력·태양광 등이 전력 그리드에 접속할 때 자원 낭비가 없도록 최적화하고 제어하는 데 ICT가 필수
스마트 헬스케어	• 정보 통신 기술과 보건 의료를 연결하여 언제 어디서나 예방, 진단, 치료, 사후 관리의 보건 의료 서비스를 제공
교통 시스템	• 도로교통은 ICT로 큰 변혁을 기대할 수 있는 분야로 개별 차량의 움직임을 ICT로 파악하면 세밀한 과금 조정 등 유연한 교통 정책을 실현이 가능
스마트시티	• 사람의 이동과 활동을 토대로 교통 및 에너지를 예측하고, 기상을 관측·예측해 최적의 에너지 생성·분배 계획을 세우는 도시 설계
국방	• 컴퓨터가 자동으로 운행하는 무인기나 위험한 전투현장에서 로봇이 전투를 수행하는 기술까지 개발돼 전투현장에 배치되는 등 첨단 ICT융합 무기개발을 통해 국방력을 개선

2. 산업 및 시장 분석

가. 산업 분석

◎ 새로운 가치 창출 기술 디지털트윈

□ 사이버시스템과 물리시스템 간의 정밀하고 유기적인 연결을 위한 모델링 및 시뮬레이션 기술을 적용해 각종 산업 분야에서 새로운 서비스 및 가치 기회를 창출

- 인간과 기술적 시스템 사이의 쌍방향 협업은 숙련된 노동인력의 부족 문제와 증감하는 작업장 내의 다양성(연령, 성, 문화적 배경 등)을 해결함으로써 작업과정에서의 안전성 확보는 물론 검증된 운영방식의 적용을 통해 지속적인 생산성을 유지 가능

- 일반적으로 OS 기술이 갖는 한계점인 기술 지원 및 유지 보수 문제를 해결함으로써 새로운 시장 개척 기회를 확보

- 정보기술의 게임, VR/AR 등의 타 분야와의 연계성이 가능한 분야로서 산업 연계 파급효과가 큼

□ SW 안정성에 대한 규제 강화로 후발 추격 국가의 고신뢰 OS 시장 진출을 막고 있는 선진국 시장 확보 가능

- 컴퓨터 시스템의 오류 중 약 40%가 사람의 실수에 의한 오류임을 감안할 때, 발생 가능한 문제들의 조기 발견을 통하여 인적 자원, 비용관리 측면에서 파급 효과가 클 것으로 판단

- 시스템 SW 수준에서의 안전성 보장을 통하여 2020년 임베디드 SW 시장 10% 점유 시 4,158억 원의 시장 창출 및 6,653명의 고용 창출 기대경쟁력 확보가 시급

[디지털트윈의 사업 가치]

사업가치의 범주	구체적인 잠재적 사업 가치
품질	• 전반적 품질 향상 • 품질 경향을 예측하고 더 빨리 결함을 발견 • 품질 기준 이탈을 통제하고 품질 문제의 시작 시점 파악 가능
품질보증 비용 및 사후 서비스	• 현장에서의 장비 활용 방식을 이해해 보다 효율적인 서비스 제공 • 보다 정확하개 보증 및 불만 관련 문제를 사전에 파악해 전반적인 품질보증 비용을 절감하고 고객 경험을 개선
운영 비용	• 제품 설계 및 엔지니어링 변경 실행의 개선 • 제조 장비의 성능 개선 • 운영 및 공정의 변동성 축소
기록 보존 및 직렬화	• 직렬화된 부품 및 원재료의 디지털 기록을 생성해 리콜 및 품질보증 불만 제기를 더 잘 관리하고 의무화된 추적관리 요건을 충족
신제품 도입 비용 및 리드타임	• 신제품의 시장 출시 기간 단축 및 전반적 제조비용 감소 • 긴 리드타임을 가진 부품들과 공급사에 대한 영향을 더 잘 인식
매출 성장 기회	• 업그레이드 준비가 된 현장의 제품을 파악 • 서비스 제품의 효율성 및 비용 개선

* 출처: 딜로이트 애널리시스의 내용을 재구성

[디지털트윈 도입에 따른 2025년 경제적 부가가치 추정]

(단위 : 조 원)

구분	전체	팩토리	도시	물류	소매	자동차	홈	헬스케어
최소	3,900	1,200	900	500	400	200	200	100
최대	11,100	3,700	1,600	800	1,100	700	300	1,500

* 출처 : HelloT 산업경제 - 디지털 트윈, 제조의 미래다

☐ 브라이언 선더스(Bryan Saunders) SAS 글로벌 사물인터넷 수석 산업 컨설턴트는 디지털 트윈의 핵심동력을 분석으로 채택
- 성공적인 디지털 트윈을 위해 데이터의 효율적 수집, 활용 후 도출된 결과의 이해 파악, 사전기대치의 결과를 얻을 수 있도록 적절한 조치 필요
- 산업 중장비와 연결된 자산을 디지털 트윈을 통해 활용하여 제조업 분야의 가용성, 효율성, 안전성, 및 신뢰성도를 향상
- 예측 분석을 통해 과거와 현재의 운영 상태를 비교하고, 추후 발행할 수 있는 탐지해 사전 유지보수 계획수립 가능
- 예측 유지보수를 위한 실시간 이상 탐지 및 상태 평가(Real-time Anomaly Detection and Health Assessments)는 연구 결과에 따르면 데이터를 활용해 실시간 이상 탐지를 할 경우, 계획되지 않은 유지보수를 80%까지 절감 가능, 미래에 대한 가시성과 인사이트를 얻을 경우 기업은 더욱 높은 효율 창출

◎ 넓어지는 디지털트윈의 영역

☐ '공장을 넘나드는 전체 최적화'를 통해 베스트 프렉티스 공유
- 디지털트윈을 활용하여 여러 제조 현장을 횡단적으로 분석하고 '공장을 넘나드는 최적화'를 추진하는 기업의 증가
- 특정한 하나의 공장을 가시화하는 것은 물론, 국제적으로 존재하는 여러 공장을 가시화하여 상황을 실시간으로 상세하게 감시·파악할 수 있는 시스템 마련 시작
- 전 세계에 있는 여러 공장을 사이버 공간에 재현하고 그 공장들을 횡단적으로 분석하여 제조 공정 및 장치를 비교함으로써, 국제적인 베스트 프랙티스 공정 발견이 가능하고 이로 인해 디지털트윈을 활용한 새로운 개선 활동으로의 확장 기대

☐ 항공기 엔진 및 발전기 제조 분야의 세계적인 선도 업체들이 자사 제품에 대한 디지털 트윈 제작의 경험/노하우를 바탕으로 디지털 트윈 관련 기술 및 플랫폼 솔루션 분야에서도 시장을 확대 중
- GE Predix, 지멘스의 MindSphere는 발전기 중심의 디지털 트윈 플랫폼으로 시장 확대
- 정유/석유화학 플랜트의 디지털 트윈을 위해 GE(Predix), Siemens(MindSphere) 외에도 미국 Honeywell사의 Uniformance, 프랑스 Total사의 TrendMiner 제품 출시

☐ 무인자동차, 무인항공기 등 조립 산업이 디지털트윈으로 진화함에 따라 자율제어를 위한 시스템, SW, 부품 수요의 폭발적 성장이 예상되는 상황에서 솔루션 공급 산업의 주도가 가능

- 스마트 국방, 스마트 도시 등 디지털 트윈 활용 요구 증가

- 디지털 트윈 모델 개발 및 운용 지원 소프트웨어 플랫폼/도구의 중요성 증대

- 산업 분야별 제품수준의 재활용 가능 고충실도 물리/공학 요소모델 필요성 증가

- 국내 원천 기술을 확보하여 외산 대비 저렴한 가격으로 고신뢰 OS를 제공함으로써 국산화를 통한 가격

- 항공 엔진 산업에서 GE와 롤스로이스를 중심으로 디지털트윈 기반 엔진 제조 서비스 모델을 사업화

[글로벌 물류회사 DHL의 디지털 트윈 적용 사례]

*출처 : DHLm 디지털트윈 기술보고서 발표, 해사신문 2019

☐ 디지털 트윈이 다양한 사회문제까지 해결할 것으로 기대되면서 제조 이외에 교통·도시분야까지 적용 분야 확대

- 도시에서는 디지털 트윈과 오픈 플랫폼 모델을 접목해 교통·주택·환경 등 고질적인 사회문제들을 저비용으로 해결하려는 시도 점증

  - (버추얼 싱가포르) 도시의 지형·건물·도로·사람·바람·열·전기·물자 등을 디지털 공간에 재현하고 시민이 직접 참여하여 사회문제를 정의하고 해결

◎ 디지털트윈 활용, 새로운 비즈니스 기회 창출

☐ 신제품의 효율적인 디자인작업으로 가상 모델을 개선하도록 통찰

- 디지털 트윈을 사용하여 제품 성능을 가상적으로 검증하는 동시에 제품이 실제 환경에서 어떻게 작동하는지 실험 가능
- 다양한 조건에서 제품의 성능을 분석하고 가상 환경에서 조정하여 다음 물리적 제품이 현장에서 계획한 대로 정확하게 작동하도록 하는 가상 물리적인 연결을 제공
- 복잡한 시스템과 재료 극복하여 가능한 최선의 결정을 내릴 수 있도록 하여 여러 프로토타입의 필요성 감소, 개발 시간 단축, 최종 제조 제품의 품질 개선, 사용자의 피드백을 보다 신속하게 반복 가능

☐ 제조 및 생산 계획에서의 디지털 트윈 활용으로 제품 및 생산시스템 효율성 개선

- 실제 생산단계 진입 전, 제조 공정의 작동성 검증 가능
- 기업은 디지털 트윈을 사용하여 공정을 시뮬레이션하고 디지털 스레드를 사용하는 이유를 분석함으로써 다양한 조건에서도 효율성을 유지하는 생산 방법 설계
- 모든 제조 장비에서 제품 디지털 트윈을 만들어 생산량 최적화, 제품과 생산용 디지털 트윈의 데이터를 사용하여 장비에 대한 비용이 많이 드는 다운타임 방지 및 유지 보수의 필요도 예측

☐ 디지털 트윈을 사용하여 운영 데이터의 캡처, 분석 및 처리 가능

- 스마트 제품 및 스마트 공장의 활용률과 효과로 만들어진 방대한 양의 데이터를 디지털 트윈 기술을 이용해 수집 및 분석하여 정보에 입각한 의사결정이 가능하도록 함

◎ 디지털트윈의 적용 산업 분야별 동향

☐ 자동차·항공 등 조립제품 외에 철강·화학 등 기초소재까지 디지털 트윈 기술 활용 중

- 항공 엔진 산업에서는 선두업체인 GE와 롤스로이스를 중심으로 디지털 트윈 기반 엔진 제조 서비스 모델을 사업화
  - 엔진에 센서를 부착하여 데이터를 수집하고 중앙 관제실에서 실시간으로 분석함으로써 엔진 상태 모니터링, 에너지 절감 솔루션 제안 등을 수행
- 대표적 굴뚝산업인 철강에서도 디지털 트윈 확산, 업계 선두기업을 중심으로 디지털 용광로(Digital Furnace), 스마트 솔루션 등 다방면의 디지털 트윈 사업이 경쟁적으로 추진
  - 용광로 내부의 쇳물온도 및 연소상태를 IoT센서로 수집하고 데이터 분석, AI 등을 통해 정밀 점검하고 최적 개선 솔루션 제시

☐ 자동차 산업의 경우 기본적인 제조 현장(공장) 효율화 및 생산 장비 관리 최적화 외에도, 자율 주행 기술의 완성도를 향상시키기 위해 디지털 트윈 기술이 활용되고 있는 상황

- 디지털 기술을 통해 자동차를 가상 공간에 구성하고, 자동차의 특성을 입력하여 자동차가 실제 공간에서 주행하는 것처럼 가상공간에서도 움직임을 구현

☐ 에너지 분야에서는 디지털 트윈이 발전 시설 계획의 최적화, 운용 및 관리의 효율화, 소비 최적화에 활용

- 디지털 발전소를 통해 최대 전력 생산 발전 설비 및 단지 설계, 생애 주기 동안의 전력 생산 최적화, 이상 징후 파악을 통해 유지 보수 효율화, 전력 소비량 예측 및 소비 패턴 분석을 통한 에너지 사용량 절감 방안 도출

[GE와 롤스로이스의 항공엔진 디지털 트윈]

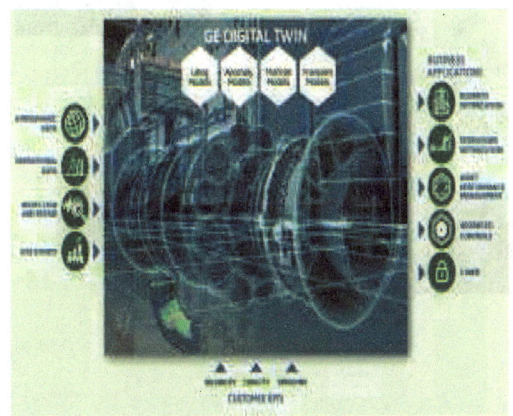

*출처 : GE 제공, 2021

☐ 일본의 후지쯔의 코야마 공장(토치기현 코야마시)에서의 시책

- 인텔리전트 대시보드에 의해 약 150개 항목의 생산 데이터를 일원적으로 가시화함과 동시에 생산 및 품질에 관한 정보나 에너지 감시, 이상 발생한 곳에 대해서 드릴 다운(Drill down)으로 상세한 정보를 파악하여 대응

◎ 각국의 디지털트윈 산업 동향

☐ 일본 후지쯔는 INESA의 파트너로서 '스마트제조 프로젝트' 지원

- INESA에서는 공장의 건물 및 설비·기기를 모두 디지털화하여, 디지털 트윈 공장으로서 재현
- 현장의 직원은 후지쯔의 'COLMINA Service' 기능 중 하나인 'Intelligent Dashboard(인텔리전트 대시보드)'에서 일원적으로 가시화한 디지털 트윈 공장을 조감하거나 각 기기의 전력 소비량 및 컨디션 데이터를 원격으로 자세히 감시
- 기존 그래프로 데이터만 표시하여 감시하던 방식에서 현재 기기에 이상이 발생했을 경우 디지털 트윈으로 인해 그것이 실제 공장 내의 어느 부분에서 발생한 것인지를 직감적으로 판단하고 신속한 대처 및 개선을 검토할 수 있도록 개선

☐ 대만에서 디지털트윈 기술의 사회 및 재해 문제해결로써의 활용

- 대만의 타이중시에 있는 호산댐을 디지털트윈으로 재현함으로써 지형 및 댐의 형태, 수위를 비롯하여 상류의 하철 정보 및 댐의 방출량 추이 등을 실시간으로 확인할 수 있는 시스템을 개발하는 공동가치 창출

[스마트 건축 디지털 트윈의 예시]

* 출처: 스마트 건축정보 모바일서비스 추진, 더 뉴스 2019

◎ 국내 기술이 전무한 디지털트윈

☐ 국내의 경우는 소수의 대기업 플랜트 운영사를 중심으로 디지털 트윈 기술 적용 타당성을 검토하거나 외산 제품을 기반으로 특정 분야/응용에 대한 디지털 트윈(또는 플랫폼) 개발 초기단계에 있는 것으로 판단

- 제조 엔지니어링 및 디지털 트윈 SW 전문기업/도구, 인력 및 관련 데이터 기반 미비로 디지털 트윈 기술의 부분적인 적용으로 제한

- CAD/CAE 및 시뮬레이션 기술/솔루션 분야에 상당한 역량을 보유하고 있으나 핵심기술 부분은 외국 글로벌 기업의 기술에 많이 의존하고 있는 추세

- 요소기술 관련 역량을 디지털 트윈 제작/운용을 위한 통합기술로의 융합 활용사례는 찾아보기 어려운 것으로 분석

- 디지털 트윈과 연계한 최적화, 수명예측, 예지정비 등을 위한 국내의 응용 소프트웨어 역량도 매우 미흡한 수준으로 판단

☐ 디지털 트윈의 혜택은 명백하며 비용 절감 효과를 주기도 하지만, 반대로 비용과 복잡성을 증가시킬 수 있기 때문에 도입 여부를 신중히 결정 필요

- 디지털 트윈은 모두에게 필요한 것은 아니며 쓸데없이 복잡성을 높일 위험이 있다는 점도 가트너는 환기시키고 있으며, 적용하려고 하는 비즈니스 문제에 과잉 기술이 될 가능성을 가늠해 보아야 하며 비용, 보안, 통합의 이슈를 종합적으로 고려 필요

나. 시장 분석

(1) 세계시장

☐ 디지털 트윈 세계 시장 규모는 2019년 30억 달러 수준에서 2025년 350억 달러가 넘는 시장으로 연평균 약 42.7%씩 성장할 것으로 전망

- 성장요인으로는 관련기술의 수요증가, 관련기술의 발전 및 시스템의 스마트화 요구 보임

[디지털트윈 세계 시장 규모 및 전망]

(단위 : 십억 달러, %)

구분	'19	'20	'21	'22	'23	'24	'25	CAGR
합계	3.0	5.1	7.5	11.0	16.2	23.8	35.0	42.7

* 출처 : Digital Twin Market Size, GrandviewResearch 2021

☐ IoT 및 클라우드 플랫폼 사용으로 인한 데이터 보안

- 디지털 트윈은 물리적 트윈을 가상화하기 위한 다양한 IoT센서와 모든 디지털 기술의 통합을 포함
- 연결성이 증가함에 따라 보안, 규정 준수 및 데이터 보호, 규정의 위험이 발생

☐ 코로나19 전염병에 대처하기 위한 디지털 트윈 솔루션 채택 증가

- 의료 및 제약 산업에서 디지털 트윈에 대한 수요 증가
  - 연령, 성별, 신장 상태 등의 개인 특성을 기반으로 환자의 체내에서 약물의 효능 및 상호 작용을 모니터링 하는 디지털 트윈 솔루션 개발
  - 코로나19로 인해 발생한 새로운 일상 생활의 변화와 관련된 연구 개발에 투자 증가
- 전염병의 확산으로 인한 여러 문제를 처리하기 위한 제조 산업에서 디지털 트윈 구현
  - 기업 경계를 넘어 공급 및 수요 사슬까지 실시간 가시성을 제공

☐ 시스템 디지털 트윈은 2026년까지 디지털 트윈 시장의 더 큰 점유율 차지 전망

- 다양한 애플리케이션에서 시스템에 디지털 트윈 사용이 증가하였기 때문
- 항공 우주 및 방위에서 성능 모니터링을 위한 항공기 날개의 전체 조립 라인에 대해 디지털 트윈을 구현

☐ 자동차 및 운송은 2019년에 가장 큰 점유율 차지

- 설계, 시뮬레이션, MRO(유지보수, 수리 및 오버홀), 생산 및 애프터 서비스에 대한 디지털 트윈의 사용 증가에 기인
- END - TO - END 운영에 디지털 솔루션을 채택 고려

(2) 국내시장

□ 국내 CPS 시장은 '19년 약 12조 9,687억 원에서 '25년 약 72조 508억 원으로 연평균 33.1% 성장할 것으로 전망

- 다만, CPS 관련 기술 개발 현황은 분야별로 차이가 있겠지만 대부분 초기 단계에 머물고 있으며, 대부분 연구소나 학교를 위주로 핵심 원천기술 개발이 진행 중
- 국내의 핵심기술 역시 해외 기업의 제품과 기술을 기반으로 활용하고 있는 실정이며, 국내 개발 업체는 영세성을 벗어나기 힘든 상태
- CPS의 국내 시장의 잠재적 성장성을 고려할 경우, 정부의 지원과 대학 및 민간 기업의 주도로 기술을 개발하고 실증 필요

【 국내 스마트제조 CPS 시장규모 및 전망 】

(단위 : 억 원, %)

구분	'19	'20	'21	'22	'23	'24	'25	CAGR
합계	129,687	172,614	229,749	305,796	407,014	541,736	720,508	33.1

* 출처 : 삼정KPMG 경제연구원, 삼정 Insight 제55호 (2017.12.19.) 재가공

3. 기술개발 동향

☐ 기술경쟁력
- 디지털트윈 생산시스템은 미국이 최고기술국으로 평가되었으며, 우리나라는 최고기술국 대비 82.4%의 기술 수준을 보유하고 있으며, 최고기술국과의 기술격차는 1.5년으로 분석
- 중소기업의 기술경쟁력은 최고기술국 대비 67.2%, 기술격차는 2.4년으로 평가
- 유럽(89.9%)＞일본(84.3%)＞한국＞중국(68.2%)의 순으로 평가

☐ 기술수명주기(TCT)[21]
- 디지털트윈 생산시스템은 5.82의 기술수명주기를 지닌 것으로 파악

가. 기술개발 이슈

◎ 디지털트윈의 기술별 분류

[기술별 분류]

분류	상세 내용
하이브리드 모델링 기술	• 사이버와 물리시스템 간의 상호작용 및 상호의존성을 토대로 복잡한 시스템의 신뢰성을 제공할 수 있는 기술 • 도메인의 특성을 파악하고 있기 때문에 세부적인 상세 모델은 추상화 기술을 사용하여 시스템의 복잡도를 줄여주는 기술임 • CPS 모델링 및 시뮬레이션 기술
기반 통신 및 상호운용성 지원 기술	• 다양한 분산 환경에 이종의 시스템으로 CPS 시스템이 구성되고 각각의 시스템에서 발생하는 데이터의 양이 기하급수적으로 증가함에 따라 이를 적시에 원하는 시스템으로 전송하고 상호운용성이 보장될 수 있도록 만드는 기술 • 미들웨어 기술
지능형 자율 제어 기술	• 물리환경에서 발생하는 불확실성을 해결하기 위한 기술로 물리환경의 상황을 인지해 오류를 사전에 제어하는 기술 • 네트워크로 분산된 시스템을 통합 제어하는 기술 • Adaptive and Predictive control
산업 Network	• 공장내외의 수직/수평의 수많은 이기종의 시스템과 센서 등에서 데이터를 수집하고 제어하는 양방향 통신을 원활히 수행 할 수 있는 통신 표준이나 프레임워크 기술 • 현장 Field Bus에서 이기종의 Device나 설비 등에 데이터를 빠르고 정확하게 전달 할 수 있는 상호운영성 지원의 OS, 미들웨어와 통신 기술 • 기반통신 및 상호운용성 지원기술, Validation and Verification

---

[21] 기술수명주기(TCT, Technical Cycle Time): 특허 출원연도와 인용한 특허들의 출원연도 차이의 중앙값을 통해 기술 변화속도 및 기술의 경제적 수명을 예측

◎ **디지털트윈의 분석과 이를 구현해 내는 사물인터넷(IoT) 기술**

☐ 디지털트윈 기술 기반 복잡하고 미션 크리티컬(Mission-Critical)한 기계의 운영 전반 및 기능
- 제트 엔진, 기관차, 가스 터빈과 같은 산업 장비 내 부품 마모를 파악하는 동시에 운영 효율성 극대화하고, 고장나기 전 유지보수가 필요할 시점 사전 예측

☐ 기계 및 장비에 내장된 클라우드 연결 센서를 통해 실시간으로 운영 데이터를 업로드 하여 실제 장비의 최신 가상 시뮬레이션 생성
- 제조 기업들은 엣지 분석(Edge Analytics)을 통해 현장 운용 현황을 분석하고 평가, 이러한 디지털 트윈을 통해 현장에 있는 모든 자산 운영 데이터가 실시간으로 시스템에 업데이트 되고 분석되는 일련의 과정을 통해 손쉽게 모든 공정의 자산과 현황 파악

☐ 센서의 가용성 향상을 비롯한 와이파이(WiFi)의 보급, 클라우드의 데이터 처리 용량의 결합은 산업용 사물인터넷(Industrial IoT) 산업의 다양한 제조업체가 대규모 디지털 트윈 모델 애플리케이션을 손쉽게 도입
- 제조업체가 제품 운용 상황을 실시간 데이터로 확인 가능토록 하여 제조 전반의 설계, 혁신, 효율성 등 여러 분야의 획기적인 발전 기대

◎ **디지털트윈 생산시스템의 핵심 기술**

☐ (3D 스캔 기술) Digital Twin을 위해서는 기본적으로 3D 스캔을 통한 사물정보의 디지털로 전환이 필요

- 각 단위별 스캔한 정보를 디지털로 조합하여 하나의 제품의 디지털 이미지를 완성시킬 수 있으며, 이렇게 생성된 이미지는 고유한 사물의 정보를 디지털 정보로 변환 가능

☐ (VR/AR/MR 기술) Digital Twin은 디지털로 구성되어 있으며 실제 디지털 정보를 구동시킬 VR/AR/MR 장비 기술이 필요

- (VR 기술) 해당 제품의 정보를 가상의 환경에서 확인할 수 있도록 제공하며, 언제 어디서나 원하는 제품의 정보를 확인할 수 있게 되고, 원격지에서도 제품의 이상을 VR을 통해서 확인이 가능
- (AR 기술) 실제 공장이나 제품을 직접 보면서 사물의 세세한 정보를 확인할 수 있으며, 사물 앞에서 사물의 정보를 확인하고 문제되는 사항을 AR을 통해서 먼저 파악한 뒤 그에 대한 해결방안을 수립하여 바로 문제를 해결
- (MR 기술) AR와 VR을 믹스한 형태로서, AR로 분석이 된 상황에서 바로 대응조치가 어려운 경우 대체가능정보를 VR을 통해서 찾을 수 있고, 이것을 AR에 접속시켜 별도의 분해나 조립절차 없이 시뮬레이션이 가능

☐ (IoT 기술) 지속적인 정보를 파악하기 위해서 실제 사물에 IoT 기기를 적용하여 해당 기기로부터의 실시간 정보를 획득하며, 해당 정보를 Digital Twin에 적용하여 물리적 사물에 가해지는 다양한 형태의 데이터를 통해서 Digital Twin의 시뮬레이션을 통한 향후 발생할 수 있는 문제를 예측

☐ (클라우드 기술) 모든 Digital Twin은 클라우드에 저장되고 어디서나 쉽게 Digital Twin을 확인할 수 있으며, 전세계에서 발생되는 IoT를 통해서 생성된 데이터는 클라우드에 취합되고 그 데이터들이 분석되어 Digital Twin에 지속적으로 변경 및 관리 가능

☐ (빅데이터 분석 기술) Digital Twin에 있어서 가장 중요한 기술로, 각각의 사물에 부착된 IoT에서 나오는 정보의 양은 점점 증가하므로, 해당 데이터들을 효과적으로 분석하여 예측정보로 활용이 가능

☐ (3D 프린터 기술) 제조 분야에서 긴급성이 필요한 경우 유용하게 활용되는 기술로, 이미 3D 스캔이 완료된 Digital Twin의 정보를 통해서 전세계 어디서나 제품의 이상에 대한 해결을 위해서 부품들을 공수 없이 현장에서 바로 제작하여 수리가 가능

◎ CPS 기술 개발 동향

☐ CPS는 실제 세계에서 동작하는 모든 요소가 각종 센서, 정보처리장치, 소프트웨어, 사물인터넷 등을 기반으로 한 컴퓨팅 시스템과 상호 유기적으로 연계되어 이를 통해 분석되는 현상에 따라 필요한 최적의 제어를 가능하게 하는 기술

- 일반적으로 시간의 흐름에 따라 연속적으로 동작하는 물리시스템과, 논리의 흐름에 따라 동작 하는 컴퓨터와 같은 사이버시스템의 본질적인 괴리를 연계하기 위한 기술이 필요
- 기존 임베디드 시스템이 주로 휴대폰 및 정보가전 등의 운용에 집중된 반면, CPS는 센서와 액츄에이터를 통한 자율적인 물리시스템 제어가 목표

☐ CPS에 대한 자율제어, 통합 연동 미들웨어, 산업용네트워크, 모델링 및 시뮬레이션, 임베디드 시스템, 설비 연결 표준화 DB 서버, 응용프로그램 등과 같은 시스템 컴포넌트의 돌발 문제에 자율적 대응 가능한 방법(IBM)

- ASF (Cisco)에 의한 통신, OS 및 플랫폼 관련 기술 개발이 활발
- SOA 기반 통신 장비, 감시, 로그 변환, 필터링, 분석, 진단 및 복구, 피드백의 6단계 자율제어 프로세스 방법 등이 제시

☐ CPS의 고신뢰도를 확보하기 위해 오류 분석 모델링에 의한 지식베이스를 생성하고 자율제어 활용방법과 자율관리자를 이용하는 네트워크 기반 자율제어기술 연구도 진행 중

- 자율적이고 효율적인 데이터 통신을 위한 미들웨어 기술로, 분산객체 상호연동을 위한 CORBRA, 메시지 기반 API인 JMS, XML 기반으로 WSDL, SOAP, UDDI를 통한 웹서비스, 분산데이터의 효율적 전송을 위한 DDS 기술기반 제품들이 개선되고 출시

☐ CPS 분산 환경의 시스템 간 실시간 제어를 위해 시뮬레이션의 시간 동기화 알고리즘 설계와 시뮬레이터를 개발하여 검증하는 방법들이 개발

- CPS 자율제어 지능화를 위한 기존 솔루션은 해외 의존도가 높고 상용화 SW개발 역시 초기 개발단계 수준
- Rockwell Automation사와 Applied Material사 등 전통적인 시뮬레이터 개발 기업과 CAM 솔루션 개발 기업의 주도로 시뮬레이션이 개발 중
- 연속시스템과 이산시스템간의 연동을 위한 기반 기술은 University of Arizona등 미국 대학이 주도
- CPS 통합 연동기술인 DDS 미들웨어 기술개발은 RTI, Prism-tech, OCI 등 미국업체가 선두 위치

☐ 최근의 연구 중점은 과거의 WSN을 더 신뢰적이고 쉽게 수행하기 위해 CPS 구축 환경의 시너지효과에 따른 이익 구현으로 전환되어 가는 중

- 신뢰도 개선을 위해 가상 및 현실의 센서네트워크(CPSN) 응용분야와 다양한 센싱 정보의 가상공간 연결 방법, CPSN 구조 설계이슈 등이 제시
- 센싱 설계 중점은 센싱, 데이터 검색, 이벤트처리, 통신, 프로토콜 등이며 가상설계 중점은 지능화와 상호작용에 두고 있으며, CPSN의 관리요소로 역별 센서 관련 데이터, 모바일 내장 센싱 기술과 응용, 융합 컴퓨팅 및 저장 관련 기술과 보안기술을 제시

□ 제조공정의 가상화 및 제조설비와 시스템 간 연동을 통해 최적화 생산 및 제어, 에너지 절감 기술

- 공정 기기의 센서로부터 수집된 정보를 가상화시켜 다양한 센서 기반의 응용 서비스 또는 사전에 많은 가능성들을 타진해 볼 수 있게 하는 기술로써, 실제 물리적 충돌 또는 움직임 중첩, 재연이 어려운 상황을 소프트웨어로 연출하여 발생 가능한 문제점을 예측하여 혁신적 비용 절감을 실현
- PLC와 같은 제어기를 통해 프로그래밍, 확장성 등과 같은 기능을 제공하고 각종 설비 제어는 물론 센서들로부터 다양한 정보를 받아들여 전체 공정을 제어
- PLC 인터페이스 기술의 발전을 통해 물리적 기기들을 신속하고 확장성 있게 통합 제어하여 스마트제조를 구축하는 데 큰 역할 수행

◎ 주요국 디지털트윈 추진 현황

□ (미국) 새로운 가치와 일자리 창출을 위한 국민생활 밀착형 대규모 가상물리시스템(CPS) 융합 프로그램 추진

- GE, AT&T, Cisco, IBM, Intel 등 대기업 주도로 산업인터넷시스템 이슈 해결을 위한 요구사항·권장사항의 정의 및 개발, 디지털 트윈 상호운용성 정의 등 활동하는 Industry Internet Consortium(IIC) 설립
- 국가과학기술위원회(National Science and Technology Council)는 미국 첨단 제조업 리더십 확보 전략을 통해 빅데이터 분석, 첨단 센서 및 제어기술, 모델링 및 시뮬레이션 등의 디지털 트윈 관련 스마트 제조를 포함한 5대 전략 목표를 추진
- 미국 도시의 교통망 관리를 위해 디지털 트윈을 활용하고자 출범된 민간·지자체 협력 재단인 Open Mobility Foundation은 디지털 트윈을 이용하여 실시간 관리 및 안전하고 효율적인 도시 교통 시스템 구축 및 시뮬레이션 계획
- Smart America는 도시의 도로 교통 시스템을 디지털 트윈화하여 여정 시간·안전 개선, 도로 혼잡 감소, 도로 시스템의 성능 개선을 통한 경제적 이익 변환을 위해 노력
- 미시간주의 Ontwa는 폐수 파열 등 하수관 유지보수를 위해 디지털 트윈 활용, 정보 업데이트를 통한 작업흐름 투명성 강화

□ (독일) 디지털전략2025(digital strategy 2025)을 통해 CPS 기반 스마트 팩토리 구축으로 개인 맞춤형 제품 기반의 비즈니스 모델 혁신을 통하여 새로운 시장 창출 및 매출 증대와 스마트 팩토리 상품화를 통해 세계 제조장비 시장 주도권 확대 추진

- '15.4월 RAMI4.0(Reference Architecture Model Industrie 4.0) 공개, 3개의 요소를 3차원 모델을 통해 동시에 제시하며 I4.0을 구성하는 모든 요소를 포함, 디지털 트윈의 경우 Information 레이어의 제품수명주기 축과 계층레벨 축을 거의 커버, 디지털 트윈을 Asset Administration Shell(AAS)로 정의
- (프라운호퍼) 다양한 그룹들이 여러 독일 기업(지멘스, 보쉬 등)과 협업을 통해 제조에 알맞은 디지털 트윈 구현 노력 및 AI 데이터 인프라 플랫폼 구축 결정('19.10)

전략제품 현황분석

□ **(영국) 국가 인프라를 디지털 트윈으로 구현 추진 중**

- (Data for the Public Good) 영국 국가 인프라위원회(British National Infrastructure Commission)는 데이터 공유의 중요성과 디지털 트윈의 필요성을 강조하며 '국가 디지털 트윈' 권고
  - (National Digital Twin) 국가 디지털 트윈으로 영국 인프라가 제공하는 성능·서비스·가치의 향상과 사회·기업·환경·경제에 혜택 제공을 목표, 2018년 7월, 국가 디지털트윈 구축을 위해 CDBB(Centre for Digital Built Britain), DFTG(Digital Framework Task Group, 공익을 위한 데이터 사용 보장 단체) 발족
  - (VU.CITY) 런던, 맨체스터 등 영국의 도시들을 3D 모델로 구축, 교통, 날씨, 환경정보 등 실시간 데이터를 연동하여 도시개발 회사와 3D 컨텐츠 제작 전문기업의 합작으로 도시 플랫폼 구축하는 등 도시 운영 효율화

[CDBB의 Digital Framework Task Group (DFTG) 활동]

활동	상세 내용
제미니 원칙 (Gemini Principles)	• 디지털트윈의 발전을 위한 공통된 정의와 원칙 - 목적성: △영구적으로 진정한 공공의 이익을 제공하기 위해 사용할 것, △가치창출과 성능향상을 실현할 것, △구축된 환경에 대한 확실한 통찰력을 제공할 것 - 신뢰성: △보안을 활성화하고 스스로 안전할 것, △가능한 개방되어 있을 것, △적절한 품질의 데이터를 기반으로 구축될 것 - 기능성: △표준연결 환경에 기초할 것, △명확한 소유권·통치권·규정이 있을 것, △기술과 사회의 발전에 따라 적응할 수 있을 것
디지털 트윈 허브 (DT Hub)	• 디지털트윈을 소유하거나 개발 중인 사람들을 위한 공동 웹 지원 커뮤니티 - 주요목표: △디지털트윈에 대해 배우고 경험을 공유, △디지털트윈 혁신 추진, 전문성 개발, △모범사례 식별을 위한 디지털 쌍둥이 표준 작성, △비지니스 사례 연구, △과제 해결을 위한 네트워크 형성, △디지털 트윈 작업 목록 제공, △국가 디지털 트윈으로 만들 때 해결과제 식별 및 정의, △정보 관리 프레임워크의 채택 촉진
로드맵	• National Digital Twin 개발을 가능하게 할 기본 정보 관리 프레임워크에 대한 로드맵 발표

* 출처 : 글로벌 과학기술정책정보 서비스 - 주요국의 디지털 트윈 추진 동향과 시사점(2020)

□ **(싱가포르)** 14년 말부터 '18년까지 약 7300만 달러 투입한 Virtual Singapore는 도시의 모든 구조물과 맵핑된 디지털 트윈을 구현하여 도시계획·교통·환경 등 여러 분야의 가상 플랫폼으로 활용

- 건물이나 공원 건설 등의 프로젝트를 계획 시, 버추얼 싱가포르 플랫폼 내에서 주변 경관과의 조화, 교통에 미치는 영향, 일조권 침해 여부 등의 사전 조사 항목을 빠르고 정교하게 파악
- 차량 흐름이나 통행에 불편을 야기할 시, 최소화하기 위한 보완 통로 구축에 대한 추가 시뮬레이션을 진행, 더 나은 설계로 변경하기 위한 여러 테스트를 큰 비용 소모 없이 수월하게 검토
- 긴급 상황 발생 시, 건물 내 다양한 변수에 대해 시뮬레이션하여 직관적 시각화 제공

[버추얼 싱가포르 개요]

* 출처 : 싱가포르 한국상공회의소

[버추얼 싱가포르의 4가지 주요기능]

활동	상세 내용
가상실험	• 3G/4G 네트워크 커버리지 영역 검사, 열악한 커버리지 영역의 현실적인 시각화 제공, 3D 도시모델에서 개선할 수 있는 영역 강조 시 사용
가상테스트베딩	• 서비스 제공을 검증하는 플랫폼으로 활용, 군중 분산을 모델링 및 시뮬레이션하여 비상 시 대피 절차 수립 지원
계획 및 의사결정	• 교통 흐름이나 보행자 이동 패턴을 분석하는 앱 개발 등 통합된 도시 플랫폼 지원
연구개발	• 풍부한 데이터를 연구자들에게 제공하여 새로운 기술이나 능력을 혁신 및 개발 지원

* 출처: 글로벌 과학기술정책정보 서비스 - 주요국의 디지털 트윈 추진 동향과 시사점(2020)

나. 생태계 기술 동향

(1) 해외 플레이어 동향

- ☐ (GE) 가상 트윈 기술의 선두 기업인 GE는 성냥갑 크기의 로봇에 장착된 시각 센서와 인공지능(AI) 분석을 활용해 엔진 내부의 균열파악 가능, 드론 시각 센서를 활용하여 원유 및 가스 생산시설의 약 60미터 높이의 굴뚝에 부식여부 판단

- ☐ (Tesla Motors) 고객들에게 보다 나은 서비스 제공을 위해 디지털트윈 기술에 대한 많은 투자 진행 중
  - 판매하는 모든 차량의 디지털 트윈을 만들어 개별 센서 데이터에 소프트웨어 업데이트 후 차량에 업로드
  - 향상된 데이터 기반 소프트웨어 개발 프로세스는 더욱 효율적인 자원 분배와 더불어 더 나은 사용자 경험 제공

- ☐ (Bosch) 공장의 센서 기반 생산 데이터를 100% 효율성으로 가동되는 디지털트윈 생산 설비와 비교해 생산 편차와 추세를 효율적으로 파악
  - 생산 과정에서 발생하는 오류 점검 가속화 및 스마트 커넥티드 생산라인을 통해 자사의 전자식 주행안전 시스템(Electronic Stability Program)과 자동 제동 장치 25%의 생산 증가

- ☐ (Siemens) 공장 자동화 IoT 플랫폼인 마인드스피어를 구축하여 공장 내 각 설비에 부착된 센서를 통해 데이터를 받아들이고 공장의 설비를 실시간으로 디지털 트윈과 연결하여 피드백 후 생산성 증가

- ☐ (Stanford 대학, 미 국방성) 선진 모델링 및 시뮬레이션 기술을 바탕으로 100% 무인 전기셔틀 자동차인 ARIBO를 개발하여 프로젝트에 참여한 대학/기업/군을 대상으로 실험장소 및 테스트 베드를 선정하여 무인셔틀 서비스를 지원할 예정

- ☐ (Qualcomm) 혼다와 협력해서 CPS 기술을 이용해 운전자에게 HUD를 통해 보행자의 존재를 알려주고, 보행자에게는 모바일 기기를 통해서 자동차의 존재를 알려주는 서비스인 'Vehicle-to-Pedestrian CPS Safety Concept'를 개발

- ☐ (IBM) Watson IoT 플랫폼의 강력한 데이터 모델링 기능을 통해 장치(Device) 트윈과 자산(Asset) 트윈을 사용하여 데이터를 디지털 스레드의 근간을 구성할 수 있는 모델로 통합
  - 광범위한 현장 지식을 담은 플랫폼과 각 업체의 내부 시스템, 장비 등을 통합하여 각 업체에 맞춤형 솔루션 제공

☐ (ANSYS) 앤시스 19.1은 단일 워크플로 안에서 시뮬레이션 기반의 디지털 트윈을 구축해 검증, 배치할 수 있는 '앤시스 트윈 빌더(ANSYS Twin Builder)'를 탑재

- 엔지니어가 물리적 제품의 디지털 트윈을 빠르게 구축, 검증하고 배치할 수 있도록 지원

- 트윈 빌더 사용 시 다양한 IIoT(Industrial Internet of Things) 플랫폼에 디지털 트윈 연결을 통해 테스트 및 실시간 데이터에 접속 지원

- 트윈 빌더의 내장 API는 PTC ThingWorx, GE Predix, SAP Leonardo와의 매끄러운 연결 제공하여 물리적 자산에 대한 예측 정비 수행 가능

[IBM의 디지털트윈(좌), ANSYS의 디지털트윈(우)]

* 출처: 글로벌 과학기술정책정보 서비스 - 주요국의 디지털 트윈 추진 동향과 시사점(2020)

☐ (Nobilia) CPS를 활용한 생산 자동화

- 노빌리아는 연간 58만 세트를 생산하는 고급키친 메이커로서, 인건비가 높은 독일의 베스트 팔렌(Westfalen)지역에서 생산하기 때문에 경쟁력을 유지하기 위해서는 생산 자동화가 필요

- 재료를 부품에 가공하는 '전(前)공정'과 부품을 완성품에 조립하는 '후(後)공정'으로 생산공정을 나누고 각각의 공정에 고도의 ICT를 접목해서 활용

  - 전(前)공정에서는 부품이나 용도마다 다른 조립용의 구멍 위치를 모두 오라클로 동작하는 데이터 웨어 하우스로 관리

  - 후(後)공정에서는 가공이 완료된 부품에서 ERP·MES가 주문마다 필요한 부품을 선정, 포장된 부품에 RFID 태그나 바코드를 부착하고, 이 과정에서 생산 공정과 ERP가 직결되어 각 부품마다 아이덴티티를 보유해 개별로 식별가능

- 어떤 고객이 주문한 키친의 어디에 들어가는 부품으로, 언제 어디에 도착해야하는 지 파악이 가능하며 이를 통해 조립 공정의 실시간 최적화와 불편 발생 시 부품 개별의 원인 규명을 효율화

- 공장은 모든 과정에 걸쳐서 Backoff Automation SW PLC/NC가 동작하는 540대의 PC 컨트롤러로 자동 제어

- ☐ (Oracle) IoT 전용 클라우드 서비스에서 디지털 트윈 기능을 제공하고 있는데, 이 기능은 디지털 트윈과 예측(predictive) 트윈이라는 두 가지 모듈로 구성
  - 디지털 트윈 모듈에는 대상 디바이스에 대한 설명 및 3D 렌더링 외에 디바이스가 구비하고 있는 모든 센서의 세부사항이 포함되며, 센서의 측정 결과를 지속적으로 생성하고 실제로 벌어질 수 있는 시나리오들을 시뮬레이션
  - 예측 트윈은 그 디바이스의 미래 상태와 작동을 모델화하는데, 다른 디바이스의 과거 데이터를 기반으로 고장 등 주의가 필요한 상황을 시뮬레이션 가능

- ☐ (Microsoft) 2018년 공개된 클라우드 컴퓨팅 Azure에서 디지털 트윈을 만드는 IoT 솔루션 빌드인 Azure Digital Twins 제공
  - 가상 표현인 공간 인텔리전스 그래프에서 빠르고 간편하게 물리적 세계의 사람, 장소 및 디바이스 간 관계를 모델링하여 모니터링과 조건적 예측을 통해 물리적 환경 개선과 효율적 기회 제공

- ☐ (Dassault Systems) 단일 플랫폼 기반의 '3D익스피리언스 트윈(3DEXPERIENCE Twin)'은 현실 세계에서 존재하거나 존재할 수 있는 제품, 시스템, 시설 또는 환경을 표현하며, 제품의 생애주기의 모든 단계에서 동적 3D 모델로 제품과 프로세스, 공장·설비 운영을 복제
  - 설계 및 생산/제조, 운영에 영향을 미치는 규제, 요구 사항 및 재료에서 고객의 경험에 이르기까지 모든 단계를 모델링, 시뮬레이션하고 테스트해 검증

(2) 국내 플레이어 동향

☐ 국내의 경우는 소수의 대기업 플랜트 운영사를 중심으로 디지털 트윈 기술 적용 타당성을 검토하거나 외산 제품을 기반으로 특정 분야/응용에 대한 디지털 트윈(또는 플랫폼) 개발 초기 단계에 있는 것으로 판단

- 제조 엔지니어링 및 디지털 트윈 SW 전문기업/도구, 인력 및 관련 데이터 기반 미비로 디지털 트윈 기술의 부분적인 적용으로 제한
- (현대제철) 구축된 디지털 트윈은 시스템 및 센서에서 신호를 모두 동기화시키고, 설비에 있는 데이터는 복사하여 IoT 플랫폼과 빅데이터 플랫폼, 머신러닝에 동기화

☐ (포스코건설) 디지털 트윈 기반의 스마트 팩토리를 구현해 시공 통합 시스템 구축, 공정 최적화 및 안전강화를 위한 디지털 시뮬레이션 구현

☐ (KT) '19.12월 KT의 디지털 트윈인 AI 기가트윈 개발, 도시 인프라를 모니터링하고 데이터를 통해 예측하는 서비스 제공

☐ (지멘스코리아) 가상 환경에서 제품과 생산, 운영을 시뮬레이션하여 비용과 시간을 절감할 수 있도록 Digital Twin 솔루션을 제공

- 제품 개발 단계에서 가상 환경에서 목업(mock-up) 없이 테스트하고 설비의 작동방식을 사전에 시뮬레이션함으로써 운영 효율을 향상
- 제조업 스마트화를 위한 클라우드 플랫폼인 MindSphere의 국내 확산에 주력
  - 스마트제조를 위한 데이터 플랫폼과 여러 어플리케이션을 자체 개발하는 데는 많은 시간과 비용이 소요
  - 투자 효율을 고려할 때, 중소 중견기업은 공유 플랫폼을 활용하여 제조업의 스마트화를 구현하는 방식이 적절

☐ (다쏘시스템, 삼성SDS) 다쏘시스템과 삼성SDS는 클라우드 서비스 경쟁력을 높여 새로운 대외 비즈니스 모델을 발굴하고, 삼성의 디지털 혁신을 가속화하는 IT 서비스 확대를 위한 전략적 업무협약(MOU)을 체결

- 해당 업무협약을 통해 삼성SDS의 클라우드, 인공지능(AI), 사물인터넷(IoT) 등 혁신 기술 솔루션과 다쏘시스템의 디지털 트윈 기반의 제품수명관리 솔루션, 모델기반 시스템 엔지니어링, 스마트 제조, 스마트 시티 등의 솔루션의 시너지 효과 극대화될 전망

☐ (아인스에스엔씨) 공간정보 업체와 IoT 업체들과 협력해 디지털트윈 협동조합을 설립하여 사업화하고 있으며, KT를 비롯한 민간 기업은 물론 제주도와 경찰청 등 지자체와 함께 교통 영향성 분석을 비롯 미세먼지 대응책, 교각의 안전성과 모니터링 등등의 프로젝트를 수행

- 향후 KDT랩과의 협업을 통해 디지털트윈 전문 SI기업으로 성장하는 것으로 목표로 설정

- ☐ (LG유플러스, PTC) 5G 기반 디지털 트윈 플랫폼 구축을 위한 전략적 업무협약을 체결
    - 해당 업무협약을 통해 PTC의 IoT, AR 기술과 LG유플러스의 5G 통신망 기반 기술을 융합하여 디지털트윈 플랫폼을 구축하고, 이를 기반으로 스마트팜을 위한 '트랙터 원격진단' 서비스를 개발할 계획
    - 양사는 트랙터에 IoT 센서를 설치하여 차량·소모품·위치·엔진 정보, 실시간 운행 데이터, 운행·정비·수리 이력에 대한 데이터를 수집하고 분석
    - 이를 통해 부품 고장 및 이상 발생 즉시 고객은 알림을 받을 수 있고, 부품 및 소모품의 교체 시기 등을 사전에 확인 가능
    - 트랙터 부품을 AR로 구현해 부품에서 이상 징후가 발견되면 위치와 세부 내용을 스마트폰 앱에서 직관적으로 확인이 가능

- ☐ (LG CNS) 도시 데이터를 수집, 분석하여 정보를 공유하는 데이터 중심의 스마트시티 플랫폼인 Cityhub와 스마트팩토리 플랫폼인 Factova 구축, 타 시스템과 연동 시 디지털 트윈 구현 지원 가능

- ☐ (녹원정보기술) 녹원정보기술에서 개발한 버추얼 터미널(Virtual terminal)은 각종 장비와 차량 위치, 상태 정보 등을 3D GIS 맵 위에 실시간으로 시각화하는 항만관제 모니터링 시스템으로 3D 터미널과 CCTV 솔루션을 결합해 항만 내 현장 상황을 3차원 화면과 CCTV 화면에 동시 표출 가능

[국내 기술이 적용된 버추얼터미널 디지털트윈 사례]

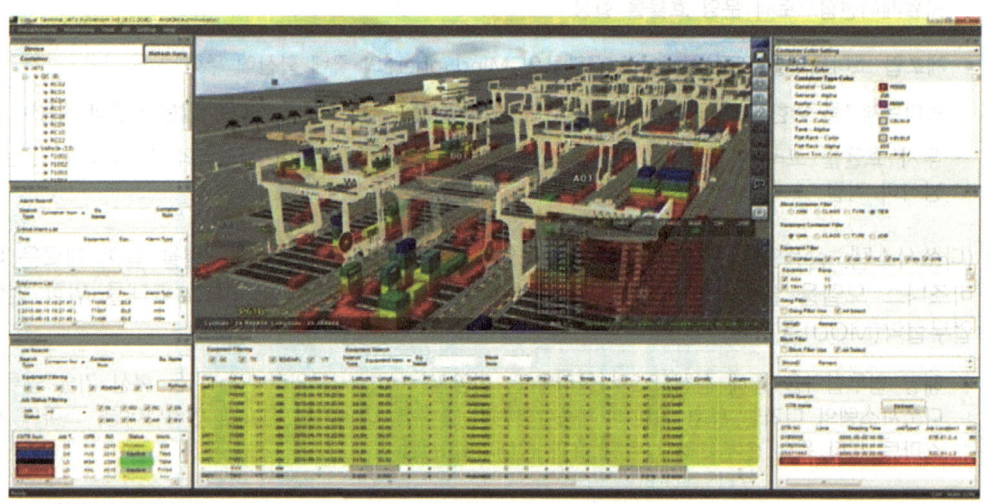

* 출처 : 녹원정보기술

다. 국내 연구개발 기관 및 동향

(1) 연구개발 기관

[Hyper Connected SCM 플랫폼 기술개발 기관]

기관	소속	연구분야
한국전자기술연구원	융합시스템연구본부	• IoT 플랫폼 및 데이터 허브 기술 • 프로세서와 메모리간 융합기술 • 무선전력 등 자립형 디바이스 기술
한국생산기술연구원	스마트제조연구센터	• 스마트공장 기기 간 상호호환성, 확장성 지원 기술 • 공정·설비 개선 제품 및 서비스 지원 기술 • 스마트공장 관련 설비·SW 기술 • 개방형 IIoT 스마트공장 플랫폼, 엣지 컴퓨팅 기술
한국기계연구원	로봇메카트로닉스연구실 초정밀장비연구실 스마트산업기계연구실	• 인간형핸드, 조립용그리퍼, 만능그리퍼 등 고난도작업용 그리퍼 기술 • 생산장비 IT 융합 및 지능화기술 • 고속/경량 드라이브트레인 기술 • 오프로드 자율주행 및 자율작업 기술

(2) 기관 기술개발 동향

☐ (에릭씨앤씨) 초연결 네트워크기반 자가발전형 위치추적 플랫폼 및 디자인 개발 (2020-04-01 ~ 2022-12-31)

- 자가발전 시 영구 사용 가능한 저전력 비콘 H/W설계, 위치 정확도 향상 등을 위한 비콘 운용 S/W설계
- 에너지 하베스팅 시스템 비교 평가 및 H/W 설계
- 휴대기기별 RSSI데이터 수집분석 및 비콘 기반 위치 추정 AI시스템 설계

☐ (한국전자기술연구원) 물수요·물공급(SWG)·물순환(LID) 데이터 통합관리 초연결 플랫폼 기반 분석 및 예측 기술개발 (2019/06/10 ~ 2022/12/31)

- 수자원 데이터 통합관리 초연결 플랫폼 표준기술 확보
- 지능형 수자원 분석/예측 원천기술 확보
- 리빙랩 기반 수자원 데이터 통합관리 초연결 플랫폼 및 API 공개를 통하여 여러 산업 도메인을 연계한 새로운 Cross-Cutting 서비스의 실험적 개발을 지원
- 수자원과 밀접하게 관련된 에너지, 농업, 환경 등 타 분야와의 실시간 연계를 기반으로 스마트 물관리 기반 사회를 효율화를 확대하기 위한 후속 연구 추진

☐ (한국생산기술연구원) 서비스 생산성 혁신을 위한 데이터 기반 중소형 유통사업장 통합관리 시스템 개발 (2020-04-01~2022-12-31)

- ICT 활용(using)도에 따른 생산성 수준 비교 분석
- 유통사업장의 종합생산성 측정 및 생산성 변동요인 분석 모형 개발
- 연관규칙 분석 및 나이브 베이즈 분류기 기반 방문시점 예측모형 개발
- 유통사업장-물류창고 연계형 운영관리 서비스 플랫폼 구조 설계

☐ (한국건설기술연구원) IoT 기반 도로포장 재료생산 및 시공관리 통합운영 시스템 개발 (2019-04-30~2023-12-31)

- IoT 기반 시멘트 콘크리트 도로 포장 품질관리 기술 개발
- IoT 기반 아스팔트 콘크리트 도로포장 품질관리 기술 개발 및 테스트베드 운영
- IoT 기반 도로포장 재료생산 및 시공관리 통합운영 시스템 개발

4. 특허 동향

가. 특허동향 분석

(1) 연도별 출원동향

☐ 디지털트윈 생산시스템 기술의 지난 20년(2000년~2019년)간 출원동향[22]을 살펴보면 2000년대 초반부터 최근까지 특허 출원 증감 추이에 큰 변화 없이 관련 특허 출원이 지속적으로 이루어지고 있는 것으로 나타남

- 각 국가별로 살펴보면 일본이 가장 활발한 출원 활동을 보이고 있는 것으로 나타났으며, 한국, 미국 및 유럽도 유사한 추세의 출원 활동이 진행되고 있는 것으로 나타남

☐ 국가별 출원비중을 살펴보면 일본이 전체의 45%의 출원 비중을 차지하고 있어, 최대 출원국으로 디지털트윈 생산시스템 분야를 리드하고 있는 것으로 나타났으며, 한국은 28%, 미국은 23%, 유럽은 4% 순으로 나타남

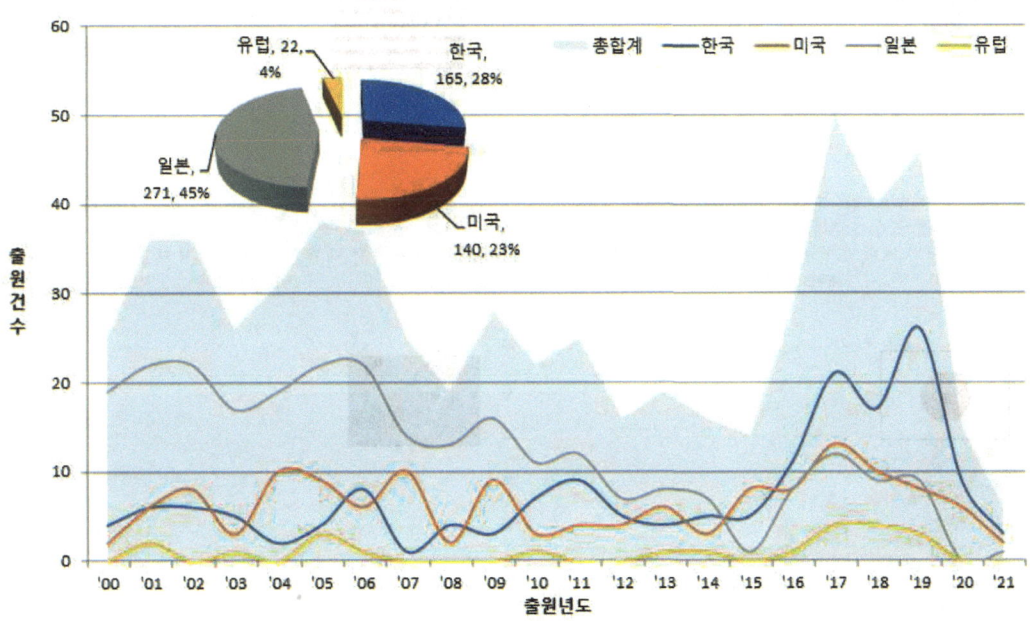

[연도별 출원동향]

---

22) 특허출원 후 1년 6개월이 경과하여야 공개되는 특허제도의 특성상 실제 출원이 이루어졌으나 아직 공개되지 않은 미공개데이터가 존재하여 2020, 2021년 데이터가 적게 나타나는 것에 대하여 유의해야 함

(2) 국가별 내·외국인 출원현황

☐ 한국의 내외국인 출원현황을 살펴보면, 분석 초기에는 내국인의 출원활동이 활발하지 않은 것으로 조사되었으나, 최근에는 내국인에 의한 출원활동 비중이 높아진 것으로 나타나, 자국 국적 출원인의 주도로 기술개발이 진행되고 있는 것으로 분석됨

☐ 미국의 경우, 2000년대 초반부터 최근까지 외국인의 출원 비중이 높은 것으로 나타나, 자국민의 기술개발 활동은 활발하지 않은 것으로 분석됨

☐ 일본의 내외국인 출원현황은, 2000년대 초반부터 최근까지 외국인의 출원 비중이 낮은 것으로 나타나, 해당 기술 분야에서 일본 시장에 대한 관심도가 높지 않은 것으로 나타남

☐ 유럽의 경우, 디지털트윈 생산시스템 기술과 관련하여 출원활동이 저조하게 진행된 것으로 나타나 증감의 경향을 판단하기 어려우나, 2000년대 초반부터 최근까지 외국인의 출원활동이 활발한 것으로 조사되어, 해외 기업의 진출 가능성이 높은 것으로 나타남

[국가별 출원현황]

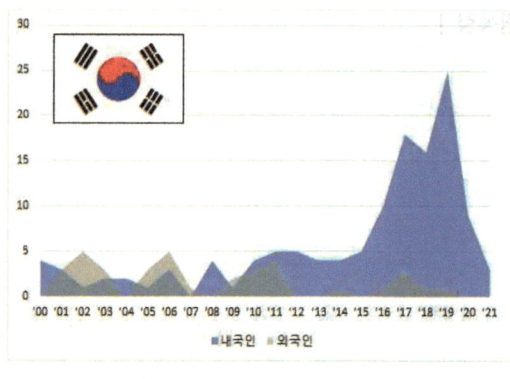
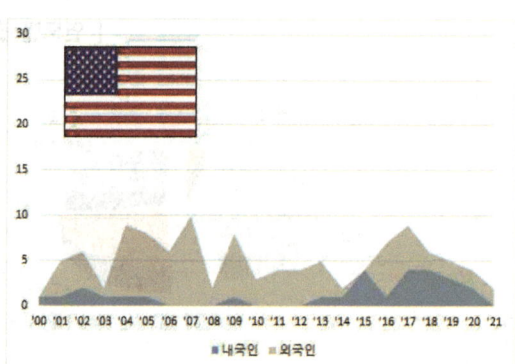
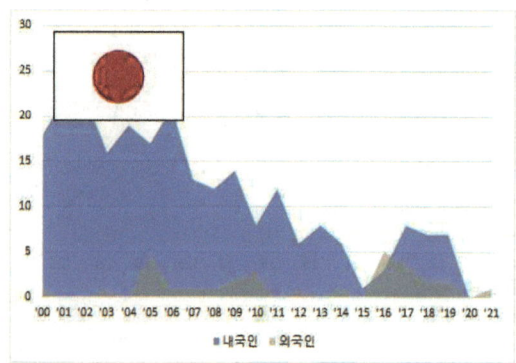
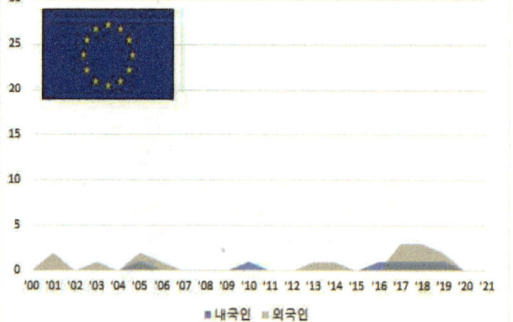

나. 주요 기술 키워드 분석

(1) 기술개발 동향 변화 분석

☐ 디지털트윈 생산시스템 기술에 대한 구간별 기술 키워드 분석을 진행하였으며, 전체 분석구간에서 Semiconductor Device, Virtual Reality, 마스크 패턴, Wearable Device 등 디지털트윈 생산시스템 관련 기술 키워드들이 다수 도출됨

- 최근 분석구간에 대한 기술 키워드 분석 결과, 최근 1구간에는 Virtual Reality, Spot Position, 모델 공간, Spot Image 등의 키워드가 도출되었으며, 2구간에서는 Virtual Reality, Wearable Device, Head Mounted Display 등 1구간의 주요키워드와 유사한 키워드가 도출됨

[특허 키워드 변화로 본 기술개발 동향 변화]

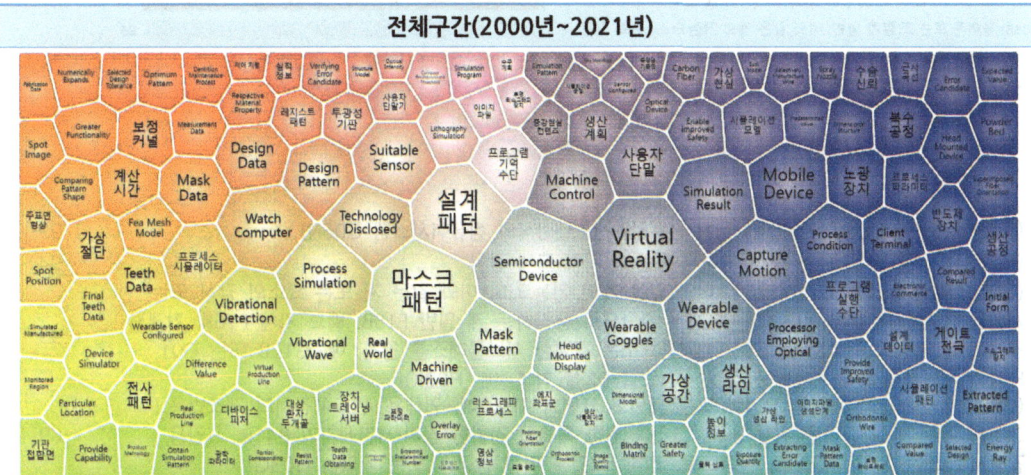

- Semiconductor Device, Virtual Reality, 마스크 패턴, 설계 패턴, Wearable Device, Process Simulation, Simulation Result, Mask Pattern, Technology Disclosed, Capture Motion, Vibrational Wave, Machine Control, Wearable Goggles

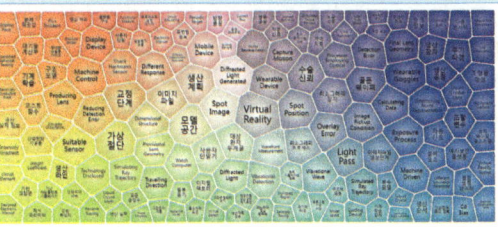

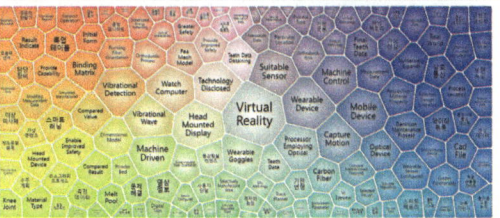

- Virtual Reality, Spot Position, 모델 공간, Spot Image, Overlay Error, Dimensional Structure, 리소그래피 장치, 대상 환자 두개골, 이미지 파일, Image Pickup Condition, Provisional Lens Geometry, Wearable Device, 리소그래피 프로세스

- Virtual Reality, Wearable Device, Head Mounted Display, Technology Disclosed, Capture Motion, Vibrational Wave, Machine Control, Wearable Goggles, Watch Computer, Mobile Device, Machine Driven, Suitable Sensor, Processor Employing Optical

(2) 기술-산업 현황 분석[23]

☐ 디지털트윈 생산시스템 기술에 대한 Subclass 기준 IPC 분류결과, 전기에 의한 디지털 데이터처리(특정계산모델방식의 컴퓨터시스템 G06N)(G06F) 및 반도체 장치; 다른 곳에 속하지 않는 전기적 고체 장치 (H01L)으로 다수의 특허가 분류되는 것으로 조사됨

☐ KSIC 산업분류 결과, 다수의 특허가 그 외 기타 특수 목적용 기계 제조업 산업으로 분류되는 것으로 조사됨

[기술-산업 분류 분석]

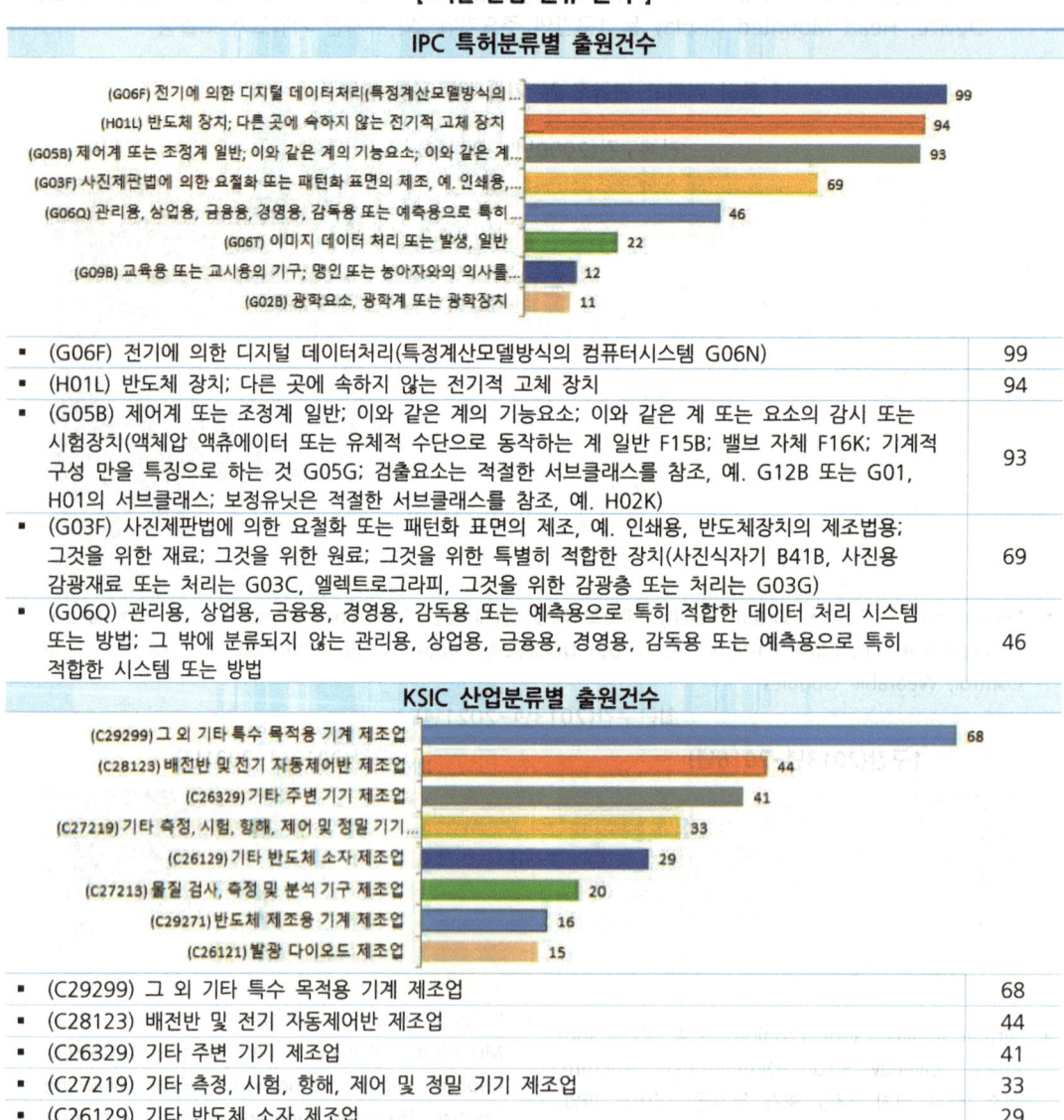

▪ (G06F) 전기에 의한 디지털 데이터처리(특정계산모델방식의 컴퓨터시스템 G06N)	99
▪ (H01L) 반도체 장치; 다른 곳에 속하지 않는 전기적 고체 장치	94
▪ (G05B) 제어계 또는 조정계 일반; 이와 같은 계의 기능요소; 이와 같은 계 또는 요소의 감시 또는 시험장치(액체압 액츄에이터 또는 유체적 수단으로 동작하는 계 일반 F15B; 밸브 자체 F16K; 기계적 구성 만을 특징으로 하는 것 G05G; 검출요소는 적절한 서브클래스를 참조, 예. G12B 또는 G01, H01의 서브클래스; 보정유닛은 적절한 서브클래스를 참조, 예. H02K)	93
▪ (G03F) 사진제판법에 의한 요철화 또는 패턴화 표면의 제조, 예. 인쇄용, 반도체장치의 제조법용; 그것을 위한 재료; 그것을 위한 원료; 그것을 위한 특별히 적합한 장치(사진식자기 B41B, 사진용 감광재료 또는 처리는 G03C, 엘렉트로그라피, 그것을 위한 감광층 또는 처리는 G03G)	69
▪ (G06Q) 관리용, 상업용, 금융용, 경영용, 감독용 또는 예측용으로 특히 적합한 데이터 처리 시스템 또는 방법; 그 밖에 분류되지 않는 관리용, 상업용, 금융용, 경영용, 감독용 또는 예측용으로 특히 적합한 시스템 또는 방법	46
▪ (C29299) 그 외 기타 특수 목적용 기계 제조업	68
▪ (C28123) 배전반 및 전기 자동제어반 제조업	44
▪ (C26329) 기타 주변 기기 제조업	41
▪ (C27219) 기타 측정, 시험, 항해, 제어 및 정밀 기기 제조업	33
▪ (C26129) 기타 반도체 소자 제조업	29

---

23) 해당제품 특허데이터를 대상으로 윕스 보유 기술·산업·시장 동향 분석 플랫폼 'Build' 활용

다. 주요 출원인 분석

- 디지털트윈 생산시스템 기술의 전체 주요출원인(Top 5)을 살펴보면, 주로 일본 국적의 출원인이 다수 포함되어 있는 것으로 나타났으며, 제 1 출원인으로는 일본의 TOSHIBA인 것으로 나타남
    - TOSHIBA는 일본의 다국적 중전기 기업으로, 가전 제품, 메모리칩 설계 및 제조하는 회사임

- 디지털트윈 생산시스템 기술 관련 국내 주요출원인으로 삼성전자 및 엘지화학이 도출되었으며, 한국 다음으로 미국, 유럽, 일본 순으로 출원을 진행한 것으로 나타남

[주요출원인 동향]

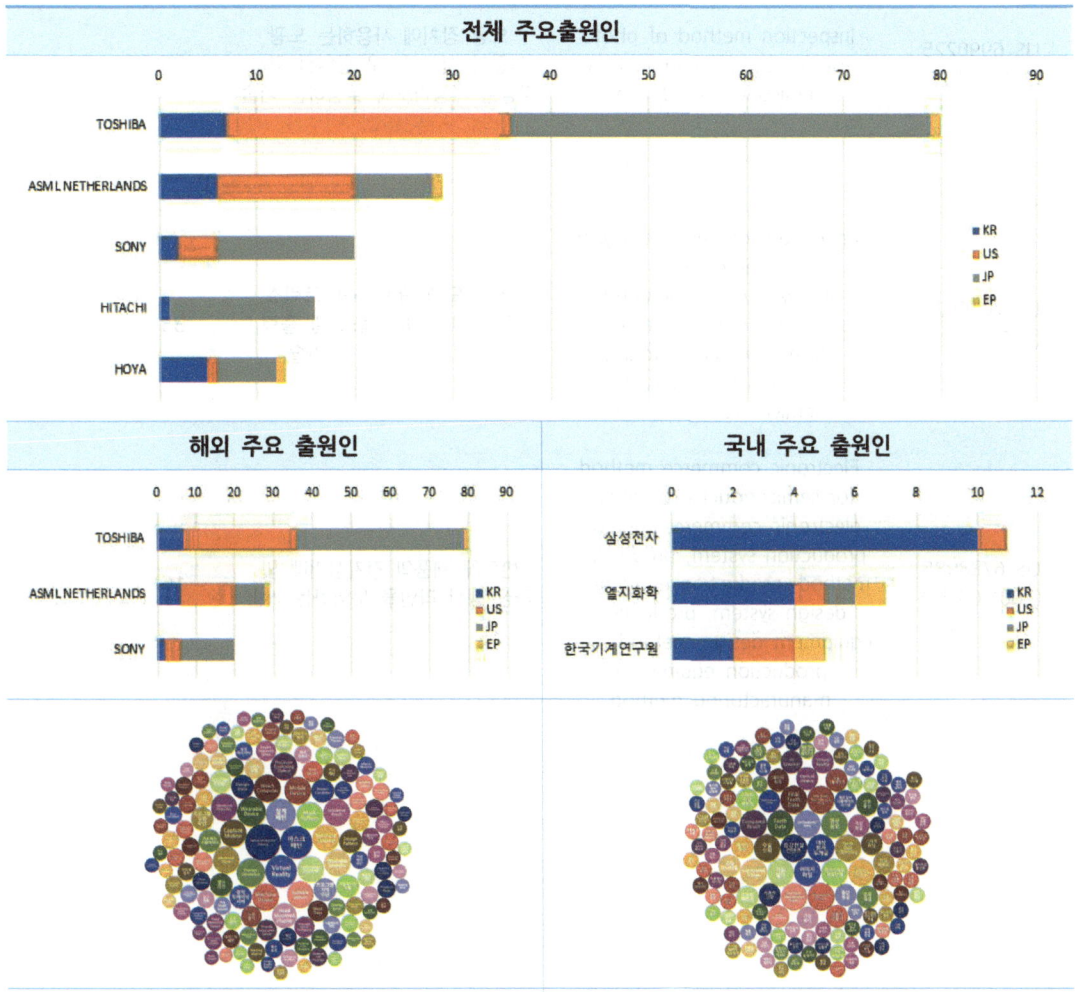

- Semiconductor Device, 마스크 패턴, Virtual Reality, 설계 패턴, Wearable Device, Process Simulation, Mask Pattern, Technology Disclosed, Capture Motion, Vibrational Wave

- 증강현실 컨텐츠, 대상 환자 두개골, 이미지 파일, Orthodontic Wire, Teeth Data, 영상 정보, 이미지파일 생성단계, 가상 절단, 수술 신뢰, Teeth Data Obtaining

(1) 해외 주요출원인 주요 특허 분석[24]

☐ **TOSHIBA**
- 일본 기업으로, 디지털트윈 생산시스템 기술과 관련하여 80건의 특허를 출원하고 있는 것으로 조사됨

[주요특허 리스트]

등록번호 (출원일)	명칭	기술적용분야	IP 경쟁력 피인용 문헌수	IP 경쟁력 패밀리 국가수
US 6990225 (2002.04.25)	Inspection method of photo mask for use in manufacturing semiconductor device	노광 장치에 사용하는 노광 파장과 실질적으로 동일한 검사 파장을 사용하도록 설정하는 기술	73	2
US 7016820 (2001.03.26)	Semiconductor device analyzer, method for analyzing/manufacturing semiconductor device, and storage medium storing program for analyzing semiconductor device	기판 모델 판독, Y-매트릭스 입력, 매트릭스 축소 및 출력 형식 판별을 위한 기술	35	2
US 6788985 (2001.05.31)	Electronic commerce method for semiconductor products, electronic commerce thereof, production system, production method, production equipment design system, production equipment design method, and production equipment manufacturing method	반도체 제품의 전자상거래 및 가상 생산 라인을 운영하는 기술	16	6

---

24) 최근 출원특허 중, 등록특허를 기준으로 피인용문헌수 및 패밀리 국가수가 큰 특허를 주요특허로 도출

ASML NETHERLANDS

- 유럽 기업으로, 디지털트윈 생산시스템 기술과 관련하여 29건의 특허를 출원하고 있는 것으로 조사됨

[주요특허 리스트]

등록번호 (출원일)	명칭	기술적용분야	IP 경쟁력	
			피인용 문헌수	패밀리 국가수
US 8189195 (2007.05.09)	Inspection method and apparatus, lithographic apparatus, lithographic processing cell and device manufacturing method	마스크를 통과하는 방사선 빔이 패턴을 획득하도록 구성된 패터닝된 마스크를 생성하는 기술	28	2
US 7500218 (2004.08.17)	Lithographic apparatus, method, and computer program product for generating a mask pattern and device manufacturing method using same	2차원 보정 커널 또는 2개의 1차원 보정 커널로 장치 기능을 컨볼루션하여 회색조 OPC 기능을 생성하는 기술	11	7
JP 5027731 (2008.05.02)	검사 방법 및 장치, 리소그래피 장치, 리소그래피 처리 셀 및 디바이스 제조방법	패턴의 화상을 측정하고 있는 패턴부착 기판위의 위치를 정확하게 결정하는 기술	12	2

SONY

- 일본 기업으로, 디지털트윈 생산시스템 기술과 관련하여 20건의 특허를 출원하고 있는 것으로 조사됨

[주요특허 리스트]

등록번호 (출원일)	명칭	기술적용분야	IP 경쟁력	
			피인용 문헌수	패밀리 국가수
KR 0932521 (2002.12.19)	마스크패턴 보정장치 및 마스크패턴 보정방법과 마스크제작방법 및 반도체장치의 제조방법	광근접효과 보정수단에 의해 광근접효과 보정을 수행하는 기술	7	6
US 7139996 (2002.12.19)	Mask pattern correction apparatus, mask pattern correction method, mask manufacturing method, and semiconductor device manufacturing method	광학적 근접 효과 보정 수단으로 디자인 패턴에 대한 광학적 근접 효과를 시뮬레이션 하는 기술	6	6
JP 5050830 (2007.12.19)	건식 식각 장치 및 반도체장치의 제조방법	건식 식각에 있어서 나노미터 스케일의 가공 치수 격차를 제어하는 기술	8	2

전략제품 현황분석

(2) 국내 주요출원인 주요 특허 분석[25]

☐ 삼성전자

- 디지털트윈 생산시스템 기술과 관련하여 한국과 미국을 위주로 11건의 특허를 출원하고 있는 것으로 조사됨

[주요특허 리스트]

등록/공개번호 (출원일)	명칭	기술적용분야	IP 경쟁력	
			피인용 문헌수	패밀리 국가수
KR 0571832 (2004.02.18)	3차원 객체의 물리특성을 고려한 통합 모델링 방법 및 장치	3차원 객체의 물리적 특성이 변하도록 3차원 객체를 모델링하는 기술	5	1
US 10614186 (2018.02.21)	Apparatus for predicting yield of semiconductor integrated circuit and method for manufacturing semiconductor device using the same	시뮬레이션의 입력으로 제공받아, 반도체 집적회로의 수율을 예측하는 기술	1	4
KR 2019-0090145 (2018.01.24)	샤워 헤드를 설계하고 제조하는 장치 및 방법	입체 형상 데이터를 생성하는 기술	0	4

☐ 엘지화학

- 디지털트윈 생산시스템 기술과 관련하여 한국과 유럽을 위주로 7건의 특허를 출원하고 있는 것으로 조사됨

[주요특허 리스트]

등록/공개번호 (출원일)	명칭	기술적용분야	IP 경쟁력	
			피인용 문헌수	패밀리 국가수
KR 2183673 (2018.05.17)	광학 디바이스의 제조 방법	시뮬레이션을 통하여 효율적이고 안정적으로 광학 디바이스를 제조하는 기술	0	6
EP 3796078 (2019.05.16)	Method of manufacturing optical device	시뮬레이션을 통하여 효율적이고 안정적으로 광학 디바이스를 제조하는 기술	0	6
JP 2021-517271 (2019.05.16)	광학 디바이스의 제조방법	시뮬레이션을 통하여 효율적이고 안정적으로 광학 디바이스를 제조하는 기술	0	6

---

[25] 최근 출원특허 중, 등록특허를 기준으로 피인용문헌수 및 패밀리 국가수가 큰 특허를 주요특허로 도출

한국기계연구원

- 디지털트윈 생산시스템 기술과 관련하여 미국과 한국을 위주로 5건의 특허를 출원하고 있는 것으로 조사됨

[주요특허 리스트]

등록/공개번호 (출원일)	명칭	기술적용분야	IP 경쟁력	
			피인용 문헌수	패밀리 국가수
US 10952820 (2018.06.08)	System of manufacturing orthodontic wire, method for manufacturing the orthodontic wire using the same, and orthodontic wire bending machine for performing the same	치아 데이터를 시뮬레이션하여 치열 교정용 와이어를 제조하는 기술	3	3
KR 2182375 (2018.05.03)	탄성 복원력을 고려한 치아 교정용 와이어 제조시스템 및 이를 이용한 치아 교정용 와이어 제조방법	치아 데이터를 시뮬레이션하여 치열 교정용 와이어를 제조하는 기술	0	1
US 2020-0405452 (2020.09.15)	System of manufacturing orthodontic wire, method for manufacturing the orthodontic wire using the same, and orthodontic wire bending machine for performing the same	치아 데이터를 시뮬레이션하여 치열 교정용 와이어를 제조하는 기술	2	3

라. 기술진입장벽 분석

(1) 기술 집중력 분석[26]

☐ 디지털트윈 생산시스템 관련 기술에 대한 시장관점의 기술독점 현황분석을 위해 집중률 지수(CRn) 분석 결과, 상위 4개 기업의 시장점유율이 24.2로 독과점 정도가 보통 수준으로 분석되어 주요 출원인들 간의 시장 경쟁이 치열하게 이루어지는 경쟁적 시장으로, 규제 당국이 목표로 하는 경쟁 강도의 보통 범위에 속하는 것으로 분석됨

☐ 국내 시장에서 중소기업의 점유율 분석결과 47.9로 디지털트윈 생산시스템 기술에서 중소기업의 점유율은 높은 것으로 분석되고, 국내 시장에서 중소기업의 진입장벽은 높지 않은 것으로 판단됨

[주요출원인 및 한국 중소기업 집중력 분석]

	주요출원인	출원건수	특허점유율	CRn	n
주요 출원인 집중력	TOSHIBA(일본)	80	13.4%	13.4	1
	ASML NETHERLANDS(네덜란드)	29	4.8%	18.2	2
	SONY(일본)	20	3.3%	21.6	3
	HITACHI(일본)	16	2.7%	24.2	4
	HOYA(일본)	13	2.2%	26.4	5
	NIKON COPORATION(일본)	13	2.2%	28.6	6
	CANNON(일본)	13	2.2%	30.8	7
	PANASONIC(일본)	12	2.0%	32.8	8
	삼성전자(한국)	11	1.8%	34.6	9
	FUJITSU(일본)	9	1.5%	36.1	10
	전체	598	100%	CR4=24.2	
	출원인 구분	출원건수	특허점유율	CRn	n
국내시장 중소기업 집중력	중소기업(개인)	79	47.9%	47.9	중소기업
	대기업	28	17.0%		
	연구기관/대학	22	13.3%		
	기타(외국인)	36	21.8%		
	전체	165	100%	CR중소기업=47.9	

---

[26] 상위 몇 개 기업의 특허점유율을 합한 것으로, 특허동향조사에서는 통상 CR4를 사용하며, CRn값이 0에 가까울수록 시장 독과점 수준이 낮은 것을 의미하며, CR4 값이 40에서 60일 경우(CR1 지수는 50 이상일 경우, CR2 또는 CR3 지수는 75 이상일 경우) 시장의 독과점 수준이 높은 것으로 해석됨

CRn(집중률지수, Concentration Ratio n) = (1위 출원인의 특허점유율) + ... + (n위 출원인의 특허점유율)

(2) IP 경쟁력 분석[27]

☐ 디지털트윈 생산시스템 기술의 주요출원인들의 IP 경쟁력 분석결과, TOSHIBA의 기술영향력이 가장 높고 ASML NETHERLANDS의 시장확보력이 가장 높은 것으로 분석됨
  - TOSHIBA : 영향력지수(PII) 2.19 / 시장확보력(PFS) 1.09
  - ASML NETHERLANDS : 영향력지수(PII) 1.50 / 시장확보력(PFS) 2.25

☐ 1사분면으로 도출된 ASML NETHERLANDS, SONY, HOYA의 특허가 시장확보력 및 질적 수준이 높은 특허로, 기술적 파급력과 상업적 가치가 큰 것으로 해석됨

[주요출원인 IP 경쟁력 분석]

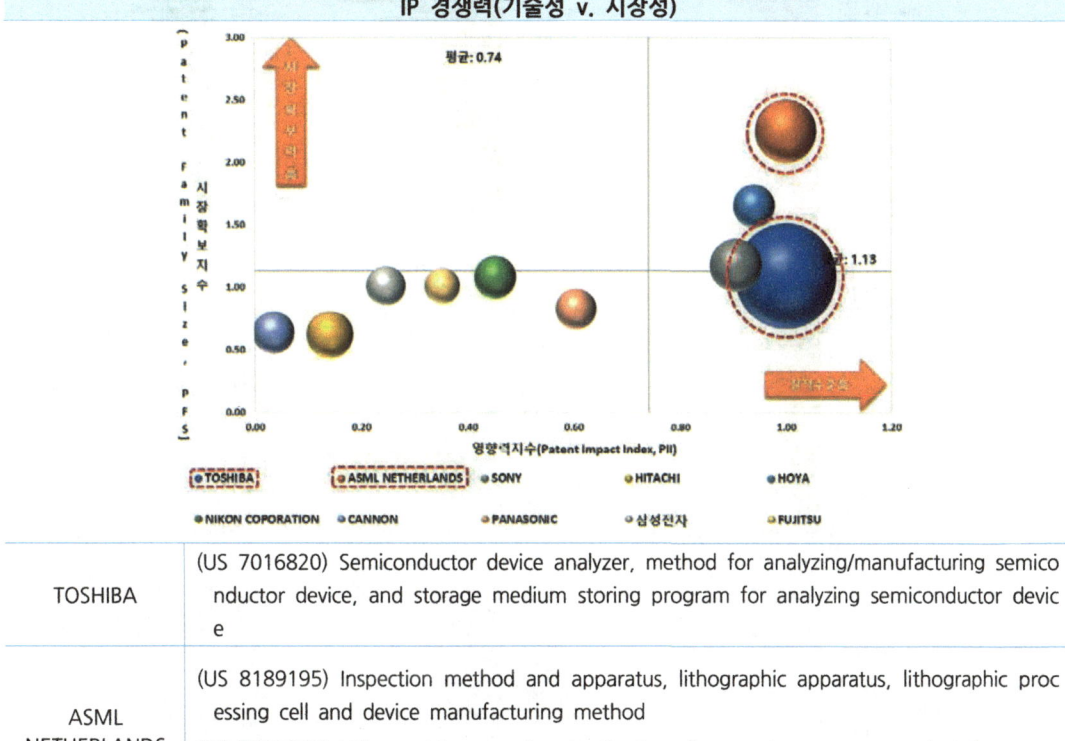

TOSHIBA	(US 7016820) Semiconductor device analyzer, method for analyzing/manufacturing semiconductor device, and storage medium storing program for analyzing semiconductor device
ASML NETHERLANDS	(US 8189195) Inspection method and apparatus, lithographic apparatus, lithographic processing cell and device manufacturing method
	(US 7500218) Lithographic apparatus, method, and computer program product for generating a mask pattern and device manufacturing method using same

* **영향력지수(Patent Impact Index, PII)**: 다른 경쟁주체의 기술수준이 고려된 특정한 주체의 '상대적인' 기술적 중요도 또는 혁신성과의 가치 정보가 포함된 기술수준으로, 특허의 피인용 횟수를 특정 기술분야 내에서의 상대적인 값으로 환산시킨 지수임
* **시장확보지수(Patent Family Size, PFS)**: 특정 주체가 특정 기술분야에서 소수의 특정 국가에서만 시장확보를 하고자 하는지 아니면 다수의 세계 주요 국가들에서 시장확보를 하고자 하는지에 대한 분석으로, PFS가 높은 특허는 그만큼 상업적 가치가 큰 기술에 대한 특허인 것으로 해석될 수 있으며, PFS가 높은 출원인은 세계 여러 국가에서 사업을 하고 있는 출원인인 것으로 해석될 수 있음(2020 공공 R&D 특허기술동향조사 가이드라인, 한국특허전략개발원)
* **버블크기**: 출원 특허 건 수 비례

---

27) PFS = 특정 주체의 평균 패밀리 국가 수 / 전체 평균 패밀리 국가 수
    PII = 특정 주체 보유특허의 피인용도[CPP] / 전체 유효특허의 피인용도

5. 요소기술 도출

가. 특허 기반 토픽 도출

☐ 598개의 특허의 내용을 분석하여 구성 성분이 유사한 것끼리 클러스터링을 시도하여 대표성이 있는 토픽을 도출

[디지털트윈 생산시스템에 대한 토픽 클러스터링 결과]

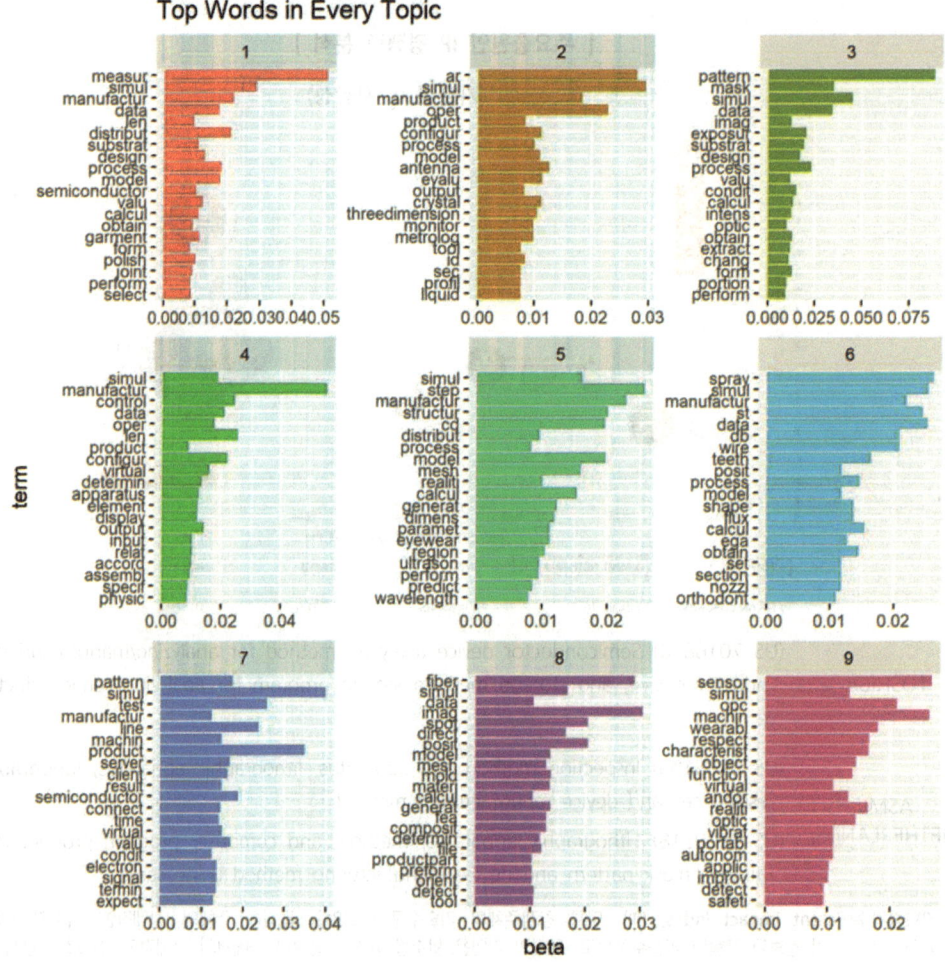

나. LDA[28] 클러스터링 기반 요소기술 도출

[LDA 클러스터링 기반 요소기술 키워드 도출]

No.	상위 키워드	대표적 관련 특허	요소기술 후보
클러스터 01	image, display, virtual, realities, parameter, target, content, model, simul, video	• Bridal producing system • Method and apparatus for producing a helical spring	제조 가상화 시스템 기술
클러스터 02	model, element, simulate, lens, object, oper, product, manufacture, power, fiber	• Production system simulation device, production system simulation method, and production system simulation program • Methods and systems for manufacturing products/parts made of carbon fiber reinforced composite based on numerical simulations	생산공정 시뮬레이션 기술
클러스터 03	measure, simulate, film, calculate, data, inject, condition, fluid, obtain, ein	• Determining of state data of a production system • Method for producing a 3d cad model, use of the 3d cad model, computer program product and system for nc machining	도메인 모델링 기술
클러스터 04	simulate, process, model, manufacture, product, data, result, set, execute, configure	• Food product development assistance device, food product development method, food product production method, dietary education assistance device, and dietary education method • Introduction plan adjusting method and introduction plan adjustment system for semiconductor device manufacturing line	맞춤형 공정설계 자동화 기술
클러스터 05	simulate, signal, produce, sound, flux, test, invent, apparatus, posit, output	• Disc-shaped record medium, method for manufacturing the same, and apparatus for manufacturing the same • Flame imitation manufacturing device of an electrical-heated fireplace	-
클러스터 06	product, design, simulate, circuit, data, perform, line, program, manufacture, result	• Method of checking producibility of a composite security design of a security document on a line of • production equipment and digital computer environment for implementing the same	-
클러스터 07	pattern, simulate, mask, data, design, process, correct, value, form, generate	• Mask pattern forming method and method for manufacturing semiconductor device • Mask pattern preparation method, semiconductor device manufacturing method and recording medium	-
클러스터 08	product, exposure, simulate, distribute, calculate, value, plan, mask, process, solve	• Production schedule preparation device, recycle production system and production schedule preparation method • Production simulation apparatus and production simulation method	생산공정 시뮬레이션 기술
클러스터 09	product, data, control, simulate, machine, virtual, oper, test, function, comput	• Virtual-product presentation system • Scalable testing in a production system with autoscaling	맞춤형 공정설계 자동화 기술

---

28) Latent Dirichlet Allocation

다. 특허 분류체계 기반 요소기술 도출

☐ 디지털트윈 생산시스템 관련 특허에서 총 10개의 주요 IPC코드(메인그룹)를 산출하였으며, 각 그룹의 정의를 기반으로 요소기술 키워드를 아래와 같이 도출

[IPC 분류체계에 기반한 요소기술 도출]

IPC 기술트리		요소기술 후보
(서브클래스) 내용	(메인그룹) 내용	
(G03F) 사진제판법에 의한 요철화 또는 패턴화 표면의 제조, 예. 인쇄용, 반도체장치의 제조법용; 그것을 위한 재료; 그것을 위한 원료; 그것을 위한 특별히 적합한 장치	・(G03F-007) 사진제판법, 예 사진석판법에 의한 요철화 또는 패턴화된 표면의 제조, 예. 인쇄표면의 제조 그것을 위한 재료, 예. 포토레지스트로 된 것 그것을 위하여 특히 적합한 장치	-
	・(G03F-001) 질감이 있거나 무늬가 있는 표면의 사진제판법 제품을 위한 원화, 예. 마스크, 포토-마스크 또는 레티클(reticle); 마스크 블랭크(mask blank) 또는 그 투과필름(pellicle); 그를 위해 특히 적용된 용기; 그 준비과정	-
(G05B) 제어계 또는 조정계 일반; 이와 같은 계의 기능요소; 이와 같은 계 또는 요소의 감시 또는 시험장치	・(G05B-019) 프로그램제어계	IoT 기반 원격제어 기술
(G06F) 전기에 의한 디지털 데이터처리	・(G06F-017) 디지털 컴퓨팅 또는 데이터 프로세싱 장비, 방법으로서 특정 기능을 위해 특히 적합한 형태의 것	-
	・(G06F-019) 특수한 어플리케이션에 특히 적합한 디지털 컴퓨팅 또는 데이터 처리 장치 또는 방법	-
(G06Q) 관리용, 상업용, 금융용, 경영용, 감독용 또는 예측용으로 특히 적합한 데이터 처리 시스템 또는 방법; 그 밖에 분류되지 않는 관리용, 상업용, 금융용, 경영용, 감독용 또는 예측용으로 특히 적합한 시스템 또는 방법	・(G06Q-050) 특정 사업 부문에 특히 적합한 시스템 또는 방법, 예. 공익사업 또는 관광	-
	・(G06Q-030) 거래, 예. 쇼핑 또는 전자상거래	-
	・(G06Q-010) 경영; 관리	-
(G06T) 이미지 데이터 처리 또는 발생 일반	・(G06T-019) 컴퓨터 그래픽용 3D 모델 또는 화상의 조작	-
(H01L) 반도체 장치; 다른 곳에 속하지 않는 전기적 고체 장치	・(H01L-021) 반도체 장치 또는 고체 장치 또는 그러한 부품의 제조 또는 처리에 특별히 적용되는 방법 또는 장비	-

라. 최종 요소기술 도출

☐ 산업·시장 분석, 기술(특허)분석, 전문가 의견, 타부처 로드맵, 중소기업 기술수요를 바탕으로 로드맵 기획을 위하여 요소기술 도출

☐ 요소기술을 대상으로 전문가를 통해 기술의 범위, 요소기술 간 중복성 등을 조정·검토하여 최종 요소기술명 확정

[디지털트윈 생산시스템 분야 요소기술 도출]

요소기술	출처
생산공정 시뮬레이션 기술	특허 클러스터링, 전문가 추천
IoT 기반 원격제어 기술	IPC 기술체계, 전문가 추천
맞춤형 공정설계 자동화 기술	특허 클러스터링, 전문가 추천
제조 가상화 시스템 기술	특허 클러스터링, 전문가 추천
도메인 모델링 기술	특허 클러스터링, 전문가 추천
온라인 디지털 트윈 리버스 자동 생성 기술	전문가 추천
영상, 통신기능 웨어러블 기기 기술	전문가 추천

6. 전략제품 기술로드맵

가. 핵심기술 선정 절차

☐ 특허 분석을 통한 요소기술과 기술수요와 각종 문헌을 기반으로 한 요소기술, 전문가 추천 요소기술을 종합하여 요소기술을 도출한 후, 핵심기술 선정위원회의 평가과정 및 검토/보완을 거쳐 핵심기술 확정

☐ 핵심기술 선정 지표: 기술개발 시급성, 기술개발 파급성, 기술의 중요성 및 중소기업 적합성
- 장기로드맵 전략제품의 경우, 기술개발 파급성 지표를 중장기 기술개발 파급성으로 대체

[핵심기술 선정 프로세스]

① 요소기술 도출	→	② 핵심기술 선정위원회 개최	→	③ 핵심기술 검토 및 보완	→	④ 핵심기술 확정
• 전략제품 현황 분석 • LDA 클러스터링 및 특허 IPC 분류체계 • 전문가 추천		• 전략분야별 핵심기술 선정위원의 평가를 종합하여 요소기술 중 핵심기술 선정		• 선정된 핵심기술에 대해서 중복성 검토 • 미흡한 전략제품에 대해서 핵심기술 보완		• 확정된 핵심기술을 대상으로 전략제품별 로드맵 구축 개시

나. 핵심기술 리스트

[디지털트윈 생산시스템 분야 핵심기술]

핵심기술	개요
생산공정 시뮬레이션 기술	• 고정 또는 유연 생산 공정을 시간의 흐름에 따라 모사 • 생산공정을 모사하고 공정 모니터링이 가능한 디지털트윈기술을 활용한 생산공정 최적화 기술
IoT 기반 원격 제어 기술	• 디지털트윈과의 상호작용을 통해 원격에 있는 IoT 기반 설비의 제어 • IoT 기반의 데이터 분석을 활용하여 생산설비의 원격제어가 가능한 제어기술
맞춤형 공정설계 자동화 기술	• 디지털트윈 상에서 제품 요구사항에 대해 현재 제조 자원 대비 가능한 맞춤형 공정의 최적 도출 • 다양한 제품의 생산에 따른 공정변경의 모사를 통해 실제공정에 반영하기 위한 맞춤형공정설계 자동화 기술
제조 가상화 시스템 기술	• 가상 환경에 4M 제조 자원을 디지털 자산화하여 관리
도메인 모델링 기술	• 생산 환경의 4M 제조 자원의 연속/이산 시스템 특성을 모형화

다. 중소기업 기술개발 전략

☐ 국내 기술이 매우 취약한 상황이므로 개발을 위한 로드맵 수립 필요

☐ 중소기업마다 당면한 과제부터 해결이 가능한 CPPS의 점진적 도입 필요

☐ 국내외 기술제휴/협력을 통해 디지털트윈 운용환경 구축을 위한 기반 확보가 필요

☐ 여러 산업분야에 실증사업을 확대하고 경험/사례 공유 기반 마련 및 기술발전에 선순환 유도 정책 시행

라. 기술개발 로드맵

(1) 중기 기술개발 로드맵

[디지털트윈 생산시스템 중기 기술개발 로드맵]

디지털트윈 생산시스템	CPPS의 점진적 도입을 통한 디지털트윈 운용환경 구축			최종 목표
	2022년	2023년	2024년	
생산공정 시뮬레이션 기술			→	시뮬레이션 연계 공정 5개 / 연계 공정 내 총 설비 30개 이상
				실시간 생산공정 적합도 90% 이상
IoT 기반 원격 제어 기술			→	디지털트윈을 통한 원격 제어 지연 20ms 이내
				IoT 데이터 분석을 활용한 제조공정의 원격제어기술 개발
맞춤형 공정설계 자동화 기술			→	선입선출대비 맞춤형 공정의 생산프로세스비율 120% 이상
				맞춤형 공정설계 자동화 기술 최적화
제조 가상화 시스템 기술			→	적용 서비스 시나리오 10개 이상
도메인 모델링 기술			→	모델링 업종 5개 / 공정 20개 이상

(2) 기술개발 목표

☐ 최종 중소기업 기술로드맵은 기술/시장 니즈, 연차별 개발계획, 최종목표 등을 제시함으로써 중소기업의 기술개발 방향성을 제시

[디지털트윈 생산시스템 분야 핵심요소기술 연구목표]

핵심기술	기술요구사항	연차별 개발목표			최종목표	연계R&D 유형
		1차년도	2차년도	3차년도		
생산공정 시뮬레이션 기술	시뮬레이션 연계 공정 수/연계 공정 내 총 설비수(개)	1개/3개	2개/10개	5개/30개	시뮬레이션 연계 공정 5개 / 연계 공정 내 총 설비 30개 이상	기술혁신
	생산공정 적합도(%)	시뮬레이션 설계	60%이상	90% 이상	실시간 생산공정 적합도 90% 이상	기술혁신
	생산공정의 디지털트윈 모니터링 시뮬레이션 기술	디지털트윈 시뮬레이션기 술개발	생산공정과 디지털트윈 연계 개선	디지털트윈 생산공정 시뮬레이션 최적화	디지털트윈 시뮬레이션을 활용한 생산공정 모니터링 및 최적화	상용화
IoT 기반 원격 제어 기술	디지털트윈을 통한 원격 제어 지연 (ms)	100ms	50ms	20ms	디지털트윈을 통한 원격 제어 지연 20ms 이내	기술혁신
	IoT 데이터 분석 및 모니터링을 통한 원격제어기술	IoT 데이터 분석 원격제어기술 개발	실제공정과 연계를 통해 공정설비의 원격제어 적용	원격제어기술 개선	IoT 데이터 분석을 활용한 제조공정의 원격제어기술 개발	기술혁신
맞춤형 공정설계 자동화 기술	선입선출 대비 맞춤형 공정의 생산프로세스 비율(ISO 22400)	105%	110%	120%	선입선출대비 맞춤형 공정의 생산프로세스비율 120% 이상	산학연
	제품의 설계사양에 따라 가변적으로 변경이 가능한 공정설계자동 화 기술	공정설계자동 화 기술개발	제품의 설계사양에 따른 공정설계 자동화기술 개선	공정설계 자동화 기술 최적화	맞춤형 공정설계 자동화 기술 최적화	기술혁신
제조 가상화 시스템 기술	적용 서비스 시나리오 수(개)	2개	10개	-	적용 서비스 시나리오 10개 이상	산학연
도메인 모델링 기술	모델링 업종/공정 수(개)	-	1개/5개	5개/20개	모델링 업종 5개 / 공정 20개 이상	산학연

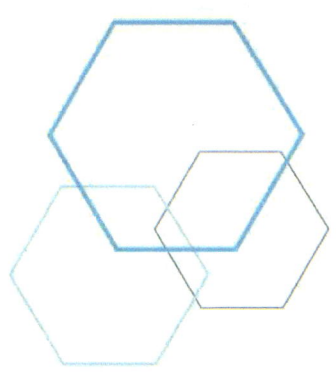

전략제품 현황분석

산업용 지능형 센서

산업용 지능형 센서

정의 및 범위

- 산업용 지능형센서는 물리적·화학적 현상을 전기신호로 변환하는 기능 외에도 데이터처리능력, 자가진단기능, 의사결정기능, 통신기능 등과 결합하여 데이터의 통계처리 및 저장, 데이터의 자동교정 및 보상, 상황판단, 네트워킹 등이 가능한 차세대 지능화된 센서를 의미
- 산업용 지능형 센서는 산업 환경에서 제조상황에 대한 조절, 생산의 차질 및 불량률의 최소화를 위해 제조 기기의 자율적 동작 교정을 할 수 있도록 비정상적 환경을 센싱하고 모니터링 하는 기술로, 디바이스·센서의 지능적 기능을 강화하여 자체적 생산 환경에 대한 지능적 자가진단을 통한 생산 무인화·자동화를 위한 고 신뢰성 보장형 다기능성 스마트센서 기술을 포함

전략 제품 관련 동향

시장 현황 및 전망	제품 산업 특징
• (세계) 글로벌 스마트 센서 사업은 2019년 258억 달러에서 2025년 약 734억 달러로 연평균 19%로 성장할 것으로 전망 • (국내) 국내 센서 산업은 2019년 1조 6,440억 원에서 2025년 약 3조 1,560억원으로 연평균 11%로 성장할 것으로 전망	• 지능형 센서의 경우 다양한 산업군에 적용이 가능하며 일반적인 센서에서 인공지능, 빅데이터, IoT 기술은 접목하여 여러 상황에 대해서 학습하는 능력이 있어 인식률 개선 • 작업자의 안전환경이 중요하며 우선시되고 있어 사고 발생을 대비한 지능형 센서의 도입 가속화
정책 동향	기술 동향
• 산업통상자원부는 「제조업혁신 3.0전략」 실행의 일환으로 센서 산업을 미래 주력산업으로 육성하기 위해 산·학·연·관을 포함한 '첨단센서 2025포럼'을 발족	• 단순히 사물을 인식하거나 상황을 감지하는 수준이 아닌 인식된 상황이 후에 어떤 결과를 가져올지 확률적으로 예측하여 조기에 알려주는 시스템 구축 중 • 센서에서 발생하는 빅데이터를 활용하여 수율 및 환경 개선으로 활용하여 작업 효율화 추구
핵심 플레이어	핵심기술
• (해외) STMicroelectronics, Robert Bosch GmbH, Analog Devices, NXP Semiconductors., Texas Instruments, RaE Systems, SmartCap Technologies,OPGAL Optronics Industries • (대기업) 삼성전자 • (중소기업) 비에스이, ETRI, 알에프세미. 엑시노스 오토, 아이소셀 오토	• Edge Computing 및 통신 융합 센서 기술 • 카메라 센서이용 정밀측정 기술 • 저전력 센서 기술 • 동작감지 융합센서 기술 • 통신 기능 융합 센서 기술

중소기업 기술개발 전략

→ 지능형 센서를 위한 인공지능, 빅데이터 등의 주변 기술과 협력 필수

→ 대기업 (수요기업)-중소기업 및 중소업체간 협업 상생모델 구축 (개발 자원 공유, 제도개선)

→ 고부가가치 MEMS 센서에 집중적인 센서 및 회로설계, 테스트 방법, 신뢰성 개선 연구개발

→ 지능형 센서의 국내 도입 활성화를 위한 실증 사업 및 홍보 방안 마련 필요성

1. 개요

가. 정의 및 필요성

(1) 정의

☐ 지능형 센서는 물리적·화학적 현상을 전기신호로 변환하는 기능 외에도 데이터처리능력, 자가진단기능, 의사결정 기능, 통신 기능 등과 결합하여 데이터의 통계처리 및 저장, 데이터의 자동교정 및 보상, 상황판단, 네트워킹 등이 가능한 차세대 지능화된 센서를 의미

- 센서는 측정 대상물로부터 물리량을 검출하고 이를 전기적 신호로 변환시켜 주는 소자를 의미

- 지능형 센서는 다양한 산업 분야에 적용되어 생산된 데이터를 바탕으로 학습이 가능, 공정 개선이나 조기에 위험을 감지하여 알려주는 센서 이상의 부가가치 창출

- 지능형 센서(Intelligent Sensor)의 가장 큰 특징은 마이크로프로세서(중앙처리장치)를 포함하는 것

[지능형 센서의 적용 분야와 기술]

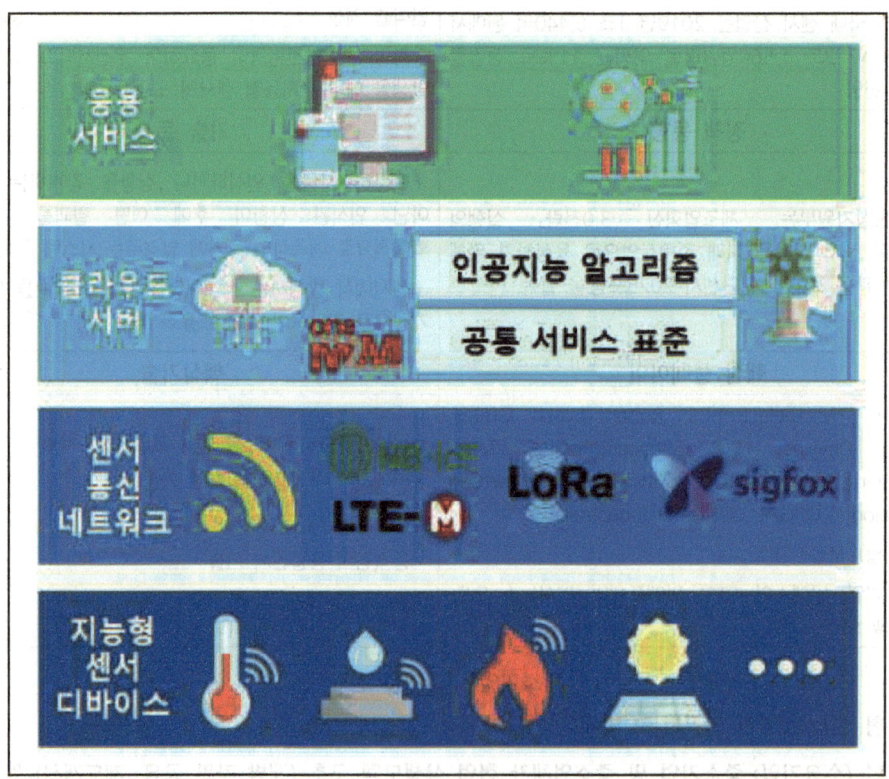

* 출처 : 센서의 미래, 지능형 센서 "스마트 IT 융합 서비스의 핵심 부품", E4DS 뉴스 2020

(2) 필요성

☐ 지능형 센서 산업은 센서 제조를 위한 소재 산업이 필요하며 센서에서 발생하는 데이터를 가공 및 활용하여 유의미한 정보를 만들어내는 프로세싱 과정을 통해 작업 현장의 효율화 및 안전한 환경 제공

- 여러 센서로부터 정보를 통합하여 종합적으로 상황을 고려하여 가장 좋은 대처 방법을 찾아 알려줌
- 기계 내부의 위치와 속도제어, 온도 모니터링 등의 측정 기술, 기계 주변의 공구 및 공작물 확인, 공구의 부러짐·마모의 모니터링 등
- 홈 센서의 칩 제작산업, 원자재 산업뿐 아니라 IoT용 스마트 단말 생산, 서비스 시스템 관리의 융·복합적 가치 창출이 가능
- 제조현장에 센서를 사용함으로써 결함의 조기 탐지, 공정기능 개선은 물론 동작의 편의성 증가로 생산비용 절감

☐ 인공지능, IoT, 빅데이터 등의 첨단 기술 발전과 함께 센서에서 발생하는 데이터를 효율적으로 해석하려는 움직임이 활발

- 미래 지능형 산업, 초연결 시대를 열어갈 최첨단 소자로서, 제조, 환경, 모바일, 의료·헬스케어, 자동차, 우주, 항공, 군수 등 다양한 응용 산업에 적용
- 나노·MEMS, SoC 기술, 비접촉·무선화, 기능화·자동화, 소형화·저가격화, 소재 다변화 등의 기술이 접목되면서 초소형, 고성능, 다기능(지능형) 센서로 발전하고 있어, 사물인터넷(IoT)의 핵심 기반

☐ 지능형(스마트) 센서는 다양한 장점 보유[29]

- 디지털 센서 신호는 아날로그 센서 신호보다 정확도가 높아 보다 뛰어난 처리 및 공정제어를 실현하며, 연비와 생산량 그리고 생산성 등을 향상
- 스마트 센서는 특정 제품군마다 같은 버스를 통해 통신할 수 있으므로 배선이 적어 장치의 신뢰성이 높아지고 설치를 보다 단순화하고 배선을 줄여 시스템의 무게 및 부피를 작게 제조 가능
- 마이크로프로세서를 사용하여 출력 신호에 교정·편차 보상·오류 감지 등에 사용하는 '정보'를 삽입해서 전송하는 것이 가능하여서 장비의 고장 혹은 공정상의 변형을 조기에 감지를 통한 유지보수 계획을 세우는 데 활용
- 스마트 센서 중 일부는 개방적인 디지털 통신 프로토콜을 활용하고 있으며 이를 통해 스마트 센서를 다양한 제어장치와 함께 사용하는 것이 가능
- 센서 자체에서 신호를 조절하고, 신호를 사전에 처리할 수 있어 기존에 신호를 처리하던 제어장치가 다른 작업을 처리할 수 있고 이를 통해 더욱 빠른 처리속도 혹은 더 많은 처리량을 실현

---

[29] 출처 : MSD(Motion System Design)(http://www.msdkr.com)

나. 범위 및 분류

(1) 가치사슬

☐ 후방산업은 스마트 센서에 사용되는 주요 핵심요소기술인 MEMS 기술, SoC 기술, 임베디드 소프트웨어 등이 존재

- 스마트 센서는 마이크로 센서기술에 반도체 VLSI(Very Large Scale Integration) 기술을 결합하여 컴퓨터가 갖는 데이터 처리 능력, 판단 기능, 메모리 기능, 통신 기능 등을 보유
- 증폭회로, ADC(Analog to Digital Conversion)/DAC(Digital to Analog Conversion), MCU 등의 반도체 회로와 결합한 형태로 개발

☐ 전방산업은 자동차 전장, U-헬스케어, 모바일/게임디바이스, 보안, 스마트제조 등으로 구성

- 자동차 전장 분야의 하나인 타이어 공기압 자동 감지 시스템 어플리케이션(Tire Pressure Monitoring System, TPMS)의 시장 성장률은 타이어 펑크로 인한 치명적 사고가 자주 발생한 후 관심이 매우 높은 상황이며, 타이어 압력 이외에 타이어 온도 및 센서 모듈의 배터리 전압을 측정하고, 가속 센서는 시스템을 모니터링하고 휴지 상태의 물리적 동작을 보고
- 모바일/게임 분야는 모바일 핸드폰, 자동차 자세 제어, 로봇, 군수(미사일), 우주 항공 등에 응용되고 있으며, 최근 게임, 스마트 폰 등에서 폭발적으로 수량이 급증하고 있고, 특히 2013년부터 자동차에 ESC(자세 제어)가 의무 장착됨에 따라 시장 확대 (국내 1,000만 대/년)
- 생체정보 인식, 환자 상태 실시간 센싱 등에 활용되고 있으며, 최근 국내 대기업과 스타트업은 스마트 헬스케어의 성장성에 기대를 걸고 관련 기술개발과 서비스에 집중
  - 2017년 전 세계적으로 1억 6,950만 개의 웨어러블 기기가 판매되고, 그 중 헬스케어 관련기기가 50%를 차지할 것으로 전망(ABI 리서치) 하고 있고, 국내 헬스케어 시장규모는 3조 원 규모에 육박할 것으로 추산(보건산업진흥원)
- 보안 분야에 있어서는 소형화된 스마트 센서의 등장으로 언제 어디서나, 전문가가 아닌 개인도 쉽게 사용할 수 있는 기기의 개발이 가능하며, 바이오·나노 기술과의 융합은 센서의 민감도 및 측정의 정확도를 향상시켰고, 반도체 및 MEMS 기술의 도입으로 초소형의, 독자적 판단력을 지닌 제품 개발이 가능
- 스마트제조 분야에 있어서는 다양한 센서 및 디바이스들을 통해 수집되는 대량의 데이터를 처리·분석 하고, 센싱 정보 융합기반 가상센서 기술을 활용하여 이종센서 정보들의 데이터 변환 및 연결 기술을 활용하여 스마트제조 제어 공정의 신뢰성 향상 및 결합 내성을 향상

[산업용 지능형 센서의 산업구조]

후방산업	산업용 지능형 센서	전방산업
반도체 설계 제조, 나노, 바이오설계, 소재, 임베디드 소프트웨어	가속도센서, 온습도 센서, 스마트 관제, 바이오 센서, 영상처리 센서, 데이터 분석 및 이종센서 데이터 링크	U-헬스케어, 자동차전장, 게임/모바일, 스마트제조 구축, 보안

(2) 용도별 분류

☐ 가장 일반적으로 활용되는 센서는 매우 다양하며, 계속 새로운 센서가 출시

[검출 대상별 센서의 종류]

검출 대상	센서의 종류
물체의 유무	• 마이크로 스위치, 홀 소자, 광전 센서, 유도형 근접 스위치, 정전 용량형 근접 스위치, 리드 스위치 (자기형 근접 스위치)
위치, 변위, 치수	• 퍼텐쇼미터, 차동 변압기, 리니어 인코더
압력, 응력, 변형, 토크, 중량	• 스트레인 게이지, 감압 다이오드, 로드 셀, 다이어프램, 부르동관, 벨로즈
각도	• 리졸버, 퍼텐쇼미터, 로터리 인코더
속도, 회전수	• 초음파 센서, 레이저 도플러속도계, 속도계용 발전기, 로터리 인코더
가속도, 진동	• 압전 소자, MEMS 가속도 센서
온도	• 바이메탈, 열전대, 저항 측온체, 서미스터, 광고온계
자기	• 리드 스위치 자기형 근접 스위치, 자침, 홀 소자, 자기 저항 소자, (MR센서)
빛	• 포토다이오드, 포토트랜지스터, 포토사이리스터, 광전자 증배관, CCD, 이미지 센서, CMOS 이미지 센서

☐ 최신 산업용 지능형 센서는 매우 다양하며 대표적 센서에 관한 내용을 소개

[용도별 분류]

전략제품	용도	내용
산업용 지능형 센서	위치 추정용 관성 측정 센서	• 관성 측정 센서는 로봇이 움직일 때의 가속도 및 각속도를 측정하여 로봇의 위치 및 자세를 알아내는 가속도 센서와 각속도 센서로 구분
	위치 파악용 액티브 비컨 센서	• 액티브 비컨 센서는 로봇의 위치를 추정할 수 있는 센서로 송신부와 수신부로 나누어져, 송신부에서 발생한 초음파가 수신부로 되돌아오는 시간을 계산하여 로봇이나 사람의 위치를 추정
	거리 측정용 초음파 센서	• 시각 센서를 이용하기에 제약이 많은 환경이나, 주변 물체와의 거리를 알기 위한 환경에서 주로 사용되며 로봇에서 초음파를 내보내고, 대상 물체에서 반사되어 되돌아오는 시간을 계산
	시각 센서	• 시각 센서는 주로 카메라 모듈을 이용하여 실시간으로 영상을 취득하고, 고속영상 처리 모듈을 이용하여 영상 데이터를 실시간으로 처리
	촉각 센서	• 인간의 고도화된 촉각 시스템 기능을 로봇에게 부여하기 위해서는 매우 복잡하고 정교한 촉각 센서가 필요하고 크게 접촉 센서, 압력 센서, 미끄러짐 센서, 온도 센서 등으로 구분
	청각 센서	• 청각 센서는 음파가 공기를 통하여 센서에 도달하면 센서에서 진동판을 이용하여 음파를 감지하고 음파를 감지하는 방식에 따라 dynamic 방식, condenser 방식, piezoelectric 방식, piezoresistive 방식으로 구분

2. 산업 및 시장 분석

가. 산업 분석

◎ **단순 센서에 대한 기술은 확보되었으나 활용하는 기술 확보 미흡**

☐ 센서 산업은 제조를 위한 소재 산업, 고유 기능이 구현된 소자 산업, 여러 개의 소자를 사용하여 조립한 모듈 및 시스템형 산업을 포함하는 융복합 산업 영역

- 센서 산업은 칩, 패키지, 모듈, 시스템의 단계를 거쳐 대부분 산업에 활용되고 있으며, IoT 시대의 도래에 따라 산업적 활용도는 대폭 증가할 전망
- 저가형 센서 단가 경쟁을 통한 후진국형 경쟁 구도를 벗어나, 첨단기기에 사용되는 지능화된 센서의 개발과 국산화를 통해 세계 시장에서 안정적으로 발전할 수 있는 전략수립이 필요
- 적용 분야별 수요시장은 자동차산업, 장치산업, 소비재산업, 의료산업 외에도 기계 및 제조업, 건설산업, 항공기 및 선박건조 등 다양한 산업 분야에 센서 적용이 확대되는 중

☐ 자연 및 기상 환경 등 매우 복잡한 요소를 고려해야 하는 경우 지능형 센서 필요

- 고온·고압·다습한 극한환경에서는 센서로 취득한 데이터의 품질이 열악했기 때문에 센서보다는 숙련공의 오감에 의존
- 하지만 숙련인력 고령화 가속, 제조업 생존전략에 따른 스마트화 전 등의 영향으로 극한환경 분야에서도 센서 수요가 급증할 전망

☐ 세계 센서 시장은 IT 융합의 진전으로 센서 사용이 급증하고 센서의 첨단화 추세에 따라 시장이 급성장하고 있으나, 국내 산업의 경쟁력은 선진국 대비 매우 취약한 상황

- IT 융합의 진전으로 센서가 대부분 기기의 핵심부품으로 대두되어 센서 산업의 경쟁력 확보가 국가 산업경쟁력 강화의 필수 요소
- 국내 첨단센서 기술 육성 또한 대한민국 핵심 산업들이 세계적인 경쟁력을 갖추기 위한 필수적인 요소
- 해외 기술에 가려져 있던 국내 강소기업에 기회가 돌아간다면 경제·산업 분야의 자립도를 높임과 더불어 우리 경제에도 내수성장의 발판이 마련될 수 있을 것으로 전망

☐ 센서 산업은 개별시장마다 독과점 구조가 강하고 신규진입이 매우 어려운 것으로 분석

- 소자설계부터 부품생산까지 밸류체인을 통합한 IDM(Integrated Device Manufacturer) 업체들이 시장을 장악
- 센서 산업의 4단계 성장모형에 따르면 4번째 단계(Balance & Alliance)에 진입할 경우 시장진입에 어려움 존재

◎ 지능형 센서의 활용 확대

☐ 산업용 지능형 센서를 사용한 계측의 활용도 지속 증가, 센서 사용의 증가로 사용자에게 높은 정도의 자동화, 높은 비용효과, 생산품질 개선, 생산속도 향상, 안전성 제고

- 지능형 센서의 마이크로프로세서는 센서의 출력 신호를 유지하며, 신호를 통해 낮은 수준의(Low-level) 처리를 수행하고, 대부분 통신 인터페이스를 가지고 있어 디지털화한 신호를 제어 네트워크로 전송하는 것이 가능
- 일반적인 온도 센서와 달리 지능형 온도 센서는 원치 않는 잡음(노이즈)을 감지해 걸러내는 것은 물론, 열전대(서모커플) 신호가 디지털화하기 전에 오류를 보상하고, 이 상황을 제어 네트워크로 전송하고 감지대상 온도가 너무 높거나 낮은 상황을 감지해 사용자에게 경고를 보내는 것이 가능

☐ 스마트제조를 비롯한 다양한 분야에서 스마트 센서의 활용이 빠른 속도로 증대

- 스마트제조 이외에 스마트시티로 대표되는 안전, 화물 추적과 바이오센서를 이용한 스마트헬스케어 분야까지 확대
- 미래 자동차에서는 스마트 센서를 통해 충돌이 임박했을 때 스마트 센서가 이를 감지하고, 차체 중 어떤 부분에 영향을 받으며, 좌석에는 어린이가 있는지 성인이 있는지 등을 총체적으로 감지

☐ 스마트 센서의 사용이 어려운 분야도 존재하며 이러한 기술이 향후 개발 필요

- 125℃가 넘는 고온에서 일정 기간 이상 작동하거나 높은 수준의 전자 방해(Electromagnetic Interference, EMI)가 있거나 방사선이 강한 환경 등에서는 스마트 센서를 활용하는 것이 어려운 것으로 분석
- 스마트 센서의 비용은 일반 아날로그 센서보다 고가지만 제품 유지보수와 새로운 센서의 추가 그리고 성능상의 이점 등을 변수로 적용하면, 장기간 사용에 따른 총비용은 일반적인 센서와 비슷하거나 오히려 더 저렴한 것으로 판단

[지능형 센서의 기술 동향]

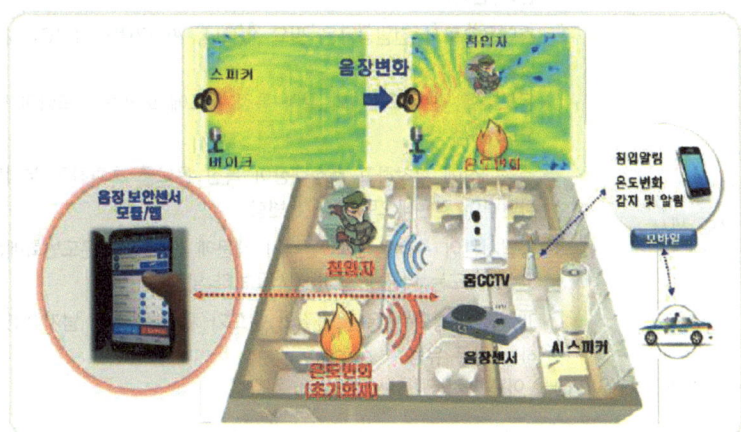

* 출처 : 스마트 IT 융합 플랫폼을 위한 지능형 센서 기술 동향, 2019

◎ 초정밀 기술을 이용한 지능형 센서 산업 동향

☐ 나노/피코 단위의 초정밀 기술은 학문 간 경계가 없는 학제간(Interdisciplinary) 연구를 통해 높은 기술 집약도, 고부가가치를 지닌 경제성, 환경 친화성, 자연 친화성 등을 구현

■ 초정밀 지능형 센서는 스마트폰 등과 같이 초정밀/지능형 기술을 요구하는 분야에서 필수적으로 사용

[초정밀 지능형 온도 센서의 특징]

구분	내용
열전대(thermocouple) 온도센서	• 기본적으로 두 개의 막대와 서로 다른 금속으로 제조되며, 끝에서 이들이 만나는 전선으로 구성되며 특정 시점에서 온도 변화는 양 끝 간의 기전력의 변화로 나타남 • 온도가 상승하게 되면 써모커플의 출력은 상승하지만 반드시 선형특성을 나타내지 않음 • 열전대의 두 개의 서로 다른 금속(금속 쌍)은 J, K, T, E, N, R, S, B, C, G, D와 같이 다양한 타입이 있으며, 각 타입에 따라 온도 범위와 기전력 대 온도 값이 다르게 나타남
RTD(Resistance Temperature Detector) 온도 센서	• 물질의 온도가 변하면 전기저항도 변한다는 사실을 이용한 저항 온도 센서 • RTD는 금속의 저항변화에 의존하며, 저항은 온도에 따라 선형적으로 상승 • 써미스터는 반도체의 저항변화에 근거하며, 온도가 상승하면 저항은 비선형으로 떨어짐
적외선 온도계	• 적외선 센서는 물질이 방사하는 열복사량을 측정하여 온도를 추론 • 측정 물체의 방사율과 측정거리에 따라 측정 정밀도가 달라지나, 측정 대상에 접촉할 수 없는 경우에 사용되는 비접촉식 온도 센서
바이메탈 온도 센서	• 서로 다른 금속 간의 열팽창율의 차이를 이용 • 두 금속막대가 함께 결속된 설계로서 측정단이 가열되면 한쪽이 다른 쪽보다 더 팽창하고 구부러지는 원리를 이용하여 기계적으로 연결된 눈금으로부터 온도 판독 • 휴대용으로서 전원공급은 필요 없으나, 써모커플이나 RTD에 비해 정확도가 낮음
상태 변화 온도 센서	• 온도라벨 및 온도라커와 같이 특정 온도에 도달하면 모양이 변하는 액체결정으로 구성 • 측정대상에 부착하고 측정대상이 특정 온도를 초과하면 부착된 센서 라벨의 하얀점이 검은색으로 상태가 변함 • 응답시간이 수 분 정도 걸리기 때문에 단기적인 온도변화에는 반응하지 않고, 정확도는 다른 유형의 센서들보다 낮은 편 • 제품이 배송되는 동안 물질의 온도가 특정 수준을 넘지 않았는지 확인해야 하는 경우 유용

* 출처: CCTV news (2020) 초정밀 기술을 이용한 지능형 센서 산업동향

□ 초정밀 지능형 센서 적용 분야로 나노 바이오, 국방기술 분야 등이 존재

- 나노기술은 바이오산업에 적용되어 다양한 고분자 시료의 상변이를 나노그램 단위의 적은 양으로도 매우 민감하게 측정할 수 있으며, 소형화가 용이한 효과 보임

[나노 바이오 분야에서의 초정밀 지능형 센서 적용]

구분	내용
DNA칩	• 소재개발에는 DNA, cDNA, 올리고 RNA 등이 이용되고 진단용 칩에는 올리고 DNA나 단백질과 결합하여 검출 가능한 변형된 RNA가 이용 • 콘텐츠(마커) 개발에는 임상분야와 칩 분야 간 공동연구가 필수적 • Affymetrix의 광식기술을 이용한 1세대 기술과, fiber optic칩이나 MAS를 이용한 1.5세대 기술 등이 개발
랩 온어 칩 (Lab on a chip)	• 미량의 생체시료를 사용하여 수㎠ 정도의 칩 위에서 시료의 분리와 정제농축 등의 전처리과정, 운송/반응/분석과 같은 일련의 과정이 모두 가능 • 적은 시료량을 사용함으로써 분석비용과 검사시간을 절감 • 전자동 분석을 통해 실험의 정확성과 효율성을 향상

* 출처: 나노융합산업협력기구 (2018) 나노기술의 바이오산업 적용분야 재구성

- 나노기술은 군사용 부품에 적용되어 군사용 부품의 성능을 크게 개선하고 가격을 크게 낮출 수 있을 것으로 예상하는바, 나노 복합 재료는 군사용 부품의 높은 강도, 낮은 무게 및 새로운 기능 탑재 전망

[국방기술 분야에서의 초정밀 지능형 센서 적용]

구분	내용
군용항공기	• 운용성(operability), 생존성(survivability), 통성(flexibility) 및 유지보수성(maintainability) 등을 갖춘 군용기에 응용 • 무인기/로봇: 전투용, 잠수용, 초소형 및 fractal 형태변형 무인기나 로봇에 응용 • 병기(armaments): 치명성(lethality), 생존성 및 정확도를 갖춘 병기에 응용
무장 전투병	• 기동성(mobility), 생존성(survivability), 은밀성(stealth), 고도의 전투능력 및 살상능력을 갖춘 전투병사의 무장에 응용

* 출처: 나노융합산업협력기구 (2018) 나노기술의 바이오산업 적용분야 재구성

◎ MEMS 기술의 발달로 지능형 센서 발전 가속화

☐ MEMS 시장의 성장을 주도하는 요인으로는 스마트 가전제품 및 웨어러블 장치에 대한 수요 증가, 자동차 업계의 엄격한 정부 규제, 효율적이고 경제적인 MEMS 기술 도입, 산업 및 가정에서 대규모 자동화 채택 등이 존재

- 소비자를 통해 스마트 폰, 휴대용컴퓨터, 내비게이션, 미디어 플레이어, 디지털카메라, 게임콘솔, e-리더와 같은 전자기기의 사용량이 증가하면서 MEMS 시장이 성장
- MEMS 센서는 전력 효율성이 높아서 가전제품 제조업체들이 선호하는 제품의 구성요소
- 자율 차량에 대한 새로운 요구, IoT 구현을 위한 연결 장치에 대한 수요 증가, 센서 융합 기술의 발전, 의료산업에서의 MEMS 채택 확대는 MEMS 시장이 성장할 기회
- MEMS 시장의 가치사슬(Value-Chain)은 연구, 디자인 및 개발, 원재료 공급업체, OEM, 공급업체 및 유통업체, 시스템 통합업체, 최종 사용자와 같이 여섯 가지의 주요 단계가 존재

☐ 최근 MEMS 시장의 성장은 RF MEMS 센서가 주도

- 2019년 이전에는 MEMS 시장은 연평균(CARG) 3.7% 성장하는 데 그쳤지만, 브로드컴과 코보 등 RF MEMS 기업들은 각각 47%, 18%라는 높은 수치의 성장세
- 브로드컴은 2017년 전통적인 MEMS 강자 Bosch를 꺾고 시장점유율 1위를 차지
- 업계 관계자들은 5G 시대가 다가오면서 RF MEMS에 대한 수요가 지속해서 증가하며, 브로드컴과 코보의 성장세가 지속할 것으로 전망

☐ IoT 시대를 맞아 MEMS 센서는 연평균 10% 이상 성장하는 등 위상이 더욱 강화

- 센서 소자와 전기회로로 구성된 전통적인 센서에 메모리·정보처리·전력· 통신 등의 모듈이 One Chip화되면서 센서의 스마트화 가속
- 메모리 및 시스템 반도체 등 스마트 센서를 구성하는 요소들의 기술 수준 및 가격조건이 동시에 향상
- 주력 Wafer의 치수만 다를 뿐 공정기술이 유사하고 설비공용이 가능하여서 반도체 산업과 MEMS 센서 산업은 동반성장이 가능

◎ 정부의 센서 산업에 대한 정책적 지원 확대

☐ 산업통상자원부는 「제조업혁신 3.0 전략」 실행의 목적으로 센서 산업을 미래 주력산업으로 육성하기 위해 산·학·연·관을 포함한 '첨단센서 2025 포럼'을 발족

- ■ '2025년까지 센서 4대 강국 (현재 7위) 진입'을 목표로 센서 산업계, 학계·연구계 전문가들이 뜻을 모아 긴밀한 네트워크를 구축하고, 협력의 장을 마련
  - 산업부는 첨단 센서 산업 육성을 위해 '15~'20년까지 총 1,508억 원을 지원할 계획
  - 10대 핵심 센서 소자를 개발·국산화하고, 센서 전문 중견기업 육성 등을 통해 글로벌 경쟁력을 확보한다는 계획
    * 10대 핵심 센서 소자 : 영상센서, 자기 센서, 관성 센서, 압력 센서, 레이더 센서, 환경 센서, 광학 센서, 적외선센서, 음향센서, 바이오·의료 센서
  - 산업부가 추진 중인 '13대 산업 엔진 프로젝트' 중 자율주행 자동차, 웨어러블 디바이스 등 첨단센서 산업과 관련성이 높은 사업들과 연계성을 높여 나간다는 계획
- ■ 정부 차원에서 첨단 스마트 센서를 본격 육성하기 위한 최초의 시도인 만큼, 향후 업계 및 학계의 의견을 적극적으로 반영하여 사물인터넷(IoT) 시대를 대비한 미래 먹거리 산업으로 발전시켜 나갈 계획

[13개 산업 엔진 프로젝트]

시스템 산업		
웨어러블 스마트 디바이스 자율주행 자동차	극한환경용 해양플랜트 고속-수직이착륙 무인항공기	국민 안전·건강 로봇 첨단소재 가공시스템
소재·부품 산업	**창의 산업**	**에너지 산업**
탄소 소재 첨단산업용 비철금속 소재	개인 맞춤형 건강관리시스템 생체 모사 디바이스 가상훈련 시스템	고효율 초소형화 발전시스템 직류 송배전시스템

* 출처 : 산업통상자원부

- ■ 센서 산업 발전의 기반을 조성하기 위해 시험·신뢰성 평가, 시제품 제작 등을 지원하는 「(가칭)센서 산업화 지원센터」 구축을 별도로 추진

- ■ 나노종합기술원, 한국전자기술연구원, 한국전자통신연구원 등 센서 관련 장비를 보유한 기관을 지역 거점으로 지정·활용

- ■ 스마트 센서 전문기업이 수요(세부분야, 기술 수준 등)를 제시하면 이를 바탕으로 국내 대학이 이에 맞는 인재를 양성하는 '기업 맞춤형 고급 센서 인력(연간 60여 명) 양성'도 본격적으로 추진할 계획

- ■ 센서 산업 고도화 전문기술 개발사업
  - 산·학·연이 공동 활용할 수 있는 핵심 산업기술 분야의 장비·시설 조성을 지원
  - 부품무역 및 제조 창업 기반구축, 특수목적형 자동차 튜닝 클러스터, 스마트 제조혁신 기반구축
  - 제조 신기술의 시범생산이 가능한 테스트베드를 구축하여 우리나라 대표 스마트제조 고도화를 위한 글로벌 종합지원 허브센터 운영

나. 시장 분석

(1) 세계 시장

☐ 센서 산업 세계 시장규모는 2019년 308억 달러에서 2025년 873억 달러로 연평균 5.2%로 성장할 것으로 전망

[스마트제조 내 센서 산업 세계 시장 규모 및 전망]

(단위 : 십억 달러, %)

구분	'19	'20	'21	'22	'23	'24	'25	CAGR
세계 시장	30.8	36.6	43.6	51.8	61.7	73.4	87.3	19

* 출처 : Smart Sensor Market, MarketAndMarket(2021)

☐ 온도 및 습도 스마트 센서 시장이 높은 성장 전망
- 측정 제어 시스템 및 계측에 널리 사용
- 의료, 자동차 및 빌딩 자동화와 같은 많은 애플리케이션에서 사용하기 쉬운 디지털 형식으로 해석 가능한 온도 판독 값 제공

☐ 가전용 제품 스마트 센서 시장이 가장 높은 점유율 전망
- 모션, 온도, 이미지, 터치 및 압력 센서와 같은 스마트 센서 제어를 하기 위한 가전용 제품 발전

(2) 국내시장

☐ 스마트제조 내 센서 산업 국내 시장규모 2019년 1조 9,760억 원에서 2024년 3조 7,969억 원으로 연평균 11.5%로 성장할 것으로 전망

[스마트제조 내 센서 산업 국내시장 규모 및 전망]

(단위 : 억 원, %)

구분	'19	'20	'21	'22	'23	'24	'25	CAGR
국내시장	19,760	22,032	24,566	27,391	30,541	34,053	37,969	11.5

* 출처 : Smart Sensor Market, Alied Market Research(2021)를 바탕으로 네모아이씨지에서 재구성

3. 기술개발 동향

☐ 기술경쟁력
- 산업용 지능형 센서는 미국이 최고기술국으로 평가되었으며, 우리나라는 최고기술국 대비 78.0%의 기술 수준을 보유하고 있으며, 최고기술국과의 기술격차는 1.8년으로 분석
- 중소기업의 기술경쟁력은 최고기술국 대비 66.8%, 기술격차는 2.6년으로 평가
- 유럽(80.7%)>한국>일본(73.2%)>중국(65.6%)의 순으로 평가

☐ 기술수명주기(TCT)[30]
- 산업용 지능형 센서는 5.40의 기술수명주기를 지닌 것으로 파악

가. 기술개발 이슈

◎ 산업용 지능형 센서의 기술별 분류

☐ 센서는 측정 대상물로부터 압력·가속도·온도·주파수·생체신호 등의 정보를 감지하여 전기적 신호로 변환하여 주는 장치를 의미하고, 센서부, 신호처리부, 제어부로 구성
- 인간이 오감을 통해 주위 환경을 인지하고 파악하는 것처럼 다양한 전자기기는 센서를 통해 정보를 취득하고 분석하므로 센서는 전자기기의 감각기관 역할을 수행
- 센서부는 목적 대상물의 신호 정보를 받아서 이 정보를 신호 처리부에서 아날로그나 디지털 등의 전기적 신호로 변환
- 변환된 신호를 제어부에서 소프트웨어를 사용하여 필요한 정보로 활용하거나 다른 디바이스에 연결하여 정보를 전달
- 센서는 구성방법, 구현기술, 검출방식, 적용 분야별 등에 따라 다양하게 분류되며 계측기기, 스마트폰, 가전, 자동차, 국방, 의료기기 등 다양한 분야에서 활용

[센서의 분류]

분류기준	센서의 종류
구성방법	• 소자형 센서, 조립 센서
감지대상	• 이미지 센서, 바이오센서, 화학센서, 온도센서, 습도센서, 자기센서, 속도센서 등
구현기술별	• 반도체 센서, MEMS 센서, 나노센서
검출방법	• 전자기적 센서, 광학적 센서, 역학적 센서, 화학적 센서 등
동작방식	• 능동형 센서, 수동형 센서
적용분야별	• 모바일용 센서, 자동차용 센서, 가정용 센서, 산업용 센서 등

---

[30] 기술수명주기(TCT, Technical Cycle Time): 특허 출원연도와 인용한 특허들의 출원연도 차이의 중앙값을 통해 기술 변화속도 및 기술의 경제적 수명을 예측

전략제품 현황분석

□ 산업용 지능형 센서는 기술에 따라 크게 스마트 인지·제어 기술, 스마트 통신 기술, 초고속 컴퓨팅 기술로 구분하는 것이 가능

[기술별 분류]

전략제품	기술	세부기술
산업용 지능형 센서	스마트 인지·제어 기술	• 얼굴인식
		• 사용자 취향 분석을 통한 콘텐츠 및 광고 추천
		• 자동통역
		• 개인형 음성 비서 및 대화형 교육서비스
	스마트 통신 기술	• 고속 이동통신
		• 광대역 네트워크
		• 초저전력 커넥티비티
	초고속 컴퓨팅 기술	• 뉴로모픽 고속 컴퓨팅
		• 지능형 메모리
		• 빅데이터 고속처리
		• IoT 프로세서

◎ 지능형(스마트) 센서의 일반 기술

□ 능동적으로 주변 환경에 대한 이해와 변화 데이터를 회로 내부의 마이크로프로세서에 전달해 내용을 종합적으로 분석하여 자가 판단 및 경보 등의 시스템을 의미

[지능형 센서 역할 개념도]

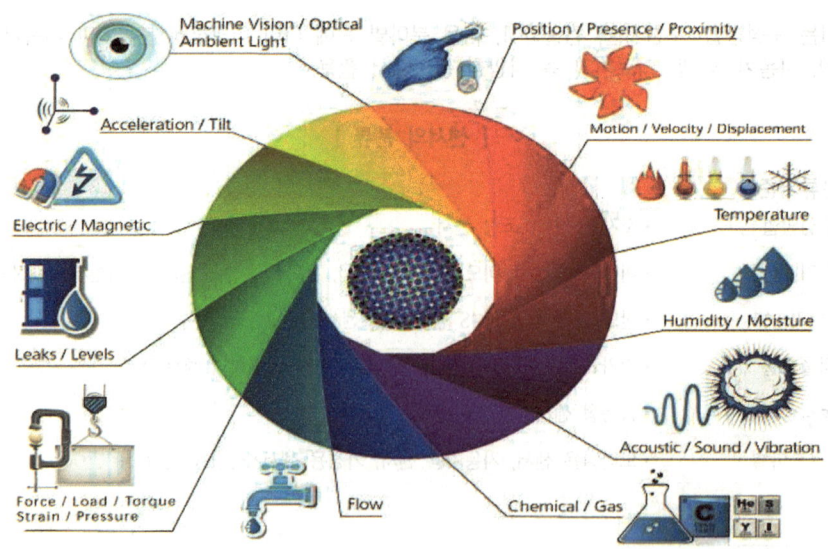

* 출처 : IoT를 위한 미래의 센서, 스마트 센서, 테크월드 2019

☐ 센서기술은 신호처리, 디지털변환, MCU 등을 기준으로 1세대부터 4세대까지 발전되었으며, 대표적인 기반기술로 반도체, Nano/MEMS, Optics, 네트워킹, 지능알고리즘 등이 존재

☐ 스마트 센서는 보통 상보형 금속 산화 반도체(CMOS)와 초고밀도 집적 회로(Very Large Scale Integration, VLSI), 미세 전자기계시스템(Micro Electromechanical System, MEMS) 그리고 디지털 출력 혹은 반(半) 디지털 출력 장치로 구성

☐ 센서기술의 주요 이슈는 센서와 회로, 시스템 기술로 구분할 수 있고, 센서는 감지방식과 감지구조가 핵심으로, 주요 이슈로는 고성능화(기계/전기식, 광/전자 센서), 소형화(MEMS 센서), 다기능화(복합 센서), 저전력화(나노 센서) 등이 존재

- 시스템 분야는 소형화와 대량생산화 등의 패키지 분야의 이슈가 크며, 벌크 시스템 형태에서 SiP(System in Package)로 발전하여 패키지를 층층이 쌓는 MCP(Multi-Chip Package)가 등장
- 앞으로는 SoC 형태의 MEMS와 CMOS를 직접 집적하는 iMEMS가 등장할 것이며, 나노기술이 접목되면서 소형화 및 멀티 센서로 진행될 것으로 전망

☐ 센서 수요 증가 및 사용자의 요구 다양성으로 인해 스마트제조 하위 레벨에 속한 센서의 성능이 데이터의 검출에서 끝나지 않고, 분석, 고속, 고정확도 등 기술적 요소들에 대한 사용자 요구가 꾸준히 증가

[센서의 진화과정 및 세대별 정의]

세대별	정의
1세대 (Discrete Sensor)	· 측정 대상물로부터 감지 및 검출한 측정량을 계측 및 판별 가능한 신호로 변환하여 주는 센싱소자와 증폭·보정·보상 기능의 신호처리회로가 분리되어 있는 형태
2세대 (Integrated Sensor)	· 센싱소자와 신호처리회로가 결합되었으나, 에러 보정 폭이 제한적이고 비선형성 에러에 대한 보정 기능이 약한 것으로 분석
3세대 (Digital Sensor)	· 디지털 방식의 보정을 통해 넓은 보정폭과 비선형성 에러에 대한 보정이 가능해졌으며, 디지털 인터페이스 및 네트워킹이 가능
4세대 (Smart Sensor)	· SoC(System-on-a-Chip) 기술의 도입과 MCU(Micro Controller Unit)가 센서에 내장되면서 논리제어 및 처리, 메모리, 통신기능을 동시에 가진 차세대 센서

◎ 지능형(스마트) 센서의 기술 발전 방향

- [ ] 스마트 센서의 경량화 및 복합화
    - 스마트 센서는 기능이 단순하고 정밀도가 낮으며 사용이 불편한 이전의 센서에 비해 센싱소자와 신호처리가 결합하여 데이터 처리, 자동보정, 자가진단, 의사결정 기능을 수행하는 '소형, 경량, 고성능, 다기능, 고편의성, 고부가가치의 센서'를 의미
        - 스마트 센서는 기존의 센서가 발전하여 지능화된 센서(intelligent sensor)로 측정 대상물의 물리·화학적 정보를 감지하는 일반 센서기술에 나노기술 또는 MEMS기술을 접목하여 데이터 처리, 자동보정, 자가진단, 의사결정, 통신 등의 신호처리 기능을 내장
    - 센서산업은 센서 핵심부품의 기술력이 완성품의 기능과 성능을 결정하고, 타 산업에 적용되어 기술들 간 융합의 매개체 역할을 함으로써 기존 제품의 성능과 서비스를 첨단화하고 부가가치를 창출
    - 센서가 받는 빅데이터들을 처리하는 다양한 기술들과 센서의 데이터들을 전송하는 기술 및 공장 인프라 보안 관련 연구가 활발

- [ ] 센서들은 기계 조작과 창고 관리, 공정제어 등 제조업에 중요한 역할을 담당하고, 기계 조작 및 창고 관리에 있어서 충돌사고와 위험 지역 예방용으로 센서기술의 수요가 대부분
    - 비접촉식 감지 센서는 센서를 오염에 노출하지 않고 측정하는 데 사용
        - 수동 적외선센서는 목표물로부터 방출된 적외선과 움직임을 감지하는 비접촉식 센서
    - 신크라(Synkera)의 전자 코(Electronic Nose, E-nose) 나노 센서는 식품 안전성 및 산업 가스 누출 감지를 위해 사용되는 8x8 어레이로 64개의 센서가 하나의 어레이 형태로 종합적인 가스 정보를 감지하는 제품
    - 센시리온(Sensirion)의 온습도 센서는 온도 센서 기능을 하는 CMOS 위에 폴리머로 된 습도 센서 구조체를 함께 통합해 온도와 습도를 동시에 측정하는 제품
    - 신기능 터치 센서는 기존 멀티 터치에서 더 나아가 여러 신호를 필터하고 RISC(Reduced Instruction Set Computer)로 소프트웨어를 처리해 기능을 구현
    - 최근에는 플렉서블과 웨어러블이란 기술적 화두로 섬유형이나 인쇄형 센서기술이 결합되는 중

◎ MEMS 기술의 발전으로 스마트 센서의 적용 범위도 확대

☐ MEMS 센서 공정 개발

- MEMS 센서를 구현하기 위한 주요 공정기술에는 표면 미세가공(Surface micromachining), 몸체 미세가공(Bulk micromachining)등이 존재
  - 표면 미세가공은 희생층(sacrificial layer)을 식각(etching)으로 제거함으로써 기판 위에 기계적으로 움직이는 구조, 또는 경첩으로 서 있는 구조를 만드는 기술
  - 몸체 미세가공은 반응성 이온 식각법(RIE; reactive ion etching) 등으로 깊게 식각하거나 양극 접합이라고 부르는 방법으로 유리와 결합시킴으로써 입체적인 구조체를 제작하는데, 구조의 자유도가 높은 특성
- Deep RIE 공정을 6인치 이상의 대면적 웨이퍼에서 진행할 때, 웨이퍼 내에 다양한 damage가 발생하여 원하는 MEMS 구조물 구현에 어려움이 존재
- 웨이퍼 간 본딩 공정은 재료에 따라 eutectic과 anodic 본딩이 있는 데, 본딩 공정에 따라 MEMS 센서의 진공도, Q-factor 등에 큰 영향

☐ MEMS 센서 양산을 위한 테스트 및 후공정 개발

- CMOS 공정의 반도체와 달리 MEMS 센서는 패키지까지 완료한 후, 센서를 테스트하고 이 결과를 이용하여 제품의 양/불을 판정
- MEMS 센서의 양/불 판정시 수율이 낮으면 그만큼 생산단가가 높아짐. 이런 문제점을 해결하는 방안으로 패키징 전 웨이퍼 레벨에서 테스트를 진행하고, 양/불을 판정할 수 있는 기술 개발이 절실
- CMOS 공정을 이용한 반도체와 달리 MEMS 센서의 신뢰성 성능을 테스트하는 방법이 전무하며, MEMS 센서가 수많은 산업현장에 투입되면 향후 신뢰성 문제가 반드시 대두될 것

전략제품 현황분석

☐ MEMS 센서와 ROIC 칩을 같이 개발할 수 있는 SoC 기술 개발

- 현재 센서는 MEMS 센서부와 이를 구동하는 CMOS 기반의 ROIC 칩을 따로 구현하고, 하나의 패키지 안에 모듈로 구성하는 것이 대부분
- MEMS 센서와 ROIC 구동부를 하나의 칩으로 구현하기 위한 SoC(System-on-Chip) 기술 필요

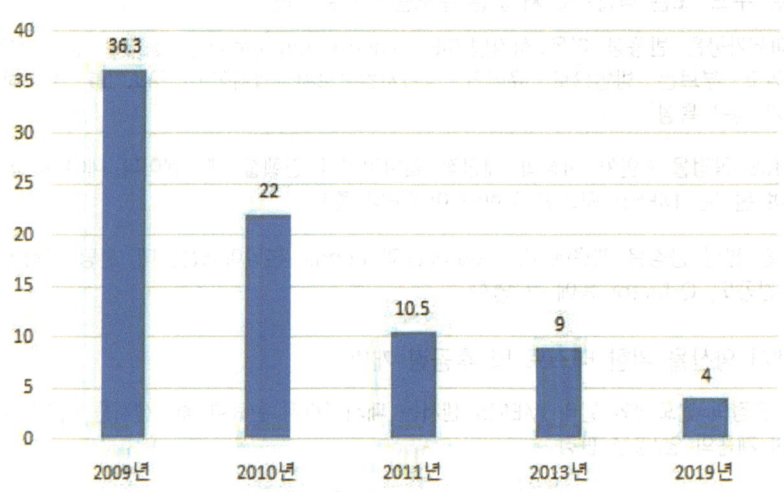

[MEMS 기술로 인한 칩크기 변화]

(단위 : ㎟)

* 출처 : 스마트 IT 융합 플랫폼을 위한 지능형 센서 기술 동향(ETRI, 2019.10)

◎ 스마트제조 분야의 주요 센서기술 동향

☐ 적외선센서는 주변 환경의 물체를 감지하는 데 사용되는 전자 감지 기기로 적외선을 발사하거나 물체로부터 적외선을 감지

- 장애물 감지, 가스측정 및 감지, 온도 및 습도 측정에 활용되기도 하고, 지게차 같은 운송 수단에 적외선센서를 활용해 창고 내부에서의 충돌을 방지
- 가공업에서 온도 모니터링 및 조절을 위해 주로 사용되며, 움직이는 물체의 열을 측정하는 등 광범위하게 활용되며 적외선 분광광도계(FTIR)는 매우 민감해 윤활유의 낮은 습도도 감지 가능

☐ 나노 센서는 민감도가 매우 높아 ppb(미량 함유 물질 농도 단위) 범위에서 화학/가스 물질의 미세 입자를 감지

- 나노 센서는 나노 크기(10억 분의 1미터)의 구조물을 이용해 제작하는 초정밀 기술로 화학 산업에서 오일 및 가스, 화학물질 누출 감지에 상당한 잠재력을 보유
- 민감도가 매우 높은 초소형의 나노 센서는 더 높은 휴대성과 신뢰성을 제공하고, 대규모 모니터링 네트워크 환경에 설정되어 산업 안전에 상당히 크게 이바지할 것

☐ 광전 센서는 투광된 빛이 검출 물체에 의해 가려지거나 반사하거나 하면 수광부에 도달하는 빛의 양이 변화하는 것을 활용하여 물체의 유무 탐지

- 광전 센서는 리시버로부터 반사되거나 난반사 되는 빛을 감지하는 LED와 포토다이오드가 내는 빛을 보유
- 물체의 근접 정도(거리) 및 존재 여부, 색깔 등 다양한 감지 모드를 보유
- 장거리에서도 감지할 수 있어 생산 중인 제품들의 움직임도 효과적으로 제어 가능

☐ LiDAR는 물체의 거리와 위치, 모양, 높이, 너비를 정확하게 측정하고 이렇게 얻은 데이터들을 바탕으로 주변 환경을 고해상도로 상세하게 보여주는 것이 가능

- 원격 광학 감지기술인 라이다는 목표 물체를 비추기 위해 레이저 진동을 이용하고 광 검출기를 활용해 물체에서 되돌아오는 시간을 측정
- 2019년 한국전자기술연구원이 스마트제조 무인이송 로봇(AGV) 자율주행을 위한 SLAM 용 스캐닝 라이다 센서 국산화에 성공

- ☐ 자기 IC 센서의 전자회로와 IC의 미세화/고주파화는 점점 가속되고 있어 nm급의 공간분해능과 ㎓ 대역에서의 성능 검사 장치가 절실히 필요하나 국내에서는 관련 연구개발이 매우 부족
  - 미국, 일본, 유럽 등 반도체 평가 장비 개발의 기술선진국에서는 고주파 자기 센서를 이용한 RF noise 측정장치와 근접 EMC 측정장치를 개발 중
  - 미국/캐나다의 연구그룹들은 관련 기술 전체를 체계적으로 강화하고 있는 것으로 보이며, 유럽은 새로운 계측기술에 장기적으로 투자를 진행 중
  - 일본의 고분해능·고기능 자기 계측 분야에서 우수 기술력을 보유하고 있고 본 연구와 관련된 분야에서 가장 앞서 있는 것으로 판단

- ☐ 국내에는 자이로 센서에 대한 원천기술이 전무한 상태로 국내 기술을 이용한 자이로 센서 생산 업체, 시스템화 업체 등이 전무하여 전량 수입에 의존
  - 최초의 마이크로 자이로스코프는 1991년 Charles Stark Draper Laboratory에서 실리콘-유리 구조의 두 개의 가속도계를 기반으로 한 튜닝 포크 방식의 진동형 자이로스코프를 발표
  - 수정 (quartz)으로 제작된 압전 방식의 자이로스코프가 Systron Donner 등에서 개발되었고 IC와 집적화가 어렵다는 단점이 있으나 우수한 성능 및 낮은 가격으로 인하여 현재 대부분의 시장을 점유

- ☐ 압력 센서의 기술동향은 점차 정확도 및 신뢰성면에서 획기적인 성능을 얻기 위해 하나 이상의 센서가 단일 IC로 통합되는 경향으로 발전
  - 생산 업체들은 부가가치가 큰 고품질의 특수 센서에 집중하여 자동차, 반도체 등에서 시장을 독과점하고 있으며, 경박단소하면서도 기능은 복합화 고성능화된 제품을 선보이고 있음. 고집적 기술로 생산 효율은 높이면서 가격은 낮아지고 있는 추세

산업용 지능형 센서

☐ 최근 자동차, 모바일, 웨어러블 등에 활용되는 대표적인 핵심 8대 센서에 대한 관심이 집중되어 있고 국가적 차원의 지원과 산업화가 집중적으로 진행 중

[8대 스마트 센서 분야별 국내 기술 개발 동향]

센서분야	동향
레이더 센서	• 일부 센서 소자 분야에서는 국내 연구개발 역량을 확보하고 있으나 아직 핵심 센서는 수입 중심으로 추진
물체형상인식 센서	• 아이폰 이후 모든 스마트 폰에 사용될 만큼 많이 쓰임에도 불구하고 전량 수입되며, 국내에서 수년 간 개발을 시도했지만, 상용화 실패
자기IC 센서	• ST 마이크로, Bosch, ADI, Murata 등이 시장을 주도하고 있으며, 국내 자기IC 센서는 전량 수입에 의존하며, 대기업에서 연구를 진행하여 시작품을 제작한 바 있으나 양산에 성공하여 상용화 실패
자이로 센서	• ST 마이크로, Bosch, ADI, Murata 등이 시장을 주도하고 있으며, 국내 자이로 센서는 전량 수입에 의존하며, 대기업에서 연구를 진행하여 시작품을 제작한 바 있으나 양산에 성공하여 상용화 실패
압력 센서	• 국내 업체에서 일부 국산화를 진행하기는 하였으나, 집적화 및 모듈화를 진행하는 케피코 등의 경우 센서는 수입에 의존
영상센서	• 영상센서의 경우 삼성전자와 하이닉스의 기술 수준이 해외 선두 업체인 Micron technology, Omni vision 등과 격차가 거의 없음 • 국내에서 화소의 크기 기준으로 1.4 micron까지 개발되고, BSI 방식의 최신 기술 출시
광센서	• 국내 광섬유 센서 기술력은 학술적으로는 거의 선진국 수준에 근접해 있으나 상용화와 관련된 기술력은 많은 차이 존재 • 국내 광섬유 센서 시장이 작아서 벤처기업에서 시작된 몇몇 중소기업에서만 광섬유 센서 개발에 참여
바이오메디컬 센서	• 스마트 바이오메디컬 센서와 관련한 국내 연구개발 역량은 세계 최고의 선진국 연구개발 역량과 비교할 때 20% 수준(나노기술수준 평가, KISTI)으로 조사되는 중
기타	• 아날로그 회로설계는 전문 인력이 부족하고 주요 공정설계에 필요한 반도체 IP 기술을 보유하지 못해 대부분 해외 전문 업체에 용역을 의뢰 • 생산 공정은 최근에 송도 등의 신규 설비에서 시험 생산은 가능하나, 대량 생산의 경우 해외 선진 업체의 국내 법인에 위탁 생산하는 실정

* 출처 : IT 융·복합 산업 혁신을 위한 스마트 센서 산업 육성 사업 예비타당성 조사보고서

나. 생태계 기술 동향

(1) 해외 플레이어 동향

- 세계 MEMS 시장에서 주요 기업은 STMicroelectronics(스위스), Robert Bosch GmbH (독일), Analog Devices, (미국), NXP Semiconductors(네덜란드), Texas Instruments (미국), Broadcom, 코보 등이 존재

- (STMicroelectronics) ASIC, 전체 맞춤형 장치 및 준 맞춤형 장치, 디지털 및 아날로그 통신을 위한 요구사항별 표준 제품을 포함하는 광범위한 제품을 설계, 제조 및 판매
  - 가속도계 자동차 센서, 자이로스코프, 전자 컴퍼스, 습도센서 등 다양한 분야의 MEMS 센서를 제조 및 판매 중
  - 2017년 첨단 패키징 기술을 활용한 소형 패키지로 키워드를 인식하는 기능을 제공하는 전력 효율이 높은 음성 탐지 및 음성 처리 마이크를 출시

- (Robert Bosch GmbH) 이동성 솔루션(이전의 자동차 기술), 소비재, 산업 기술 및 센서 관련 제품을 제조 및 판매
  - 2016년 스마트 폰, 스마트 워치, 피트니스 트래거 및 스마트 쥬얼리에 사용되며, 첨단 가속도계, 자이로스코프 및 지자기 센서 기술을 결합한 가장 작은 9축 모션 센서인 BMX160을 출시
  - 2017년 성장하는 게임, 스포츠 및 건강관리 시장뿐만 아니라 실내 및 실외 탐색을 목표로 하는 고성능 기압 센서인 BMP380을 출시

- (Analog Devices) 데이터 컨버터, RF(radio frequency integrated circuits), 증폭기 및 선형제품 및 MEMS 기술 기반 센서로 구성된 혁신적인 다양한 제품을 생산하는 업체
  - 2016년 업계 최고의 충격 및 진동 내성과 함께 발자국을 최소화하면서 최고의 신뢰성과 정확성을 제공하는 완전 통합형 ADXC150x 시리즈의 관성 콤보 센서를 출시
  - 2017년 IOT 응용 제품으로 사용되는 micropower high-g MEMS 가속도계인 ADXL372를 출시

[Analog Device의 Chip 프로세서]

* 출처 : Analog Device 제공 (2021)

☐ (NXP Semiconductors) 자동차, 의료, 소비자(가전제품, 스마트 폰, 테플릿, 휴대용 내비게이션 장치 및 증강현실) 및 산업 분야에 적용되는 센서를 제조 및 판매

☐ (Texas Instruments) 2014년에 SPI 인터페이스가 내장된 12비트 1SPS 초 전력 초소형 SAR ADC인 DAS 7042를 출시하였으며, 2015년에 업계 최저 전력 32비트 ARM Cortex-M4F MCU인 MSP432 마이크로 컨트롤러(MCU) 플랫폼을 출시

- 누마 통합 칩 플랫폼은 비행 중 실시간으로 가스를 ppb 농도로 감지할 수 있고, 누마 칩 기기는 차세대 나노기술 기기로, 가스를 감지하기 위한 단일 벽 탄소 나노튜브를 포함
- 누마 칩은 실시간으로 대기오염 수준을 감지하기 위해 스마트 워치와 같은 스마트 웨어러블에 통합될 수 있고, 칩 기반의 가스 감지는 위험 지역 산업 근로자들에게 가스 누출 또는 방출을 실시간으로 감지할 수 있게 하는 웨어러블 시스템을 강화

☐ (RaE Systems) Honeywell 계열사로서 산업 가스 누출의 위협 및 보안용 가스 감지 솔루션 시스템에 있어 선두기업

- 레이 시스템은 광이온화 탐지기와 무선 방사선 탐지 기술을 개발하고 있고, 독성의 산업가스와 휘발성 유기화합물(VOCs)을 감지하는 무선 휴대용 모니터 및 다중 위협 감지 시스템인 에이리어레이 플러스(AreaRAE Plus)를 개발
- 이 제품은 1미터 범위 내에서 108dB의 다중 신호를 보내며, 위험 모니터링 알고리즘인 알로하(ALOHA)로 구성된 실시간 모니터링 시스템을 통해 무선으로 결과 데이터를 지속해서 기록

☐ (SmartCap Technologies) 2009년에 설립된 SmartCap Technologies는 근로자의 피로 상태를 측정해 알려주는 스마트 웨어러블 기술인 스마트캡을 개발하였고, 여기에는 사용자 피로도를 측정하기 위해 향상된 센서 알고리즘과 통합 이동식 스마트 프로세서가 장착

- 이 제품은 데이터가 동기화되지 않아도 실시간으로 데이터를 저장

☐ (OPGAL Optronics Industries) 1983년에 설립된 OPGAL Optronics Industries는 산업용 적외선 카메라와 열 이미지 안정성 시스템을 개발하고, 오일 및 가스 산업의 열악한 환경에서 일시적인 유독 가스 방출 및 누출을 감지하기 위한 'EyeCGAs' 라는 소형 광학 가스 이미징 카메라를 개발 중

- EyeCGAs는 가스 누출 위치를 확인하기 위해 이미지에 GPS 데이터가 포함되며, 오일 및 가스 산업에서 정유공장, 채광, 지하저장 탱크, 전송 파이프, 해양 석유 굴착장치를 모니터하는 데 사용

(2) 국내 플레이어 동향

☐ 국내 센서 산업의 경우 삼성전자 등 일부 대기업을 제외하고는 대부분 기업이 영세
- 상당수의 기업이 수입된 센서를 기반으로 제품의 후 가공, 조립, 패키징에 의한 모듈 생산에 의존
- 일부 품목을 중심으로 칩과 프로토타입이 개발되고 있지만, 기술격차도 상당한 수준
- 직접 칩을 개발해도 시험·평가할 수 있는 생산 시설이나 테스트 기관이 없는 상황이며, 기술 특허는 양적·질적 모두 글로벌 평균 이하인 상황
- 휴대전화용 이미지센서가 선방해 세계 센서 시장 생산량의 1.7%를 차지했지만 이후 새로운 성장 동력이 없는 실정

☐ (나노종합기술원) 2021년 'IoT센서 신뢰성 평가 및 제품화 지원사업', '스마트센서기업 역량강화 지원사업'을 추진하여 한국센서산업협회 창립. 한국센서산업협회에는 총 89개 기업이 참여하고 있으며 국내 센서 산업 육성과 지원을 수행
- 이미 구축된 나노 인프라를 이용해 중소·벤처기업을 포함한 산·학·연에 다양한 센서·소자 기초·원천기술 제품 개발을 지원
- 차세대 초절전 집적 공정 플랫폼, 초소형 N EMS (Nano Electro-Mechanical Systems) 공정플랫폼, 차세대 나노 소자 양산 마스크 오염방지 플랫폼, 나노 실리콘 기반 센서 공정플랫폼 등을 개발 중

☐ (엑시노스 오토, 아이소셀 오토) 전장용 반도체 분야에서는 2019년 10월 삼성전자는 자동차용 프로세서 브랜드 `엑시노스 오토(Exynos Auto)`와 이미지센서 브랜드 `아이소셀 오토(ISOCELL Auto)`를 출시하며 차량용 반도체 사업 경쟁력 강화 중
- 2020년 5G 모바일기기가 본격적으로 확대되고 카메라 기능이 강화된 이미지센서 수요 크게 성장

[삼성전자의 아이소셀 오토]

* 출처 : 삼성전자 제공 (2020)

□ 한국 휴대전화 산업의 성장에 힘입어 이미지센서와 카메라 모듈은 국산화에 성공하고 세계 선도사업자로 도약

- 대기업은 기술력과 고객기반으로 성장세를 유지하고 있으나 중소·중견기업은 경쟁 심화, 짧은 제품주기로 인한 R&D 부담으로 실적 차별화 및 구조조정 발생

- (삼성전자) 이미지센서를 포스트 메모리반도체 사업으로 선정하고 2023년 세계 1위로 도약을 추진하며 SK하이닉스는 이미지센서 사업 확대를 추진

[제품별 주요 기업]

구분		해외업체	국내 업체	응용 분야
물리 센서	압력	Motorola, Denso, Bosch, Delphi, Infineon, TI	KEC, 케피코	자동차, 의료, 자동화 공정, 가정/사무기기, 모바일기기
	가속도	Analog Device, Bosch, Denso, Motorola, TI, VTI	현대오토넷, 케피코, 마이크로인 피니티, 카스	자동차, 자동화 공정, 가정/사무
	각속도	Bosch, Silicon Sensing System, panasonic, simens	현대오토넷, 케피코, 마이크로인 피니티, 카스	자동차, 자동화 공정, 가정/사무
	토크	Bosch, BI-Tech, TRW, SSI-Tech,Hella, Valeo, Koyo, NSK	대성전기, LG 이노텍	자동차, 자동화 공정, 가정/사무
	레벨	Hella, AISHIN, WABCO	현대오토넷	자동차, 자동화 공정, 가정/사무
	유량/유속	Intelligent Controls, McMillan, Namco Controls, Hanatek	아이에스텍, 두온 시스템	자동차, 자동화 공정, 의료, 환경
	온도	Sensivision, Kamstrup, Auxitrol, Temperature Specialists	오토닉스, 코닉스, 엠에스티	자동차, 의료, 자동화 공정, 가정/사무
	습도	Sensivision, Able Instruments&Control	엠에스티	자동차, 의료, 자동화 공정, 가정/사무
	광	Gems Sensors, ENDRICH, Mikoelektronik Gmbh	고덴시, KEC	의료, 환경, 자동화 공정, 가정/사무, 보안
	이미지	Agilent, OmniVison, Toshiba, Sharp, Sony, Kodak, Micron, Mastusita, Nikon, Mistubishi	삼성전자, 매그나 칩, 한성엘컴텍	자동차, 의료, 환경, 자동화 공정, 가정/사무, 보안, 모바일기기
화학센서	가스	Figaro, Fis, Nemoto, Riken Keiki, Monox	동보무역,신우전자, 한국에머슨프로세스, 센코, 센텍코리아	자동차, 의료, 환경, 자동화 공정, 가정/사무, 보안, 모바일기기
바이오 센서	혈당 센서	Sankyo, Sontra, Medical	아이센스, 올메디쿠스	의료, 바이오
	단백질센서	Ciphergen, Genome Solutions	프로테오젠, 파나진	환경, 의료, 보안, 바이오
	DNA 센서	Affymetrics, Capital Bio, Caliper Technologies	굿젠, 디스진, 마이크로젠	환경, 의료, 보안, 바이오
	세포칩	Matsushita Electric, Cephied, Applied Biosystems	바이오니아	가정/사무, 환경, 의료, 바이오

다. 국내 연구개발 기관 및 동향

(1) 연구개발 기관

[Hyper Connected SCM 플랫폼 기술개발 기관]

기관	소속	연구분야
한국전자기술연구원	융합시스템연구본부	• IoT 플랫폼 및 데이터 허브 기술 • 프로세서와 메모리간 융합기술 • 무선전력 등 자립형 디바이스 기술
한국생산기술연구원	스마트제조연구센터	• 스마트공장 기기 간 상호호환성, 확장성 지원 기술 • 공정·설비 개선 제품 및 서비스 지원 기술 • 스마트공장 관련 설비·SW 기술 • 개방형 IIoT 스마트공장 플랫폼, 엣지 컴퓨팅 기술
한국기계연구원	로봇메카트로닉스연구실 초정밀장비연구실 스마트산업기계연구실	• 인간형핸드, 조립용그리퍼, 만능그리퍼 등 고난도작업용 그리퍼 기술 • 생산장비 IT 융합 및 지능화기술 • 고속/경량 드라이브트레인 기술 • 오프로드 자율주행 및 자율작업 기술

(2) 기관 기술개발 동향

☐ (에릭씨앤씨) 초연결 네트워크기반 자가발전형 위치추적 플랫폼 및 디자인 개발 (2020-04-01 ~ 2022-12-31)

- 자가발전 시 영구 사용 가능한 저전력 비콘 H/W설계, 위치 정확도 향상 등을 위한 비콘 운용 S/W설계
- 에너지 하베스팅 시스템 비교 평가 및 H/W 설계
- 휴대기기별 RSSI데이터 수집분석 및 비콘 기반 위치 추정 AI시스템 설계

☐ (한국전자기술연구원) 물수요·물공급(SWG)·물순환(LID) 데이터 통합관리 초연결 플랫폼 기반 분석 및 예측 기술개발 (2019/06/10 ~ 2022/12/31)

- 수자원 데이터 통합관리 초연결 플랫폼 표준기술 확보
- 지능형 수자원 분석/예측 원천기술 확보
- 리빙랩 기반 수자원 데이터 통합관리 초연결 플랫폼 및 API 공개를 통하여 여러 산업 도메인을 연계한 새로운 Cross-Cutting 서비스의 실험적 개발을 지원
- 수자원과 밀접하게 관련된 에너지, 농업, 환경 등 타 분야와의 실시간 연계를 기반으로 스마트 물관리 기반 사회를 효율화를 확대하기 위한 후속 연구 추진

☐ (한국생산기술연구원) 서비스 생산성 혁신을 위한 데이터 기반 중소형 유통사업장 통합관리 시스템 개발 (2020-04-01~2022-12-31)

- ICT 활용(using)도에 따른 생산성 수준 비교 분석
- 유통사업장의 종합생산성 측정 및 생산성 변동요인 분석 모형 개발
- 연관규칙 분석 및 나이브 베이즈 분류기 기반 방문시점 예측모형 개발
- 유통사업장-물류창고 연계형 운영관리 서비스 플랫폼 구조 설계

☐ (한국건설기술연구원) IoT 기반 도로포장 재료생산 및 시공관리 통합운영 시스템 개발 (2019-04-30~2023-12-31)

- IoT 기반 시멘트 콘크리트 도로 포장 품질관리 기술 개발
- IoT 기반 아스팔트 콘크리트 도로포장 품질관리 기술 개발 및 테스트베드 운영
- IoT 기반 도로포장 재료생산 및 시공관리 통합운영 시스템 개발

전략제품 현황분석

4. 특허 동향

가. 특허동향 분석

(1) 연도별 출원동향

☐ 산업용 지능형 센서 기술의 지난 20년(2000년~2019년)간 출원동향[31])을 살펴보면 2000년대 초반부터 최근까지 관련 특허 출원 건수가 꾸준히 증가하는 추세를 보임

  - 각 국가별로 살펴보면 미국이 가장 활발한 출원 활동을 보이고 있는 것으로 나타났으며, 한국, 유럽 및 일본도 유사한 추세의 출원 활동이 진행되고 있는 것으로 나타남

☐ 국가별 출원비중을 살펴보면 미국이 전체의 42%의 출원 비중을 차지하고 있어, 최대 출원국으로 산업용 지능형 센서 분야를 리드하고 있는 것으로 나타났으며, 한국은 41%, 유럽은 12%, 일본은 5% 순으로 나타남

[연도별 출원동향]

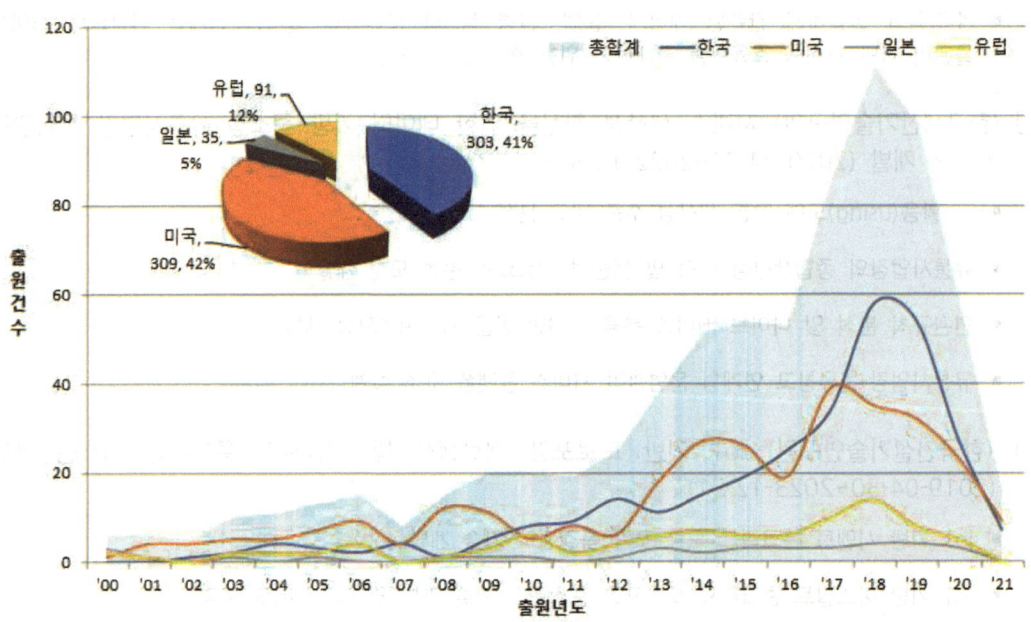

---

31) 특허출원 후 1년 6개월이 경과하여야 공개되는 특허제도의 특성상 실제 출원이 이루어졌으나 아직 공개되지 않은 미공개데이터가 존재하여 2020, 2021년 데이터가 적게 나타나는 것에 대하여 유의해야 함

(2) 국가별 내·외국인 출원현황

☐ 한국의 내외국인 출원현황을 살펴보면, 2000년대 초반부터 최근까지 외국인의 출원 비중이 낮은 것으로 나타나, 자국 국적 출원인의 주도로 기술개발이 진행되고 있는 것으로 분석됨

☐ 미국의 경우, 2000년대 초반부터 최근까지 내국인의 출원활동이 활발한 것으로 조사되어, 자국민의 기술개발 활동이 활발하게 진행되고 있는 것으로 분석됨

☐ 일본의 내외국인 출원현황은, 산업용 지능형 센서 기술과 관련하여 출원활동이 저조하게 진행된 것으로 나타나 증감의 경향을 판단하기 어려우나, 2000년대에는 외국인의 출원활동이 활발하지 않게 나타났으나, 2010년대 이후에는 외국인의 출원활동이 활발한 것으로 나타나, 해당 기술 분야에서 일본 시장에 대한 관심도가 높은 것으로 나타남

☐ 유럽의 경우, 내국인의 출원활동이 활발하지 않은 것으로 조사되었으며, 특히 최근에는 외국인에 의한 출원활동 비중이 더 높은 것으로 나타나, 해외 기업의 진출 가능성이 높은 것으로 나타남

[국가별 출원현황]

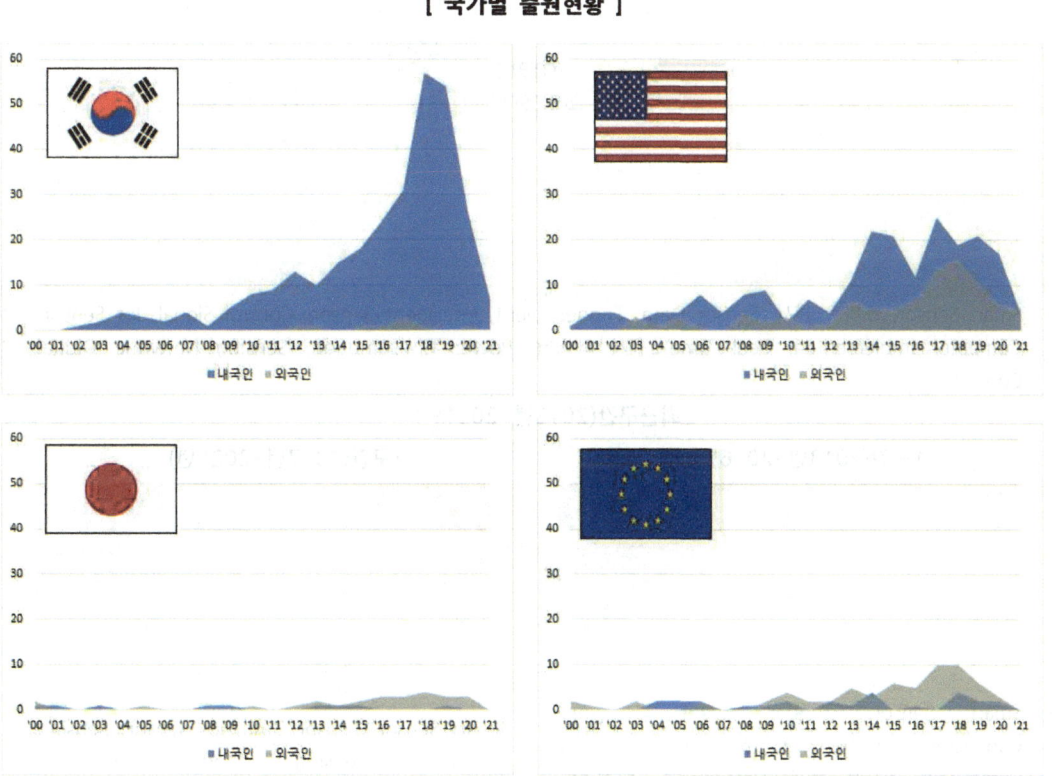

나. 주요 기술 키워드 분석

(1) 기술개발 동향 변화 분석

☐ 산업용 지능형 센서 기술에 대한 구간별 기술 키워드 분석을 진행하였으며, 전체 분석구간에서 Smart Sensor, Sensor Data, Trigger Event, Intelligent Sensor, Control Signal, Iot Sensor 등 산업용 지능형 센서 관련 기술 키워드들이 다수 도출됨

- 최근 분석구간에 대한 기술 키워드 분석 결과, 최근 1구간에는 Smart Sensor, Trigger Event, Network Connected Device 등의 키워드가 도출되었으며, 2구간에서는 Smart Sensor, Sensor Data, Iot Sensor, Sensing Network 등 1구간의 주요키워드와 유사한 키워드가 도출됨

[특허 키워드 변화로 본 기술개발 동향 변화]

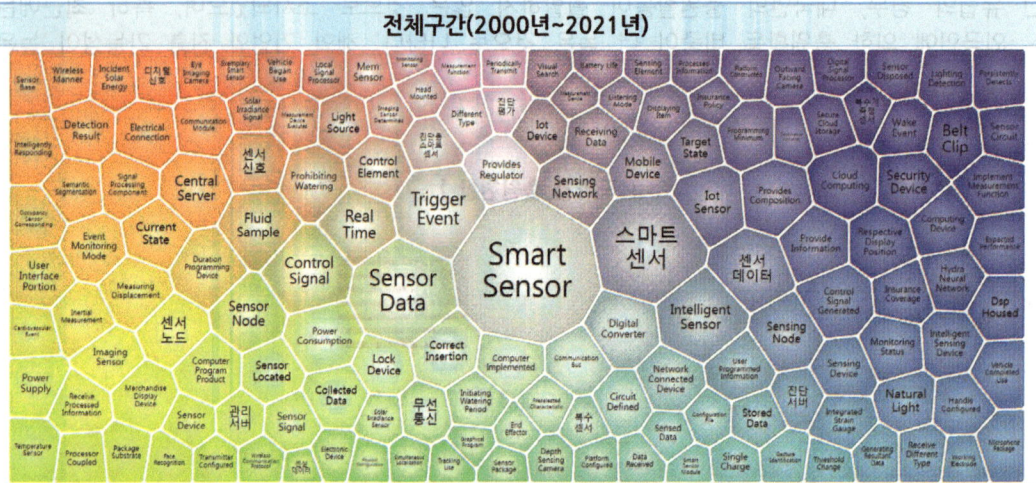

- Smart Sensor, 스마트 센서, Sensor Data, Trigger Event, Intelligent Sensor, Control Signal, Iot Sensor, Computer Implemented, Real Time, 센서 데이터, Power Consumption, Sensing Network, Digital Converter

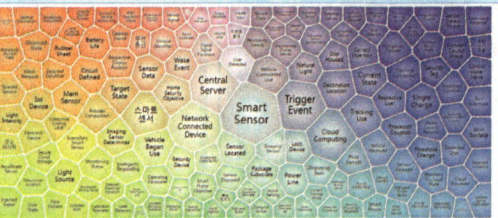

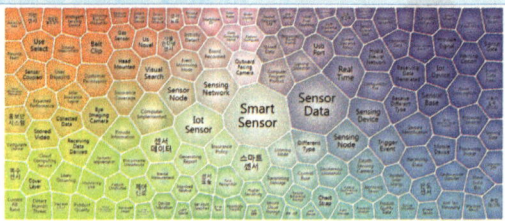

- Smart Sensor, Trigger Event, Network Connected Device, Central Server, Cloud Computing, 스마트 센서, Destination Location, Sensor Located, Home Security Objective, Tracking Use, Vehicle Began Use, Vehicle Completed Use, Lock Device

- Smart Sensor, Sensor Data, Iot Sensor, Sensing Network, Sensing Node, Computer Implemented, Real Time, 스마트 센서, Sensor Node, Sensing Device, 센서 데이터, Computer Program Product, Different Type

(2) 기술-산업 현황 분석[32]

☐ 산업용 지능형 센서 기술에 대한 Subclass 기준 IPC 분류결과, 신호 또는 호출시스템; 지령발신장치; 경보 시스템(G08B) 및 전기에 의한 디지털 데이터처리(특정계산모델방식의 컴퓨터시스템 G06N)(G06F)으로 다수의 특허가 분류되는 것으로 조사됨

☐ KSIC 산업분류 결과, 다수의 특허가 전자 감지장치 제조업 산업으로 분류되는 것으로 조사됨

[기술-산업 분류 분석]

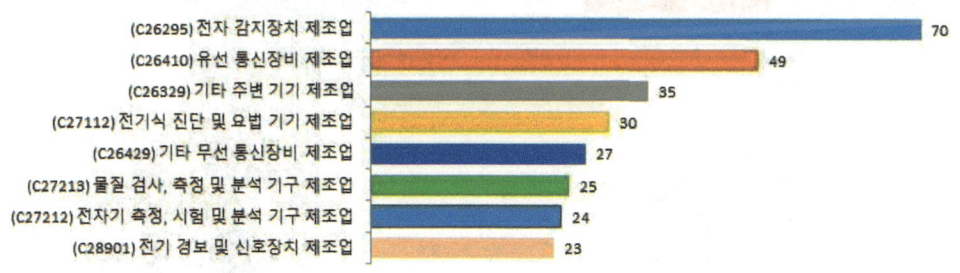

▪ (G08B) 신호 또는 호출시스템; 지령발신장치; 경보 시스템	69
▪ (G06F) 전기에 의한 디지털 데이터처리(특정계산모델방식의 컴퓨터시스템 G06N)	64
▪ (G06Q) 관리용, 상업용, 금융용, 경영용, 감독용 또는 예측용으로 특히 적합한 데이터 처리 시스템 또는 방법; 그 밖에 분류되지 않는 관리용, 상업용, 금융용, 경영용, 감독용 또는 예측용으로 특히 적합한 시스템 또는 방법	62
▪ (H04L) 디지털 정보의 전송, 예. 전신통신(전신(telegraphic) 및 전화통신의 공통장치 H04M)	60
▪ (G01R) 전기변량의 측정; 자기변량의 측정	34

▪ (C26295) 전자 감지장치 제조업	70
▪ (C26410) 유선 통신장비 제조업	49
▪ (C26329) 기타 주변 기기 제조업	35
▪ (C27112) 전기식 진단 및 요법 기기 제조업	30
▪ (C26429) 기타 무선 통신장비 제조업	27

---

32) 해당제품 특허데이터를 대상으로 윕스 보유 기술·산업·시장 동향 분석 플랫폼 'Build' 활용

다. 주요 출원인 분석

☐ 산업용 지능형 센서 기술의 전체 주요출원인(Top 5)을 살펴보면, 주로 미국 국적의 출원인이 다수 포함되어 있는 것으로 나타났으며, 제 1 출원인으로는 EPO의 GOOGLE인 것으로 나타남

- GOOGLE은 미국의 인터넷 정보 제공 플랫폼 기업으로, 지능형 네트워크 솔루션을 통하여 고객 및 비즈니스 지원을 위한 플랫폼을 구축하는 기업임

☐ 산업용 지능형 센서 기술 관련 국내 주요출원인으로 현대모비스 및 부산대학교가 도출되었으며, 한국 다음으로 미국 순으로 출원을 진행한 것으로 나타남

[주요출원인 동향]

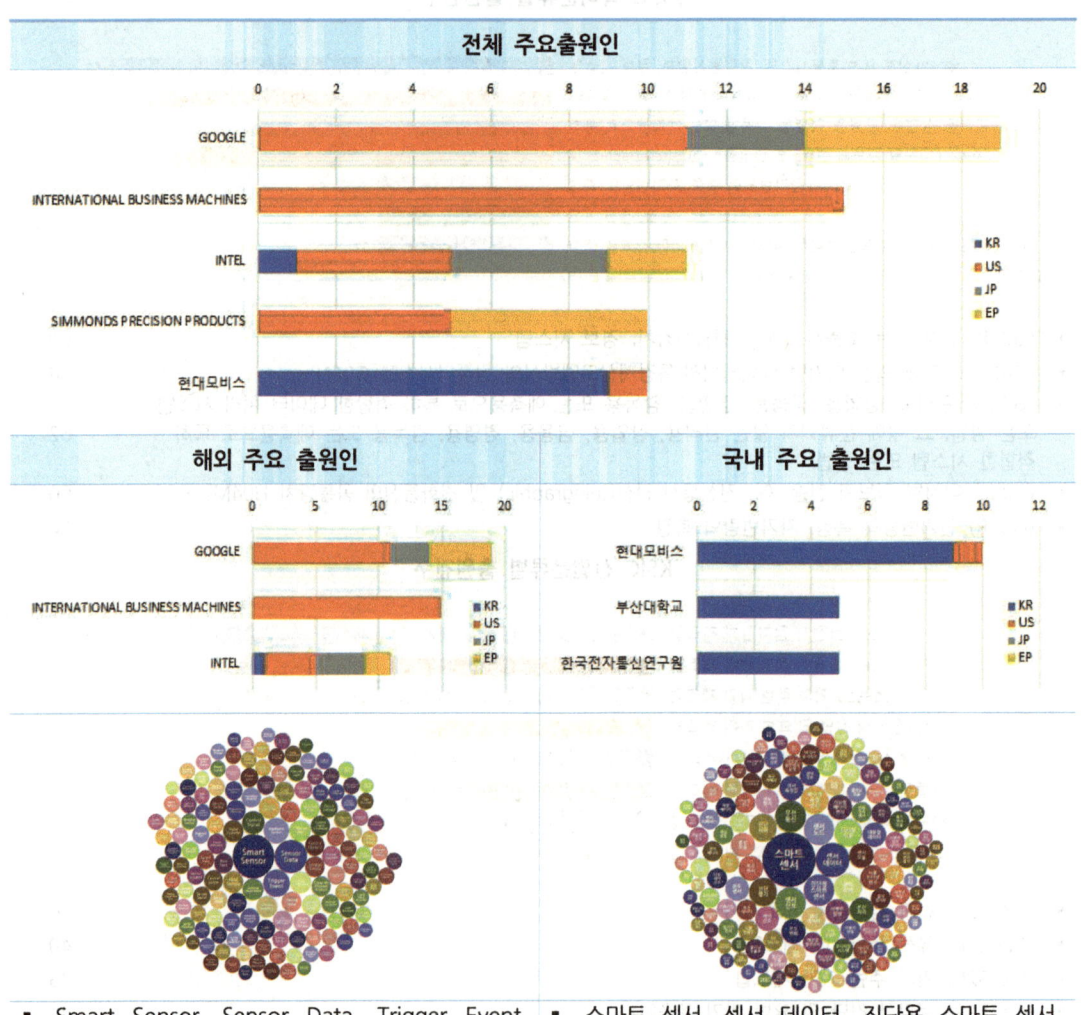

- Smart Sensor, Sensor Data, Trigger Event, Intelligent Sensor, Control Signal, Computer Implemented, Collected Data
- 스마트 센서, 센서 데이터, 진단용 스마트 센서, 센서 노드, 무선 통신, 센서 신호, 디지털 신호, 관리 서버, 진단 평가, 진단 서버

(1) 해외 주요출원인 주요 특허 분석[33]

☐ GOOGLE

- 미국 기업으로, 산업용 지능형 센서 기술과 관련하여 19건의 특허를 출원하고 있는 것으로 조사됨

[주요특허 리스트]

등록번호 (출원일)	명칭	기술적용분야	IP 경쟁력	
			피인용 문헌수	패밀리 국가수
US 9208676 (2013.03.14)	Devices, methods, and associated information processing for security in a smart-sensored home	중앙 서버 또는 클라우드 컴퓨팅 시스템과 통신하여 다양한 유용한 홈 보안 목표를 제공하는 기술	544	9
US 10332059 (2014.09.17)	Security scoring in a smart-sensored home	가정 보안 목표를 제공하는 기술	425	9
US 9798979 (2015.08.12)	Devices, methods, and associated information processing for security in a smart-sensored home	가정에 대한 보안 점수 계산과 같은 가정 보안 목표를 제공하는 기술	55	9

☐ INTERNATIONAL BUSINESS MACHINES

- 미국 기업으로, 산업용 지능형 센서 기술과 관련하여 15건의 특허를 출원하고 있는 것으로 조사됨

[주요특허 리스트]

등록번호 (출원일)	명칭	기술적용분야	IP 경쟁력	
			피인용 문헌수	패밀리 국가수
US 7701874 (2005.06.14)	Intelligent sensor network	지능형 센서 네트워크의 배치 및 사용을 위한 기술	13	1
US 10365640 (2017.04.11)	Controlling multi-stage manufacturing process based on internet of things (iot) sensors and cognitive rule induction	다단계 제조 공정에서 제품 생산을 제어하는 기술	13	1
US 8552861 (2011.04.12)	Biodegradable smart sensor for mesh network applications	메쉬 네트워킹 응용을 위한 생분해성 센서 장치	2	1

---

[33] 최근 출원특허 중, 등록특허를 기준으로 피인용문헌수 및 패밀리 국가수가 큰 특허를 주요특허로 도출

전략제품 현황분석

☐ INTEL

- 미국 기업으로, 산업용 지능형 센서 기술과 관련하여 11건의 특허를 출원하고 있는 것으로 조사됨

[주요특허 리스트]

등록번호 (출원일)	명칭	기술적용분야	IP 경쟁력	
			피인용 문헌수	패밀리 국가수
US 8471707 (2009.09.25)	Methods and arrangements for smart sensors	스마트 센서로부터의 메시지를 처리하는 기술	44	5
US 10721307 (2017.03.30)	Configurable context aware sensors in iot smart spaces	복수의 사물 인터넷(IoT)의 전력을 낮추는 기술	8	2
US 8957776 (2013.06.24)	Methods and arrangements for smart sensors	스마트 센서로부터의 메시지를 처리하는 기술	3	5

(2) 국내 주요출원인 주요 특허 분석[34]

☐ 현대모비스

- 산업용 지능형 센서 기술과 관련하여 한국과 미국을 위주로 10건의 특허를 출원하고 있는 것으로 조사됨

[주요특허 리스트]

등록번호 (출원일)	명칭	기술적용분야	IP 경쟁력	
			피인용 문헌수	패밀리 국가수
US 9940185 (2015.05.11)	Intelligent battery sensor for vehicle and method of storing data in sensor	차량 내에서 비정상적인 과전류를 발생시키는 과전류 모듈을 감지하는 차량용 지능형 배터리 센서	4	4
KR 1960090 (2012.11.15)	지능형 배터리 센서 및 이의 반복 연산을 이용한 배터리 공칭 용량 추정방법	반복 연산을 통해 배터리의 공칭 용량을 정확하게 추정하는 기술	3	2
KR 1925629 (2012.05.08)	홀 센서를 이용한 지능형 배터리 센서 장치	홀 센서를 이용하여 간접 방식으로 전류를 측정하는 홀 센서를 이용한 지능형 배터리 센서 장치	2	2

---

34) 최근 출원특허 중, 등록특허를 기준으로 피인용문헌수 및 패밀리 국가수가 큰 특허를 주요특허로 도출

부산대학교

- 산업용 지능형 센서 기술과 관련하여 한국을 위주로 5건의 특허를 출원하고 있는 것으로 조사됨

[주요특허 리스트]

등록번호 (출원일)	명칭	기술적용분야	IP 경쟁력	
			피인용 문헌수	패밀리 국가수
KR 1110953 (2010.04.21)	다중접속이 가능한 canopen 기반 ieee 1451 스마트 센서 시스템 및 그 동작방법	자동화 시스템의 지능화를 향상시키기 위해 필수적인 산업용 필드장치의 배선 및 유지보수 기술	2	1
KR 2135858 (2019.03.21)	산업 iot 무선 센서 네트워크의 데이터 패킷 큐 관리 장치 및 방법	산업 IoT 무선 센서 네트워크에서 데이터 전송 목적지 및 다음 경로 정보를 바탕으로 데이터 패킷 큐를 관리하여 기술	0	1
KR 1991639 (2018.12.26)	센서 기반의 지능형 관상용 수조 자동 환수 장치	수조에 부착이 쉬운 장치 형태로서 수위 측정을 바탕으로 정확한 양의 환수를 제어하는 기술	0	1

한국전자통신연구원

- 산업용 지능형 센서 기술과 관련하여 한국을 위주로 5건의 특허를 출원하고 있는 것으로 조사됨

[주요특허 리스트]

등록번호 (출원일)	명칭	기술적용분야	IP 경쟁력	
			피인용 문헌수	패밀리 국가수
KR 0668286 (2004.12.07)	무선 센서망을 액세스하는 지능형 액세스 포인트 장치 및이를 포함하는 무선 통신망 시스템	통신 시스템의 경제적인 효율성을 높여 유비쿼터스 환경을 제공하는 기술	7	1
KR 1936338 (2017.09.05)	Mqtt 기반의 iot 게이트웨이를 이용한 sun 센서 모니터링 방법 및 이를 위한 장치	별도의 서버 없이도 인터넷 서비스를 직접 제공할 수 있는 IoT 게이트웨이를 제공하는 기술	2	1
KR 0802178 (2006.08.21)	홈네트워크에서 센서를 이용한 지능형 영상통화 서비스제공 방법	사용자의 이동에 따라 통화 단말기의 세션을 이동 처리하는 홈네트워크에서 센서를 이용한 지능형 영상통화 서비스 제공 기술	2	1

라. 기술진입장벽 분석

(1) 기술 집중력 분석[35]

☐ 산업용 지능형 센서 관련 기술에 대한 시장관점의 기술독점 현황분석을 위해 집중률 지수(CRn) 분석 결과, 상위 4개 기업의 시장점유율이 7.5로 독과점 정도가 매우 낮은 수준으로 분석되어 완전 자유경쟁 시장(Perfect competiton)으로, 해당 기술의 시장 진입 용이성이 매우 높은 것으로 판단됨

☐ 국내 시장에서 중소기업의 점유율 분석결과 68.3으로 산업용 지능형 센서 기술에서 중소기업의 점유율은 매우 높은 것으로 분석되고, 국내 시장에서 중소기업의 진입장벽은 낮은 것으로 판단됨

[주요출원인 및 한국 중소기업 집중력 분석]

	주요출원인	출원건수	특허점유율	CRn	n
주요 출원인 집중력	GOOGLE(미국)	19	2.6%	2.6	1
	INTERNATIONAL BUSINESS MACHINES(미국)	15	2.0%	4.6	2
	INTEL(미국)	11	1.5%	6.1	3
	SIMMONDS PRECISION PRODUCTS(인도)	10	1.4%	7.5	4
	현대모비스(한국)	10	1.4%	8.8	5
	ABBOTT DIABETES CARE(미국)	7	0.9%	9.8	6
	THE TORO(독일)	6	0.8%	10.6	7
	부산대학교(한국)	5	0.7%	11.2	8
	한국전자통신연구원(한국)	5	0.7%	11.9	9
	중앙대학교(한국)	5	0.7%	12.6	10
	전체	738	100%	CR4=7.5	
	출원인 구분	출원건수	특허점유율	CRn	n
국내시장 중소기업 집중력	중소기업(개인)	207	68.3%	68.3	중소기업
	대기업	40	13.2%		
	연구기관/대학	48	15.8%		
	기타(외국인)	8	2.6%		
	전체	303	100%	CR중소기업=68.3	

---

[35] 상위 몇 개 기업의 특허점유율을 합한 것으로, 특허동향조사에서는 통상 CR4를 사용하며, CRn값이 0에 가까울수록 시장 독과점 수준이 낮은 것을 의미하며, CR4 값이 40에서 60일 경우(CR1 지수는 50 이상일 경우, CR2 또는 CR3 지수는 75 이상일 경우) 시장의 독과점 수준이 높은 것으로 해석됨

  CRn(집중률지수, Concentration Ratio n) = (1위 출원인의 특허점유율) + ... + (n위 출원인의 특허점유율)

(2) IP 경쟁력 분석36)

□ 산업용 지능형 센서 기술의 주요출원인들의 IP 경쟁력 분석결과, GOOGLE의 기술영향력 및 시장확보력이 가장 높은 것으로 분석됨

- GOOGLE : 영향력지수(PII) 8.34 / 시장확보력(PFS) 2.37

□ 1사분면으로 도출된 GOOGLE의 특허가 시장확보력 및 질적 수준이 높은 특허로, 기술적 파급력과 상업적 가치가 큰 것으로 해석됨

[주요출원인 IP 경쟁력 분석]

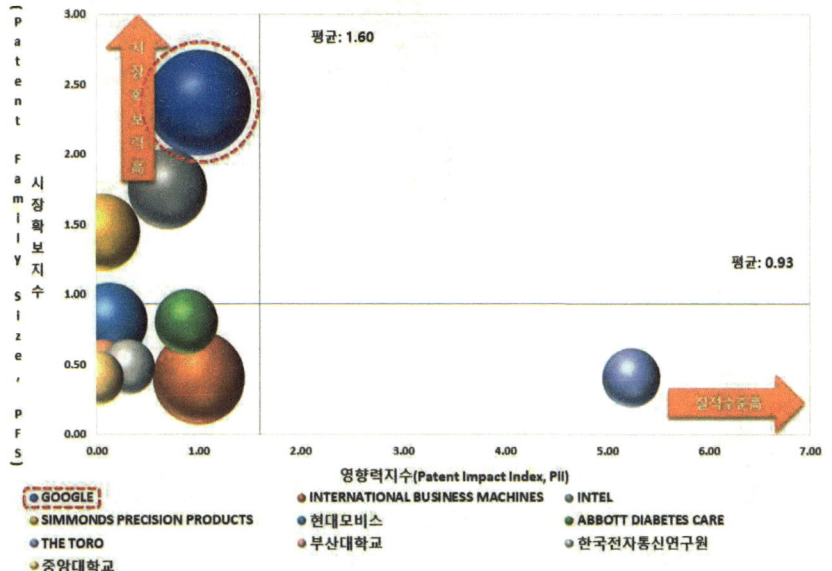

GOOGLE	▪ (US 9208676) Devices, methods, and associated information processing for security in a smart-sensored home ▪ (US 10332059) Security scoring in a smart-sensored home ▪ (US 9798979) Devices, methods, and associated information processing for security in a smart-sensored home

* **영향력지수(Patent Impact Indes, PII)**: 다른 경쟁주체의 기술수준이 고려된 특정한 주체의 '상대적인' 기술적 중요도 또는 혁신성과의 가치 정보가 포함된 기술수준으로, 특허의 피인용 횟수를 특정 기술분야 내에서의 상대적인 값으로 전환시킨 지수임
* **시장확보지수(Patent Family Size, PFS)**: 특정 주체가 특정 기술분야에서 소수의 특정 국가에서만 시장확보를 하고자 하는지 아니면 다수의 세계 주요 국가들에서 시장확보를 하고자 하는지에 대한 분석으로, PFS가 높은 특허는 그만큼 상업적 가치가 큰 기술에 대한 특허인 것으로 해석될 수 있으며, PFS가 높은 출원인은 세계 여러 국가에서 사업을 하고 있는 출원인인 것으로 해석될 수 있음(2020 공공 R&D 특허기술동향조사 가이드라인, 한국특허전략개발원)
* **버블크기** : 출원 특허 건 수 비례

---

36) PFS = 특정 주체의 평균 패밀리 국가 수 / 전체 평균 패밀리 국가 수

PII = 특정 주체 보유특허의 피인용도[CPP] / 전체 유효특허의 피인용도

5. 요소기술 도출

가. 특허 기반 토픽 도출

☐ 738개의 특허의 내용을 분석하여 구성 성분이 유사한 것끼리 클러스터링을 시도하여 대표성이 있는 토픽을 도출

[산업용 지능형 센서에 대한 토픽 클러스터링 결과]

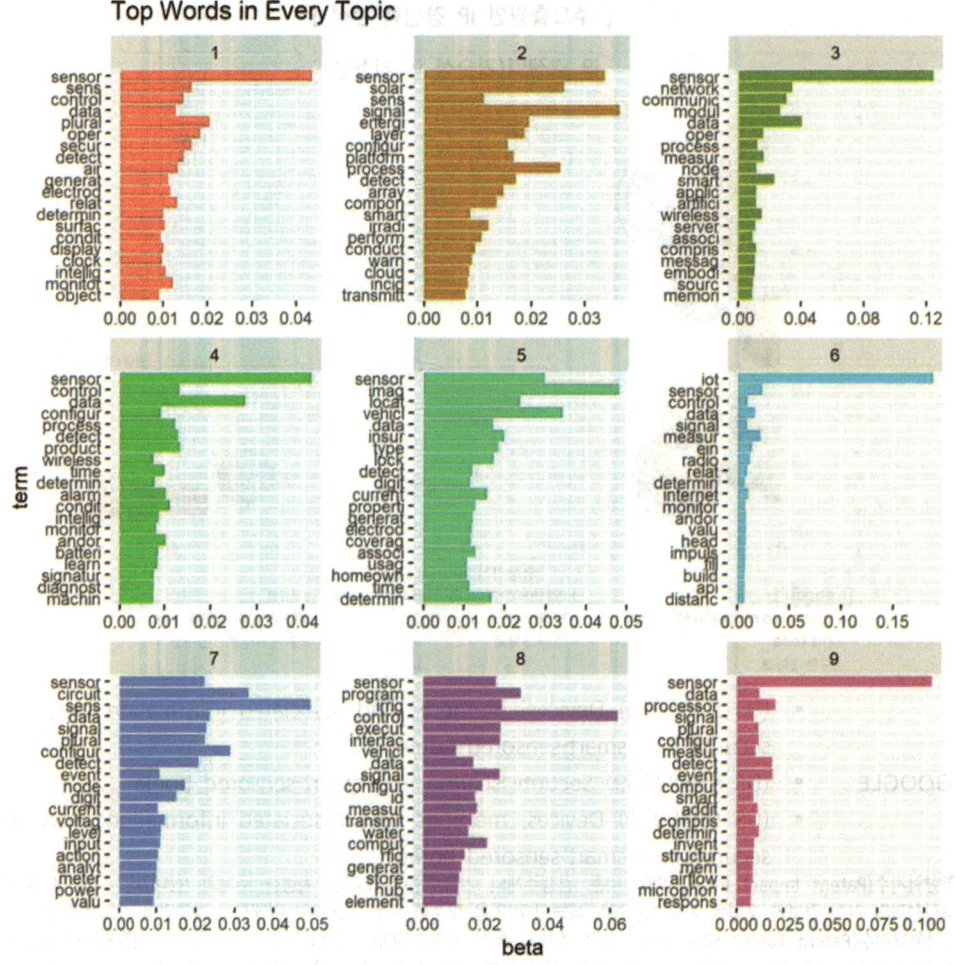

나. LDA[37] 클러스터링 기반 요소기술 도출

[LDA 클러스터링 기반 요소기술 키워드 도출]

No.	상위 키워드	대표적 관련 특허	요소기술 후보
클러스터 01	control, sensor, process, signal, water, element, program, oper, detect	• Lightning steel tower with thunder cloud sensor and equipped with lifting mechanism • Integrated smart sensing systems and methods	동작감지 융합센서기술
클러스터 02	data, sensor, solar, platform, insure, type, perform, node, determine, transmit	• Identifying property usage type based upon smart sensor data • Smart sensor devices for measuring and verifying solar array performance	-
클러스터 03	sensor, smart, module, wireless, control, measure, network, data, detect, analytic	• Actuator drive system having smart sensor module and smart actuator module • Method and apparatus for intelligent flow sensors	센서 무선통신 기술
클러스터 04	signal, sens, circuit, digit, electrode, current, voltage, value, image, sensor	• Modular device for monitoring and operating intelligent process sensors • Intelligent power sensing device	저전력 센서 기술
클러스터 05	sensor, signal, control, configure, communicate, processor, message, smart, portion, comprise	• Sensor and machine learning-based office space stacking optimization system and method • Using data from a radar sensor for machine learning based perception	-
클러스터 06	sensor, detect, locate, determine, vehicle, image, secure, lock, time, artificial	• Surrounding intelligent motion sensor with adaptive recognition • Devices and methods for smart sensor application	-
클러스터 07	data, sensor, sens, configure, plural, oper, event, measure, node, detect	• Smart sensor for online situation awareness in power grids • Intelligent sensor for a motor vehicle, recording system and method for transmitting a sensor signal	-
클러스터 08	sensor, power, data, measure, surface, signal, comprise, acoustic, package	• Measuring system comprising an intelligent sensor head and having a reduced power consumption for medium-voltage or high-voltage systems or in mining, and method therefor • Patch-type passive surface acoustic wave sensing apparatus and intelligent tire	-
클러스터 09	sensor, program, data, network, execute, compute, plural, communicate, measure, interface	• Wireless deployment/distributed execution of graphical programs to smart sensors • Monitor system and radiation monitor system and its intelligent sensor and automatic vending machine control system	통신 기능 융합 센서 기술

---

37) Latent Dirichlet Allocation

다. 특허 분류체계 기반 요소기술 도출

☐ 산업용 지능형 센서 관련 특허에서 총 9개의 주요 IPC코드(메인그룹)를 산출하였으며, 각 그룹의 정의를 기반으로 요소기술 키워드를 아래와 같이 도출

[IPC 분류체계에 기반한 요소기술 도출]

(서브클래스) 내용	IPC 기술트리 (메인그룹) 내용	요소기술 후보
(G01N) 재료의 화학적 또는 물리적 성질의 검출에 의한 재료의 조사 또는 분석	• (G01N-027) 전기적, 전기화학적 또는 자기적 수단의 이용에 의한 재료의 조사 또는 분석	-
(G01R) 전기변량의 측정; 자기변량의 측정	• (G01R-031) 전기적 특성을 시험하기 위한 장치; 전기적 고장의 위치를 나타내기 위한 장치; 달리 분류가 되지 않고 시험하는 것에 특징이 있는 전기적 시험을 위한 장치	-
(G06Q) 관리용, 상업용, 금융용, 경영용, 감독용 또는 예측용으로 특히 적합한 데이터 처리 시스템 또는 방법; 그 밖에 분류되지 않는 관리용, 상업용, 금융용, 경영용, 감독용 또는 예측용으로 특히 적합한 시스템 또는 방법	• (G06Q-050) 특정 사업 부문에 특히 적합한 시스템 또는 방법, 예. 공익사업 또는 관광	-
(G08B) 신호 또는 호출시스템; 지령발신장치; 경보 시스템	• (G08B-013) 강도, 도둑 또는 침입자에 대한 경보	동작감지 융합센서기술
	• (G08B-025) 경보상태의 위치를 중앙국에 통보하는 경보시스템, 예. 화재 또는 경찰전신시스템	센서 무선통신 기술
	• (G08B-021) 단일의 특정한 바람직하지 못한 또는 이상상태에 응답하는 경보 내지 다른 곳에 속하지 않는 것	-
(H04L) 디지털 정보의 전송, 예. 전신통신	• (H04L-029) 그룹 1/00에서 H04L 27/00의 하나에도 포함되지 않는 배치, 장치회로 또는 시스템	-
	• (H04L-012) 데이터 스위칭 네트웍	-
(H04N) 화상통신, 예. 텔레비젼	• (H04N-007) 텔레비젼시스템	-

라. 최종 요소기술 도출

☐ 산업·시장 분석, 기술(특허)분석, 전문가 의견, 타부처 로드맵, 중소기업 기술수요를 바탕으로 로드맵 기획을 위하여 요소기술 도출

☐ 요소기술을 대상으로 전문가를 통해 기술의 범위, 요소기술 간 중복성 등을 조정·검토하여 최종 요소기술명 확정

[산업용 지능형 센서 분야 요소기술 도출]

요소기술	출처
Edge Computing 및 통신 융합 센서 기술	전문가 추천
카메라 센서이용 정밀측정 기술	전문가 추천
저전력 센서 기술	특허 클러스터링, 전문가 추천
동작감지 융합센서기술	특허 클러스터링, IPC 기술체계, 전문가 추천
통신 기능 융합 센서 기술	특허 클러스터링, 전문가 추천
이종 센서 네트워크 기술	전문가 추천
센서 무선통신 기술	특허 클러스터링, IPC 기술체계, 전문가 추천

6. 전략제품 기술로드맵

가. 핵심기술 선정 절차

- ☐ 특허 분석을 통한 요소기술과 기술수요와 각종 문헌을 기반으로 한 요소기술, 전문가 추천 요소기술을 종합하여 요소기술을 도출한 후, 핵심기술 선정위원회의 평가과정 및 검토/보완을 거쳐 핵심기술 확정

- ☐ 핵심기술 선정 지표: 기술개발 시급성, 기술개발 파급성, 기술의 중요성 및 중소기업 적합성
  - 장기로드맵 전략제품의 경우, 기술개발 파급성 지표를 중장기 기술개발 파급성으로 대체

[핵심기술 선정 프로세스]

① 요소기술 도출	→	② 핵심기술 선정위원회 개최	→	③ 핵심기술 검토 및 보완	→	④ 핵심기술 확정
• 전략제품 현황 분석 • LDA 클러스터링 및 특허 IPC 분류체계 • 전문가 추천		• 전략분야별 핵심기술 선정위원의 평가를 종합하여 요소기술 중 핵심기술 선정		• 선정된 핵심기술에 대해서 중복성 검토 • 미흡한 전략제품에 대해서 핵심기술 보완		• 확정된 핵심기술을 대상으로 전략제품별 로드맵 구축 개시

나. 핵심기술 리스트

[산업용 지능형 센서 분야 핵심기술]

핵심기술	개요
Edge Computing 및 통신 융합 센서 기술	• 데이터를 기반으로 하는 저장 및 고속 분석 처리하여 실시간으로 의사결정을 지원하는 컴퓨팅 기술
카메라 센서이용 정밀측정 기술	• 카메라 센서를 활용하여, 표면, 입자 등을 분석할 수 있는 기술 • 산업환경에서 제조상황에 대한 조절, 생산의 차질의 최소화 및 불량률을 최소화 할 수 있도록 제품에 대한 정밀측정 기술
저전력 센서 기술	• 최적의 전력 절감과 실시간 서비스 제공이 가능한 통합기술 개발 및 고신뢰성과 최적의 전력절감 및 실시간 서비스 기술개발
동작감지 융합센서 기술	• 동작, 행동 인식 및 처리가 가능한 융합센서 운용 기술 • 생산공정 최적화를 위한 각 공정의 상황과 생산품의 위치를 실시간 파악 및 제품, 공정에 따른 재료 등의 현상태 인지기술
통신 기능 융합 센서 기술	• 시스템 통합을 위한 고속 네트워크 기술

다. 중소기업 기술개발 전략

☐ 고부가가치 MEMS 센서에 집중적인 센서 및 회로설계, 테스트 방법, 신뢰성 개선 연구개발

☐ 대기업 (수요기업)-중소기업 및 중소업체간 협업 상생모델 구축 (개발 자원 공유, 제도개선)

☐ 주력 산업의 지능화에 맞춘 센서의 지능화를 위한 기술개발에 적극적인 지원 필요

☐ 지능형센서의 글로벌 시장 진출을 위한 정부의 지원 전략 수립

라. 기술개발 로드맵

(1) 중기 기술개발 로드맵

[산업용 지능형 센서 기술개발 로드맵]

산업용 지능형 센서	제조현장에 최적화된 산업용 지능형 센서를 활용한 스마트공장 기기 간 상호환성과 확장성을 확보			최종 목표
	2022년	2023년	2024년	
Edge Computing 및 통신 융합 센서 기술	→	→	→	비정형 데이터 고속 처리 및 컴퓨팅 기술 개발
카메라 센서이용 정밀측정 기술	→	→	→	카메라 센서를 이용하여 이미지인식 및 처리 기술개발
저전력 센서 기술	→	→	→	비정형 상황에 대한 센싱, 모니터링 기술
동작감지 융합센서 기술	→	→	→	전력 알고리즘 사용 전후의 전력 감소율 확대
통신 기능 융합 센서 기술	→	→	→	동작, 행동 인식 및 처리가 가능한 센서 개발

(2) 기술개발 목표

☐ 최종 중소기업 기술로드맵은 기술/시장 니즈, 연차별 개발계획, 최종목표 등을 제시함으로써 중소기업의 기술개발 방향성을 제시

[산업용 지능형 센서 핵심요소기술 연구목표]

핵심기술	기술요구사항	연차별 개발목표			최종목표	연계R&D 유형
		1차년도	2차년도	3차년도		
Edge Computing 및 통신 융합 센서 기술	데이터 분석율(%)	90	95	98	비정형 데이터 고속 처리 및 컴퓨팅 기술 개발	기술혁신
카메라 센서이용 정밀측정 기술	비전처리기술	80%이상	90%이상	99%이상	카메라 센서를 이용하여 이미지인식 및 처리 기술개발	창업형
	정밀측정 정확도	95	98	99.9	비정형 상황에 대한 센싱, 모니터링 기술	산학연
저전력 센서 기술	디바이스 전력사용 감소율(%)	5	10	20	전력 알고리즘 사용 전후의 전력 감소율 확대	산학연
동작감지 융합센서 기술	비전처리기술	80%이상	90%이상	99%이상	동작, 행동 인식 및 처리가 가능한 센서 개발	창업형
	상황인지율(%)	95%	98%	99%	공정별 상황과 생태의 인지기술	산학연
통신 기능 융합 센서 기술	최대 전송지연(50% 트래픽기준)	1ms 이내	0.5ms이내	0.1ms 이내	기존대비 50%이상 전송지연 해소	기술혁신

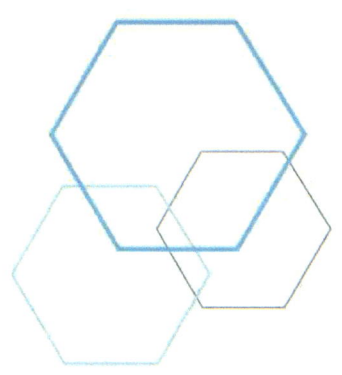

전략제품 현황분석

중소기업용 스마트제조 플랫폼

중소기업용 스마트제조 플랫폼

정의 및 범위

- 중소기업용 스마트제조 플랫폼이란 제조공정의 효율화를 위한 다양한 기술과 인프라를 포함하는 시스템으로 사물과 사람, 데이터와 서비스가 통합된 플랫폼이며, 저렴하며 가벼운 중소기업형 스마트제조 공통 플랫폼을 의미
- 스마트제조 플랫폼은 수집된 정보 분석, 모델링, 가상 물리 시스템을 통해 최적화 정보를 제공, 플랫폼에는 IoT(Internet of Things), CPS(Cyber-PhysicalSystems), 빅데이터, 클라우드 등의 기술이 포함되며, IoT 공통 플랫폼을 기반기술로 스마트제조의 핵심 기술인 CPS와 빅데이터, 클라우드 등의 기술의 융합

전략 제품 관련 동향

시장 현황 및 전망	제품 산업 특징
• (세계) 스마트제조용 플랫폼 관련 시장 규모는 연평균 18%씩 성장, 2019년 132억 달러에서 2025년 약 356억 달러 전망 • (국내) 스마트제조 플랫폼 시장 규모는 2019년 기준 4조 495억 원에서 2025년 5조 6,796억 원으로 5.8%의 CAGR을 보임	• 작업 효율성 증가와 중앙집중적 관리를 위해 작업장의 스마트제조 시스템 도입이 가속화 되는 추세, 또한 경제 활동인구 감소로 미래 인력난에 대한 대안으로 제시됨 • 빅데이터를 활용하여 기존 사람이 포착할 수 없었던 개선점이 파악이 가능해지고 다양한 업종에 스마트 제조가 적용될 수 있도록 플랫폼화가 진행되고 있음
정책 동향	기술 동향
• 정부는 '스마트 제조혁신 실행 전략'을 발표하며 스마트 공장의 질적 고도화 작업 진행중, 2020년까지 2만여개의 스마트 팩토리 보급이 완료되었으며 생산성 증가와 원가 절감 달성 • 생산 효율 뿐만 아니라 안전한 작업 환경 조성을 위한 국가차원의 노력도 지속되고 있음	• 인공지능, 빅데이터, IoT 기술 전반과 융합되고 있으며 실시간 생산량 및 재고 관리는 물론 유통, 판매까지 일원화 하는 방향으로 기술 개발이 진행중 • 클라우드 기반 중소 제조업체 스마트제조 플랫폼 개발 • 기획, 설계 단계에서는 디지털트윈 시스템과 함께 사업 타당성 분석과 시뮬레이션을 통한 사전 조사를 함께하는 방향으로 기술 개발
핵심 플레이어	핵심 기술
• (해외) Siemens, Schneider Electric, 미쓰비시, IBM • (대기업) 삼성 SDS, LG CNS, 포스코 ICT • (중소기업) 울랄라랩, 티라유텍, 위즈코어, 한컴 MDS, 엠아이큐브솔루션, 유노믹, 에임시스템, 에이시에스, 엑센솔루션	• 비정형 빅데이터(동영상, 이미지 등) 고속 분석 기술 • 클라우드 기반 IoS(Internet of Service)기술 • 생산정보 실시간 취득을 위한 IoT 플랫폼 기술 • 사용자 데이터 분석을 통한 사후관리 정보 지식화 기술 • 제조환경 데이터 실시간 처리 및 하드웨어 기반의 동기화 기술 • 스마트제조 어플리케이션 연동기술

중소기업 기술개발 전략

→ 국내 기존 ICT, 네트워크 인프라를 활용할 수 있는 좋은 기회
→ 기술 간, 장비-어플리케이션간 원활히 연결되어 최적화하는 통합 플랫폼 개발
→ 생산 및 작업 관리 뿐만 아니라 유통, 판매까지 일원화 되는 스마트 팩토리 플랫폼 기술 개발

1. 개요

가. 정의 및 필요성

(1) 정의

☐ 중소기업용 스마트제조 플랫폼이란 제조공정의 효율화를 위한 다양한 기술과 인프라를 포함하는 시스템으로 사물과 사람, 데이터와 서비스가 통합된 플랫폼이며, 저렴하며 가벼운 중소기업형 스마트제조 공통 플랫폼을 의미

- 각종 생산프로세스를 제어/관리하여 어플리케이션과 연계할 수 있는 시스템으로 구성

☐ 다양한 산업 분야에 적용하려면 플랫폼 형태의 스마트제조 시스템이 필수적, 일률적인 적용이 아닌 산업 맞춤형으로 개발

- 빅데이터를 저장하고 사용할 수 있는 컴퓨팅 플랫폼과 데이터를 활용한 인공지능이 필수적으로 도입되어 다양한 분야에 적용 가능
- 실시간 대용량 마이크로 데이터 가공 및 처리, 대용량 데이터 온라인처리, 분산병렬처리의 데이터 처리 기술
- 산업현장의 다양한 장치와 인터페이스와 데이터 수집 처리를 위한 표준 등이 필요

[스마트제조 플랫폼의 위치]

* 출처: 한국연구재단, 2019

(2) 필요성

☐ 네트워크와, IoT 기술 발달과 함께 고속 생성되는 데이터를 공정 개선을 위해 활용하기 위해선 중앙 관리를 위한 플랫폼 개발 필요

- 표준 플랫폼을 적용하여 공정 설계 및 생산 계획이 통합되어야 하며, 어느 분야에서 사용이 가능하도록 규격화와 최적화가 필요함

- 다품종 소량 생산을 넘어서 주문 맞춤형 생산의 필요성과 시장이 급격하게 확대되고 있으며, 이를 위해서는 실시간 수집되는 생산 데이터를 기반으로 공정 설계 및 최적화 자동수행을 지원할 수 있는 기술 개발 필요

☐ 스마트 팩토리 도입이 가속화되고 있는 추세이며 관련 표준 기술 및 가이드라인이 부족한 실정으로 규격통합이 어려워 이를 해결할 수 있는 플랫폼 형태의 서비스 필요

- 스마트제조 보급·확산 사업 1 단계(ICT 미적용), 2 단계(기초수준) 수준으로 추진 중에 있으며, 적용 솔루션으로는 ERP, MES, WMS, PoP, IoT 등을 적용 중

- 향후, 3단계 (중간수준 1) 이상으로 고도화하기 위해서는 저장되고 있는 제조 데이터의 활용과 시뮬레이션, 고도화 품질 및 공정분석과 같은 다양한 서비스 지원을 위한 플랫폼 개발이 필요

- 전자(삼성), 자동차(현대) 등 업종별 대표기업을 중심으로 스마트제조 확산, 스마트제조 표준·인증 도입 등 민간 주도로 자발적인 확산방안 마련

[제조업 혁신 3.0 전략]

추진전략	세부과제
스마트제조 확산	•2020년 스마트제조 1만 개 육성 •8대 스마트제조기술 개발
창조경제 신산업 창출	•고속 수직이착륙 무인기 •개인 맞춤형 건강관리시스템 •극한환경용 해양플랜트 등
지역 산단 스마트화	•17개 지역 산단 혁신 •생활문화기반 구축 •지역특화산업 대기업 주력분야 연계
사업재편촉진·혁신조성	•스마트 자동차 등 융합 신제품 인허가 패스트 트랙 활성화 및 시범 특구 도입

* 출처 : 산업통상자원부, 제조업 혁신 3.0 전략 추진과제

☐ 국내 스마트제조 기술은 현재 시작 단계로 대기업과 중소기업을 중심으로 공통 플랫폼 개발에 착수하여 통합적인 관리 시스템개발 필요성 증가

- 삼성SDS, 포스코ICT 등 대기업은 SI 프로젝트의 일부로 플랫폼을 구축하고 있으나 글로벌 업체에 비해 구축의 범위나 경험이 부족하고 중소기업인 울랄라랩이나 티라유텍 등 중소기업의 경우 스마트제조 플랫폼 상품을 내놓고 있으나 어플리케이션의 통합에 그치는 수준

나. 범위 및 분류

(1) 가치사슬

☐ 후방산업은 공정설계 플랫폼, 제조실행 분석 플랫폼, 품질분석 플랫폼, 설비보전 플랫폼, 안전/증감작업 플랫폼, 조달/고객대응 플랫폼으로 구성
- 후방산업에 있어 모든 제조 공정의 전 과정을 자동화하는 플랫폼 기술이 발전 중

☐ 전방산업은 기존의 센서 산업, 임베디드 디바이스 산업, 휴대폰 디지털 TV, 가전, 자동차, 첨단 무기 등으로 구성
- 전방 산업의 자동화 공정 요구에 따라 기존 기계 장치, 디바이스 등의 IoT 결합을 위한 CPS 등 기술 수요 증대

[스마트제조 플랫폼 분야 산업구조]

후방산업	스마트제조 플랫폼 분야	전방산업
빅데이터, 인공지능, 제어요소, 센서, 클라우드, 산업용 IoT 등	스마트제조 플랫폼	센서 산업, 임베디드 디바이스 산업, 핸드폰, 디지털 TV, 가전, 자동차, 첨단 무기 등

(2) 용도별 분류

☐ 대한상공회의소는 스마트제조 관련 기관과 협력하여 스마트제조의 수준별 플랫폼의 용도 제시
- 표준플랫폼은 기업 역량에 따라 효과적인 스마트화를 점진적으로 진행할 수 있도록 스마트제조의 수준을 정의하고 분류한 것으로 업종별 특성 및 수준을 고려

[용도별 분류]

용도	세부 내용
현장 자동화	• AI, IoT, 클라우드 등의 융합기술을 바탕으로 공정에 맞게 프로그래밍된 작업을 수행하는 방식에서 직접 학습, 상호작용 등이 가능한 솔루션을 제공
공장운영	• IoT, 생산 빅데이터 등 ICT 기반으로 실시간 공장 최적 운영을 위한 SW 제공
기업자원 관리	• 공장운영 통합, 기능 간 통합, 관리 기능 중심 및 기능 개별 운용
제품개발	• 기준정보/기술정보 연계 자동화, 기준정보/기술정보 개발 운영, CAD 사용 및 프로젝트 관리
공급사슬 관리	• 다품종 개발 협업, 다품종 생산 협업

2. 산업 및 시장 분석

가. 산업 분석

◎ **2020년 스마트제조혁신 지원사업 계획**

☐ 정부는 1월 31일, 2020년 스마트제조혁신 지원사업 계획을 통합해 공고, 스마트 대한민국 실현을 위한 핵심 사업들로 구성
- 스마트공장 구축 및 고도화, 제조데이터 인프라 구축, 로봇활용 제조혁신 지원
- 스마트 마이스터 등 컨설팅, 공정·품질 기술개발, 현장수요형 스마트공장 기술개발
- 스마트센서 선도 프로젝트 기술개발

☐ 정부는 2022년까지 3만개의 스마트공장을 보급한다는 목표로 2020년 4,150억원을 투입해 정부 3,800개, 대기업 등 민간 1,800개 등 총 5,600개의 스마트공장을 보급할 계획
- 스마트공장 수요·공급기업이 컨소시엄 형태로 사업을 신청하는 경우만 지원하던 것을 개선하여 2020년부터는 중소·중견기업이 자체 기술인력으로 스마트공장을 구축·고도화하는 경우도 지원 대상에 포함하여 제조업과 ICT기술의 융합이 가속화될 전망
- 대기업 등이 중소기업에 스마트공장을 지원하는 '상생형 스마트공장 사업'에 고도화 지원 트랙을 추가
- 상생형 사업 사업비는 부담비율 기준으로 정부가 30%를, 대기업이 30%를, 도입기업이 40%를 각각 부담하여 중소·중견기업이 상생형 사업을 활용해 스마트공장을 고도화할 경우 최대 1억 8,000만 원(정부 9,000만 원, 대기업 등 9,000만 원)까지 지원
- 중기부는 디지털 경제로의 패러다임 전환에 대비해 제조 데이터의 수집·분석·활용 방안을 마련하고, 아울러 스마트공장에서 생성된 제조 데이터를 제조 데이터센터·플랫폼과 연계한다는 방침

☐ 2020년 후반기부터 중소·중견기업도 대기업처럼 데이터 축적·분석을 통해 제조공정의 고장을 사전에 진단하는 등 고도화된 스마트공장 서비스를 활용할 수 있을 전망
- 중기부는 제조 데이터 플랫폼 1개소와 함께 데이터센터 2개소(공모를 통해 선정, 센터당 15억 원)를 구축
- 데이터센터는 스마트공장에서 생산된 제조 데이터의 수집·활용을 지원하고, 데이터 플랫폼은 지역별 데이터센터와 연계해 고급 데이터 분석·활용 서비스를 제공
- 중기부는 데이터 센터·플랫폼을 중심으로 전국의 제조공장을 연결하고, AI기반 분석 서비스를 제공할 수 있도록 플랫폼을 고도화하는 등 '스마트 대한민국'으로 나아가기 위한 핵심 자원으로 활용

◎ 스마트제조 공급시장과 어플리케이션

☐ 스마트제조는 어플리케이션과 생산설비의 유기적연계가 필요한 산업이며 이중 어플리케이션은 머리의 역할을 하는 분야

- 빅데이터나 클라우드와 같이 소프트웨어 중심 기술과 각종 구성요소와 기술을 통합하여 스마트제조를 구현하는 시스템 통합 및 컨설팅 분야를 포함하는 개념
- 스마트공장의 경영과 생산, 공급사슬과 제품개발 등의 관리 기능을 수행하는 시스템이며 크게 경영과 생산부문으로 구분
  - 경영 부문은 전통적으로 기업의 회계와 인사 등의 정보를 통합관리하는 ERP와 공급사슬을 관리하는 SCM, 제품개발을 관리하는 PLM 등으로 구성
  - 생산 부문은 제조업의 생산정보를 통합적으로 관리하는 MES를 중심으로 에너지관리에 특화된 FEMS 등을 포함하는 경우가 많음

☐ 국내 스마트제조 공급산업 현황과 발전과제(2020)[38]의 조사결과 스마트제조 공급기업의 대부분은 중소기업

- 사업분야별로는 솔루션·서비스·설비분야 모두를 취급하는 기업 비중이 57.5%로 통합적 사업 포트폴리오를 추진하는 기업들이 가장 다수로 나타남
- 상당수의 설비분야 기업들은 향후 사업범위를 확장하여 통합화된 패키지 서비스를 제공할 계획이며 2025년에 사업분야를 솔루션·서비스와 설비 등 스마트제조 공급의 모든 분야를 영위할 계획이라고 답한 기업 비중이 74.9%에 달함
  - 국내 기업 중 대표적 로봇기업인 현대중공업지주의 경우 2015년 로봇사업부 신설 후 2019년부터 스마트공장 솔루션을 개발

[스마트제조 개요도]

기획·설계	생산	유통·판매
가상공간에서 제품 제작 전 시뮬레이션	설비-자재-시스템 간 실시간 정보 교환	생산 현황에 맞춘 실시간 자동 수발주
기간단축 맞춤형 제품 개발	다품종 대량생산 에너지 설비효율 재고	재고비용 감소 품질·물류 등 전 분야 협력

* 출처 : 스마트공장 사업관리시스템, 스마트공장 사업관리시스템 2020

---

[38] 국내 스마트제조 공급산업 현황과 발전과제, KIET(2020)

◎ 제조용 어플리케이션의 통합관리의 필요성 증대(통합관리 플랫폼 필요)

☐ 제조공정의 디지털화가 진행되면서 생산라인 뿐 아니라 공급사슬 전 공정에 걸쳐 사물인터넷, 센서, 클라우드 기반의 초 연결화가 가능해지면서, 스마트제조의 제조사와 부품 공급업자 간의 유기적인 연계성 강화

- 제조 어플리케이션 공급 기업들은 자사 솔루션의 영향력을 늘리기 위해서 각자의 독립된 플랫폼만을 제공하고 있으며, 어플리케이션은 특성상 수평·수직적 연계성이 낮음
- 기존의 엔지니어링 소프트웨어 공급 기업들과 비즈니스 솔루션 공급 기업들도 서비스하던 솔루션의 영역을 넓혀가고 통합하는 추세
  - 독일의 SAP는 기존의 PLC→MES→ERP로 수직구조화 되어 있는 아키텍처에서 PLC와 바로 실시간 인터페이스 가능한 MES와 통합된 ERP를 제공해 생산 환경의 동적 변화에 유연하게 대응할 수 있는 솔루션 제공

☐ ICT를 바탕으로 실시간으로 연동·피드백되는 데이터를 효율적으로 처리·저장·관리하고 다양한 제조 업무에 최적으로 활용할 수 있는 고도화된 어플리케이션에 대한 산업요구가 늘어남에 따라 통합관리 플랫폼 필요

- 세계 최대의 스마트제조업체 중 하나인 지멘스 2018년 8월 3개 조직을 세 개의 운영 회사로 통합하면서 본격적인 HW와 SW의 수직·수평 통합 작업이 목적임을 선언
  - 인수한 SW 기술과 지멘스의 전통 사업인 HW를 통합해 고객의 이익(생산성)을 극대화할 수 있는 플랫폼을 공급하는 것이 목적
- 보쉬는 'Connected Industry' 사업부를 출범시켜 자사의 플랫폼을 강화하는 전략을 사용 중이며 독일, 헝가리, 중국에서 작업을 이미 시작

◎ 다양한 분야의 플랫폼 필요

☐ 다양한 기술융합을 통해 서비스와 제품이 결합된 다양한 시장을 창출하여 기존 영역의 경계를 넘어서는 혁신적 변화를 리드

- Gartner는 미래 유망기술로 디바이스 메시, 경계 없는 사용자 경험, 3D 프린팅 소재, 만물정보, 진보된 학습기계, 자율지능형 기기, 능동형 보안 아키텍처, 매시업 및 서비스 아키텍처, 사물인터넷 아키텍처와 플랫폼을 선정
- 지멘스는 제조용 애플리케이션 생태계를 강력한 자사 플랫폼 우산 속으로 끌어들이기 위한 클라우드서비스 '마인드스피어' 확장전략 수립

☐ 빨라지는 신제품 출시주기, 짧아지는 제품수명과 소비자의 높은 기대수준을 맞추기 위해서 개인화된 제품생산과 신제품 출시가 가능한 스마트제조를 준비 필요

- 미국, 독일, 일본은 글로벌 금융위기 이후 자국의 장점을 기반으로 궁극의 미래 제조업과 서비스 산업의 생태계를 연계하는 제4차 산업혁명을 주도
- 제품의 기획, 설계, 생산, 유통, 판매 등 전 과정을 IT기술로 통합, 최소비용, 시간으로 고객 맞춤형 제품 생산을 위한 자동화 및 다품종 생산이 가능한 유연 생산체계 필요

나. 시장 분석

(1) 세계시장

☐ 전 세계 스마트제조용 플랫폼 관련시장 규모는 연평균 18%씩 성장하여 2019년 132억 달러, 2025년 약 756억 달러의 경제적 가치를 창출할 전망

- 글로벌 경제 및 제조업에서 중국이 차지하는 위상이 과거 대비 크게 높아짐에 따라 최근 발생한 신종 코로나 바이러스(코로나 19) 감염증의 중국내 확산으로 인한 글로벌 경제 활동 위축 정도는 과거 SARS(사스) 당시보다 더 클 것으로 우려
- 생산 활동이 재개되면 다양한 분야에서 스마트 제조 플랫폼에 대한 수요 증가 예상
- 스마트 제조 플랫폼의 채택을 증가시키는 전염병 발생 이후 공장 디지털화에 집중

[스마트제조 플랫폼 세계시장 규모 및 전망]

(단위 : 십억 달러, %)

구분	'19	'20	'21	'22	'23	'24	'25	CAGR
합계	13.2	15.6	18.4	21.7	25.6	30.2	35.6	18

* 출처 : Smart Manufacturing Platform Market, MarketsandMarkets 2021

☐ 제조 비용 절감에 대한 요구가 증가함에 따라 제조 시설에서 스마트 제조 플랫폼에 대한 수요 증가

- 정보에 입각한 결정을 내리기 위해 자동으로 데이터를 수집하고 관리하는데 도움
- 전 세계 여러 회사가 연구개발에 많은 투자를 하며, 제조 프로세스를 자동화하기 위해 IoT기술을 채택

☐ 산업 자동화의 성장

- 모든 산업 분야의 기계 및 다양한 프로세스를 처리하기 위해 로봇이나 컴퓨터와 같은 제어 시스템을 사용
- 제조비용을 줄이고 생산성을 높이며 자원을 최적화하기 위해 산업 자동화 채택

☐ 장치 관리는 스마트 제조 플랫폼 시장에서 가장 큰 점유율 전망

- 인공지능, IIoT, 스마트 제조, 인더스트리 4.0, 디지털화, 커넥티드 엔터프라이즈의 출현은 다양한 산업이 공장에 고급 솔루션을 배포하는 데 영향 미침
- 산업 시설에서 사용되는 다양한 기기들로부터 많은 양의 데이터가 생성됨에 따라 생성된 데이터와 기기들을 관리하는 것 중요해짐
- 장치관리 플랫폼을 사용하면 새 장치를 연결 및 연결 해제하고 다양한 장치를 제어하고 장치의 세부 정보를 보고 상태를 확인하고 장치를 원격으로 모니터링 가능

(2) 국내시장

☐ 국내 스마트제조용 플랫폼 관련 시장 규모는 '19년 4조 495억 원에서 연평균 5.8% 성장하여 '25년 5조 3,732억 원에 이를 전망

- 2022년 3만 개 보급·확산사 업에 힘입어 중소·중견기업 중심의 스마트 팩토리 구축으로 시장이 활황을 맞이하고 있으나, 아직까지는 소프트웨어(SW) 위주의 보급

- IoT와 CPS 등 스마트제조 기술의 고도화를 지향하는 솔루션은 대기업을 중심으로 시범 도입되는 단계에 머물러 있고, 성공 레퍼런스가 부족한 상황으로 평가

[스마트제조 플랫폼 국내시장 규모 및 전망]

(단위 : 억 원, %)

구분	'19	'20	'21	'22	'23	'24	'25	CAGR
합계	40,495	42,844	45,329	47,958	50,739	53,682	56,796	5.8

* 출처 : CIMData, Markets and Markets, Gartner, KESSIA ISSUE REPORT, 산업통산자원부, 스마트제조 R&D로드맵(2019.03) 재가공(APAC 시장대비 비율)

3. 기술 개발 동향

□ 기술경쟁력
- 중소기업용 스마트제조 플랫폼은 미국이 최고기술국으로 평가되었으며, 우리나라는 최고기술국 대비 90.6%의 기술 수준을 보유하고 있으며, 최고기술국과의 기술격차는 1.0년으로 분석
- 중소기업의 기술경쟁력은 최고기술국 대비 73.2%, 기술격차는 2.1년으로 평가
- 한국>유럽(89.5%)>일본(73.1%)>중국(70.4%)의 순으로 평가

□ 기술수명주기(TCT)[39]
- 중소기업용 스마트제조 플랫폼은 5.99의 기술수명주기를 지닌 것으로 파악

가. 기술개발 이슈

◎ 국내의 2020년 정부 기술적 지원

□ 제조공정 스마트화 기술 습득 지원
- 스마트공장 도입·운영 관련 중소·중견기업의 현장 애로를 해결할 수 있도록 스마트 마이스터를 지원(70억원)하며 2020년 대기업 제조현장 근무경험 혹은 이에 준하는 경력·학위·자격증을 가진 스마트공장 현장 전문가로 스마트 마이스터 400명 선발, 800개사에 지원 계획
- 선정기업은 스마트 마이스터를 약 3개월 동안 파견받아 스마트공장 관련 현장의 애로를 즉석에서 해결하고, 대기업 수준의 제조 노하우 전수
- 중소기업이 스마트공장 관련 전문 컨설팅을 지원받을 수 있도록 '스마트화 역량강화'사업에 30억 원의 예산을 편성

□ 현장수요형 스마트공장 기술개발 지원
- 국내 스마트공장 공급기업의 기술 수준을 높일 수 있도록 원격에서 클라우드 방식으로 제조 데이터의 수집·분석, 생산설비를 제어하는 '클라우드 기반 데이터 플랫폼 기술 개발'을 지원
- 스마트 대한민국으로 도약하기 위한 핵심기술인 가상물리시스템(CPS) 기반 스마트공장을 시범 구축
- 선정기업은 정부지원을 통해 가상공간에 실제 공장과 동일한 환경을 구현하고, 공정·설비 등을 종합적으로 검증하는 가상물리시스템 기술을 국내 중소기업 현장에 구현
- K-앱시스트 기술개발을 통해 생산현장의 데이터를 디지털화하고, 스마트공장과 연계한 제품·서비스 개발을 지원하는 솔루션 개발도 지원
- 선정기업은 설비 유지보수·고장 대처, 단순 반복 작업 최적화 등과 관련한 제조 노하우를 디지털화하고, 작업자와 기계가 협업해 생산성을 향상시키는 솔루션 등을 개발

---

[39] 기술수명주기(TCT, Technical Cycle Time): 특허 출원연도와 인용한 특허들의 출원연도 차이의 중앙값을 통해 기술 변화속도 및 기술의 경제적 수명을 예측

☐ 스마트센서 선도 프로젝트 기술개발 지원
- 스마트공장 고도화를 위한 핵심부품 중 하나로 기존 센서에 데이터 처리, 자동보정, 자가진단, 의사결정 기능 등이 결합된 고기능·고정밀·고부가가치 센서인 스마트센서 기술 개발을 신규 지원
- 선정기업은 고온·고전력 환경에서도 스마트센서가 작동할 수 있는 소자를 개발하거나, 센서로부터 취합된 제조데이터의 실시간 의사결정을 지원하는 지능화 기술 개발

☐ 공정·품질 기술개발 지원
- 산·학·연 전문가 조직과 협업해 공정을 혁신하거나, 제품의 생산성 향상을 원하는 기업을 대상으로 혁신형 R&D와 현장형 R&D로 구성된 공정·품질 기술개발 지원
- 현장형 R&D는 제품의 생산성 향상을 원하는 중소기업은 누구나 신청할 수 있으나, 혁신형 R&D는 스마트공장 도입기업이 스마트공장 고도화를 원하는 경우로 지원 대상을 한정

◎ **스마트제조 플랫폼의 기술적 분류**

☐ 프로세스 통합/공정 시뮬레이션 및 클라우드 기반 IoS(Internet of Service)의 시뮬레이션 기술
- 수집된 데이터를 기반으로 가상의 공장 모델을 활용하여 모델링 및 시뮬레이션을 수행, 검증하여 실공장에 반영할 수 있는 기능

☐ 수집 데이터 고속 필터링 및 연관매칭과 메모리 기반의 비정형 데이터 고속 분석 판단 기술
- IoT 플랫폼을 통해 수집되는 연속 데이터들을 실시간 분류/매칭하는 고속 필터링 및 연관 매칭 기술
- 비정형 Factory-Thing 참조 데이터를 메모리 기반 저장 및 고속 분석 처리하여 실시간으로 의사결정을 지원하는 메모리 기반의 비정형 데이터 고속 분석 기술

☐ 이종 복수 플랫폼 통합연동, 이종센서 정보 변환 및 연결, 소프트웨어 정의 FCM 제어를 가능하게 하는 통합연동 기술
- 스마트제조를 위하여 사용된 모든 기기들을 연결하고, 생성된 데이터를 실시간 저장, 공유하여 최적 생산을 결정할 수 있도록 도와주는 제반 지원 시스템
- 이종센서 정보 변환(Adaptation) 및 연결(Chain) 기술
- 소프트웨어 정의 기반의 FCM(Factory Control Middleware)을 통하여 팩토리 생산 디바이스의 제어를 유연하게 처리하는 FCM 기술

◎ 수직·수평적 통합을 위한 플랫폼 개발

☐ 수직·수평적 통합을 유기적으로 구현을 위한 통합, 연결, End-to-End Engineering 관점에서 다양한 ICT 기술이 적용 중

- IoT, 빅데이터, 사이버 물리시스템(Cyber Physical System) 등 최신 기술의 출현으로 더욱 정교하고 세밀한 수직적·수평적 통합 구현이 가능

- 수평적 통합 지원 기술로는 제품설계 도구인 CAD/CAE 등을 포함하는 PLM 솔루션, 시제품 생산을 빠르게 지원할 수 있는 3D 프린터, 가상과 실재의 연동이 가능한 사이버물리시스템, 제조 프로세스 분석을 위한 공정 시뮬레이션 등이 포함

- 수직적 통합 지원 기술로는 생산설비의 많은 데이터를 획득하기 위한 스마트센서와 IoT 기술, 생산현장 에너지절감 기술, 제조 데이터 분석을 위한 제조 빅데이터 기술 등이 포함

☐ 인공지능이 스마트팩토리의 주요 분야에 Breakthrough를 가져올 전망

- AI 응용 플랫폼은 다양한 곳에서 활용될 수 있으며 이를 활용한 사례는 현재도 연구결과로 보고되고 현장에서 응용되고 있음

[인공지능을 통한 스마트제조 변화]

분야	인공지능의 활용범위
설비예방정비	다양한 설비 데이터를 수집한 후 단순한 통계분석보다 인공지능 분석을 적용함으로써 예방정비 신뢰성 개선
공정 간 연계제어	통계적 분석 기법으로 예측하기 힘든 공정 간 품질결함도 인공지능 분석을 통해 예측할 수 있을 전망
전문가 공정제어	전문가 공정제어에 강화학습 기반의 인공지능을 적용하면서 과거 전문가 제어시스템의 한계를 극복하고 전문가 이상의 생산성 성과를 보여줄 것으로 기대
로봇 자동화	인공지능과 로봇의 융합을 통해 로봇 스스로 학습이 가능해짐으로써 다양한 작업에 대한 범용성 증가

* 출처 : 스마트팩토리, 인공지능으로 날개를 달다(POSRI 이슈리포트, 2017. 05)

☐ 이제 일반화된 빅데이터 플랫폼이 가져야 할 조건과 기술

- (빅데이터 분석 처리 성능) 실제 제조현장에서 발생하는 데이터는 하루 수십TB에 달하기도 하는데 이를 오픈소스로 실행하는 것은 불가능하므로 병렬 및 분산처리를 통해 데이터 처리 능력 향상

- (효율적인 데이터 추출) 데이터베이스에 저장된 데이터를 빅데이터 분석 시스템으로 가져오기 위해 대용량 데이터를 위한 추출기능을 높이는 방법에 대한 기술 축적 필요

- (제조데이터 성격에 따른 병렬/분산 처리) 제조 데이터를 분석하는 과정에서 추출되는 데이터는 특정 조건으로 그룹별로 분석을 하게 될 때 데이터에 대한 처리방식이 전체 속도를 많이 좌우하게 되므로 이에 대한 기술개발이 필요

◎ 중소기업을 위한 스마트제조 플랫폼 개발

☐ 클라우드 기반 중소 제조업체 스마트제조 플랫폼 개발

- KMAP을 활용하여 중소기업은 클라우드 인프라를 통해 다양한 제조데이터 관련 정보와 분석도구를 지원받을 수 있음
- 제3의 서비스 개발기업에 의한 생태계 확장이 가능한 '중소기업 스마트제조 제조 R&D 정보 기반 클라우드 플랫폼'을 구축하고 관련 핵심 서비스 개발
- 중소기업 스마트제조 분야 및 기타 R&D정보 종합 플랫폼에 인공지능 실증서비스를 지속 추가, 융합함으로써 전산업, 전분야로 확대 중
- 다양한 데이터의 수집, 저장, 분석, 시각화 등 빅데이터 플랫폼과 AI 학습환경을 제공하는 중소기업 R&D 기반 클라우드 플랫폼 구축
- 스마트제조 컴포넌트(MES/WMS, 품질관리시스템, 시뮬레이션, IoT 등) 개발과 클라우드 플랫폼을 통한 Open API 기반 Mash-up 서비스를 제공

☐ 제조 단계별 특화된 원격지의 생산 전문 기업을 활용한 factoryless 생산공정을 통해 CPS 및 디지털트윈 기반 다품종 소량 생산을 가능하게 하는 최적 제조 시스템 기술

- 장비의 데이터 유형·용량·빈도를 고려하여 빅데이터 수집, 신호처리, 클라우드 연계 AI 학습모델 실행, 제어기 연동을 지원하는 생산 전문 제조기업용 On-site 엣지 컴퓨팅 기술 필요
- 산업용 사물 인터넷(IIoT)과 디지털 트윈, 에지 클라우드를 통해 AI 기반의 제조 자산의 실시간 예지 보전과 최적화된 다품종 제조 공정을 도출하는 제조 서비스 기술 개발 필요
- 설계/생산/조달/유통의 가치사슬을 수평적으로 통합하여 제조를 서비스로 제공하는 협업형 제조 가치 사슬 구축 기술

[클라우드 기반 스마트 제조 플랫폼 모식도]

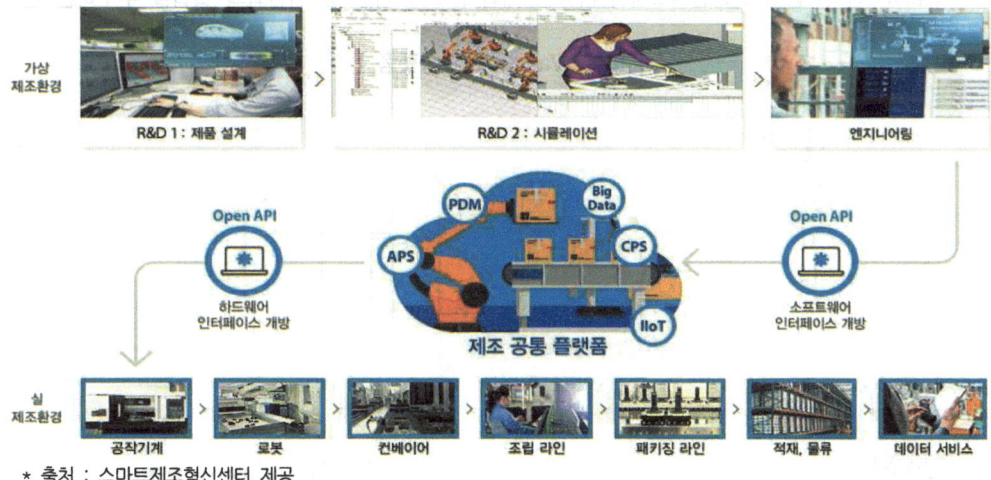

* 출처 : 스마트제조혁신센터 제공

나. 생태계 기술 동향

(1) 해외 플레이어 동향

☐ (Siemens) 클라우드 기반의 개방형 IoT 운영 시스템 마인드스피어를 공급 중

- 산업용 클라우드 '마인드스피어'를 통해 다양한 종류의 기기와 엔터프라이즈 애플리케이션과의 연결 프로토콜 옵션, 산업 애플리케이션, 고도화된 분석 솔루션뿐만 아니라 지멘스의 개방형 PaaS(서비스 기반 플랫폼) 역량과 혁신적인 개발 환경을 제공
- 실제 운용 데이터를 활용하여 가상세계 시뮬레이션과 현실세계 엔지니어링 과정을 최적화에도 활용

☐ (Schneider Electric) 개방형 시스템 아키텍처 및 플랫폼인 에코스트럭처 (EcoStruxure)는 사물인터넷(IoT) 지원 및 상호 운영이 가능

- 산업 현장에서의 실시간 증강현실(AR) 모니터링 솔루션, IEC 및 UL 기준에 따른 컨트롤판넬 및 차단기 등 제품을 연동하여 활용하는 것을 발표한 바 있음

☐ (Mitsubishi) 자사의 스마트제조 공급기술인 설비, 로봇, 제어, 센서, 비전, MES 등을 통합하여 eF@ctory 플랫폼 구축

- 다양한 클라우드, IT 시스템에 대한 연결을 용이하게 벤더가 가진 다양한 클라우드, IT 시스템을 활용한 사용자를 위한 서비스와 생산 현장을 연결하고 각국(글로벌)에 분산돼있는 자사 여러 공장을 중앙(통합) 관리 및 공급망 관리 등을 최적으로 구축

☐ (IBM) Watson IoT 플랫폼을 출시

- IBM 이외 업체가 제작한 다양한 센서 및 기기를 연결하는 수평적 개방적 플랫폼을 지향하고 있으며, 단순 데이터 취합 및 통합, 변환 단계를 넘어 데이터 분석 및 시각화에 활용하는 단계의 플랫폼을 구현 중
- 화웨이 (중국) 등을 포함한 46개의 다양한 해외 글로벌 기업 및 기관과의 협업을 추구하는 중

[IBM Watson IoT 플랫폼]

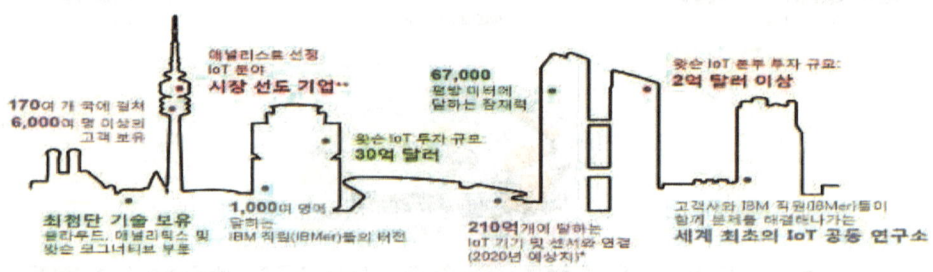

* 출처: IBM 제공, 2020

☐ (Intel) 인텔의 IoT 플랫폼인 '인텔 IoT 플랫폼'은 IT 인프라를 전방위적으로 포괄하는 형태로 IoT와 관련하여 인텔이 제공하는 솔루션

- 디바이스 및 클라우드 관리모듈인 Wind River Edge Management System, 단말기기 컴퓨팅과 클라우드 분석의 결합을 가능하게 하는 Intel Galileo 보드/ Intel Edison 모듈/ Intel IoT Gateway 개발 키트 시리즈 등을 포함

- 인텔 자사 제품군을 기반으로 하는 IoT 아키텍처에 타사 솔루션과의 연동을 지원하여 클라우드를 통한 데이터 분석 및 통찰력을 제공하는 것이 목표

☐ (Fraunhofer MOEZ) 독일의 연구소이며, 중소·중견 제조기업 기술의 글로벌 시장 진출, 기술이전, 상용화를 지원 중

- 프로세스와 비즈니스 모델 평가와 시뮬레이션, 실시간 예측 및 가시화를 수행하는 빅데이터 센터 운영

- Industry 4.0 환경에서의 산업 정보화와 디지털화에 따른 제품과 서비스의 사용자 맞춤을 지원하는 '디지털 비즈니스 모델'을 연구하고 있으며 공급기술의 사업화 모델을 구축 예정

(2) 국내 플레이어 동향

◎ 대기업 동향

☐ (삼성 SDS) 넥스플랜트 플랫폼은 설비에 장착된 IoT센서로 수집된 대용량 빅데이터를 AI(Brightics AI)로 분석

- 넥스플랜트 적용 결과 고객사 공정에서 실시간 이상감지는 물론 장애 시점을 예측하는 등 설비 가동률을 높였고, 공정(생산과정)을 최적으로 제어·분석해 공정품질을 30% 향상시키고 불량유형을 딥러닝으로 학습시켜 불량 분류정확도를 32% 증가
- 무인 자재운반 기계 등 자재물류 장치들이 공장 내 하루 평균 수십만 Km를 이동하면서 중단 없이 최단 거리로 자율 주행하는데 성공

☐ (LG CNS) 2018년 LG그룹 제조사들의 제조역량에 AI와 빅데이터, IoT 등 최신 ICT를 접목한 스마트팩토리 플랫폼인 `팩토바(FACTOVA)`를 출시

- 팩토바는 AI, 빅데이터, IoT 등 최신 ICT를 상품기획부터 생산, 물류까지 제조 전 과정에 적용해 표준화된 개발과 운영환경을 제공
- AI 빅데이터 플랫폼 `DAP` 기반 비전검사를 적용해 품질검사 정확도를 99.7%까지 끌어올릴 수 있어 생산 효율도 극대화하는 것이 가능하고 물류 단계에서는 실시간 위치추적 시스템과 RFID(radio frequency identification) 등 IoT 기술로 배송 전 과정을 실시간으로 관리

☐ (포스코 ICT) 포스프레임은 포스코 고유의 스마트팩토리 플랫폼으로 철강제품 생산과정에서 발생되는 대량의 데이터를 관리하고 분석해 생산성 향상과 품질예측, 설비고장 예방 등 철강 경쟁력을 높이는데 기여

- 포항제철소는 그동안 열연 공정에 한해 포스프레임을 적용했으나 2018년 4월부터 열연공정에 연계된 제강, 연주, 냉연, 스테인리스(STS) 냉연 등 전·후 공정을 모두 관통하는 포스프레임을 구축

[포스코의 스마트 제철소]

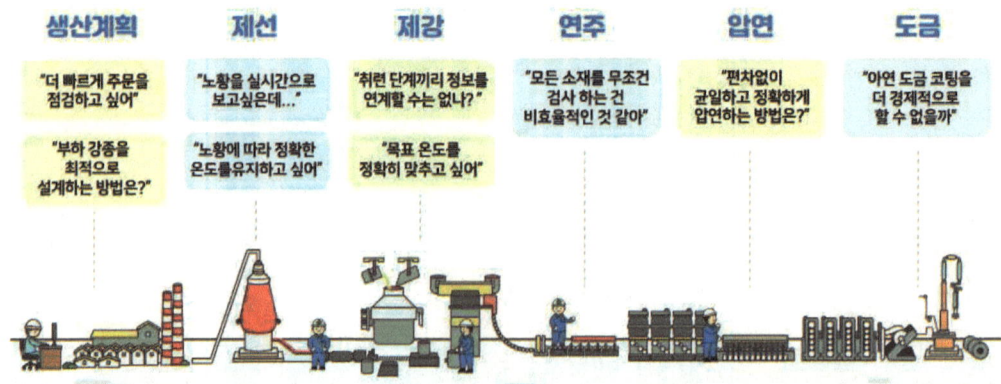

* 출처: 포스코 뉴스룸, 2019

[스마트팩토리 공급 대기업 비교]

업체명	플랫폼	주요 내용
삼성SDS	넥스플랜트	- 18.8월 '넥스플랜트'로 사업 본격화 (IT 4대 전략 사업 중 하나) - 2020년까지 삼성 그룹 차원에서의 지원 공식화 - 넥센타이어, 아모레퍼시픽, 만도 등 대외사업 추진
LG CNS	팩토바	- '18.4월 '팩토바' 출시. 7개 전략브랜드 중 하나 - '12년 첫 출시 이후 40여개 성공사례 조합
포스코ICT	포스프레임	- '16년 '포스프레임' 출시 후 세계 최초 철강 연속공정 적용 - 그룹사 전환에 대한 가장 명확한 비전 제시
SK C&C	스칼라	- '16년 7월 '스칼라' 출시 - 폭스콘 충칭 공장 프린터 생산 라인 전환('15), - 대양그룹 구축('17) 등 적극적 대외사업 추진
현대오토에버	-	- 스마트 팩토리로 사업영역 확장 - 자동차 분야에 특화. 차량 생애주기 관리 플랫폼 개발 (차량 출고부터 폐차까지 모든 과정을 데이터로 관리)

* 출처 : 2019년 스마트 팩토리 시대의 닻이 오르는 해(케이프투자증권, 2019.02)를 재가공

◎ 중소기업 동향

☐ (울랄라랩) 스마트제조 사물인터넷(IoT) 플랫폼 윔팩토리(WimFactory)를 앞세워 중소제조업 스마트제조 시장 공략

- 윔팩토리는 쉽고 간편한 스마트제조 플랫폼으로 생산현장의 다양한 데이터를 수집하고 분석해 최적 모니터링과 관리환경을 제공
- 센서와 생산설비 데이터를 수집·전송하는 하드웨어 '위콘(Wicon)'과 데이터의 저장·시각화·분석을 담당하는 '윔엑스(Wim-X)' 솔루션으로 구성
- 회사가 독자개발한 산업용 분석엔진 '스나이프'를 기반으로 속도와 안정성, 정확성, 분석력이 대폭 향상

☐ (티라유텍) 생산 관리(MES), 공급망 관리(SCM), 설비 자동화, 제조 빅데이터 분석, 물류 주행 로봇, 클라우드 플랫폼 등 스마트제조 구축에 필요한 관련된 다양한 솔루션 보유

- 티라유텍은 2019년 10월 31일 코스닥 시장에 상장

☐ (위즈코어) 중소기업용 스마트제조 플랫폼인 NEXPOM은 빅데이터를 통해 다양한 제조 데이터를 통합하여 실시간 모니터링 및 예측 분석을 위한 플랫폼

- 생산, 품질, 설비, 에너지 APP을 통해 공장의 종합상황실 역할을 하고, 데이터들의 상관관계 분석으로 최적화된 공장 운영의 지표를 제공

[스마트제조 관련 주요 대기업 및 중소기업]

(단위 : 개)

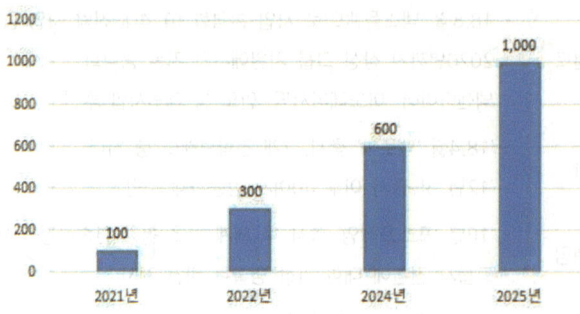

대기업 계열 SI	삼성SDS(미라콤아이앤씨), 포스코ICT, CJ올리브네트웍스
통신사	SKT, KT, LGU+
클라우드	마이크로소프트, 네이버
자동화 로봇기업	LS일렉트릭, 현대로보틱스
중소기업	텔스타홈멜, 티라유텍, 진코퍼레이션
외국계 기업	지멘스, 슈나이더일렉트릭

* 출처 : 확커지는 국내 스마트 공장 시장, 매일경제 2020

☐ (한컴MDS) 국내 1위 임베디드 소프트웨어 전문업체로 스마트공장 확산에 따라 관련 데이터의 실시간 수집과 저장, 생산 공정 감시, 에너지 관리 등의 산업용 IoT 서비스를 구축하기 위한 서비스(ThingSPIN)를 자체 개발

☐ (엠아이큐브솔루션) 제조 정보를 통합하고 지능화하는 일을 수행하고 2017년부터 AI 관련 연구를 시작하면서 제조뿐 아니라 건설, 발전 등 다양한 산업을 대상으로 사업을 전개

- 디지털 스마트 팩토리 팩키지는 엠아이큐브솔루션이 보급하고 있는 MES솔루션, 연구소에서 개발 후 고도화중인 AI솔루션과 CPPS(Cyber Physical Production Systems)를 융합

- 생산자원 관련한 4M(Man, Machine, Method, Material) 정보의 실시간 결합과 통합, 관리서비스를 제공하고 제조 기계, 설비 등 제조 요소들을 상호 연결하였으며, 재공품(생산과정 중에 있는 제품), 부품 등 자재와 통신을 가능케 해 글로벌에 산재되어 있는 복수의 공장 데이터 및 현황을 단일 시스템에서 관리

- ☐ (유노믹) OMA DM 기술을 중심으로 다양한 솔루션을 제공하였고, 국내 공작기계 제조사와 함께 모바일 기반 공작기계 제어 소프트웨어 개발, 2013년부터 북미 표준 제조 기술규격인 MTConnect 및 OPC UA를 중심으로 공작기계 모니터링 시스템 개발

- ☐ (에임시스템) 반도체, 태양광, 자동차/기계, 화학/전자재료 등 다양한 분야의 생산정보시스템을 구축하였으며 공장·장비 자동화를 위한 MES 및 제어 솔루션을 보유

- ☐ (에이시에스) 실시간 생산정보화를 위한 컨설팅 및 시스템 통합을 제공하며 MES 같은 솔루션부터 IoT 센서 및 디바이스까지 공장 전반에 걸쳐 하드웨어, 미들웨어 및 IT 서비스를 폭넓게 제공

- ☐ (엑센 솔루션) 자동차 부품, 반도체, 중공업, 기계, 식품, 제약 등 다양한 제조업을 대상으로 MES Master Plan 컨설팅 서비스 및 제조 시스템 구축 서비스 제공

다. 국내 연구개발 기관 및 동향

(1) 연구개발 기관

[중소기업용 스마트제조 플랫폼 기술개발 기관]

기관	소속	연구분야
한국전자기술연구원	스마트제조연구센터	• 증강현실 기반 스마트제조 관리/작업 지원을 위한 서비스 플랫폼 기술 • 3D 프린팅 기반 탄소 융/복합 유연소재 공정플랫폼 기술 • 블록체인이 적용된 SAL모듈 기반의 사물 공유, 거래 서비스 플랫폼 • 제조 빅데이터 공동활용을 제공하는 클라우드 플랫폼 기술
한국전자통신연구원	스마트ICT융합 연구단	• 가변 재구성형 유연 조립시스템 • ICT 융합 기반 스마트 시스템 핵심 요소기술 • 고성능 컴퓨팅, 클라우드컴퓨팅, 임베디드시스템, 고신뢰 CPS 기술
울산과학기술원	연구관리팀	• 클라우드 및 고성능 컴퓨팅 • 스마트 컴퓨팅, 스마트 제어 및 인공지능 • 제조업 4차 산업혁명 플랫폼 구축 • IoT 통신/네트워크 및 스마트센서 핵심 원천 기술
한국생산기술연구원	형상제조연구부	• 공정 모니터링 및 최적화 • 재구성 유연 생산 플랫폼 • 실시간 생산 운영 및 설비관리 • 생산 정보화 서비스 • 이기종 설비 통합 데이터모델, 표준 데이터인터페이스, 설비 이상 예측 및 원인 진단 시스템 개발 • 스마트제조용 가상데이터 생성 시스템 개발

(2) 기관 기술개발 동향

☐ (남도금형) 영세 제조기업의 생산성 향상 및 비용 절감을 위한 제조기술 공유 지능형 서비스 플랫폼 개발 (2020-05-01 ~ 2022-12-31)
- 생산 효율 향상 및 산업현장 맞춤형을 위한 제조 AI 기술 공유 서비스 플랫폼 개발
- 제조 기업 현장 맞춤형 PLC 개발 및 적용
- AI 기술 공유 서비스 플랫폼을 활용한 분석 및 실증

☐ (고려대학교) 설명·예측·최적화 가능한 AI기반 스마트 제조 플랫폼
- 다양한 환경에 적용 가능한 반응형 예측 시스템 구축
- 공정 최적화를 위한 과거 데이터 기반 제어 파라미터 추론 및 검증
- 공정 환경이 변화하여도 제품의 품질을 지속적으로 보증할 수 있는 최적화 방법

☐ (한국전자통신연구원) 세라믹 산업 제조혁신을 위한 클라우드 기반 빅데이터 플랫폼 개발 (2019-04-01~2021-12-31)
- 세라믹 제조공정 빅데이터 분석 기술
- AI·기계학습 기반 불량제품 예측 기반 기술 개발

☐ (한국생산기술연구원) 제조 빅데이터 기반 IIoS(Industrial Internet of Service) 플랫폼 개발 (2017-12-15~2019-07-14)
- 자체 플랫폼 (Q-Factory)을 이용한 개발 모듈 검증 및 제조현장에서 발생되는 복합적인 공정 및 품질 문제 해결을 위한 "공정특화 추천 템플릿 (Template)" 개발
- 빅데이터 및 AI 관련 산업 (AI,딥러닝, 빅데중소이터 플랫폼 등)과 제조기업 간의 생태계 구축 지원

☐ (고려대학교) 지능형 CPS 환경을 고려한 엣지 컴퓨팅 기술 (2017-09-01~2020-12-31)
- 지능형 CPS 환경을 고려한 서비스 제공을 위하여 소프트웨어 정의 네트워킹 기술(SDN)과 네트워크 기능 가상화 기술(NFV) 기반의 엣지 컴퓨팅 기술개발
- Edge-cloud 구조 기반의 이종 네트워크에서의 computation off loading 알고리즘 개발

4. 특허 동향

가. 특허동향 분석

(1) 연도별 출원동향

☐ 중소기업용 스마트제조 플랫폼 기술의 지난 20년(2000년~2019년)간 출원동향40)을 살펴보면 2000년대에는 특허 출원 증감 추이의 큰 변화가 없었으나 2010년대 들어서 증가하는 추세를 보임

- 각 국가별로 살펴보면 한국이 가장 활발한 출원 활동을 보이고 있는 것으로 나타났으며, 미국, 일본 및 유럽도 유사한 추세의 출원 활동이 진행되고 있는 것으로 나타남

☐ 국가별 출원비중을 살펴보면 한국이 전체의 42%의 출원 비중을 차지하고 있어, 최대 출원국으로 중소기업용 스마트제조 플랫폼 분야를 리드하고 있는 것으로 나타났으며, 미국은 32%, 일본은 14%, 유럽은 12% 순으로 나타남

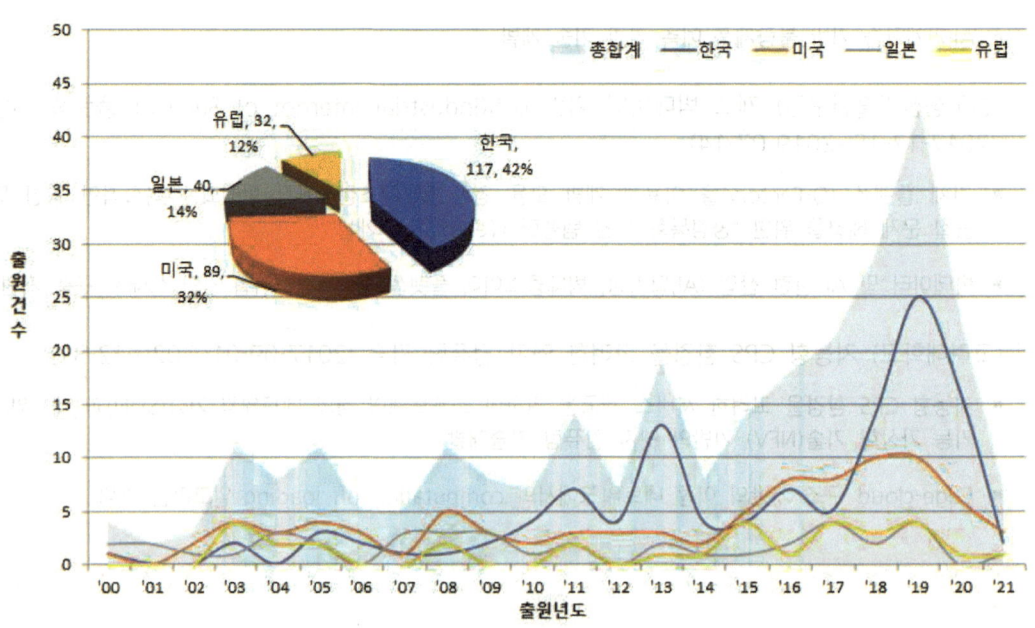

[연도별 출원동향]

---

40) 특허출원 후 1년 6개월이 경과하여야 공개되는 특허제도의 특성상 실제 출원이 이루어졌으나 아직 공개되지 않은 미공개데이터가 존재하여 2020, 2021년 데이터가 적게 나타나는 것에 대하여 유의해야 함

(2) 국가별 내·외국인 출원현황

☐ 한국의 내외국인 출원현황을 살펴보면, 외국인의 출원활동이 활발하지 않은 것으로 조사되었으며, 특히 최근에는 내국인에 의한 출원활동 비중이 더 높은 것으로 나타나, 자국 국적 출원인의 주도로 기술개발이 진행되고 있는 것으로 분석됨

☐ 미국의 경우, 2000년대 초반부터 최근까지 외국인의 출원 비중이 높은 것으로 나타나, 자국민의 기술개발 활동은 활발하지 않은 것으로 분석됨

☐ 일본의 내외국인 출원현황은, 2000년대에는 외국인의 출원비중이 낮게 나타났으나, 2010년대 이후에는 내국인의 출원비중이 낮아지는 경향을 보이고 있어, 해당 기술 분야에서 일본 시장에 대한 관심도가 높은 것으로 나타남

☐ 유럽의 경우, 2000년대 초반부터 최근까지 외국인의 출원활동이 활발한 것으로 조사되어, 해외 기업의 진출 가능성이 높은 것으로 나타남

[국가별 출원현황]

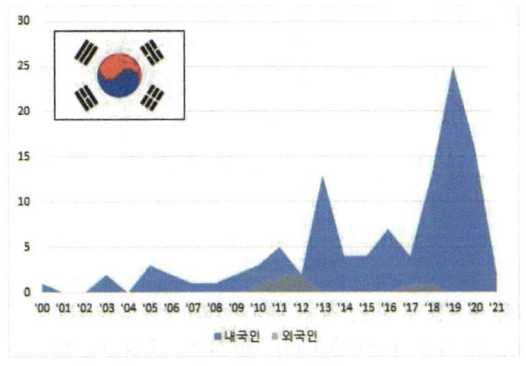
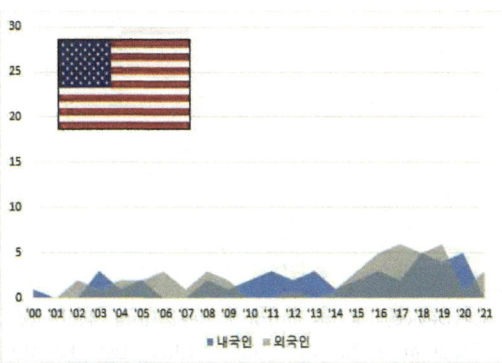
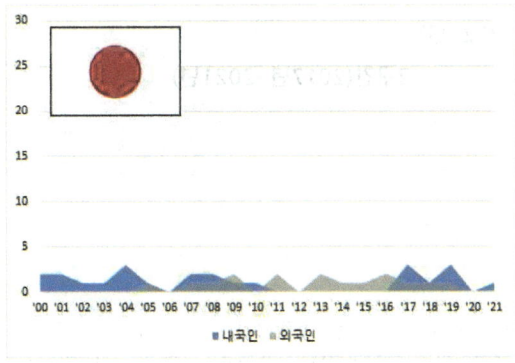
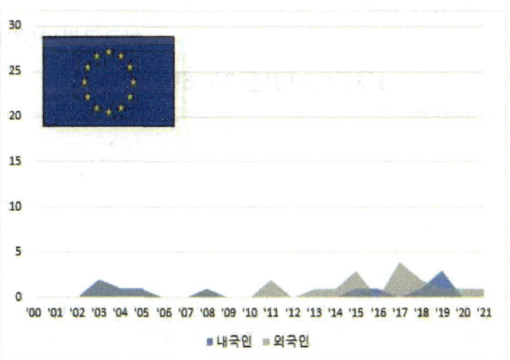

나. 주요 기술 키워드 분석

(1) 기술개발 동향 변화 분석

□ 중소기업용 스마트제조 플랫폼 기술에 대한 구간별 기술 키워드 분석을 진행하였으며, 전체 분석구간에서 Iot Device, Cloud Platform, Real Time, 생산 공정 등 중소기업용 스마트제조 플랫폼 관련 기술 키워드들이 다수 도출됨

■ 최근 분석구간에 대한 기술 키워드 분석 결과, 최근 1구간에는 Real Time, 수익 공유, 제조수량 예측시스템, 수집 데이터, 스마트폰 사용자 등의 키워드가 도출되었으며, 2구간에서는 Iot Device, 식품 포장용기 생산, 정보 처리, 클라이언트 처리정보 등의 키워드가 도출됨

[특허 키워드 변화로 본 기술개발 동향 변화]

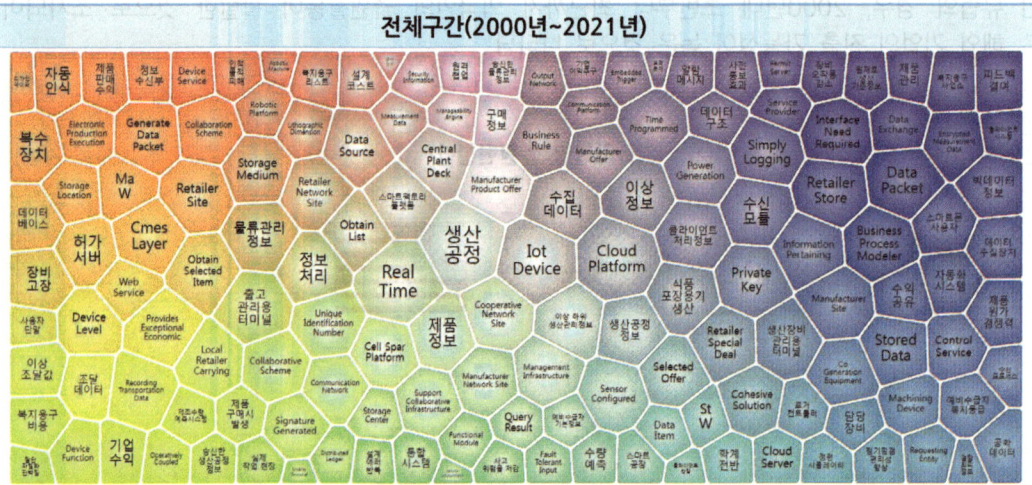

■ Iot Device, Cloud Platform, Real Time, 생산 공정, 식품 포장용기 생산, 정보 처리, 클라이언트 처리정보, Cooperative Network Site, Obtain List, Private Key, Unique Identification Number, 수집 데이터, 생산공정 정보

■ Real Time, 수익 공유, 제조수량 예측시스템, 수집 데이터, 스마트폰 사용자, 제품 구매시 발생, 구매 정보, Embedded Trigger, Data Item, Production Machine, Cloud Server, 스마트팩토리 플랫폼, 생산 공정

■ Iot Device, 식품 포장용기 생산, 정보 처리, 클라이언트 처리정보, Private Key, Unique Identification Number, 생산공정 정보, 물류관리 정보, 수신 모듈, 생산장비 관리용 터미널, 출고 관리용 터미널, 이상 정보, 이상 하위 생산관리정보

(2) 기술-산업 현황 분석[41]

☐ 중소기업용 스마트제조 플랫폼 기술에 대한 Subclass 기준 IPC 분류결과, 관리용, 상업용, 금융용, 경영용, 감독용 또는 예측용으로 특히 적합한 데이터 처리 시스템 또는 방법; 그 밖에 분류되지 않는 관리용, 상업용, 금융용, 경영용, 감독용 또는 예측용으로 특히 적합한 시스템 또는 방법(G06Q) 및 제어계 또는 조정계 일반; 이와 같은 계의 기능요소; 이와 같은 계 또는 요소의 감시 또는 시험장치(액체압 액츄에이터 또는 유체적 수단으로 동작하는 계 일반 F15B; 밸브 자체 F16K; 기계적 구성 만을 특징으로 하는 것 G05G; 검출요소는 적절한 서브클래스를 참조, 예. G12B 또는 G01, H01의 서브클래스; 보정유닛은 적절한 서브클래스를 참조, 예. H02K)(G05B)으로 다수의 특허가 분류되는 것으로 조사됨

☐ KSIC 산업분류 결과, 다수의 특허가 배전반 및 전기 자동제어반 산업으로 분류되는 것으로 조사됨

[기술-산업 분류 분석]

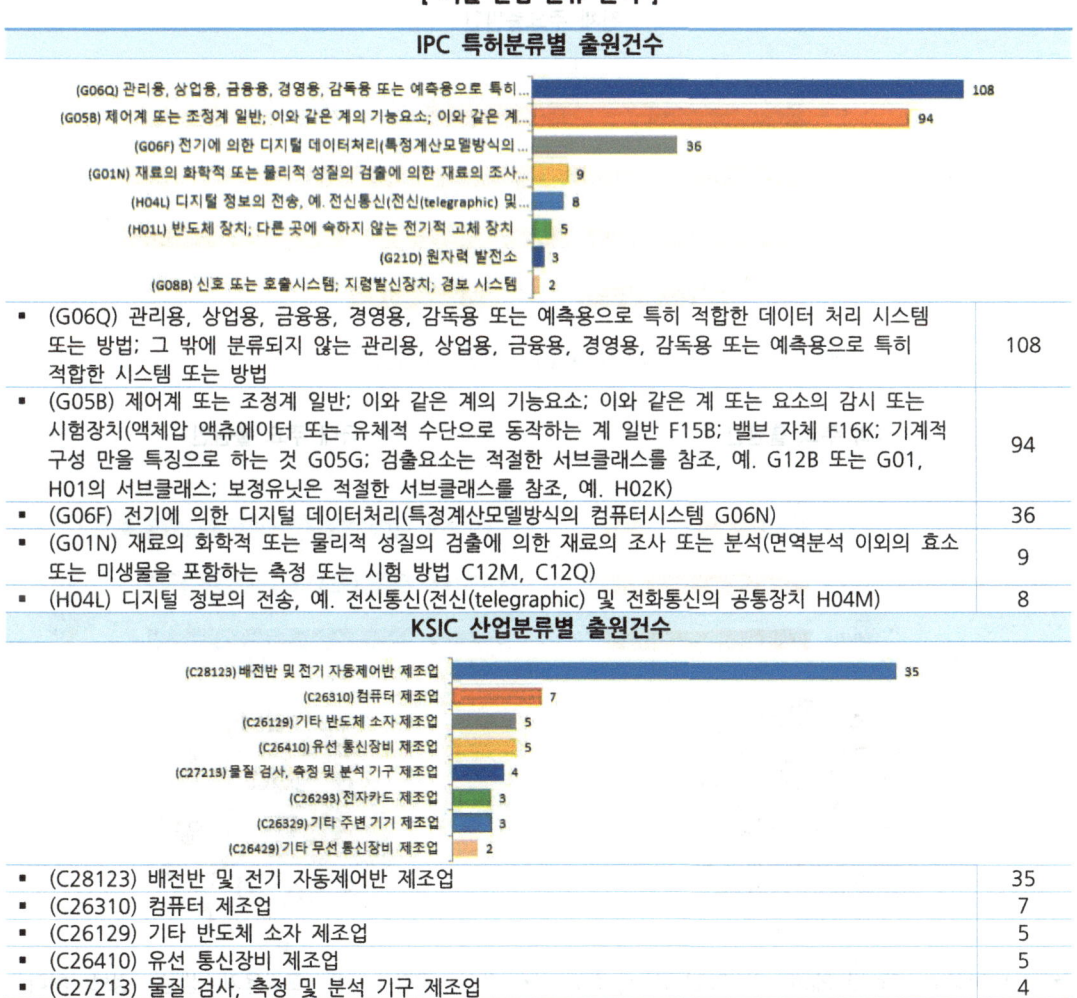

IPC 특허분류별 출원건수	
(G06Q) 관리용, 상업용, 금융용, 경영용, 감독용 또는 예측용으로 특히 적합한 데이터 처리 시스템 또는 방법; 그 밖에 분류되지 않는 관리용, 상업용, 금융용, 경영용, 감독용 또는 예측용으로 특히 적합한 시스템 또는 방법	108
(G05B) 제어계 또는 조정계 일반; 이와 같은 계의 기능요소; 이와 같은 계 또는 요소의 감시 또는 시험장치(액체압 액츄에이터 또는 유체적 수단으로 동작하는 계 일반 F15B; 밸브 자체 F16K; 기계적 구성 만을 특징으로 하는 것 G05G; 검출요소는 적절한 서브클래스를 참조, 예. G12B 또는 G01, H01의 서브클래스; 보정유닛은 적절한 서브클래스를 참조, 예. H02K)	94
(G06F) 전기에 의한 디지털 데이터처리(특정계산모델방식의 컴퓨터시스템 G06N)	36
(G01N) 재료의 화학적 또는 물리적 성질의 검출에 의한 재료의 조사 또는 분석(면역분석 이외의 효소 또는 미생물을 포함하는 측정 또는 시험 방법 C12M, C12Q)	9
(H04L) 디지털 정보의 전송, 예. 전신통신(전신(telegraphic) 및 전화통신의 공통장치 H04M)	8
KSIC 산업분류별 출원건수	
(C28123) 배전반 및 전기 자동제어반 제조업	35
(C26310) 컴퓨터 제조업	7
(C26129) 기타 반도체 소자 제조업	5
(C26410) 유선 통신장비 제조업	5
(C27213) 물질 검사, 측정 및 분석 기구 제조업	4

---

[41] 해당제품 특허데이터를 대상으로 윕스 보유 기술·산업·시장 동향 분석 플랫폼 'Build' 활용

다. 주요 출원인 분석

☐ 중소기업용 스마트제조 플랫폼 기술의 전체 주요출원인(Top 5)을 살펴보면, 주로 미국 국적의 출원인이 다수 포함되어 있는 것으로 나타났으며, 제 1 출원인으로는 미국의 INTEL인 것으로 나타남

- INTEL은 미국의 반도체의 설계 및 제조 기업으로, 클라우드 컴퓨팅, 데이터 센터, 사물 인터넷 및 PC 솔루 관련 기술 및 제품을 제공하는 기업임

☐ 중소기업용 스마트제조 플랫폼 기술 관련 국내 주요출원인으로 대우조선해양 및 한국과학기술원이 도출되었으며, 한국 다음으로 미국, 일본 순으로 출원을 진행한 것으로 나타남

[주요출원인 동향]

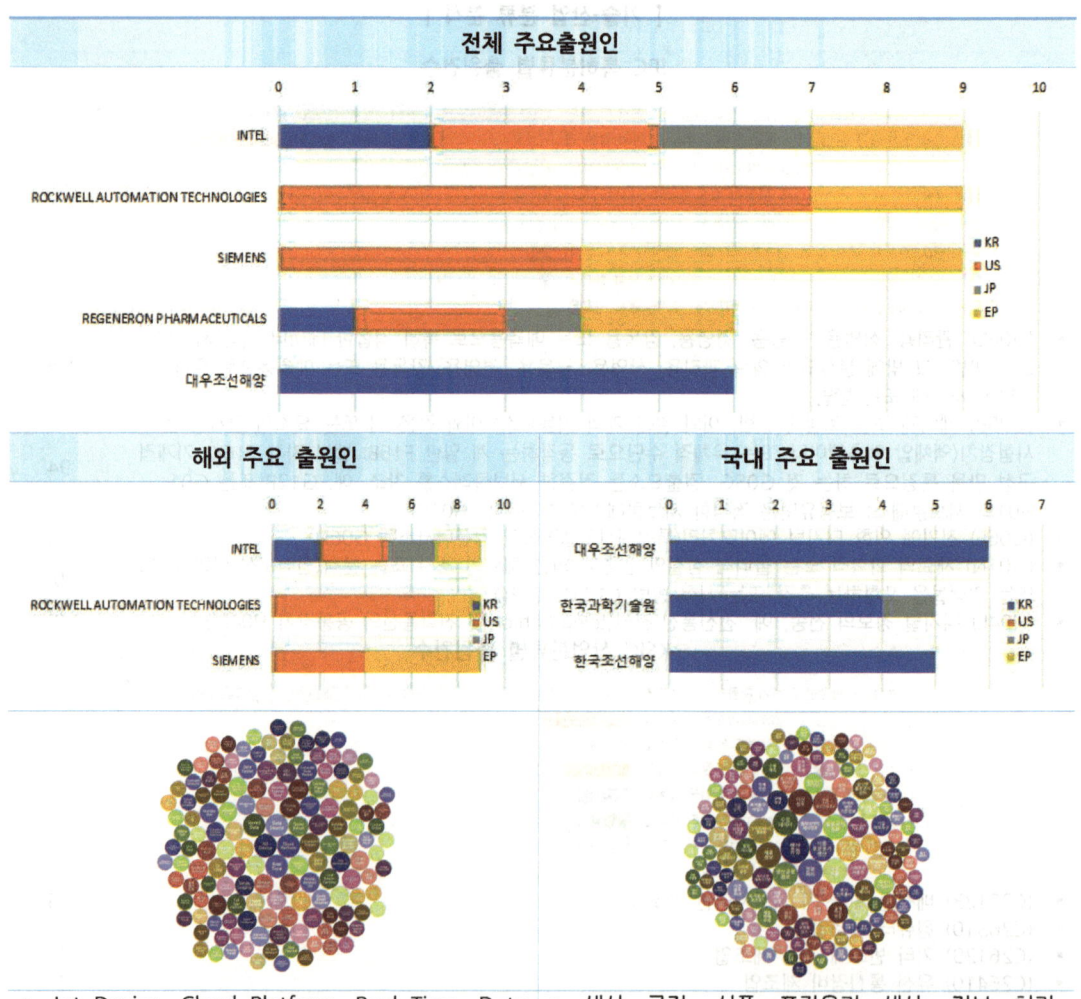

- Iot Device, Cloud Platform, Real Time, Data Source, Stored Data, Query Result, Cooperative Network Site, Obtain List
- 생산 공정, 식품 포장용기 생산, 정보 처리, 클라이언트 처리정보, 수집 데이터, 생산공정 정보, 물류관리 정보, 수신 모듈, 제품 정보

(1) 해외 주요출원인 주요 특허 분석[42]

☐ INTEL

- 미국 기업으로, 중소기업용 스마트제조 플랫폼 기술과 관련하여 9건의 특허를 출원하고 있는 것으로 조사됨

[주요특허 리스트]

등록번호 (출원일)	명칭	기술적용분야	IP 경쟁력	
			피인용 문헌수	패밀리 국가수
US 7904323 (2003.12.23)	Multi-team immersive integrated collaboration workspace	통합 구성 요소 집합을 제공하는 협업 작업 공간	125	1
US 8312258 (2010.07.22)	Providing platform independent memory logic	프로세서 제조사의 플랫폼 독립 코드에 대응하는 반도체 통합 코드(SIC)를 제공하는 기술	63	8
US 8918641 (2011.05.26)	Dynamic platform reconfiguration by multi-tenant service providers	컴퓨터 플랫폼의 관리성 엔진 또는 부속 프로세서	15	7

☐ ROCKWELL AUTOMATION TECHNOLOGIES

- 미국 기업으로, 중소기업용 스마트제조 플랫폼 기술과 관련하여 9건의 특허를 출원하고 있는 것으로 조사됨

[주요특허 리스트]

등록/공개번호 (출원일)	명칭	기술적용분야	IP 경쟁력	
			피인용 문헌수	패밀리 국가수
US 8069071 (2003.04.29)	Suite of configurable supply chain infrastructure modules for deploying collaborative e-manufacturing solutions	고속 e-비즈니스 이니셔티브를 지원하는 데 필요한 집합적인 제조 관리 인프라	87	4
US 10620612 (2018.03.27)	Predictive maintenance and process supervision using a scalable industrial analytics platform	확장 가능한 산업 데이터 수집 및 분석 아키텍처	6	1
US 2018-0052451 (2016.08.19)	Remote industrial automation site operation in a cloud platform	클라우드 기반 원격 산업 자동화 현장 운영 시스템	13	2

---

42) 최근 출원특허 중, 등록특허를 기준으로 피인용문헌수 및 패밀리 국가수가 큰 특허를 주요특허로 도출

전략제품 현황분석

☐ SIEMENS

- 유럽 기업으로, 중소기업용 스마트제조 플랫폼 기술과 관련하여 9건의 특허를 출원하고 있는 것으로 조사됨

[주요특허 리스트]

공개번호 (출원일)	명칭	기술적용분야	IP 경쟁력	
			피인용 문헌수	패밀리 국가수
US 2018-0039257 (2015.02.12)	Device for use in production and method for establishing a production interaction	생산 서비스를 제공 및 물리적 속성과 관련된 데이터를 제공 기술	1	4
EP 3248074 (2015.02.12)	Device for use in production and method for establishing a production interaction	생산 서비스를 제공 및 물리적 속성과 관련된 데이터를 제공 기술	0	4
US 2021-0240170 (2019.04.25)	Method and platform for deployment of an industrial application on an edge computing device of a machine tool	공작 기계 MT의 컨트롤러에 연결된 에지 컴퓨팅 장치 ECD에 산업용 애플리케이션	0	4

(2) 국내 주요출원인 주요 특허 분석[43]

☐ 대우조선해양

- 중소기업용 스마트제조 플랫폼 기술과 관련하여 한국을 위주로 6건의 특허를 출원하고 있는 것으로 조사됨

[주요특허 리스트]

등록번호 (출원일)	명칭	기술적용분야	IP 경쟁력	
			피인용 문헌수	패밀리 국가수
KR 2187710 (2013.10.25)	경량 모델 기반 선박 건조 공정의 생산을 위한 협업 시스템	설계에서 생성된 모델 형상을 활용하여 생산에 적합한 정보로 가시화하는 기술	13	1
KR 1567886 (2014.03.21)	선박 건조 정보 공유를 지원하는 서버, 단말기 및 방법	선박의 건조 시에 작업자 간에 선박 건조에 관련된 정보를 공유하는 기술	1	1
KR 1506629 (2013.09.26)	선박 건조 공정의 생산을 위한 협업 시스템의 대용량 데이터 처리 시스템의 성능 향상 방법	데이터 캐시를 이용하여 반복적인 질의에 대한 대용량의 데이터 결과를 제공하는 기술	0	1

---

43) 최근 출원특허 중, 등록특허를 기준으로 피인용문헌수 및 패밀리 국가수가 큰 특허를 주요특허로 도출

□ 한국과학기술원

- 중소기업용 스마트제조 플랫폼 기술과 관련하여 한국을 위주로 5건의 특허를 출원하고 있는 것으로 조사됨

[주요특허 리스트]

등록/공개번호 (출원일)	명칭	기술적용분야	IP 경쟁력 피인용 문헌수	IP 경쟁력 패밀리 국가수
KR 1591949 (2013.10.24)	형광 블록 공중합체가 결합된 형광공명에너지전이 수용체를 이용한 온도 센싱 플랫폼	온도 변화를 감지하여 이를 광학적으로 표시하여 주는 온도 센싱 플랫폼	4	1
KR 1470913 (2013.05.20)	공유층을 구비한 mtj소자 어레이 및 이의 제조방법	자기터널접합 소자를 구성하는 고정층을 공유하는 MTJ 어레이	0	1
JP 2007-033430 (2005.11.30)	프롤린 수산화 반응에 의한 hif-1 펩티드와 vbc 단백질과의 상호작용을 형광 편광도를 이용하여 정량적으로 분석하는 방법	형광 편광도를 이용하여 HIF-1 펩티드와 VBC 단백질의 상호작용을 분석하는 기술	0	3

□ 한국조선해양

- 중소기업용 스마트제조 플랫폼 기술과 관련하여 한국을 위주로 5건의 특허를 출원하고 있는 것으로 조사됨

[주요특허 리스트]

등록/공개번호 (출원일)	명칭	기술적용분야	IP 경쟁력 피인용 문헌수	IP 경쟁력 패밀리 국가수
KR 0794713 (2003.06.26)	주행축을 포함하는 로봇 시스템의 협조 제어 방법	작업 대상물에 도달할 수 있는 주행축을 포함하는 마스터 로봇 시스템과 슬래이브 로봇 시스템으로 구성된 로봇 시스템의 협조 제어 기술	1	1
KR 2013-0089728 (2011.12.29)	선박 및 플랫폼 승선 인원의 효율적 관리 및 안전관리방법	관리용 서버에서 출력되는 승선 인원수의 정보를 통신인터페이스를 통해 전달받고 이를 문자나 숫자로 실시간 표시하는 기술	5	1
KR 2013-0089749 (2011.12.30)	선박 제조를 위한 정보 공유 방법 및 시스템	선박 제품관련정보를 입력받아 서버에 등록 및 관리하는 기술	3	1

라. 기술진입장벽 분석

(1) 기술 집중력 분석44)

☐ 중소기업용 스마트제조 플랫폼 관련 기술에 대한 시장관점의 기술독점 현황분석을 위해 집중률 지수(CRn) 분석 결과, 상위 4개 기업의 시장점유율이 11.9로 독과점 정도가 낮은 수준으로 분석되어 주요 출원인들에 의한 기술 집중화 정도가 거의 없는 시장으로 판단됨. 즉, 중소기업용 스마트제조 플랫폼 기술은 제품 구매자가 우위에 있는 기술 분야로 기업들 간의 경쟁 강도가 높고, 시장 진입 용이성이 높은 것으로 분석됨

☐ 국내 시장에서 중소기업의 점유율 분석결과 68.4로 중소기업용 스마트제조 플랫폼 기술에서 중소기업의 점유율은 매우 높은 것으로 분석되고, 국내 시장에서 중소기업의 진입장벽은 낮은 것으로 판단됨

[주요출원인 및 한국 중소기업 집중력 분석]

	주요출원인	출원건수	특허점유율	CRn	n
주요 출원인 집중력	INTEL(미국)	9	3.2%	3.2	1
	ROCKWELL AUTOMATION TECHNOLOGIES(미국)	9	3.2%	6.5	2
	SIEMENS(독일)	9	3.2%	9.7	3
	REGENERON PHARMACEUTICALS(미국)	6	2.2%	11.9	4
	대우조선해양(한국)	6	2.2%	14.0	5
	한국과학기술원(한국)	5	1.8%	15.8	6
	한국조선해양(한국)	5	1.8%	17.6	7
	한국전자통신연구원(한국)	5	1.8%	19.4	8
	AVERY DENNISON RETAIL INFORMATION SERVICES(영국)	4	1.4%	20.9	9
	FISHER-ROSEMOUNT SYSTEMS(필리핀)	4	1.4%	22.3	10
	전체	278	100%	CR4=11.9	
	출원인 구분	출원건수	특허점유율	CRn	n
국내시장 중소기업 집중력	중소기업(개인)	80	68.4%	68.4	중소기업
	대기업	15	12.8%		
	연구기관/대학	15	12.8%		
	기타(외국인)	7	6.0%		
	전체	117	100%	CR중소기업=68.4	

---

44) 상위 몇 개 기업의 특허점유율을 합한 것으로, 특허동향조사에서는 통상 CR4를 사용하며, CRn값이 0에 가까울수록 시장 독과점 수준이 낮은 것을 의미하고, CR4 값이 40에서 60일 경우(CR1 지수는 50 이상일 경우, CR2 또는 CR3 지수는 75 이상일 경우) 시장의 독과점 수준이 높은 것으로 해석됨

CRn(집중률지수, Concentration Ratio n) = (1위 출원인의 특허점유율) + … + (n위 출원인의 특허점유율)

(2) IP 경쟁력 분석[45]

□ 중소기업용 스마트제조 플랫폼 기술의 주요출원인들의 IP 경쟁력 분석결과, INTEL의 기술영향력이 가장 높고 REGENERON PHARMACEUTICALS의 시장확보력이 가장 높은 것으로 분석됨
- INTEL : 영향력지수(PII) 7.48 / 시장확보력(PFS) 2.32
- REGENERON PHARMACEUTICALS : 영향력지수(PII) 0.00 / 시장확보력(PFS) 4.97

□ 1사분면으로 도출된 INTEL, FISHER-ROSEMOUNT SYSTEMS의 특허가 시장확보력 및 질적 수준이 높은 특허로, 기술적 파급력과 상업적 가치가 큰 것으로 해석됨

[주요출원인 IP 경쟁력 분석]

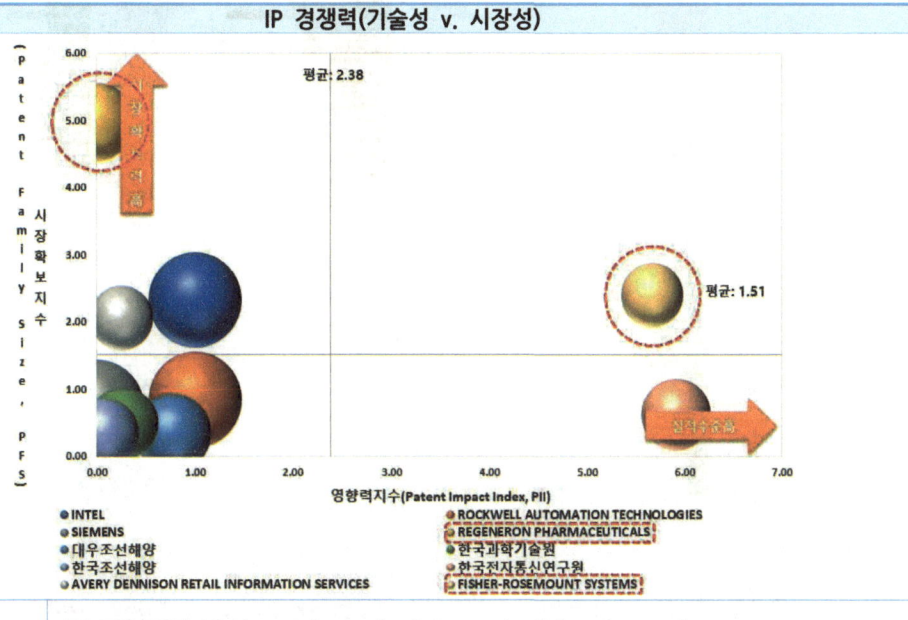

INTEL	(US 7904323) Multi-team immersive integrated collaboration workspace
	(US 8918641) Dynamic platform reconfiguration by multi-tenant service providers
REGENERON PHARMACEUTICALS	(JP 6959327) 농도 의존성 자기 상호작용 나노 입자 분광법을 이용해, 단백질이 자기 회합할 가능성을 결정하는 검정(assay)

* **영향력지수(Patent Impact Index, PII)**: 다른 경쟁주체의 기술수준이 고려된 특정한 주체의 '상대적인' 기술적 중요도 또는 혁신성과의 가치 정보가 포함된 기술수준으로, 특허의 피인용 횟수를 특정 기술분야 내에서의 상대적인 값으로 전환시킨 지수임
* **시장확보지수(Patent Family Size, PFS)**: 특정 주체가 특정 기술분야에서 소수의 특정 국가에서만 시장확보를 하고자 하는지 아니면 다수의 세계 주요 국가들에서 시장확보를 하고자 하는지에 대한 분석으로, PFS가 높은 특허는 그만큼 상업적 가치가 큰 기술에 대한 특허인 것으로 해석될 수 있으며, PFS가 높은 출원인은 세계 여러 국가에서 사업을 하고 있는 출원인인 것으로 해석될 수 있음(2020 공공 R&D 특허기술동향조사 가이드라인, 한국특허전략개발원)
* **버블크기** : 출원 특허 건 수 비례

---

45) PFS = 특정 주체의 평균 패밀리 국가 수 / 전체 평균 패밀리 국가 수
　　PII = 특정 주체 보유특허의 피인용도[CPP] / 전체 유효특허의 피인용도

5. 요소기술 도출

가. 특허 기반 토픽 도출

☐ 278개의 특허의 내용을 분석하여 구성 성분이 유사한 것끼리 클러스터링을 시도하여 대표성이 있는 토픽을 도출

[중소기업용 스마트제조 플랫폼에 대한 토픽 클러스터링 결과]

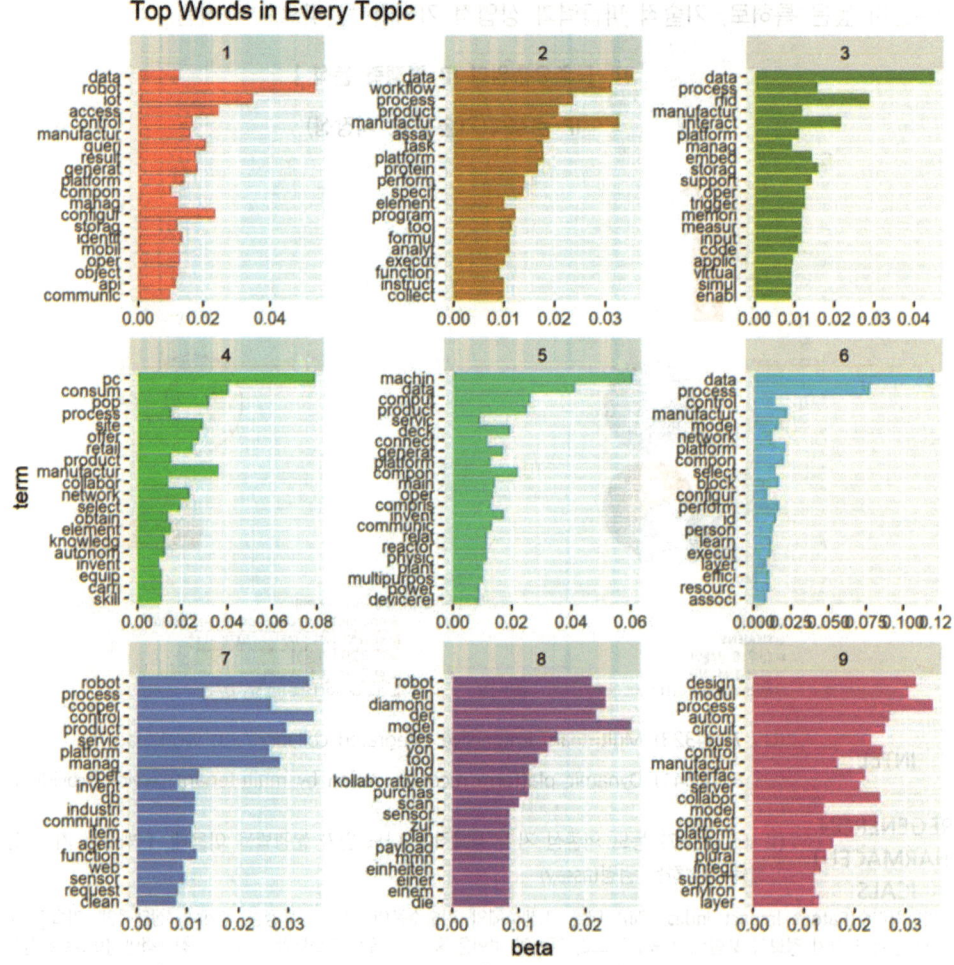

나. LDA[46] 클러스터링 기반 요소기술 도출

[LDA 클러스터링 기반 요소기술 키워드 도출]

No.	상위 키워드	대표적 관련 특허	요소기술 후보
클러스터 01	data, platform, process, industries, tool, entities, calculate, select, plural, configure	• Safety inspection method and device based on industrial internet operation system • Spreadsheet visualization for controlling an industrial process	생산정보 실시간 취득을 위한 IoT 플랫폼 기술
클러스터 02	platform, control, comprise, robot, oper, smart, plural, processor, component, test	• Centralized monitoring system and monitoring method for unmanned aerial vehicle to patrol power transmission line • Methodology of using the various capabilities of the smart box to perform testing of other functionality of the smart device	제조환경 데이터 실시간 처리 및 하드웨어 기반의 동기화 기술
클러스터 03	data, industries, cloud, platform, pick, analytic, store, item, collect, source	• Data-driven model construction for industrial asset decision boundary classification • Selective online and offline access to searchable industrial automation data	-
클러스터 04	process, control, platform, service, data, interface, communicate, field, automatic, server	• Collaborative automation system and nethod for the control thereof • Data transmission and control device in multi-node sensor network	-
클러스터 05	control, industries, platform, automatic, virtual, data, oper, asset, remote, generate	• Traceable emission remote monitoring system and method • Intellectual property exchange ecosystem for additive manufacturing	-
클러스터 06	application, platform, cloud, adapt, industries, configure, data, machine, automatic, template	• Method and platform for deployment of an industrial application on an edge computing device of a machine tool • Common gateway platform	스마트제조 어플리케이션 연동 기술
클러스터 07	plant, data, platform, network, oper, compute, tool, node, communicate, server	• Part supply device and takeout display device • Managing web-based refinery performance optimization	-
클러스터 08	sensor, data, signal, input, output, collect, switch, local, cross point, configure	• Methods and systems for the industrial internet of things • Relating welding wire to power source	-
클러스터 09	product, process, platform, manufacture, perform, data, control, locate, predict, vehicle	• Systems and methods for a real time configuring, ordering and manufacturing of color related products • Nozzle performance analytics	생산정보 실시간 취득을 위한 IoT 플랫폼 기술

---

46) Latent Dirichlet Allocation

전략제품 현황분석

다. 특허 분류체계 기반 요소기술 도출

☐ 중소기업용 스마트제조 플랫폼 관련 특허에서 총 10개의 주요 IPC코드(메인그룹)를 산출하였으며, 각 그룹의 정의를 기반으로 요소기술 키워드를 아래와 같이 도출

[IPC 분류체계에 기반한 요소기술 도출]

IPC 기술트리		요소기술 후보
(서브클래스) 내용	(메인그룹) 내용	
(G05B) 제어계 또는 조정계 일반; 이와 같은 계의 기능요소; 이와 같은 계 또는 요소의 감시 또는 시험장치	• (G05B-019) 프로그램제어계	-
	• (G05B-011) 자동제어장치	-
	• (G05B-023) 제어계 또는 그 일부의 시험 또는 감시 (G05B 19/048, G05B 19/406 프로그램 제어시스템의 모니터링)	클라우드기반 IoS(Internet of Service) 기술
(G06F) 전기에 의한 디지털 데이터처리	• (G06F-009) 프로그램제어를 위한 장치, 예. 제어장치	생산정보 실시간 취득을 위한 IoT 플랫폼 기술
	• (G06F-015) 디지털 컴퓨터 일반	-
	• (G06F-017) 디지털 컴퓨팅 또는 데이터 프로세싱 장비, 방법으로서 특정 기능을 위해 특히 적합한 형태의 것	-
(G06Q) 관리용, 상업용, 금융용, 경영용, 감독용 또는 예측용으로 특히 적합한 데이터 처리 시스템 또는 방법; 그 밖에 분류되지 않는 관리용, 상업용, 금융용, 경영용, 감독용 또는 예측용으로 특히 적합한 시스템 또는 방법	• (G06Q-050) 특정 사업 부문에 특히 적합한 시스템 또는 방법, 예. 공익사업 또는 관광	-
	• (G06Q-010) 경영; 관리	-
	• (G06Q-030) 거래, 예. 쇼핑 또는 전자상거래	-
(H04L) 디지털 정보의 전송, 예. 전신통신	• (H04L-029) 그룹 1/00에서 H04L 27/00의 하나에도 포함되지 않는 배치, 장치회로 또는 시스템	-

라. 최종 요소기술 도출

☐ 산업·시장 분석, 기술(특허)분석, 전문가 의견, 타부처 로드맵, 중소기업 기술수요를 바탕으로 로드맵 기획을 위하여 요소기술 도출

☐ 요소기술을 대상으로 전문가를 통해 기술의 범위, 요소기술 간 중복성 등을 조정·검토하여 최종 요소기술명 확정

[중소기업용 스마트제조 플랫폼 분야 요소기술 도출]

요소기술	출처
비정형 빅데이터(동영상, 이미지 등) 고속 분석 기술	전문가 추천
클라우드기반 IoS(Internet of Service) 기술	IPC 분류체계, 전문가 추천
생산정보 실시간 취득을 위한 IoT 플랫폼 기술	특허 클러스터링, IPC 분류체계, 전문가 추천
사용자 데이터 분석을 통한 사후관리 정보 지식화 기술	전문가 추천
제조환경 데이터 실시간 처리 및 하드웨어 기반의 동기화 기술	특허 클러스터링, 전문가 추천
스마트제조 어플리케이션 연동 기술	특허 클러스터링, 전문가 추천
중소기업용 플랫폼 글로벌화/표준화	전문가 추천
납기 예측 시뮬레이션 기술	전문가 추천

6. 전략제품 기술로드맵

가. 핵심기술 선정 절차

☐ 특허 분석을 통한 요소기술과 기술수요와 각종 문헌을 기반으로 한 요소기술, 전문가 추천 요소기술을 종합하여 요소기술을 도출한 후, 핵심기술 선정위원회의 평가과정 및 검토/보완을 거쳐 핵심기술 확정

☐ 핵심기술 선정 지표: 기술개발 시급성, 기술개발 파급성, 기술의 중요성 및 중소기업 적합성
- 장기로드맵 전략제품의 경우, 기술개발 파급성 지표를 중장기 기술개발 파급성으로 대체

[핵심기술 선정 프로세스]

① 요소기술 도출	→	② 핵심기술 선정위원회 개최	→	③ 핵심기술 검토 및 보완	→	④ 핵심기술 확정
• 전략제품 현황 분석 • LDA 클러스터링 및 특허 IPC 분류체계 • 전문가 추천		• 전략분야별 핵심기술 선정위원의 평가를 종합하여 요소기술 중 핵심기술 선정		• 선정된 핵심기술에 대해서 중복성 검토 • 미흡한 전략제품에 대해서 핵심기술 보완		• 확정된 핵심기술을 대상으로 전략제품별 로드맵 구축 개시

나. 핵심기술 리스트

[중소기업용 스마트제조 플랫폼 분야 핵심기술]

핵심기술	개요
비정형 빅데이터(동영상, 이미지 등) 고속 분석 기술	• 디바이스를 통해 수집된 가공되지 않은 비정형 빅데이터에 대한 가시화 및 빠른 분석을 수행하는 기술
클라우드 기반 IoS(Internet of Service) 기술	• 사물인터넷 디바이스나 센서가 연결된 클라우드의 데이터 처리 속도와 안정성을 높이는 기술
생산정보 실시간 취득을 위한 IoT 플랫폼 기술	• IoT를 통해 생산관리 및 품질관리와 관련된 모든 정보를 실시간으로 수집할 수 있는 기술
사용자 데이터 분석을 통한 사후관리 정보 지식화 기술	• 사용자가 경험한 데이터를 축적하여 데이터베이스화하고 이를 이용하여 빅데이터와 인공지능을 활용하기 위한 라이브러리 구축체계 등 지식화 기술
제조환경 데이터 실시간 처리 및 하드웨어 기반의 동기화 기술	• IoT를 통해 제조라인의 환경(기계, 사람, 주변환경) 정보를 실시간으로 수집할 수 있는 기술
스마트제조 어플리케이션 연동기술	• 스마트제조 어플리케이션간에 호환성을 보장하고 어플리케이션과 설비 간의 인터페이스를 원활하게 하는 표준과 기술

다. 중소기업 기술개발 전략

☐ IoT와 클라우드 등 국내 기술의 강점을 살린 플랫폼 개발

☐ 기술간 및 장비-어플리케이션간 원활히 연결되어 최적화하는 통합 플랫폼 개발

☐ 단순 디지털화를 통한 플랫폼 효과가 아닌 유연생산라인에 적합한 플랫폼 구현이 요구

라. 기술개발 로드맵

(1) 중기 기술개발 로드맵

[중소기업용 스마트제조 플랫폼 기술개발 로드맵]

중소기업용 스마트제조 플랫폼	중소기업에 적합한 필요한 모듈만 최적화된 가벼운 플랫폼 개발			
	2022년	2023년	2024년	최종 목표
비정형 빅데이터(동영상, 이미지 등) 고속 분석 기술	→→→→→→→→→→→→→→			대용량 빅데이터 실시간 분석 및 시각화 기술 개발
클라우드 기반 IoS(Internet of Service)기술	→→→→→→→→→→→→→→			제품공정과정의 산출물의 적절성 분석 및 평가기술 개발
생산정보 실시간 취득을 위한 IoT 플랫폼 기술	→→→→→→→→→→→→→→			비정형 데이터 준 실시간 분석
사용자 데이터 분석을 통한 사후관리 정보 지식화 기술	→→→→→→→			중소형 제조기업 대상 제어보안 침해사고 탐지 및 대응 플랫폼 개발
제조환경 데이터 실시간 처리 및 하드웨어 기반의 동기화 기술	→→→→→→→→→→→→→→			실시간 모니터링 기술
스마트제조 어플리케이션 연동기술	→→→→→→→→→→			설비 관리 및 운영 데이터 생성

(2) 기술개발 목표

☐ 최종 중소기업 기술로드맵은 기술/시장 니즈, 연차별 개발계획, 최종목표 등을 제시함으로써 중소기업의 기술개발 방향성을 제시

[중소기업용 스마트제조 플랫폼 핵심요소기술 연구목표]

핵심기술	기술 요구사항	연차별 개발목표			최종목표	연계R&D 유형
		1차년도	2차년도	3차년도		
비정형 빅데이터(동영상, 이미지 등) 고속 분석 기술	빅데이터 분석	비정형데이터 모델링 및 최적 관리 기능 개발	비정형 데이터 분석 기능 개발	인터랙티브 데이터 검색과 시각화	대용량 빅데이터실시간 분석 및 시각화 기술 개발	기술혁신
	비정형빅데 이터 분석속도와 매칭율	90%이상	95%이상	99%이상	제품공정과정의 산출물의 적절성 분석 및 평가기술 개발	창업형
	분석 정확도	분석 기술 완성	70% 이상의 정확도	90% 이상의 정확도	비정형 데이터 준 실시간 분석	기술혁신
클라우드 기반 IoS(Internet of Service)기술	침해탐지· 분석	국내외 선진 기술 동향 연구, 중소기업 보안 실태 조사, 제어 침해사고 탐지 및 대응 플랫폼 설계	제어보안 침해사고 탐지 및 대응 플랫폼 개발, 중소기업 제어 가이드라인 작성 및 배포	개발 기술의 상용화 준비 및 실증	중소형 제조기업 대상 제어보안 침해사고 탐지 및 대응 플랫폼 개발	기술혁신
생산정보 실시간 취득을 위한 IoT 플랫폼 기술	모니터링 기술	수집 데이터 정의	수집 데이터 연동	모니터링 기술 완성	실시간 모니터링 기술	상용화
사용자 데이터 분석을 통한 사후관리 정보 지식화 기술	설비 관리 및 운영의 전산화	설비 관리 및 운영 룰 생성	설비 관리 및 운영 데이터 생성	-	설비 관리 및 운영 데이터 생성	상용화
제조환경 데이터 실시간 처리 및 하드웨어 기반의 동기화 기술	재고DB, 레거시 연동 기술	3D 레이아웃 자동 빌더 개발	3D 재고검색 엔진 개발 및 레거시 연동 기술 개발	3D 재고검색 엔진 개발 및 레거시 연동 기술 고도화 및 상품화	3D 레이아웃 빌더 및 재고검색엔진 개발	기술혁신
스마트제조 어플리케이션 연동기술	제조 데이터 통합체계 구축	스마트제조 어플리케이션 인터페이스 표준 개발	데이터 수집부터 제어, 운영, 분석까지의 데이터 통합 연계기술 개발	기업간 스마트제조 어플리케이션 연동 및 통합 기술 개발	산업체-학교-연구기 관의 협력을 통한 통합 거버넌스 구축	산학연

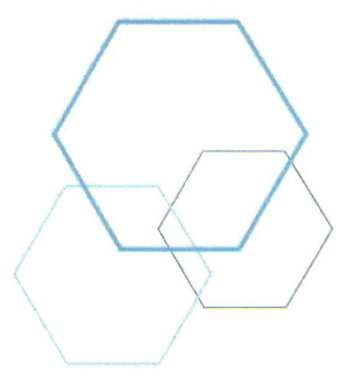

전략제품 현황분석

중소기업용 On-Site 엣지시스템

중소기업용 On-site 엣지시스템

정의 및 범위

- 장비 내에 자가진단이나 지능제어 기능들을 탑재하여 운영하는 설비 지능화 요소와 상위 시스템 계층의 최적 운영 부분을 연계하기 위한 네트워크 엣지단에서의 컴퓨팅 기술
- 엣지컴퓨팅 플랫폼은 IoT의 다양한 센서들로부터 발생하는 데이터를 센서 근처의 엣지 클라우드에서 처리하도록 하여, 기존에 비해 정보이동거리가 단축됨으로써 실시간 정보 교환이 용이해져서 실시간 IoT 서비스를 가능한 플랫폼으로 범위 설정

전략 제품 관련 동향

시장 현황 및 전망	제품 산업 특징
• (세계) 세계 엣지컴퓨팅 시장은 '19년 46억 달러 규모에서 '25년 약 323억 달러 규모로 연평균 38.4% 성장할 것으로 전망 • (국내) 국내 엣지컴퓨팅 시장은 '19년 1.1조 원 규모에서 '25년 5.5조 원 규모로 연평균 33.4% 성장할 것으로 전망	• 엣지컴퓨팅은 증가하는 대용량 데이터를 클라우드 형태로 처리하기 위하여 고안된 기술로 처리 방식이 중앙집중형에서 분산형으로 변화 • 센서 기술의 발달로 실시간 정보처리를 위한 클라우드 수요가 증가하고 있는 추세, 차세대 통신망 5G 상용화로 필요성 대두

정책 동향	기술 동향
• 정부는 클라우드 컴퓨팅을 구심점으로 엣지컴퓨팅 플랫폼 육성을 위한 정책을 추진증 • 대통령 직속 4차산업혁명위원회는 국가 ICT 역량 강화 및 초연결 지능화 인프라 구현과 확산을 위해 DNA(Data, Network, AI) 전략을 추진하며 실시간 엣지컴퓨팅과 IoT의 발전을 견인	• 스마트 제조 환경에서 데이터의 확보와 활용에 엣지컴퓨팅 기술이 적용중, 빠르게 다량 생성되는 데이터를 엣지 컴퓨팅을 활용하여 실시간 분석에 활용 • 엣지 클러스터간의 물리적인 레벨의 통신을 위한 표준 제정, 스마트팩토리, 자율주행자동차, 통신서비스 등에 범용화

핵심 플레이어	핵심기술
• (해외) Huawei, GE, Amazon, Hewlett-Packard Company, IBM, CIsco, Softbank Group, MS, Dell, Schneider Electric, Mitsubishi, Intel • (대기업) SK하이닉스, LG CNS, 삼성SDS, 삼성전자, SKT • (중소기업) 마인즈랩, 엑세스랩	• 엣지 데이터 모니터링 기술 • 엣지 대용량 데이터 처리 기술 • 엣지 네트워크 연계 기술 • 엣지 시스템 보안 기술

중소기업 기술개발 전략

→ 기존의 통신인프라와 클라우드 시스템과의 호환성을 극대화하여 범용성 확보를 위한 개발
→ 클라우드 서비스 중심으로 엣지 컴퓨팅 플랫폼 기반 구축 기술 개발
→ 클라우드 서비스와 연계가 가능한 실시간 대용량 데이터 선별/분석/전송 시스템의 기술개발
→ IoT 서비스 실시간성과 엣지 시스템 간 데이터의 손실 방지를 보장하기 위한 인터페이스 기술개발

1. 개요

가. 정의 및 필요성

(1) 정의

- ☐ 장비 내에 자가진단이나 지능제어 기능들을 탑재하여 운영하는 설비 지능화 요소와 상위 시스템 계층의 최적 운영 부분을 연계하기 위한 네트워크 엣지단에서의 컴퓨팅 기술
  - 장비 내에 자가진단이나 지능제어 기능들을 탑재하여 운영하는 설비 지능화 요소와 상위 시스템 계층의 최적 운영 부분을 연계하기 위한 네트워크 엣지단에서의 컴퓨팅 기술
  - 엣지컴퓨팅은 데이터를 지역에서 분류하고, 일부를 지역에서 처리함으로써 중앙 리포지토리(repository)로의 백홀 트래픽(backhaul Traffic)을 축소
    - 작은 크기에 컴퓨터, 스토리지, 네트워크 연결을 포함하고 있으며, 로컬 기기로 데이터를 전송하는 IoT 기기들에 의해서 작업수행

[스마트제조에서 스마트제조용 엣지컴퓨팅 플랫폼의 위치]

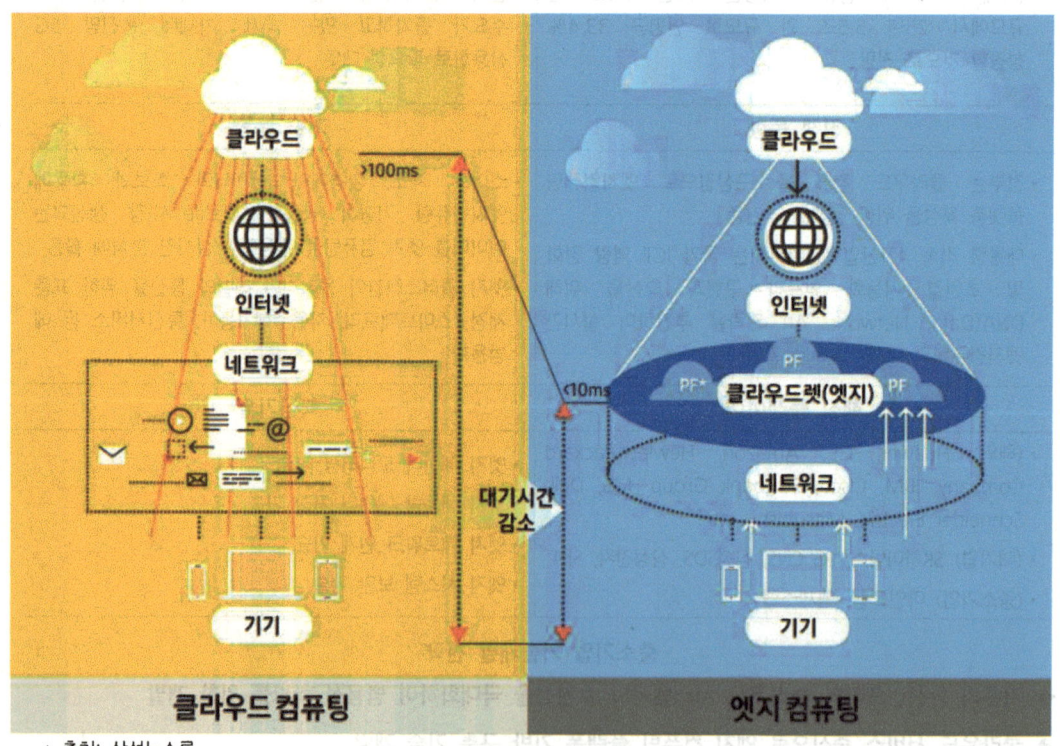

* 출처: 삼성뉴스룸

(2) 필요성

☐ 엣지컴퓨팅 기술은 중앙에서 연산을 수행하는 클라우드에 비해 로컬(Local) 연산 처리를 늘린 형태로 지연 시간이 짧으며, 범용성이 크다는 장점이 있음

- 엣지컴퓨팅은 IoT 사물에서 직접 데이터 처리가 가능하므로 클라우드 컴퓨팅보다 연산 능력이 떨어지지만, 응답속도가 빠르고 광대역 통신도 불필요
- 매우 빠른 속도의 응답을 요구하는 산업 분야에는 클라우드보단 엣지 컴퓨팅이 효율적
- 안정성을 요구하는 자율주행 자동차, 항공 엔진, 드론은 순간적인 네트워크 지연

☐ 증가하는 데이터 용량으로 새로운 방식의 분산 처리 시스템 요구

- 실생활에서 사용되는 데이터 생산 기기들이 증가함에 따라 처리해야할 데이터 양도 기하급수적으로 증가, 중앙에서 처리하는 시스템보단 분산 시스템에 대한 필요성 대두
  - 데이터 부하를 더 효율적으로 처리하고 데이터의 전송과 저장에 따른 네트워크 및 스토리지, 컴퓨팅 자원에 요구되는 부담을 덜기 위해 엣지컴퓨팅이 필요
- 많은 데이터를 클라우드로 전송하는 과정에서 발생하는 네트워크 부하를 엣지컴퓨팅을 활용하여 중간에서 처리 시 매번 많은 양의 데이터를 중앙 데이터센터로 전송하는 과정 단축 가능
- 방대한 데이터를 저장하기 위한 저장소도 더 늘어나야 하고, 이를 처리하기 위한 연산성능도 더 높아져야 하는데, 수집된 빅데이터 중에는 전처리 되지 않은 데이터들이 상당량 차지함을 고려
  - 엣지컴퓨팅은 데이터에 대한 1차 전처리 이후 꼭 필요한 결괏값만 중앙의 클라우드로 전송할 수 있고, 클라우드에서 처리하는 것이 효율성이 높거나 데이터를 통해 지능형 가치 창출 서비스를 위한 정보만을 걸러서 보내는 역할 수행

☐ 스마트제조의 확산에 따라 엣지컴퓨팅 수요 증가로 시장 확대

- 스마트제조가 고도화될수록 제조 애플리케이션 시스템 구축 및 통합 활용의 필요성이 더욱 증가하고 있고, 시스템 간의 유연성, 지능성, 실시간성에 대한 요구도 증대
- 공장에서 생산되는 데이터가 점점 기하급수적으로 늘어나 서버 부하가 염려되는 가운데 데이터를 빠르고 효율적으로 처리하는 엣지컴퓨팅은 스마트제조에서 더욱 주목받을 전망

[클라우드 컴퓨팅과 엣지컴퓨팅의 비교]

속성	클라우드 컴퓨팅	엣지컴퓨팅
지연시간	길다	빠르다
서비스지역	인터넷	로컬네트워크 인근
지역식별	불가능	가능
해킹 가능성	높음	낮음
통신방식	중앙집중식	분산형
서버 수	적음	많음
이동성 지원	제한적	광범위

* 출처 : NxtGen, KB금융지주 경영연구소

- 엣지컴퓨팅은 2018년 가트너에서 선정한 10대 전략기술의 하나로 다양한 분야에서 응용
  - 엣지컴퓨팅의 장점은 데이터 처리의 지연시간을 줄이고, 즉각적인 현장 대처가 가능한 것
  - 클라우드 컴퓨팅을 좀 더 정교하고 효율적으로 만들기 위한 개념으로 등장한 엣지컴퓨팅은 가성비가 좋아진 프로세서(Processor)의 대중화에 따라 확산이 촉진 중
  - 데이터를 전송하기 위한 네트워크의 상태는 항상 일정한 수준이 보장(QoS Grantee)되지 않으며, 특정 인기 콘텐츠나 이벤트의 발생에 따라 날짜와 시간대별로 네트워크 사용량이 폭주하여 지연 발생 가능
  - 분산되어있는 소형 서버가 사용자에게 꼭 필요한 데이터를 선별·처리하여 전달하면 처리 속도 및 정확성 향상

- AR 안경, VR HMD용 필수 핵심기술인 5G 연동을 위한 엣지컴퓨팅 수요 예상
  - 5G 대용량 영상을 빠르게 분석하고, 초저지연으로 대응하기 위해 통합관제 센터가 아닌 엣지단에서 대용량 이동형 CCTV 영상분석 및 대응 시스템도 기술개발 진행 중
  - 마이크로소프트와 델, 휴렛패커드는 엣지컴퓨팅에 각 50억 달러, 10억 달러 투자 계획('18년)

[엣지 컴퓨팅의 역사]

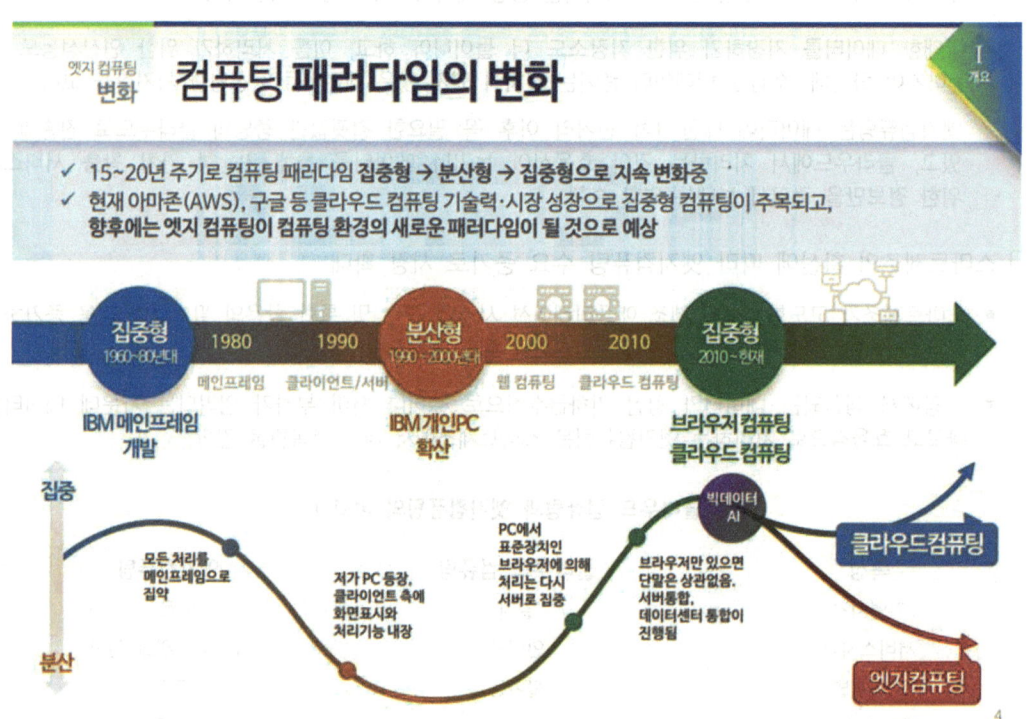

* 출처: 피티위즈 제공(2019)

나. 범위 및 분류

(1) 가치사슬

☐ 후방산업으로는 IoT와 엣지컴퓨팅에 사용되기 위한 핵심기술 및 부품산업인 프로세서, 메모리, 센서 등 반도체 산업, 클라우드 OS 및 가상화 기술 등 SW플랫폼 산업, 저지연 고속 통신을 위한 네트워크 산업, SW보안 관련 기술 산업 등 존재

- 프로세서는 초고밀도 집적기술에 따라 멀티코어(Multi-core) 및 매니코어(Manycore)의 병렬 프로세싱 형태를 넘어 인간의 뇌를 모방한 형태의 뉴로모픽(Neuromorphic) 형태로 진화
- 메모리, 센서 등에 활용되는 반도체는 여러 기능을 칩 하나에 탑재한 SoC 형태로 발전하고 있으며, 기존의 단순한 저장 또는 탐지 기능을 넘어 지능적인 서비스를 제공할 수 있는 형태로 진화
- 가상화(Virtualization)는 물리적인 컴퓨터 자원을 추상화하여, 분산컴퓨팅 환경을 가능하게 만드는 기술로, 최근에는 컨테이너 기반의 가상화 기술이 주목받는 중

☐ 전방산업으로는 실시간 IoT와 엣지컴퓨팅을 필요로 하는 스마트제조, 실시간 감시 및 관리 시스템, 원격제어 시스템, VR·AR, 사물인터넷 등 존재

- 스마트제조는 공장 자동화와 공정 간의 불량 및 위험 요소 제거, 장비의 유지보수 관리를 위해 엣지컴퓨팅과 클라우드 컴퓨팅으로 각각 신속한 대응, 지능적인 서비스로 이분된 작업을 함으로써, 공장의 제어 효율성과 신뢰성을 향상

☐ 엣지컴퓨팅은 엣지 노드에서 필요한 임베디드 시스템, 지능형 SoC 반도체, 인공지능을 접목한 데이터 학습·분석 알고리즘, 클라우드 컴퓨팅으로 구성

- 실시간 IoT의 실현을 위해 데이터의 수집과 분석에 짧은 시간이 소요되는 컴퓨팅 파워, 필요한 데이터만 걸러내어 학습하는 알고리즘, 판단한 결괏값을 신속하게 배포 또는 피드백(Feedback)하기 위한 고속 통신이 필수적

[스마트제조용 엣지컴퓨팅 플랫폼의 산업구조]

후방산업	스마트제조용 엣지컴퓨팅 플랫폼	전방산업
프로세서, 메모리, 센서 등 반도체 산업, SW플랫폼(클라우드 OS, 가상화 등), 네트워크, 보안 관련 기술	임베디드, 지능형SoC반도체, 알고리즘	스마트제조, 실시간 감시·관리 시스템, 원격시스템, VR·AR, 사물인터넷 등

(2) 용도별 분류

☐ 엣지컴퓨팅의 적용 분야는 매우 다양하고 지속적으로 확대 중

- (안전성) 자율주행차, 항공 엔진 드론 등 순간의 네트워크 지연이나 데이터 전송 오류가 치명적인 사고로 이어질 수 있는 분야에 적용
- (즉시성) 연안 석유 시추 시설, 사막 물 분사 펌프 등 산업기계 자체가 중앙서버에서 멀리 떨어진 곳에 있어 중앙서버와 연결해야 하거나, 증강현실 가상현실 등 사람의 시청각 반응 능력은 매우 예민하기 때문에 가상현실 몰입감에 영향을 미칠 수 있는 분야에 적용
- (효율성) 제조 기업의 스마트제조에서는 대규모의 센서 데이터가 발생하며 이에 효율적인 처리가 필요한 스마트제조에 적용

[용도별 분류]

활용성격	적용 분야	세부 내용
안전성	자율주행차	• 순간의 네트워크 지연이나 데이터 전송 오류가 치명적인 사고로 이어질 가능성이 존재
	항공엔진, 드론	
즉시성	연안 석유시추 시설	• 산업기계 자체가 중앙 서버에서 멀리 떨어진 곳에 위치해 있어 중앙서버와의 연결
	사막 물 분사 펌프	
	증강현실	• 사람의 시청각 반응 능력은 매우 예민하기 때문에 불과 몇 백 ms 차이만으로도 가상현실 몰입감에 영향을 주는 것으로 분석
	가상현실	
	생채(음성/안면)인식	
효율성	스마트제조	• 제조 기업의 스마트제조에서는 대규모의 센서 데이터가 발생하며 이에 효율적인 처리가 필요

2. 산업 및 시장 분석

가. 산업 분석

◎ **클라우드 컴퓨팅의 단점을 보완한 엣지 컴퓨팅**

☐ 엣지 컴퓨팅 솔루션은 생산 현장의 방대한 데이터를 서로 연결하거나 제어 데이터에 맞추고, 시간별로 배열하는 등 1차 처리를 하여 데이터를 더욱 쉽게 분석하도록 지원

☐ 엣지 컴퓨팅의 실현으로 생산 현장의 데이터를 클라우드로 올리는 과정에서 노하우 유출이나 시간 지연 등의 부작용도 최소화

[모바일 엣지 컴퓨팅 MEC]

* 출처: 모바일 엣지 컴퓨팅 'MEC를 아시나요? 4차 산업혁명 뉴스(2019)'

전략제품 현황분석

☐ 각 End point에서 직접 데이터를 수집해 처리하는 엣지컴퓨팅은 광대역이 필요하지 않고, 응답속도가 빨라 스마트제조 구축에 있어 새로운 대안으로 제시

- 스마트제조는 센서로부터 막대한 양의 데이터가 생성되는데, 효율적인 데이터 처리를 위해서는 클라우드 컴퓨팅보다 엣지컴퓨팅 시스템이 더욱 적합
  - 엣지컴퓨팅을 활용하면 센서에서 발생하는 데이터를 중앙 데이터 센터까지 보내지 않아도 되며, 중앙 데이터센터에는 엣지컴퓨팅으로 줄어든 데이터만 송신하면 되기 때문에 네트워크 및 스토리지 자원 비용도 절감
- 엣지컴퓨팅 도입으로 데이터의 과부하 대폭 감소하고, 한 번 처리된 데이터를 클라우드로 보내게 되면 프라이버시 정책을 강화할 수 있어 보안을 강화 가능
  - 엣지컴퓨팅은 최신 사이버 보안 기능을 시스템에 내장하여, 전송 단계에서의 데이터 보안 위협과 데이터 오염 위험을 감소
- 클라우드 컴퓨팅을 사용했을 때 서버가 마비되면 치명적인 타격을 입지만 엣지 컴퓨팅을 사용하면 자체적으로 컴퓨팅을 수행하기 때문에 효과적으로 장애 대응 가능

☐ 엣지컴퓨팅을 효과적으로 적용한 사례 증가

- 일본 기업은 빅데이터, 클라우드 등 대부분의 IT분야에서 미국과 독일 등이 이미 한발 앞서 나가고 있는 상황에서 '엣지 컴퓨팅'에 집중하는 중
  - 대표적으로 도시바, 미쓰비시, 후지쯔 등은 엣지 컴퓨팅을 활용한 다양한 솔루션을 개발
  - 도시바의 '마이스터(Meister)'는 엣지컴퓨팅을 활용하여 제품 기획, 설계, 생산, 운전, 보수 등 제조 현장에서 발생하는 정보를 체계적으로 수집·축적하여 생산 현장에서 즉각 활용할 수 있는 솔루션
- IoT를 산업에 가장 먼저 도입한 제너럴 일렉트릭(이하 GE)의 프리딕스(Predix)는 대표적인 엣지 컴퓨팅 플랫폼
  - 자사의 1조 개의 관리 자산에 부착된 1천만 개가 넘는 센서에서 발생하는 대용량 데이터를 분산 저장하여 수집, 분석, 모니터링
  - 프리딕스는 특정 산업 분야가 아닌 제조, 의료, 에너지 등 전 산업에 확산·적용 중

◎ 계속 넓어지는 응용 분야

☐ 스마트제조에서는 불량률을 줄이고, 기계의 장애·오작동을 방지하거나 대응하기 위해 실시간 IoT 엣지컴퓨팅을 활용

- 업계는 데이터를 효율적으로 수집할 수 있는 IoT 장비와 수집된 데이터를 초기 분석하거나 전처리할 수 있는 엣지 클라우드 장치를 개발

☐ 스마트카는 수 ms 이하로 주행 차량의 주변 상황을 판단하여 적정 제어를 수행하는 것이 필요하여, 정확한 데이터수집과 최적화된 알고리즘을 통해 단시간 내에 분석을 수행

- 엣지컴퓨팅을 통해 확보한 주행 데이터는 종종 중앙의 클라우드 데이터센터에 전송하여 지능형 서비스를 위한 학습데이터로 활용하고, 주기적으로 단말 차량에 업데이트 가능

☐ 건설 산업은 실시간 IoT 엣지컴퓨팅을 통해 모든 건설 현장의 장비와 데이터를 통합 분석하여, 장비의 가동 중지 시간을 최소화하는 클라우드 시스템 개발

☐ 금융 분야에서 발생할 수 있는 부정행위에 대해 초당 수백만 개 이상의 이벤트를 받고 처리할 수 있는 실시간 메시지 수집 기술을 통해 감지하고 차단하는 시스템을 개발하고 있으며 MS-Azure와 같은 벤더들이 제공하는 클라우드 시스템과 연동

☐ 스마트시티 분야는 도심 내의 건물, 교통인프라, 차량, 감시카메라, 시민 등으로부터 수집하는 데이터의 양이 매우 많아 엣지 클라우드 컴퓨팅의 지원이 필요한 분야

- 실시간성 서비스가 많아 저지연 고속 통신 및 데이터 분석 기술 수요가 매우 큰 것으로 분석

☐ 드론을 비롯한 항공·우주 분야도 실시간 IoT와 엣지컴퓨팅의 큰 수요분야로 드론의 활동반경을 넓히고 더 다양한 임무 수행

- 항공기와 우주선의 안전한 동작을 위해 중앙 클라우드와 연결이 단절되더라도 지능적으로 기능 수행

☐ 엣지컴퓨팅 확산을 가속화하기 위해 최근 오픈포그 컨소시엄(OpenFog Consortium, OFC)과 산업용 인터넷 컨소시엄(Industrial Internet Consortium, IIC)이 합병

- 시스코, 주니퍼, 마이크로소프트 등이 주도하는 IIC는 주로 IIoT 확산을 통한 비즈니스 혁신에 중점을 두고 있으며, OFC는 포그컴퓨팅으로 IoT나 5G, AI 애플리케이션과 관련된 대역폭, 지연, 통신 문제를 해결하는 데 중점

◎ 중소기업이 기술개발하기 적합한 엣지컴퓨팅

☐ 진입장벽이 상대적으로 낮으며 초기기술이기 때문에 국내 중소기업이 접근하기 용이한 분야

☐ 엣지컴퓨팅은 IoT, ABC(AI, Bigdata, Cloud)산업과 연관이 매우 깊을 뿐만 아니라, IoT와 엣지 노드에 필요한 센서, CPU, 메모리 등 반도체 산업을 근간으로 하는 분야

☐ 지능형 반도체 산업은 IoT의 고도화와 타 산업 융합을 위해 반드시 선행되어야 하는 산업으로 IoT에서 반도체가 차지하는 비중은 9~12% 이상

◎ 엣지컴퓨팅을 포함하는 클라우드컴퓨팅 활성화 정책

☐ 정부는 지속적인 클라우드컴퓨팅 활성화 방안을 통해 법과 제도로 관련 시장 육성

- 지난 2009년 「범정부 클라우드 컴퓨팅 활성화 종합계획」을 시작으로 2015년 세계 최초 「클라우드 컴퓨팅법」을 제정하였고, 같은 해 「제1차 클라우드 컴퓨팅 발전 기본계획」을 수립하여 법·제도적인 기반 마련

- 「제2차 클라우드 컴퓨팅 발전 기본계획('18.12.)」을 통하여 클라우드 활용을 위한 제도개선, 특화플랫폼을 통한 시장경쟁력 확보, 기술 및 인력 확보를 통한 생태계 조성 등의 중점 추진과제를 선정하는 등 클라우드 활성화에 적극적인 행보

- IoT와 연계한 클라우드를 통해 기존 농림수산업 및 제조업 등의 전통산업을 고도화시키고, 지능형 의료·교육·금융 등 새로운 서비스를 창출하며, 재해·재난 대응 및 환경문제 등 사회문제 해결형 솔루션을 구축하고자 프로젝트를 추진

☐ 대통령 직속 4차산업혁명위원회는 국가 ICT 역량 강화 및 초연결 지능화 인프라 구현과 확산을 위해 DNA(Data, Network, AI) 전략을 추진하며 실시간 엣지컴퓨팅과 IoT의 발전을 견인할 것으로 기대

- 「데이터 산업 활성화 전략」은 데이터의 수집·저장·유통·활용의 전반적인 혁신방안으로 데이터 이용 제도개선으로 데이터 경제를 활성화하고 글로벌 경쟁력을 갖추고자 하는 전략

- 「초연결 지능형 네트워크 구축 전략」은 모든 사람과 사물이 네트워크에 연결되고 데이터가 끊임없이 수집 및 축적되어 이러한 데이터를 인공지능을 통해 분석 활용하고자 하는 전략으로 5G 통신, IoT 연결 기기 확대, 인공지능 SW 기반의 안전한 네트워크를 실현하고, 초고속 인터넷을 전국 모든 곳에 보급하고자 하는 전략

☐ 엣지컴퓨팅과 클라우드 컴퓨팅의 비교

- 엣지 컴퓨팅은 주로 네트워킹 요구 사항 또는 기타 제약으로 인해 클라우드 컴퓨팅의 중앙집중식 접근 방식으로 적절히 해결할 수 없는 활용 사례 처리

- 엣지 컴퓨팅은 여러 소규모 컴퓨팅사이트에 중점을 두어 네트워크 비용을 절감하고 대역폭 제한을 피하며, 전송 지연과 서비스 장애를 줄이고, 민감한 데이터의 이동을 더욱 효과적으로 제어

- 로드 시간이 수백 밀리초 단위로 단축되고 사용자 가까이에서 배포되는 온라인 서비스를 통해 동적 및 정적 캐시 기능을 모두 지원 가능하여 최종 사용자에게 더욱 빠르고 일관성 있는 사용자 환경을 제공할 수 있고 기업과 서비스 제공업체는 실시간 모니터링이 가능하며 지연시간이 짧고 가용성이 높은 애플리케이션 구현 가능

◎ '5G+ 전략'에 나타난 정부의 육성 의지('26년 글로벌 시장 점유율 10% 달성)

☐ (핵심기술 확보) 초저지연 서비스 실현을 위한 산업용 지능형 엣지컴퓨팅 핵심기술 개발 추진

- (플랫폼) 실시간·지능적 데이터 처리가 필요한 주요 산업현장에 적용 가능한 클라우드 엣지 플랫폼 기술개발
- (서버) 가혹한 산업환경에서 운용할 수 있고 서비스 특성에 따라 확장 재구성이 가능한 차세대 엣지 서버 개발

☐ (테스트베드 구축) 엣지컴퓨팅 기반 5G 융합 서비스 테스트베드 구축

- 국내연구개발망 중심노드(판교)에 5G코어/엣지/기지국을 구축하고, 지역거점에 엣지/기지국 구축하여 거점 단위 테스트베드 구축 추진
- 5G 엣지 융합 서비스 시험검증 과제를 통해 시제품·서비스에 대한 성능, 보안성, 안정성 및 상호호환성 시험서비스 제공

◎ 국내 이동통신사들의 엣지시스템

☐ 국내 이동통신사들은 2018년 12월 5G 상용화 발표를 계기로 MEC 도입 계획을 공개하고 글로벌 기업과 제휴를 통해 생태계를 형성할 전망

- SKT는 독일 모바일엣지엑스(MobiledgeX)와 MEC 협업을 위한 업무협약을 체결하고 MEC 핵심기술을 공동개발, 플랫폼 연동과 생태계 확대, 비즈니스 모델 개발 등을 추진
- KT는 인텔과 제휴하고 최신 프로세서 기술과 메모리, 네트워크 가속화 기술 등을 활용해 초저지연, 대용량 기반의 엣지 플랫폼 설계를 추진하며 5G 기반의 VR, 클라우드 게임 등 엣지컴퓨팅이 필요한 신규 서비스를 공동개발할 계획
- LG유플러스는 B2B 분야에서 실시간 원격제어 기반의 MEC와 초저지연 영상처리 기술을 확보할 계획이며, MEC를 기반으로 자율주행 스마트팩토리 등 분야에서의 시장확보 전략을 추진할 계획

나. 시장 분석

(1) 세계시장

☐ 세계 엣지컴퓨팅 시장은 2019년 46억 달러 규모에서 2025년 323억 달러 규모로 연평균 38.4% 성장할 것으로 전망

- 클라우드 엣지컴퓨팅 시장 규모는 작지만, 연평균 성장률과 도입 증가율, 적용 분야의 확대 등으로 보았을 때, 시장의 규모는 지속적으로 확대될 전망
  - 기술 개발 초기 단계이고 구현 및 운영 모델이 아직 성숙하지 않음

[엣지컴퓨팅 분야 세계 시장규모 및 전망]

(단위 : 십억 달러, %)

구분	'19	'20	'21	'22	'23	'24	'25	CAGR
세계시장	4.6	6.4	8.8	12.2	16.9	23.4	32.3	38.4

* 출처: Edge computing market size, GrandviewResearch 2021

☐ 엣지 시스템의 광범위한 사용

- IT 인프라, 연결, 애플리케이션 개발, 트래픽 전달 및 서비스 관리 등 사용
- 하드웨어 및 소프트웨어 솔루션과 네트워킹 아키텍처를 동시에 제공

☐ 코로나19 전염병으로 엣지 컴퓨팅 및 데이터 센터 성장

- 의료 및 통신 부문에 성장
- 전염병의 생활방식이 바뀌면서 재택근무가 뉴 노멀이 되고 의료 시스템이 온라인 상담을 통해 저지연 연결성과 높은 보안성을 요구하는 네트워크 인프라가 형성 예상

☐ 엣지 컴퓨팅은 특정 사용 사례를 위해 구축된 이국적인 아키텍처와 장비를 갖춘 솔루션별 기술

- 5G 및 네트워크 기능 가상화, 스트리밍 게임, 차세대 CDN 및 클라우드 등

□ 산업용 제어 관련 세계시장 규모는 2019년 341억 달러 수준에서 2025년 453억 달러가 넘는 시장으로 연평균 약 4.7%씩 성장할 것으로 전망

- 분산 제어 시스템(DCS)은 2019년 159억 달러에서 연평균 성장률 5%로 증가하여, 2025년에는 214억 달러에 이를 것으로 전망

- 프로그램 가능 논리 제어기(PLC)는 2019년 138억 달러에서 연평균 성장률 3.2%로 증가하여, 2025년에는 165억 달러에 이를 것으로 전망

- 인간-기계 인터페이스(HMI)는 2019년 43억 달러에서 연평균 성장률 9.9%로 증가하여, 2025년에는 74억 달러에 이를 것으로 전망

[산업용 제어 관련 세계시장 규모 및 전망]

(단위 : 십억 달러, %)

분야	'19	'20	'21	'22	'23	'24	'25	CAGR
DCS	15.9	16.8	17.6	18.5	19.4	20.4	21.4	5.0
PLC	13.8	14.2	14.7	15.1	15.5	16.0	16.5	3.2
HMI	4.39	4.8	5.2	5.7	6.2	6.8	7.4	9.9
제어 종합	34.1	35.8	37.5	39.3	41.1	43.2	45.3	4.7

* 출처: Marketsandmarkets, Industrial Control And Factory Automation Market, 2019를 발췌 인용

(2) 국내시장

☐ 국내 엣지컴퓨팅 시장은 세계 엣지컴퓨팅 시장의 자료와 국내 스마트제조의 세계시장 점유율을 기준으로 산정하면, 2019년 1조 111억 원 규모에서 2025년 5조 5,963억 원 규모로 연평균 33.4% 성장할 것으로 전망

[엣지컴퓨팅 분야 국내 시장규모 및 전망]

(단위 : 억 원, %)

구분	'19	'20	'21	'22	'23	'24	'25	CAGR
국내시장	10,111	13,447	17,885	23,787	31,637	42,077	55,963	33.4

* 출처: 자율형 공정제어 관련 세계시장 및 국내시장의 비율을 바탕으로 상기 세계 엣지 컴퓨팅 시장에 동일 비율 적용으로 네모아이씨지에서 추산

☐ 산업용 제어 관련 국내시장 규모는 2019년 1.7조 원 수준에서 2025년에는 약 2.8조 원이 넘는 시장으로 연평균 약 8.1%씩 성장할 것으로 전망

- 분산 제어 시스템(DCS)은 2019년 7,776억 원에서 연평균 성장률 7.4%로 증가하여, 2025년에는 약 8,930억 원에 이를 것으로 전망
- 프로그램 가능 논리 제어기(PLC)는 2019년 5,702억 원에서 연평균 성장률 6.6%로 증가하여, 2025년에는 약 8,930억 원에 이를 것으로 전망
- 인간-기계 인터페이스(HMI)는 2019년 4,276억 원에서 연평균 성장률 10.6%로 증가하여, 2025년에는 약 6,950억 원에 이를 것으로 전망

[산업용 제어 관련 국내시장 규모 및 전망]

(단위 : 억 원, %)

분류	2019	2020	2021	2022	2023	2024	2025	CAGR
DCS	7,776	8,398	9,069	9,795	10,579	11,425	12,270	7.4
PLC	5,702	6,158	6,651	7,183	7,758	8,378	8,930	6.6
HMI	4,276	4,618	4,988	5,387	5,818	6,284	6,950	10.6
제어 종합	17,754	19,174	20,708	22,365	24,155	26,087	28,200	8.1

* 출처: Marketsandmarkets, Industrial Control And Factory Automation Market, 2019를 발췌 인용

3. 기술개발 동향

□ 기술경쟁력
- 중소기업용 On-Site 엣지 시스템은 미국이 최고기술국으로 평가되었으며, 우리나라는 최고기술국 대비 70.3%의 기술 수준을 보유하고 있으며, 최고기술국과의 기술격차는 2.1년으로 분석
- 중소기업의 기술경쟁력은 최고기술국 대비 60.5%, 기술격차는 2.6년으로 평가
- 유럽(88.2%)>일본(86.0%)>한국>중국(66.4%)의 순으로 평가

□ 기술수명주기(TCT)[47]
- 중소기업용 On-Site 엣지 시스템은 5.45의 기술수명주기를 지닌 것으로 파악

가. 기술개발 이슈

◎ 실시간 데이터처리를 위한 엣지컴퓨팅

□ 엣지컴퓨팅 기술플랫폼의 핵심은 중앙 클라우드로 전송되는 데이터의 양을 줄여서 불필요한 데이터 전송을 없애고, 네트워크와 시스템의 응답 시간을 최대한 줄이는 것
- 빠르게 처리해야 하는 중요 작업에 대한 데이터와 분석결과를 가능한 최신상태로 유지하면서, 사이버 보안 또한 단순화시킬 수 있어서 전체적으로 시스템이 신속하고 안정적으로 구동
- 시스템이 경량화되고 소 군집화됨에 따라, 상대적으로 동일 성능 대비 지능적인 서비스를 최적화하는 방향으로 발전하여, 자원 비용을 적게 소모하며 가장 합리적인 서비스 제공
- 디바이스 근처의 네트워크 인프라로 데이터와 컴퓨팅 파워를 옮기는 방법과 엣지층 최종 디바이스의 컴퓨팅 부하를 덜어주는 방법으로 실행 부하와 지연 감소
- 엣지디바이스의 박스형 데이터센터인 클라우드렛, 기지국 역할을 확장하는 모바일 엣지컴퓨팅(MEC), 가상의 위치인식 분산 엣지컴퓨팅 플랫폼을 제공하는 포그컴퓨팅, 애플리케이션에 주문형 자원을 제공하여 엣지 부하를 낮추는 모바일 클라우드컴퓨팅(MCC), IoT 구조층과 교차하는 애플리케이션 실행 부하에 대한 협력 분산에 초점을 둔 디바이스층의 분산컴퓨팅
- MEC(Multi-access Edge Computing) 기반의 엣지서비스가 5G 기술의 핵심 동력으로 이슈화되고 있으며 MEC의 핵심기술은 소비자 맞춤형 분산 클라우드 기술로, ETSI에 의해 표준화가 진행되고 있으며 모바일 코어망의 혼잡도를 줄여 망 증설 비용 절감과 QoS에 기여

---

[47] 기술수명주기(TCT, Technical Cycle Time): 특허 출원연도와 인용한 특허들의 출원연도 차이의 중앙값을 통해 기술 변화속도 및 기술의 경제적 수명을 예측

☐ 제조 데이터 처리용 엣지컴퓨팅 기술은 빠르고 정확한 서비스를 위한 연결 안정성, 데이터의 최적화와 지능적 분석, 보안성, 실시간성을 추구

- 스마트제조에서는 불량률을 줄이고, 기계의 장애·오작동을 방지하거나 대응하기 위해 실시간 엣지컴퓨팅을 활용하고자, 업계는 데이터를 효율적으로 수집할 수 있는 IoT 장비와 수집된 데이터를 초기 분석하거나 전 처리 할 수 있는 엣지 클라우드 장치를 개발 중

- 실시간 보장을 위해서는 우선 빠른 데이터 분석을 위하여 기존 데이터 분석 패러다임의 전환이 필요하고, 엣지컴퓨팅을 활용한 데이터의 전처리에 초점을 맞춘 플랫폼이 개발 중
  - IoT 단말로부터 수집한 데이터를 엣지 클라우드의 자체적인 분석을 통해 정상적인 데이터와 그렇지 않은 데이터를 분류하고, 정상데이터의 분석·처리를 거친 후 다시 중앙 데이터센터에 전송하여 고도로 정제된 빅데이터 시스템을 실현

☐ 엣지 클러스터 간의 물리적인 레벨의 통신을 위한 표준이 필요하며, 이더넷(Ethernet) 기반의 와이파이(Wi-Fi), 근거리 통신인 블루투스 등에서 저전력 장거리 통신인 LPWA, LTE-MTC, LTE-A 등으로 통신의 진화가 필요

- 저전력 장거리 통신(LPWA) 및 LTE-MTC는 기존의 Bluetooth, Wi-Fi, Zigbee에 비해 접속 안정성 및 커버리지 성능이 향상된 통신 표준

- LPWA는 통신 장애요인이 많은 도심, 대규모 공장 및 시설물 내부 등과 같은 곳에서 안정적인 커버리지 확보를 위해 일반적으로 1GHz 이하의 낮은 대역 주파수를 활용하며, 사물인터넷 망의 구축 비용 절감 및 사물 단말의 배터리 수명을 길게 하여 유지·관리 비용 절감할 수 있으며, SigFox와 LoRa WAN(Long Range Wide Area Network)등이 포함

- LTE-MTC(LTE-M)는 이동통신표준화기구(3GPP)가 규정한 사물인터넷 전용 4G 기반의 통신 규격으로 LTE-A로 발전
  - 기존의 LTE 네트워크를 큰 추가 비용 없이 활용할 수 있으며, 1ms 이내의 짧은 시간의 데이터 송수신시간으로 실시간을 보장

◎ 인공지능과 엣지컴퓨팅

☐ 지능화된 서비스 제공에는 정확한 데이터의 분석과 학습을 통한 판단이 필요하며, 기존의 휘발성 사물 데이터와는 달리 사물로부터 수집되는 데이터의 IoT 엣지 플랫폼 저장 및 분석이 필요

- 기존 단순한 데이터 검색 수준을 넘어서서, 다양한 기기로부터 수집된 이종 데이터를 시·공간 데이터로 정규화하여 측정시간이나 위치가 같은 유사 사물 데이터를 분류하고 여러 수준에 따라 집계 값을 추출하는 연구 시도
- 시간에 흐름에 따라 향후 수집할 특정 값을 예측하고, 정규화된 예측이나 추세를 벗어나는 값을 탐지하는 등 학습 능력을 갖춘 IoT가 산업 내 주목
- 유사한 데이터 패턴이나 특징을 갖는 데이터 탐색 외에도, 특정 주제나 키워드와 관련된 IoT 데이터 탐색 기술에 관한 연구 진행

☐ 엣지컴퓨팅을 통해 IoT 서비스의 실시간성을 보장하기 위해서는 서비스 인터페이스 기술, HW와 SW의 뒷받침 기능, 인공지능의 활용이 요구

- 초기 IoT가 응용된 제조 산업 분야는 아두이노(Aduino), 라즈베리파이(Raspberry Pi) 등 초소형 컴퓨터를 이용해 특정 이벤트에 대하여 알려주는 기초적인 형태의 엣지컴퓨팅을 활용
- 이후 점차 데이터의 종류와 크기가 증가함에 따라 좀 더 강력한 컴퓨팅 파워를 보장하는 CPU가 장착된 미니 PC의 형태로 발전하였으며, 최근에는 데이터센터 수준의 컴퓨팅 파워를 제공하는 마이크로 데이터센터(Micro Data Center)로 발전
- 엣지컴퓨팅을 활용한 IoT는 인터넷에 연결되어 있지 않아도 독자적인 명령을 수행하고 일정수준 이상의 서비스를 제공할 수 있기에, 엣지 노드에 인공지능을 탑재한 강화된 엣지(Empowered Edge) 서비스도 구현
  - 구글은 자체 AI 칩인 TPU(Tensor Processing Unit)를 엣지컴퓨팅에 특화된 Edge-TPU를 발표
  - 퀄컴은 사용자 단말이 엣지컴퓨팅 방식으로 자체 AI를 구현하는 뉴로모픽칩인 제로스(Zeroth)를 발표하고 스마트폰 CPU인 스냅드래곤(Snapdragon)에 적용
  - MS는 자사의 클라우드 Azure를 IoT edge 사업에 활용
  - 소프트뱅크도 엣지컴퓨팅 기반의 AI 사업을 강화
  - 애플도 아이폰의 AI 기능을 강화하기 위한 A11, A12 바이오닉 칩 개발
  - 국내에서도 실시간 5G 기반 엣지 브레인 로봇 기술 등의 기술개발 시도 중

전략제품 현황분석

◎ 엣지컴퓨팅의 기술별 분류

☐ 엣지컴퓨팅 기술은 엣지 단말에서 컴퓨팅 성능을 보장하기 위해 연산을 위한 프로세서, 데이터의 저장을 위한 메모리, 데이터의 실시간 송수신을 위한 네트워크, 전체 클라우드와 연동하기 위한 플랫폼, 보안성 강화를 위한 모듈로 구분

- 엣지컴퓨팅 기술은 메인프로세서와 메모리의 설계 및 공정기술, 지능형 반도체 기술, 실시간 통신을 위한 네트워크 기술, 클라우드 연동 및 관리를 위한 가상화 등 플랫폼 기술, 보안 기술 포함

[기술별 분류]

전략제품	기반기술	세부기술
스마트제조용 엣지컴퓨팅 시스템	프로세서	• 중앙처리장치(CPU), 그래픽처리장치(GPU), 애플리케이션 프로세서(AP) 등 연산이나 제어 같은 정보의 처리를 목적으로 하는 시스템 반도체 공정기술 • 반도체 내부에 기존의 CPU나 GPU 등과 같은 특정 목적의 기능을 탑재하여 하나의 시스템을 이루는 SoC(System on Chip) 기술 • 단일 칩에 CPU의 기능을 집적시켜 만든 MPU(Micro Processing Unit), 특정 제품이나 시스템을 제어하기 위해 RAM과 ROM 회로를 탑재하고 단일 칩으로 작동이 가능한 MCU(Micro Controller Unit) 기술
	메모리	• 제조공정 시 특정 데이터를 미리 기록한 상태로 출시하여 전력의 흐름에 따라 미리 기록된 동작을 수행하는 ROM(Read Only Memory) 설계 및 공정기술 • 컴퓨터의 메모리에 주로 사용되는 DRAM(Dynamic RAM), CPU의 캐시(Cache) 메모리로 사용되는 SRAM(Static RAM) 설계 및 공정기술
	네트워크	• SigFox, LoRa WAN 등 저전력 장거리 통신(LPWA) 기술 • 사물인터넷 전용 통신 규격 LTE-M(LTE-MTC), LTE-A(Advance) 등 4G 기반의 IoT 통신 구축 기술 • 최대 20Gbps 속도를 보장하는 고속전송 및 1ms 수준의 저 지연, 1km 반경 내 최대 100만 개의 IoT기기 연결성을 보장하는 5G 기반의 통신 기술 • 라우터, 스위치 등과 같은 중계 장치의 가상화를 통해 가상네트워크를 지원하고 일정 수준의 컴퓨팅 파워를 제공할 수 있는 네트워크 가상화 기술
	플랫폼	• 컨테이너 기반 가상화 기술 및 다수의 엣지 클러스터의 운영을 위한 오케스트레이션(Orchestration) 플랫폼 기술 • 리눅스 컨테이너, VMWare, Xen Hypervisor, KVM 등 가상화 운영체제 기술 • 데이터 수집, 분석, 스트리밍을 분산 처리하기 위한 그리드 컴퓨팅 기술
	보안 모듈	• 엣지 클러스터의 보안성을 제공하기 위한 암호화 및 보안 관련 기술(TLS, SSH, AES 등)

◎ 엣지컴퓨팅과 표준화

☐ 많은 IoT 단말 장비 및 센서들로부터 수집되는 데이터를 엣지 클라우드를 수행하는 노드 또는 클러스터에 전송하는 통신규약인 프로토콜에는 대표적으로 MQTT, CoAP, XMPP가 존재

- 실시간 IoT 프로토콜로는 MQTT(Message Queue Telemetry Transport), CoAP(Constrained Application Protocol), XMPP(Extensible Messaging and Presence Protocol)가 있으며, 이중 MQTT가 가장 널리 사용되는 오픈 소스 기반의 중개 기술

- MQTT는 IBM에서 개발하였으며, TCP/IP를 이용하여 세션이 연결된 상태로 동작하여, QoS(Quality of Service)를 보장하지만, 소형 IoT 센서 장치에는 오버헤드가 될 수도 있는 TCP/IP 소켓(Socket) 관리가 필요

- CoAP는 MQTT와는 달리 UDP를 활용하는 기술로 비 연결성이며, QoS관리가 어려우나 패킷이 작고 브로드캐스팅 패킷 전달로 높은 효율성을 갖춤. XMPP는 XML에 기반한 통신 프로토콜로 SASL, TLS를 통해 높은 보안을 제공할 수 있고 확장성이 좋은 기술

☐ 실시간 보장을 위해서는 우선 빠른 데이터 분석을 위하여 기존 데이터 분석 패러다임의 전환이 필요하고, 엣지컴퓨팅을 활용한 데이터의 전처리에 초점을 맞춘 플랫폼이 개발 중

- IoT 단말로부터 수집한 데이터를 엣지 클라우드의 자체적인 분석을 통해 정상적인 데이터와 그렇지 않은 데이터를 분류하고, 정상 데이터의 분석·처리를 거친 후 다시 중앙 데이터센터에 전송하여 고도로 정제된 빅데이터 시스템 실현 필요

- 기존의 빅데이터 분석은 전산실 및 데이터센터에서 처리하였지만, 지역적으로 분산된 엣지 분석인 GDA(Geo-Distributed Analytics) 기능을 통해 다양한 원격지에서 분석한 데이터를 원격지로 모아서 분석하는 사례 증가

- 실시간 보장을 위해서는 반드시 기존의 DB 검색 쿼리보다 더 빠른 알고리즘이 요구되며, 예로 DBMS나 NoSQL보다 응답속도가 20~50배 이상 빠른 쿼리 요청 및 데이터 검색알고리즘인 파스트림(ParStream)이 있으며 네트워크 하드웨어로 유명한 시스코(Cisco)가 인수

- MS의 Azure는 수백만 개의 단말과 양방향 통신을 할 수 있는 IoT hub와 초당 수백만 개의 이벤트를 처리하는 Azure Event Hub를 통해 실시간 IoT 엣지컴퓨팅을 구현

- GE의 자사의 클라우드 플랫폼 Predix를 엣지컴퓨팅을 지원하는 Predix Edge로 발전시키며 실시간 모니터링과 제어를 할 수 있는 공장 자동화 서비스를 제공

◎ 엣지컴퓨팅 기술의 실적용 전망 사례

- ☐ 인공지능, 빅데이터 등 IT 기술 바탕 실시간으로 움직이는 스마트팩토리에서의 엣지컴퓨팅 적용
    - 신속성을 요구하는 단순한 데이터는 엣지에서 처리, 고도 정밀 분석이 필요한 데이터는 중앙 데이터센터로 전송하여 운영하는 방식으로 네트워크 및 스토리 자원 비용 절감 가능하며 데이터의 과부하를 대폭 감소시켜 과도한 트래픽 방지
    - 비디오 센서에서 보내는 자료가 증가하고 화질이 개선되어 기존 대역폭에서 발생했던 문제들 개선 가능 전망 및 전송 단계에서의 데이터 보안 위협과 오염 위협 감소

- ☐ 엣지컴퓨팅이 가장 유용하게 활용될 수 있는 대표적 사례인 자율주행 자동차
    - 차량 상태나 도로 상황, 차량 흐름 등을 파악하기 위한 고해상도 카메라와 레이더, 레이저 스캐너, 음파탐지기, 위성항법장치 등 수많은 센서를 통해 실시간 생성되는 방대한 데이터의 수집 및 분석하고 연결된 다른 차량이나 교통 시스템과 즉시 주고받는 기능 제공
    - 주행 중 돌발 상황 발생 시 신속한 대처로 사고 피해 감소

- ☐ 가상현실(Virtual Reality), 증강현실(Augmented Reality), 생체인식(Biometrics)
    - 모바일 기기, PC 등 End point 단에서 대용량 데이터가 발생하는 가상현실, 증강현실, 생체인식은 짧은 시간의 지연만으로 사용자의 몰입감이 현저히 떨어지는 즉시성 문제가 발생하므로 처리 시간을 큰 폭으로 단축해주는 엣지 컴퓨팅이 효과적
    - End point와 가까운 곳에 엣지 컴퓨팅 인프라를 구축한다면 데이터 전송 비용과 지연시간을 줄일 수 있으며 사용자의 몰입감 극대화 가능

- ☐ 드론, 연안 석유 시추 시설에서의 활용
    - 드론이나 사막 한가운데에 물을 공급하는 펌프, 연안의 석유 시추 시설, 항공 엔진처럼 산업 분야 특성상 산업기계가 중앙 데이터센터에서 멀리 떨어진 곳에 있어야 하는 현장에서 신속하게 데이터를 처리할 수 있는 엣지컴퓨팅은 효율적임

- ☐ 5G 환경에서의 통신 서비스
    - 대용량의 콘텐츠를 단숨에 전송하거나 다중 접속을 근거리에서 처리해야 하는 5G 환경에서의 엣지컴퓨팅의 활용이 초저지연 장점을 일으킬 것으로 전망
    - 국내 통신 3사의 5G 상용화를 위한 엣지컴퓨팅 기술 적용 서비스
        - SK텔레콤: 스마트팩토리 솔루션인 올인원 패키지 상품 '심플 엣지' 출시 및 엣지컴퓨팅 방식으로 공장 생산 설비의 비용 줄이고 효율성 증대
        - KT: 엣지컴퓨팅 기반의 상용 서비스 고도화를 위해 인텔을 비롯한 여러 파트너사와 협력관계 구축
        - LG유플러스: 모바일 엣지컴퓨팅 기술 확보하여 B2B 서비스 사업 기회 확보 전략 수립

◎ 보안 문제와 엣지컴퓨팅

☐ 엣지컴퓨팅은 상대적으로 근거리인 로컬네트워크 내에서 데이터의 수집과 처리를 끝냄으로써 중간에 데이터를 갈취당할 부담을 줄임으로 인해, IoT 분야에서 야기될 수 있는 보안 문제 완화

- 디도스(DDoS) 공격 등을 통해 중앙 데이터센터에서 제공하는 클라우드 서비스를 이용할 수 없을 때, 엣지컴퓨팅에서 제공하는 서비스를 통해서 일정 수준 이상의 실시간 서비스를 보장
- 클라우드 솔루션을 활용하는 항공 및 우주 분야, 원양 작업을 하는 해양 플랜트나 선박, 자율주행 및 V2X 통신을 수행하는 커넥티드 카 등 통신에 민감한 장치들이 클라우드 서비스를 이용할 수 없을 시 좋은 대처방안

☐ 엣지컴퓨팅의 보안 양면성은 아직 결론이 나지 않았음

- 일부는 데이터가 네트워크를 통해 횡단하지 않고, 생성된 곳 가까이에 머물러 있어서 이론적으로는 엣지컴퓨팅 환경이 보안이 더 좋다고 주장
  - 데이터센터나 클라우드 환경에 데이터가 더 적을수록, 침해를 받는 경우 위험에 빠지는 데이터가 더 적음
- 다른 일부에서는 엣지 기기 자체가 더 취약할 수 있어서 엣지컴퓨팅이 태생적으로 덜 안전하다고 주장
  - 데이터 암호화, 액세스 제어, VPN(Virtual Private Network) 터널링 사용은 엣지컴퓨팅 시스템 보호에 있어 중요한 요소

◎ 기존 통신환경과의 호환성

☐ 패킷 로스 없는 안정적이고 빠른 통신 환경 및 비 연결성 데이터 동기화 등 서비스의 지속성에 대한 고려 필요

- 기본적으로 IoT 데이터 분석 및 피드백 명령 패킷이 유실되지 않는 통신 기술 및 환경에 대한 고려가 필요하며, 통신이 불안정하더라도 데이터를 동기화하는 등 일정 수준 이상 서비스의 지속적 제공 필요
- 아마존은 AWS Greengrass를 통해 인터넷에 연결되지 않는 IoT 장비들을 AWS람다 함수를 이용해 동기화된 데이터를 유지하며 타 기기와 통신할 수 있는 기능을 제공

☐ 기존의 통신인프라와 클라우드 시스템과의 호환성에 대한 고려도 필요하며, 시스템 사용자(고객) 중심의 요구에 맞춰 커스터마이징 할 수 있는 시스템에 대한 요구 증가

- 과거의 IoT 기술은 주로 사물 간의 통신 및 데이터 전송에만 초점을 맞춰왔으나, 센서 및 단말, 엣지 클러스터, SW 플랫폼 간의 지능적 연동과 상호 운용을 위한 기술적인 표준 확립도 필요
- 기존 에너지 IoT 등을 고도화하여 에너지 공급자가 수요예측, 공급, 저장, 안전성, 요금 등을 위한 실시간 통합 관리 시스템을 구축할 수 있으며 수요자에게 관련 서비스를 맞춤형으로 제공 가능
- IBM은 IBM Tririga를 통해 항공사에서 원하는 형태의 커스터마이징된 엣지 클라우드 컴퓨팅을 제공하며, 예로 항공사 Airbus와 협력하여 전체 항공 설비에 대한 관리 시스템을 구축, 지원

나. 생태계 기술 동향

(1) 해외 플레이어 동향

- ☐ (Huawel) 인포멀 테크(Informal Tech) 주최로 영국에서 온라인으로 열린 '2020 5G 월드 서밋'에서 '베스트 엣지 컴퓨팅(Best Edge Computing)' 상을 수상

  - 화웨이는 5G 시대를 맞아 더욱 많은 애플리케이션이 차별화될 수 있는 이용자들의 니즈에 화웨이의 5GDN을 통해 검증할 수 있고 결정론적인 가상 프라이빗 모바일 네트워크를 구축, 예측할 수 있고 차별화된 서비스 경험 제공

  - 5GDN의 핵심인 5G MEC 솔루션은 초고성능 이기종 컴퓨팅 하드웨어를 활용해 지능형 연결을 동적으로 구축함으로써 다양한 산업에서 요구하는 차별화 및 결정론적 요구 사항 충족, 이동통신 사업자들은 MEC 솔루션을 활용하여 네트워크 엣지에서 신규 비즈니스를 제공하고 새롭고 흥미로운 세상으로 고객들의 디지털 트랜스포메이션 도출 가능

- ☐ (GE) 프리딕스(Predix)라는 제조용 IoT 플랫폼을 출시하여 자사의 1조 개의 관리자산에 부착된 1천만 개가 넘는 센서에서 발생하는 대용량 데이터를 분산 저장하여, 수집, 분석, 모니터링 수행

  - 프리딕스는 특정 산업 분야가 아닌 우주/항공, 의료, 제조, 광산, 발전, 풍력 등 전 산업계에 적용되고 있으며 제너럴 일렉트릭은 프리딕스를 클라우드 방식으로 외부에 공개하여 안드로이드나 iOS와 같이 산업용 IoT 업계의 표준 플랫폼으로 만들려는 계획을 실행에 옮기는 중

  - Predix는 IoT를 비교적 일찍 도입한 GE의 대표적인 산업용 엣지컴퓨팅 플랫폼. 기계학습 엔진과 이벤트 처리 기능을 제공하여 엣지에서 시간적 지연 없이 데이터를 분석할 수 있도록 지원. 제조, 의료, 에너지, 등 다양한 산업에 확산 적용

  - GE는 스마트제조를 이용해 항공기 엔진 사업을 단순 판매에서 고객사의 성과 창출을 지원하는 서비스 형태로 바꾸어 가는 중

【 GE의 Predix 개념도 】

* 자료: Predix, GE제공 (2021)

☐ (Amazon) 그린그래스(Greengrass)는 AWS(Amazon Web Service)의 주요 IoT 관련 서비스를 엣지로 확장하게 해주는 게이트웨이용 소프트웨어로 디바이스서 생성되는 데이터를 클라우드로 모두 전송하지 않고, IoT 엣지에서 메시징, 동기화, AWS 람다, 머신러닝 등을 실행

- 그린그래스는 로컬 디바이스에서 데이터를 수집·분석하고, 로컬네트워크에서 있는 디바이스들이 서로 안전하게 통신할 수 있도록 하는 역할

- 그린그래스는 AWS에 연결된 장치의 메시징, 로컬 액션, 데이터나 상태 동기화, 보안, 로컬 리소스 접속, 프로토콜 어답터, 머신러닝 추론 등의 기능을 제공

- 디바이스 관리는 AWS IoT 디바이스 서비스를 이용하여 대규모 IoT 기기를 실행하고, 분류하며, 원격으로 모니터링

- AWS IoT 코어를 통해 디바이스, 엣지, 클라우드 간 연계하여 디바이스와 클라우드의 암호화된 연결을 관리하며, 복잡한 메시징을 처리

- AWS IoT 애널리틱스를 이용해 대규모 데이터를 손쉽게 분석, 필요시 시각화, 머신러닝에 연계하여 활용

- 디바이스의 보안은 관리형 'AWS IoT 디바이스 디펜더'를 이용하여 사용자 디바이스의 보안 정책을 최신으로 유지하고 보안 공격을 차단

- AWS의 서버리스 컴퓨팅 'AWS 람다', 스트리밍 데이터 처리를 위한 '아마존 키네시스', 사전정의된 머신러닝 환경 '아마존 세이지메이커' 등을 접목해 풍부한 IoT 생태계를 구축

【 Amazon의 edge-computing 개념도 】

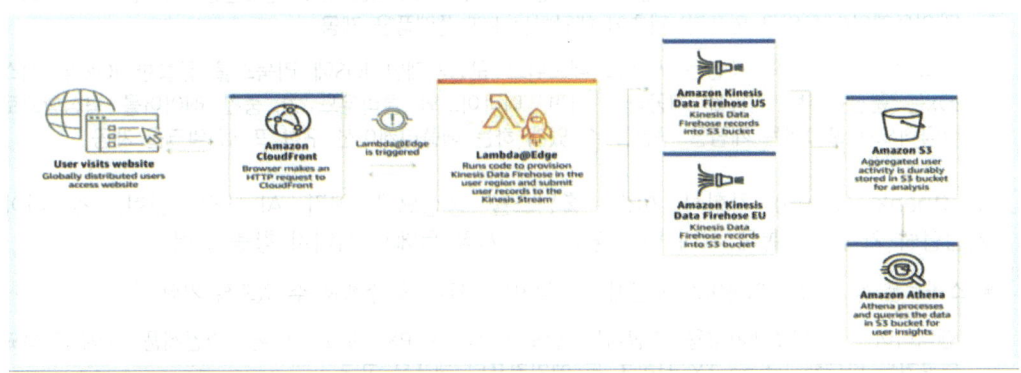

* 자료: Amazon, 2021

☐ (Hewlett-Packard Company) 통신사 특화 엣지컴퓨팅 플랫폼 출시

- 개방형 표준을 기반으로 엣지에서 대용량 데이터를 실시간으로 처리해 통신사의 시스템 유연성을 높이고 비용을 낮춰 데이터 집약형의 실시간 디지털 서비스를 제공할 수 있도록 개선된 성능과 유연성을 제공

- 작고 내구성이 좋은 폼팩터를 기반으로 엣지에 최적화된 원격 관리 기능을 갖춰 미디어 스트리밍과 사물인터넷, 인공지능, 비디오 분석 등에 대해 고성능·저 지연 시스템 환경을 제공

- (IBM) 보유한 멀티클라우드 환경에서의 전문성과 레드햇(Red Hat)의 업계 선도적인 오픈소스 기술을 결합해 5G 시대를 맞아 기업들이 엣지컴퓨팅으로 빠르게 전환할 수 있도록 돕는 새로운 서비스와 솔루션 발표
  - 다양한 제조사의 수많은 기기 전반에서 수행되는 작업을 관리해야 하는 기업의 어려움 해소
  - IBM 엣지 애플리케이션 매니저: 기업의 AI, 데이터 분석, IoT 작업을 대규모로 수행하고 원격으로 관리하며 실시간 분석 결과와 통찰력 있는 정보를 제공할 수 있는 자동 관리 솔루션
  - IBM 텔코 네트워크 클라우드 매니저: 레드햇 오픈 시프트에서 구동하는 IBM의 새로운 솔루션으로, 가상 및 컨테이너 네트워크 기능을 수 분 내에 조율하는 지능형 자동화 기능을 제공
  - 엣지 기능이 탑재된 애플리케이션 및 서비스 포트폴리오: AI와 코그너티브 애플리케이션, 서비스를 대규모로 구축할 수 있는 유연성 제공
  - 엣지 컴퓨팅 및 통신사 네트워크 클라우드를 위한 새로운 IBM 전용 서비스 팀: 기업들이 모든 산업 전반에서 5G 및 엣지 기능의 솔루션을 활용할 수 있도록 지원

- (Cisco) 네트워크 전문기업으로 스위치, 클라우드, 스토리지 네트워킹, 라우터, 소프트웨어 등 다양한 통신 관련 제품을 보유하고 있으며 엔터프라이즈 네트워크 서비스, 클라우드 서비스, 통합 컴퓨팅 서비스 등을 제공
  - Cisco Systems의 플랫폼은 포그 컴퓨팅 기술을 기반으로 많은 양의 데이터를 먼 곳에 있는 대용량 데이터 서버에 저장하지 않고, 데이터 발생 지점 근처에서 처리
    - 제너럴 일렉트릭이 애플리케이션/서비스 계층에 해당하는 IoT 플랫폼, 인텔이 사물, 게이트웨이/네트워크 인프라, 애플리케이션/서비스 전 계층을 아우르는 IoT 플랫폼을 제공한다면 시스코는 '게이트웨이/네트워크 인프라' 계층에 해당하는 IoT 플랫폼 제공
    - 포그 컴퓨팅 기술의 핵심은 시스코 네트워크 운영체제인 IOS에 리눅스를 통합한 IOx임. 시스코 IOx는 분산컴퓨팅 기능을 제공하는 한편, 디바이스와 클라우드 간 중간 레이어를 형성함으로써 궁극적으로 포그라는 개념을 구현할 수 있게 하는 애플리케이션 구현 프레임워크를 제공

- (Softbank Group) 자회사 ARM 홀딩스를 중심으로 엣지 AI 사업 강화, 엔비디아와 사업협력 가속화를 통해 서버 및 자율자동차 시장 등에서 시너지 창출 노력
  - 스마트폰 등 모바일 디바이스 시장에서 인공지능 컴퓨팅을 수행할 수 있도록 지원
    - 엔디비아 : 자율주행차량용 인공지능 반도체 Drive PX, 로봇, 드론, 가전제품 등에 적용되는 인공지능 반도체 Jetson TX 시리즈 등 엣지컴퓨팅 제품을 공급

- ☐ (MS) 자체 개발한 AI 반도체 브레인웨이브(Brainwave)를 기반으로 고객사의 앤드포인트 환경에서 사업화
  - FPGA(Field Programmable Gate Array) 방식의 자체 개발 AI 반도체의 엣지 영역에서 활용 확대
  - 클라우드 서비스를 엣지 기기로 전송하는 동적 소프트웨어 플랫폼인 'Azure IoT Edge'를 출시하여 하이브리드 클라우드와 엣지 IoT 솔루션 시장 확대에 기여
    - Azure Machine Learning, Azure Stream Analytics, Azure Functions 등을 활용한 고급 분석, 머신러닝 및 AI 기능은 클라우드에서 구현하고 IoT Edge는 종단 단말에서 이들 기능을 배포하는 작업을 지원
    - Dell, HPE 등 엔터프라이즈 서버 영역에 먼저 확대 적용
    - Jabil 등의 IT 부품 제조 기업들도 공정 내 불량제품 점검 작업에 활용

[MS의 Azure Architectures]

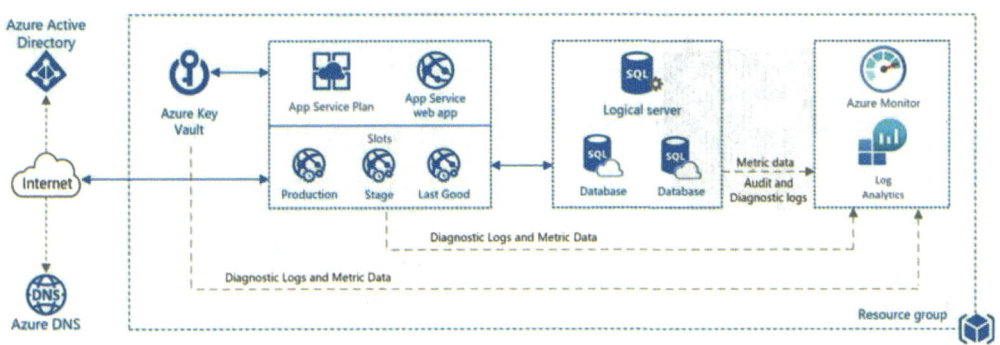

* 출처: 마이크로소프트 2021

- ☐ (Schneider Electric) 자체 개발한 통합 솔루션인 '에코스트럭처 인더스트리'는 산업용 사물인터넷(IIoT)을 접목해 산업 전반에 걸친 에너지 관리, 공정 자동화, 소프트웨어까지 종합 포트폴리오를 제공
  - 프로세스 및 기계 자동화, 오일 및 가스, 식음료, 마이닝, 수처리, 광석 및 시멘트, 메탈 등 다양한 분야에 적용 중
  - 독일의 청정에너지 생산 OEM 기업 '엔트라드(Entrade)'는 슈나이더 일렉트릭의 '에코스트럭처 인더스트리'를 적용해 전 세계 각지에 판매된 기계를 원격으로 제어·관리
  - 국내 자동포장기계 전문 생산 기업 '흥아기연'은 슈나이더 일렉트릭의 산업용 증강현실(AR) 솔루션인 '에코스트럭처 아규멘티드 오퍼레이터 어드바이저'를 제조 설비기술에 도입

☐ (Dell) EMC '엣지 게이트웨이'는 산업 현장의 다양한 기기에서 발생하는 데이터를 수집 및 전송 가능

- 인텔 아톰(Atom) 프로세서를 탑재해 로컬 분석으로 데이터를 선별 전송, 네트워크 대역폭을 절감하고 솔루션 전반의 응답 지연 시간을 단축. 개방 표준에 기반을 두고 있어 바이오스(BIOS, 기본 입출력 시스템) 단계부터 높은 보안 수준을 제공

- '내장형 박스PC'는 산업 현장의 환경과 요구 조건에 맞춰 개발한 임베디드 솔루션으로 별도의 냉각 팬이 없는 팬리스(Fanless) PC로, 내부 케이블을 최소화한 온보드 구성과 방열 본체로 모델에 따라 최대 섭씨 70도까지 견디는 것이 가능

- 극단적인 환경에서도 안정적인 성능을 유지하며, 우수한 내구성과 편리한 설치로 제조업 등 다양한 산업 시설에서 활용 가능

[Dell의 Edge Gateway]   [Dell의 Edge Gateway 기능도]

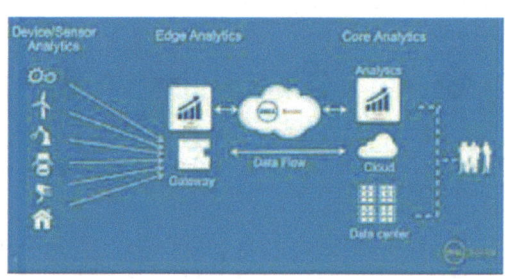

* 출처: Dell   * 출처: Dell

☐ (Mitsubishi) 전기기기 분야의 강점을 활용한 엣지컴퓨팅을 바탕으로 제조업 스마트화를 추진

- Mitsubishi의 e-F@ctory는 생산 현장의 데이터를 실시간 수집하고, 공장 자동화로 수집한 데이터를 엣지컴퓨팅으로 1차 처리하고, IT시스템에 의해 분석·해석한 결과를 생산 현장에 피드백하는 구조로 구성

- 엣지컴퓨팅은 현장 설비와 ERP나 MES 등의 IT시스템 중간에서 실시간으로 데이터를 분석하여 이벤트 발생에 대응하는 방식

- 분석과 프로그래밍을 위한 알고리즘이 내장된 형태의 다양한 제품군을 소개

  - 설비의 가동 시 진동 신호를 실시간으로 해석하여 고장 가능성을 알려주는 알고리즘을 내장한 건전성 솔루션 장치를 출시

☐ (Intel) 산업용 IoT(IIoT)와 엣지컴퓨팅을 통해 반도체 생산 설비의 팬필터(FFU) 상태 모니터링을 위한 사전 유지 관리를 적용하여, 기술자에게 잠재적인 문제에 대해 경고하고, 사전 예방적 유지보수 일정을 정의하며 예기치 않은 다운 타임을 절감

- 인텔은 네트워크를 통해 데이터를 줄이고, 보안을 관리하기 위해 GE Digital과 결합해 '인텔 IoT 게이트웨이'와 GE의 Predix 산업용 IoT 플랫폼을 기반으로 한 솔루션 개발

(2) 국내 플레이어 동향

☐ (마인즈랩) 엣지컴퓨팅 영역을 추가하며 클라우드 기반의 AI 플랫폼 영역을 엣지 영역까지 확장, 국내 최초 엣지 AI 플랫폼 공개

- 웹 기반의 디바이스 유지와 관리가 쉬워 데이터가 실시간으로 발생하는 스마트시티 및 스마트팩토리 같은 분야에서 수집된 데이터를 엣지 단에서 처리하여 네트워크 운영 비용 절감 등 전체적인 가동성과 실시간 서비스 품질을 향상하는 데 크게 기여

- 서울시 노후 경유 차량 검출 프로젝트에 이 솔루션을 적용해 운전자의 얼굴 등 불필요한 정보는 제거하고, 차량·번호판 등 중요한 정보만 검출하는 등 99%의 차량 검지율 구현

- 마음 엣지 AI 기술개발: 폭행, 절도 등 이상행동이 감지되었을 시 곧바로 관제사에게 알리는 솔루션을 엣지 AI 기술에 적용, 해당 솔루션으로 범죄 등을 예방할 뿐만 아니라 보완 관제 영역(AI surveilance)에서 수집된 다량의 데이터도 엣지 단에서 메타 데이터로 분석하여 사적 영역 침해 방지

[마음AI 플랫폼 내 Edge Computing 영역 추가]

* 자료: 마인즈랩, 마음AI ZDnet Korea(2020)

☐ (LG CNS) 스마트 팩토리 플랫폼 팩토바(Factova)를 제공하여 제조업 혁신에 앞장

- 팩토바는 LG CNS AI 빅데이터 플랫폼 DAP의 딥러닝을 통해 품질 검사 종합도를 99.7%까지 개선하는 등 효율을 극대화

- 완성품(LG전자), 부품(LG디스플레이, LG이노텍), 소재(LG화학) 등 LG그룹 계열사 공장에서의 다양한 성공 레퍼런스를 보유한 것을 바탕으로 제조 역량을 집대성하여 실질적인 고객 니즈를 반영한 맞춤형 스마트팩토리를 구축하는 것이 가능

- ☐ (삼성 SDS) 한국HPE와 엣지 컴퓨팅 분야에서 협력하면서 지능형 팩토리(Intelligent Factory) 사업을 진행 중이며, 2016년 반도체, 디스플레이 계열사 제조공장에 엣지 컴퓨팅 기반의 불량 검출 시스템을 구축
  - 팹에서 발생하는 제조 불량 이미지 총 50여 가지를 자동으로 실시간 분석이 가능해져 40~50명의 현장 인력이 수작업으로 하던 분류작업을 100% 자동화
  - 다양한 현장 설비를 대상으로 엣지 기반 데이터 수집·분석 기술에 인공지능(AI) 모델링을 결합해 설비의 이상 상황을 실시간 감지해 장애를 막는 사전 예측설비도 구현

- ☐ (삼성전자) 5G 통신장비가 클라우드 서버와 단말기의 원활한 통신을 지원하도록 하는 엣지 컴퓨팅 소프트웨어를 개발 중

- ☐ (SK하이닉스) 생산 현장에서 필요한 이미지 검사(Visual Inspection) 분야에 엣지 클라우드를 활용하는 방안을 추진
  - S/4 HANA 기반의 차세대 전사적자원관리(ERP) 도입을 시작으로 소프트웨어 정의데이터센터(SDDC)를 기반으로 한 하이브리드 클라우드, 데이터레이크·AI를 통한 데이터 저장·분석, 로봇 프로세스 자동화(RPA)와 챗봇 활용 기반의 디지털 업무환경(워크플레이스) 구축 프로젝트 등을 동시다발적으로 추진
  - 프라이빗 클라우드를 기반으로 하는 데이터 분석 플랫폼을 주축으로 '데이터 중심(Data-Driven)', '이벤트 중심(Event-Driven)' 의사결정 조치를 강화

- ☐ (엑세스랩) '19년 6월 별도 프로그램 설치 없이 웹브라우저만으로 손쉽게 원격에서 서버 모니터링 및 원격제어가 가능한 에지 컴퓨팅 전용 서버 'V-Raptor SQ'를 개발
  - V-Raptor SQ는 64비트 1GHz 24코어 기반의 저전력 ARM 서버이며, 자체 개발한 원격 서버 관리 솔루션(BMC)을 기반으로 ARM 칩을 사용했기 때문에 노트북 1대를 구동할 전력으로 V-Raptor SQ 15대까지 구동 가능
  - ARM 칩은 노트북 1대를 구동할 전력으로 V-Raptor SQ 15대까지 구동할 수 있으며, 많은 전력이 소모되는 컴퓨터 쿨링에 매우 효율적

- ☐ (SKT) 독일의 도이치텔레콤 자회사 모바일엣지X와 파트너십을 맺고 모바일 엣지 컴퓨팅 기반 서비스를 공개
  - 데이터 처리를 위한 서버를 인접 기지국과 교환기 등으로 전진 배치해 데이터 전송 과정을 줄인 것으로, 자율주행, 클라우드 게임 등 빠른 반응 속도를 요구하는 5G 서비스에 활용 예정

다. 국내 연구개발 기관 및 동향

(1) 연구개발 기관

[중소기업용 On-Site 엣지시스템 기술개발 기관]

기관	소속	연구분야
한국생산기술연구원	공정플랫폼연구부	• 주력산업.신사업 제조 지능화를 위한 소재부품 제조공정 플랫폼 및 IT융합 공정장비 플랫폼 연구개발 • 인쇄전자기술기반 유연하이브리드 소자, 유연 기스플레이 소자, 반도체 부품공정 제조기술 개발 • 다상(multi-phase)기반 전자소재, 나노구조 유무기 하이브리드소재, 전자시스템 구동용 에너지 소재공정 기술개발 • 고능률 융합공정, 에너지빔 응용 신공정, 초정밀 절삭가동 장비. 시스템 기술개발
한국전자통신연구원	엣지컴퓨팅응용서비스 연구실	• 신재생에너지장치 실시간 네트워킹 기술 연구 • 광가입자망을 위한 스마트 광 분배망 기술 연구
한국전자기술연구원	SoC플랫폼연구센터	• 지능형 센서 및 엣지 컴퓨팅 기술 연구

(2) 기관 기술개발 동향

- ☐ (아이디알인비전) 이기종 다중 엣지 디바이스 연결·관리 및 마이크로 데이터 분석·처리를 지원하는 오픈 플랫폼 기반 초경량 엣지 컴퓨팅 관리 기술 개발 (2021-04-01 ~ 2023-12-31)
  - 경량 엣지 분석기술 구조 및 Fast Window 처리 알고리즘 연구
  - IoT 엣지 컴퓨팅 Open Source Framework 플랫폼 구조 연구
  - 엣지 분석 및 데이터 고속 처리 모듈 시각화 기술 구조 연구
  - Open Source Framework 플랫폼 기반 디바이스 서비스(커넥티비티, 디바이스 프로파일) 구조 설계

- ☐ (한국과학기술원) 엣지 클라우드에서 고신뢰 고사용성 빅데이터 플랫폼 및 분석 예측 서비스 기술 개발 (2020-07-01 ~ 2027-12-31)
  - 사용자 의도 기반 직관적 빅데이터 매쉬업 프로그래밍 및 빅데이터 서비스 고성능 분산 실행환경 가상화 기술 개발
  - 개발자 및 사용자 관점 양면의 빅데이터 엣지 클라우드 서비스 품질 보증 기술 개발
  - 엣지 클라우드 시스템에서 표상 학습 기반 다차원 스트림 처리, 분석 및 예측 기술 개발
  - 엣지 클라우드 환경에서 대규모 이종그래프에 대한 뉴럴네트워크 기반 분석 및 예측 기술개발

- ☐ (한국전자기술연구원) 엣지 서버 시스템 자원 관리 및 제어를 위한 경량 시스템 소프트웨어 기술개발 (2020/04/01~2023/12/31)
  - 저 지연 엣지 서비스를 위한 경량 시스템 SW 요구사항 분석
  - 입출력 가속 엔진 구동을 위한 커널 정합 기술 설계
  - 엣지 서버 자원관리를 위한 경량 시스템 SW 구조 설계

- ☐ (한국전자통신연구원) 클라우드 컴퓨팅 확장을 위한 엣지컴퓨팅 기반 기술 표준 및 응용 표준 개발 (2020-04-01~2022-12-31)
  - 엣지 클라우드 기본 표준 개발
  - 엣지 컴퓨팅 응용 표준 개발

- ☐ (고려대학교) 지능형 CPS 환경을 고려한 엣지컴퓨팅 기술 (2017/09/01~2020/12/31)
  - 지능형 CPS 환경을 고려한 서비스 제공을 위하여 소프트웨어 정의 네트워킹 기술(SDN)과 네트워크 기능 가상화 기술(NFV) 기반의 엣지컴퓨팅 기술개발
  - Edge-cloud 구조 기반의 이종 네트워크에서의 computation off loading 알고리즘 개발

4. 특허 동향

가. 특허동향 분석

(1) 연도별 출원동향

☐ 중소기업용 On-Site 엣지 시스템 기술의 지난 20년(2000년~2019년)간 출원동향[48]을 살펴보면 2000년대에는 특허 출원 증감 추이의 큰 변화가 없었으나 2010년대 들어서 증가하는 추세를 보임

- 각 국가별로 살펴보면 미국이 가장 활발한 출원 활동을 보이고 있는 것으로 나타났으며, 일본, 한국 및 유럽도 유사한 추세의 출원 활동이 진행되고 있는 것으로 나타남

☐ 국가별 출원비중을 살펴보면 미국이 전체의 44%의 출원 비중을 차지하고 있어, 최대 출원국으로 중소기업용 On-Site 엣지 시스템 분야를 리드하고 있는 것으로 나타났으며, 일본은 43%, 한국은 7%, 유럽은 6% 순으로 나타남

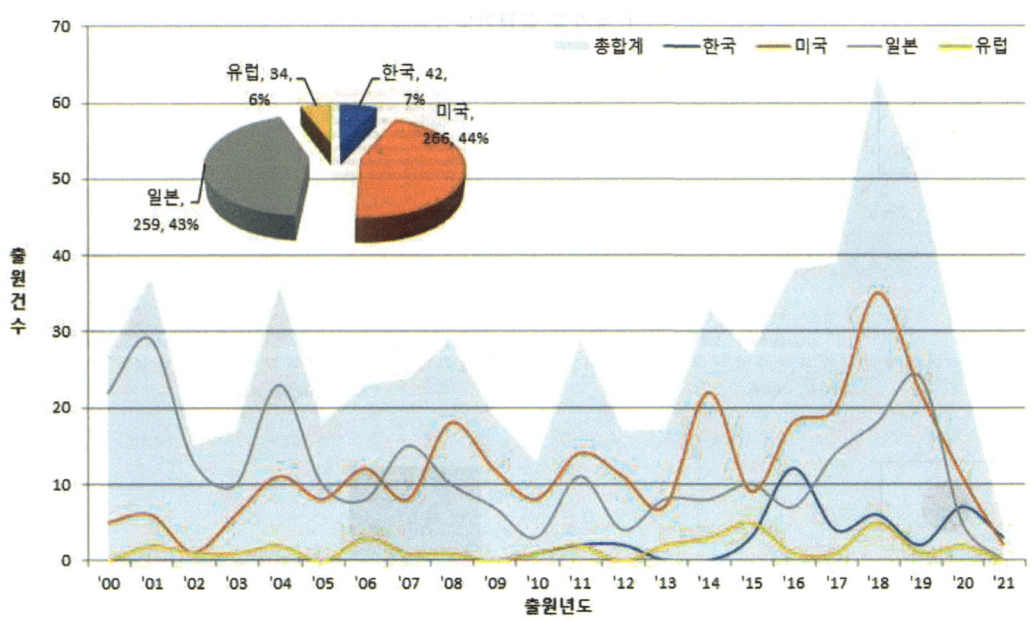

[연도별 출원동향]

---

48) 특허출원 후 1년 6개월이 경과하여야 공개되는 특허제도의 특성상 실제 출원이 이루어졌으나 아직 공개되지 않은 미공개데이터가 존재하여 2020, 2021년 데이터가 적게 나타나는 것에 대하여 유의해야 함

(2) 국가별 내·외국인 출원현황

☐ 한국의 내외국인 출원현황을 살펴보면, 중소기업용 On-Site 엣지 시스템 기술과 관련하여 출원활동이 저조하게 진행된 것으로 나타나 증감의 경향을 판단하기 어려우나, 2000년대에는 외국인의 출원비중이 높게 나타났으나, 2010년대 이후에는 내국인의 출원비중이 높아지는 경향을 보이고 있어, 해외 기업의 진출 가능성이 낮은 것으로 나타남

☐ 미국의 경우, 2000년대에는 내국인의 출원비중이 낮게 나타났으나, 2010년대 이후에는 외국인의 출원비중이 낮아지는 경향을 보이고 있어, 해당 기술 분야에서 내수 시장 장악도가 높은 것으로 나타남

☐ 일본의 내외국인 출원현황은, 2000년대 초반부터 최근까지 내국인의 출원활동이 활발한 것으로 조사되어, 자국 국적 출원인의 주도로 기술개발이 진행되고 있는 것으로 분석됨

☐ 유럽의 경우, 중소기업용 On-Site 엣지 시스템 기술과 관련하여 출원활동이 저조하게 진행된 것으로 나타나 증감의 경향을 판단하기 어려우나, 2000년대 초반부터 최근까지 외국인의 출원활동이 활발하지 않은 것으로 조사되어, 자국민의 기술개발 활동이 활발하게 진행되고 있는 것으로 분석됨

[국가별 출원현황]

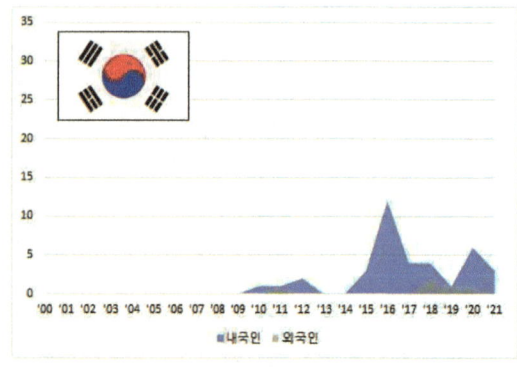
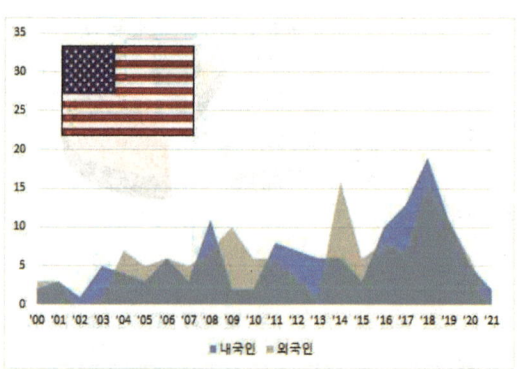
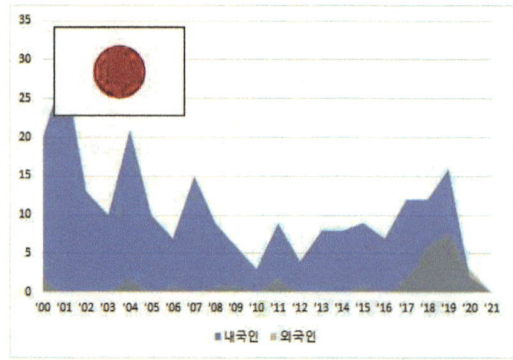
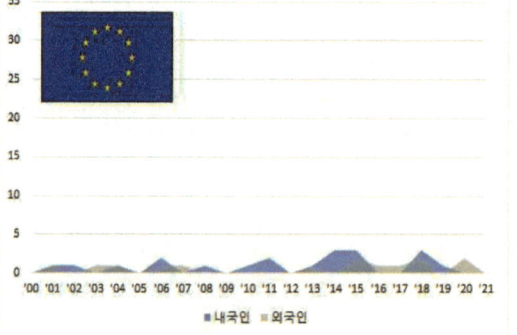

나. 주요 기술 키워드 분석

(1) 기술개발 동향 변화 분석

□ 중소기업용 On-Site 엣지 시스템 기술에 대한 구간별 기술 키워드 분석을 진행하였으며, 전체 분석구간에서 Computer Program Product, Cloud Platform, Data Source, Collected Data, Edge Device, Image Data 등 중소기업용 On-Site 엣지 시스템 관련 기술 키워드들이 다수 도출됨

- 최근 분석구간에 대한 기술 키워드 분석 결과, 최근 1구간에는 이벤트 정보, Data Carrier, 클라우드 서버 등의 키워드가 도출되었으며, 2구간에서는 Edge Device, Cloud Platform, Collected Data, Data Source, Plant Facility 등의 주요키워드가 도출됨

[특허 키워드 변화로 본 기술개발 동향 변화]

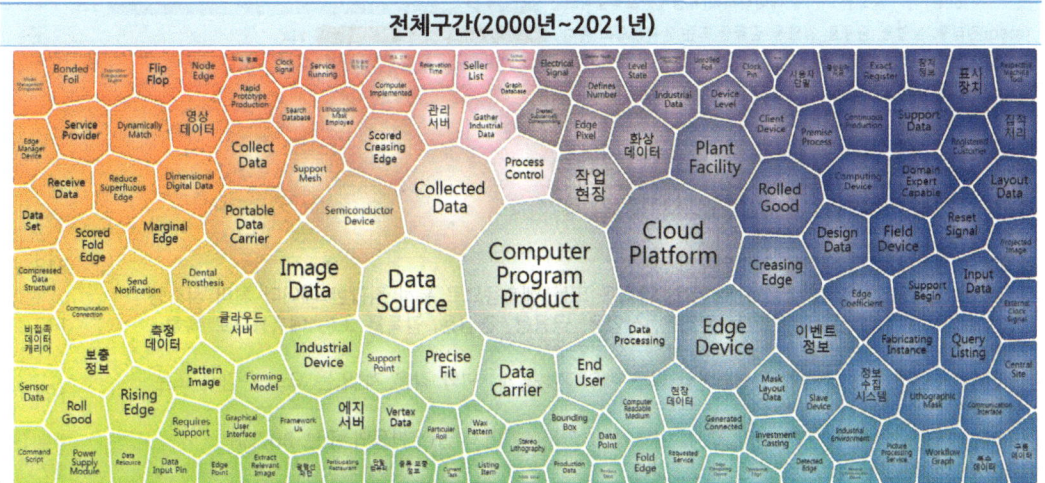

- Computer Program Product, Cloud Platform, Data Source, Collected Data, Edge Device, Image Data, Plant Facility, Data Carrier, Semiconductor Device, Creasing Edge, Industrial Device, 작업 현장, Data Processing

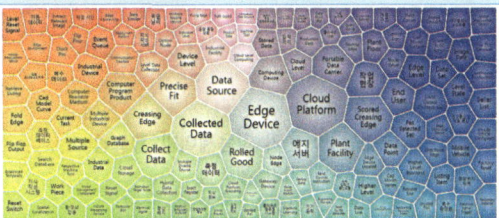

- 이벤트 정보, Data Carrier, 클라우드 서버, Cloud Platform, 현장 데이터, 정보 수집 시스템, 영상 데이터, Image Data, 화상 데이터, Data Source, Computer Program Product, 중앙관제 서버, 보충 정보

- Edge Device, Cloud Platform, Collected Data, Data Source, Plant Facility, Creasing Edge, Portable Data Carrier, Rolled Good, Precise Fit, Scored Creasing Edge, Collect Data, Computing Device, 에지 서버

(2) 기술-산업 현황 분석[49]

☐ 중소기업용 On-Site 엣지 시스템 기술에 대한 Subclass 기준 IPC 분류결과, 전기에 의한 디지털 데이터처리(G06F) 및 관리용, 상업용, 금융용, 경영용, 감독용 또는 예측용으로 특히 적합한 데이터 처리 시스템 또는 방법; 그 밖에 분류되지 않는 관리용, 상업용, 금융용, 경영용, 감독용 또는 예측용으로 특히 적합한 시스템 또는 방법(G06Q)으로 다수의 특허가 분류되는 것으로 조사됨

☐ KSIC 산업분류 결과, 다수의 특허가 배전반 및 전기 자동제어반 제조업 산업으로 분류되는 것으로 조사됨

【 기술-산업 분류 분석 】

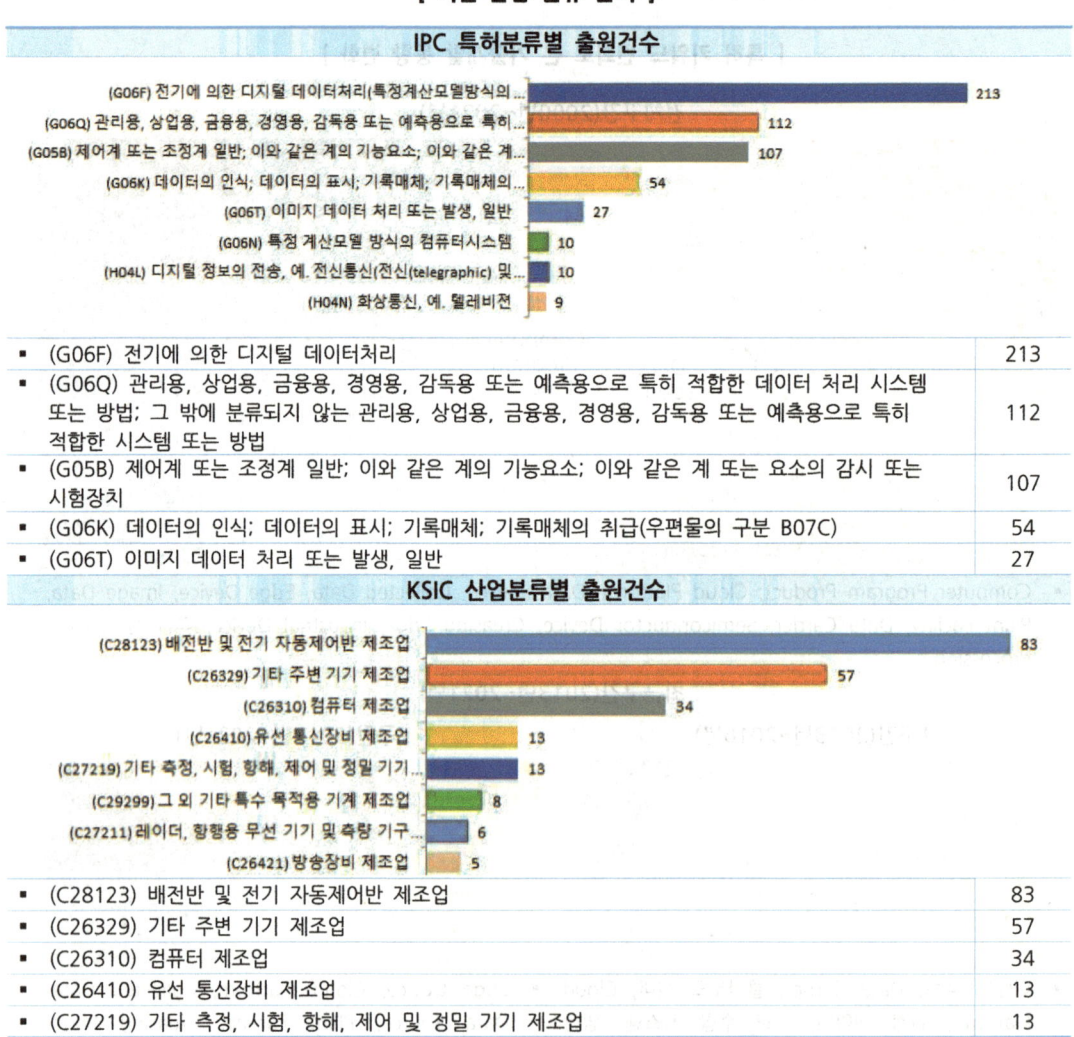

(G06F) 전기에 의한 디지털 데이터처리	213
(G06Q) 관리용, 상업용, 금융용, 경영용, 감독용 또는 예측용으로 특히 적합한 데이터 처리 시스템 또는 방법; 그 밖에 분류되지 않는 관리용, 상업용, 금융용, 경영용, 감독용 또는 예측용으로 특히 적합한 시스템 또는 방법	112
(G05B) 제어계 또는 조정계 일반; 이와 같은 계의 기능요소; 이와 같은 계 또는 요소의 감시 또는 시험장치	107
(G06K) 데이터의 인식; 데이터의 표시; 기록매체; 기록매체의 취급(우편물의 구분 B07C)	54
(G06T) 이미지 데이터 처리 또는 발생, 일반	27

(C28123) 배전반 및 전기 자동제어반 제조업	83
(C26329) 기타 주변 기기 제조업	57
(C26310) 컴퓨터 제조업	34
(C26410) 유선 통신장비 제조업	13
(C27219) 기타 측정, 시험, 항해, 제어 및 정밀 기기 제조업	13

---

49) 해당제품 특허데이터를 대상으로 윕스 보유 기술·산업·시장 동향 분석 플랫폼 'Build' 활용

다. 주요 출원인 분석

☐ 중소기업용 On-Site 엣지 시스템 기술의 전체 주요출원인(Top 5)을 살펴보면, 주로 미국 및 일본 국적의 출원인이 다수 포함되어 있는 것으로 나타났으며, 제 1 출원인으로는 미국의 INTERNATIONAL BUSINESS MACHINES인 것으로 나타남

- INTERNATIONAL BUSINESS MACHINES는 미국의 다국적 기술 및 컨설팅 회사로, 금융, 제조, 유통, 게임, 헬스케어 등의 퍼블릭 클라우드 시스템 제공 회사임

☐ 중소기업용 On-Site 엣지 시스템 기술 관련 국내 주요출원인으로 한국전자통신연구원 및 포스코가 도출되었으며, 한국만 출원을 진행한 것으로 나타남

[주요출원인 동향]

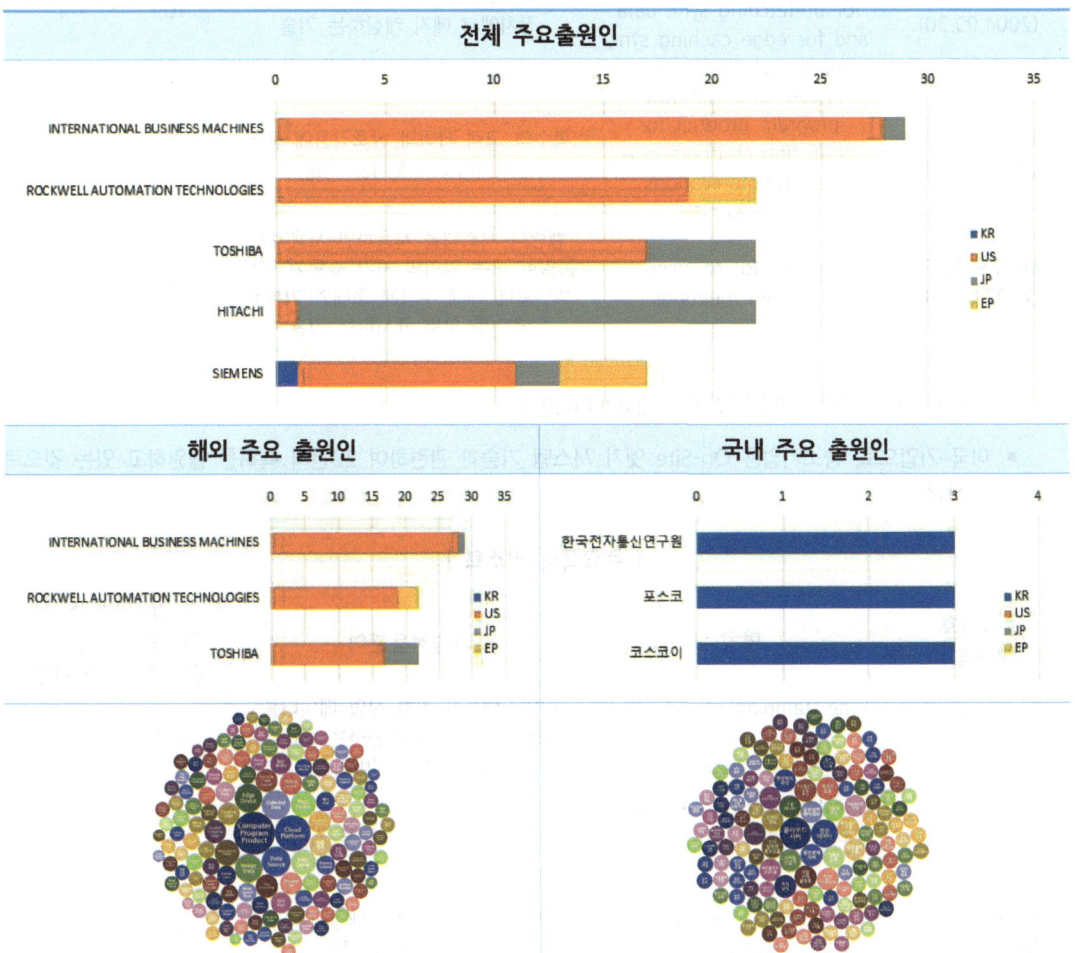

- 클라우드 서버, 영상 데이터, 중앙관제 서버, 공장설비 제어정보, 구동 데이터, 모바일 단말기, 모델링 파일, 사용자 단말, 쓰리 실렉션 통신모듈, 이벤트 정보, 공장설비 구동 데이터
- Computer Program Product, Cloud Platform, Data Source, Collected Data, Edge Device, Image Data, Plant Facility, Data Carrier, Semiconductor Device, Creasing Edge

(1) 해외 주요출원인 주요 특허 분석[50]

☐ INTERNATIONAL BUSINESS MACHINES

- 미국 기업으로, 중소기업용 On-Site 엣지 시스템 기술과 관련하여 29건의 특허를 출원하고 있는 것으로 조사됨

[주요특허 리스트]

등록번호 (출원일)	명칭	기술적용분야	IP 경쟁력	
			피인용 문헌수	패밀리 국가수
US 9049212 (2004.09.30)	Method, system, and computer program product for prefetching sync data and for edge caching sync data on a cellular device	동기화 데이터를 프리페칭하고 셀룰러 장치에서 엣지 캐싱하는 기술	109	1
US 8249231 (2008.01.28)	System and computer program product for predicting churners in a telecommunications network	복수의 고객 사이의 상호작용에 관한 데이터를 추출하는 기술	37	1
US 7519663 (2008.04.08)	System for recalling declined meetings	캘린더 시스템을 사용하면 사용자가 동일한 또는 임의의 시간 슬롯에 있는 이벤트에 대해 수락된 초대와 거부된 초대를 모두 표시하는 기술	18	1

☐ ROCKWELL AUTOMATION TECHNOLOGIES

- 미국 기업으로, 중소기업용 On-Site 엣지 시스템 기술과 관련하여 22건의 특허를 출원하고 있는 것으로 조사됨

[주요특허 리스트]

등록번호 (출원일)	명칭	기술적용분야	IP 경쟁력	
			피인용 문헌수	패밀리 국가수
US 9413852 (2012.12.21)	Time-stamping of industrial cloud data for synchronization	타임스탬프가 찍힌 산업 데이터를 클라우드 플랫폼에 제공하는 클라우드 지원 산업용 디바이스	182	2
US 9565275 (2012.09.10)	Transformation of industrial data into useful cloud information	클라우드 호환 산업용 기기	124	2
US 9568908 (2012.11.14)	Industrial automation app-store	클라우드 기반 산업용 애플리케이션 프로비저닝 시스템	67	2

---

50) 최근 출원특허 중, 등록특허를 기준으로 피인용문헌수 및 패밀리 국가수가 큰 특허를 주요특허로 도출

□ TOSHIBA

- 일본 기업으로, 중소기업용 On-Site 엣지 시스템 기술과 관련하여 22건의 특허를 출원하고 있는 것으로 조사됨

[주요특허 리스트]

등록번호 (출원일)	명칭	기술적용분야	IP 경쟁력	
			피인용 문헌수	패밀리 국가수
US 7414636 (2005.06.08)	Rendering apparatus, rendering processing method and computer program product	세그먼트와 관련된 동종 좌표와 윈도우 좌표를 포함하는 꼭짓점 데이터를 설정하는 기술	29	2
US 8036445 (2005.10.21)	Pattern matching method, program and semiconductor device manufacturing method	계산된 쉬프트 벡터의 특징량에 기초하여 패턴 이미지와 참조 데이터 사이의 위치를 매칭하는 기술	15	2
US 8090186 (2009.03.18)	Pattern inspection apparatus, pattern inspection method, and manufacturing method of semiconductor device	좌표 차이에 기초하여 매칭의 편차 정도를 나타내는 통계를 산출하는 기술	9	2

(2) 국내 주요출원인 주요 특허 분석51)

□ 한국전자통신연구원

- 중소기업용 On-Site 엣지 시스템 기술과 관련하여 한국을 위주로 3건의 특허를 출원하고 있는 것으로 조사됨

[주요특허 리스트]

등록/공개번호 (출원일)	명칭	기술적용분야	IP 경쟁력	
			피인용 문헌수	패밀리 국가수
KR 1909925 (2016.01.20)	고객 맞춤 제품 생산을 위한 스마트 제조 시스템 및 방법	제품을 개발하는 과정에서 개인 또는 기업이 요구하는 차별화된 제품을 값싸고 빠르게 생산하기 위한 스마트 제조 시스템	10	1
KR 2018-0052930 (2016.11.11)	클라우드 기반의 스마트 팩토리 서비스 제공 방법 및 장치	클라우드를 기반으로 마이크로 데이터센터를 통해 스마트 팩토리에 서비스를 제공하는 기술	1	1
KR 2021-0044177 (2020.10.14)	지능형 에지 기반 공통 강화학습 제어 프레임워크 시스템	제조 분야 솔루션을 위한 지능형 에지 기반 강화학습 제어 프레임워크 시스템	0	1

---

51) 최근 출원특허 중, 등록특허를 기준으로 피인용문헌수 및 패밀리 국가수가 큰 특허를 주요특허로 도출

전략제품 현황분석

☐ 포스코

- 중소기업용 On-Site 엣지 시스템 기술과 관련하여 한국을 위주로 3건의 특허를 출원하고 있는 것으로 조사됨

[주요특허 리스트]

등록번호 (출원일)	명칭	기술적용분야	IP 경쟁력	
			피인용 문헌수	패밀리 국가수
KR 1889159 (2016.10.13)	철강 공정 미들웨어의 이벤트 서비스 방법 및 프레임워크 시스템	이벤트 관리자의 매핑 데이터에 따라 생성된 이벤트를 구독 이벤트로서 구독 이벤트에 매핑(mapping)된 구독 태스크로 발송하는 기술	0	3
KR 1767745 (2015.10.21)	철강 공정 미들웨어 서비스 시스템의 미들웨어 서버	서비스 핸들러에 부여된 사용권에 대한 정보인 록 정보를 공유하는 기술	0	1
KR 1696101 (2015.10.21)	철강 공정 미들웨어 서비스 개발 시스템의 태스크 서버 및 미들웨어 서버	서비스 응답 수신부에 미들웨어 서버와 통신하기 위한 복수의 통신 채널을 제공하는 기술	0	1

☐ 코스코이

- 중소기업용 On-Site 엣지 시스템 기술과 관련하여 한국을 위주로 3건의 특허를 출원하고 있는 것으로 조사됨

[주요특허 리스트]

등록번호 (출원일)	명칭	기술적용분야	IP 경쟁력	
			피인용 문헌수	패밀리 국가수
KR 1711581 (2016.02.17)	웹 기반 주문 디자인 3d 프린팅 서비스 시스템	3D 프린팅을 활용한 웹 기반 주문형 디자인 및 개발 판매 플랫폼	4	3
KR 1801853 (2016.02.17)	모바일 기반 3d 프린팅 서비스 시스템	3D 프린팅을 활용한 모바일 기반 주문형 디자인 및 개발 판매 플랫폼	4	1
KR 1744260 (2016.02.17)	모바일 기반의 캐릭터 피규어 3차원 프린팅 제작 및 판매 응용 서비스 시스템	언제 어디서나 누구나 손쉽게 다양한 3차원 스캐닝 모델을 생성, 저작, 편집 및 출력함으로써 그에 따른 비용과 시간을 최소화하는 기술	1	1

라. 기술진입장벽 분석

(1) 기술 집중력 분석[52]

☐ 중소기업용 On-Site 엣지 시스템 관련 기술에 대한 시장관점의 기술독점 현황분석을 위해 집중률 지수(CRn) 분석 결과, 상위 4개 기업의 시장점유율이 15.8으로 독과점 정도가 낮은 수준으로 분석되어 주요 출원인들에 의한 기술 집중화 정도가 거의 없는 시장으로 판단됨. 즉, 중소기업용 On-Site 엣지 시스템 기술은 제품 구매자가 우위에 있는 기술 분야로 기업들 간의 경쟁 강도가 높고, 시장 진입 용이성이 높은 것으로 분석됨

☐ 국내 시장에서 중소기업의 점유율 분석결과 52.4로 중소기업용 On-Site 엣지 시스템 기술에서 중소기업의 점유율은 높은 것으로 분석되고, 국내 시장에서 중소기업의 진입장벽은 높지 않은 것으로 판단됨

[주요출원인 및 한국 중소기업 집중력 분석]

	주요출원인	출원건수	특허점유율	CRn	n
주요 출원인 집중력	INTERNATIONAL BUSINESS MACHINES(미국)	29	4.8%	4.8	1
	ROCKWELL AUTOMATION TECHNOLOGIES(미국)	22	3.7%	8.5	2
	TOSHIBA(일본)	22	3.7%	12.1	3
	HITACHI(일본)	22	3.7%	15.8	4
	SIEMENS(독일)	17	2.8%	18.6	5
	INTEL(미국)	14	2.3%	21.0	6
	RICOH(일본)	14	2.3%	23.3	7
	FUJITSU(일본)	10	1.7%	25.0	8
	FANUC(중국)	10	1.7%	26.6	9
	GIESECKE+DEVRIENT MOBILE SECURITY(독일)	10	1.7%	28.3	10
	전체	601	100%	CR4=15.8	
	출원인 구분	출원건수	특허점유율	CRn	n
국내시장 중소기업 집중력	중소기업(개인)	22	52.4%	52.4	중소기업
	대기업	5	11.9%		
	연구기관/대학	10	23.8%		
	기타(외국인)	5	11.9%		
	전체	42	100%	CR중소기업=52.4	

---

[52] 상위 몇 개 기업의 특허점유율을 합한 것으로, 특허동향조사에서는 통상 CR4를 사용하며, CRn값이 0에 가까울수록 시장 독과점 수준이 낮은 것을 의미하고, CR4 값이 40에서 60일 경우(CR1 지수는 50 이상일 경우, CR2 또는 CR3 지수는 75 이상일 경우) 시장의 독과점 수준이 높은 것으로 해석됨

CRn(집중률지수, Concentration Ratio n) = (1위 출원인의 특허점유율) + … + (n위 출원인의 특허점유율)

(2) IP 경쟁력 분석[53]

☐ 중소기업용 On-Site 엣지 시스템 기술의 주요출원인들의 IP 경쟁력 분석결과, ROCKWELL AUTOMATION TECHNOLOGIES의 기술영향력이 가장 높고 GIESECKE+DEVRIENT MOBILE SECURITY의 시장확보력이 가장 높은 것으로 분석됨

- ROCKWELL AUTOMATION TECHNOLOGIES : 영향력지수(PII) 5.48 / 시장확보력(PFS) 1.46
- GIESECKE+DEVRIENT MOBILE SECURITY : 영향력지수(PII) 0.07 / 시장확보력(PFS) 2.98

☐ 1사분면으로 도출된 ROCKWELL AUTOMATION TECHNOLOGIES, INTEL의 특허가 시장확보력 및 질적 수준이 높은 특허로, 기술적 파급력과 상업적 가치가 큰 것으로 해석됨

[주요출원인 IP 경쟁력 분석]

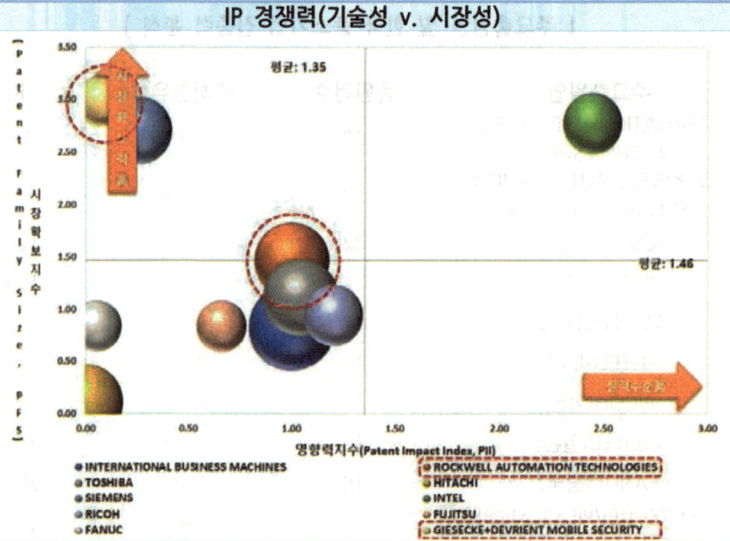

ROCKWELL AUTOMATION TECHNOLOGIES	(US 9565275) Transformation of industrial data into useful cloud information
	(US 9568908) Industrial automation app-store
GIESECKE+DEVRIENT MOBILE SECURITY	(US 10860906) Manufacturing method for portable data carriers

* **영향력지수(Patent Impact Index, PII)**: 다른 경쟁주체의 기술수준이 고려된 특정한 주체의 '상대적인' 기술적 중요도 또는 혁신성과의 가치 정보가 포함된 기술수준으로, 특허의 피인용 횟수를 특정 기술분야 내에서의 상대적인 값으로 전환시킨 지수임
* **시장확보지수(Patent Family Size, PFS)**: 특정 주체가 특정 기술분야에서 소수의 특정 국가에서만 시장확보를 하고자 하는지 아니면 다수의 세계 주요 국가에서 시장확보를 하고자 하는지에 대한 분석으로, PFS가 높은 특허는 그만큼 상업적 가치가 큰 기술에 대한 특허인 것으로 해석될 수 있으며, PFS가 높은 출원인은 세계 여러 국가에서 사업을 하고 있는 출원인인 것으로 해석될 수 있음(2020 공공 R&D 특허기술동향조사 가이드라인, 한국특허전략개발원)
* **버블크기**: 출원 특허 건 수 비례

---

53) PFS = 특정 주체의 평균 패밀리 국가 수 / 전체 평균 패밀리 국가 수

PII = 특정 주체 보유특허의 피인용도[CPP] / 전체 유효특허의 피인용도

5. 요소기술 도출

가. 특허 기반 토픽 도출

☐ 601개의 특허의 내용을 분석하여 구성 성분이 유사한 것끼리 클러스터링을 시도하여 대표성이 있는 토픽을 도출

[중소기업용 On-Site 엣지 시스템에 대한 토픽 클러스터링 결과]

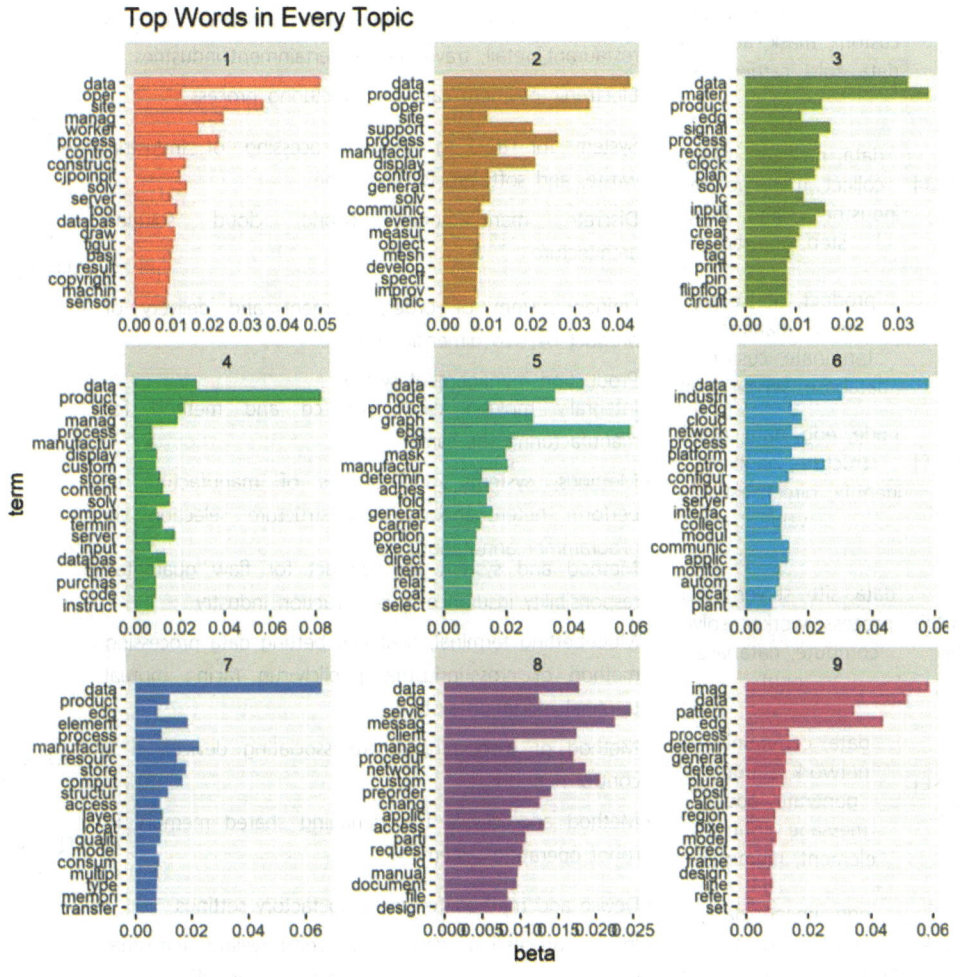

나. LDA[54] 클러스터링 기반 요소기술 도출

[LDA 클러스터링 기반 요소기술 키워드 도출]

No.	상위 키워드	대표적 관련 특허	요소기술 후보
클러스터 01	data, edg, industries, control, cloud, model, application, plural, configure, process	• Method and platform for deployment of an industrial application on an edge computing device of a machine tool • Cloud and edge manufacturing data processing system	엣지 시스템 보안 기술
클러스터 02	edg, foil, manufacture, custom, mask, adhesive, data, fold, carrier, score	• System and method for improving customer wait time, customer service, and marketing efficiency in the restaurant, retail, travel, and entertainment industries • Electronic payment card manufacturing process	-
클러스터 03	data, measure, oper, collect, manufacture, industries, event, image, step, analytic	• System for tracking image processing of industrial waste, and software for the same • Discrete manufacturing hybrid cloud solution architecture	엣지 지능형 데이터 선별 분석 기술 엣지 데이터 모니터링 기술
클러스터 04	product, site, data, solve, manage, terminate, custom, database, server, web	• Unified system of order, payment and delivery of product by two dimensional code • Production management system	-
클러스터 05	node, edg, data, graph, structure, generate, identify, direct, estimate, value	• Integrally molded card type cd and method for manufacturing the same • Methods, systems, and articles of manufacture to perform heterogeneous data structure selection via programmer annotations	-
클러스터 06	data, site, server, oper, process, worker, solve, compute, database, input	• Method and system for contract for flaw guarantee responsibility insurance in construction industry • Multi-betting terminal, host and betting data processing method of cross-industrial publicly-run racing mutual terminal utilization system	-
클러스터 07	data, communice, network, support, generate, oper, message, control, element, memories	• Method of associating or re-associating devices in a control network • Method and device for managing shared memory in robot operating system	IoT 이기종 통신 프로토콜 연계 기술 엣지 네트워크 연계 기술
클러스터 08	edg, image, data, pattern, detect, determine, pixel, signal, calculate, correct	• Device and method for restoring factory settings • Image processing device for self-traveling industrial machine and image processing method for self-traveling industrial machine	-
클러스터 09	data, product, process, manage, manufacture, material, time, site, solve, item	• Material requirements planning device, material requirements planning method, and material requirements planning program • Molding frame supply operation support system	엣지 대용량 데이터 처리 기술

[54] Latent Dirichlet Allocation

다. 특허 분류체계 기반 요소기술 도출

☐ 중소기업용 On-Site 엣지 시스템 관련 특허에서 총 10개의 주요 IPC코드(메인그룹)를 산출하였으며, 각 그룹의 정의를 기반으로 요소기술 키워드를 아래와 같이 도출

[IPC 분류체계에 기반한 요소기술 도출]

IPC 기술트리		
(서브클래스) 내용	(메인그룹) 내용	요소기술 후보
(G05B) 제어계 또는 조정계 일반; 이와 같은 계의 기능요소; 이와 같은 계 또는 요소의 감시 또는 시험장치	• (G05B-019) 프로그램제어계	-
(G06F) 전기에 의한 디지털 데이터처리	• (G06F-017) 디지털 컴퓨팅 또는 데이터 프로세싱 장비, 방법으로서 특정 기능을 위해 특히 적합한 형태의 것	-
	• (G06F-009) 프로그램제어를 위한 장치, 예. 제어장치	IoT 이기종 통신 프로토콜 연계 기술
	• (G06F-015) 디지털 컴퓨터 일반	-
	• (G06F-019) 특수한 어플리케이션에 특히 적합한 디지털 컴퓨팅 또는 데이터 처리 장치 또는 방법	엣지 대용량 데이터 처리 기술
(G06K) 데이터의 인식; 데이터의 표시; 기록매체; 기록매체의 취급	• (G06K-009) 인쇄문자, 손으로 쓴 문자를 독취하거나 인식 또는 패턴을 인식하기 위한 방법 또는 장치, 예. 지문인식	-
	• (G06K-019) 적어도 그 일부에 디지털 마크가 기록되게끔 설계되고 또한 기계로 사용하는 기록매체	-
(G06Q) 관리용, 상업용, 금융용, 경영용, 감독용 또는 예측용으로 특히 적합한 데이터 처리 시스템 또는 방법; 그 밖에 분류되지 않는 관리용, 상업용, 금융용, 경영용, 감독용 또는 예측용으로 특히 적합한 시스템 또는 방법	• (G06Q-010) 경영; 관리	-
	• (G06Q-030) 거래, 예. 쇼핑 또는 전자상거래	-
	• (G06Q-050) 특정 사업 부문에 특히 적합한 시스템 또는 방법, 예. 공익사업 또는 관광	엣지 시스템 보안 기술

라. 최종 요소기술 도출

☐ 산업·시장 분석, 기술(특허)분석, 전문가 의견, 타부처 로드맵, 중소기업 기술수요를 바탕으로 로드맵 기획을 위하여 요소기술 도출

☐ 요소기술을 대상으로 전문가를 통해 기술의 범위, 요소기술 간 중복성 등을 조정·검토하여 최종 요소기술명 확정

[중소기업용 On-Site 엣지시스템 분야 요소기술 도출]

요소기술	출처
IoT 이기종 통신 프로토콜 연계 기술	특허 클러스터링, IPC 기술체계, 전문가 추천
엣지 지능형 데이터 선별 분석 기술	특허 클러스터링, 전문가 추천
엣지 데이터 필터링 기술	전문가 추천
엣지 데이터 모니터링 기술	특허 클러스터링, 전문가 추천
엣지 네트워크 연계 기술	특허 클러스터링, 전문가 추천
엣지 시스템 보안 기술	특허 클러스터링, IPC 기술체계, 전문가 추천
엣지 대용량 데이터 처리 기술	특허 클러스터링, IPC 기술체계, 전문가 추천

6. 전략제품 기술로드맵

가. 핵심기술 선정 절차

- ☐ 특허 분석을 통한 요소기술과 기술수요와 각종 문헌을 기반으로 한 요소기술, 전문가 추천 요소기술을 종합하여 요소기술을 도출한 후, 핵심기술 선정위원회의 평가과정 및 검토/보완을 거쳐 핵심기술 확정

- ☐ 핵심기술 선정 지표: 기술개발 시급성, 기술개발 파급성, 기술의 중요성 및 중소기업 적합성
    - 장기로드맵 전략제품의 경우, 기술개발 파급성 지표를 중장기 기술개발 파급성으로 대체

[핵심기술 선정 프로세스]

① 요소기술 도출	→	② 핵심기술 선정위원회 개최	→	③ 핵심기술 검토 및 보완	→	④ 핵심기술 확정
• 전략제품 현황 분석 • LDA 클러스터링 및 특허 IPC 분류체계 • 전문가 추천		• 전략분야별 핵심기술 선정위원의 평가를 종합하여 요소기술 중 핵심기술 선정		• 선정된 핵심기술에 대해서 중복성 검토 • 미흡한 전략제품에 대해서 핵심기술 보완		• 확정된 핵심기술을 대상으로 전략제품별 로드맵 구축 개시

나. 핵심기술 리스트

[중소기업용 On-Site 엣지시스템 분야 핵심기술]

핵심기술	개요
엣지 데이터 모니터링 기술	• 설비에서 발생하는 생산, 공정, 설비 관련 데이터를 분석하고 선별하여 서버나 클라우드에 전송하는 데이터의 이상 유무를 실시간 모니터링하는 기술
엣지 대용량 데이터 처리 기술	• 서버 또는 클라우드에 전송하여 저장 가능한 형태로 전송할 수 있도록 생산 현장에서 발생하는 대용량의 공정, 설비, 제품의 실시간 데이터를 분석하고 선별하는 기술
엣지 네트워크 연계 기술	• 설비-엣지 시스템-서버 또는 클라우드로 연결되는 수직 네트워크 및 설비 간 엣지 시스템들의 수평 연결 네트워크 기술
엣지 시스템 보안 기술	• 생산, 공정, 설비 데이터의 외부 유출을 방지하고 해킹에 의한 엣지 시스템의 오작동을 방지하기 위한 보안 기술

다. 중소기업 기술개발 전략

- ☐ SaaS 중심의 IoT 연계형 클라우드 서비스를 개발하여 저변을 확대
- ☐ 클라우드 서비스와 연계가 가능한 실시간 대용량 데이터 선별/분석/전송 시스템의 기술개발
- ☐ IoT 서비스 실시간성과 엣지 시스템 간 데이터의 손실 방지를 보장하기 위한 인터페이스 기술개발
- ☐ 기존의 통신인프라와 클라우드 시스템과의 호환성이 용이한 방향으로 개발 필요

라. 기술개발 로드맵

(1) 중기 기술개발 로드맵

[중소기업용 On-Site 엣지시스템 기술개발 로드맵]

중소기업용 On-Site 엣지시스템	효율적 데이터 활용을 위한 대용량 생산 데이터 수집, 분석, 선별적 전송 기술 상용화			최종 목표
	2022년	2023년	2024년	
엣지 데이터 모니터링 기술				실시간 데이터 이상 유무 모니터링 기술 개발
엣지 대용량 데이터 처리 기술				제조 현장 대용량 데이터 분석, 전송 기술 개발
엣지 네트워크 연계 기술				SaaS와 연계 가능한 수직, 수평 네트워크 개발
엣지 시스템 보안 기술				데이터 외부 유출 및 장비 오작동 방지 OS 기술

(2) 기술개발 목표

☐ 최종 중소기업 기술로드맵은 기술/시장 니즈, 연차별 개발계획, 최종목표 등을 제시함으로써 중소기업의 기술개발 방향성을 제시

[중소기업용 On-Site 엣지시스템 핵심요소기술 연구목표]

핵심기술	기술요구사항	연차별 개발목표			최종목표	연계R&D 유형
		1차년도	2차년도	3차년도		
엣지 데이터 모니터링 기술	실시간 데이터 분석 및 전송 데이터 이상 유무 모니터링	실시간 데이터 분석의 유효성	데이터 선별, 전송 시스템 연계	실시간 데이터 모니터링 연계	실시간 데이터 이상 유무 모니터링 기술 개발	기술혁신
엣지 대용량 데이터 처리 기술	제조 현장의 대용량 데이터 분석 및 선별	대용량 데이터 분석	유효 데이터 선별	엣지 시스템 연계	제조 현장 대용량 데이터 분석, 전송 기술 개발	기술혁신
엣지 네트워크 연계 기술	데이터의 수직 및 설비 간 수평 네트워크 연계	설비-엣지시스템-서버/클라우드 수직연계	설비 간-엣지 시스템 간 수평 연계	수직-수평 네트워크 연계	Saas와 연계 가능한 수직, 수평 네트워크 개발	상용화
엣지 시스템 보안 기술	수직 네트워크 데이터 유출 및 기계 오작동 방지	엣지 시스템 보안	수직 네트워크 보안	설비, 엣지 시스템의 오작동 방지	데이터 외부 유출 및 장비 오작동 방지 OS 기술	창업형

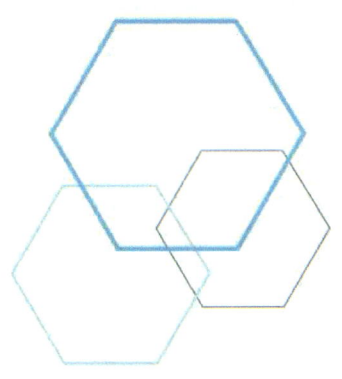

전략제품 현황분석

스마트제조용 인간-기계 협업패키지

스마트제조용 인간-기계 협업패키지

정의 및 범위

- 사람 중심의 인간-기계 협업을 위해 작업 모델링, 작업자 노하우 수집·분석, 상호작용 및 작업자 지원 기술 등을 통해 제조 과정에서의 이와 같은 정보를 효과적으로 인간에게 제공함으로써 인간 친화적으로 협업하여 생산성과 품질을 높이기 위한 시스템을 의미
- 복잡한 제조과정에서 증강현실 및 가상현실 기술을 활용하여 업무에 필요한 정보와 데이터를 즉각적으로 확인하여 공정 과정을 분석/파악하고 제조 공정을 제어하며, 향후 효율적인 제조공정의 계획이 가능하도록 하는 기술을 포함

전략 제품 관련 동향

시장 현황 및 전망	제품 산업 특징
• (세계) 세계 웨어러블 기기의 출하량은 2019년 2억 1,510만 대에서 연평균 8.9% 성장하여 2024년에는 2억 7,900만 대 수준으로 증가할 전망 • (국내) 국내 AR·VR 시장은 2019년 4조 원에서 2024년 28조 4천억 원 규모로 성장이 예상되며 미디어사, 통신사의 투자와 정부의 정책적 지원을 바탕으로 급속한 성장이 예상	• 지능형 로봇인 협동 로봇과 함께 작업자가 일하는 제조공장이 증가하는 추세, 작업자의 작업 효율 향상 • VR/AR 기술이나 웨어러블 기기를 사용하여 작업자를 보조하는 형태로도 적용중 • 인간 작업자의 행동이나 패턴을 학습하여 맞춤형 협력 솔루션 제공
정책 동향	**기술 동향**
• 정부는 '디지털뉴딜' 정책의 일환으로 가상현실, 증강현실을 활용한 메타버스 플랫폼 기술개발 지원 • 산업통상자원부는 VR·AR을 이용한 가상훈련시스템, 디바이스 관련 기술개발 정책을 추진 중	• 증강현실 기술로 작업자는 실시간으로 작업 내용을 브리핑 받거나 도움을 받는 형로 산업 현장에 적용 • AR/VR은 다양한 산업 영역에 공동 활용이 가능하여 통합적 관점의 기술개발 전략 수립이 필요
핵심 플레이어	**핵심기술**
• (해외) GE, UPSkill, 미쯔비시, MS, 구글, 부직스, 오토데스크, VEC • (국내) 버넥트, 테크빌교육, YJ링크, 맥스트, 마젠타로보틱스, 디지테크정보	• 지식 기반 사람-기계 협업 위한 작업 자율 할당/플래닝 기술 • 사람-기계 협업기반 최적 생산성 예측 기술 • 인간-기계 협업 동기화 기술 • 사용자 인터랙션 음성 제스처 기반 기술 • 사용자 인터랙션 중 다중복합 센서 기반 기술 • 사용자 인터랙션 중 스마트 글래스 기반 기술

중소기업 기술개발 전략

→ 클라우드 및 엣지 컴퓨팅 기술과 함께 AR/VR 디바이스의 지연율을 단축시키는 기술 개발 필요

→ 위치 및 이미지 마커 기반 증강현실 구현, 가상현실 영상처리 구현 및 실시간 센서 연동, 비접촉·무선화, 기능화·자동화, 소형화·저가격화, 소재 다변화 등의 기술개발 방향 필요

→ 현재 인간-기계 협업패키지는 시장 초기 단계로 작업자가 기계와 함께하는 것에 거부감이 들지 않도록 제품을 친숙하게 또는 사용자 친화적으로 만드는 것이 중요

1. 개요

가. 정의 및 필요성

(1) 정의

☐ 사람 중심의 인간-기계 협업을 위해 작업 모델링, 작업자 노하우 수집·분석, 상호작용 및 작업자 지원 기술 등을 통해 제조과정에서의 이와 같은 정보를 효과적으로 인간에게 제공함으로써 인간 친화적으로 협업하여 생산성과 품질을 높이기 위한 시스템을 의미

- 작업자의 작업 방식, 패턴등을 수집하고 분석하여 작업 효율을 개선하거나 맞춤형으로 도움을 주는 방식으로 적용 중
- 빅데이터, IoT, 인공지능과 같이 데이터 분석에 대한 첨단 소프트웨어 기술이 필수적을 요구됨

☐ 인간-기계 협업공정 대상 시뮬레이션 또는 증강현실 기술개발 및 보급

- 기존 작업자의 대체가 불가능한 제조기업을 대상으로 스마트제조 도입 분석 시뮬레이션 활용
- 증강현실 기술로 저숙련자의 경우도 실시간 도움을 받아 업무에 쉽게 적응할 수 있도록 돕는 패키지 기술 개발
- 인간-기계 협업에 특화된 다양한 add-in 지원 모듈을 개발하여 기존 시뮬레이션에 추가함으로써 스마트제조 도입 사전 검증용 시뮬레이션 기술 수준 제고

[인간-기계 협동 시뮬레이션 예시]

* 출처 : SIEMENS, 2020

(2) 필요성

☐ 작업자에게 실시간 정보 제공과 어시스트를 통해 효율성을 증가시키고 실수를 감소

- 중소기업에 자동화 및 정보화 시스템을 대규모로 통합적으로 설치하는 것은 현실적으로 어렵기 때문에, 부분적인 시스템을 도입할 때 작업자와의 상호작용이 필요한 경우가 많이 발생

- 시스템에서 얻어진 데이터가 불완전할 때 작업자가 획득하는 데이터를 연계시킬 필요가 있으며, 연계되는 데이터도 공정과 정합되어야 하나 현실에서는 정합성이 떨어지는 경우가 다수

- 시뮬레이션을 통해 공정의 데이터, 컴포넌트 시퀀싱, 예상 시간 등의 정보들을 알 수 있고, 이를 바탕으로 여러 대안들 간의 비교가 가능해져 엔지니어가 가상현실을 이용하여 사전에 조립과 분해 순서를 평가하고 최적화시킬 뿐만 아니라 제조공정에 필요한 시간, 지원과 툴링에 대해서 확인 가능

☐ 저숙련자 교육을 위한 최고의 플랫폼 기술

- 가상현실은 직업훈련뿐만 아니라 직원들이 다양하고 복잡한 공정을 한눈에 파악할 수 있도록 도와주며, 관리자는 공정 전체를 살펴 어떤 기능의 개선이 생산성을 높이고 직원의 스트레스를 줄일 수 있는지 등을 확인 가능

- 재고·유통관리 등 물류관리에서도 증강현실 기술의 활용 가치가 높으며, 증강현실 안경이 상품의 바코드를 인식하면 어디로 이동되어야 할 제품인지, 재고가 어느 정도 쌓여있는지 등을 알려줘 관리가 수월해지고, 제품을 찾기 위해 드는 조사비용이 감소하며, 필요한 자료는 자동으로 업데이트되어 증강현실 기기를 통해 사람들에게 실시간으로 전달

- 직원이 복잡한 조립과정을 진행할 경우 조립 순서와 조립 방법에 대한 정보가 자동으로 눈과 귀를 통해 전달될 수 있으며, 작업이 필요한 시점이나 볼트를 조이는 정도 등 매 순간 필요한 정보를 정확하게 확인 가능

- 가상공정계획은 여러 관계자들에게 조립공정의 청사진을 시각적으로 표현해주어 미리 조립과정을 살펴보면서 여러 분야의 관계자들이 모여 생산성, 스케줄링 등의 요소들을 분석하고 부적절한 부분을 수정 가능

☐ 노동집약적 공정의 스마트화를 위한 사전 검증 도구로 활용

- 스마트제조 기술단계별 공정범위 설정을 위한 사전 분석 도구로써 스마트제조 도입의 비용 대비 효과에 대한 체계적 분석 및 검증 플랫폼 제공

- 인간-기계 간 협업 장비 도입과 운영 기술 제공을 통해 자동화가 어려운 제조기업에 맞는 현실적 스마트제조 기획 도구로 활용

- 사전 검증 절차 후 인간-기계 스마트 협업공정 구축 기업의 모범사례/실패요인 및 성공적 도입 절차 등의 공유를 위한 참조 모델 풀(pool) 구성 및 확산

나. 범위 및 분류

(1) 가치사슬

□ 후방산업은 공정설계 플랫폼, 제조실행 분석 플랫폼, 품질분석 플랫폼, 설비보전 플랫폼, 안전/증감작업 플랫폼, 조달/고객대응 플랫폼으로 구성

[스마트제조용 인간-기계 협업패키지 분야 산업구조]

후방산업	산업용 인간-기계 협업패키지 분야	전방산업
소재 부품, S/W 분야, 수동화 공장	AR/VR 기술을 활용한 인간-기계 협업패키지	산업용 로봇, 시스템 통합 및 제조 서비스 수요처, 스마트 글라스, HMD, AR/VR

(2) 용도별 분류

□ VR-AR 관련 제품은 크게 산업용과 개인용으로 구분되나 기술은 서로 혼합

[용도별 분류]

용도별 기술		기술 설명
산업용	데이터베이스 구축 기술	• 작업 실적 / 품질 DB / 공정 파라메타 등을 포함한 DB를 구축 • 공정조건별(형상,소재 등) 최적의 조건 DB 구축
	시뮬레이션 기술	• 공정조건 분석 및 가공조건 결정을 위한 시뮬레이션 기술
	가상공학 및 정보가시화 가상현실 콘텐츠 기술	• 정보가전기기 가상 사용성 평가, 신규 생산 공정 및 공간 배치 가상 검증, 풍동실험 등 해석데이터 가시화, 혼합현실 응용 정보 가시화 등 공학 데이터 및 정보를 가시화하는 가상현실 콘텐츠 기술
	하이브리드 증강 현실 콘텐츠 기술	• 작업 대상물과 데이터의 합성, 위치 및 모바일 영상 합성 등 이종 기기를 합성하여 증강 현실을 구현하는 하이브리드 증강 현실 콘텐츠 기술
개인용	위치 기반 증강/가상 현실 콘텐츠 기술	• GPS 정보 등 위치 기반으로 증강 현실을 구현할 수 있는 콘텐츠 기술
	이미지 및 마커 기반 증강 현실 콘텐츠 기술	• AR 태그, 이미지 웹캠 인식 등 이미지 또는 마커를 기반으로 증강 현실을 구현할 수 있는 콘텐츠 기술
	증강 미디어 콘텐츠 기술	• 방송 또는 동영상을 시청하는 동안 그 프로그램 내용의 상황이나 이벤트에 따라 시청 화면에 그래픽 오브젝트가 나타나서 감정 표현이나 움직임 등의 행위를 한다거나 어떠한 현상을 표현하는 형태의 증강 현실 서비스를 제공하는 미디어 콘텐츠 기술
	체험형 가상현실 콘텐츠 기술	• 스크린 골프 등 실감형 스포츠 게임, 가상현실 응용 체감형 상호작용 게임, 여행, 학습, 전시, 전람 안내 등 스토리 기반 가상 체험을 구현할 수 있는 가상현실 콘텐츠 기술
	시뮬레이션 가상현실 콘텐츠 기술	• 비행 훈련 시뮬레이션, 3차원 지형지물을 통한 전략전술 시뮬레이션, 몰입형 시각화 기반 시뮬레이션, 체감형 시뮬레이션, 홀로그램 시뮬레이션 등 시뮬레이션 가상현실 콘텐츠 기술

(3) 기술별 분류

☐ 스마트제조 도입과 운영 과정에서 설비 및 공정, 작업변경, 자동화 장비 도입 시 작업자, 관리자와 제조 시스템 간의 유기적 협업을 유도하고 안전을 확보할 수 있는 제조 활동 보조, 생산성 분석 및 제고를 지원하는 인간-제조공학적 원천기술 및 시스템 통합 제품기술

[인간-기계 협업 핵심기술별 정의]

분류		기술 설명
원천 기술	음성/제스처 기반 인간-기계 협업 기술	• 작업자가 음성/제스처 등의 NUI를 이용한 인간과 기계의 상호작용을 통한 인간-기계 제조협업 기술
	지식기반 인간-기계협업 위한 인간-기계 작업 자율 할당/플래닝 기술	• 다중복합센서 데이터를 기반으로 작업자 노하우 수집-분석을 통한 업종별 작업 모델 모듈화 및 지식화를 통해 인간-기계 간 협업을 위한 작업 자동 할당 및 플래닝 기술
제품 기술	인간-기계 협업기반 최적 생산성 예측 시스템	• 작업자의 생산성 제고 및 안전을 고려하기 위하여 공장의 작업환경분석 및 모델링, 시뮬레이션 등을 활용한 협업공정의 타당성 및 효과분석 기술을 포함하는 인간-기계협업공정의 최적 생산성
	NUI(Natural UI) 기반 인간-기계 협업 작업증강시스템	• 작업자의 음성/제스처 등의 NUI(Natural UI) 기반 인간-기계 협업작업 지원을 위한 위치추적, AR, VR, MR 등을 활용한 작업증강시스템
	안전 보장 인간-기계 자율 협업 시스템	• 작업자 안전을 보장하면서 인간-기계가 생산효율 극대화를 위해 자율적으로 작업 할당, 플래닝하고, 수행 가능하도록 지원하는 협업 시스템

☐ VR/AR 응용은 다양한 사용자 인터페이스들을 통해 실현되며, 디스플레이 방식에 따라 원격 협업을 위한 응용프로그램의 정보 표현 방식의 변화 가능

[과업 특화형 AR/VR 디스플레이 도구 분야의 세부 기술범위]

분류		세부 기술	기술 설명
과업 특화형 개인 AR/VR 디스플레이 도구	HMD	시인성과 전력소모를 줄인 디스플레이 기술	• 8피트 거리에서 ≥42인치(시각적 효과), 디스플레이 해상도 ≥1920×1080p인 고시인성 디스플레이 기술
		극초전력 CPU 및 구동 SW 기술	• 초전력 CPU ≤2W, 배터리 지속시간 ≥24시간을 만족하는 극초전력 CPU 및 구동 SW 기술
		착용형 디바이스를 위한 센서 기술	• 가속도계 또는 자이로스코프 등과 같은 센서를 이용하여 연속 위치추적이 가능한 트래킹 기술 및 제스쳐 모듈 최적화
	스마트 글래스	카메라 추적 기술	• 카메라 등과 같은 촬영장치를 통해 사용자의 움직임에 대응하여 특정 객체를 추적하는 기술
		움직임 감지 기술	• 가속도계 또는 자이로스코프 등과 같은 센서를 이용하여 연속 위치추적이 가능한 트래킹 기술 및 제스쳐 모듈 최적화
		스마트 디바이스 연동 기술	• 센서로부터 출력되는 신호를 이용하여 사용자 정보의 생성을 위해 스마트 디바이스에 연동시키는 기술

2. 산업 및 시장 분석

가. 산업 분석

(1) 산업의 특징

◎ **개인용에 한정된 AR-VR 시장**

☐ 현재 AR/VR 시장은 개인 용도의 게임, 엔터테인멘트 등에 한정된 분야에서만 사용 가능하다는 인식이 다수, 산업용으로 사용하기 위한 인식 개선이 필요해 보임

☐ 웨어러블 디바이스는 자체의 기술력보다는 기존의 제품에 만보계, 알림 등의 기술과 패션이 합쳐진 액세서리로서의 웨어러블 제품이 증가 중

- 파슬(Fossil), 마이클코어스(Michael Kors), 스와로브스키(Swarovski), 게스(Guess), 토리버치(Tory Burch) 등 일반 시계, 패션, 쥬얼리 브랜드들이 웨어러블 기기 시장에 진출하는 추세
- 랄프로렌(Ralph Lauren)은 캐나다의 센서 전문업체인 옴시그널(OMsignal)과 협력하여 사용자의 생체 정보 측정 센서를 가진 스마트셔츠 '폴로테크(Polo Tech)'를 개발

◎ **산업용으로 적용 분야 확대**

☐ 다양한 영역에서 정보통신(ICT) 기술을 활용함에 따라 웨어러블 디바이스를 피트니스, 헬스케어·의료, 인포테인먼트 및 산업·군사 등의 다양한 산업에 활용될 가능성이 높은 상황에서 산업 내 특화 기술과 규제 환경 등을 고려한 제품 개발에 집중 필요

- 건강 관리, 치료 목적의 웨어러블 기기의 관심이 증가하여 관련 시장이 급격히 성장
- 소득수준이 증가함에 따라 여가생활을 즐기는 사용자들이 증가하고 이러한 사용자들의 니즈를 파악하여 운동 효과를 높일 수 있는 웨어러블 제품이 출시
- 휴대하는 형태의 제품 및 액세서리와 같은 액세서리형, 의류형태인 의류일체형, 신체에 부탁할 수 있는 형태의 신체부착형, 신체에 직접 이식하거나 복용하는 형태의 생체이식형으로 분류 가능

☐ 글로벌 가상현실(VR)과 증강현실(AR) 시장은 일반인들이 구매 가능한 제품들과 수익화 가능성을 보여주는 서비스들이 등장하여 높은 관심 속에 기업들의 투자가 확대

- VR HMD(Head Mounted Display) 제작 기업인 오큘러스가 20억 달러에 페이스북에 인수된 후 삼성전자, SONY 등 다양한 글로벌 기업들이 가상현실 산업에 참여
- 오큘러스는 디스플레이에 양안에 해당되는 두 개의 왜곡 이미지를 출력 후, 어안렌즈로 보정하여 고품질 VR을 낮은 비용으로 제공하는 새로운 방식을 제시하여 VR 시장의 확대를 가져오고 기술력을 인정받아 페이스북에 인수
- 삼성전자는 페이스북에 인수된 오큘러스와 협력하여 갤럭시 스마트폰을 삽입하여 VR을 경험할 수 있는 기어VR을 개발

☐ 제조업 현장에서도 생산 효율성 제고를 위해 가상현실 및 증강현실 기술을 적극적으로 활용 중

- 게임, 영상 등 재미와 흥미 중심의 엔터테인먼트 분야에서 대중화가 진행되고 있던 가상현실 기술이 최근 다양한 산업 분야와 융합하여 새로운 고부가가치산업을 창출
- ICT와 융합하여 새로운 스마트제조를 구축하거나, 실물 이미지에 가상영상을 겹쳐 보여주며 실시간 정보전달이 가능한 증강현실 기술도 제품 개발, 물류관리 등에서 빠르게 확산

☐ 여러 산업에서의 활용성이 높고, 기술 시장진입이 비교적 수월, AR/VR 연동도 가능하여 스타트업 및 중소기업이 기술개발을 통해 시장을 선점할 수 있는 기회 형성

[AR/VR 기술의 유망 응용 분야]

분류	AR/VR 가치 활용 분야
콘텐츠	• AR/VR 제품 디자인, 제조공정 테스트, VR 여행 콘텐츠, VR 전시관 서비스, 타인의 경험 공유, VR 쇼핑몰, AR/VR 교육 서비스, VR 헬스/스포츠, 오감 엔터테인먼트, AR/VR 테마파크, AR/VR 게임, 심리치료 서비스, VR 채팅
플랫폼	• 물류관리, 글로벌 유통 및 결제 플랫폼, VR 편집 소프트웨어, 네비게이션 플랫폼, 공유 플랫폼, 가상매대 플랫폼, 공동 작업 플랫폼, 시뮬레이터, 실시간 통역 플랫폼, VR 소셜 네트워크
디바이스	• 지능형 센서, VR 촬영기기, VR 제작 스튜디오, 장애인 전용 VR 기기, VR 체험방, VR 헬스기구

* 출처 : 산업연구원(KIET), 2016

☐ 디스플레이 지연 및 제한된 시야

- 이상적으로 인간의 눈은 수평으로 200º, 수직으로 135º의 시야를 가지고 있음
  - 현재 AR/VR은 최대 90º의 FOV를 제공
- 지연으로 인해 오류는 이미지 지연으로 이어져 AR 장치 및 응용 프로그램 제조업체에 큰 문제가 됨
  - VR을 이용한 게임을 하는 동안 입력 지연이 높으면 게임 플레이가 느려지고 응답하지 않음
  - 낮은 입력 지연 수준을 통해 원활한 제어 경험 및 화면의 움직임이 명령에 즉시 반응 해야 함

나. 시장 분석

(1) 세계시장

☐ 세계 AR/VR 세계 시장 규모는 2019년 110억 달러 규모에서 연평균 38.1% 성장하여 2025년에는 약 768억 달러 규모로 성장 전망

- 의료 분야의 AR 기기 및 애플리케이션에 대한 수요 증가
  - AR 시장에 대한 투자 증가
  - 소매 및 전자 상거래 부문의 AR 수요증가
  - 코로나19 이후 게임 및 엔터테인먼트 분야에서의 HMD 보급

[AR·VR 세계 시장 규모 및 전망]

(단위 : 십억 달러, %)

구분	'19	'20	'21	'22	'23	'24	'25	CAGR
세계시장	11.0	15.3	21.1	29.1	40.2	55.6	76.8	38.1

* 출처 : MARKETS AND MARKETS, Augmented Reality and Reality Market 2020

☐ 아키텍처에서 AR에 대한 수요 증가
- 건축 모델에 디지털 정보를 투영하는데 사용

☐ 대부분의 VR 장비는 몰입형 비디오 게임 개발에 중점
- 반 몰입형 및 완전 몰입형 VR 장치에 대한 수요 증가는 컴퓨팅 및 네트워킹 시스템의 향상에 의한 것
- VR 컨텐츠 제작 및 AR 게임의 트렌드로 인해 대부분의 시장을 주도 전망

☐ 상용 애플리케이션은 AR/VR 시장에서 가장 높은 성장률 전망
- AR 태그로 광고를 표시할 뿐만 아니라 사용자를 위한 대화형 환경을 만드는 AR 지원 스마트폰을 사용하여 스캔 가능

(2) 국내시장

☐ 국내 AR·VR 시장은 2019년 4조 원에서 연평균 48.3%로 성장하여 2025년에는 약 42.1조 원 규모로 성장이 전망

- 미디어사, 통신사의 투자와 정부의 정책적 지원을 바탕으로 급속한 성장이 예상

[AR·VR 국내 시장규모 및 전망]

(단위 : 억 원, %)

구분	'19	'20	'21	'22	'23	'24	'25	CAGR
국내시장	40,058	59,286	87,743	129,860	192,192	284,445	421,831	48.3

* 출처 : 한국VR산업협회, KISTI, 마켓리포트 가상현실((2018) 재가공

[국내 가상/증강 현실 산업의 전망]

○ 국내 VR/AR 산업 전망이 좋다고 답한 응답자는 40.9%(좋다 34.5% + 매우 좋다 6.4%), 어둡다고 답한 응답자는 22.1%(어둡다 19.6% + 매우 어둡다 2.5%)로 나타남.

[그림 IV-32] 국내 가상증강현실 산업 전망과 그에 대한 답변 사유

단위: %

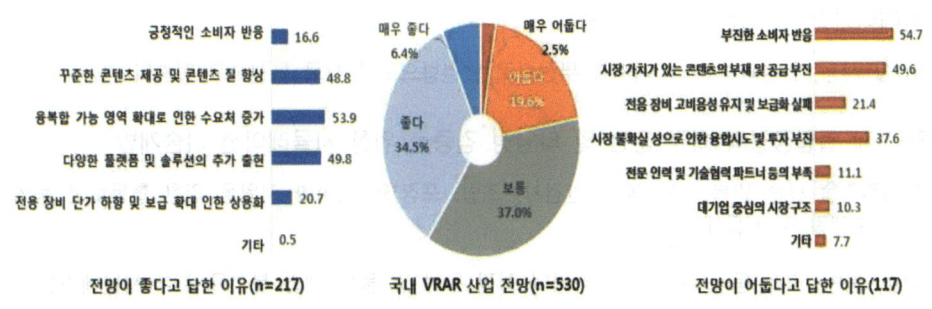

* 출처 : 게임인사이트, 2021

3. 기술 개발 동향

□ 기술경쟁력
- 스마트제조용 인간-기계 협업패키지는 미국이 최고기술국으로 평가되었으며, 우리나라는 최고기술국 대비 73.3%의 기술 수준을 보유하고 있으며, 최고기술국과의 기술격차는 1.9년으로 분석
- 중소기업의 기술경쟁력은 최고기술국 대비 64.8%, 기술격차는 2.4년으로 평가
- 유럽(89.0%)>일본(78.3%)>한국>중국(69.8%)의 순으로 평가

□ 기술수명주기(TCT)[55]
- 스마트제조용 인간-기계 협업패키지는 6.51의 기술수명주기를 지닌 것으로 파악

가. 기술개발 이슈

◎ 인간-기계 협업에 필요한 기술

□ 작업자, 장비, 환경에 대한 분석, 모델링 기술개발
- 생산/제조 장비, 설비, 제조 로봇 등에 대한 분석, 모델링, 작업자의 제조활동에 대한 분석, 모델링, 생산/제조 환경 및 프로세스에 대한 분석, 모델링 등의 기술개발이 진행 중

□ 미국 퍼듀대는 MIT와 인디애나대 공동 연구팀과 로봇 및 기계 간의 상호작용을 현실감 있게 시뮬레이션할 수 있는 기술개발 중
- IoT를 사용, 인간과 로봇과 기계를 무선으로 연결함으로써 서로 통신하고 협력이 가능

□ 인간-기계 협업공정의 최적 운영 및 타당성 검증을 위한 시뮬레이션 기술개발
- 노동집약형 단순 반복 작업(예: 육안검사, 조립, 포장)의 최적화 지원을 위한 협동로봇 등의 기계와 협업 모델링 및 시뮬레이션 기술
- 이송, 운반, 적재 등 근거리 이동 작업의 최적 동선 및 물류 대안 분석을 위한 시뮬레이션 기술
- 인간-기계 협업공정의 생산성 목표 달성을 위한 최적 시뮬레이션 기술

---

55) 기술수명주기(TCT, Technical Cycle Time): 특허 출원연도와 인용한 특허들의 출원연도 차이의 중앙값을 통해 기술 변화속도 및 기술의 경제적 수명을 예측

☐ 인간-기계 협업공정의 경제성 효과에 대한 가시적 분석 및 예측 기술개발

- 인간-기계 협업공정 도입을 위한 인적, 물적 자원 투입의 기대 효과 사전 분석 기술
- 인간-기계 협업공정의 최적화 예측 기술 적용 전후 생산성/경제성/작업자/작업환경 개선효과 분석결과 제시 및 검증

☐ 작업자와 협업하여 부품 조립, 패키징, 측정 검사 등을 수행하는 협동로봇이 스마트제조 구축을 위한 핵심적인 요소로 부각되면서 작업자와 생산장비, 로봇, 자동화시스템 등의 기계시스템 간의 협업을 통한 생산성 혁신에 대한 관심이 증대되는 중

- AR/VR과 결합하고 있는 다양한 요소 기술들은 AR/VR 산업뿐만 아니라 다양한 분야의 응용 가능한 기반기술들로서 하나의 기술이 다양한 목적으로 활용 가능한 전략을 마련
  - 동적 기술은 보다 정밀한 센서 개발을 촉진시키며 정밀한 사용자의 위치와 상황을 인지하여 서비스를 제공하는 IoT 등의 서비스에서 활용 가능
- 요소기술 개발 시, AR/VR 뿐만 아니라 다른 영역의 서비스나 판매를 고려하여 기술 활용도를 높이고 실패의 위험을 감소
  - AR/VR의 기술개발을 통해 다양한 산업발전에 동시에 기여

[실감콘텐츠 활성화 전략]

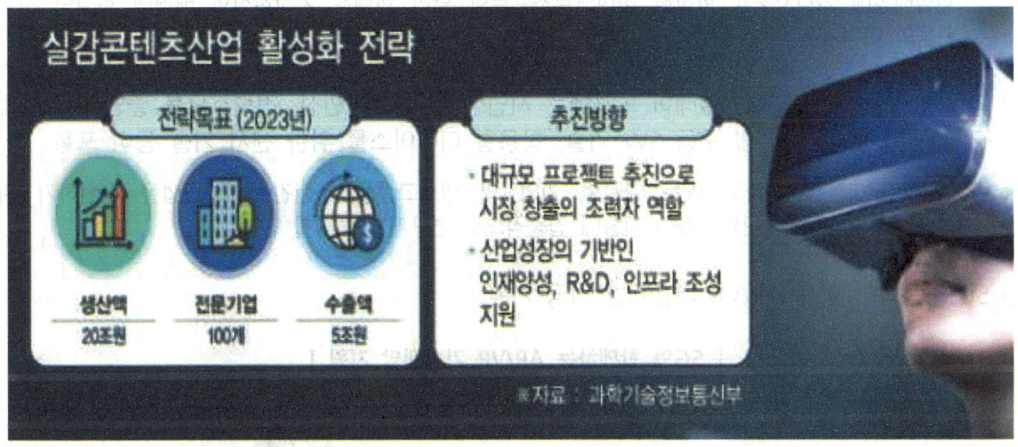

* 출처 : 과학기술정보통신부 제공

◎ AR/VR 기술의 발전

☐ AR/VR기술 발전은 삶의 영역으로 들어와 새로운 서비스와 시장을 만들어 내고 다양한 산업 활용을 거쳐 산업 경쟁력으로 자리 잡고 폭넓은 영향이 예상되어 AR/VR기술 발전을 경쟁력으로 활용할 수 있는 적절한 대응책 마련이 필요

- AR/VR기술은 경계의 파괴로 혼합현실이 등장했으며, 오감기술, 동적기술, 다중접속기술 같은 요소 기술 발전과 함께 사람들의 삶의 영역에서 경험 가능한 기술로 발전 중으로 향후 산업과 사회에 큰 영향이 예상

☐ VR, AR과 더불어 현실과 가상의 정보를 융합, 현실세계를 반영한 가상세계를 구현하는 MR(Mixed Reality, 혼합현실) 주목

- MR은 가상현실이 주는 이질감을 완화함과 동시에 증강현실의 낮은 몰입도를 개선하는 등 현실과 가상을 균형감 있게 융합함으로써 VR과 AR의 단점을 보완하고 특장점을 강화
- VR과 AR의 경계를 나누지 않고, 가상현실의 몰입감과 증강현실의 현실 소통의 특징을 융합한 혼합현실(Mixed Reality)이 대두
  - 마이크로소프트는 홀로그래픽 기술을 사용한 안경 기기인 홀로렌즈를 발표하고, 사용된 기술은 AR/VR의 구분이 없다고 설명
  - 현실배경에 가상사물을 합성한 마이크로소프트와 달리 인텔은 가상현실의 배경에 현실의 신체나 사물의 이미지를 일부 합성하는 기술로 융합현실(Merged Reality)을 제시

☐ 과업 특화형 AR/VR 디스플레이 도구에는 시인성과 전력 시인성, 전력소모를 줄인 디스플레이 기술, 극초전력 CPU 및 구동 SW 기술, 착용형 디바이스를 위한 센서 기술 등이 포함

- AR/VR분야를 선도하고 있는 글로벌 기업 및 연구그룹들은 인간-기계 협업을 구현하기 위해 PC/콘솔/스마트폰 기반의 HMD 기술에 집중적으로 연구개발 투자를 진행

☐ 5G 상용화와 함께 AR/VR 기술개발 적극 지원

[5G와 함께하는 AR/VR 기술개발 지원]

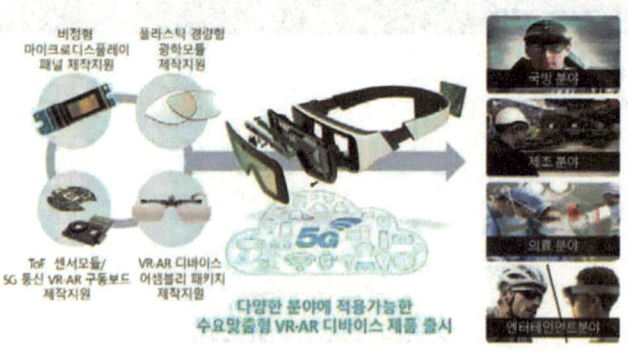

* 출처 : 구미시, 기업에 5G 기반 VR/AR 디바이스 개발 지원

◎ AR/VR 기술을 통한 인간-기계 협업

☐ VR/AR 원격 협업기술은 발전 방향에 따라 3가지 관점에서 분류56)
- 협업에 참여하는 사용자의 역할에 따라 동등-역할 협업, 비동-역할 협업으로 구분
- VR/AR 작업 공간 공유, 공간 이외에 영상, 음성, 제스처 등 가상 객체 공유로 구분
- 협업 공간 내 참여하는 사용자들의 감성 정보 공유 정도에 따라 구분

☐ 현장 작업자가 원거리에 있는 원격 전문가의 도움을 받아 작업을 수행할 수 있는 증강현실 원격 협업 시스템 개발
- 사무실에 있는 전문가는 대형화면을 보면서 작업을 지시하고, 현장 작업자는 모바일 장치를 이용하여 작업 내용을 전송하거나 지시사항을 수신
  - 이 시스템의 특징은 현장 작업자의 태블릿으로 촬영한 영상을 원격의 전문가가 실시간으로 볼 수 있으며, 포인팅(Pointing)과 드로잉(Drawing)의 방법으로 지시사항 전달 가능

☐ 제조업에서 VR기술을 활용하면 공정, 조립과정 등을 미리 계획하고 시험하여 효율적인 공정설계가 가능
- 가상공정계획은 조립공정의 청사진을 시각적으로 표현이 가능하여 미리 조립과정을 살펴보며 생산성, 스케줄링 등의 요소를 분석하고 수정 가능

☐ VR/AR 기술을 통해 현실 세계에 있는 물체를 가상객체로 모델링 할 때 그 가상객체는 현실 물체의 외형을 복사할 뿐 아니라, 현실 속의 무게, 질감, 속도 등의 물리 속성을 가짐으로써 협업 환경에서의 현실감, 정보의 이해, 작업 판단의 효과성 등을 습득 가능
- 이를 위해서는 카메라를 비롯한 다양한 센서를 통한 물체의 외형, 질량, 질감과 같은 물리적 정보뿐 아니라 생산자 정보, 유통정보 등 다양한 정보를 획득, 저장할 수 있는 방법이 필요
  - 사용자가 이 정보를 이용할 수 있도록 하는 가시화 기술 필요

☐ AI-인간 협업을 목표로 인공지능 기술 확보 진행
- AI-인간 협업기술은 인간을 잘 이해하고 협력, 의사결정 지원이 가능한 AI 기술을 개발 중
- 대학 ICT연구센터(ITRC)를 통해 인간-AI 협업기술 석박사 과정을 개설, 인력 양성도 추진
- 주요 선진국과 국제 공동연구를 추진해 글로벌 역량을 갖춘 AI 전문 인력을 양성
- 실세계 데이터를 기반으로 학습 및 추론해 의사결정을 도출하고 그 이유를 사람이 이해 가능한 방식으로 제시하는 '설명 가능한 AI' 개발에도 주력

☐ 국내 산업 내 미흡한 인간-기계 협업 시스템 관련 기술 인프라
- 국내에는 인간-기계 협업 시스템의 인프라에 해당하는 머신러닝, 딥러닝 연구를 위해 필요한 데이터셋이 부족, 해외에서는 다양한 데이터셋이 구축/공개되어 연구에 사용되고 있으나 우리나라에 적용하기 위해 필요한 데이터와는 성질이 다른 경우가 다수
- 얼굴인식 및 문서인식 기술 분야에서 국내 실용화를 위해서는 한국인의 얼굴 영상데이터, 필기 한글 데이터 등 우리나라에서 수집된 데이터가 필요한데, 이러한 데이터들에 대한 준비 미흡

---

56) 출처:ETRI, 가상현실/증강현실 원격 협업기술 동향, 방준성, 2017

◎ **허공제스처를 활용한 새로운 입력 방식 출현**

☐ 2010년 설립된 립모션은 3D 동작 컨트롤 기기를 통해 손동작을 실시간으로 추적할 수 있어 다양한 AR/VR에 응용 중

- 국내 기업인 엠씨넥스는 립모션과의 협업을 통해 개발한 VR용 모션인식 3D Depth Camera를 활용해 빅셀방식의 3D Depth와 TOF방식의 3D Depth카메라 개발을 진행

☐ 2015년 구글은 구글 I/O 2015에서 프로젝트 솔리라는 명칭의 허공제스처 프로젝트를 통해 1mm 이하의 미세한 움직임도 감지하는 기술을 소개

☐ 영국의 스타트업 리소는 손가락에 장착하는 컨트롤러를 개발했으며, 이는 다른 기기를 탑재하지 않아도 허공제스처로 상호작용을 하는 것이 특징

[**리소 컨트롤러와 립모션 이미지**]

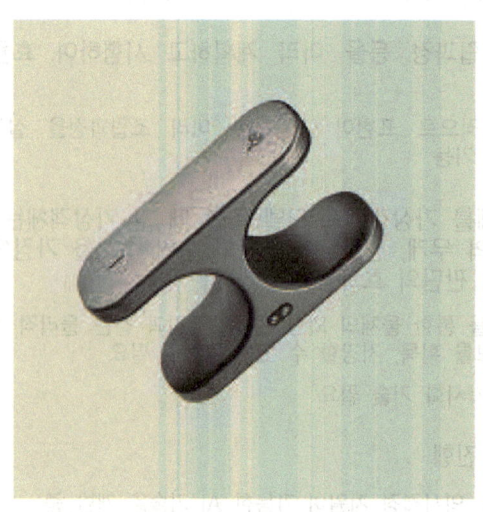 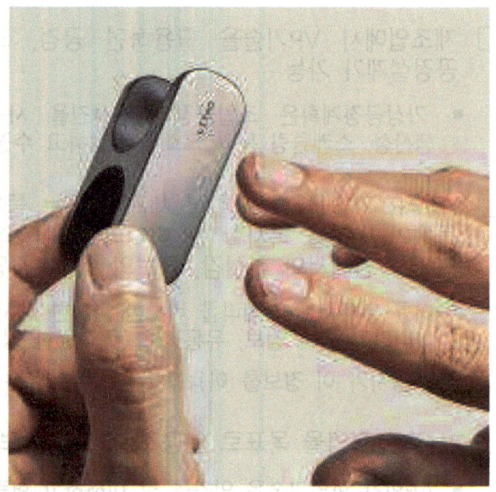

* 출처 : litho 홈페이지와 Leap Motion 홈페이지

☐ 마이크로소프트의 아바타 키넥트는 아바타를 이용한 원격 협업 시스템으로 두 사람이 가상의 콘텐츠를 증강현실 환경에서 공유하고 손동작으로 콘텐츠를 제어하는 것이 가능

- 시스템의 한 노드에는 사용자 전신의 몸짓을 추적하는 카메라가 HMD에 부착되고, 사용자는 비디오 투시형 HMD를 착용하고 이를 통해 상대방의 아바타와 작업을 해야 하는 콘텐츠를 체험할 수 있고, 손동작을 이용하여 가상의 물건을 옮기거나 선택하는 작업을 원격 사용자와 공동 수행 가능

◎ 자동차·항공기 정비용 AR 스마트 글래스

□ 저비용항공사의 확대 추세로 기존 대형민항사는 경쟁우위를 지키기 위해 신규 항공기를 도입
  - 한정된 정비인력으로 인해 정비지원 능력이 포화상태

□ 정비지원용 웨어러블 AR 스마트 글래스 개발, 5G 통신기반 원격 정비점검 RMS(Remote Management Service) 기술개발
  - 오디오, 카메라 등 원격 정비점검이 가능한 인체공학적 설계 적용 스마트 글라스 플랫폼 개발
  - 현장적용에 적합하도록 AR용 3D 데이터베이스 개발
  - 적용엔진 3D 부품 상세도, 정비절차 및 분해/조립절차 3D 작업서 개발

□ 스마트 글래스 개발은 항공기 정비뿐만 아니라 스마트제조에서의 인간-기계 협업 기술개발에 기여 하는 중
  - 작업시간 및 정비오류 감소를 통한 효율적인 정비가 가능, 정비 소요비용 감소로 수익 증대

□ 국내 스타트업인 증강지능은 항공기 및 자동차 정비가 가능한 스마트글래스 기반의 플랫폼인 'IAR-MAP'(Intelligent Agumented Reality·Maintenance Platform)을 개발

[스마트 안경을 쓰고 자동차를 쳐다보면 표출되는 매뉴얼]

* 출처 : BMW 제공, 2021

나. 생태계 기술 동향

(1) 해외 플레이어 동향

- ☐ (GE) 프리딕스(Predix) 어플리케이션을 통하여 개별 장비에 들어가는 특정 부품의 고장시점을 예측 가능
    - GE는 스마트안경을 통해 풍력 터빈 기술자에게 탑, 박스, 배선, 레이아웃 지침을 디지털 방식으로 겹쳐 표시함으로써 조립시간을 향상
    - 장비 관리자가 장비의 고장 가능성에 대한 경고를 받고 올바른 결정을 내리는데 필요한 정보 또한 쉽게 얻을 수 있어 부품의 고장으로 인한 기계 전체의 고장과 수리비 절감 효과
    - 장비의 현재 상태, 운영환경, 다른 장비에 발생한 유사 손상 및 수리 관련 머신러닝 데이터를 바탕으로 적절한 조치 제안

- ☐ (UPSkill) 산업용 글래스 제품 Sky Light는 AR 기술을 이용하는 제품이며, 실시간성 데이터 교환과 현재 상태를 캡처하고 저장하는 기술과 실제 현장에 적용된 제품과 상태를 교환할 수 있는 인터페이스 기술이 강점
    - 음성처리 같은 실시간 데이터 처리에 유리하여 음성을 통한 시스템 명령이 용이한 제품

- ☐ (미쯔비시) 고객들에게 지시사항을 제공하는 지루한 과정을 해결하기 위해 미쯔비시의 미뷰(MeView) 증강현실 앱을 통해 고객들에게 자사의 공조기 제품을 설치 또는 장착할 수 있는 방법 제시
    - 고객들은 더 이상 장황한 설명서를 뒤적일 필요가 없게 되었고, 산업 현장에서도 이와 같은 작업지시 용도의 인간-기계 협업이 진행 중

[웨어러블 기업]

* 출처 : Wearable Tech, Business Insider 제공

☐ (MS) 가상현실 플랫폼인 '홀로렌즈'를 개방하고 인텔, AMD, 퀄컴, 에이서, 에이수스, 델, HP, 레노버, MSI 등 기업에 홀로렌즈를 탑재한 단말기를 개발하게 하는 오픈소스 전략으로 AR/VR 생태계 구축을 추진

- AR/VR 산업의 다양한 수요와 복잡한 비즈니스 모델을 기업이 단독으로 충족시키는 데는 한계
- AR/VR 기술은 특정 사업 영역에만 국한되는 것이 아니며, 포괄하는 기술 영역도 광범위하며 시장 내 고객의 다양한 수요가 존재

☐ (구글) 많은 사람이 실패했다고 생각한 구글 글라스(Google Glass)는 기업용 제품으로 양산되어 구글 글라스 EE라는 이름으로 최근 GE를 비롯해 보잉, DHL, 폭스바겐, 농기계 제조업체 AGCO 등 33개의 회사 직원 수백 명이 사용 중

[구글의 Wearable 기기 구글 글래스]

* 출처 : 부직스 홈페이지

☐ (부직스) 부직스의 산업용 아이웨어(Eyewear)인 부직스 M2000AR은 콘텐츠를 연결된 장치로부터 실제 세계의 콘텐츠 비디오 스트림으로 표시하고, 이는 현장에서 기술 데이터 또는 수리 절차를 확인해야 하는 관리자 또는 직원들에게 유용하게 활용 중

☐ (ESI Group) 엔지니어링 솔루션 기업으로 가상현실을 적용해 제품생산과 점검을 위한 솔루션을 개발했으며, 이를 통해 가상현실 환경과 기존 CAVE를 결합해 자동차 내부와 외부를 시각화하고 개발자가 시각화한 오브젝트와 상호작용할 수 있게 해 설계 초반에 오류를 발견하고 제거[57]

- 미국 자동차 제조사 포드(Ford)와 파트너십을 통해 물리적으로 생산된 프로토타입 없이 다양한 설계변경과 제품개선이 가능하게 되었으며, 과거보다 문제를 발견하고 수정하기도 용이한 것으로 평가

☐ (오토데스크/VEC) 디자인 소프트웨어 기업 오토데스크는 공장 디자인과 시뮬레이션을 위한 VR 솔루션을 발표한 바 있으며, 영국 VEC(Virtual Engineering Centre)는 Genlab의 공장 전체 레이아웃 변경을 위해 가상현실을 활용하고 이를 실제 현장에 적용한 결과, 제품 생산시간이 감소해 생산성이 5% 향상되었으며 연간 생산량을 20% 증가시킬 수 있었다고 발표

---

[57] VR 시장의 새로운 성장동력, VR 엔지니어링(스타트업투데이, 2018. 10. 23)

(2) 국내 플레이어 동향

☐ (버넥트) 버넥트는 AR을 활용한 기술개발에 주력 중이며, 객체 학습/인식/추적 원천기술 보유

- 버넥트 코어를 활용하면 다양한 스마트글라스 기기와 운영체제를 지원하며, 움직이는 다수의 2차원, 3차원, 공간 등을 복합 인식하고 내부망에 구축할 수 있는 서버로 대량의 객체를 인식하는 기술로 스마트 글라스의 카메라로 주변 사물을 실시간으로 촬영하며, 분석할 수 있는 기술
- '버넥트 리모트'는 스마트글라스를 통한 원격업무 지원 솔루션으로 스마트글라스를 착용한 작업자가 현장 정보를 실시간으로 전문가에게 전송하고 상황실에 앉아 있는 관리자가 각 현장 정보를 실시간으로 파악해 근로자에게 지시
- '버넥트 뷰'는 현장에서 설비 데이터를 바로 확인할 수 있는 '운전 정보 시각화 및 점검' 제품으로 IoT 센서 데이터, SCADA 데이터 등 운영 정보를 현장 해당 설비 위에 AR로 시각화하고 점검

[버넥트의 인간-기계 협업 도구]

* 출처 : 버넥트 홈페이지

☐ (YJ링크) 한국전자제조산업전에서 'YJ 화상지원(Visual Support)'과 'YJ 스마트뷰 (Smart View)' 두 가지 제품을 소개

- YJ 화상지원은 AR 글래스를 통해 현장 근로자가 보는 시점을 그대로 YJ링크 전문가와 공유하고, 전문가가 화면에서 이를 확인해 정확한 피드백이 가능
- 'YJ 스마트뷰'는 현장 근로자가 보유한 태블릿이나 스마트폰 등의 모바일 기기를 장비에 비춰, 상태를 진단할 수 있게 해주는 앱으로 앱에서 장비 진단 기능을 실행하고 모바일 기기의 카메라를 장비에 있는 바코드를 비추면 AR로 장비 상태를 확인하고 해결법까지도 AR로 제시

- ☐ (맥스트) 증강현실과 영상통화 기술을 결합한 기업형 원격 지원 서비스 '비바(VIVAR)'를 출시하고, 기존의 원격 지원 방식에 증강현실을 이용한 'AR Pen' 기능 등의 다양한 기능을 추가하였으며, 증강현실 소프트웨어 개발 도구 'AR SDK 3.0'을 출시
  - 현장에서 현실 세계를 인식해 가상 물체를 증강시키는 인스턴트 트래킹 기술이 탑재. SLAM 기술을 적용해 증강현실 구현에 이용

- ☐ (마젠타로보틱스) 영상처리 개발 전용 임베디드시스템을 이용하면 작업 진행상황을 실시간으로 제공
  - 시스템 커스터마이징에 의해 MES 시스템과 연동도 가능하고, VCSR(Visual Control Software for Robot)을 적용한 원격제어 시스템을 개발 및 제공하고, VR 시뮬레이션 기반의 로봇 제어 시스템은 직관적인 UI로 사용이 용이

- ☐ (디지테크정보) 파트너사인 PTC사의 IoT AR 플랫폼 '씽웍스 스튜디오(ThingWorx Studio)'를 이용할 수 있는 '씽웍스 AR 뷰어'를 개발
  - 어디서든 구현된 설비를 3D 이미지 형태로 눈으로 확인이 가능하도록 하였고, 모든 AR·VR 솔루션은 다양한 산업 분야에서 높은 활용도를 지니고 있어 PLM 솔루션과 CAD솔루션 개발사로 입지 강화

- ☐ (익스트리플) 2009년 설립된 익스트리플은 최첨단 기술인 증강현실(AR) 및 가상현실(VR) 기술을 산업현장의 생산 업무 및 안전사고 예방 분야에 적용 연구 진행 중
  - 2019년 과학기술정보통신부 등이 추진하는 5G 가상증강현실 플래그십 프로젝트 공모에서 '5G 기반 AR 산업안전 사고 예방 및 원격협업지원 시스템 상용화 및 서비스 검증'이 비 R&D 지원 과제로 선정돼 현재 사업을 추진 중
  - 원격협업지원 등 관련 핵심기술 및 AR·VR 솔루션을 ㈜포스코케미칼 내화물 공장에 구축해 서비스를 검증하고 제품 고도화와 안정화를 통해 상용화 예정

다. 국내 연구개발 기관 및 동향

(1) 연구개발 기관

[스마트제조용 인간-기계 협업패키지 연구 개발 기관]

기관	소속	연구분야
한국전자통신연구원	-	• 실시간 대규모 영상 데이터 이해·예측을 위한 고성능 비주얼 디스커버리 플랫폼 개발 • 부하분산과 능동적 적시 대응을 위한 빅데이터 엣지 분석 기술 개발
한국생산기술연구원	-	• 작업계획이 주어진 실환경의 조립 대상물을 인식하고 조립을 수행하는 지능 로봇 기술 개발
전자부품연구원	-	• 인지, 판단, 제어 알고리즘 검증 시뮬레이션 및 데이터셋 생성용 SW기술 개발
한국과학기술원	-	• 사람과 감성 상호작용과 협업이 가능한 기계학습 기반 통합 지능 로봇 시스템 • 촉각이 가능한 로봇 손으로 다양한 물체를 다루는 방법과 절차를 학습하는 로봇 손 조작 지능 개발

(2) 기관 기술개발 동향

☐ (지오플랜) 유연생산을 위한 모빌리티 기반 인간 기계 협업공정 기술개발 (2020-04-01 ~ 2021-12-31)

- 생산/물류 공정 작업 오류 방지 위한 스마트 피킹지시(Picking Instruction) 기술 개발
- 작업 오류 방지 위한 스마트센서/넥밴드 활용 음성 작업가이드(Work Guide) 기술 개발
- 품질검사 정보의 무결점성 확보 위한 스마트센서/모바일 폰 활용 품질검사 기술 개발

☐ (비컴솔루션) 스마트공장 구축을 위한 인간인공지능 협업 기반의 Busiess Logic 프로그램 소스 코드 자동생성 시스템 (2020-12-01 ~ 2022-11-30)

- Modeler Configuration 구성정보 분류설계
- 머신러닝 알고리즘 Rule 분석 및 설계
- 인간 인공지능 협업 비즈니스 로직 구성시스템 프레임워크 설계

☐ (한양대학교) 디자인 위상공간 변화를 반영할 수 있는 인간-기계 협업 기반 지능형 건축 디자인 시스템 및 인터페이스 개발 (2020-03-01 ~ 2023-02-28)

- GAN을 기반으로 2D 디자인 도면 자동 생성 방법을 개발
- 기계학습 기반 스케치 기반 3D 모델 생성 방법 및 인터페이스를 개발
- 디자인 위상 변화에 대응할 수 있는 디자인 탐색 지도 기반 시각적 분석 도구 개발

☐ (성균관대학교) 효과적인 인간-로봇 상호작용 구현을 위한 신개념 축형 SEA 모터 팩 설계 및 그를 이용한 제어 기술 연구 (2020-03-01 ~ 2023-02-28)

- 인간-로봇 협업에서 운용되는 로봇 시스템의 제어 용이성을 위한 기계적 특성 분석
- 제어 안정성 및 사람의 안전성 확보를 위한 Compliance/Damping 요소가 내장된 동력전달 메커니즘 개발
- 인간-로봇 상호작용 시 인간의도 이외의 노이즈를 필터링 할 수 있는 동력전달 메커니즘 개발
- 모터, 감속기, 센서, 트렌스미션 장치가 통합된 컴팩트 모터 팩 개발

4. 특허 동향

가. 특허동향 분석

(1) 연도별 출원동향

- 스마트제조용 인간-기계 협업패키지 기술의 지난 20년(2000년~2019년)간 출원동향[58]을 살펴보면 2000년대 초반부터 최근까지 관련 특허 출원 건수가 꾸준히 증가하는 추세를 보임
    - 각 국가별로 살펴보면 미국이 가장 활발한 출원 활동을 보이고 있는 것으로 나타났으며, 상대적으로 비중이 적긴 하나 유럽, 일본 및 한국도 유사한 추세의 출원 활동이 진행되고 있는 것으로 나타남

- 국가별 출원비중을 살펴보면 미국이 전체의 51%의 출원 비중을 차지하고 있어, 최대 출원국으로 스마트제조용 인간-기계 협업패키지 분야를 리드하고 있는 것으로 나타났으며, 유럽은 21%, 일본은 16%, 한국은 12% 순으로 나타남

[연도별 출원동향]

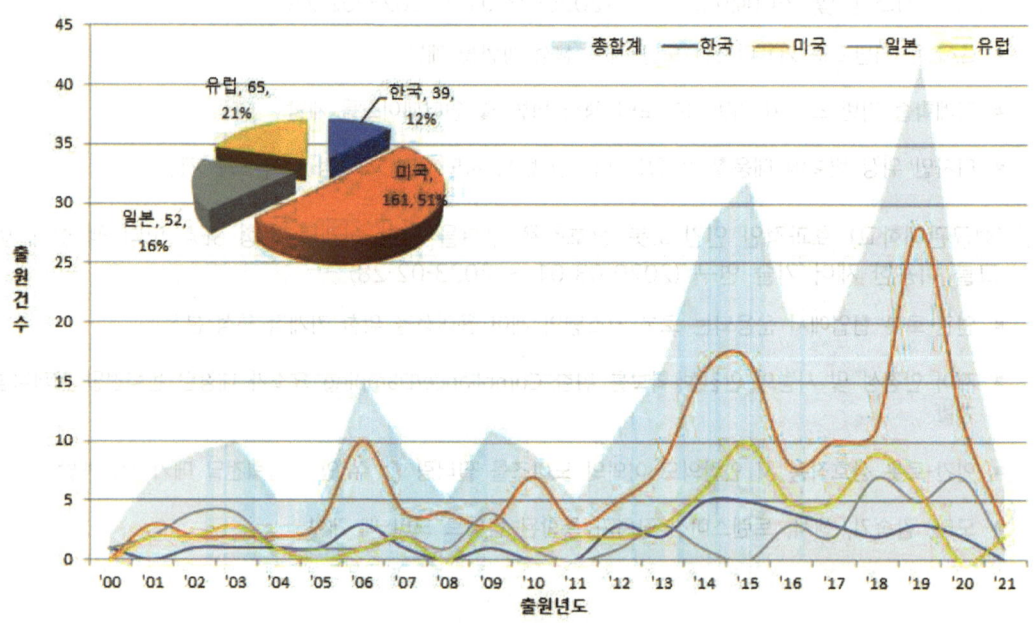

---

[58] 특허출원 후 1년 6개월이 경과하여야 공개되는 특허제도의 특성상 실제 출원이 이루어졌으나 아직 공개되지 않은 미공개데이터가 존재하여 2020, 2021년 데이터가 적게 나타나는 것에 대하여 유의해야 함

(2) 국가별 내·외국인 출원현황

☐ 한국의 내외국인 출원현황을 살펴보면, 2000년대 초반부터 최근까지 외국인의 출원 비중이 낮은 것으로 나타나, 해당 기술 분야에서 내수 시장 장악도가 높은 것으로 나타남

☐ 미국의 경우, 스마트제조용 인간-기계 협업패키지 기술을 주도하고 있는 것으로 나타났으며, 2000년대 초반부터 최근까지 내국인의 출원활동이 활발한 것으로 조사되어, 자국 국적 출원인의 주도로 기술개발이 진행되고 있는 것으로 분석됨

☐ 일본의 내외국인 출원현황은, 2000년대에는 외국인의 출원활동이 활발하지 않게 나타났으나, 2010년대 이후에는 외국인의 출원활동이 활발한 것으로 나타나, 자국민의 기술개발 활동은 활발하지 않은 것으로 분석됨

☐ 유럽의 경우, 내국인의 출원활동이 활발하지 않은 것으로 조사되었으며, 특히 최근에는 외국인에 의한 출원활동 비중이 더 높은 것으로 나타나, 해당 기술 분야에서 유럽 시장에 대한 관심도가 높은 것으로 나타남

[국가별 출원현황]

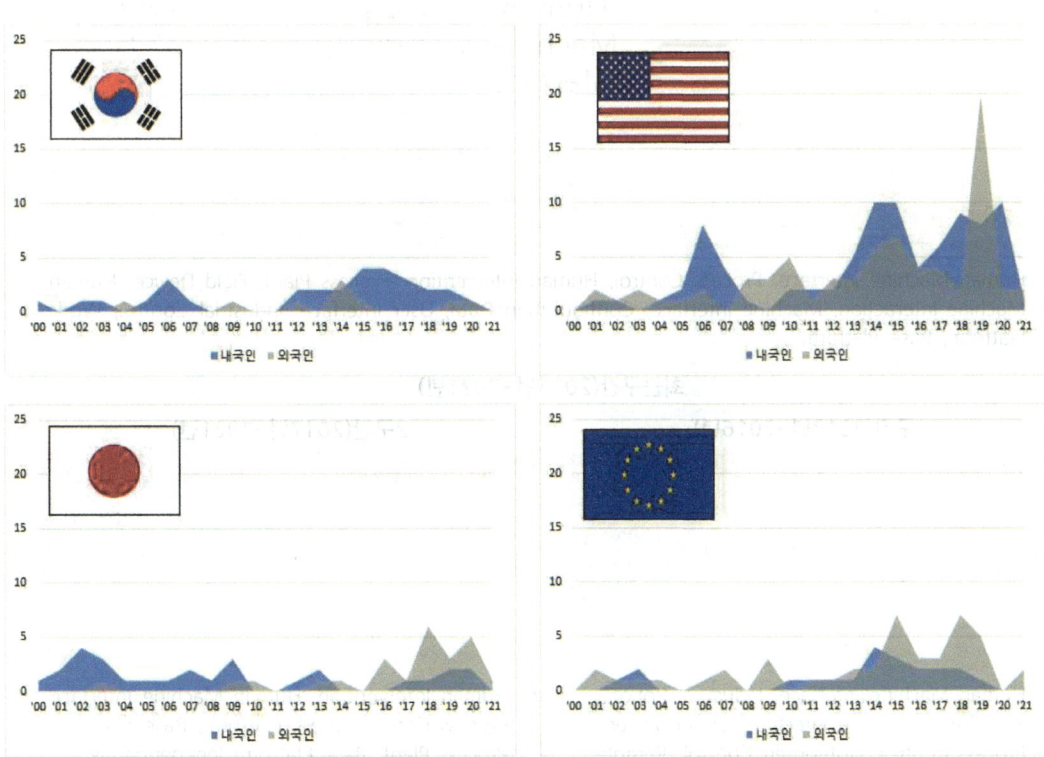

나. 주요 기술 키워드 분석

(1) 기술개발 동향 변화 분석

□ 스마트제조용 인간-기계 협업패키지 기술에 대한 구간별 기술 키워드 분석을 진행하였으며, 전체 분석구간에서 Human Machine Interface, Process Control, Human Intervention, Process Plant 등 스마트제조용 인간-기계 협업패키지 관련 기술 키워드들이 다수 도출됨

- 최근 분석구간에 대한 기술 키워드 분석 결과, 최근 1구간에는 Human Machine Interface, Industrial Robot, Real Time 등의 키워드가 도출되었으며, 2구간에서는 Human Intervention, Human Machine Interface, Process Control 등 1구간의 주요키워드와 유사한 키워드가 도출됨

[특허 키워드 변화로 본 기술개발 동향 변화]

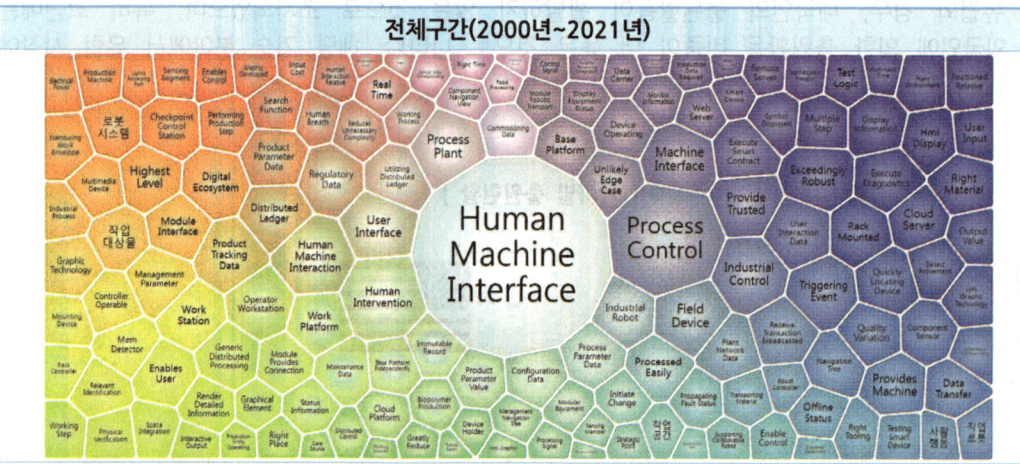

- Human Machine Interface, Process Control, Human Intervention, Process Plant, Field Device, Human Machine Interaction, Machine Interface, Configuration Data, User Interface, Industrial Control, Work Platform, Base Platform

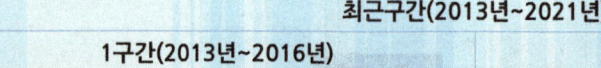

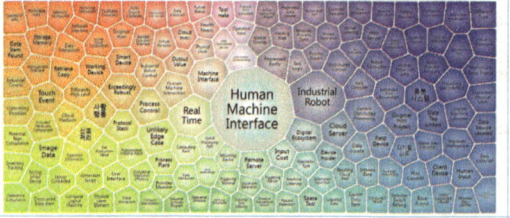
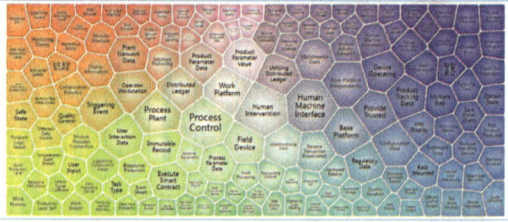

- Human Machine Interface, Industrial Robot, Real Time, Machine Interface, Cloud Server, Process Control, Distributed Control, Remote Server, Human Machine Interaction, Generic Distributed Processing, Unlikely Edge Case, Processed Easily

- Human Intervention, Human Machine Interface, Process Control, Work Platform, Base Platform, Process Plant, Base Platform Independently, Field Device, Distributed Ledger, Provide Trusted, Immutable Record, Utilizing Distributed Ledger

(2) 기술-산업 현황 분석[59]

☐ 스마트제조용 인간-기계 협업패키지 기술에 대한 Subclass 기준 IPC 분류결과, 제어계 또는 조정계 일반; 이와 같은 계의 기능요소; 이와 같은 계 또는 요소의 감시 또는 시험장치(액체압 액츄에이터 또는 유체적 수단으로 동작하는 계 일반 F15B; 밸브 자체 F16K; 기계적 구성 만을 특징으로 하는 것 G05G; 검출요소는 적절한 서브클래스를 참조, 예. G12B 또는 G01, H01의 서브클래스; 보정유닛은 적절한 서브클래스를 참조, 예. H02K)(G05B) 및 전기에 의한 디지털 데이터처리(특정계산모델방식의 컴퓨터시스템 G06N)(G06F)으로 다수의 특허가 분류되는 것으로 조사됨

☐ KSIC 산업분류 결과, 다수의 특허가 배전반 및 전기 자동제어반 제조업으로 분류되는 것으로 조사됨

[기술-산업 분류 분석]

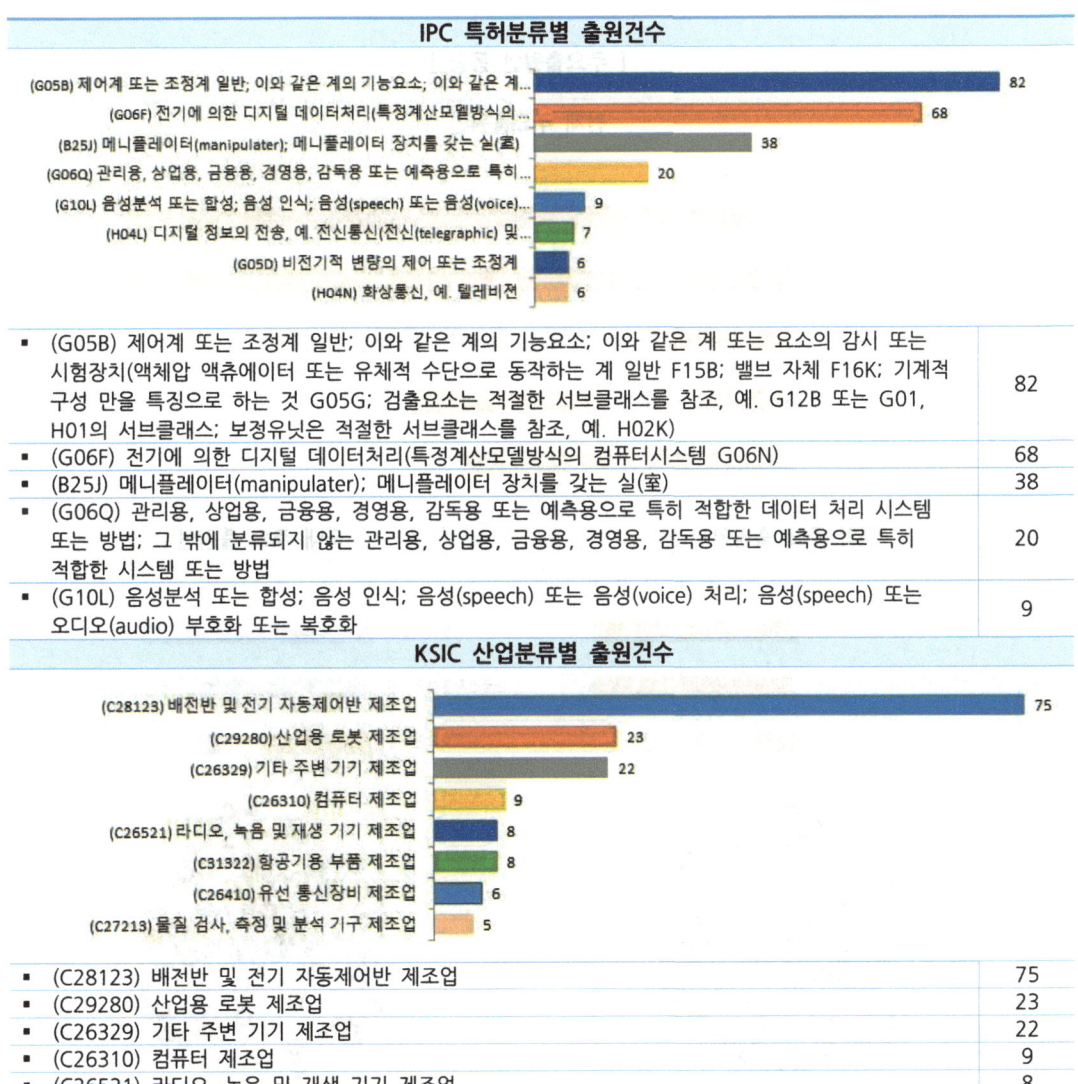

▪ (G05B) 제어계 또는 조정계 일반; 이와 같은 계의 기능요소; 이와 같은 계 또는 요소의 감시 또는 시험장치(액체압 액츄에이터 또는 유체적 수단으로 동작하는 계 일반 F15B; 밸브 자체 F16K; 기계적 구성 만을 특징으로 하는 것 G05G; 검출요소는 적절한 서브클래스를 참조, 예. G12B 또는 G01, H01의 서브클래스; 보정유닛은 적절한 서브클래스를 참조, 예. H02K)	82
▪ (G06F) 전기에 의한 디지털 데이터처리(특정계산모델방식의 컴퓨터시스템 G06N)	68
▪ (B25J) 매니퓰레이터(manipulater); 매니퓰레이터 장치를 갖는 실(室)	38
▪ (G06Q) 관리용, 상업용, 금융용, 경영용, 감독용 또는 예측용으로 특히 적합한 데이터 처리 시스템 또는 방법; 그 밖에 분류되지 않는 관리용, 상업용, 금융용, 경영용, 감독용 또는 예측용으로 특히 적합한 시스템 또는 방법	20
▪ (G10L) 음성분석 또는 합성; 음성 인식; 음성(speech) 또는 음성(voice) 처리; 음성(speech) 또는 오디오(audio) 부호화 또는 복호화	9

▪ (C28123) 배전반 및 전기 자동제어반 제조업	75
▪ (C29280) 산업용 로봇 제조업	23
▪ (C26329) 기타 주변 기기 제조업	22
▪ (C26310) 컴퓨터 제조업	9
▪ (C26521) 라디오, 녹음 및 재생 기기 제조업	8

---

59) 해당제품 특허데이터를 대상으로 윕스 보유 기술·산업·시장 동향 분석 플랫폼 'Build' 활용

다. 주요 출원인 분석

☐ 스마트제조용 인간-기계 협업패키지 기술의 전체 주요출원인(Top 5)을 살펴보면, 주로 미국 국적의 출원인이 다수 포함되어 있는 것으로 나타났으며, 제 1 출원인으로는 미국의 INVENSYS SYSTEMS, INC.인 것으로 나타남

- INVENSYS SYSTEMS, INC.는 영국의 다국적 엔지니어링 및 정보 기술 기업으로, 소프트웨어, 산업 자동화, 에너지 제어 및 어플라이언스를 개발 및 사업화 기업임

☐ 스마트제조용 인간-기계 협업패키지 기술 관련 국내 주요출원인으로 엘에스산전 및 한국전자통신연구원이 도출되었으며, 한국 다음으로 유럽 순으로 출원을 진행한 것으로 나타남

[주요출원인 동향]

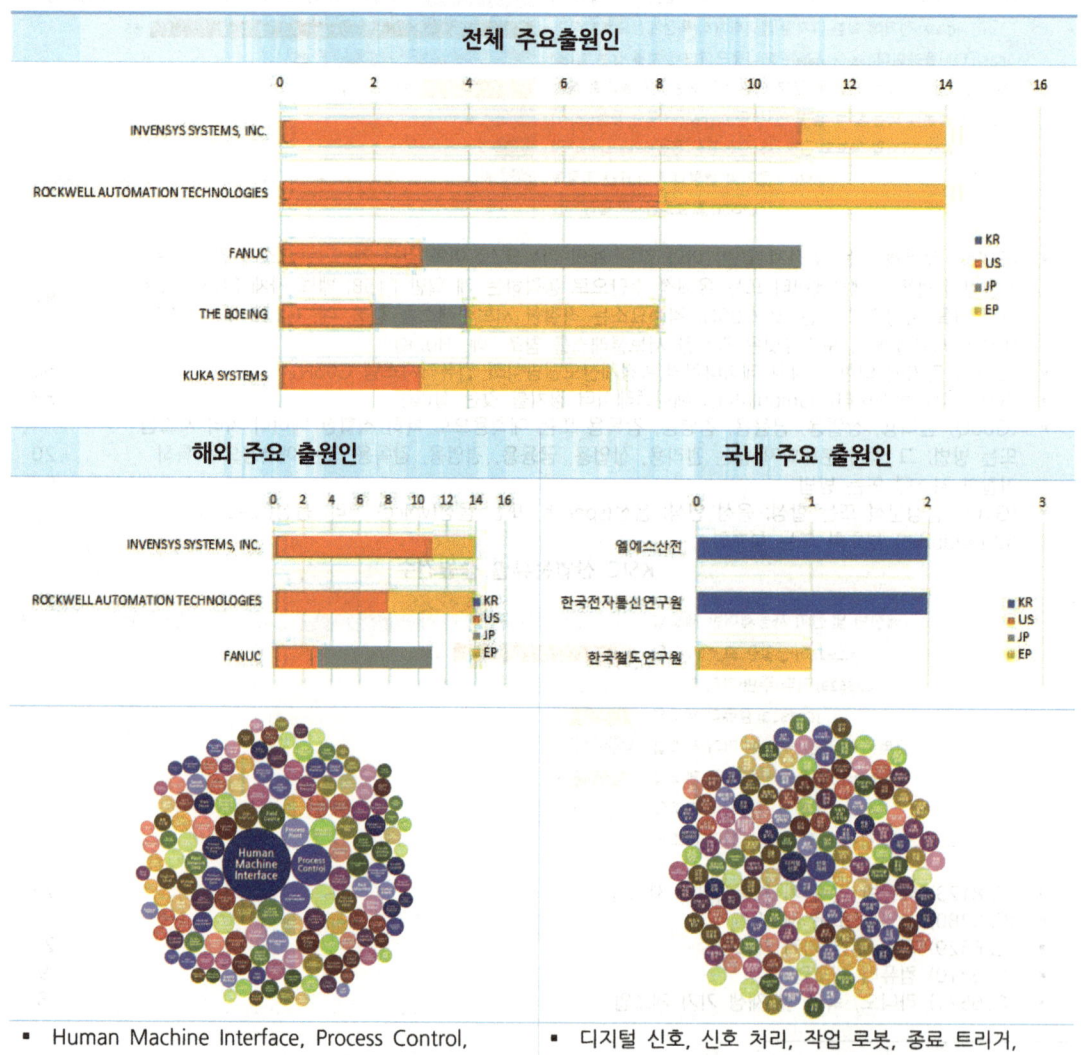

- Human Machine Interface, Process Control, Human Intervention, Process Plant, Field Device
- 디지털 신호, 신호 처리, 작업 로봇, 종료 트리거, 중앙 처리부, 토크 센서, 코어 프로세서

(1) 해외 주요출원인 주요 특허 분석[60]

☐ INVENSYS SYSTEMS, INC.

- 미국 기업으로, 스마트제조용 인간-기계 협업패키지 기술과 관련하여 14건의 특허를 출원하고 있는 것으로 조사됨

[주요특허 리스트]

등록번호 (출원일)	명칭	기술적용분야	IP 경쟁력	
			피인용 문헌수	패밀리 국가수
US 8321790 (2006.04.11)	System management user interface providing user access to status information for process control system equipment including a search function	프로세스 제어 시스템에서 사용하기 위한 시스템 관리 인간-기계 인터페이스 애플리케이션	39	4
US 7729887 (2006.04.11)	System management user interface providing user access to status information for process control system equipment including a status monitor	프로세스 제어 시스템에서 사용하기 위한 시스템 관리 인간-기계 인터페이스 애플리케이션	23	4
US 7702487 (2006.04.11)	System management user interface providing user access to status information for process control system equipment including displayed propagated status in a navigation pane	프로세스 제어 시스템에서 사용하기 위한 시스템 관리 인간-기계 인터페이스 애플리케이션	23	4

☐ ROCKWELL AUTOMATION TECHNOLOGIES

- 미국 기업으로, 스마트제조용 인간-기계 협업패키지 기술과 관련하여 14건의 특허를 출원하고 있는 것으로 조사됨

[주요특허 리스트]

등록번호 (출원일)	명칭	기술적용분야	IP 경쟁력	
			피인용 문헌수	패밀리 국가수
US 8285744 (2005.09.30)	Indexing and searching manufacturing process related information	인덱싱 에이전트 및 데이터 브로커를 활용하여 제조 프로세스와 관련된 검색 쿼리 결과를 제공하는 기술	27	1
US 9886012 (2014.09.05)	Component factory for human-machine interface migration to a cloud platform	클라우드 HMI(인간-기계 인터페이스) 생성 시스템	18	3
US 10545492 (2016.12.27)	Selective online and offline access to searchable industrial automation data	여러 다른 데이터 플랫폼에 있는 공장 전체 데이터의 검색 및 인덱싱하는 기술	5	1

---

60) 최근 출원특허 중, 등록특허를 기준으로 피인용문헌수 및 패밀리 국가수가 큰 특허를 주요특허로 도출

전략제품 현황분석

☐ FANUC

- 중국 기업으로, 스마트제조용 인간-기계 협업패키지 기술과 관련하여 11건의 특허를 출원하고 있는 것으로 조사됨

[주요특허 리스트]

등록번호 (출원일)	명칭	기술적용분야	IP 경쟁력	
			피인용 문헌수	패밀리 국가수
US 8315735 (2010.01.26)	Production system having cooperating process area between human and robot	인간과 로봇이 같은 영역에서 동시에 협동 작업을 수행하면서 인간의 안전을 보장하는 생산 시스템	77	3
JP 6549545 (2016.10.11)	사람의 행동을 학습해 로봇을 제어하는 제어장치 및 로봇 시스템	사람의 행동을 인식하고, 사람의 행동을 학습해 로봇의 행동을 제어하는 기술	4	4
JP 6599927 (2017.05.30)	작업 공급 체계	로봇과 작업자가 협동하고 작업을 실행하는 기술	2	4

(2) 국내 주요출원인 주요 특허 분석[61]

☐ 엘에스산전

- 스마트제조용 인간-기계 협업패키지 기술과 관련하여 한국을 위주로 2건의 특허를 출원하고 있는 것으로 조사됨

[주요특허 리스트]

등록/공개번호 (출원일)	명칭	기술적용분야	IP 경쟁력	
			피인용 문헌수	패밀리 국가수
KR 1323940 (2012.04.18)	에이치엠아이 시스템의 알람 처리 장치 및 방법	HMI(Human Machine Interface) 시스템의 알람 처리를 위한 기술	2	1
KR 2013-0138963 (2012.06.12)	에이치엠아이 시스템에서 데이터의 처리 장치 및 방법	주기마다 로깅그룹에 대응되는 세그먼트를 포함하는 세그먼트 그룹으로 이동하여 저장시키는 기술	0	1

---

61) 최근 출원특허 중, 등록특허를 기준으로 피인용문헌수 및 패밀리 국가수가 큰 특허를 주요특허로 도출

한국전자통신연구원

- 스마트제조용 인간-기계 협업패키지 기술과 관련하여 한국을 위주로 2건의 특허를 출원하고 있는 것으로 조사됨

[주요특허 리스트]

등록/공개번호 (출원일)	명칭	기술적용분야	IP 경쟁력 피인용 문헌수	IP 경쟁력 패밀리 국가수
KR 0740978 (2005.12.06)	자연어 문장 처리 시스템 및 자연어 문장 처리 방법	로봇이나 컴퓨터 프로그램의 제어 등에 있어서 사용자의 다양한 언어들을 간단한 구조의 형식으로 표현하여 처리하는 기술	4	1
KR 2017-0126192 (2016.05.09)	작업자의 감정 상태의 인식을 통해 협업 로봇의 안전성을 조절하는 방법 및 장치	확인된 감정 상태 및 심리 상태에 바탕하여 작업자와 협업을 하는 로봇의 안정성의 정도를 조정하는 기술	0	1

한국철도연구원

- 스마트제조용 인간-기계 협업패키지 기술과 관련하여 을 위주로 1건의 특허를 출원하고 있는 것으로 조사됨

[주요특허 리스트]

공개번호 (출원일)	명칭	기술적용분야	IP 경쟁력 피인용 문헌수	IP 경쟁력 패밀리 국가수
EP 3640114 (2018.12.05)	Adjustable railway vehicle simulator and joint training simulator for railway driving-related workers	조정 가능한 철도 차량 시뮬레이터, 이를 이용한 철도 차량 운전실의 운전자 기계 인터페이스(DMI) 평가 기술	0	2

라. 기술진입장벽 분석

(1) 기술 집중력 분석[62]

□ 스마트제조용 인간-기계 협업패키지 관련 기술에 대한 시장관점의 기술독점 현황분석을 위해 집중률 지수(CRn) 분석 결과, 상위 4개 기업의 시장점유율이 14.8으로 독과점 정도가 낮은 수준으로 분석되어 주요 출원인들에 의한 기술 집중화 정도가 거의 없는 시장으로 판단됨. 즉, 스마트제조용 인간-기계 협업패키지 기술은 제품 구매자가 우위에 있는 기술 분야로 기업들 간의 경쟁 강도가 높고, 시장 진입 용이성이 높은 것으로 분석됨

□ 국내 시장에서 중소기업의 점유율 분석결과 38.5로 스마트제조용 인간-기계 협업패키지 기술에서 중소기업의 점유율은 다소 높은 것으로 분석되고, 국내 시장에서 중소기업의 진입장벽은 다소 높은 것으로 판단됨

[주요출원인 및 한국 중소기업 집중력 분석]

	주요출원인	출원건수	특허점유율	CRn	n
주요 출원인 집중력	INVENSYS SYSTEMS, INC.(미국)	14	4.4%	4.4	1
	ROCKWELL AUTOMATION TECHNOLOGIES(미국)	14	4.4%	8.8	2
	FANUC(중국)	11	3.5%	12.3	3
	THE BOEING(미국)	8	2.5%	14.8	4
	KUKA SYSTEMS(독일)	7	2.2%	17.0	5
	FISHER-ROSEMOUNT SYSTEMS(필리핀)	6	1.9%	18.9	6
	ABB(스위스)	5	1.6%	20.5	7
	SIEMENS(독일)	5	1.6%	22.1	8
	GENERAL ELECTRIC(미국)	5	1.6%	23.7	9
	INTROSPECTIVE POWER(미국)	5	1.6%	25.2	10
	전체	317	100%	CR4=14.8	
	출원인 구분	출원건수	특허점유율	CRn	n
국내시장 중소기업 집중력	중소기업(개인)	15	38.5%	38.5	중소기업
	대기업	7	17.9%		
	연구기관/대학	8	20.5%		
	기타(외국인)	9	23.1%		
	전체	39	100%	CR중소기업=38.5	

---

[62] 상위 몇 개 기업의 특허점유율을 합한 것으로, 특허동향조사에서는 통상 CR4를 사용하며, CRn값이 0에 가까울수록 시장 독과점 수준이 낮은 것을 의미하고, CR4 값이 40에서 60일 경우(CR1 지수는 50 이상일 경우, CR2 또는 CR3 지수는 75 이상일 경우) 시장의 독과점 수준이 높은 것으로 해석됨

CRn(집중률지수, Concentration Ratio n) = (1위 출원인의 특허점유율) + … + (n위 출원인의 특허점유율)

(2) IP 경쟁력 분석63)

☐ 스마트제조용 인간-기계 협업패키지 기술의 주요출원인들의 IP 경쟁력 분석결과, SIEMENS의 기술영향력이 가장 높고 THE BOEING의 시장확보력이 가장 높은 것으로 분석됨

- SIEMENS : 영향력지수(PII) 3.30 / 시장확보력(PFS) 1.01
- THE BOEING : 영향력지수(PII) 0.00 / 시장확보력(PFS) 2.12

☐ 1사분면으로 도출된 의 특허가 시장확보력 및 질적 수준이 높은 특허로, 기술적 파급력과 상업적 가치가 큰 것으로 해석됨

[주요출원인 IP 경쟁력 분석]

SIEMENS	▪ (US 7043310) Device and process for operation of automation components ▪ (EP 1233316) Device for operating automatic control system components ▪ (US 9513966) Parallel processing in human-machine interface applications
THE BOEING	▪ (US 10344906) Isolated human work platform for stabilized positioning of collaborative robotics

* 영향력지수(Patent Impact Index, PII): 다른 경쟁주체의 기술수준이 고려된 특정한 주체의 '상대적인' 기술적 중요도 또는 혁신성과의 가치 정보가 포함된 기술수준으로, 특허의 피인용 횟수를 특정 기술분야 내에서의 상대적인 값으로 전환시킨 지수임
* 시장확보지수(Patent Family Size, PFS): 특정 주체가 특정 기술분야에서 소수의 특정 국가에서만 시장확보를 하고자 하는지 아니면 다수의 세계 주요 국가들에서 시장확보를 하고자 하는지에 대한 분석으로, PFS가 높은 특허는 그만큼 상업적 가치가 큰 기술에 대한 특허인 것으로 해석될 수 있으며, PFS가 높은 출원인은 세계 여러 국가에서 사업을 하고 있는 출원인인 것으로 해석될 수 있음(2020 공공 R&D 특허기술동향조사 가이드라인, 한국특허전략개발원)
* 버블크기 : 출원 특허 건 수 비례

---

63) PFS = 특정 주체의 평균 패밀리 국가 수 / 전체 평균 패밀리 국가 수
PII = 특정 주체 보유특허의 피인용도[CPP] / 전체 유효특허의 피인용도

5. 요소기술 도출

가. 특허 기반 토픽 도출

☐ 193개의 특허의 내용을 분석하여 구성 성분이 유사한 것끼리 클러스터링을 시도하여 대표성이 있는 토픽을 도출

[스마트제조용 인간-기계 협업패키지에 대한 토픽 클러스터링 결과]

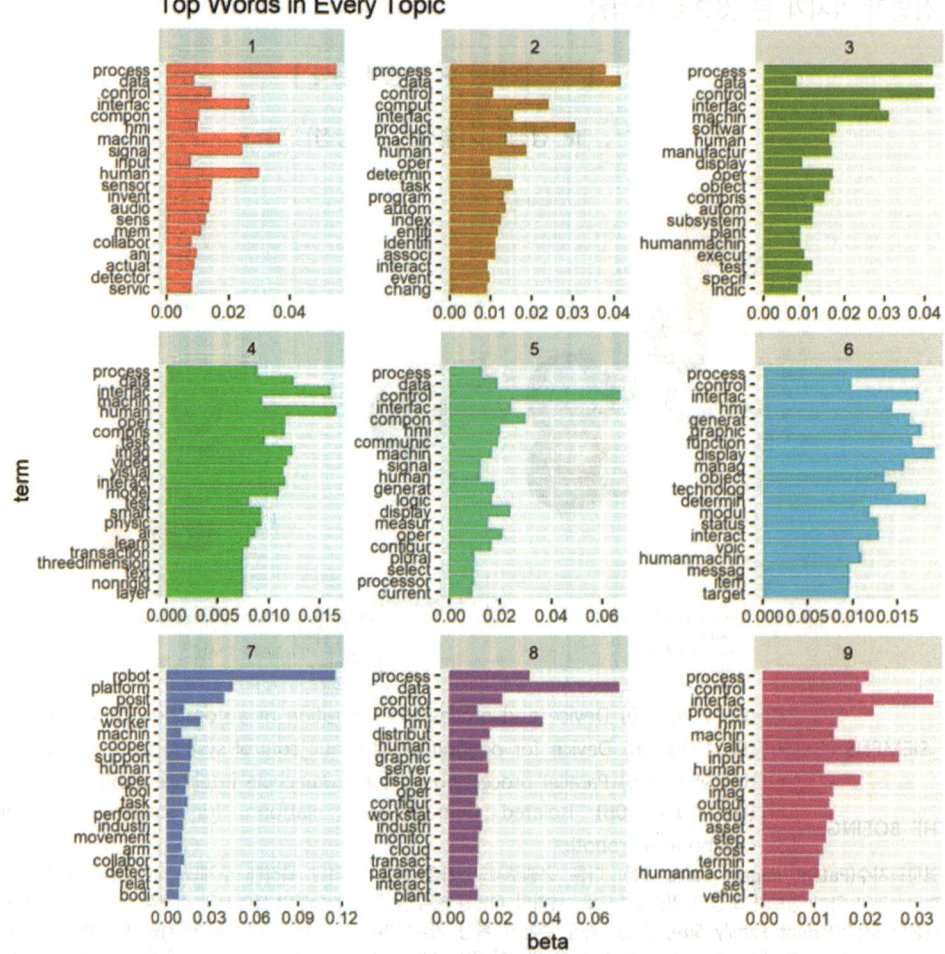

나. LDA[64] 클러스터링 기반 요소기술 도출

[LDA 클러스터링 기반 요소기술 키워드 도출]

No.	상위 키워드	대표적 관련 특허	요소기술 후보
클러스터 01	robot, control, operate, device, detect, system, include, position, human, worker	• A manually fed machine for working on materials, objects and the like, and protective means for such a machine	인간 협업을 위한 로봇 제어기술
클러스터 02	image, module, value, system, power, server, method, include, human, generate	• Dynamically allocating server resources to competing classes of work based upon achievement of service goals	이미지 분석기술
클러스터 03	system, data, worker, inform, task, user, perform, process, include, method	• Cyberanalysis workflow acceleration • Method and system to perform work units through action and resource entities.	인간 제조활동 체계화 기술
클러스터 04	motion, joint, body, surface, human, include, core, provide, movement, relate	• Method for displaying graphical information and a device for carrying out the method • Pocket hole drilling machine	인간행위 및 작업공간 모델링
클러스터 05	vehicle, system, control, machine, product, process, inform, method, provide, include	• Second national / international management and security system for responsible global resourcing through technical management to brige cultural and economic desparity	인공지능활용 물류차량 제어기술
클러스터 06	system, device, user, display, data, method, interface, compute, image, provide	• Data download key for a digital tachograph • Internet based data, voice and video alert notification communications system	영상 또는 이미지 제어 기술
클러스터 07	machine, tool, material, posit, control, device, support, body, system, water	• Capillary proximity heater with high energy saving equipped upstream of a microfiltration apparatus for the elimination of calcareuos particles present in fluids and downstream of a nozzle or closed circuit	사용자 인터랙션 인터페이스
클러스터 08	invent, structure, platform, method, relate, human, provide, bind, include, base	• Crystal structures of both isoforms of human glutamic acid decarboxylase • Work piece guiding system for a table saw	지식 기반 인간-기계 협업 위한 작업 자율 할당/플래닝 기술
클러스터 09	laser, illumine, beam, planar, image, system, optic, object, produce, plim	• Internet-based remote monitoring, configuration and service (rmcs) system capable of monitoring, configuring and servicing a planar laser illumination and imaging (pliim) based network	이미지 구현 광학 기술

---

64) Latent Dirichlet Allocation

다. 특허 분류체계 기반 요소기술 도출

☐ 스마트 설비제어 관련 특허의 주요 IPC 코드는 총 10그룹이었으며 이를 기반으로 한 요소기술 키워드는 다음과 같음
- 실시간 데이터 수집 기술

[IPC 분류체계에 기반한 요소기술 도출]

(서브클래스) 내용	IPC 기술트리 (메인그룹) 내용	요소기술 후보
(G06Q) 관리용, 상업용, 금융용, 경영용, 감독용 또는 예측용으로 특히 적합한 데이터 처리 시스템 또는 방법; 그 밖에 분류되지 않는 관리용, 상업용, 금융용, 경영용, 감독용 또는 예측용으로 특히 적합한 시스템 또는 방법	・(G06Q-010) 자원, 작업 흐름, 인력 또는 프로젝트 관리, 예. 시간, 인력 또는 기구에 대한 조직, 계획, 스케줄링, 할당; 기업 계획, 조직 모델	-
	・(G06Q-050) 전기, 가스 또는 물의 공급	-
	・(G06Q-030) 거래, 예. 쇼핑 또는 전자상거래	-
(G06F) 전기에 의한 디지털 데이터처리	・(G06F-003) 디지털 컴퓨팅 또는 데이터 처리 장비 또는 방법, 특정 기능을 위해 특히 적합한 것(정보 검색, 데이터베이스 구조 또는 파일 시스템 구조)	영상 또는 이미지 구현 기술
	・(G06F-008) 부정행위로부터 프로그램 또는 데이터, 그 컴퓨터 부품을 보호하기 위한 보안 장치	-
	・(G06F-011) 에러 검출; 에러 정정; 모니터링	-
	・(G06F-013) 기억장치, 입력/출력장치 또는 중앙처리장치 사이의 정보 또는 다른 신호의 상호접속 또는 전송	-
(G05B) 제어계 또는 조정계 일반; 이와 같은 계의 기능요소; 이와 같은 계 또는 요소의 감시 또는 시험장치	・(G05B-019) 프로그램제어계	-
	・(G05B-023) 제어계 또는 그 일부의 시험 또는 감시	-
	・(G05B-013) 적응제어, 즉 미리 지정된 기준에 따라서 최적한 동작을 하도록 그 자체를 자동적으로 조정하는 계	-

라. 최종 요소기술 도출

☐ 산업·시장 분석, 기술(특허)분석, 전문가 의견, 타부처 로드맵, 중소기업 기술수요를 바탕으로 로드맵 기획을 위하여 요소기술 도출

☐ 요소기술을 대상으로 전문가를 통해 기술의 범위, 요소기술 간 중복성 등을 조정·검토하여 최종 요소기술명 확정

[스마트제조용 인간-기계 협업패키지 분야 요소기술 도출]

요소기술	출처
지식 기반 사람-기계 협업 위한 작업 자율 할당/플래닝 기술	특허 클러스터링, 전문가추천
사람-기계 협업기반 최적 생산성 예측 기술	특허 클러스터링, 전문가추천
인간-기계 협업동기화 기술	특허 클러스터링, 전문가추천
사용자 인터랙션 인터페이스 기술	특허 클러스터링, 전문가추천
영상 또는 이미지 구현 기술	특허 클러스터링, IPC 분류체계, 전문가추천
영상 및 이미지 분석기술	특허 클러스터링, 전문가추천
인간 제조활동 체계화 기술	특허 클러스터링, 전문가추천
인간행위 및 작업공간 모델링	특허 클러스터링, 전문가추천

6. 전략제품 기술로드맵

가. 핵심기술 선정 절차

☐ 특허 분석을 통한 요소기술과 기술수요와 각종 문헌을 기반으로 한 요소기술, 전문가 추천 요소기술을 종합하여 요소기술을 도출한 후, 핵심기술 선정위원회의 평가과정 및 검토/보완을 거쳐 핵심기술 확정

☐ 핵심기술 선정 지표: 기술개발 시급성, 기술개발 파급성, 기술의 중요성 및 중소기업 적합성
- 장기로드맵 전략제품의 경우, 기술개발 파급성 지표를 중장기 기술개발 파급성으로 대체

[핵심기술 선정 프로세스]

① 요소기술 도출	② 핵심기술 선정위원회 개최	③ 핵심기술 검토 및 보완	④ 핵심기술 확정
• 전략제품 현황 분석 • LDA 클러스터링 및 특허 IPC 분류체계 • 전문가 추천	• 전략분야별 핵심기술 선정위원의 평가를 종합하여 요소기술 중 핵심기술 선정	• 선정된 핵심기술에 대해서 중복성 검토 • 미흡한 전략제품에 대해서 핵심기술 보완	• 확정된 핵심기술을 대상으로 전략제품별 로드맵 구축 개시

나. 핵심기술 리스트

[스마트제조용 인간-기계 협업패키지 분야 핵심기술]

핵심기술	개요
지식 기반 사람-기계 협업을 위한 작업 자율 할당/플래닝 기술	• 지능형 IIoT 센서로 수집된 데이터를 지식플랫폼으로 구성하고, 이 지식을 활용하여 인간-기계 협업작업을 위한 태스크 플래닝/자율 할당 • 업종별 숙련인력의 노하우, 작업정보 수집 및 분석을 통해 지식을 디지털화하고 공유 • 현장 지식 모델링, 딥러닝 • 노동력 증강을 지원하는 툴 개발
사람-기계 협업기반 최적 생산성 예측 기술	• 작업자, 환경, IIoT의 정보를 모니터링하여 사람-기계 협업 작업의 최적 생산성 예측 • 유해, 위험 상황을 감지 및 사전에 대응
인간-기계 협업 동기화 기술	• 설비 제어의 Seamless한 운영 • 설비 제어 운영상황 진단 및 예측
사용자 인터랙션 음성 제스처 기반 기술	• NLP(Natural Language Processing)를 이용한 인간-기계 협업 시스템의 대화형 작업 지시 • AR, VR, MR 등을 활용한 양방향 인터렉티브 혼합현실 기반 업종별 작업 시스템 모듈화 • 제스처 모듈 최적화 및 동기화
사용자 인터랙션 중 다중복합 센서 기반 기술	• 다중복합 센서 및 지능형 환경센서 데이터 기반 작업자 노하우 수집/분석 • 업종별 작업 모델 모듈화, 작업 모듈 최적화 및 동기화 • 위치 트래킹 기술과 작업 효율화
사용자 인터랙션 중 스마트 글래스 기반 기술	• 저전력 고해상도 디스플레이를 착용형 디바이스 활용으로 업종별 작업 모델 모듈화 • 작업 모듈 최적화 및 동기화 • 웨어러블 디바이스 융합 기술과 작업 효율화

다. 중소기업 기술개발 전략

☐ 인간-기계 협업 패키지 R&D 기술 개발 (스마트공장 핵심요소와 모듈들이 작업자들과 연계하여 업종별 협업 패키지 기술 구축, 기 구축된 스마트공장 데이터를 공동으로 활용 가능한 분석 플랫폼 개발 및 공개)

☐ 고도화스마트공장 인간-기계 협업 기술 개발 (디지털 디바이스 개발 및 보급 + 학교 시스템과 연계할 수 있는 클라우드 시스템 + 누적된 데이터를 분석할 수 있는 AI 모델 및 알고리즘)

전략제품 현황분석

라. 기술개발 로드맵

(1) 중기 기술개발 로드맵

[스마트제조용 인간-기계 협업패키지 기술개발 로드맵]

스마트제조용 인간-기계 협업패키지	인간-기계 협업을 통해 제조 과정에서 생산성과 품질을 높이고, 정보를 효과적으로 인간에게 제공함으로 작업 안전성, 편의성, 효율성 제고			최종 목표
	2022년	2023년	2024년	
지식 기반 사람-기계 협업 위한 작업 자율 할당/플래닝 기술	▬▬▬▶			지식기반 인간-기계 연동작업 구축
사람-기계 협업기반 최적 생산성 예측 기술	▬▬▬▶			사람-기계 협업기반 시스템 연동
인간-기계 협업 동기화 기술	▬▬▬▶			인간-기계 상호연동 제어, 장비 동기화 90% 이상
사용자 인터랙션 음성 제스처 기반 기술	▬▬▬▶			3차원 공간에서의 사용자 명령인식, 인간-기계 인터랙션
사용자 인터랙션 중 다중복합 센서 기반 기술	▬▬▬▶			다중복합장비 동기화 90% 이상
사용자 인터랙션 중 스마트 글래스 기반 기술	▬▬▬▶			AR 글래스를 통한 기계 인터랙션

(2) 기술개발 목표

□ 최종 중소기업 기술로드맵은 기술/시장 니즈, 연차별 개발계획, 최종목표 등을 제시함으로써 중소기업의 기술개발 방향성을 제시

[스마트제조용 인간-기계 협업패키지 핵심요소기술 연구목표]

핵심기술	기술요구사항	연차별 개발목표			최종목표	연계R&D 유형
		1차년도	2차년도	3차년도		
지식 기반 사람-기계 협업 위한 작업 자율 할당/플래닝 기술	상황정보모델 구축	규칙기반상황 인지	실시간 상황인지	예외적 상황대처	지식기반 인간-기계 연동작업 구축	기술혁신
	ERP, MES, PLM 연동 기술	IoT 기술 구축	표준 프로토콜 기술 개발	3개 시스템 연동	3개 시스템 연동	상용화
사람-기계 협업기반 최적 생산성 예측 기술	최적 생산성 예측 기술	IoT 기술 구축	표준 프로토콜 기술 개발	사람-기계 협업기반 시스템 연동	사람-기계 협업기반 시스템 연동	기술혁신
인간-기계 협업 동기화 기술	인간- 기계 상호연동	인간-기계 작업 연동 운영	인간-기계 작업상황 인지	인간-기계 동작교정 일치	인간-기계 상호연동 제어	기술혁신
	장비 동기화 기술	센서 기술	가상화 기술	동기화	동기화 90% 이상	상용화
사용자 인터랙션 음성 체스처 기반 기술	사용자 명령 인식 기술	햅틱기술	Stereoscopic 렌더링 기술	사용자 피드백 기술 고도화	3차원 공간에서의 사용자 명령인식	기술혁신
	기계 제어 인터랙션 기술	음성 기술	동기화	사용자 피드백 기술 고도화	인간-기계 인터랙션	기술혁신
사용자 인터랙션 중 다중복합 센서 기반 기술	다중복합장비 동기화 기술	다중복합센서 기술	가상화 기술	동기화	동기화 90% 이상	상용화
사용자 인터랙션 중 스마트 글래스 기반 기술	기계 제어 인터랙션 기술	제스쳐 기술	AR 동기화	AR HMI	AR 글래스를 통한 기계 인터랙션	창업형

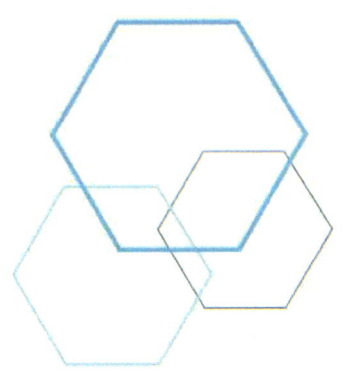

전략제품 현황분석

머신비전 검사 시스템

머신비전 검사 시스템

정의 및 범위

- 머신비전 검사 시스템은 사람이 육안으로 확인할 수 없는 불량까지 머신비전, 센서 등을 통해 검사할 수 있으며, 머신비전에 의해 불량 여부와 불량의 종류를 스스로 판별할 수 있는 검사 장치

전략제품 관련 동향

시장 현황 및 전망	제품 산업 특징
• (세계) 머신비전 시장은 2019년 122억 달러에서 2025년까지 182억 달러로 예측 기간 중 연평균 6.9%로 성장할 것으로 예상 • (국내) 머신비전 검사 시장은 2019년 1조 680억 원 규모로 추산되었으며 2025년에는 1조 9천억 원 시장 규모로 연평균 10.8%로 성장할 것으로 전망	• 사람의 눈으로 확인하기 힘든 복잡하고 정밀한 제품을 머신비전으로 검사하여 불량이나 문제를 포착하는 시스템, 첨단 산업 분야로 접목이 시도되고 있음 • 머신비전은 이미지 센싱 후, 이를 분석한다는 차원에서 AI와의 결합이 매우 자연스럽게 이뤄질 수 있음
정책 동향	**기술 동향**
• 산업통상자원부는 「제조업혁신 3.0 전략」 실행의 일환으로 센서 산업을 미래 주력산업으로 육성하기 위해 산·학·연·관을 포함한 '첨단센서 2025 포럼'을 발족 • 정부는 '디지털 뉴딜'에서 스마트 제조혁신의 일환으로 머신비전에 관한 기술 장려 정책 구축	• 실시간 교통량 감지뿐 아니라 번호판을 자동으로 인식하는 머신비전 기술 발달로 도주 차량 및 번호판 고의 파손 차량을 색출하여 교통안전 개선 • 모니터링 시스템 도입을 통해 검수 과정에서 발생할 수 있는 오류를 혁신적으로 감소시키고, 생산 품질과 효율성을 증대할 것으로 전망
핵심 플레이어	**핵심기술**
• (해외) Microchip, Basler, Cogenx, Omron, Keyence, Teledyne e2v, ADLINK Technology, Ifm, Advantech, ISRA VISION • (대기업) SK 씨앤씨, KT • (중소기업) 코그넥스 코리아, 라온피플, 엘퓨젼옵틱스, 디딤센서, 넥스버, 바이렉서, 선하이테크, 싸이로드, 앤비젼, 알트시스템	• 실시간 Alignment 머신비전 기술 • 비정형/정형 빅데이터 수집, 분석 기술 • 스마트 디바이스 및 센서용 내장형 os 기술 • 센싱 정보융합 기반 가상 센서 기술

중소기업 기술개발 전략

→ 인력이 필수였던 검수 시스템을 자동화하여 인력을 절감할 수 있는 방향으로 기술개발

→ 생성된 데이터를 활용하여 머신비전 성능 개선을 위한 알고리즘 개발

→ 머신비전 과업에 대한 성능 개선을 위해, 다양한 센서 및 디바이스 정보 수집, 분석을 통한 센싱 정보융합 기술개발

→ 기존 설비 및 공정에 투입이 가능한 효율적인 경량화 이미지 처리/분석 알고리즘 개발

1. 개요

가. 정의 및 필요성

(1) 정의

- ☐ 머신비전 검사 시스템은 사람이 육안으로 확인할 수 없는 불량까지 머신비전, 센서 등을 통해 검사할 수 있으며, 머신비전에 의해 불량 여부와 불량의 종류를 스스로 판별할 수 있는 검사 장치

- ☐ 머신비전 시스템은 특수 광학 장치를 사용하여 산업용 카메라 내부에서 보호되는 디지털 센서로 이미지를 획득하며 이를 통해 컴퓨터 하드웨어와 소프트웨어가 의사 결정을 위한 다양한 특성을 처리, 분석, 측정 가능

【 스마트 제조에서 쓰이는 다양한 검사 장비 】

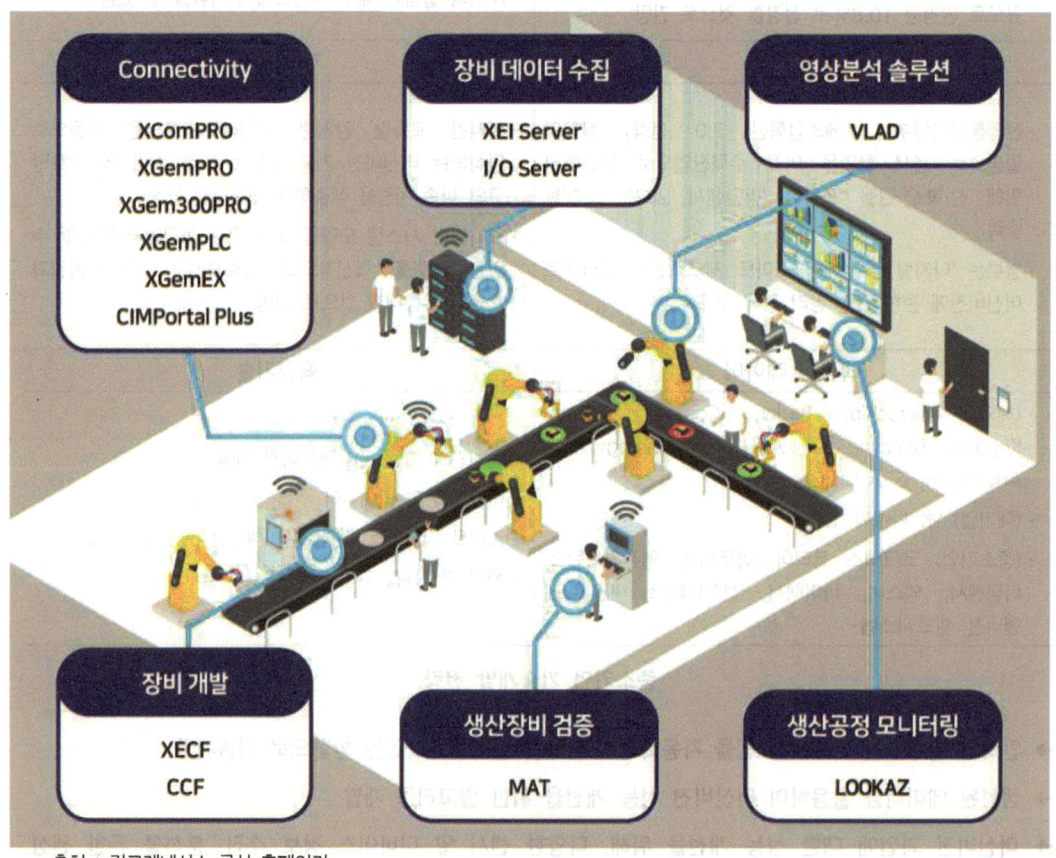

* 출처 : 링크제네시스 공식 홈페이지

(2) 필요성

☐ 전자제품 소형화 및 정밀화 트렌드로 사람이 감지하기 어려운 불량이나 문제가 발생하고 있어, 보다 안정적이고 확실한 검사 시스템의 중요성 대두

- 사고방지에 대한 대책으로 철저한 관리 감독이 필요하기 때문에 검사 장비에 대한 수요가 증가할 것이며 특히 배터리 등 전자 부품들의 소형화, 세밀화, 고도화도 검사 장비의 중요성을 부각하게 시킬 것으로 판단

☐ 스마트폰 등과 같은 스마트 기기와 이를 이용하는 서비스가 출시됨에 따라 각종 기기의 안전성과 이를 검사하는 단계는 매우 중요할 것으로 판단

- 사람은 컨디션에 따라 작업 능률이 달라지지만, 머신비전 검사 시스템은 일률적인 기준을 가지고 제품을 검사할 수 있어 정확도와 신뢰도가 높음
- 높은 해상도와 정밀도를 구현하는 이미지 및 영상 센서의 수요가 증가할 전망이며, 제조업뿐만 아니라 다양한 서비스 영역에서 영상, 레이저, 라이다, 초음파 등을 활용한 시각센서 도입이 확대될 전망

☐ 머신비전 기술을 활용하는 중요공정의 경우 검사대상물이 설비의 내부에 있어 열악한 환경(연기, 물, 불 등)으로 이미지 처리에 한계가 존재하여 머신비전의 기술개발 필요

- 그러나 화상처리 기술의 고도화와 생산 환경에서의 카메라 디바이스와 센서의 지능화로 생산 공정에서의 최적화와 제조 상황에 대한 자율 교정이 가능하게 됨
- 산업환경에서 제조 상황에 대한 조절, 생산 불량을 최소화할 수 있도록 제조 기기의 자율적 동작 교정이 가능하도록 오류 상황을 센싱하고, 실시간 모니터링 할 수 있는 기술
- 생산 공정의 최적화를 위하여 각 공정의 상황과 각 생산물의 위치와 현황을 실시간으로 파악할 수 있는 실시간 인지 기술

나. 범위 및 분류

(1) 가치사슬

☐ 후방산업은 스마트 센서에 사용되는 주요 핵심요소 기술인 MEMS 기술, SoC 기술, 임베디드 소프트웨어 등이 있음

- 스마트 센서는 마이크로 센서 기술에 반도체 VLSI(Very Large Scale Integration) 기술을 결합하여 컴퓨터가 갖는 데이터 처리 능력, 판단 기능, 메모리 기능, 통신 기능 등을 보유

☐ 전방산업은 보안, 제조업(스마트공장) 등으로 구성

- 보안 분야에서는 소형화된 스마트 센서의 등장으로 언제 어디서나, 전문가가 아닌 개인도 쉽게 사용할 수 있는 기기의 개발이 가능하며, 바이오·나노 기술과의 융합은 센서의 민감도 및 측정의 정확도를 향상시켰고, 반도체 및 MEMS 기술의 도입으로 초소형의, 독자적 판단력을 지닌 제품 개발이 가능

- 스마트공장 분야에서는 다양한 센서 및 디바이스들을 통해 수집되는 대량의 데이터를 처리·분석하고, 센싱정보 융합 기반 가상센서 기술을 활용하여 이종센서 정보들의 데이터 변환 및 연결 기술을 활용하여 스마트공장 제어 공정의 신뢰성 향상 및 결합 내성을 향상시킴

[머신비전 검사 시스템 분야 산업구조]

후방산업	비전검사 시스템	전방산업
카메라, 광원, 렌즈, 센서 등 부품과 인공지능, 빅데이터, 임베디드SW 등	머신비전 시스템	제조업(스마트공장), 보안산업

(2) 용도별 분류

☐ 정확하고 신뢰할 수 있으며 반복 가능한 결과를 얻으려면 생산라인으로 내려가는 실제 물체(패턴 매칭)의 학습 패턴을 신속하고 정확하게 비교할 수 있을 정도의 정보가 비전 시스템의 부품 위치 찾기 툴에 내장되어 있어야 함

- 부품 위치 찾기는 머신비전 애플리케이션의 네 가지 주요 범주에서 핵심이고, 이들 범주는 유도, 식별, 계측, 검사로 구성

[용도별 분류]

전략 품목	용도	세부 내용
머신비전 시스템	유도	• 부품의 위치와 방향을 찾아내고 이를 지정된 허용값과 비교하여 올바른 각도로 제대로 조립되어 있는지 확인 • 유도를 통해 2D 또는 3D 공간에 있는 부품의 위치와 방향이 로봇이나 머신 컨트롤러에 보고되어 로봇이 부품을 찾아내고 머신이 부품을 정렬
	식별	• 바코드(1-D), 데이터 매트릭스 코드(2-D), 직접 부품 마크(DPM), 부품에 인쇄된 문자, 라벨, 패키지를 판독 • 고유한 패턴을 찾아내어 부품을 식별하거나 색상, 모양 또는 크기를 기준으로 품목을 식별
	계측	• 물체에서 두 개 이상의 지점이나 기하학적 위치 간의 거리를 계산하고 이러한 측정값이 사양을 충족하는지 판단 • 사양을 충족하지 않는 경우, 비전 시스템은 실패 신호를 머신 컨트롤러에 전송하여 라인에서 물체를 내보내는 거부 매커니즘을 트리거
	검사	• 제조된 제품에서 결함, 오염, 기능상 결점, 기타 이상현상을 감지 • 식품 및 제약 산업에서 제품과 포장의 매칭, 병의 고리, 뚜껑, 밀봉의 안전성 점검 등 제품의 완성도를 검사 가능

2. 산업 및 시장 분석

가. 산업 분석

◎ **센서 산업**

- ☐ 센서 산업은 센서 제조를 위한 소재 산업, 소재를 이용하여 고유 기능이 구현된 소자 산업, 소자에서 발생한 데이터를 처리하는 마이크로프로세싱 모듈 등을 모두 포함하는 융복합 산업
    - 센서 산업은 칩, 패키지, 모듈, 시스템의 단계를 거쳐 대부분 산업에 활용되고 있으며, IoT 시대의 도래에 따라 산업적 활용도는 대폭 증가할 전망
    - 인간과 기기 간 상호 작용 심화에 따라 모든 기기가 지능화되고 있으며, 이에 따라 센서의 기능도 소형화·복합화되고 있음
    - 유형별로 이미지센서, 압력센서, 바이오센서, 온도 센서, 습도센서, 가스 센서, 노크 센서 등으로 분류
    - 적용 분야별 수요시장은 자동차산업, 장치산업, 소비재산업, 의료산업 외에도 기계 및 제조업, 건설산업, 항공기 및 선박 건조 등 다양한 산업 분야에 센서 적용이 확대되고 있음

- ☐ 머신비전에 사용되는 이미지센서가 CCD에서 CMOS로 전환되고 있음
    - 이미지센서는 카메라 렌즈로 들어온 빛을 디지털신호로 변환하는 소자
    - 스마트폰은 물론 차량용 블랙박스, 생체인식 애플리케이션과 증강현실(AR) 콘텐츠 등 실생활에서 구현되는 서비스 단에서 활용되고 있는 핵심부품
    - 비전 시스템의 가장 중요한 첫 번째 작업은 일반적으로 빛에 민감한 센서를 사용하여 이미지를 획득하는 것
    - 머신 비전용 심도 카메라 센서는 모바일, 로보틱스, 인더스트리 4.0, 자동차 안전 및 감시 분야에서 사용

- ☐ 불량 검사 데이터를 바탕으로 정확도가 높아지는 학습형 검사 기기인 머신비전 센서
    - 복잡한 패턴, 형상, 반짝임 등 기존 측정이 어려웠던 물품의 표면 검사가 가능
    - 물질의 표면 상태를 정량적으로 측정할 수 있는 획기적인 기술
    - 앞으로 다양한 분야에서 쉽게 사용 가능한 범용적인 제품이 될 것을 기대
    - 상당한 양의 이미지 데이터를 생성하고 그 활용도를 극대화

◎ 머신비전 산업

☐ 머신비전은 산업용 자동화 시스템에서 핵심적인 요소로 Industry 4.0의 스마트 팩토리 개발에서 앞으로도 중요한 역할을 담당할 것으로 전망

- 제품 평가 및 결함 발견, 로봇과 기타 장비의 생산성 향상을 위한 작업 지시 및 데이터 수집 등의 활동에서 머신비전만큼 생산 라인에서 많은 정보를 제공하거나 가치가 높은 기술은 없음
- 단순한 센서와는 다르게 비전 센서는 상당한 양의 이미지 데이터를 생성하고 Industry 4.0 환경에서 활용도를 극대화
- 머신러닝, 딥러닝, IoT, 빅데이터, 클라우드, 5G 등 ICT 기술이 융합되면서 머신비전 기술은 한 차원 진화
- 최근 제조 산업계에서는 머신비전과 딥러닝을 활용한 솔루션들이 빠르게 개발되고 있으며 일부 공장에서는 이를 활용하는 추세
- 공장 내 기기 및 부품 간 ICT를 통해 연결된 스마트팩토리에서도 인공지능과 머신러닝, 딥러닝은 빠질 수 없는 기술

☐ 최신 머신비전 시스템은 현재도 전통적인 PCB 기판 검사를 포함해 반도체, 전기/전자, 자동차 분야처럼 첨단 정밀 소재와 제품을 이루는 핵심부품에 대한 외관 검사 영역에 주로 활용

- 반도체 외관 검사의 경우, 미세한 회로 기판 사이에 발생한 모호한 찍힘이나 크랙에 대한 정밀한 측정이 가능
- 스마트폰 케이스 외관 검사의 경우도 육안검사 대비 최대 3배 빠른 속도로 검사를 진행할 수 있으며, 안전이 중요시되는 자동차 베어링 부품 검사에서는 육안 검사자의 휴먼에러(인간의 실수)를 최소화하고 검사 정확도를 개선

☐ 머신비전은 통합관제 시스템으로도 활용 가능

- 몇몇 기업에서는 지능형 CCTV 통합관제 솔루션 'IVA(Intelligence Video Analytics)'는 범죄 징후를 파악하여 치안 감시용, 범죄 등 관제 서비스용으로 범죄를 사전에 방비할 수 있어 경찰청 업무와 연계하여 확장되고 있으며, 향후 치안 및 방범 영상 정보, 교통, 기상정보 등을 활용하여 사회 안전 분야 전반에 대한 보안 서비스로서의 활용성이 기대됨
- 영상 감시, 출입 통제, 침입 감지 등의 보안 솔루션인 디지털 비디오 매니저(Digital Video Manager, DVM)를 출시하여 하니웰 통합빌딩 자동제어시스템 (Enterprise Buildings Integrator, EBI)과 통합된 방범 시스템으로 운영하는 기업도 있음

◎ 머신비전 기반 검사시스템

☐ 자동차 내부 시스템 및 구성품 제작 과정에서도 다양하게 적용

- 자동차의 기능 문제를 일으킬 수 있는 부품 결함은 운전자의 안전과 직결되어 있기에 정확하게 결함을 탐지해야 함

- 딥러닝 솔루션은 대표적인 '정상' 및 '불량' 이미지를 통해 정상 범위 내의 변동, 녹슨 자국과 사소한 균열 등 허용 가능한 결함을 함께 학습해 금속 표면의 예측이 어렵고 가변적인 결함을 자동으로 감지

- 자동차의 차대번호(VIN) 검사에 딥러닝 솔루션을 적용하면 기존 머신비전 시스템으로 인식하지 못하던 변형된 문제를 쉽고 정확하게 판독 가능

[전자제품 패키지 결함 검사]   [차대번호 인식]

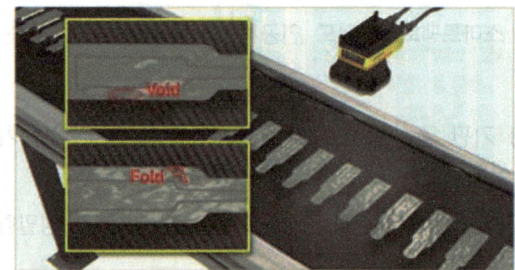

* 출처 : 정보통신신문, 2021

☐ 전자 산업 분야에서는 품질 개선과 생산 공정 자동화를 위해 까다로운 개별 판독 검사 수행

- 전자 산업은 빠르게 변화하는 산업 중 하나로, 더 얇고 가벼운 제품의 개발이 요구, 그러므로 제품의 품질을 저하하지 않으면서 생산 프로세스를 자동화하는 것이 중요

- PCB(Printed Circuit Board) 최종 조립 검증에서 구성 요소의 누락이나 잘못된 배치는 PCB의 성능과 수명을 손상시키지만, 딥러닝 솔루션은 PCB 참조 모델을 구축해 일반화된 크기와 형태 및 특징에 따라 개별 구성 요소를 식별하고 위치를 예측

[기존 PCB 조립 검사]   [머신비전 PCB 조립 검사]

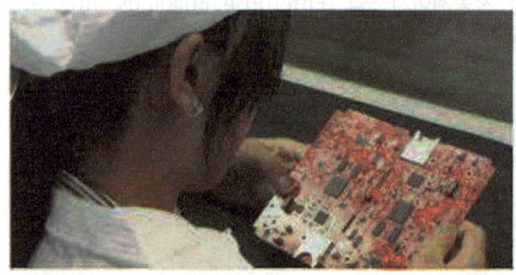

* 출처 : 코그넥스 홈페이지

☐ 패키징 산업 분야에서는 포장 결함으로 인한 고객 불만을 최소화할 수 있도록 제품 검사 진행

- 딥러닝 솔루션으로 배송을 위한 박스를 닫기 전, 전 제품의 병뚜껑이 올바르게 닫혀 있는지 확인하고 뚜껑이 제대로 닫히지 않은 경우, 해당 병이 든 상자를 바로 격리해 배송 중 누출을 방지하고, 결함으로 인한 배송 시간의 지연을 사전에 막을 수 있음
- 다양한 형태의 물품에 대한 식별, 개수 파악, 분류를 위해 코그넥스 딥러닝 기반 이미지 분석 솔루션을 활용

[캡 검사] [3D 검사 방법]

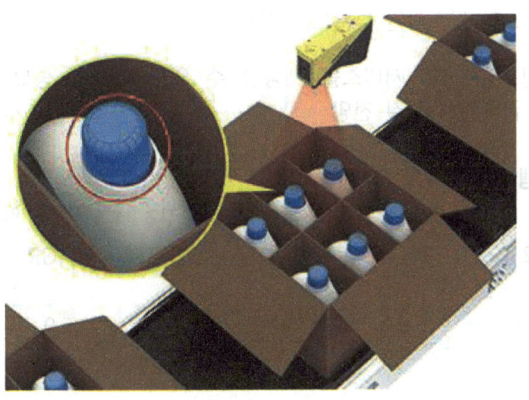

* 출처 : 코그넥스 홈페이지

☐ AI·딥러닝 기술 및 스마트팩토리 확대에 따른 머신비전 활용성 높아짐

- 4차 산업혁명이 급속히 진행됨에 따라 제조 산업의 변화에서 머신비전은 자동화 시스템에서 필수적인 요소로 생산라인의 모든 측면을 통틀어 가장 많은 정보를 캡처하며 제품을 평가하고 결함을 감지하는 것은 물론 데이터를 수집해 운영 방향의 기준을 제공하고 로봇과 기타 장비의 생산성을 최적화함으로써 더 큰 가치를 제공

☐ 머신비전이 제조 검수의 전 과정에서 인간을 완전히 대체하진 못했지만, 최근 딥러닝 이미지 분석 알고리즘 수준의 성장 속도 등을 미뤄보면 일부 특화 영역에서는 조만간 머신비전이 인간의 눈과 손을 완전히 대체할 것으로 예상

나. 시장 분석

(1) 세계시장

☐ 세계 머신비전 시장은 2019년 122억 달러에서 2025년까지 182억 달러로 예상 기간 중 CAGR 6.9%로 성장할 것으로 예상

- COVID-19 이후 제조업체들은 제조에서 자동화의 중요성을 더욱 절감하여 무인 검사 시스템에 대한 니즈와 수요가 증가 추세
- 산업계가 제조공정에서 자동 품질 보증의 중요성을 인식함에 따라 그 필요성이 증가 중이며 이에 따라 머신비전을 장기적인 자동화 개발 프로세스의 필수적인 부분으로 인식
- 머신비전 시스템은 로봇의 주변 환경을 보고 판단하여 서비스를 제공할 수 있도록 하는 중요한 역할을 하는데 비전 유도 로봇 시스템 시장이 급속하게 커질 전망

[세계 머신비전 시스템의 시장규모 및 전망]

(단위 : 십억 달러, %)

구분	'19	'20	'21	'22	'23	'24	'25	CAGR
세계시장	12.2	13.0	13.9	14.9	15.9	17.0	18.2	6.9

* 출처: Machine Vision Market, GrandviewResearch, 2021

(2) 국내시장

☐ 국내 머신비전 검사 시스템 시장은 2019년 1조 680억 원 규모로 추산되었으며 2025년에는 1조 9,761천억 원 시장 규모로 연평균 10.8%로 급성장할 것으로 전망

[국내 머신비전 검사 시스템의 시장규모 및 전망]

(단위 : 억 원, %)

구분	'19	'20	'21	'22	'23	'24	'25	CAGR
국내시장	10,680	11,833	13,111	14,527	16,096	17,835	19,761	10.8

* 출처: "Smart Factory Market - Global Forecast & Analysis to 2024", MARKETSANDMARKETS, 2019

3. 기술개발 동향

☐ 기술경쟁력
- 머신비전 검사 시스템은 미국이 최고기술국으로 평가되었으며, 우리나라는 최고기술국 대비 74.7%의 기술 수준을 보유하고 있으며, 최고기술국과의 기술격차는 1.7년으로 분석
- 중소기업의 기술경쟁력은 최고기술국 대비 65.2%, 기술격차는 2.5년으로 평가
- 유럽(86.8%)＞일본(85.0%)＞한국＞중국(64.0%)의 순으로 평가

☐ 기술수명주기(TCT)[65]
- 머신비전 검사 시스템은 6.77의 기술수명주기를 지닌 것으로 파악

가. 기술개발 이슈

◎ 머신비전 시스템 기술의 다양한 유형

☐ 1D 비전 시스템
- 1D 비전은 가장 최근에 획득한 10개 라인 그룹과 이전 그룹 간의 차이를 평가하는 등, 한 번에 전체 그림을 보는 것이 아니라 한 번에 한 라인씩 디지털신호를 분석, 일반적으로 종이, 금속, 플라스틱, 기타 부직포 시트 또는 롤 제품과 같은 연속 공정에서 제조된 재료의 결함을 감지하고 분류

[1D 비전 시스템]

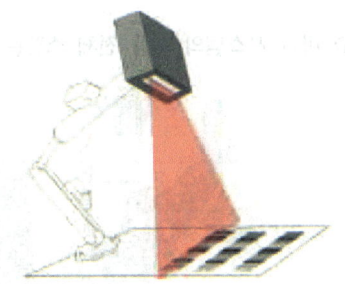

* 출처 : Omron Microscan, Omron, 2021

---

65) 기술수명주기(TCT, Technical Cycle Time): 특허 출원연도와 인용한 특허들의 출원연도 차이의 중앙값을 통해 기술 변화속도 및 기술의 경제적 수명을 예측

☐ 2D 비전 시스템
- 가장 일반적인 검사 카메라는 아래 그림(좌)에 표시된 것처럼 영역을 스캔하며 다양한 해상도로 2D snapshot을 포착, 또 다른 유형의 2D 머신비전인 라인 스캔은 그림(우)에 표시된 것처럼 라인별로 2D 이미지를 생성

[영역 스캔 스냅샷(좌) 라인별 2D 이미지 생성(우)]

 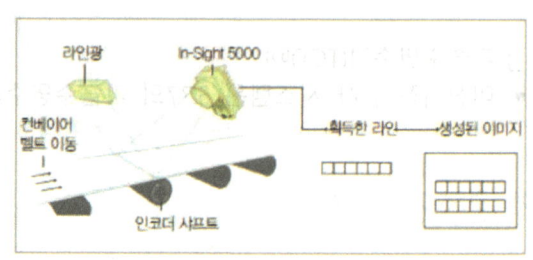

* 출처 : IDmax 머신비전 시스템의 다양한 유형, 2018

☐ 영역 스캔 vs 라인 스캔
- 특정 어플리케이션에서 라인 스캔 시스템은 영역 스캔 시스템보다 특별한 이점 제공

☐ 3D 시스템
- 3D 머신비전 기술은 머신러닝, 딥러닝, IoT, 빅데이터 등 ICT 기술과 융합되면서 한 단계 더 발전
- 딥러닝 기술을 접목해 사용자의 판단을 최소화한 신뢰성 있는 검사 기술개발 집중

[3D 비전 시스템의 멀티 카메라(좌) 3D 비전 시스템의 제품 전체 스캔(우)]

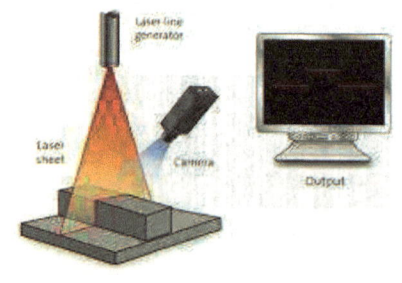 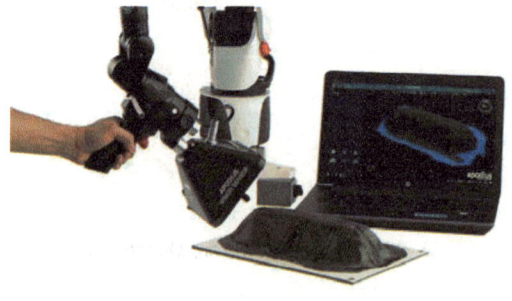

* 출처 : Hexagon Manufacturing Intelligence 제공

☐ 머신비전 플랫폼
- PC 기반 시스템, 3D 및 멀티 카메라, 2D 어플리케이션을 위해 설계된 비전 컨트롤러, 독립형 비전 시스템, 단순 비전 센서, 이미지 기반 바코드 판독기를 비롯한 여러 물리적 플랫폼에서 구현
- 개발 환경, 기능, 아키텍처, 비용을 포함하여 어플리케이션의 요건에 좌우

◎ 스마트제조에서의 머신비전 검사 기술

☐ 딥러닝은 산업 자동화 및 스마트 제조에서 머신비전의 역할을 혁신
- 과거의 비용 측면에서 효율성이 떨어지는 어플리케이션의 운영 효율성을 개선하고, 검사 프로세스를 가속화하며, 생산성을 향상시켜 머신비전의 가치를 크게 개선
- 기존 룰(Rule) 기반 알고리즘으로는 해결하기 어려운 다양한 이슈들을 해결

☐ 3D 이미지 처리 기술은 머신비전 내에서 꾸준히 발전
- 2차원 영상의 기본 특성을 분석하는 2D 머신비전에서 높이나 깊이 방향의 정보까지 함께 활용하는 3D 머신비전으로 진화
- 최신의 카메라 시스템 및 영상처리 기술 등이 적용되는 3D 머신비전은 대상의 입체적인 형상에 대한 분석이 가능하여 여러 산업 분야, 특히 스마트 팩토리로 대변되는 지능화된 제조 라인에서 생산 제품의 품질 향상과 생산 공정 효율화를 주도하는 핵심요소로 그 중요성이 증대

☐ 세아베스틸, 스파크 자동판정 모니터링 시스템을 개발
- 카메라를 부착한 로봇팔에 스파크를 분석하는 방식을 활용해 작업 편의성과 정확도를 높임

☐ 머신비전의 개념에 설명 가능한 AI를 결합한 웹 기반 검사 시스템인 스마트 비전 드라이브 제품도 출시된 바 있음
- 정제한 대량의 데이터를 학습한 다음 이 데이터에 기반해 공산품의 불량을 판단
  - 추론과 예측을 통해 정의하지 않은 불량도 발견
- 스마트 비전 드라이브는 양불, 등급, 분류, 계측, 검색 등의 기능을 제공

[스마트 비전 드라이브 과정]

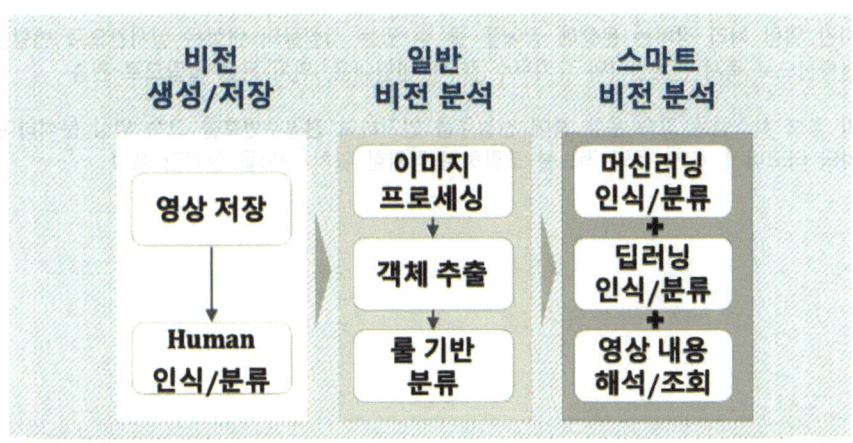

* 출처 : SK주식회사 C&C DT

◎ 스마트제조 외 머신비전 기술 활용

☐ AI Edge 디바이스 채택은 여러 분야에서 계속 광범위하게 적용
- 엣지 디바이스는 특정 애플리케이션을 위해 설계된 소형 PC 또는 프로세서(CPU) 보드와 강력한 카메라로 구성된 콤팩트한 시스템
- 생산/제조 분야뿐만 아니라 자율형 모바일 로봇, 운전자 보조 시스템, 산업용 드론, 생체인식, 의료 영상 등의 다양한 분야에서 적용

☐ 의료 및 제약 분야 딥러닝 기반 머신비전 시스템 활용
- 바코드로 관리되는 진단 시약과 키트에 대한 추적 및 확인 과정에서 정확성 보장
- 머신비전으로 체외진단기기 테스트 자동화

☐ 도시철도 선로(터널) 시설물 자동 검사 시스템을 통한 열차 운행 중 선로(터널)의 상태정보를 자동으로 검측·분석해, 도시철도 유지보수 안전관리 체계를 개선
- 호선별로 영업 차량에 검측 장비를 설치해 운행하면 충분히 이상 개소를 사전에 발견, 심야에 보수가 가능해 안전을 확보 가능
- 괘도 시설물 결함 검사 시스템은 레일 표면 검사 장치는 열차 운행 횟수 증가와 철도 고속화로 인한 레일 두부 표면의 손상 여부를 진단하기 위한 비전 검측 시스템으로 레일 두부 표면의 파상 마모, 자갈 충격, 요철 등의 결함 부위를 검사
- 차량 결함 검사 시스템은 차량 운행 노선의 레일 하부에 설치하여 운행하는 차량 하부의 부품 이탈 및 자갈 충격에 의한 변형 등을 자동으로 분석
- 터널 결함 검사 시스템은 고속영상처리 및 변형검사 알고리즘을 이용한 장치를 운행차량에 설치해 T-Bar 볼트 너트 이탈검사, 애자 파손, 지지 금구 부품 이탈, 터널 벽면 균열, 누수, 부착시설물 변형 등을 자동 검사
- 실시간 알람 처리 장치는 운행에 장애를 줄 수 있는 시설물의 변형은 실시간으로 변형을 인지하여 무선통신으로 즉시 관제센터와 유지보수센터에 변형내용, 위치 등을 알람으로 전송
- 위치 정보 시스템은 고속 운행 중에 전철주를 인지하여 전철주번호를 고속 영상 분석하여 인지하고, 열차의 타코미터, GPS 등의 정보를 조합하여 정밀한 위치 정보를 실시간 생성

나. 생태계 기술 동향

(1) 해외 플레이어 동향

☐ (Microchip) 머신비전 이미지 캡처 속도 향상시키는 고속 CoaXPressÒ 2.0 디바이스 개발
- 머신비전 시스템 설계를 간소화하고 전송 속도를 극대화하며, 대량 병입 작업, 식품 검사, 산업 점검 및 이미징 애플리케이션에서 배치를 단순화하는 기능을 포함

☐ (Cogenx) 데이터맨(DataMan) 바코드 리더기와 비전프로 비디(VisionPro ViDi) 개발
- 데이터맨(DataMan) 바코드 리더기와 비전프로 비디(VisionPro ViDi)를 사용해 이미지 기반 바코드 리더기의 시약 바코드 판독률을 개선하고, 1D/2D 코드 판독 지원으로 연구소에서의 안정적인 관리, 샘플 추적을 보다 효율적으로 수행
- 진단기기 생산 과정에서도 테스트 자동화를 통해 기기의 잠재적 오류 감소, 검진자의 감염 여부와 건강 상태에 대한 정확한 감지, 체외진단 장비에 대한 정밀성 등을 함께 충족

☐ (Basler) 최신 'Sony DepthSense 센서' 기술과 고효율 VCSEL 레이저 다이오드가 장착된 'Basler blaze 카메라 개발
- 자동화, 로봇 공학, 물류, 의약품 등을 포괄하는 매우 다양한 3D 애플리케이션에 적합한 대안
- 측정 정확도가 뛰어나고 640×480픽셀의 VGA 해상도를 지닌 3D 카메라는 장애물을 감지하고 최대 10미터의 측정 범위 내에서 물체의 배치 형태, 부피 및 위치를 판단하는 데 특히 적합

☐ (Omron) FH시리즈에 AI를 도입
- AI 파인매칭과 AI 필터로 구현
- AI 파인매칭은 정상품의 특징을 학습해서 이상이 있는 부분을 검출하는 솔루션이고, AI 파인 매칭을 활용하면, 더욱 정확하게 이물을 검출할 수 있음

☐ (Keyence) 일본의 공장 자동화용 센서 및 머신비전(산업용 로봇이 사람의 인지·판단 기능을 대신해 제품 검사 등을 하는 것) 시스템 제작 업체

☐ (Teledyne e2v) 비전 기반 로보틱스, 물류 및 보안 감시 등 최신 산업 응용 분야를 지원하는 3D 감지 및 원거리 측정용으로 제작된 새로운 Bora™ Time-of-Flight CMOS 이미지센서 개발
- 혁신적인 10㎛ 픽셀 설계를 기반으로 하고 1,280 x 1,024픽셀의 해상도를 제공하는 Bora 이미지센서는 우수한 민감도와 고유한 온칩 게이트 글로벌 셔터 모드가 특징으로 이를 통해 최대 42ns의 게이팅 시간을 지원

☐ (ADLINK Technology) 프레임 그래버, 비전 시스템, 스마트 카메라 및 이미지 분석 소프트웨어 도구를 포함한 머신비전 기술을 위한 솔루션 제공

- 2020년 7월 머신비전 개발 및 통합의 복잡성을 줄이기 위해 올인원 디자인, 작은 설치 공간 및 사전 설치된 비전 소프트웨어를 갖춘 'NEON-2000-JT2' AI 스마트 카메라 시리즈 출시

- 생산에 있어 품질 보증과 검사가 중요한 식음료, 소비재, 농업과 같은 노동집약적 제조업에서 생산효율을 높이는 데 도움

- 제품 검사에 에이디링크 AI 머신비전 솔루션을 활용한 한 고객은 50배 더 많은 제품을 검사할 수 있었으며, 이전보다 3배 더 높은 95%의 검사 정확도를 달성

☐ (Ifm) 비전 센서, 3D 센서, 3D 카메라 및 조명 제품을 포함한 머신비전 구성요소의 글로벌 공급 업체

- 2020년 하나의 센서로 3개의 포인트 레벨을 감지하는 'KQ10 시리즈' 레벨 센서 발표

- 공정 외부에서 지속적인 레벨 모니터링 가능하며 비접촉식 감지 방식으로 매체에 가해지는 스트레스가 없으며 침전물 감지 기능으로 공정 품질을 개선하며 IO-Link로 다수의 KQ10 센서가 연결 작동

- KQ10 시리즈 센서는 모든 비금속 wall을 비접촉식으로 관통해 입자나 액체를 영역별로 모니터링하여 별도의 유지보수가 필요하지 않으며 Dead band 없이 총 250mm의 길이에 걸쳐 0~100%로 표시되는 프로세스값은 IO-Link를 통해 전송

- 센서 전면부에 장착된 20개의 LED는 검출할 용기 내부의 실제 레벨을 명확하게 표시하고, 센서를 여러 개 연결 설치할 수 있어 감지 가능 영역이 비례하여 증가

[ifm의 머신비전 센서]

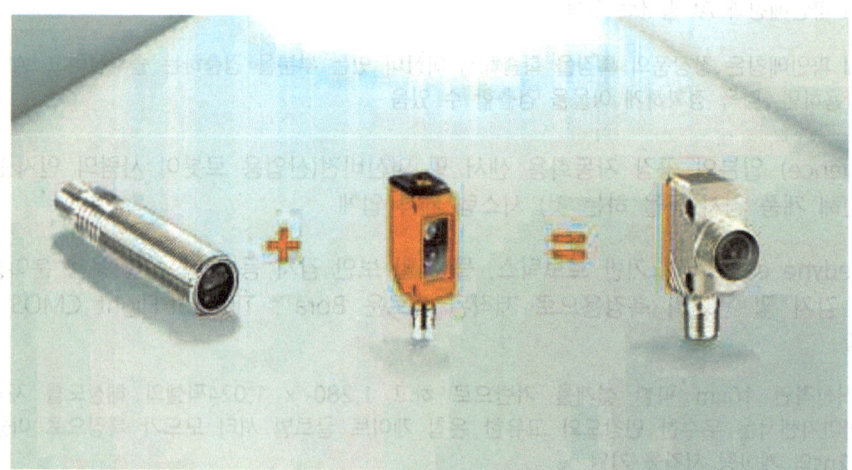

* 출처 : ifm 공식홈페이지

- ☐ (Advantech) 소프트웨어, 임베디드 PC, 프레임 그래버 및 지능형 시스템을 포함한 4차 산업혁명 및 산업용 IoT 솔루션 제공
  - 자동차 공장에 필수적인 자동 광학 검사기 출시
  - 자동 광학 검사기인 AOI는 전자 어셈블리가 빠르고 정확한 검사를 하도록 하며 최고급 제품을 생산
  - 산업용 카메라를 쉽게 움직여 다양한 각도에서 물체를 캡처할 수 있으며 정밀하고 신뢰할 수 있는 시스템 플랫폼을 제공해 자동차 제조업체가 속도와 품질을 확인하고 전반적인 생산성을 향상하는데 큰 이점을 제공

- ☐ (ISRA VISION) 자동차 및 자동화 기술을 포함한 다양한 산업에 다양한 계측, 로봇 비전 및 표면 검사 제품 제공
  - ISRA VISION 시스템은 인더스트리 4.0 환경에서 사용할 수 있는 IT 아키텍쳐를 기반으로 설계
  - 통합된 컴퓨터 용량, WLAN 및 미래 지향적인 통신 프로토콜 OPC/UA, ISRA 로봇 버전 시스템인 인라인 측정 및 검사 기술은 네트워크 생산 환경에서 사용 가능
  - 내장 프로세서 및 메모리를 통해 빠른 스캔 시간, 빠른 데이터 처리 그리고 맞춤 센서 설정으로 시간 절약이 가능하며 필요에 따라 새로운 프로세스 절차, 프로그램, 업데이트 설치 가능

(2) 국내 플레이어 동향

- ☐ (SK씨앤씨) 스마트 비전 드라이브 시행
  - 기존 머신비전 개념에 머신러닝과 딥러닝을 결합
  - 룰 기반 머신비전처럼 미리 정의해 놓은 불량품을 걸러내는 것은 물론이고요. 추론과 예측을 통해 정의하지 않은 불량도 발견
  - 불량품의 특징을 일일이 지정해 놓지 않더라도 대량의 데이터에서 스스로 불량품의 특징을 찾아내고 학습하는 셀프 트레이닝도 가능

- ☐ (KT) 코그넥스와 불량품 가려내는 5G 머신비전 솔루션 개발
  - 5G 에지 클라우드를 토대로 한 머신비전 솔루션이 적용되면 촬영된 영상이 5G 무선망을 통해 실시간으로 에지 클라우드로 전송
  - 에지 클라우드에서 전송된 영상이 바로 분석돼 별도로 분석을 위한 서버 설치할 필요가 없어 공간과 시간이 절약

- ☐ (엘퓨전옵틱스) 광학을 기반으로 축적된 기술과 Know-How를 바탕으로 산업에서 요구되는 정밀 계측 및 검사 광학 시스템을 연구개발하여 고객의 니즈를 충족시킬 수 있는 우수한 성능의 제품을 제작
  - 미세결함 검출을 위한 16K Camera 용(82mm) 고해상도 3.33X 렌즈 개발
  - pin-hole결함이 0.7㎛이상 검출이 가능하며 전체 필드 영역에서 높고 균일한 MTF 성능을 구현

- ☐ (코그넥스코리아) 비전프로 비디(VisionPro ViDi) 개발
  - 공장 자동화 전용으로 개발된 최초의 딥러닝 기반 이미지 분석 소프트웨어로 자동화 시스템의 정확성, 반복 가능성, 빠른 처리 속도가 결합하여 제조업계에서 지금까지 자동화하기 어려웠던 작업을 가능
  - 부품의 알려진 특징, 이상 현상, 등급을 나타내는 라벨 이미지 등을 학습하고, 색상 및 열화상 등을 포함한 고해상도 이미지도 지원하며, 이상 현상을 인식

- ☐ (디딤센서) 광학 머신비전 센서인 '서프파인더(Surf.finder)'를 개발
  - 표면 재질 정보 추출 기능과 자율 조명 기능을 제공하며 제품 외관에 생긴 불규칙한 스크래치, 찍힘 등 난해한 불량들을 검출하는 것이 가능
  - 다양한 조명 조건이 필요한 다종의 검사 대상들에 대해서도 범용적인 조명시스템으로 활용할 수 있으며, 검사 대상의 기울기, 거칠기, 반사율 등 표면 상태정보를 측정해 직접적으로 재질 상태를 파악한 뒤 불량을 판별해 낼 수 있도록 하는 것이 특징

☐ (라온피플) '나비(NAVI) AI' 소프트웨어를 개발
- 딥러닝으로 이미지를 학습하고 분석하는 솔루션으로, 육안검사의 자동화
- 경북 농축산유통국과 협력해 AI 머신비전 기반의 스마트 축산 기술개발 중

☐ (넥스버) 산업용 머신비전 검사 장비에 사용할 수 있는 특화된 Fanless PC 두 가지 모델을 출시
- 첫 번째 모델인 NUVO-8034는 머신비전, 산업 자동화 및 데이터 분석과 같은 다양한 산업 응용 제품을 만족시킬 수 있음
- 두 번째 모델인 NUVIS-534RT는 통합 카메라 인터페이스, 비전 I/O 및 머신비전 애플리케이션을 위한 실시간 제어 기능을 갖춘 고성능 초소형 비전 컨트롤러

☐ (바이렉스) 머신비전 기술의 글로벌 리더인 Teledyne DALSA의 공식 대리점으로 출범하여 현재 세계 유명회사들과 제휴하여 카메라, 프레임그래버, 렌즈, 조명, 케이블, 이미징 라이브러리 등을 취급
- 반도체, 디스플레이, 자동차, 의료기기, 스포츠 등 머신비전 산업을 비롯하여 다양한 산업군에 Components 공급
- Coaxparess 인터페이스를 활용한 고해상도 Area scan 카메라 솔루션으로 고해상도 고속 어플리케이션의 수요가 증가함에 따라 기존 Cameralink 방식의 속도와 케이블 길이 한계를 극복
- 고객들의 수요가 다분화 하면서 다양한 제품 라인업을 구축하고 신속한 기술지원뿐만 아니라 제품을 사용하시는 고객들에게 오프라인으로 제품 사용 교육을 시행하여 제품을 더 손쉽게 사용할 수 있도록 지원

☐ (선하이테크) 머신비전 솔루션 전문 기업으로 1999년 설립, 20년간의 경험을 바탕으로 영업라인을 활성화하여 고객들에게 최상의 어플리케이션 솔루션 제공
- 기존 카메라의 고해상도 라인업 요청으로 소자, PCB, OLED, 반도체 검사 어플리케이션 등에 적합한 5 Mega Color Camera 개발
- 디스플레이, 2차전지 외관 검사(전/후공정) 등 고속 카메라 대응 어플리케이션에 적합한 센서의 패턴 노이즈, 랜덤노이즈 발생률이 0%인 2 Mega High Speed Line Scan Camera 개발

☐ (싸이로드) 머신비전 시스템을 위한 2D, 3D 카메라, 렌즈, 조명, 필터 등 다양한 제품을 취급
- USB3, GigE, 10 GigE 등 다양한 인터페이스와 최신 Sony Pregius CMOS 센서를 비롯한 다양한 CMOS와 CCD를 탑재한 2D 카메라와 광 상각법, 스테레오, 구조광 등의 3D 카메라, TOF depth 카메라, LiDAR 등 3D 전반에 걸친 제품은 물론 각종 렌즈, 조명, 필터, 소프트웨어 등을 기술지원과 함께 공급
- 쉽고 빠르게 적용 가능한 딥러닝 솔루션인 On-Camera Deep Learning 카메라(Firefly DL)는 모바일 VPU를 카메라에 탑재하여 엣지에서 실시간 추론이 가능한 새로운 형태의 카메라로 비용 문제와 잠재적 불안 요소를 줄이고 딥러닝의 접근성을 높임

- ☐ (알트시스템) 2009년 창립이래, 머신비전 LED 조명의 끊임없는 연구개발과 고객의 니즈에 맞는 Total solution을 제공, 머신비전 LED 조명 분야에서의 시장점유율을 지속해서 높임

    - 고속 라인스캔 컨트롤러 'ALT-LSTP300E' 제품은 속 라인 스캔 검사에서 멀티 이미지 구현을 위한 솔루션에 머신비전 조명과 함께 사용하며 특히, 스트로브 출력 시간으로만 밝기를 조정하는 방식을 출력 시간 및 전류량 제어로 밝기 제어가 가능

    - LED 패턴 조명 'ATPL Series'은 LED의 광원과 렌즈의 광학 기술을 결합하여 LINE, GRID, SQUARE 형태의 패턴을 균일하게 조사, 3D 프로 파일 등에 사용하는 라인 레이저를 대신하여 더 균일도 있는 라인 형태를 만들어주어 대사체의 경사진 면의 높이나 단차 등을 정밀하게 측정 가능

- ☐ (앤비젼) 인간의 눈을 대신하여 인지하고 판단하는 머신비전 솔루션을 제공하는 비전 솔루션 전문 기업으로 핵심 제품과 엔지니어링 컨설팅, 기술지원 서비스를 지원

    - LCI(Line Confocal Imaging) 1220은 백색광에서 분산된 파장별 높이 정보가 카메라 센서의 라인별로 매칭되어 실시간으로 제품의 단면을 측정하는 기술로 기존 기술로는 광택 및 투명체 곡면과 같은 물체를 측정할 수 없는 한계 극복

    - 앤비젼 오토 포커스 센서 (Autofocus Sensor, AFS)는 레이저 삼각법을 활용한 비접촉 고속 고정밀 거리 측정 센서로 실시간 높이 센싱이 가능한 제품

    - 최근 고도로 집적화된 제품에 대한 고속 정밀 검사의 필요성이 높아지면서 더 높은 배율의 렌즈를 장착한 AOI 시스템에 대한 수요가 증가했고, 오토포커스 센서는 고배율 검사기 포함하여 고 반사면 및 투명체 측정이 가능하여 반도체 웨이퍼, 디스플레이 등 다양한 제품 검사에서도 사용 가능

다. 국내 연구개발 기관 및 동향

(1) 연구개발 기관

[중소기업용 On-Site 엣지시스템 기술개발 기관]

기관	소속	연구분야
한국생산기술연구원	공정플랫폼연구부	• 주력산업·신사업 제조 지능화를 위한 소재부품 제조공정 플랫폼 및 IT융합 공정장비 플랫폼 연구개발 • 인쇄전자 기술 기반 유연 하이브리드 소자, 유연 디스플레이 소자, 반도체 부품공정 제조기술 개발 • 다상(multi-phase)기반 전자소재, 나노구조 유무기 하이브리드소재, 전자 시스템 구동용 에너지 소재 공정 기술개발 • 고능률 융합공정, 에너지빔 응용 신공정, 초정밀 절삭가공 장비. 시스템 기술개발
한국전자통신연구원	엣지 컴퓨팅 응용서비스 연구실	• 신재생에너지 장치 실시간 네트워킹 기술 연구 • 광가입자망을 위한 스마트 광 분배망 기술 연구
한국전자기술연구원	SoC 플랫폼연구센터	• 지능형 센서 및 엣지 컴퓨팅 기술 연구

(2) 기관 기술개발 동향

- ☐ (아이디알인비전) 이기종 다중 엣지 디바이스 연결·관리 및 마이크로 데이터 분석·처리를 지원하는 오픈 플랫폼 기반 초경량 엣지 컴퓨팅 관리 기술개발 (2021-04-01 ~ 2023-12-31)
  - 경량 엣지 분석 기술 구조 및 Fast Window 처리 알고리즘 연구
  - IoT 엣지 컴퓨팅 Open Source Framework 플랫폼 구조 연구
  - 엣지 분석 및 데이터 고속 처리 모듈 시각화 기술 구조 연구
  - Open Source Framework 플랫폼 기반 디바이스 서비스(커넥티비티, 디바이스 프로파일) 구조 설계

- ☐ (한국과학기술원) 엣지 클라우드에서 고신뢰 고사용성 빅데이터 플랫폼 및 분석 예측 서비스 기술개발 (2020-07-01 ~ 2027-12-31)
  - 사용자 의도 기반 직관적 빅데이터 매쉬업 프로그래밍 및 빅데이터 서비스 고성능 분산 실행환경 가상화 기술개발
  - 개발자 및 사용자 관점 양면의 빅데이터 엣지 클라우드 서비스 품질 보증 기술개발
  - 엣지 클라우드 시스템에서 표상 학습 기반 다차원 스트림 처리, 분석 및 예측 기술개발
  - 엣지 클라우드 환경에서 대규모 이종 그래프에 대한 뉴럴네트워크 기반 분석 및 예측 기술개발

- ☐ (한국전자기술연구원) 엣지 서버 시스템 자원 관리 및 제어를 위한 경량 시스템 소프트웨어 기술개발 (2020/04/01~2023/12/31)
  - 저 지연 엣지 서비스를 위한 경량 시스템 SW 요구사항 분석
  - 입출력 가속 엔진 구동을 위한 커널 정합 기술 설계
  - 엣지 서버 자원관리를 위한 경량 시스템 SW 구조 설계

- ☐ (한국전자통신연구원) 클라우드 컴퓨팅 확장을 위한 엣지컴퓨팅 기반 기술 표준 및 응용 표준 개발 (2020-04-01~2022-12-31)
  - 엣지 클라우드 기본 표준 개발
  - 엣지 컴퓨팅 응용 표준 개발

- ☐ (고려대학교) 지능형 CPS 환경을 고려한 엣지컴퓨팅 기술 (2017/09/01~2020/12/31)
  - 지능형 CPS 환경을 고려한 서비스 제공을 위하여 소프트웨어 정의 네트워킹 기술(SDN)과 네트워크 기능 가상화 기술(NFV) 기반의 엣지컴퓨팅 기술개발
  - Edge-cloud 구조 기반의 이종 네트워크에서의 computation off loading 알고리즘 개발

4. 특허 동향

가. 특허동향 분석

(1) 연도별 출원동향

☐ 머신비전 검사 시스템 기술의 지난 20년(2000년~2019년)간 출원동향[66]을 살펴보면 2000년대에는 특허출원 증감 추이의 큰 변화가 없었으나 2010년대 들어서 증가하는 추세를 보임

- 국가별로 살펴보면 미국이 가장 활발한 출원 활동을 보이고 있는 것으로 나타났으며, 일본, 한국 및 유럽도 유사한 추세의 출원 활동이 진행되고 있는 것으로 나타남

☐ 국가별 출원 비중을 살펴보면 미국이 전체의 41%의 출원 비중을 차지하고 있어, 최대 출원국으로 머신비전 검사 시스템 분야를 리드하고 있는 것으로 나타났으며, 일본은 27%, 한국은 21%, 유럽은 11% 순으로 나타남

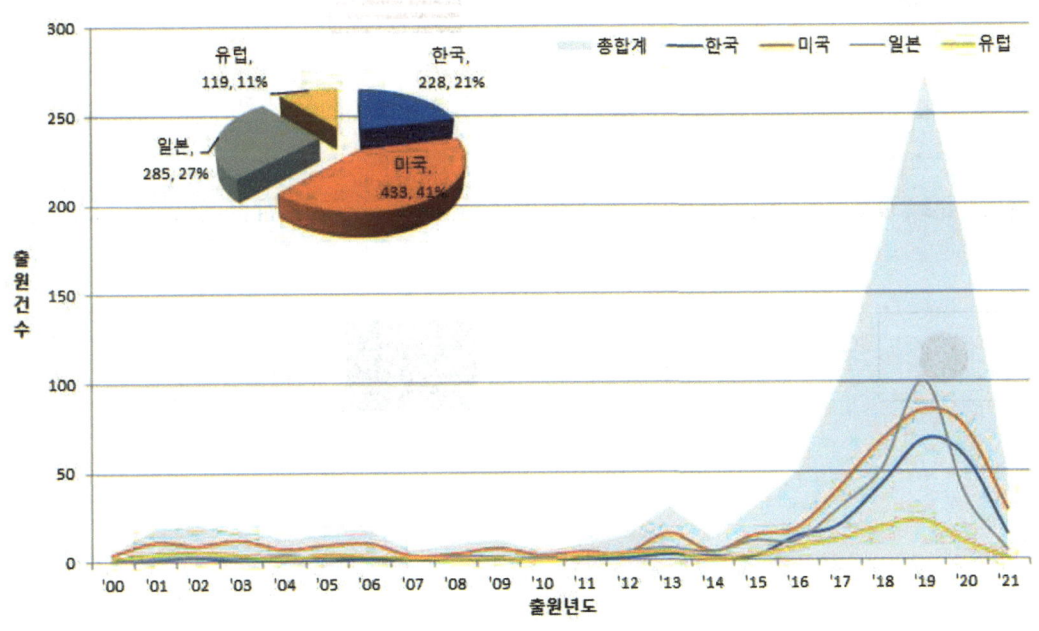

[연도별 출원동향]

---

66) 특허출원 후 1년 6개월이 경과하여야 공개되는 특허제도의 특성상 실제 출원이 이루어졌으나 아직 공개되지 않은 미공개데이터가 존재하여 2020, 2021년 데이터가 적게 나타나는 것에 대하여 유의해야 함

(2) 국가별 내·외국인 출원현황

☐ 한국의 내외국인 출원현황을 살펴보면, 2000년대 초반부터 최근까지 외국인의 출원 비중이 낮은 것으로 나타나, 해당 기술 분야에서 내수 시장 장악도가 높은 것으로 나타남

☐ 미국의 경우, 2000년대 초반부터 최근까지 내국인의 출원 활동이 활발한 것으로 조사되어, 자국 국적 출원인의 주도로 기술개발이 진행되고 있는 것으로 분석됨

☐ 일본의 내외국인 출원현황은, 2000년대 초반부터 최근까지 외국인의 출원 활동이 활발하지 않은 것으로 조사되어, 자국민의 기술개발 활동이 활발하게 진행되고 있는 것으로 분석됨

☐ 유럽의 경우, 내국인의 출원 활동이 활발하지 않은 것으로 조사되었으며, 특히 최근에는 외국인에 의한 출원 활동 비중이 더 높은 것으로 나타나, 해당 기술 분야에서 유럽 시장에 대한 관심도가 높은 것으로 나타남

[국가별 출원현황]

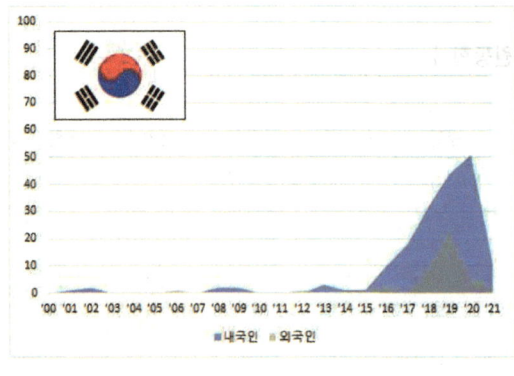
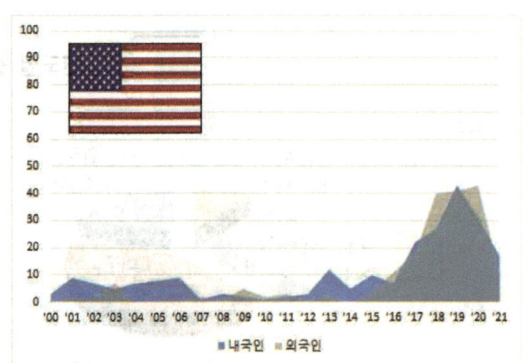
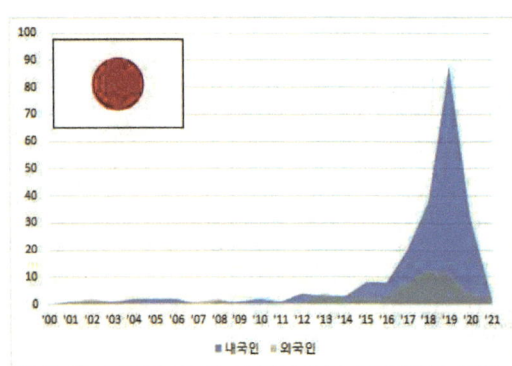
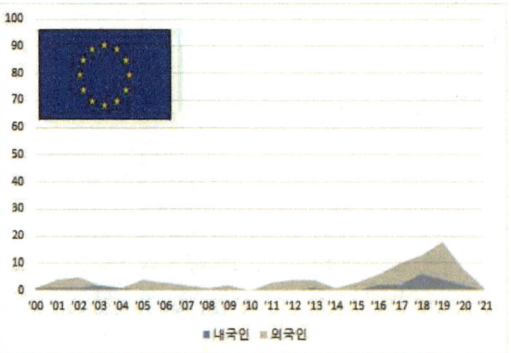

나. 주요 기술 키워드 분석

(1) 기술개발 동향 변화 분석

□ 머신비전 검사 시스템 기술에 대한 구간별 기술 키워드 분석을 진행하였으며, 전체 분석구간에서 Machine Learning, Machine Vision, 기계 학습, Machine Learning Model 등 머신비전 검사 시스템 관련 기술 키워드들이 다수 도출됨

- 최근 분석구간에 대한 기술 키워드 분석 결과, 최근 1구간에는 Machine Learning, Intelligent Carrier, 기계 학습, Navigation Capability 등의 키워드가 도출되었으며, 2구간에서는 Machine Learning, 기계 학습, Machine Learning Model, Image Data 등 1구간의 주요 키워드와 유사한 키워드가 도출됨

[특허 키워드 변화로 본 기술개발 동향 변화]

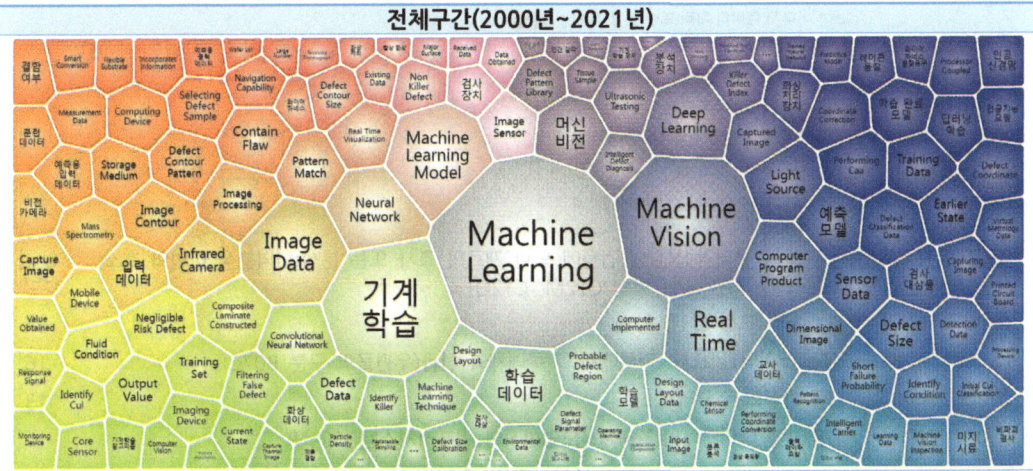

- Machine Learning, Machine Vision, 기계 학습, Machine Learning Model, Real Time, Image Data, Deep Learning, 학습 데이터, Neural Network, Computer Program Product, Convolutional Neural Network, 머신비전, Computer Implemented

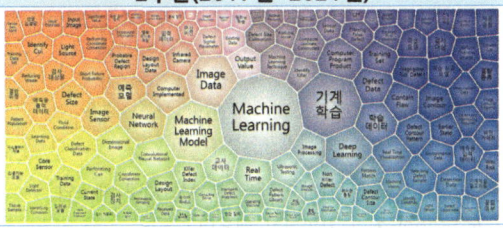

- Machine Learning, Intelligent Carrier, 기계 학습, Navigation Capability, Machine Vision, Captured Image, 학습 데이터, Real Time, 머신비전, Performs Machine Learning, Tissue Sample, Machine Learning Technique, Quantity Extraction

- Machine Learning, 기계 학습, Machine Learning Model, Image Data, Deep Learning, Neural Network, Computer Program Product, Real Time, Computer Implemented, 학습 데이터, Convolutional Neural Network, Machine Learning Technique, Image Processing

(2) 기술-산업 현황분석[67]

☐ 머신비전 검사 시스템 기술에 대한 Subclass 기준 IPC 분류결과, 재료의 화학적 또는 물리적 성질의 검출에 의한 재료의 조사 또는 분석(면역분석 이외의 효소 또는 미생물을 포함하는 측정 또는 시험 방법 C12M, C12Q)(G01N) 및 이미지 데이터 처리 또는 발생, 일반(G06T)으로 다수의 특허가 분류되는 것으로 조사됨

☐ KSIC 산업분류 결과, 다수의 특허가 물질 검사, 측정 및 분석 기구 제조업 산업으로 분류되는 것으로 조사됨

【 기술-산업분류 분석 】

IPC 특허분류별 출원건수

IPC	건수
(G01N) 재료의 화학적 또는 물리적 성질의 검출에 의한 재료의 조사 또는 분석(면역분석 이외의 효소 또는 미생물을 포함하는 측정 또는 시험 방법 C12M, C12Q)	927
(G06T) 이미지 데이터 처리 또는 발생, 일반	84
(G06K) 데이터의 인식; 데이터의 표시; 기록매체; 기록매체의 취급(우편물의 구분 B07C)	16
(G06N) 특정 계산모델 방식의 컴퓨터시스템	13
(G06F) 전기에 의한 디지털 데이터처리(특정계산모델방식의 컴퓨터시스템 G06N)	4

KSIC 산업분류별 출원건수

KSIC	건수
(C27213) 물질 검사, 측정 및 분석 기구 제조업	716
(C26295) 전자 감지장치 제조업	57
(C27219) 기타 측정, 시험, 항해, 제어 및 정밀 기기 제조업	36
(C27112) 전기식 진단 및 요법 기기 제조업	14
(C27211) 레이더, 항행용 무선 기기 및 측량 기구 제조업	11

---

[67] 해당제품 특허데이터를 대상으로 윕스 보유 기술·산업·시장 동향 분석 플랫폼 'Build' 활용

다. 주요 출원인 분석

□ 머신비전 검사 시스템 기술의 전체 주요 출원인(Top 5)을 살펴보면, 주로 미국 국적의 출원인이 다수 포함되어 있는 것으로 나타났으며, 제1 출원인으로는 사우디아라비아의 SAUDI ARABIAN OIL인 것으로 나타남

- SAUDI ARABIAN OIL은 사우디아라비아의 국영 석유·천연가스 회사이며, 탄화수소 공급망인 마스터 가스 시스템, 육상 유전 플랜트인 가와 유전과 해상 유전 플랜트인 사파니야 유전을 운영하는 기업임

□ 머신비전 검사 시스템 기술 관련 국내 주요 출원인으로 삼성전자 및 한국생산기술연구원이 도출되었으며, 한국 다음으로 미국, 유럽 순으로 출원을 진행한 것으로 나타남

[주요 출원인 동향]

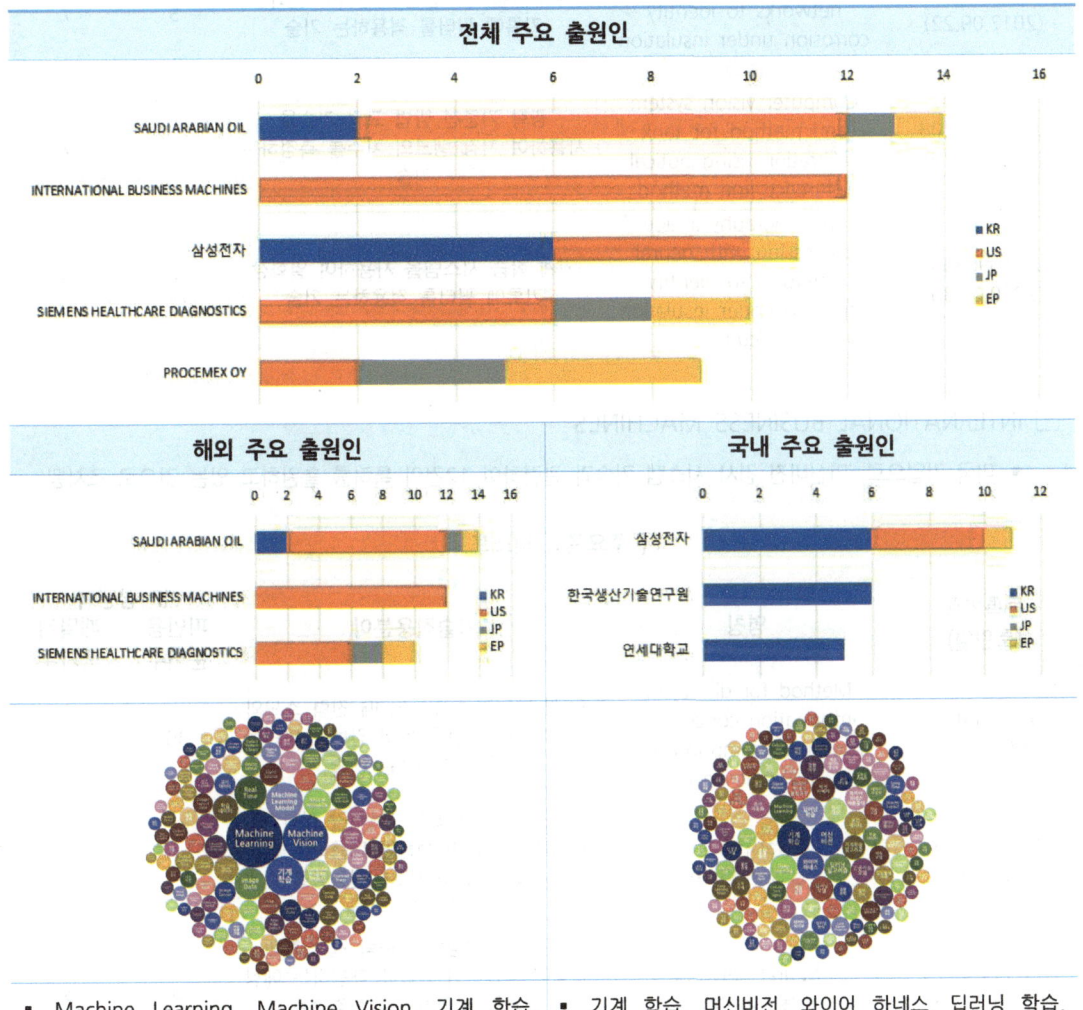

- Machine Learning, Machine Vision, 기계 학습, Machine Learning Model, Real Time, Image Data, Neural Network, Computer Program Product, 학습 데이터
- 기계 학습, 머신비전, 와이어 하네스, 딥러닝 학습, Machine Learning, 딥러닝 알고리즘, Deep Learning, 검사 대상, 기계학습 알고리즘, 훈련 데이터, 인공 신경망, 결함 종류

(1) 해외 주요 출원인 주요 특허 분석[68]

☐ SAUDI ARABIAN OIL

- 사우디아라비아 기업으로, 머신비전 검사 시스템 기술과 관련하여 14건의 특허를 출원하고 있는 것으로 조사됨

[주요특허 리스트]

등록번호 (출원일)	명칭	기술적용분야	IP 경쟁력	
			피인용 문헌수	패밀리 국가수
US 10551297 (2017.09.22)	Thermography image processing with neural networks to identify corrosion under insulation (cui)	기계 학습 시스템을 사용하여 열화상 기록에 필터를 적용하는 기술	5	7
US 10475203 (2018.05.29)	Computer vision system and method for tank calibration using optical reference line method	광학 기준선 방법 교정 기술을 사용하여 저장 탱크의 치수를 측정하는 기술	2	7
US 10908068 (2020.07.30)	Thermography image processing with neural networks to identify corrosion under insulation (cui)	기계 학습 시스템을 사용하여 열화상 기록에 필터를 적용하는 기술	1	7

☐ INTERNATIONAL BUSINESS MACHINES

- 미국 기업으로, 머신비전 검사 시스템 기술과 관련하여 12건의 특허를 출원하고 있는 것으로 조사됨

[주요특허 리스트]

등록번호 (출원일)	명칭	기술적용분야	IP 경쟁력	
			피인용 문헌수	패밀리 국가수
US 6714016 (2001.02.16)	Method for displaying information concerning power consumption and electronic device	PC가 배터리로 구동될 때 전력 소모와 관련된 전압, 전류 등의 정보를 라인을 통해 제어하는 기술	30	4
US 10713783 (2017.06.01)	Neural network classification	신경망에 해당하는 출력 값 집합의 입력에 응답하여 샘플에 대응하는 예상 결과를 출력하도록 신경망을 훈련시키는 기술	2	6
US 11138724 (2017.11.03)	Neural network classification	신경망에 해당하는 출력 값 집합의 입력에 응답하여 샘플에 대응하는 예상 결과를 출력하도록 신경망을 훈련시키는 기술	0	6

---

68) 최근 출원특허 중, 등록특허를 기준으로 피인용문헌수 및 패밀리 국가수가 큰 특허를 주요특허로 도출

☐ SIEMENS HEALTHCARE DIAGNOSTICS

- 미국 기업으로, 머신비전 검사 시스템 기술과 관련하여 10건의 특허를 출원하고 있는 것으로 조사됨

[주요특허 리스트]

등록번호 (출원일)	명칭	기술적용분야	IP 경쟁력	
			피인용 문헌수	패밀리 국가수
US 9625481 (2013.05.21)	Non-contact optical encoding scheme for intelligent automation puck	체외 진단 환경을 위한 자동화 시스템	30	4
US 9494609 (2013.02.01)	Status displaying sample carriers	체외 진단 환경을 위한 자동화 시스템	16	4
US 9726686 (2013.02.01)	Encoding scheme embedded into an automation track surface	체외 진단 환경을 위한 자동화 시스템	12	4

(2) 국내 주요출원인 주요 특허 분석[69]

☐ 삼성전자

- 머신비전 검사 시스템 기술과 관련하여 한국과 미국을 위주로 11건의 특허를 출원하고 있는 것으로 조사됨

[주요특허 리스트]

등록/공개번호 (출원일)	명칭	기술적용분야	IP 경쟁력	
			피인용 문헌수	패밀리 국가수
US 10713778 (2018.07.11)	Semiconductor defect classification device, method for classifying defect of semiconductor, and semiconductor defect classification system	웨이퍼 상의 반도체 패턴의 이미지를 수신하고 이미지로부터 이미지의 특징을 추출하는 기술	5	3
US 10082459 (2017.04.19)	Method and apparatus for measuring refractive index in model-free manner	모델 없는 방식으로 굴절률을 측정하기 위한 기술	0	2
KR 2020-0012334 (2018.07.27)	반도체 장치의 불량 검출 방법	반도체 장치의 불량 검출하는 기술	3	3

---

69) 최근 출원특허 중, 등록특허를 기준으로 피인용문헌수 및 패밀리 국가수가 큰 특허를 주요특허로 도출

전략제품 현황분석

☐ 한국생산기술연구원

- 머신비전 검사 시스템 기술과 관련하여 한국을 위주로 6건의 특허를 출원하고 있는 것으로 조사됨

[주요특허 리스트]

등록번호 (출원일)	명칭	기술적용분야	IP 경쟁력	
			피인용 문헌수	패밀리 국가수
KR 1992970 (2017.10.16)	딥러닝과 노이즈 제거 기술을 이용한 표면 결함 검출 장치 및 방법	노이즈를 포함하는 피검사제품 결함 영상과와 복원 에러 모델을 비교하여 최종 결함 영상을 생성하는 기술	2	1
KR 2302541 (2020.07.06)	레이블 데이터 변형을 이용한 인공지능 기반 제품 품질 검사 시스템 및 방법	영상 머지 모듈에서 머지된 머지 영상을 딥러닝 방식으로 학습시켜서 제품의 품질을 검사하는 기술	0	1
KR 2302540 (2020.07.06)	데이터 페어 생성 기술을 이용한 딥러닝 기반 제품 결함 검사 시스템 및 방법	이진 영상을 출력으로 하여 딥러닝 방식으로 학습시켜서 제품의 결함을 검사하는 기술	0	1

☐ 연세대학교

- 머신비전 검사 시스템 기술과 관련하여 한국을 위주로 5건의 특허를 출원하고 있는 것으로 조사됨

[주요특허 리스트]

등록번호 (출원일)	명칭	기술적용분야	IP 경쟁력	
			피인용 문헌수	패밀리 국가수
KR 1896406 (2018.03.13)	블랙박스 영상을 이용한 딥러닝 기반의 픽셀 단위 도로 크랙 검출 장치 및 그 방법, 그리고 이 방법을 실행시키기 위해 컴퓨터가 판독 가능한 기록매체에 저장된 컴퓨터 프로그램	블랙박스 영상을 이용한 딥러닝 기반의 픽셀 단위 도로 크랙을 검출하는 기술	11	1
KR 2253227 (2019.12.02)	저차원 재료의 원자 이미지 분석 방법	주사투과전자현미경을 통하여 얻어진 이미지의 특징을 학습하는 인공지능 학습 기법	0	1
KR 2201433 (2019.10.10)	기계학습을 이용한 바이오 에어로졸 모니터링 장치 및 그 방법	입자 분무부를 통해 분무된 입자를 기계학습으로 분석하는 기술	0	1

라. 기술진입장벽 분석

(1) 기술 집중력 분석[70]

- 머신비전 검사 시스템 관련 기술에 대한 시장관점의 기술독점 현황분석을 위해 집중률 지수(CRn) 분석 결과, 상위 4개 기업의 시장점유율이 4.4로 독과점 정도가 매우 낮은 수준으로 분석되어 완전 자유경쟁 시장(Perfect competiton)으로, 해당 기술의 시장 진입 용이성이 매우 높은 것으로 판단됨

- 국내 시장에서 중소기업의 점유율 분석결과 44.3으로 머신비전 검사 시스템 기술에서 중소기업의 점유율은 높은 것으로 분석되고, 국내 시장에서 중소기업의 진입장벽은 높지 않은 것으로 판단됨

[주요출원인 및 한국 중소기업 집중력 분석]

	주요출원인	출원건수	특허점유율	CRn	n
주요 출원인 집중력	SAUDI ARABIAN OIL(사우디아라비아)	14	1.3%	1.3	1
	INTERNATIONAL BUSINESS MACHINES(미국)	12	1.1%	2.4	2
	삼성전자(한국)	11	1.0%	3.5	3
	SIEMENS HEALTHCARE DIAGNOSTICS(미국)	10	0.9%	4.4	4
	PROCEMEX OY(핀란드)	9	0.8%	5.3	5
	SHIMADZU CO(일본)	9	0.8%	6.1	6
	OMRON(일본)	9	0.8%	6.9	7
	VERIFI TECHNOLOGIES, LLC(미국)	9	0.8%	7.8	8
	ISHIDA(일본)	8	0.8%	8.5	9
	COGNEX(미국)	7	0.7%	9.2	10
	전체	1,065	100%	CR4=4.4	
	출원인 구분	출원건수	특허점유율	CRn	n
국내시장 중소기업 집중력	중소기업(개인)	101	44.3%	44.3	중소기업
	대기업	29	12.7%		
	연구기관/대학	48	21.1%		
	기타(외국인)	50	21.9%		
	전체	228	100%	CR중소기업=44.3	

[70] 상위 몇 개 기업의 특허점유율을 합한 것으로, 특허동향조사에서는 통상 CR4를 사용하며, CRn값이 0에 가까울수록 시장 독과점 수준이 낮은 것을 의미하고, CR4 값이 40에서 60일 경우(CR1 지수는 50 이상일 경우, CR2 또는 CR3 지수는 75 이상일 경우) 시장의 독과점 수준이 높은 것으로 해석됨
CRn(집중률지수, Concentration Ratio n) = (1위 출원인의 특허점유율) + ... + (n위 출원인의 특허점유율)

(2) IP 경쟁력 분석[71]

☐ 머신비전 검사 시스템 기술의 주요출원인들의 IP 경쟁력 분석결과, COGNEX의 기술영향력이 가장 높고 PROCEMEX OY의 시장확보력이 가장 높은 것으로 분석됨
  - COGNEX : 영향력지수(PII) 3.46 / 시장확보력(PFS) 0.84
  - PROCEMEX OY : 영향력지수(PII) 0.05 / 시장확보력(PFS) 2.20

☐ 1사분면으로 도출된 SIEMENS HEALTHCARE DIAGNOSTICS의 특허가 시장확보력 및 질적 수준이 높은 특허로, 기술적 파급력과 상업적 가치가 큰 것으로 해석됨

[주요출원인 IP 경쟁력 분석]

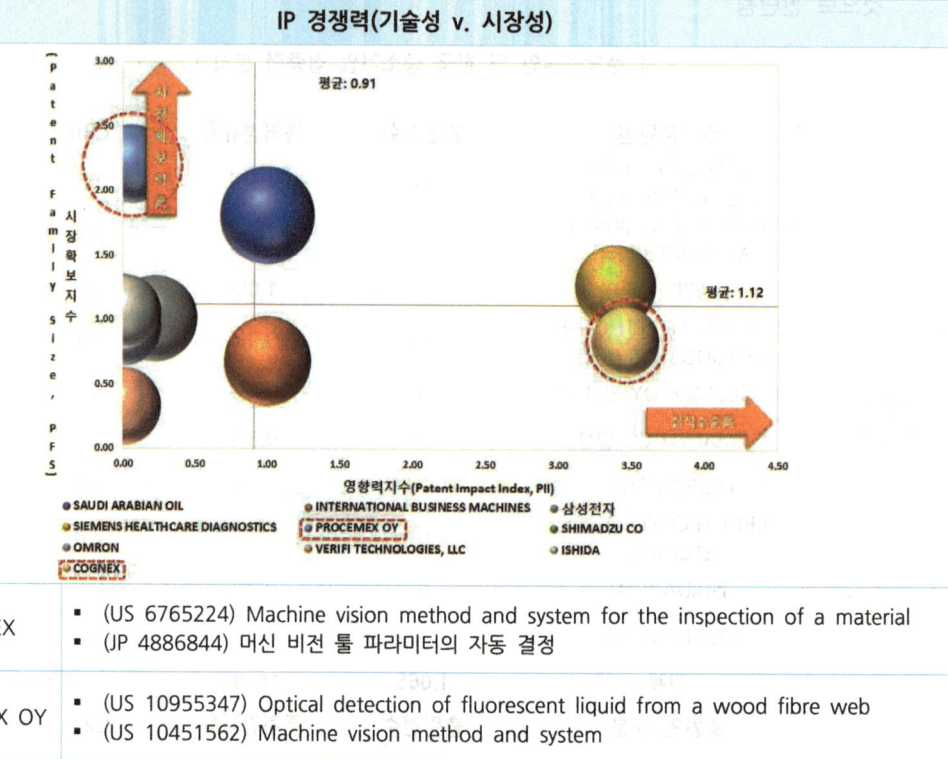

COGNEX	- (US 6765224) Machine vision method and system for the inspection of a material - (JP 4886844) 머신 비전 툴 파라미터의 자동 결정
PROCEMEX OY	- (US 10955347) Optical detection of fluorescent liquid from a wood fibre web - (US 10451562) Machine vision method and system

* **영향력지수(Patent Impact Index, PII)**: 다른 경쟁주체의 기술수준이 고려된 특정 주체의 '상대적인' 기술적 중요도 또는 혁신성과의 가치 정보가 포함된 기술수준으로, 특허의 피인용 횟수를 특정 기술분야 내에서의 상대적인 값으로 환산시킨 지수임
* **시장확보지수(Patent Family Size, PFS)**: 특정 주체가 특정 기술분야에서 소수의 특정 국가에서만 시장확보를 하고자 하는지 아니면 다수의 세계 주요 국가들에서 시장확보를 하고자 하는지에 대한 분석으로, PFS가 높은 특허는 그만큼 상업적 가치가 큰 기술에 대한 특허인 것으로 해석될 수 있으며, PFS가 높은 출원인은 세계 여러 국가에서 사업을 하고 있는 출원인인 것으로 해석될 수 있음(2020 공공 R&D 특허기술동향조사 가이드라인, 한국특허전략개발원)
* **버블크기** : 출원 특허 건 수 비례

---

71) PFS = 특정 주체의 평균 패밀리 국가 수 / 전체 평균 패밀리 국가 수
　　PII = 특정 주체 보유특허의 피인용도[CPP] / 전체 유효특허의 피인용도

5. 요소기술 도출

가. 특허 기반 토픽 도출

☐ 1,065개의 특허의 내용을 분석하여 구성 성분이 유사한 것끼리 클러스터링을 시도하여 대표성이 있는 토픽을 도출

[머신비전 검사 시스템에 대한 토픽 클러스터링 결과]

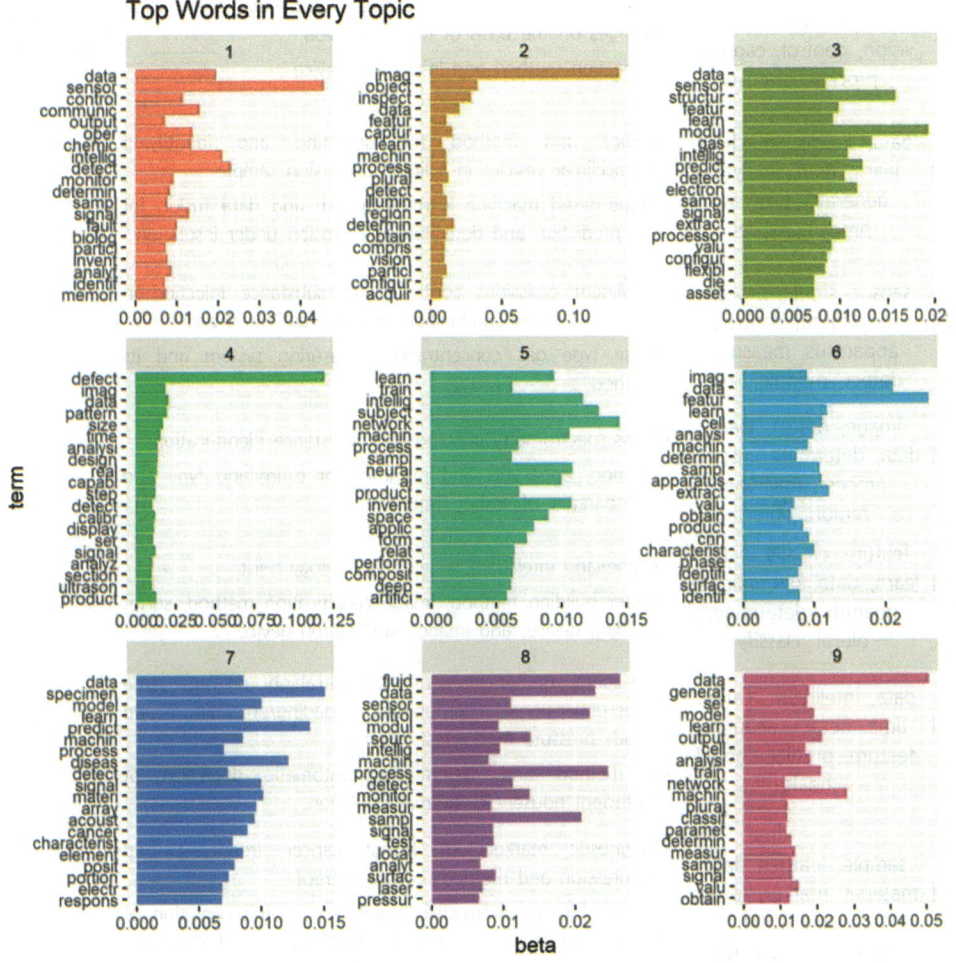

나. LDA[72] 클러스터링 기반 요소기술 도출

[LDA 클러스터링 기반 요소기술 키워드 도출]

No.	상위 키워드	대표적 관련 특허	요소기술 후보
클러스터 01	detect, particle, cell, image, output, network, train, set, detector, sample	• System for interacting with a cell • Device for collecting surface-enhanced raman scattering spectrum using full-aperture-angle parabolic mirror	-
클러스터 02	image, object, inspect, surface, illuminate, vision, control, capture, process, intense	• System and method for automatic inspection of injection syringes on the basis of machine vision • Inspection method and inspection device	실시간 Alignment 머신비전 기술
클러스터 03	data, sample, machine, learn, fluid, analytic, generate, process, predict, model	• Device and method for detecting and identifying extracellular vesicles in a liquid dispersion sample • Cloud-based machine learning system and data fusion for the prediction and detection of corrosion under insulation	-
클러스터 04	sensor, signal, process, intelligent, control, apparatus, measure, detect, module, sens	• Intelligent emissions controller for substance injection in the post-primary combustion zone of fossil-fired boilers • Pulse type gas concentration measuring system and its method	-
클러스터 05	image, defect, learn, data, determine, inspect, process, machine, region, object	• Mass spectrometry imaging with substance identification • Method, apparatus and program for estimating type and transparency of amber fragment	-
클러스터 06	feature, classify, value, learn, data, discriminate, quantity, determine, plural, classify	• Home-land intelligent systems technology h-list • Sorter building method, image classification method, sorter building device, and image classification device	-
클러스터 07	data, intelligent, carrier, time, detect, acoustic, feature, predict, model, health	• Intelligent numerically-controlled ultrahigh pressure true three-dimensional non-uniform loading/unloading and steady pressure model test system • A method and system for automatic detection of inefficient household thermal insulation	-
클러스터 08	sample, leather, data, material, marker, target, cancer, water, intelligent, molecular	• Diagnostic markers of breast cancer treatment and progression and methods of use thereof • System for non-destructive monitoring of the condition of metallic structures, in particular steel pipes, and structures made of fibre composites and hybrid material	-
클러스터 09	flexible, intelligent, process, application, time, class, generate, purge, molecule, data	• Improved hla epitope prediction • Flexible multi-moduled nanoparticle-structured sensor array on polymer substrate and methods for manufacture	-

---

[72] Latent Dirichlet Allocation

다. 특허 분류체계 기반 요소기술 도출

☐ 머신비전 검사 시스템 관련 특허에서 총 10개의 주요 IPC코드(메인그룹)를 산출하였으며, 각 그룹의 정의를 기반으로 요소기술 키워드를 아래와 같이 도출

[IPC 분류체계에 기반한 요소기술 도출]

IPC 기술트리		요소기술 후보
(서브클래스) 내용	(메인그룹) 내용	
(G01N) 재료의 화학적 또는 물리적 성질의 검출에 의한 재료의 조사 또는 분석	• (G01N-033) 그룹 1/00 ~ 31/00에 포함 되지 않는 특유의 방법에 의한 재료의 조사 또는 분석	-
	• (G01N-021) 광학적 수단, 즉 적외선, 가시광선, 또는 자외선을 사용하는 것에 의한 재료의 조사 또는 분석	-
	• (G01N-001) 샘플링; 조사용 표본의 조제	-
	• (G01N-023) 그룹 G01N 21/00 또는 G01N 22/00에 포함되지 않는 파동 또는 입자성 방사선에 의한 재료조사 또는 분석, 예. X-레이 중성자선	-
	• (G01N-030) 흡착, 흡수, 또는 유사현상 또는 이온교환, 예. 크로마토그래피, 를 사용성분 분리에 의한 재료의 조사 또는 분석	-
	• (G01N-015) 입자의 특징의 조사; 다공성 재료의 투과율, 기공량 또는 표면적의 조사	-
	• (G01N-027) 전기적, 전기화학적 또는 자기적 수단의 이용에 의한 재료의 조사 또는 분석	-
	• (G01N-035) 그룹 1/00 ~ 33/00의 어느 1개로 분류되는 방법 또는 재료로 한정되지 않는 자동 분석; 그것을 위한 재료 취급	-
	• (G01N-029) 초음파, 음파 또는 초저주파를 사용한 물체의 조사 또는 분석; 초음파, 음파 또는 초저주파의 사용에 의한 재료의 조사 음파를 물체에 투과에 의해 물체 내부의 가시화	-
(G06T) 이미지 데이터 처리 또는 발생 일반	• (G06T-007) 화상 분석, 예를 들면 비트맵으로부터 비비트맵 (non bit-mapped)으로	비정형/정형 빅데이터 수집, 분석 기술

라. 최종 요소기술 도출

☐ 산업·시장 분석, 기술(특허)분석, 전문가 의견, 타부처 로드맵, 중소기업 기술수요를 바탕으로 로드맵 기획을 위하여 요소기술 도출

☐ 요소기술을 대상으로 전문가를 통해 기술의 범위, 요소기술 간 중복성 등을 조정·검토하여 최종 요소기술명 확정

[머신비전 검사 시스템 분야 요소기술 도출]

요소기술	출처
실시간 Alignment 머신비전 기술	특허 클러스터링, 전문가 추천
포터블 검사를 위한 저전력 검사 기술	전문가 추천
환경변화 적응형 검사 기술	전문가 추천
비정형/정형 빅데이터 수집, 분석 기술	특허 클러스터링, IPC 기술체계, 전문가 추천
스마트 디바이스 및 센서용 내장형 OS 기술	전문가 추천
센싱 정보융합 기반 가상 센서 기술	전문가 추천

6. 전략제품 기술로드맵

가. 핵심기술 선정 절차

- [ ] 특허 분석을 통한 요소기술과 기술수요와 각종 문헌을 기반으로 한 요소기술, 전문가 추천 요소기술을 종합하여 요소기술을 도출한 후, 핵심기술 선정위원회의 평가과정 및 검토/보완을 거쳐 핵심기술 확정

- [ ] 핵심기술 선정 지표: 기술개발 시급성, 기술개발 파급성, 기술의 중요성 및 중소기업 적합성
  - 장기로드맵 전략제품의 경우, 기술개발 파급성 지표를 중장기 기술개발 파급성으로 대체

[핵심기술 선정 프로세스]

① 요소기술 도출	→	② 핵심기술 선정위원회 개최	→	③ 핵심기술 검토 및 보완	→	④ 핵심기술 확정
• 전략제품 현황 분석 • LDA 클러스터링 및 특허 IPC 분류체계 • 전문가 추천		• 전략분야별 핵심기술 선정위원의 평가를 종합하여 요소기술 중 핵심기술 선정		• 선정된 핵심기술에 대해서 중복성 검토 • 미흡한 전략제품에 대해서 핵심기술 보완		• 확정된 핵심기술을 대상으로 전략제품별 로드맵 구축 개시

나. 핵심기술 리스트

[머신비전 검사 시스템 분야 핵심기술]

핵심기술	개요
실시간 Alignment 머신비전 기술	• 목표 과업 수행을 위해 실시간으로 머신비전 검사 대상 제품의 이미지를 검사 기준에 맞게 정렬하는 기술
비정형/정형 빅데이터 수집, 분석 기술	• 이미지 분류/탐지/분할 등 머신비전 검사의 목표 과업 수행을 위한 빅데이터 수집/분석 및 모델링 기술
센싱 정보융합 기반 가상 센서기술	• 검사 대상 제품 관련 다양한 센싱 정보를 활용한 머신비전 검사 정확도 개선 기술
스마트 디바이스 및 센서용 내장형 OS기술	• 카메라, 센서, 프로세서 등을 포함하는 머신비전 검사 시스템을 위한 내장형 소프트웨어 기술

전략제품 현황분석

다. 중소기업 기술개발 전략

☐ 여러 산업 분야의 다양한 도메인에 대해서 검사 과업에 특화된 머신비전 검사 시스템 개발

☐ 머신 비전 과업에 대한 성능 개선을 위해, 다양한 센서 및 디바이스 정보 수집, 분석을 통한 센싱 정보융합 기술 개발

☐ 기존 설비 및 공정에 투입이 가능한 효율적인 경량화 이미지 처리/분석 알고리즘 개발

라. 기술개발 로드맵

(1) 중기 기술개발 로드맵

[머신비전 검사 시스템 기술개발 로드맵]

머신비전 검사 시스템	검사 대상 제품의 이미지를 처리하여 제품 검사에 관련한 목표 과업을 자동으로 수행하는 시스템			
	2022년	2023년	2024년	최종 목표
실시간 Alignment 머신비전 기술			→	매우 빠르고 정확한 수준의 검사 대상 이미지 정렬
비정형/정형 빅데이터 수집, 분석 기술			→	매우 정확한 수준의 검사 성능
센싱 정보융합 기반 가상 센서기술			→	정보융합 기반의 검사 성능 개선
스마트 디바이스 및 센서용 내장형 OS기술			→	머신비전 검사 시스템을 위한 내장형 소프트웨어 기술

(2) 기술개발 목표

□ 최종 중소기업 기술로드맵은 기술/시장 니즈, 연차별 개발계획, 최종목표 등을 제시함으로써 중소기업의 기술개발 방향성을 제시

[머신비전 검사 시스템 핵심요소기술 연구목표]

핵심기술	기술요구사항	연차별 개발목표			최종목표	연계R&D 유형
		1차년도	2차년도	3차년도		
실시간 Alignment 머신비전 기술	머신비전 검사 목표 과업 수행을 위한, 대상 제품 이미지의 빠르고 정확한 정렬	최대 허용시간의 1/2 이내, 정렬 오차 5% 이내	최대 허용시간의 1/2 이내, 정렬 오차 2% 이내	최대 허용시간의 1/5 이내, 정렬 오차 1% 이내	매우 빠르고 정확한 수준의 검사 대상 이미지 정렬	기술혁신
비정형/정형 빅데이터 수집, 분석 기술	머신비전 검사 목표 과업에 대한 정확도	90% 이상	95% 이상	98% 이상	매우 정확한 수준의 검사 성능	기술혁신
센싱 정보융합 기반 가상 센서기술	검사 대상 제품에 관한 다양한 센싱 정보를 활용한 머신비전 검사 성능 개선도	5% 이상	10% 이상	20% 이상	정보융합 기반의 검사 성능 개선	산학연
스마트 디바이스 및 센서용 내장형 OS기술	소프트웨어 완성율	90% 이상	95% 이상	99% 이상	머신비전 검사 시스템을 위한 내장형 소프트웨어 기술	상용화

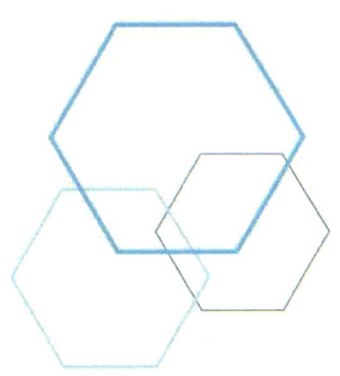

전략제품 현황분석

스마트 설비관리 시스템

스마트 설비관리 시스템

정의 및 범위

- 스마트 설비관리 시스템이란 공장 등에 설치된 생산설비에 대해 설비의 내구수명 전 주기에 걸쳐 고장을 예지하여 수리/관리하고 업그레이드 및 새로운 설비교체, 중고 기계 유통 등 설비기능을 유지 보전하는데 필요한 체계화된 토탈 시스템
- 스마트 설비관리 시스템 기술은 기능에 따라 생산설비 모니터링 기술과 생산설비 생애주기 관리 기술로 크게 구분할 수 있으며, 기술 구성 요소에 따라 세분화하여 다양한 기술로 분류

전략제품 관련 동향

시장 현황 및 전망	제품 산업 특징
• (세계) 2019년 전 세계 EAM(Enterprise Asset Management) 시장 규모는 55억 달러로 연평균 8.7%의 성장률을 보여 2025년에는 91억 달러에 이를 것으로 예상 • (국내) 국내 EAM 시장규모는 2019년 기준 약 2,760억 원으로 추산되며 매년 8.2% 성장하여 2025년 약 4,552억 원 규모가 될 것으로 예상	• 전사적 자원 관리(ERP)는 조직이 회계, 구매, 프로젝트 관리, 리스크 관리 등 규정이나 공급망 운영 같은 비즈니스 활동을 관리하는 데 사용하는 소프트웨어 • 기존 ERP 시장은 포화상태이나 클라우드나 인공지능을 활용하여 기존 데이터를 가공하여 새로운 가치를 만들어내는 업그레이드 된 ERP 시스템으로 변화
정책 동향	**기술 동향**
• 중소기업 스마트제조 혁신전략 수립 • 공장혁신을 통해 제조 중소기업의 50% 스마트화 달성 • 산업통상자원부 제조업 혁신 3.0 추진 • 한국산업기술지능원 스마트제조 정책 가이드라인 발간	• 기존 ERP 시스템에 빅데이터, 클라우드 기술이 접목됨 • 모니터링을 위한 IoT 센서, 네트워크 시스템 개발 선제적으로 재고 및 자원 운영 모니터링 가능
핵심 플레이어	**핵심기술**
• (해외) GE, SAS, Rockwell Automation, Fanuc • (대기업) SKT, 포스코 • (중소기업) 윈텍에스에이, 아이티공간, BNF테크놀로지, 엠아이큐브솔루션, 이메인텍, 한컴MDS	• AI기반 부품수명 예측 기술 • AI기반 고장 예지 기술 • 설비상태 실시간 모니터링 기술 • 데이터 기반 부품수명 및 고장예측 기술 • 설비 고장 현상, 원인, 조치 결과 등의 지식화 기술 • 이상 징후별 근본 원인 판별 기술

중소기업 기술개발 전략

→ IoT, 클라우드 융합기술 활용을 통한 선제적이고 지능화된 설비관리

→ 다품종 소량 생산 트렌드에 맞게 중소기업 맞춤형 관리 시스템 개발

→ 강점이 있는 중소기업의 응용 서비스에 신속하게 적용하여 신서비스 창출

→ 장비의 자동화 수준이 향상됨에 따라 고장이 발생하였을 때 진단하는 것이 점점 어려워지는 추세로 진단과 예방에 대한 기술 개발이 필요

1. 개요

가. 정의 및 필요성

(1) 정의

☐ 스마트 설비관리 시스템이란 공장 등에 설치된 생산설비에 대해 설비의 내구수명 전 주기에 걸쳐 고장을 예지하여 수리/관리하고 업그레이드 및 새로운 설비교체, 중고 기계 유통 등 설비기능을 유지 보전하는데 필요한 체계화된 토탈 시스템

- 빅데이터, 인공지능, IoT기술과 융합하여 생산관리, 생산설비 모니터링 등 상태 진단을 통해 설비의 수명을 관리하고 예방 차원에서의 교체나 수리를 가능하게 하여 생산에 차질이 없도록 공장을 최적의 상태로 유지해주는 시스템

- 생산 모니터링 및 진단 설비, 생산 및 설비 운영지원, 설비관리, 보수 및 교환재료, 안전·방재, 에너지 및 근무환경 개선, 생산시스템 시각화, 인프라 시설 검사 등 다양한 지원 활동 등을 통해 생산 효율성을 높이고 공장 등의 생산기능을 유지 시켜주는 역할

[스마트 설비관리 시스템]

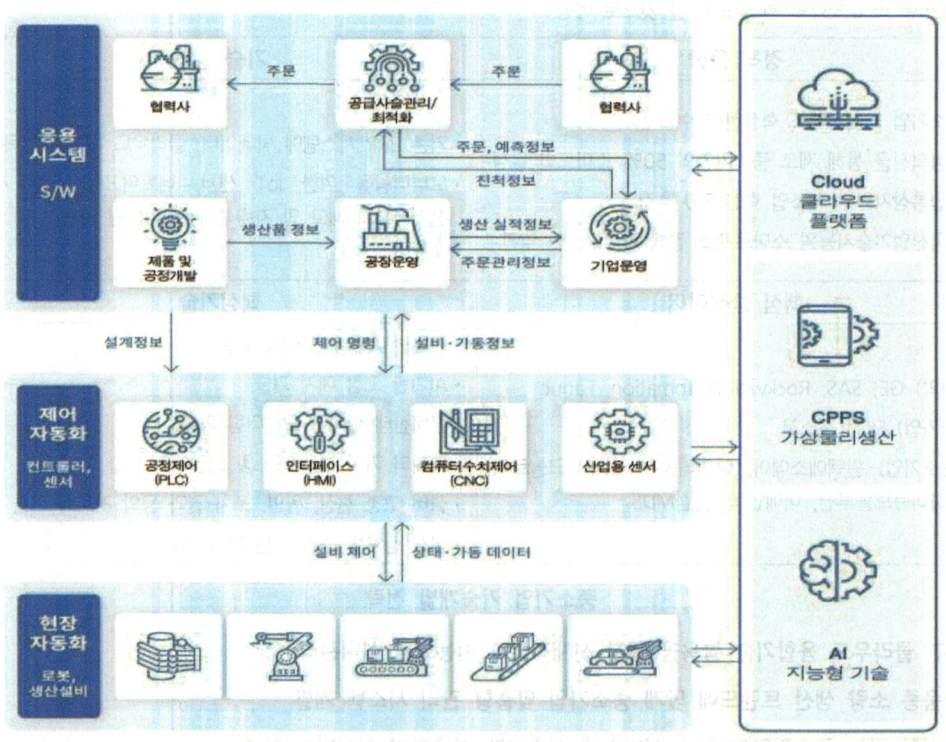

* 출처 : 스마트제조혁신단 제공

(2) 필요성

☐ 생산 공정 고도화로 정밀하고 신속하게 문제를 감지할 수 있는 설비관리 시스템 필요
- 많은 경험을 쌓은 관리자들은 설비에서 얻은 경험과 데이터를 분석하여 설비의 이상 상태를 발견하고, 결함의 원인을 찾아 심각한 고장이 생기거나 설비의 가동이 갑자기 중단되기 전에 조치를 취함
- 사물인터넷과 인공지능, 통신 기술 및 빅데이터 분석 등 첨단 기술을 공장과 기계에 융합하여 최고의 성능으로 향상시키고, 동시에 기계가 최상의 상태를 유지, 관리 가능
- 설비에서 고장이 발생하면 다수의 안전에 위험을 초래하고, 파급 효과로 기업에 막대한 경제적손실이 발생. 안전 경영의 필요성 증가

☐ 저출산으로 인한 노동력 감소와 전문인력 부족
- 저출산 장기화로 전반적인 산업 분야에서 노동력 감소 현상이 뚜렷해짐
- 설비관리 관련 전문인력 부족으로 자동 관리 시스템 필요성 대두

☐ 생산성 향상, 비용 절감을 통한 기업경쟁력 향상
- 센서를 통해 기계에서 발생하는 모든 데이터를 수집하고 분석 및 평가할 수 있어 설비결함을 고장 전에 알려주어 고장에 따른 비용, 보수비용을 절감하고 생산성을 향상
- 기업에서 가장 선호하는 보전 방식은 '예방 보전 방식(Preventive Maintenance)으로 사후보전 방식의 문제점을 개선하고, 설비가 고장이 나기 전에 보수를 하는 방식으로 니즈가 큼
  - (AT&A) Asset Tracking 상승으로 인해 10억 달러의 감가상각비 절감
  - (DYNO) 예방정비 관리와 예산, 자재관리로 33만 달러의 비용을 감소
  - (SINGMA) downtime 감소로 25만 달러 소요 비용 절감
  - (AIR PRODUCTS) 관리 인력 소요 비용 절감으로 45만 달러의 비용 절감
  - (Emerson Motors) plant capacity 증가로 2.7백만 달러의 매출이 상승
- 이는 다시 '시간 기반 보전 방식(Time Based Maintenance)'과 '상태 기반 보전 방식(Condition Based Maintenance)'으로 분류되고 이것이 설비관리시스템의 방향

나. 범위 및 분류

(1) 가치사슬

☐ 후방산업은 소프트웨어 및 데이터베이스 플랫폼 분야로 다른 산업과 비교해 연구개발 및 지적 노동의 투입 비율이 높은 지식 집약적인 고부가가치산업으로 세계 소프트웨어 시장이 반도체 시장의 4배, 자동차 시장의 1.5배 수준의 대규모 시장임에도 불구하고 현 국내 소프트웨어의 글로벌 경쟁력과 성장모델은 아직 미흡한 상태이고 Microsoft, Oracle, IBM 등 글로벌 대기업의 영향 아래 아직 해외 의존도가 높은 산업

- 소프트웨어 산업은 지식화, 지능화되면서 사회 전반에 걸쳐 영향력 커지며 산업 범위가 지속해서 확대되고 있으며 실시간으로 발생하는 대용량 데이터를 분석하는 빅데이터, 하드웨어와 소프트웨어 자원을 가상화하여 서비스를 제공하는 클라우드, 스스로 학습하고 판단하여 과업을 수행하는 AI, 가상 및 증강현실을 제공한 실감 소프트웨어 등 산업 전반을 혁신할 융합기술들이 지속하여 발전 중

☐ 전방산업은 석유화학, 전력, 가스, 자동차/반도체 제조업 등 생산설비를 유지관리할 필요성이 있는 산업

- 사물인터넷 및 클라우드 등 IT 기술의 융복합과 스마트제조 육성정책, 설비자산의 효율적 운영에 인식 전환 등에 힘입어 EAM에 대한 수요는 지속 증가할 전망

[스마트 설비관리 시스템 관련 산업구조]

후방산업	스마트 설비관리 시스템	전방산업
센서, 빅데이터, 인공지능, IoT, 클라우드 등	생산설비 모니터링 생애주기 관리	석유화학, 전력, 가스 자동차, 반도체 등 제조

(2) 용도별 분류

☐ 스마트 설비관리 시스템은 크게 생산설비 모니터링과 생애주기 관리로 구분 가능

- 생산·설비 모니터링 시스템은 시간당 생산량 증가, 제조 리드타임 감소, 공정 불량률 감소와 재공재고 및 납기 지연율을 감소하는 등의 정량적 효과가 있음
- PLM(Product Lifecycle Management)는 제품 개발을 체계적으로 하기 위한 데이터 관리 방법, 변경관리 프로세스, 설계와 생산 간 제품 데이터를 유기적으로 공유하는 기술로 제품 부가가치는 높이고 원가는 줄이는 효율적인 생산 프로세스

[용도별 분류]

용도	세부 내용
생산설비모니터링	• 설비·생산 모니터링시스템은 설비상태뿐만 아니라 생산 공정의 데이터를 통합적으로 관리하여 생산/설비/에너지 현황의 수치와 모니터링 대시보드를 볼 수 있는 시스템
생애주기 관리	• 설비의 취득, 건설, 설치, 시운전부터 설비보전(수리, 성능 유지, 보수점검 등)과 설비 갱신 및 설비 폐기에 이르기까지 전 과정을 포함하는 전사적 설비자산 관리 (EAM, Enterprise Asset Management)

[생산설비 모니터링 시스템]

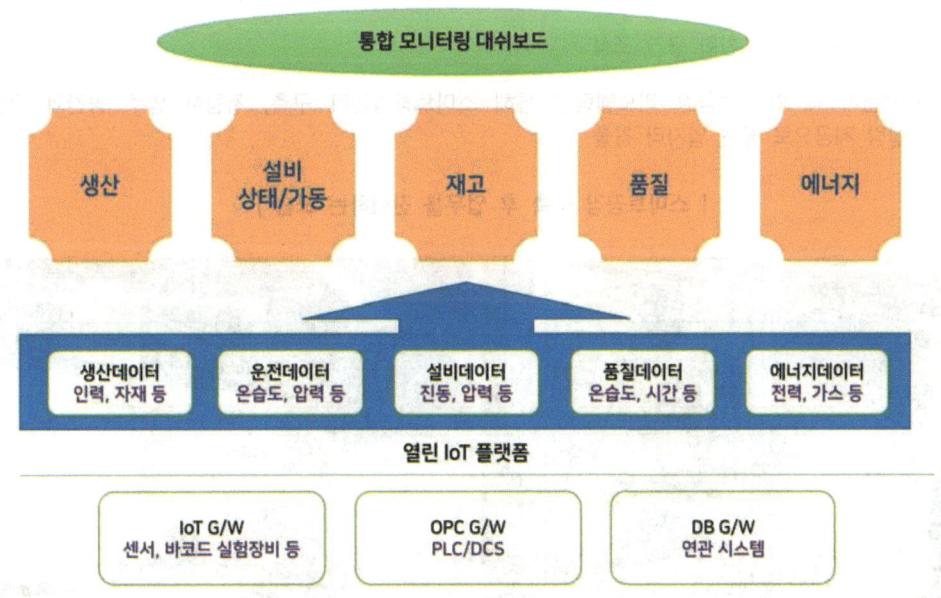

* 출처 : 열린기술 - 설비생산모니터링시스템 홈페이지를 기반으로 네모아이씨지 제작

2. 산업 및 시장 분석

가. 산업 분석

◎ 중소기업 중심 스마트제조의 핵심 기술력

☐ 공장·산단·일터 혁신을 통해 세계 최고 공장경쟁력 확보, 제조혁신 거점 구축, 사람 중심 일터 문화를 조성하여 스마트제조 혁신으로 중소기업 제조 강국 실현

☐ 제조 중소기업의 50%(3만 개) 스마트화 달성을 통한 공장혁신
- 2022년까지 3만 개 구축
- 대기업을 통한 중소기업 스마트 공장 구축지원 강화
- 스마트 공장 공급 기업 육성
- 스마트 공장 운영인력 양성 규모 확대(2022): 5만 명 → 10만 명

☐ 산업단지 혁신을 통한 제조혁신의 거점 육성
- 「스마트 산업단지」 선도 프로젝트 추진
- 산업단지 내 공장 간 산·학·연 간 데이터·자원을 연결·공유·활용할 수 있는 네트워크 구축 및 데이터를 활용해 예지 정비 등 공정혁신, 수요 맞춤 제품 개발, 유휴자원 공유 플랫폼 구축
- 지역맞춤형 근로자 친화 공간 조성
- 산업단지 내 휴·폐업공장 리모델링을 통해 스마트창업센터 구축, 저렴한 입주 공간과 오픈 랩, 컨설팅 제공으로 좋은 일자리 창출

[스마트공장 구축 후 업무를 진행하는 모습]

* 출처 : 스마트팩토리 솔루션 경쟁 치열, 위키리크스 한국, 2021

스마트 설비관리 시스템

◎ **빅데이터와 인공지능을 이용한 예방보전**

☐ 예방 보전은 시간 기반 예방보전(TBM:Time Based Maintenance)와 상태 기반 예방 보전(CBM:Condition Based Maintenance)으로 구분

- 시간 기반 예방 보전은 설비의 사용 시간을 기준으로 설비의 상태와 상관없이 설비를 정비하거나 교체하는 것을 의미하여 상태 기반 예방 보전은 설비의 상태 모니터링을 통해 고장이 예측될 때 신속하게 설비를 정비하거나 교체하는 활동
- 상태 기반 예방보전이 더 좋은 방법이지만 이전에는 이를 정확히 예측할 방법이 부족하여 시간 기반이 예방보전의 중심이었으나 최근에는 스마트제조의 발달로 상태 기반으로 변신 중

☐ ERP/PLM과 통합한 실시간 설비 통합관리를 위한 실시간 빅데이터 분석 및 지능적 활용 솔루션 상용화 진행 중

- 실시간 빅데이터 분석 플랫폼, 공학적 기법의 기계학습 모델링, Deep Learning 모델링 등을 활용한 빅데이터 인공지능 기반 예지보전 시장이 계속 성장 중
- 정유, 석유화학, 발전산업 등의 대형 회전설비의 경우 설비제조사는 전 세계에 공급한 다수의 설비에서 실시간 상태 데이터를 수집해 설비의 설계 특성 정보와 함께 빅데이터 분석을 통해 고장 발생 정보를 도출 중
- 국내의 경우 아이티공간은 전류를 이용한 인공지능 기반 설비의 예지보전 솔루션 출시, 엠아이큐브솔루션은 진동 등 공정데이터를 이용한 인공지능 기반 예지보전 솔루션을 개발

[설비 예지보전 관리 시스템 CMS(Condition Monitoring System)]

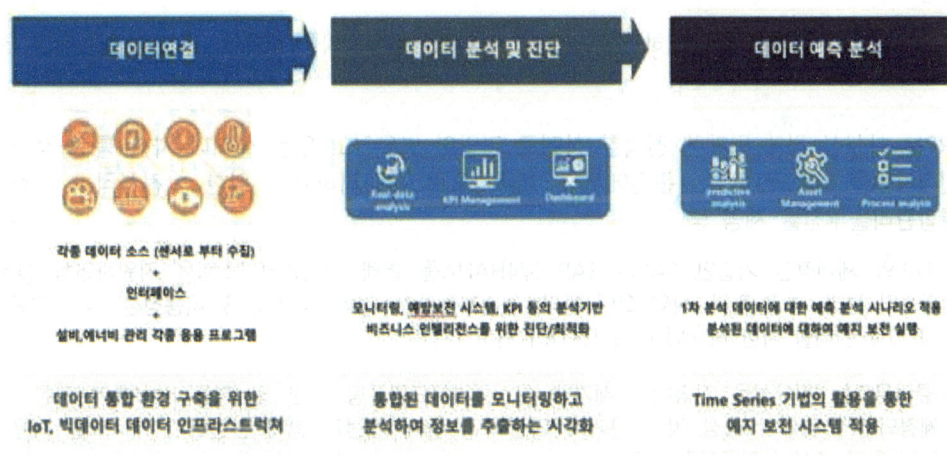

* 출처: 빅데이터 기반의 제조 지능화와 '예방 예지보전', FA저널, 2021

◎ CMMS[73] ⇒ EAM 방향으로 진화하는 스마트 설비관리 시스템

[스마트 설비관리 시스템 발전 방향]

* 출처: 스마트공장 구축지원 추진 LH, 2020

☐ EAM은 산업생산시설 및 사회기반시설을 '비용에 기반을 두고 최고의 투자 수익률을 얻도록 자산의 취득·운전·정비 및 폐기 등 생애주기 전 과정에서 엔지니어링과 경제적 관점의 의사결정 및 경영전략을 지원하는 모든 절차'로 자산관리 최적화를 구현하는 종합적 자산경영 활동

- EAM은 설비투자에만 주력하던 기업들이 체계적인 설비관리를 통한 비용 절감 및 수익 창출을 노리는 전략

☐ ERP는 사실상 정체 단계에 진입한 상태로 기업이 보유하고 있는 설비나 자산 등 물적 자원과 인적자원을 비즈니스 관점에서 효율적으로 관리하기 위한 전사적 자산/자원 통합관리솔루션을 제공 중

- ERP의 세계적인 기업인 SAP는 SAP S/4HANA를 통해 설비관리시스템을 지원하면서 설비자산 마스터 관리, 통지 관리, 작업 오더 관리, 정비계획관리, 정비실적관리 및 비용정산, 정비 부품 발주 및 재고 관리를 위한 타 애플리케이션과의 연동 지원

- 클라우드는 필요성을 지속해서 제기해 온 '클라우드컴퓨팅 발전 및 이용자 보호에 관한 법률'이 제정되면서 정부의 육성 지원 근거가 마련되고, 규제 개선과 함께 안전하게 서비스를 이용할 수 있는 환경 조성이 이루어질 예정

---

73) CMMS(Computerized Maintenance Management System, 설비관리시스템)

- ☐ 국내 EAM/ERP 기업들은 소속 그룹 내 제조계열사 시스템 구축이나 중소기업을 대상으로 한 중저가형 솔루션 제공을 머물러 있는 실정

- ☐ 북미는 EAM 솔루션 채택 및 개발 측면에서 주요 지역이 될 것으로 예상
  - 엄격한 규제 준수 요구 증가, EAM 공급 업체의 존재 증가 및 정부 지원 증가는 예측 기간 동안 시장 성장의 주요 요인으로 작용
  - 북미 지역은 EAM 솔루션과 서비스를 제공하는 주요 산업체가 다수 존재하며, 효과적인 사업 운영을 위한 선도적인 도구와 기술에 투자를 확대 중
  - 2019년 세계 EAM 시장에서 북미가 가장 높은 시장점유율을 차지하였으며, 앞으로도 북미 시장이 전 세계 EAM 시장을 주도할 전망
  - 현재 IBM(미국), 오라클(미국), IFS(스웨덴), SAP(독일), Infor(미국), ABB(스위스), Apteen(미국), CGI(캐나다), IPS(독일), Maintenance Connection(미국), AVEVA(영국), AssetWorks(미국), RFGen(미국), UpK(미국), Ultimo(UK) 등 기업이 전 세계 EAM 시장을 주도

◎ CMMS도 계속 발전 중

- ☐ CMMS는 기술 의존도가 높고 제품의 수명주기가 길며 구매자의 교섭력이 높은 특성이 있어 새로운 부가가치를 제공하는 차별화된 기술개발과 시장접근이 필요한 산업으로 클라우드 서비스와 사물인터넷 및 RFID 기술들이 접목되며 실시간 자산 정보를 파악, 관리할 수 있는 형태로 진화하는 추세
  - 설비의 기본적인 이력뿐만 아니라 구매, 자재, 자원에 관련되는 여러 모듈로써 설비관리 전산 시스템은 발전 중
  - ICT 융합기술이 발전하면서 클라우드, SaaS, IoT 등과 결합하여 새로운 기능과 편의성을 제공하는 다양한 시도가 이루어지는 중
  - 우리나라에는 여러 가지의 설비관리 패키지 및 여러 가지의 설비진단 기술을 가진 시스템이 존재, 그러나 CMMS와 다른 시스템의 연계가 되지 않아 하나의 독립적인 시스템으로 남을 우려

- ☐ 생산설비관리는 BCM(Business Continuity Management) 개념을 지원하고 생산효율을 극대화하며, 설비 구매고객에 대한 사후관리 및 LOCK-IN 서비스를 제공하여 제조업의 경쟁력을 향상시키는 서비스
  - BCP의 수립으로 이루어지며, 생산설비관리는 이를 지원할 수 있도록 설비계획 및 예방 보전, 시설 및 자산관리, 설비 이력/점검/예산/자재/공사관리, 실적 평가와 같은 설비관리는 물론, 기계/전기설비 진단, 원격관리/감시, 운전가동 감시, 절연 진단, 측정분석, 생산설비 유지/보수, 부품교환, 안전 방재와 같은 서비스를 제공
  - 생산설비관리는 또한 생산시스템의 Visibility를 향상시키기 위해 MES/ERP/BOM, 생산/공정/재고/구매관리, FA/SCADA/PA/PLC/제어계측기, 자동 감시 장치 등의 모니터링 기반 제품과 장비를 활용하며, 측정분석 장비, 이미지 처리기, 각인기, 레이저 마커, RFID/바코드 등을 활용하여 품질관리와 예방진단, 수리/교체 활동을 수행

나. 시장 분석

(1) 세계시장

☐ 세계 EAM(Enterprise Asset Management) 시장 규모는 '19년 55억 달러에서 연평균 약 8.7%로 성장하여 '25년 91억 달러 규모에 이를 전망

- 예측기간 동안 EAM 시장에서는 ALM(Asset Lifecycle Management) 시장이 가장 큰 비중을 차지
- 이는 제조설비의 유지보수 및 수리 비용을 절감하기 위한 클라우드 기반의 EAM 솔루션에 대한 수요가 증가함에 따라 ALM 시장이 급격히 성장한 것으로 분석
- 클라우드 기반 EAM 솔루션을 구현하면 중소기업과 대기업이 IT 프로세스보다는 핵심 역량에 집중할 수 있으며, 중앙 집중식 방법을 제공하며 조직이 자산 집약적인 작업의 성능을 향상할 수 있도록 지원

[EAM 세계 시장규모 및 전망]

(단위 : 십억 달러, %)

구분	'19	'20	'21	'22	'23	'24	'25	CAGR
세계시장	5.5	6.0	6.5	7.1	7.7	8.3	9.1	8.7

* 출처: Insights into the 2020 Enterprise Asset Management Software Market, MarketsandMarkets, 2020

☐ 클라우드 기반의 EAM 솔루션 시장은 높은 연평균 성장률로 증가할 것으로 예측

- 클라우드 기반의 EAM 솔루션은 확장성, 용량 유연성, 협업 강화, 비용 효율성 등 다양한 이점을 제공하며, 산업체들은 IT 프로세스보다는 핵심 역량에 집중 가능
- 시스템 구성 요소를 웹 및 모바일 애플리케이션과 통합할 수 있는 중앙 집중식 방법을 제공하며, 조직이 자산 집약적인 작업의 효율을 향상

(2) 국내시장

☐ 국내 EAM 시장 규모는 2019년 기준 약 2,760억 원으로 추산되며 매년 8.2% 성장하여 2025년 약 4,552억 원으로 규모가 될 것으로 예상

[EAM 국내 시장규모 및 전망]

(단위 : 억 원, %)

구분	'19	'20	'21	'22	'23	'24	'25	CAGR
국내시장	2,760	3,000	3,261	3,544	3,853	4,188	4,552	8.2

* 출처: Insights into the 2020 Enterprise Asset Management Software Market, MarketsandMarkets, 2020에서 APAC 비중을 기준으로 네모아이씨지 재산정

3. 기술개발 동향

□ 기술경쟁력
- 스마트 설비 관리 시스템은 미국이 최고기술국으로 평가되었으며, 우리나라는 최고기술국 대비 90.8%의 기술 수준을 보유하고 있으며, 최고기술국과의 기술격차는 1.2년으로 분석
- 중소기업의 기술경쟁력은 최고기술국 대비 73.8%, 기술격차는 2.0년으로 평가
- 한국>유럽(89.3%)>일본(82.2%)>중국(64.7%)의 순으로 평가

□ 기술수명주기(TCT)[74]
- 스마트 설비 관리 시스템은 7.25의 기술수명주기를 지닌 것으로 파악

가. 기술개발 이슈

◎ 스마트 설비관리 시스템의 기술 개요

[스마트 설비관리 시스템 기술 개요]

기술분류 관점		세부기술
생산설비 모니터링 기술	센싱 시스템 설계 구축기술	• 온도, 습도, 중량, 속도, 응력 등 다종 센서 체계 구축 운용기술 • 환경 센서 및 측정데이터 네트워크 통합 기술
	설비상태 측정기술	• RFID/바코드, 레이저 마커 연계 기술 • 센싱 대응 모니터링, 데이터 융합기술 • 센싱 오류 통제 관리기술 • 휴대단말 및 측정분석 장비 연동 기술
	설비정보 인터페이스 기술	• 연동 디바이스 체계 구축기술 • PLC기반 인터페이스 기술
	원격모니터링 감시기술	• 데이터 분석 자가 진단 기술 • 모니터링 데이터 Visibility System 기술 • 공정데이터 및 생산실적 정보 분석 기술 • 모바일 클라우드 기반 개방형 생산정보 환경 구축·운용 기술
	실시간 데이터 처리기술	• 실시간 측정 데이터 분석 저장 기술 • 데이터 네트워크 구성 최적화 기술
생산설비 생애주기 관리기술	생산설비 수명주기 측정 정보화 기술	• 설비별 가동 기간, 운용 실적, 수리실적 모니터링 기술 • 부품별 수리/교체 주기 자동이벤트 기술
	설비제조사 협업기술	• 생산정보 교환 네트워킹 기술 • 고장 예지 진단 처방 기술
	생애주기 통합 전사 관리시스템	• ERP/CRM/SCM 시스템 연동 기술 • 작업분석, 성과분석, 수요예측, BI분석 시스템 기술

---

74) 기술수명주기(TCT, Technical Cycle Time): 특허 출원연도와 인용한 특허들의 출원연도 차이의 중앙값을 통해 기술 변화속도 및 기술의 경제적 수명을 예측

- ☐ 기술에 따라 생산설비 모니터링 기술과 생산설비 생애주기 관리 기술로 크게 구분, 기술 요소에 따라 세분화하여 다양한 기술로 분류
  - 생산설비 모니터링 기술은 센싱시스템 설계 구축기술, 설비상태 측정기술, 설비정보 인터페이스 기술, 원격모니터링 감시기술, 실시간 데이터 처리기술로 분류
  - 생산설비 생애주기 관리기술은 생산설비 수명주기 측정 정보화 기술, 설비제조사 협업기술, 생애주기 통합 전사 관리 시스템으로 분류

◎ **제조운영 기술과 IT의 통합**

- ☐ 독립적인 시스템 및 네트워크 환경으로 구축된 생산설비 정보를 전사적 협업 시스템에 연결하여 조직적인 생산제조 관리
- ☐ 물리적 통합이 아닌 데이터의 통합으로 스마트팩토리 구현
- ☐ 데이터 및 정보의 연결 → 프로세스의 연결 → S/W의 연결 → H/W의 연결(CPS)

[ERP와 MES가 연계된 스마트 팩토리]

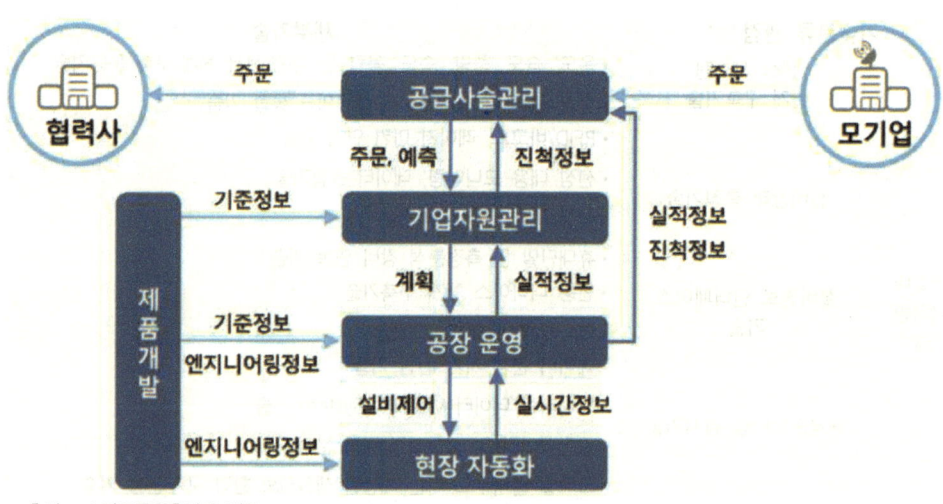

* 출처 : 스마트공장추진단 제공

☐ 스마트 팩토리 구현을 위한 설비/센서 빅데이터 및 이벤트 관리, 산업용 IoT 플랫폼

- 디바이스, 머신 및 시스템(ERP, CRM, SCM) 등의 자산에서 포괄적인 데이터수집을 위한 연결 지원
- 고성능 분석 및 마이닝 환경을 제공하기 위해 실시간 고속 빅데이터 분석 아키텍처 기반으로 최상의 분석 성능 제공

[스마트팩토리 빅데이터 플랫폼]

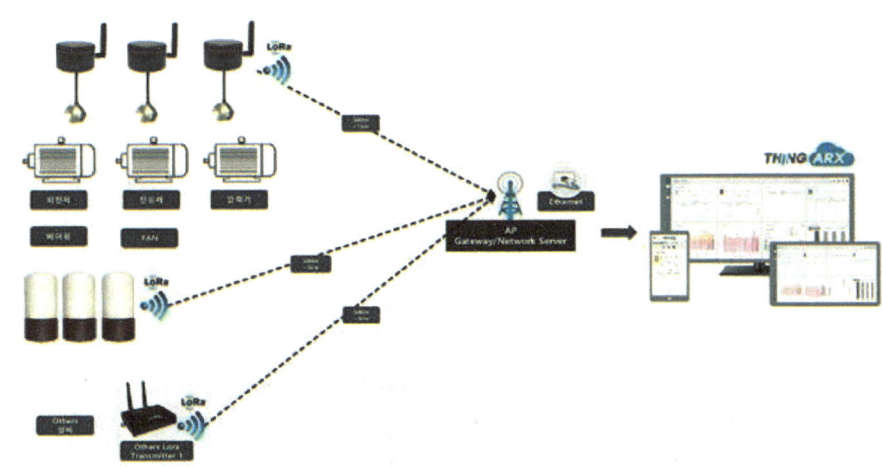

* 출처 : 에어릭스 제공

◎ 실시간 설비 모니터링을 위한 센서 기술 진화

☐ 센서는 센서와 회로, 시스템 기술로 구분할 수 있고, 센서는 감지 방식과 감지구조가 핵심으로, 주요 이슈로는 고성능화(기계/전기식, 광/전자 센서), 소형화(MEMS 센서), 다기능화(복합 센서), 저전력화(나노 센서) 등이 존재

- 센서가 받는 빅데이터들을 처리하는 다양한 기술들과 센서의 데이터들을 전송하는 기술 및 공장 인프라 보안 관련 연구가 활발
- 측정 대상물의 물리·화학적 정보를 감지하는 일반 센서 기술에 나노기술 또는 MEMS 기술을 접목하여 데이터 처리, 자동보정, 자가 진단, 의사결정, 통신 등의 신호처리 기능을 내장하는 추세
- 시스템 분야는 소형화와 대량생산화 등의 패키지 분야의 이슈가 크며, 벌크 시스템 형태에서 SiP(System in Package)로 발전하여 패키지를 층층이 쌓는 MCP(Multi-Chip Package)가 등장

☐ MEMS 센서와 ROIC 칩을 같이 개발할 수 있는 SoC 기술개발

- 현재 센서는 MEMS 센서부와 이를 구동하는 CMOS 기반의 ROIC 칩을 따로 구현하고, 하나의 패키지 안에 모듈로 구성하는 것이 대부분
- 향후 MEMS 센서와 ROIC 구동부를 하나의 칩으로 구현하기 위한 SoC(System-on-Chip) 기술이 요구되고 앞으로는 SoC 형태의 MEMS와 CMOS를 직접 집적하는 iMEMS가 등장할 것이며, 나노 기술이 접목되면서 소형화 및 멀티 센서로 진행될 것으로 전망

◎ 실시간 CBM을 위한 기술개발 진행 중

[국내기업의 인공지능 기반 설비관리 시스템 아키텍처]

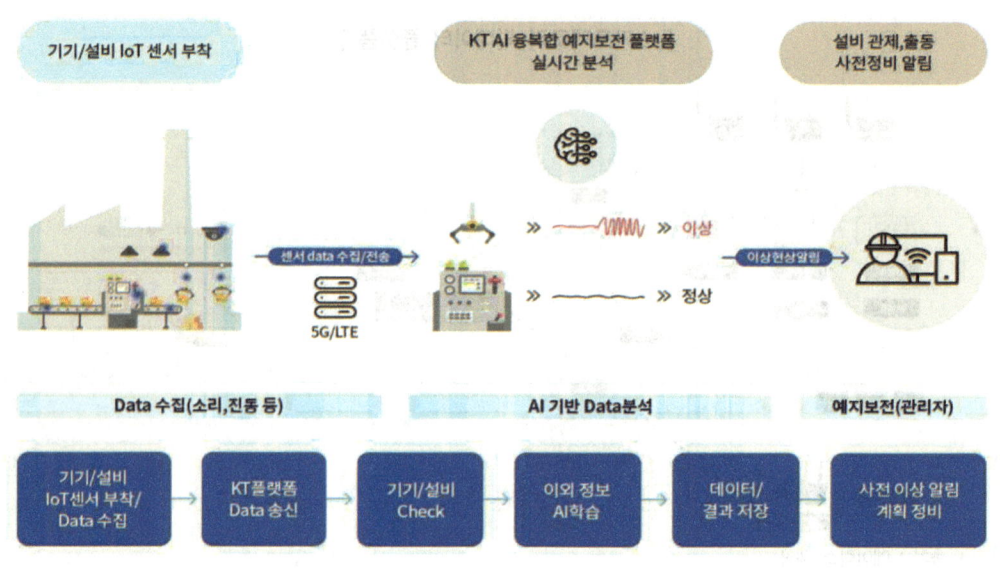

* 출처 : KT 엔터프라이즈 제공

☐ 실시간 공정 및 설비 모니터링

- 설비 모니터링을 위해 다양한 센서 기술이 개발 중 일정기간 동안의 일상 점검, 정밀 진단, 교체 이력 등의 원천 데이터를 분석하여 상향식으로 모니터링 지수를 개발하는 방식의 기술개발 진행

- 진동 센서 등 다양한 센서를 이용한 최적의 데이터수집 환경 구축 기술개발이 진행 중이며, 센서의 위치와 개수, 주기 등을 최적화하기 위한 연구 진행 중

☐ 최적 정비 시점 예측

- 설비의 정비 시점을 결정하기 위한 설비의 일상 점검, 정밀 진단, 교체 이력 데이터의 기존 데이터와 설비의 모니터링 데이터를 종합 분석하는 빅데이터 플랫폼 개발 진행 중

- 관리 대상 설비에서 수집·분석된 데이터를 빅데이터, 인공신경망 기술을 융합함으로써 시스템의 운전현황, 이상 상황을 감지하고 분석 및 예지 진단을 통해 고장 지점을 사전에 예측

☐ 실시간 품질 예측

- 설비의 이상 징후 뿐 아니라 생산데이터를 활용한 품질 예측 모델링은 품질에 영향을 주는 인자들을 찾아내고 품질이 측정되었을 시점까지의 인자들의 운전 데이터와 품질 데이터를 대상으로 다양한 모델링 기법을 이용하여 모델을 개발하여 전체 최적화를 하는 방법을 개발 중

◎ 최적 CBM을 위한 기술개발 방향

☐ 어떤 센서를 어디에 얼마나 많이 설치하는지를 결정하는 것이 노하우[75]

- 현재 가장 많이 선호하는 패턴으로 전류치나 진동변화 폭을 파악해 보려고 노력하고 있지만, 전류, 진동 값의 변화로 정확한 고장의 변화를 예측하기 어려운 경우도 다수

- 전기적 결함이 많이 발생하는 전동기의 경우에는 진동보다는 전류나 전압 또는 자계 특성을 이용한 결함 검출이 더 유용

- 대부분 설비는 복합적 결함을 동반하기 때문에 필요에 따라 이들 결함을 검출할 수 있도록 여러 센서를 혼합하여 사용하지만, 센서가 많이 부착될수록 비용이 많이 소요되므로 이 부분을 최적화하는 것도 매우 중요

- 일본 공작기계 업체 DMG모리세이키는 독일의 자동차 부품 메이커 SCHAEFFLER와 협력하여 새로운 서비스를 개발
  - DMG모리세이키의 공작기계에 SCHAEFFLER가 60개의 센서를 설치 공작기계의 가동 데이터를 상세히 취득하였으나 의미 있는 결과를 얻지 못함
  - 유효한 데이터 취득을 위해 최적의 센싱 조건을 구성하여 DMG모리세이키는 새로운 예지보전 서비스를 구축

☐ 이상 상황의 데이터를 확보하는 것은 생각보다 어려운 문제

- 고장을 예지하기 어려운 또 하나의 난점은 대형기계나 설비는 계속 가동을 하고 고장 발생의 경우 치명적이기 때문에 고장데이터의 수가 매우 적다는 점이 문제

- AI 관련 기술은 장기간의 모니터링에 의한 데이터 확보의 문제가 매우 크며, 적은 수의 샘플로도 학습이 가능한 수준을 만들거나 여러 유사 사례를 확보해야 하는 노하우가 필요

- 수집된 데이터를 필요와 목적에 맞게 분류하고 통합하여 공장 설비의 현황을 쉽게 파악하고 해석할 수 있는 빅데이터 분석 기술을 통해 설비의 상태를 확인하거나 결함을 분석하고 설비 상호 간의 연관성을 파악

- 해당 기술 분야 전문가의 노하우나 지식이 적용된 자동 진단 알고리즘에 접목시키는 연구를 통해 설비의 결함을 자동으로 진단하고 결함이 발생한 원인과 진전 과정 운전상의 문제점 및 위험 정도 파악 등 전문가가 할 수 있는 의사결정을 대신하는 것이 가능

---

[75] IoT오픈플랫폼 뉴스레터(한국사물인터넷협회, 2018. 9)

◎ 인공지능을 활용한 고장 예지 시스템의 발전[76]

☐ 머신러닝 기법으로 성공한 사례도 많지만, 단점도 존재

- 머신러닝은 변압기, 터빈, 베어링 등의 수명 예측에 성공적으로 적용된 다양한 사례가 존재하며 예지보전의 핵심으로 평가받고 있는 기술이지만 머신러닝을 통한 시스템의 수명 산출에는 인과관계 또는 통계적으로 의미 있는 수준의 데이터수집 필요
- 회귀법을 사용하는 경우 분류 알고리즘을 어떻게 구성하느냐에 따라 더 큰 비용이 들어가며 더불어 현재 관련 전문가의 숫자가 매우 부족한 형편으로 기술 구현에 많은 어려움

☐ ISO 13379 - 1[77])에서 제시한 지식 기반 분석의 경우 규칙 기반 분석, 지배방정식 기반 분석이 기법 적용의 편의성 존재

- 규칙 기반 분석은 감시 중인 데이터에 특정 규칙에 부합되면 고장이 발생했다는 사상으로 접근할 수 있으며, 온도의 변동에 따른 화재 예측, 특정 진동 패턴의 감지를 통한 편마모 예견 등에 적용할 수 있고 비용이 저렴한 장점 존재
- 지배방정식 기반 분석 방법은 시스템 분석 단계의 분석 결과 중 인과관계가 분명하고 일반적으로 알려진 법칙, 공식 등이 존재하는 기능들을 대상으로 하며, 수집되는 데이터를 대입하여 실시간으로 상태를 판단하는 데 가장 유용한 방법

☐ ISO 13379 - 1에서 제시한 데이터 기반 분석의 경우 데이터 기반 추론, 머신러닝 기반 분석이 대표적 방법

- 데이터 기반 분석은 기본적으로 통계적인 분류 방법, 회귀 방법 등을 통해 장비의 상태와 남은 수명을 예측하는 통계적 방법론이 주로 사용되며 분석 방법의 특성상 많은 운용데이터의 수집이 필수적
- 대부분 고장의 발생은 시계열로 보았을 때 이산적이고 비선형적인 특성을 보이기 때문으로, 데이터 분석 방법론 중 특히 머신러닝 기법들은 위의 혼돈한 데이터 특성에 대해 대부분 선형적으로 제시되는 이론값과 비교하여, 비교적 높은 적합도를 제시할 수 있어 많이 활용
- 데이터 기반 추론은 일반적으로 적용이 편리하고 통계적인 방법으로 발생할 것으로 기대되는 고장이 정규분포로 알려져 있을 때 가장 효과적으로 활용할 수 있어서 장비를 장기적으로 운용해야 하고 고장이 대체로 균일할 때 아주 높은 수준의 통계적 고장예측이 가능

---

[76] PHM기술을 활용한 4차 산업 적용사례(기계저널,2019.5)
[77] ISO13379-1 기계의 상태 감시 및 진단 — 데이터 해석 및 진단 기술

나. 생태계 기술 동향

(1) 해외 플레이어 동향

☐ (GE) 항공기 엔진에 센서를 달고 데이터를 수집해 정비, 보수의 최적 시기나 연료비 절감 방법을 제시하는 등 서비스업체로 변신 중

- 2014년 프리딕스(Predix)라는 제조용 IoT 플랫폼을 출시하고 자사의 1조 개의 관리자산에 부착된 1천만 개가 넘는 센서에서 발생하는 대용량 데이터를 분산 저장하여, 수집, 분석, 모니터링
- 프리딕스는 특정 산업 분야가 아닌 우주/항공, 의료, 제조, 광산, 발전, 풍력 등 전 산업계에 적용 중
- 2017년 1월 국내기업 한화토탈은 GE의 설비 예지보전(Predictive Maintenance)시스템인 '스마트 시그널(Smart Signal)'을 공장 내 핵심 설비에 도입

[GE의 Predix 개요도]

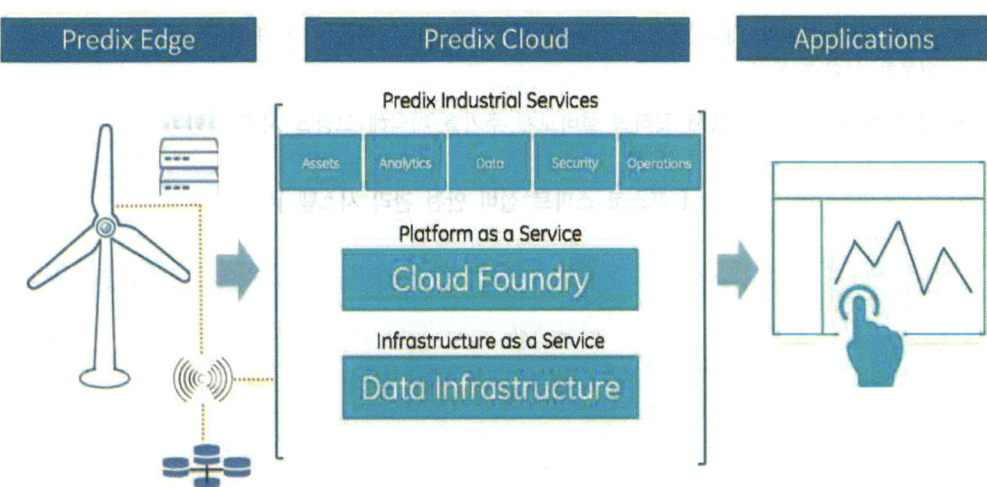

* 출처 : SAS PAM 소개자료

☐ (SAS) 세계적인 통계 솔루션 업체로 장비의 신뢰성을 보장하고 유지보수비용 절감, 고장 방지, 다운타임 최소화 및 생산성 제고 등의 과제를 달성을 목표로 PAM(Pluggable Authentication Modules)을 출시

- 가동시간/이용률 극대화 및 예정 외의 유지보수 작업 감소를 통해 관련 비용을 억제하고 유지보수로 인한 가동 중단을 최소화하기 위한 분석 기반 프레임워크
- 문제의 근본 원인을 찾는 고급 분석 및 탐색 툴을 제공하고 문제 발생 전에 알림을 줄 수 있는 데이터 마이닝 기능을 제공

☐ (Rockwell Automation) 글로벌 자동화 전문기업으로 Dynamix 1444를 출시하여 설비를 모니터링할 수 있는 솔루션을 제공 중

- 잠재적 고장을 감지하고 로크웰 오토메이션의 모니터와 휴대용데이터 수집기와 연동하여 상태 기반의 예측 유지보수 프로그램을 수립하고 실행

☐ (Fanuc) FS(Field System) 플랫폼을 이용하여 공장의 생산기기를 연결하는 IoT 플랫폼을 출시

- 공작기계나 로봇 등 화낙의 주력제품을 중심으로 설비 네트워크를 구성하여 고장예측과 제어를 하고 있으며 자사의 제품 이외에도 연결할 수 있도록 공개로 했다는 점이 특징
- 2019년 7월부터 최저 연간 수천 엔부터 도입 가능한 저렴한 FS대응 애플리케이션을 제공하여 중소기업에도 설비가동 감시의 기능을 활용하도록 유도[78]

(2) 국내 플레이어 동향

☐ (포스코) 설비통합관리시스템 프리즘 개발

- 각 설비의 성능과 가동 특성을 장기간 분석하고 핵심 부품의 잔여 수명 등을 산출해 설비 이상 징후를 사전에 포착
- 설비담당자들은 이를 통해 최적의 설비교체 주기를 파악해 고장을 사전에 방비

[포스코 스마트 설비 안전 관리 시스템]

* 출처 : 포스코ICT 제공

---

78) XaaS의 충격(해동일본기술정보센터, 2019.09)

☐ (BNF테크놀로지) 설비 빅데이터와 ERP, MES, PLM 등 타 시스템을 연계해 통합한 솔루션인 'HanPrism'을 출시

- 국내 유일의 원전 감시 시스템을 개발하면서 시장에 진출해서 화력, 송배전, 가스 등 에너지 시장에 솔루션을 공급 중
- BNF테크놀로지는 기존 레퍼런스를 바탕으로 파트너 발굴과 MOU 등을 추진해 말레이시아와 중동 시장에서 세일즈를 진행 중이며 미국에 설립한 자회사 '한아라 소프트웨어'를 중심으로 북미 시장을 적극적으로 공략

☐ (SKT) 비스텔과 함께 클라우드 기반 설비관리 솔루션 '메타트론 그래드뷰' 출시

- 인공지능 기반의 예지보전 기능을 통해 설비와 주요 부품의 수명 20% 연장
- 설비의 생산성 향상 및 설비 유지보수의 최적화를 통한 평균 15% 비용 절감

☐ (엠아이큐브솔루션) 진동/소음/전류/CCTV 기반 제조 설비예지 보전기술을 개발하여 대한민국 ICT 대상에서 수상

- KT 클라우드 인프라 및 플랫폼 기반 MES 및 인공지능 SaaS 플랫폼 공공개발 진행 중

☐ (원텍에스에이) 기업 내 생산 관련된 모든 설비와 제원을 효율적이고 최적화된 시스템을 구축하여 실시간 수집된 데이터를 분석, 설비진단과 이상 분석을 통해 사전에 발생한 문제를 예측하고, 예방 보전을 통해 설비 노화의 감소와 생산성 향상으로 더 효과적인 Cost 관리 실현

- PMS 솔루션 공급, 스마트팩토리 및 지능화 시스템 구축, 기존 장비 업그레이드 및 설비 간 네트워크 구축, 실시간 데이터수집 및 분석, 유/무선 솔루션, 설비고도화사업, 생산성 향상, 설비 노화 감소, 이상원인 분석 및 이상 현상 진단, 중앙감시 원격조작, 설비진단 및 점검, 예방·예지보전

☐ (이메인텍) 설비관리솔루션 M.Wave는 Web 기반의 설비관리시스템으로 설비정보관리, 예방정비·점검 일정 및 정비 요청에 따른 Work Order 발행 및 정비 이력 관리, 예방점검 및 정비, 자재관리 및 정비통계 등의 기능을 통해 기업 설비 전체의 운용 및 유지보수 상태를 파악과 안전한 운전과 합리적인 예방정비 활동을 지원하도록 구성

☐ (한컴MDS) 국내 1위 임베디드 솔루션 전문기업으로 산업용 IoT 서비스를 구축하기 위한 플랫폼(ThingSPIN)을 자체 개발하여 데이터의 실시간 수집, 저장, 가시화 서비스를 제공하고 설비 예지보전, 환경 모니터링 등 다양한 IoT 시나리오 구현 사례를 구축

☐ (아이티공간) 기존 설비에 전류 기반의 최소한의 센서만을 활용하여 예지보전, 인공신경망, 빅데이터 기능을 갖춘 '유예지 솔루션'을 개발하고 현대·기아자동차 국내외 공장 등에 4,000대를 납품하고 표준기술로 등록

- 아이티공간의 솔루션의 특징은 산업현장의 규모에 따라 맞춤형 정밀 분석 및 진단기능 구현이 가능한 기술이며, 관리대상 현장의 규모에 따라 Cloud 기술을 활용함으로써 초기 설치비용의 최소화가 가능

- 보유한 특허, 기술의 가치를 인정받아 2019년 과학기술정보통신부의 우수기업연구소에 지정되었고 일진NTS, SK이노베이션, 한국항공우주산업, 효성, 포스코ICT, 경동나비엔 등의 납품 및 개발

[아이티공간의 유예지]

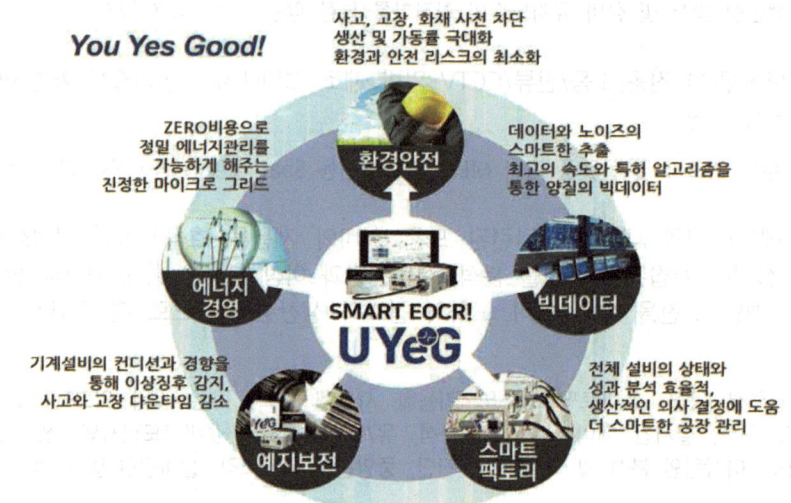

* 출처 : 아이티공간 홈페이지

다. 국내 연구개발 기관 및 동향

(1) 연구개발 기관

[스마트 설비관리 시스템 분야 주요 연구조직 현황]

기관	소속	연구분야
한국생산기술연구원	스마트 제조혁신연구부	• 설비 이상 예측 및 원인진단 시스템, 제조공정 및 제품 검사를 위한 광융합 응용 기술, 스마트공장용 데이터 처리 기술, 스마트센서 기술 개발
한국건설기술연구원	화재 안전연구소	• 저비용, 고성능의 관리 시스템 구축이 가능한 개방형 플랫폼 개발 • 개방형 플랫폼 기반 건물 안전·환경·에너지 통합 관리 시스템 구축 • 건물 화재 안전 감시 및 소화 알고리즘 및 서비스 모듈 개발
한국전자통신연구원	KBS 융합시스템연구실	• 자율형 분산 에너지 관리 및 고령자 건강모니터링 인공지능 서비스 개발 • IoT 지능형 상황인지/협업 기술 개발, 과제 총괄 및 확산 전략 수립 • 빌딩 에너지 데이터수집, 전처리, 재실자 예측, 에너지 수요예측 및 최적 제어 기계학습/딥러닝 학습모델 개발 • 고령자 생체신호 수집, 전처리, 뇌졸중 사전 감지 기계학습/딥러닝 학습모델 개발 및 뇌졸중 지식 베이스 구축

(2) 기관 기술개발 동향

- ☐ (한국전자통신연구원) 중소규모 다품종소량생산 Smart Factory 설비 예지보전 인공지능 솔루션기술 개발 (2020-12-01~2023-11-30)
  - Smart Factory 설비 예지·보전용 AI Modeling Platform 기술개발
  - Smart Factory 설비 예지·보전용 기계학습 Method 기술개발
  - 스마트팩토리 설비 예지보전 멀티모달 센싱 데이터 수집 Edge 장치 개발
  - Smart Factory 설비 예지보전 유스케이스 검증용 테스트베드 구축

- ☐ (창원대학교 산학협력단) 수송부품 분야를 위한 제조 데이터 수집, 분석 및 설비보전 시점 예측 서비스 모델 구축 (2019-10-01~2021-09-30)
  - 대학이 가공, 분석한 제조 데이터를 참여기업이 실제 사용할 수 있도록 설비 효율성 및 분석 서비스 등을 공유하고 개별공장이 보유한 공동자재, 유휴설비, 인력, 트럭, 창고 등을 공유할 수 있도록 입력 플랫폼과 제조 서비스플랫폼을 구축

- ☐ (토브) 클라우드형 제조업 생산설비관리 통합시스템 개발 기술 (2019-06-26 ~ 2020-06-25)
  - 생산현장의 설비관리 업무를 한 번에 해결할 수 있는 모바일 어플리케이션 형태의 시스템 개발
  - 오프라인 업무를 없애고 빠른 공유를 가능하게 하는 클라우드형 구조 개발
  - 사용자 편의 중심의 인포그래픽 제공
  - 저렴한 도입 및 유지비용이 가능한 통합시스템 개발

- ☐ (금오공과대학교 산학협력단) 설비보전 시스템의 지능형 정보 수집 알고리즘 개발 (2019-06-24~2020-03-23)
  - 웹 기반 Goolge Cloud 연동 앱서버 개발
  - Google Cloud Messaging Service Client 개발

- ☐ (울랄라랩) IoT기반 스마트센서 시그널 분석을 이용한 제조공장 설비 이상 상태 진단 기술 개발 및 '지능형 스마트모터 예지보전 솔루션(IMSAS)' 사업화 (2019-04-01 ~ 2020-12-31)
  - 기존 Wicon을 스마트모터에 특화 기능을 포함한 고도화 및 시제품
  - 데이터 분석/예지/ML클라우드 플랫폼
  - 현장 파일럿 테스트를 위한 사용자 중심의 시스템 개발

4. 특허 동향

가. 특허동향 분석

(1) 연도별 출원동향

☐ 스마트 설비관리 시스템 기술의 지난 20년(2000년~2019년)간 출원동향[79]을 살펴보면 2000년대까지 특허 출원이 감소하는 추세를 보였으나, 2010년대 이후에는 출원 증감의 큰 변화 없이 관련 특허 출원이 지속적으로 이루어지고 있는 것으로 나타남

- 국가별로 살펴보면 한국이 가장 활발한 출원 활동을 보이는 것으로 나타났으며, 일본, 미국 및 유럽도 유사한 추세의 출원 활동이 진행되고 있는 것으로 나타남

☐ 국가별 출원 비중을 살펴보면 한국이 전체의 48%의 출원 비중을 차지하고 있어, 최대 출원국으로 스마트 설비관리 시스템 분야를 리드하고 있는 것으로 나타났으며, 일본은 32%, 미국은 15%, 유럽은 5% 순으로 나타남

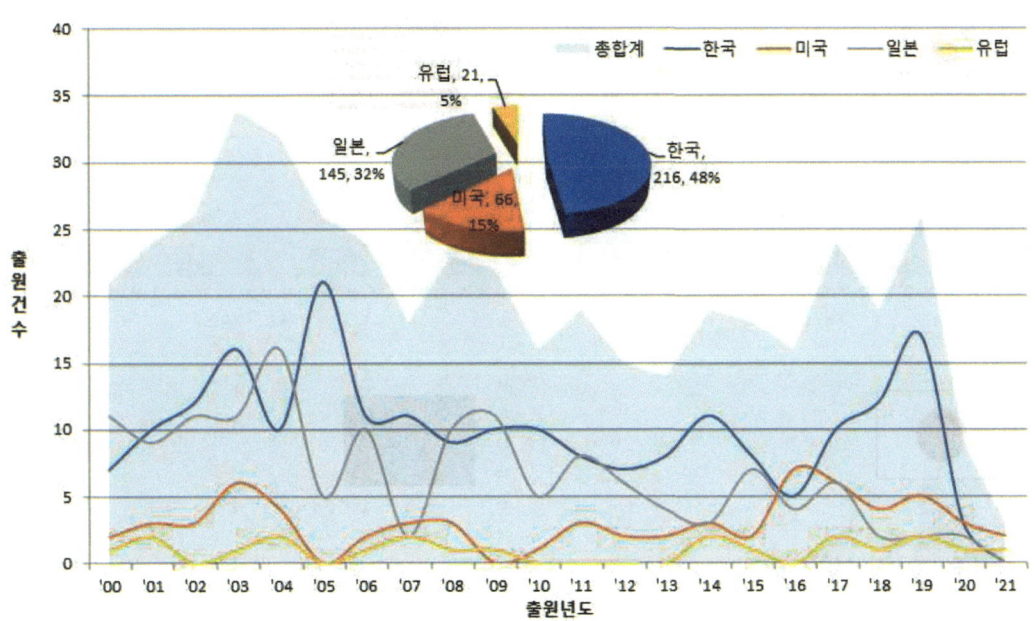

[연도별 출원동향]

---

79) 특허 출원 후 1년 6개월이 경과하여야 공개되는 특허제도의 특성상 실제 출원이 이루어졌으나 아직 공개되지 않은 미공개데이터가 존재하여 2020, 2021년 데이터가 적게 나타나는 것에 대하여 유의해야 함

(2) 국가별 내·외국인 출원현황

- [ ] 한국의 내외국인 출원현황을 살펴보면, 2000년대 초반부터 최근까지 외국인의 출원 비중이 낮은 것으로 나타나, 해외 기업의 진출 가능성이 낮은 것으로 나타남

- [ ] 미국의 경우, 2000년대에는 내국인의 출원 활동이 활발하게 나타났으나, 2010년대 이후에는 내국인의 출원 활동이 활발하지 않은 것으로 나타나, 해당 기술 분야에서 내수 시장 장악도가 낮은 것으로 나타남

- [ ] 일본의 내외국인 출원현황은, 2000년대 초반부터 최근까지 외국인의 출원 활동이 활발하지 않은 것으로 조사되어, 자국 국적 출원인의 주도로 기술개발이 진행되고 있는 것으로 분석됨

- [ ] 유럽의 경우, 스마트 설비관리 시스템 기술과 관련하여 출원 활동이 저조하게 진행된 것으로 나타나 증감의 경향을 판단하기 어려우나, 내국인의 출원 활동이 활발하지 않은 것으로 조사되었으며, 특히 최근에는 외국인에 의한 출원 활동 비중이 더 높은 것으로 나타나, 자국민의 기술개발 활동은 활발하지 않은 것으로 분석됨

[국가별 출원현황]

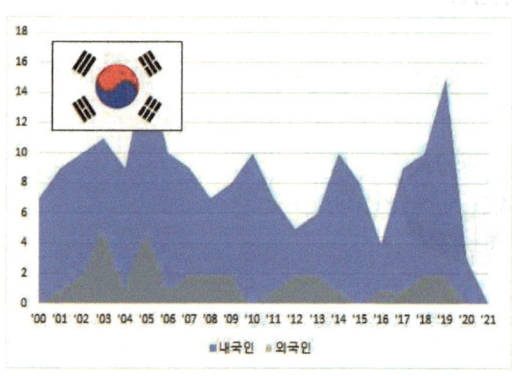
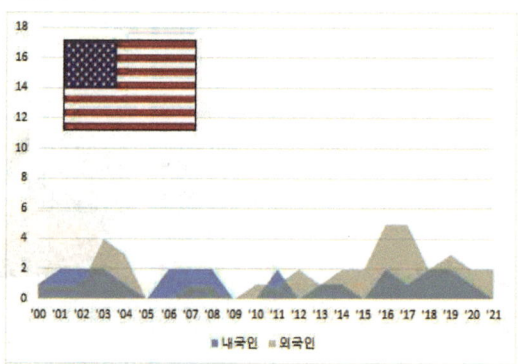
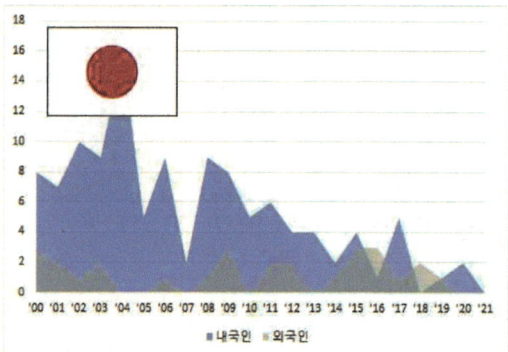
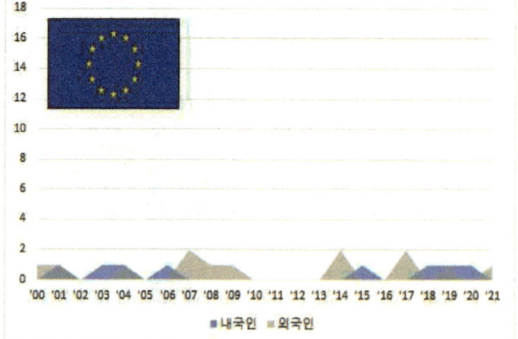

나. 주요 기술 키워드 분석

(1) 기술 개발 동향 변화 분석

□ 스마트 설비관리 시스템 기술에 대한 구간별 기술 키워드 분석을 진행하였으며, 전체 분석구간에서 Fault Condition, 표면 결함, 평가용 진단 데이터 등 스마트 설비관리 시스템 관련 기술 키워드들이 다수 도출됨

- 최근 분석구간에 대한 기술 키워드 분석 결과, 최근 1구간에는 측정 데이터, Failure Detection, 테스트 패턴, Secondary Battery 등의 키워드가 도출되었으며, 2구간에서는 Factory Equipment, 편면 골판지 시트, Processing Core 등 1구간의 주요 키워드와 유사한 키워드가 도출됨

[특허 키워드 변화로 본 기술 개발 동향 변화]

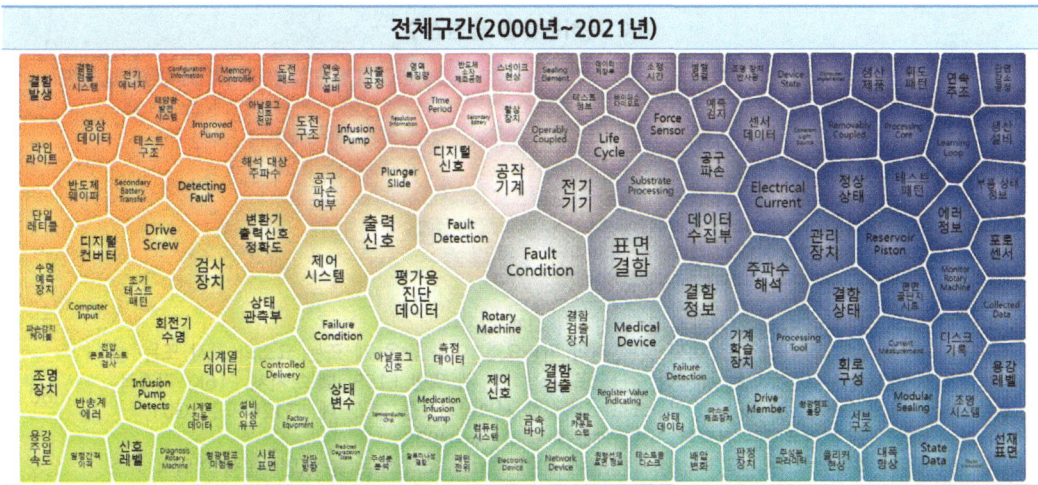

- Fault Condition, 표면 결함, 평가용 진단 데이터, Fault Detection, 결함 정보, 제어 시스템, 데이터 수집부, Rotary Machine, 출력 신호, 주파수 해석, Failure Condition, 전기 기기, Medical Device

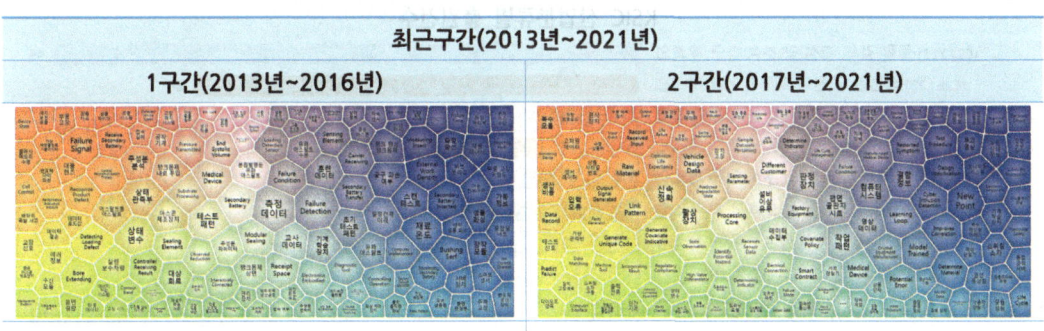

- 측정 데이터, Failure Detection, 테스트 패턴, Secondary Battery, 초기 테스트 패턴, 아스콘 제조 장치, Secondary Battery Transfer, Modular Sealing, Substrate Processing, 일정간격 이격, Sealing Element, Failure Condition
- Factory Equipment, 편면 골판지 시트, Processing Core, 설비 이상 유무, 영상 데이터, 촬상 장치, 컴퓨터 시스템, 데이터 수집부, Predicted Degradation State, Learning Loop, State Observation, 판정 장치, 작업 패턴

(2) 기술-산업 현황분석[80]

☐ 스마트 설비관리 시스템 기술에 대한 Subclass 기준 IPC 분류결과, 반도체 장치; 다른 곳에 속하지 않는 전기적 고체 장치 (H01L) 및 제어계 또는 조정계 일반; 이와 같은 계의 기능요소; 이와 같은 계 또는 요소의 감시 또는 시험장치(액체압 액츄에이터 또는 유체적 수단으로 동작하는 계 일반 F15B; 밸브 자체 F16K; 기계적 구성 만을 특징으로 하는 것 G05G; 검출요소는 적절한 서브클래스를 참조, 예. G12B 또는 G01, H01의 서브클래스; 보정유닛은 적절한 서브클래스를 참조, 예. H02K)(G05B)으로 다수의 특허가 분류되는 것으로 조사됨

☐ KSIC 산업분류 결과, 다수의 특허가 물질 검사, 측정 및 분석 기구 제조업 산업으로 분류되는 것으로 조사됨

[기술-산업분류 분석]

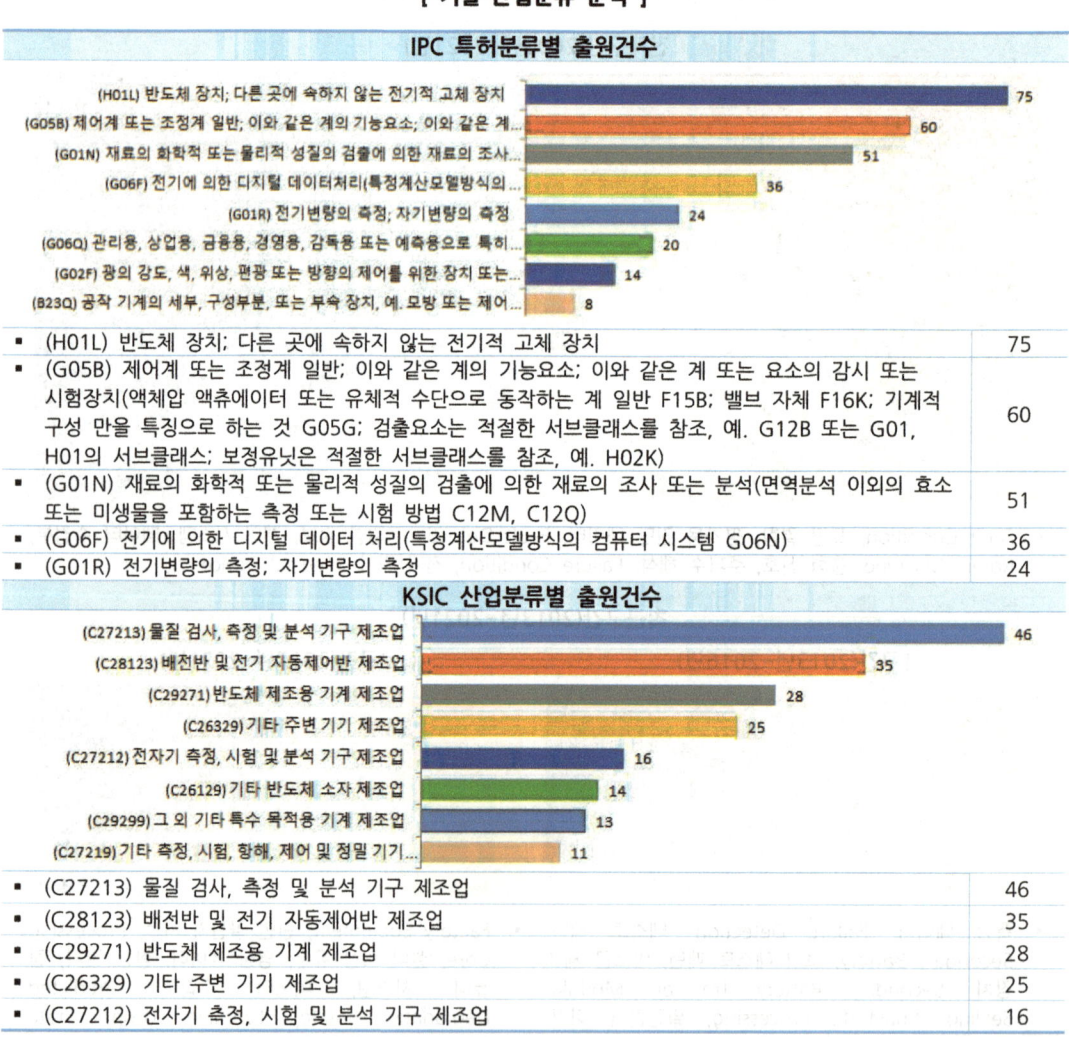

▪ (H01L) 반도체 장치; 다른 곳에 속하지 않는 전기적 고체 장치	75
▪ (G05B) 제어계 또는 조정계 일반; 이와 같은 계의 기능요소; 이와 같은 계 또는 요소의 감시 또는 시험장치(액체압 액츄에이터 또는 유체적 수단으로 동작하는 계 일반 F15B; 밸브 자체 F16K; 기계적 구성 만을 특징으로 하는 것 G05G; 검출요소는 적절한 서브클래스를 참조, 예. G12B 또는 G01, H01의 서브클래스; 보정유닛은 적절한 서브클래스를 참조, 예. H02K)	60
▪ (G01N) 재료의 화학적 또는 물리적 성질의 검출에 의한 재료의 조사 또는 분석(면역분석 이외의 효소 또는 미생물을 포함하는 측정 또는 시험 방법 C12M, C12Q)	51
▪ (G06F) 전기에 의한 디지털 데이터 처리(특정계산모델방식의 컴퓨터 시스템 G06N)	36
▪ (G01R) 전기변량의 측정; 자기변량의 측정	24

▪ (C27213) 물질 검사, 측정 및 분석 기구 제조업	46
▪ (C28123) 배전반 및 전기 자동제어반 제조업	35
▪ (C29271) 반도체 제조용 기계 제조업	28
▪ (C26329) 기타 주변 기기 제조업	25
▪ (C27212) 전자기 측정, 시험 및 분석 기구 제조업	16

---

[80] 해당제품 특허데이터를 대상으로 윕스 보유 기술·산업·시장 동향 분석 플랫폼 'Build' 활용

다. 주요 출원인 분석

- [ ] 스마트 설비관리 시스템 기술의 전체 주요 출원인(Top 5)을 살펴보면, 주로 한국 국적의 출원인이 다수 포함된 것으로 나타났으며, 제1 출원인으로는 한국의 삼성전자인 것으로 나타남

  - 삼성전자는 한국의 반도체 및 정보통신 응용 기술 개발 및 상품 제조기업으로, 인공지능 프로세싱 칩을 설계, 제조, 테스트 그리고 판매까지 하는 종합 반도체 회사임

- [ ] 스마트 설비관리 시스템 기술 관련 국내 주요 출원인으로 삼성전자 및 포스코가 도출되었으며, 한국 다음으로 일본, 미국 순으로 출원을 진행한 것으로 나타남

[주요 출원인 동향]

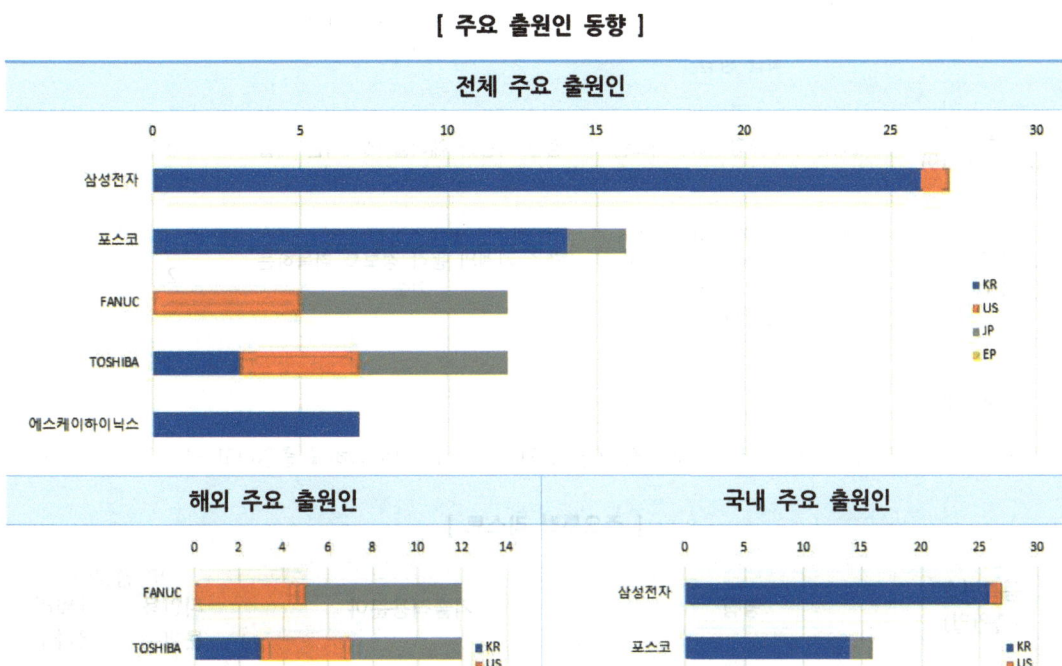

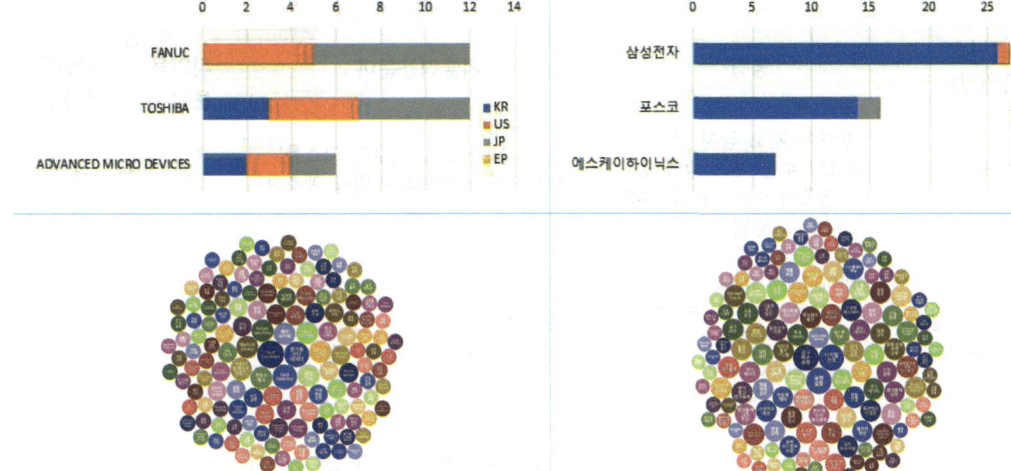

- Fault Condition, 평가용 진단 데이터, Fault Detection, 제어 시스템, Rotary Machine, 주파수 해석, Failure Condition, 전기 기기
- 공구 파손 여부, 디지털 신호, 표면 결함, Secondary Battery, 측정 데이터, 테스트 정보, 아스콘 제조장치, Secondary Battery Transfer

(1) 해외 주요출원인 주요 특허 분석[81]

☐ FANUC

- 중국 기업으로, 스마트 설비관리 시스템 기술과 관련하여 12건의 특허를 출원하고 있는 것으로 조사됨

[주요특허 리스트]

등록번호 (출원일)	명칭	기술적용분야	IP 경쟁력	
			피인용 문헌수	패밀리 국가수
JP 6496274 (2016.05.27)	수명 고장 조건을 학습하는 기계 학습 장치, 고장 예지 장치, 기계 시스템 및 기계 학습 방법	네트워크에 접속된 기기의 전자 부품의 고장 유무을 기계학습을 통해 판단하는 기술	10	4
JP 6219865 (2015.02.19)	제어장치의 고장 예측 시스템	정정 가능한 에러를 예측하는 기술	4	4
US 10274931 (2016.11.29)	Cell control apparatus which predicts failure of manufacturing machines and production system	제조 기계의 동작 정보를 취득하는 기술	2	4

☐ TOSHIBA

- 일본 기업으로, 스마트 설비관리 시스템 기술과 관련하여 12건의 특허를 출원하고 있는 것으로 조사됨

[주요특허 리스트]

등록번호 (출원일)	명칭	기술적용분야	IP 경쟁력	
			피인용 문헌수	패밀리 국가수
JP 4138267 (2001.03.23)	반도체 제조 장치, 진공 펌프의 수명 예측 방법 및 진공 펌프의 수리 타이밍 결정 방법	단일의 가스 및 복수의 가스를 배출하는 진공 펌프의 수명을 예측하는 기술	18	5
US 6885972 (2002.08.28)	Method for predicting life span of rotary machine used in manufacturing apparatus and life predicting system	제조 장치에 사용되는 회전 기계의 수명을 예측하는 기술	18	5
US 7062409 (2003.09.26)	System for, method of and computer program product for detecting failure of manufacturing apparatuses	특정 공정에서 병렬로 사용되는 복수의 제조 장치의 수율을 비교 및 분석하는 기술	14	2

---

[81] 최근 출원특허 중, 등록특허를 기준으로 피인용문헌수 및 패밀리 국가수가 큰 특허를 주요특허로 도출

☐ ADVANCED MICRO DEVICES

- 미국 기업으로, 스마트 설비관리 시스템 기술과 관련하여 6건의 특허를 출원하고 있는 것으로 조사됨

[주요특허 리스트]

등록번호 (출원일)	명칭	기술적용분야	IP 경쟁력	
			피인용 문헌수	패밀리 국가수
US 6725402 (2000.07.31)	Method and apparatus for fault detection of a processing tool and control thereof using an advanced process control (apc) framework	APC(Advanced Process Control) 프레임워크에서 결함 감지를 제공하는 기술	49	9
US 6563300 (2001.04.11)	Method and apparatus for fault detection using multiple tool error signals	복합 에러 신호에 기초하여 워크피스에 대한 결함 상태를 식별하는 기술	17	1
KR 1414775 (2005.10.12)	가중된 주성분 분석에 기초한 고장 검출 시스템 및 방법	고장 검출을 수행하기 위한 동적 가중 기법을 수행하는 기술	2	8

(2) 국내 주요출원인 주요 특허 분석[82]

☐ 삼성전자

- 스마트 설비관리 시스템 기술과 관련하여 한국과 미국을 위주로 27건의 특허를 출원하고 있는 것으로 조사됨

[주요특허 리스트]

등록번호 (출원일)	명칭	기술적용분야	IP 경쟁력	
			피인용 문헌수	패밀리 국가수
KR 1728068 (2010.06.01)	적층 반도체 메모리 장치, 이를 포함하는 메모리 시스템, 및 관통전극 결함리페어 방법	관통전극의 제조 수율을 높일 수 있는 적층 반도체 메모리 장치	12	5
KR 0618995 (2000.04.08)	디스크 결함관리영역 정보 검증방법 및 이를 수행하기위한 테스트 장치	디스크 기록/재생 장치를 통해 검정하지 않고 2차 결함 리스트(Secondary Defect List)를 변환하는 기술	0	11
KR 0584545 (2000.04.08)	디스크 결함관리영역 정보 검증방법 및 이를 수행하기위한 테스트 장치	디스크 기록/재생 장치를 통해 검정하지 않고 2차 결함 리스트(Secondary Defect List)를 변환하는 기술	0	10

---

82) 최근 출원특허 중, 등록특허를 기준으로 피인용문헌수 및 패밀리 국가수가 큰 특허를 주요특허로 도출

전략제품 현황분석

☐ **포스코**

- 스마트 설비관리 시스템 기술과 관련하여 한국을 위주로 16건의 특허를 출원하고 있는 것으로 조사됨

[주요특허 리스트]

등록번호 (출원일)	명칭	기술적용분야	IP 경쟁력	
			피인용 문헌수	패밀리 국가수
KR 0838722 (2001.12.05)	열간압연공정에서의 스트립표면 결함부 검색장치	스트립표면의 롤마크 또는 스케일성 결함부검사를 자동화시키는 기술	11	1
KR 0979034 (2003.09.01)	선형레이저를 이용한 강판의 폭 및 표면결함 검출장치	냉연공장 TCM(Tandem Cold Mill)의 마지막 스탠드(Stand) 강판의 폭 및 표면결함을 검출하는 기술	6	1
KR 0891842 (2007.08.28)	원형 선재 광학결함 검출장치 및 방법	선재를 제조하는 공정 중 압연, 인발 및 사출 공정을 통하여 선재를 생산하는 기술	1	6

☐ **에스케이하이닉스**

- 스마트 설비관리 시스템 기술과 관련하여 한국을 위주로 7건의 특허를 출원하고 있는 것으로 조사됨

[주요특허 리스트]

공개번호 (출원일)	명칭	기술적용분야	IP 경쟁력	
			피인용 문헌수	패밀리 국가수
KR 2006-0011634 (2004.07.30)	효율적으로 결함셀을 리페어할 수 있는 반도체 메모리장치 및 그 제조방법	퓨즈에 레이저를 조사하여 리페어시켜도 이웃한 퓨즈에 데미지가 가해지지 않아서 신뢰성있는 리페어 공정이 가능한 반도체 메모리 장치	4	1
KR 2011-0024628 (2009.09.02)	반도체 소자의 금속배선 불량검출을 위한 분석시료 제조방법	공정상에 발생한 불량을 손쉽게 발견하여 소자의 제조 공정을 개선하는 기술	1	1
KR 2008-0001200 (2006.06.29)	반도체 소자의 노광 장비 및 이를 이용한 결함 검출 방법	레티클 상에 주기적으로 발생하는 성장성 결함을 검출하는 기술	1	1

라. 기술진입장벽 분석

(1) 기술 집중력 분석83)

☐ 스마트 설비관리 시스템 관련 기술에 대한 시장관점의 기술독점 현황분석을 위해 집중률 지수(CRn) 분석 결과, 상위 4개 기업의 시장점유율이 15.0으로 독과점 정도가 낮은 수준으로 분석되어 주요 출원인들에 의한 기술 집중화 정도가 거의 없는 시장으로 판단됨. 즉, 스마트 설비관리 시스템 기술은 제품 구매자가 우위에 있는 기술 분야로 기업들 간의 경쟁 강도가 높고, 시장 진입 용이성이 높은 것으로 분석됨

☐ 국내 시장에서 중소기업의 점유율 분석결과 47.7으로 스마트 설비관리 시스템 기술에서 중소기업의 점유율은 높은 것으로 분석되고, 국내 시장에서 중소기업의 진입장벽은 높지 않은 것으로 판단됨

[주요출원인 및 한국 중소기업 집중력 분석]

	주요출원인	출원건수	특허점유율	CRn	n
주요 출원인 집중력	삼성전자(한국)	27	6.0%	6.0	1
	포스코(한국)	16	3.6%	9.6	2
	FANUC(중국)	12	2.7%	12.3	3
	TOSHIBA(일본)	12	2.7%	15.0	4
	에스케이하이닉스(한국)	7	1.6%	16.5	5
	ADVANCED MICRO DEVICES(미국)	6	1.3%	17.9	6
	동부일렉트로닉스 주식회사(한국)	6	1.3%	19.2	7
	엘지화학(한국)	5	1.1%	20.3	8
	NIKON COPORATION(일본)	5	1.1%	21.4	9
	JFE STEEL(일본)	5	1.1%	22.5	10
	전체	448	100%	CR4=15.0	
	출원인 구분	출원건수	특허점유율	CRn	n
국내시장 중소기업 집중력	중소기업(개인)	103	47.7%	47.7	중소기업
	대기업	63	29.2%		
	연구기관/대학	17	7.9%		
	기타(외국인)	33	15.3%		
	전체	216	100%	CR중소기업=47.7	

---

83) 상위 몇 개 기업의 특허점유율을 합한 것으로, 특허동향조사에서는 통상 CR4를 사용하며, CRn값이 0에 가까울수록 시장 독과점 수준이 낮은 것을 의미하고, CR4 값이 40에서 60일 경우(CR1 지수는 50 이상일 경우, CR2 또는 CR3 지수는 75 이상일 경우) 시장의 독과점 수준이 높은 것으로 해석됨

CRn(집중률지수, Concentration Ratio n) = (1위 출원인의 특허점유율) + ... + (n위 출원인의 특허점유율)

(2) IP 경쟁력 분석[84]

☐ 스마트 설비관리 시스템 기술의 주요출원인들의 IP 경쟁력 분석결과, ADVANCED MICRO DEVICES의 기술영향력 및 시장확보력이 가장 높은 것으로 분석됨

■ ADVANCED MICRO DEVICES : 영향력지수(PII) 3.11 / 시장확보력(PFS) 2.86

☐ 1사분면으로 도출된 TOSHIBA, ADVANCED MICRO DEVICES의 특허가 시장확보력 및 질적 수준이 높은 특허로, 기술적 파급력과 상업적 가치가 큰 것으로 해석됨

[주요출원인 IP 경쟁력 분석]

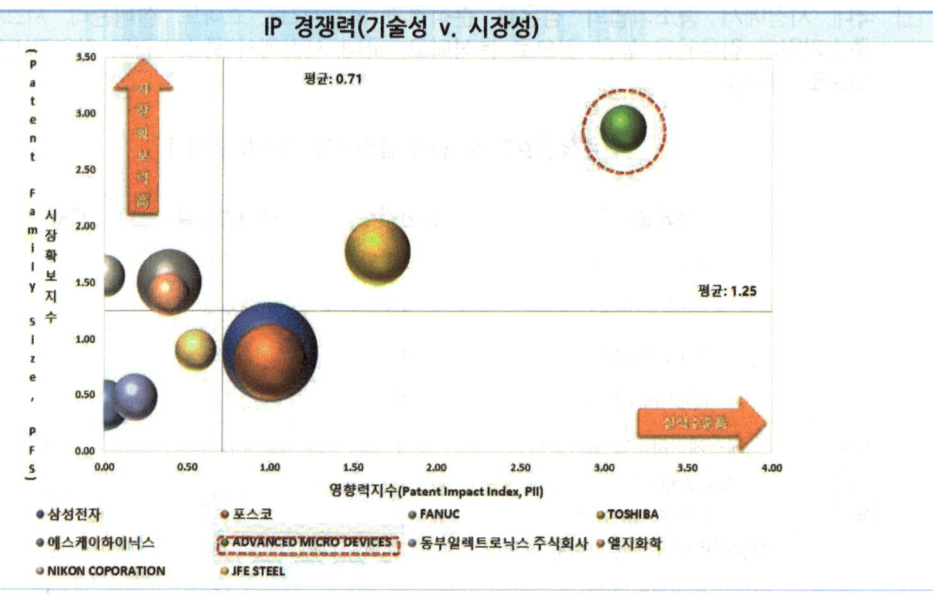

ADVANCED MICRO DEVICES	■ (US 6725402) Method and apparatus for fault detection of a processing tool and control thereof using an advanced process control (apc) framework ■ (US 6563300) Method and apparatus for fault detection using multiple tool error signals ■ (KR 1414775) 가중된 주성분 분석에 기초한 고장 검출 시스템 및 방법(fault detection system and method based on weighted principal component analysis)

* **영향력지수(Patent Impact Indes, PII)**: 다른 경쟁주체의 기술수준이 고려된 특정한 주체의 '상대적인' 기술적 중요도 또는 혁신성과의 가치 정보가 포함된 기술수준으로, 특허의 피인용 횟수를 특정 기술분야 내에서의 상대적인 값으로 전환시킨 지수임

* **시장확보지수(Patent Family Size, PFS)**: 특정 주체가 특정 기술분야에서 소수의 특정 국가에서만 시장확보를 하고자 하는지 아니면 다수의 세계 주요 국가들에서 시장확보를 하고자 하는지에 대한 분석으로, PFS가 높은 특허는 그만큼 상업적 가치가 큰 기술에 대한 특허인 것으로 해석될 수 있으며, PFS가 높은 출원인은 세계 여러 국가에서 사업을 하고 있는 출원인인 것으로 해석될 수 있음(2020 공공 R&D 특허기술동향조사 가이드라인, 한국특허전략개발원)

* **버블크기** : 출원 특허 건 수 비례

---

84) PFS = 특정 주체의 평균 패밀리 국가 수 / 전체 평균 패밀리 국가 수
 PII = 특정 주체 보유특허의 피인용도[CPP] / 전체 유효특허의 피인용도

5. 요소기술 도출

가. 특허 기반 토픽 도출

☐ 448개의 특허의 내용을 분석하여 구성 성분이 유사한 것끼리 클러스터링을 시도하여 대표성이 있는 토픽을 도출

[스마트 설비 관리 시스템에 대한 토픽 클러스터링 결과]

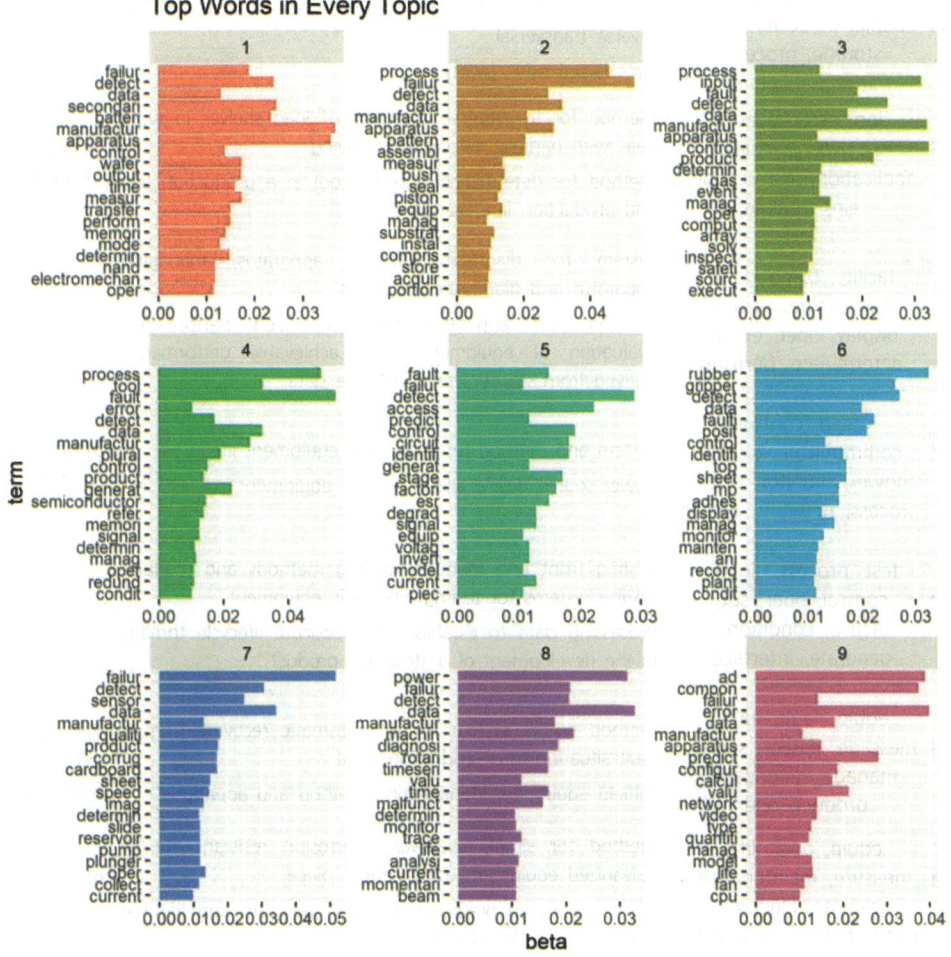

나. LDA[85] 클러스터링 기반 요소기술 도출

[LDA 클러스터링 기반 요소기술 키워드 도출]

No.	상위 키워드	대표적 관련 특허	요소기술 후보
클러스터 01	program, equip, control, memories, electron, store, firmware, solve, update, data	• Microcomputer, electronic equipment and debugging system • Method for rewriting program of electronic equipment by mobile terminal	-
클러스터 02	facility, data, oper, couple, associate, trace, storage, process, structure, plural	• Catalog recovery through system management facilities reverse transversal • Time-based trace facility	비정형/정형 빅데이터 분석 기술
클러스터 03	log, error, event, network, virtual, application, instruct, de, ein, runtime	• Method for trouble-free transport of load shelves in work halls with partially autonomous driving • Method for determining a faulty tool in a production line and production line therefore	설비상태 실시간 모니터링 기술
클러스터 04	facility, component, data, value, failure, display, oper, equip, determinate, perform	• System for diagnosing facility apparatus, managing apparatus and diagnostic apparatus • Method and apparatus for generalized performance evaluation of equipment using achievable performance derived from statistics and real-time data	-
클러스터 05	equip, control, communicate, signal, power, monitor, oper, process, network, detect	• System and method for evaluating equipment life • Power source device and electronic equipment	AI기반 부품 수명 예측 기술
클러스터 06	test, process, signal, control, oper, set, active, condition, generate, interface	• Testing front end modules, testing methods and modular testing systems for testing electronic equipment • Processing data to establish and replicate lifecycle threads in the development of a structural product	-
클러스터 07	equip, fault, data, message, detect, server, manage, diagnostic, product, oper	• Method and a system for an automatic recovery from a fault situation in a production plant • Oilfield equipment identification method and apparatus	설비 고장 현상, 원인, 조치결과 등의 지식화 기술
클러스터 08	equip, oper, life, measure, maintenance, remote, electric, component, install, data	• Method for simply evaluating corrosion resistant life of galvanized equipment using copper piece • Lifetime demand prediction method, program and lifetime demand prediction device	AI기반 부품 수명 예측 기술
클러스터 09	data, equip, update, process, inspect, storage, determine, software, store, collect	• Remaining-life-expectancy prediction program and remaining-life-expectancy prediction system • Deep auto-encoder for equipment health monitoring and fault detection in semiconductor and display process equipment tools	AI기반 부품 수명 예측 기술

---

[85] Latent Dirichlet Allocation

다. 특허 분류체계 기반 요소기술 도출

☐ 스마트 설비관리 시스템 관련 특허에서 총 10개의 주요 IPC코드(메인그룹)를 산출하였으며, 각 그룹의 정의를 기반으로 요소기술 키워드를 아래와 같이 도출

[IPC 분류체계에 기반한 요소기술 도출]

IPC 기술트리		요소기술 후보
(서브클래스) 내용	(메인그룹) 내용	
(G01N) 재료의 화학적 또는 물리적 성질의 검출에 의한 재료의 조사 또는 분석	• (G01N-017) 기후, 부식 또는 광에 대한 재료의 내구성의 조사	-
(G01R) 전기변량의 측정; 자기변량의 측정	• (G01R-031) 전기적 특성을 시험하기 위한 장치; 전기적 고장의 위치를 나타내기 위한 장치; 달리 분류가 되지 않고 시험하는 것에 특징이 있는 전기적 시험을 위한 장치	-
(G05B) 제어계 또는 조정계 일반; 이와 같은 계의 기능요소; 이와 같은 계 또는 요소의 감시 또는 시험장치	• (G05B-023) 제어계 또는 그 일부의 시험 또는 감시 (G05B 19/048, G05B 19/406 프로그램 제어시스템의 모니터링)	-
	• (G05B-019) 프로그램제어계	-
(G06F) 전기에 의한 디지털 데이터처리	• (G06F-011) 에러 검출; 에러 정정; 감시	데이터 기반 부품 수명 및 고장 예측 기술
	• (G06F-017) 디지털 컴퓨팅 또는 데이터 프로세싱 장비, 방법으로서 특정 기능을 위해 특히 적합한 형태의 것	-
	• (G06F-019) 특수한 어플리케이션에 특히 적합한 디지털 컴퓨팅 또는 데이터 처리 장치 또는 방법	-
(G06Q) 관리용, 상업용, 금융용, 경영용, 감독용 또는 예측용으로 특히 적합한 데이터 처리 시스템 또는 방법; 그 밖에 분류되지 않는 관리용, 상업용, 금융용, 경영용, 감독용 또는 예측용으로 특히 적합한 시스템 또는 방법	• (G06Q-010) 경영; 관리	-
	• (G06Q-050) 특정 사업 부문에 특히 적합한 시스템 또는 방법, 예. 공익사업 또는 관광	-
(G08B) 신호 또는 호출시스템; 지령발신장치; 경보 시스템	• (G08B-021) 단일의 특정한 바람직하지 못한 또는 이상상태에 응답하는 경보 내지 다른 곳에 속하지 않는 것	-

라. 최종 요소기술 도출

☐ 산업·시장 분석, 기술(특허)분석, 전문가 의견, 타부처 로드맵, 중소기업 기술수요를 바탕으로 로드맵 기획을 위하여 요소기술 도출

☐ 요소기술을 대상으로 전문가를 통해 기술의 범위, 요소기술 간 중복성 등을 조정·검토하여 최종 요소기술명 확정

[스마트 설비관리 시스템 분야 요소기술 도출]

요소기술	출처
AI기반 부품 수명 예측 기술	특허 클러스터링, 전문가 추천
AI기반 고장 예지 기술	전문가 추천
설비상태 실시간 모니터링 기술	특허 클러스터링, 전문가 추천
데이터 기반 부품 수명 및 고장 예측 기술	전문가 추천
설비 고장 현상, 원인, 조치결과 등의 지식화 기술	특허 클러스터링, 전문가 추천
이상 징후별 근본원인 판별 기술	전문가 추천
비정형/정형 빅데이터 분석 기술	특허 클러스터링, 전문가 추천
운영데이터 고속 수집 및 저장 DB 구축 기술	전문가 추천

6. 전략제품 기술로드맵

가. 핵심기술 선정 절차

□ 특허 분석을 통한 요소기술과 기술수요와 각종 문헌을 기반으로 한 요소기술, 전문가 추천 요소기술을 종합하여 요소기술을 도출한 후, 핵심기술 선정위원회의 평가과정 및 검토/보완을 거쳐 핵심기술 확정

□ 핵심기술 선정 지표: 기술개발 시급성, 기술개발 파급성, 기술의 중요성 및 중소기업 적합성
   - 장기로드맵 전략제품의 경우, 기술개발 파급성 지표를 중장기 기술개발 파급성으로 대체

[핵심기술 선정 프로세스]

① 요소기술 도출	→	② 핵심기술 선정위원회 개최	→	③ 핵심기술 검토 및 보완	→	④ 핵심기술 확정
• 전략제품 현황 분석 • LDA 클러스터링 및 특허 IPC 분류체계 • 전문가 추천		• 전략분야별 핵심기술 선정위원의 평가를 종합하여 요소기술 중 핵심기술 선정		• 선정된 핵심기술에 대해서 중복성 검토 • 미흡한 전략제품에 대해서 핵심기술 보완		• 확정된 핵심기술을 대상으로 전략제품별 로드맵 구축 개시

나. 핵심기술 리스트

[스마트 설비관리 시스템 분야 핵심기술]

핵심기술	개요
AI기반 부품 수명 예측 기술	• 부품별 수명을 예측하는 분석 모델 개발 • 통합적 정보를 토대로 선박특성에 따른 주요장비의 기대 수명과 이에 따른 장비의 실제 작동 상태를 비교하여 수명 예측 • 데이터에 근거한 확률모델을 기반으로 부품의 수명을 예측기술 • 잔여수명 예측 정확도
AI기반 고장 예지 기술	• 수집 데이터를 토해 장비의 고장을 예측하는 분석 모델 개발 • 통합적 정보 데이터를 토대로 딥러닝 기법을 활용하여 선박특성에 따른 주요장비의 이상 현상을 진단하고 예측 • 설비의 상황을 실시간으로 검출하고 이에 기반하여 고장을 예측하는 기술 • 고장 전 사전 감지 정확도

설비상태 실시간 모니터링 기술	• 설비의 데이터 수집 및 실시간 모니터링 기술 • 센서를 활용하여 선박 주요장비의 상태를 모니터링하고 고장을 진단하며 치명적인 사고에 대비할 수 있는 다중 시스템 통합관리 기술 • 설비상태를 진단할 수 있는 센서로부터 얻어지는 데이터를 기반으로 설비상태를 실시간으로 모니터링하는 기술 • 시간 수집 데이터 시각화 시스템 구축
데이터 기반 부품 수명 및 고장 예측 기술	• 부품 수명 및 고장 예측 기술 • 해상환경과 선박특성에 따른 데이터 취득, 전처리 및 특징인자 추출, 고장 진단, 수명 예측을 할 수 있는 PHM 기술 • 위의 기술들과 동일 (실시간 모니터링, 고장 감지 및 고장/수명 예측을 모두 합한 내용), 데이터에 기반하여 부품의 수명과 고장을 예측하는 기술 • 데이터 수집, 처리와 분석 기술
설비 고장 현상, 원인, 조치결과 등의 지식화 기술	• 설비 관리 및 운영의 전산화 • 각 센서별 연관성을 분석, 정보를 추출하여 육상기술지원 클라우드 시스템을 통한 고장현상, 원인 및 조치에 대한 새로운 정보를 지식화 • 설비의 고장징후 감지와 문제의 원인 및 이에 따른 대응을 위한 지식구축 기술 • 실시간 수집 및 이벤트 데이터 저장
이상 징후별 근본원인 판별 기술	• 이상 징후별 패턴 분석 기술 • 이상 데이터 발생 전 단계 정보(low DB) 및 정상 데이터와 이상 데이터를 지속적으로 취득 및 비교하여 학습하는 기술 • 설비의 실시간 이상탐지 및 이상 원인 추론 및 판별 기술

다. 중소기업 기술개발 전략

☐ IoT, 클라우드 융합기술 활용을 통한 차별화된 설비관리

☐ 개별 기업에 커스터마이징된 고기능 저비용 설비자산관리시스템

☐ 강점이 있는 중소기업의 응용 서비스에 신속하게 적용하여 신서비스 창출

☐ 장비의 자동화 수준이 향상됨에 따라 고장이 발생하였을 때 진단하는 것이 점점 어려워지는 추세로 진단과 예방에 대한 기술 개발이 필요

라. 기술개발 로드맵

(1) 중기 기술개발 로드맵

[스마트 설비관리 시스템 기술개발 로드맵]

스마트 설비관리 시스템	융합기술을 통해 높아지는 장비의 자동화 수준에 알맞은 진단과 예방에 대한 기술 개발			최종 목표
	2022년	2023년	2024년	
AI기반 부품 수명 예측 기술	━ ━ ━━━━━▶			• 수명 예측 정확도 80% 이상 • 프로그램 신뢰성 및 안정성 기술 • 수명예측 95% 이상
AI기반 고장 예지 기술	━ ━ ━━━━━▶			• 고장 예지 정확도 90% • 프로그램 신뢰성 및 안정성 기술 • 이상검출 및 예측 99% 이상
설비상태 실시간 모니터링 기술	━ ━ ━━━━━▶			• 실시간 모니터링 기술 • 센서 정보 취득 및 분석 기술 • 모든 센서 ioT화
데이터 기반 부품 수명 및 고장 예측 기술	━ ━ ━━━━━▶			• 부품의 이상 데이터 특징 정의 • 프로그램 신뢰성 및 안정성 기술
설비 고장 현상, 원인, 조치결과 등의 지식화 기술	━ ━ ━━━━━▶			• 설비 관리 및 운영 데이터 생성 • 데이터 큐레이션 • 지식추론 성공률 95% 이상
이상 징후별 근본원인 판별 기술	━ ━ ━━━━━▶			• 이상징후별 근본 원인 판별 완료 • 비정형 데이터 고속 처리 기술 개발 • 이상 원인 진단 성공률 95% 이상

(2) 기술개발 목표

☐ 최종 중소기업 기술로드맵은 기술/시장 니즈, 연차별 개발계획, 최종목표 등을 제시함으로써 중소기업의 기술개발 방향성을 제시

[스마트 설비관리 시스템 핵심요소기술 연구목표]

핵심기술	기술요구사항	연차별 개발목표 1차년도	2차년도	3차년도	최종목표	연계R&D 유형
AI기반 부품 수명 예측 기술	예측 정확도	50%	70%	80%	수명 예측 80% 이상의 정확도	기술혁신
	예측기술	정확도 80%이상	정확도 85%이상	정확도 90%이상	프로그램 신뢰성 및 안정성 기술	기술혁신
	확률 기반 부품수명 예측 기술	수명 분포 추정	데이터 기반 수명 예측	수명 예측 통합솔루션	수명예측 95% 이상	산학연
	예지정확도	-	80%	-	80%	기술혁신
AI기반 고장 예지 기술	예지 정확도	60%	70%	90%	고장 예지 90%의 정확도	기술혁신
	연결 성공률	정확도 85%이상	정확도 90%이상	-	프로그램 신뢰성 및 안정성 기술	기술혁신
	이상검출	실시간 이상상황 예측	고장예지 통합 솔루션	이상검출 및 예측 95% 이상	이상검출 및 예측 99% 이상	산학연
	예지정확도	-	90%	-	90%	기술혁신
설비상태 실시간 모니터링 기술	모니터링 기술	수집 데이터 정의	수집 데이터 연동	모니터링 기술 완성	실시간 모니터링 기술	상용화
	해상광대역 통신과 모니터링기술	정확도 85%이상	정확도 90%이상	정확도 95%이상	센서정보취득및분석 기술	상용화
	상태모니터링 IoT센서	다변수 모니터링	설비 모니터링 통합 솔루션	-	모든 센서 ioT화	산학연
	수집데이터 속도, 정확도	-	10 ms, 99%	-	10 ms, 99%	기술혁신

데이터 기반 부품 수명 및 고장 예측 기술	부품별 예측 모델의 피쳐 정의	부품별 데이터 수집	부품 이상/정상 데이터의 특징 정의	-	부품의 이상 데이터 특징 정의	상용화
	예측기술	정확도 80%이상	정확도 85%이상	정확도 90%이상	프로그램 신뢰성 및 안정성 기술	기술혁신
	데이터 수집, 분석	-	3 ea / s	-	3 ea / s	기술혁신
설비 고장 현상, 원인, 조치결과 등의 지식화 기술	설비 관리 및 운영의 전산화	설비 관리 및 운영 룰 생성	설비 관리 및 운영 데이터 생성	-	설비 관리 및 운영 데이터 생성	상용화
	해상광대역통신과 통합 지식화 시스템	정보 취측	데이터 표현과 맵핑	통합 시스템화	데이터 큐레이션	산학연
	지식기반 예방정비	설비 고장 지식베이스 구축	설비 고장 인지 대응 전문가 시스템	설비고장 지식관리 솔루션	지식추론 성공률 95% 이상	산학연
	데이터 저장 속도	-	3 ea / s	-	3 ea / s	기술혁신
이상 징후별 근본원인 판별 기술	이상 징후별 패턴 분석	이상 데이터 수집	이상 징후별 패턴 분석	이상징후별 근본 원인 판별 완료	이상징후별 근본 원인 판별 완료	기술혁신
	데이터분석율(%)	정확도 85%이상	정확도 86%이상	정확도 87%이상	비정형 데이터 고속 처리 기술 개발	기술혁신
	이상검출 및 원인 진단 기술	이상상황 및 인과관계 지식베이스 구축	설비 징후 분석 및 원인 추론 및 진단	지식 기반 예방정비솔루션	이상 원인 진단 성공률 95% 이상	산학연

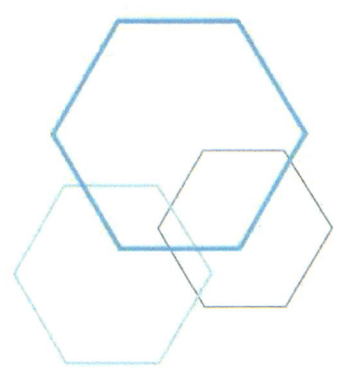

전략제품 현황분석

생산 스케쥴링 시스템 (APS)

생산 스케줄링 시스템(APS)

정의 및 범위

- ERP와 MES의 중간 개념인 자동생산계획시스템인 APS(Advanced Planning and Scheduling) 시스템은 전통적 생산관리방식인 자재소요량계획(MRP)에 의한 비현실적인 한계를 극복하기 위해 만들어진 새로운 생산관리 방식
- 즉, ERP와 MES 사이의 간극을 메워 두 시스템을 연결하고 생산계획의 품질을 제고, 업무 생산성을 향상시키는 시스템

전략 제품 관련 동향

시장 현황 및 전망	제품 산업 특징
• (세계) APS 소프트웨어 시장은 2019년 14억 달러에서 연평균 8.8%씩 성장하여 2025년 23억 달러 규모에 이를 전망 • (국내) 제조용 애플리케이션 시장 규모는 2019년 1조 3,450억 원에서 연평균 10.1% 성장하여 2024년에는 2조 1,859억 원에 이를 것으로 전망	• 중소기업은 수작업으로 인한 오기, 누락, 지연 등으로 생산계획에 문제가 발생하는 경우가 있어 스마트 제조 애플리케이션 필요 • 스마트팩토리 애플리케이션은 IT 솔루션의 최상단 End-User S/W 시스템. APS, MES, ERP, PLM, SCM 등의 플랫폼상에서 각종 제조실행을 수행 • 스마트제조 솔루션 구성요소는 크게 APS, ERP, PLM, SCM, FEMS, MES로 구성
정책 동향	**기술 동향**
• 정부 및 기업들은 제4차 산업혁명 대응 및 산업경쟁력 강화를 위하여 스마트 팩토리에 대한 관심 증대 • 스마트팩토리 애플리케이션 분야는 스마트 제조의 핵심 분야 • 정부는 민관합동 스마트제조추진단을 통해 APS, ERP, MES 등의 스마트팩토리 애플리케이션을 활용한 지능형 유연 생산공장 보급사업을 진행 중	• 기존 ERP와 통합하여 운영되는 자동화 스케줄링 시스템 구축이 진행 중 • 빅데이터를 활용한 지능형 생산계획 및 스케줄링으로 실시간 생산계획 수정 및 개선이 가능 • 휴리스틱(heuristic) 방법론, 인공지능(AI; artificial intelligence) 기법, 최적화(optimization) 방법론과 연계된 기술이 필요
핵심 플레이어	**핵심기술**
• (해외) Oracle, Cisco, SAP, Siemens, Rockwell Automation, Honeywell • (대기업) LG CNS, 포스코 ICT, • (중소기업) 케이에스텍, 지에스티, LS일렉트릭, 대웅제약, 신성이앤지	• 유연생산을 위한 동적 스케줄링 기술 • AI 활용 생산데이터 분석 및 최적화 기술 • 납기 예측 시뮬레이션 기술 • APS와 다양한 제조시스템/장비 간 인터페이스 지원 기술

중소기업 기술개발 전략

→ MES의 조기 구축 및 효율적인 생산계획 수립을 위한 중·소 제조기업용 통합 스케줄링 기법 개발

→ 전문기술 및 인력 부재, 정보화 기술이 미흡한 중·소 제조 현장에 적합한 데이터관리체계 구축

→ 산·학 및 중·소·대기업 간의 연계를 통한 시스템 개발 및 적용에 대한 비용 부담 최소화

1. 개요

가. 정의 및 필요성

(1) 정의

☐ APS(Advanced Planning and Scheduling) 시스템은 MRP(Material Requirement Planning) 시스템의 무한능력(Infinite Capacity) 계획의 한계를 보완하는 대안적 도구. 즉, 자재, 설비, 작업자 등과 같은 다양한 변수와 제약된 조건들을 동시에 고려하여 현실성 있는 최적의 스케줄링 문제를 해결

- 원자재, 재공품, 완제품 모든 제조 과정에서 발생할 수 있는 다양한 변수들을 종합적으로 고려하여 생산량 증가, 납기 보장 능력이 탁월

☐ APS 시스템은 신속하며 자재계획과 자원 능력 계획을 동시에 수립한다. 또한, 비정상적인 가정을 배제하여 특정 변수에 치중되는 경우를 줄이고 현실성을 고려한 계획을 수립

☐ APS 기능별 세부 내용

- 생산계획(Production Planning): 주어진 수요와 생산 용량 등의 정보를 바탕으로 계획 기간 내의 장/단기 생산계획 수립

- 수요계획(Demand Planning): 최종 고객의 완제품에 대한 수요 추세나 확률적 분포를 정확하게 예측

- 공급계획(Supply Planning): 원재료의 구매, 공급, 조달 비용 및 리드 타임 단축을 위한 공급 체인을 최적화

- 수/배송계획(Distribution/Transportation Planning): 리드 타임 및 수/배송 비용 단축을 위한 최종 제품의 배송, 중간 부품의 공장 및 설비 간 수송을 최적화

- 생산 스케줄링(Detailed Operation Scheduling and Sequencing): 생산성과 납기 만족을 위한 개별공장, 설비 단위의 작업순서 결정 및 세부 일정계획 수립

[APS 시스템의 구조]

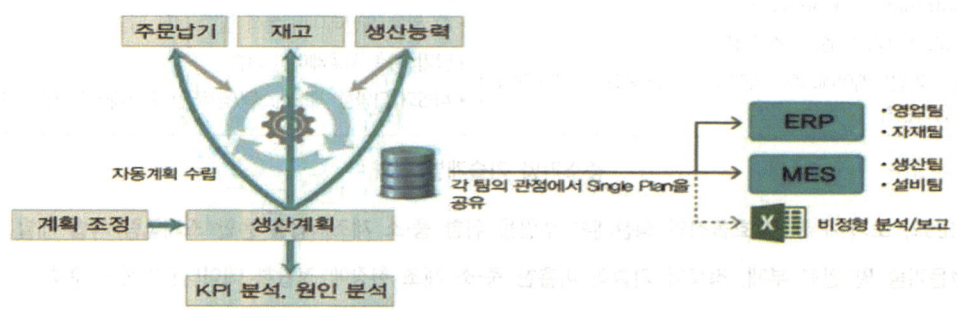

* 출처 : 데이터 기반 의사결정을 위한 APS 솔루션 (헬로테크, 2021)

(2) 필요성

☐ 제조업은 공급자 중심에서 소비자 중심으로 산업구조가 변화되고 있음, 그에 따라 다품종소량생산 추세로 제품 생산관리가 더욱 중요해짐

- 현재 제조업은 소비자의 급변하는 니즈에 대응하기 위해 다품종소량생산 공정을 선호
- 개인화 생산은 개인 고객의 다양한 요구를 생산에 반영할 수 있는 체계가 수립되어야 함
- 이는 산업 인터넷, 다기능로봇, 3D 프린팅, 빅데이터 등 유연 생산체계의 제반 기술의 발전과 더불어 더욱 가시화되고 있는 상황

☐ APS 시스템은 급변하는 제조 환경에서 다양한 현장의 요건들을 고려하여 효율적인 스케줄을 수립할 수 있고, 변화하는 상황에 신속한 스케줄 변경 및 수정을 할 수 있는 시스템적 지원체계

- 원자재 공급업체로부터 구매 및 조달 활동, 생산 설비 내에서의 수요예측, 생산계획 및 일정계획 등의 모든 기능 관리가 가능
- 고객의 수요를 충족시키기 위해 각종 자재의 가용 여부, 가공 및 처리 등 작업장의 설비 능력과 여러 제약조건을 동시에 고려한 생산계획 시스템

☐ APS 시스템 개발 및 적용의 핵심 사항으로는 첫째, APS 시스템의 낮은 개발 비용과 직관적인 운영 로직을 통한 쉬운 접근성과 둘째, 정보화 기술이 낮은 제조 현장을 감안한 데이터 관리 체계, 긴급주문 및 납기 단축과 같은 긴급도가 높은 상황에서의 대응이 요구됨

☐ APS 시스템의 적용 효과를 볼 수 있는 환경

- 가용자원이 한정적인 상황에서 고객의 주문에 대한 납기를 단축해야 하거나, 치열한 제조 경쟁에 직면하고 있는 상황에 해당
- 즉, 변화가 심한 생산 작업환경이나 다양한 주문에 따라 신속하게 대처할 수 있는 능력이 요구되는 작업환경, 자본집약형 생산방식의 작업환경, 제품의 작업순서가 중요하게 반영되는 생산 작업환경 및 지정된 납기에 생산 제품을 공급해야 하는 작업환경 등에 적용

☐ 4차 산업혁명 및 스마트제조에 대응하기 위한 중소기업에 대한 정부의 지원정책은 대다수 중소기업이 기본정보처리시스템을 통한 생산 이력 및 불량제품 관리능력이 없다는 점을 간과한 채, MES(Manufacturing Execution System)가 갖춰진 기업에 초점을 맞추고 있으므로 실효성이 크지 못함

☐ 따라서 중소기업 실정에 적합한 솔루션 시스템 개발 및 보급이 시급한 과제

나. 범위 및 분류

(1) 가치사슬

- 4차 산업혁명이 주요 제조업의 가치사슬에 미치는 영향은 점차 커질 것으로 보임
    - ICT 기술 발전에 따라 제품 특성이 하드웨어형에서 소프트웨어형으로 변화하고 있으며, 4차 산업혁명 주요 핵심기술과의 결합으로 네트워크형 제품으로 진화
    - 지금까지 개별적인 개체로 존재하던 제품이 네트워크를 통해 서로 연결되면서 새로운 기능과 서비스가 창출되면서, 하드웨어적인 제조경쟁력 위주의 경쟁 구도가 약화하고 네트워크를 기반으로 하는 서비스 플랫폼의 경쟁력이 중요해지고 있음

- APS 시스템 운용과 관련된 후방산업은 공정설계 플랫폼, 제조실행 분석 플랫폼, 품질분석 플랫폼, 설비보전 플랫폼, 안전/증감작업 플랫폼, 조달/고객 대응 플랫폼으로 구성
    - 후방산업에 있어 모든 제조 공정의 전 과정을 자동화하는 플랫폼 기술이 발전

- 전방산업은 스마트제조 관련 산업, 임베디드 디바이스 산업, 기존의 센서 산업, 자동차, 전자, 조선, 디지털 TV, 가전, 첨단무기 관련 산업 등으로 구성
    - 전방산업의 자동화 공정 요구에 따라 기존 기계 장치, 디바이스 등의 IoT 결합을 위한 CPS 등 기술 수요가 중요

[생산 스케줄링(APS) 시스템 산업구조]

후방산업	생산 스케줄링(APS) 시스템	전방산업
ICT 관련 시장, IoT 통신, 고신뢰 OS 시장, 임베디드 SW 시장 등	스마트제조 애플리케이션 SW : APS, MES, POP, ERP, PLM, SCM 등	스마트제조 산업, 센서 산업, 자동차, 전자, 조선, 건설, 기계, 에너지, 첨단무기 관련 산업 등

(2) 용도별 분류

☐ 스마트제조의 핵심 요소기술 영역은 크게 애플리케이션, 플랫폼, 장비·디바이스로 구분되어 전개되고 있으며, 이들 간의 통합화가 표준화로 추진 중

☐ 애플리케이션은 스마트제조 IT 솔루션의 최상위 소프트웨어 시스템으로 APS, SCM, ERP, PLM, MES 등 플랫폼상에서 각종 제조실행을 수행하는 애플리케이션으로 공정설계, 제조실행분석, 품질분석, 설비보전, 안전/증감작업, 유통/조달/고객 대응 등이 있음

☐ 제조 애플리케이션은 기존의 PLC → MES → ERP로 수직 구조화되어 있는 아키텍처에서 PLC와 바로 실시간 인터페이스 가능한 MES와 통합된 ERP를 제공해 생산 환경의 동적 변화에 더 유연하게 대응할 수 있는 솔루션을 제공

[스마트제조 애플리케이션 기술별 분류]

스마트제조 기술 분류			최고 기술국	한국의 기술 역량 및 평가
대분류	중분류	소분류		
애플리 케이션	비즈니스	APS	미국	• 대기업은 세계적 SCM 경쟁력 확보, 동기화 생산기술 최고 수준 • 조선산업은 공급망을 고려한 생산계획 모듈 설계 및 일정계획을 보완하는 TOC 기반의 블록도장 실행시스템 우수
		SCM	독일	• 우수한 인력 및 산업체 응용 경험 풍부 • 대기업을 중심으로 세계적인 SCM 경쟁력 보유
		ERP	미국	• 중소형 솔루션 보급으로 중소기업에서 활용도가 높지만(고객 특화 개발 가능), 대기업 및 중견기업은 외산 선호 • 삼성SDS, LG, SK C&C와 같은 국내 SI 업체들 또한 SAP 위주의 ERP 기술 보유
		PLM	미국	• 대부분의 개발업체 파산 및 개발자 이직, 업체의 영세성 등 전반적으로 업체 수와 인력 수급 부족으로 솔루션 업그레이드 및 유지보수 불가 • 3D CAD를 비롯한 선행 기술이 외산이므로 기술 종속 심화
	공장 운영시스템	MES	미국	• 오랜 경험을 바탕으로 기술력을 확보한 우수 공급사들이 많음 • 시장이 대기업 중심으로 구성되어 있으며 지역 종속성이 강함 • 우수 공급사들의 해외 시장 진출이 어렵고 해외 마케팅 역량 부족 • 자동차 부품 제조업 중심으로 MES 시장 전개

* 출처 : 한국 스마트제조 산업협회 홈페이지

2. 산업 및 시장 분석

가. 산업 분석

◎ **APS 시스템 국내 도입 및 활용현황**

☐ APS 시스템은 2000년 초반부터 국내 조선, 반도체, 자동차, 물류 업체 등 제조업 중심으로 다양한 산업현장에 도입하여 진행하고 있으며, 관련 기술개발이 활발히 진행 중

☐ APS 시스템은 전통적인 계획 방법인 MRP 시스템에 비해 빠르고 진보된 로직을 사용함

- MRP의 경우 단순한 사칙 연산으로 생산 계획을 산출하지만, APS 시스템의 경우 최적화 이론, 휴리스틱 기법, 인공지능과 같은 첨단 기법을 사용하여 주문과 생산 일정을 체계적으로 관리

☐ 산업별 스케줄링 기법 활용현황

- 스마트제조 분야에선 생산 시스템 고도화를 위해 APS 시스템을 필수적으로 구축. IoT 기반의 센서와 소프트웨어를 통해 실시간으로 생산량을 조절하여 납기를 맞추거나 조절

- 반도체 산업에서는 반도체 세정(clean)공정, 포토(photo) 공정, 화학(chemical) 공정 및 이송/반송(transporter) 장비 등에 스케줄링 기법이 주로 적용되고 또한, 세부적인 측면으로 웨이퍼(wafer) 절단, IC칩(chip) 조립 및 버퍼(buffer) 관련 스케줄링 기법들이 많이 등장

- 자동차 산업에서는 물류 관점에서의 차량 이동 경로 스케줄링 및 조달 공급망 계획에 적용. 부가적으로 IT(information technology) 기술이 접목된 차량 제어 연구와 전기자동차 기반의 충전 스케줄링 연구에 주로 적용

☐ 또한 APS는 SCM의 여러 부분 중에서 생산 스케줄링을 의미. SCM은 고객사, 자회사, 협력사의 모든 제조 공정에서 구매-생산-공급의 처음부터 끝나는 과정까지의 전체로 표현한다면, APS는 일정계획, 조달계획, 생산계획, 수요계획처럼 계획에 특화된 '시작하는 첫 단계'

[APS와 SCM의 관계]

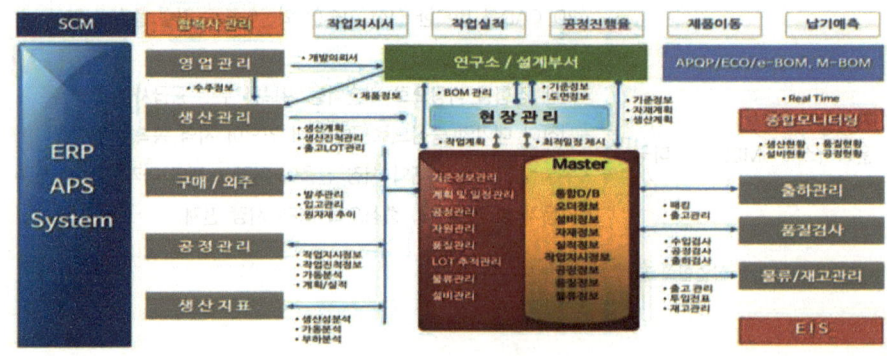

* 출처 : ㈜이맥스하이텍 홈페이지 (2021)

◎ APS 시스템 적용 유형

- 중소 제조기업을 대상으로 한 기존 상용 솔루션 시스템의 경우 다양하고 많은 기능의 구현을 위해 시스템 구축 시 큰 비용과 시간이 소요되고, 시스템 도입과 운영을 위해 발생하는 비용이 매우 많이 필요하여 부담을 품고 있는 것이 현실

- (방법론 적용 기법) 분석적 계층화 과정(AHP; analytic hierarchy process) 기법, 디스패칭 룰(dispatching-rules), 시간 제약전파(time constraints propagation) 메커니즘, 시뮬레이션(simulation) 기법 등과 연계한 기법들을 적용 중

- (애플리케이션 개발 기법) 중소제조기업 맞춤형 APS, 유연성을 고려한 시뮬레이션 기반 APS, RMC(reconfigurable manufacturing system)의 재구성 성을 고려한 APS, SCP-matrix(supply chain planning matrix)를 고려한 APS 등의 기법들을 적용 중

◎ 중소기업용 APS 시스템

- 공급자 중심에서 소비자 중심으로 시장 트렌드가 변화하면서 불량, 재고관리 등의 비용 발생을 최소화하기 위한 정교한 생산관리 시스템의 필요성 증가
  - 고객들의 요구사항들이 다양해지고 제품 수명주기(life-cycle)가 단축됨에 따라 제품을 생산하는 체제가 다품종소량생산을 넘어 개인 맞춤형 생산체제로 급격히 변화
  - 국내기업들은 외부적으로는 시장 점유율의 극대화 및 기업 이미지 강화에 초점을 맞추고, 내부적으로는 고객 주문에 대한 리드 타임 단축, 납기 준수 및 재고의 최소화 등에 역점

- 중소기업은 생산계획 수립에 있어서 생산능력과 재고가 실시간으로 보정되지 못하여 일일이 수작업으로 확인하고, 수기 문서에 의해 생산계획에 반영하는 등 비효율적으로 운영
  - 특히 제품들의 구조와 형태가 다양해질 뿐만 아니라 제품을 생산하는 제조 현장이 매우 복잡하게 변화되고 있어 효율적으로 제품생산 공정을 계획하고 생산 작업을 실행하는 데 있어 많은 어려움이 발생

- 중소기업은 정부의 지원 노력에도 불구하고 낮은 IT 활용 능력과 미흡한 정보관리 시스템으로 인해 지원정책 추진의 효과성과 글로벌 기술 동향 대비 핵심기술 개발 능력이 부족한 실정
  - 대규모 개발 비용 부담이 매우 높은 상황으로 자체 전문인력 확보가 어렵고 스케줄링 시스템에 대한 이해가 매우 부족한 상황
  - 따라서 시스템의 개발 비용이 적어야 하고, 시스템이 가벼워야 하고, 대기업과 상용화된 시스템과 같은 다양하고 많은 기능을 제공하기보다는 중소기업의 열악한 상황과 특성에 맞는 핵심 기능만을 구현
  - 즉, 한정된 자원의 효율적인 활용을 통한 생산성 향상과 설비가동률 향상, 생산비용 절감, 납기 준수 및 지속적이고 안정된 제품생산이 가능한 영세한 중소기업의 생산성 제고 및 시장 경쟁력 확보를 위해 중소기업에 적합한 스케줄링 시스템이 절실히 요구됨

◎ APS 관련 스마트제조 솔루션 산업

☐ 스마트제조 공급산업은 크게 솔루션, 생산 설비, 서비스로 분류
- 스마트제조에 필요한 All-in-One(종합) 솔루션
- 하드웨어 기반으로 동작하는 로봇, 3D 프린팅, 통신네트워크 등의 생산 설비
- 빅데이터나 클라우드와 같은 소프트웨어 중심 기술과 각종 기술을 통합하여 스마트 팩토리를 구현하는 시스템 통합 및 컨설팅 분야를 추가한 서비스로 분류

☐ 스마트제조 솔루션의 구성요소는 크게 APS, ERP, PLM, SCM, FEMS, MES로 구성되어 있음

☐ APS(Advanced Planning & Scheduling, 생산계획시스템)는 ERP와 MES 두 시스템 간 중간에 위치하여 수요계획, 생산계획 및 스케줄을 관리하는 시스템

☐ 솔루션 부문은 스마트공장의 경영과 생산, 공급사슬과 제품개발 등의 관리 기능을 수행하는 시스템이며 크게 경영과 생산 부문으로 구분
- 경영 부문은 기업의 회계와 인사 등의 정보를 통합 관리하는 ERP와 공급사슬을 관리하는 SCM, 제품개발을 관리하는 PLM 등으로 구성
- 스마트제조 환경에서는 생산 부문 또는 공장 현장의 생산실적과 생산계획까지도 포함하는 개념으로 확장
- 생산 부문은 제조업의 생산정보를 통합적으로 관리하는 MES를 중심으로 구성되며, 에너지관리에 특화된 FEMS 등을 포함

[스마트제조 솔루션 구성요소의 정의]

솔루션 (SW)	정의
APS	• Advanced Planning and Scheduling, 생산계획시스템 • ERP와 MES 두 시스템 간 중간에 위치하여 수요계획, 생산계획 및 스케줄을 관리하는 시스템
ERP	• Enterprise Resource Planning, 전사적 자원관리 • 경영활동 데이터를 통합·관리하는 전사적 자원관리 시스템
PLM	• Product Life-cycle Management, 제품수명주기관리 • 제품개발부터 폐기에 이르기까지 제품생산 전 과정의 데이터를 관리하는 시스템
SCM	• Supply Chain Management, 공급사슬관리 • 제조업의 전체 공급망을 전산화하여 효율적으로 처리할 수 있는 관리시스템
FMES	• Factory Energy Management System, 공장에너지관리시스템 • 제조공장의 에너지 이용 효율을 개선하는 에너지관리시스템(EMS)
MES	• Manufacturing Execution System, 제조실행시스템 • 제조 데이터를 통합하여 관리하는 시스템으로 공장 운영 및 통제, 품질관리, 창고관리, 설비관리, 금형 관리 등 제조 현장에서 필요로 하는 다양한 기능을 지원

* 출처 : 산업포커스보고서 (KIET, 2020.05)

나. 시장 분석

(1) 세계시장

☐ 세계 APS 소프트웨어 시장은 2019년 14억 달러에서 연평균 8.8%씩 성장하여 2025년 23억 달러 규모에 이를 전망

- 대표적 애플리케이션인 MES와 SCM은 각각 연평균 13.9%, 6.5%의 성장세를 보일 것으로 전망

[APS 소프트웨어 세계 시장 규모 및 전망]

(단위 : 십억 달러, %)

구분	'19	'20	'21	'22	'23	'24	'25	CAGR
세계시장	1.4	1.5	1.7	1.8	2.0	2.1	2.3	8.8

* 출처 : Advanced Planning and Scheduling Market Size (Businesswire, 2021)

(2) 국내시장

◎ 국내 스마트제조 애플리케이션 시장

☐ 국내 제조용 애플리케이션 시장 규모는 2019년 1조 3,450억 원에서 연평균 10.1% 성장하여 2024년에는 2조 1,859억 원에 이를 것으로 전망

- 그러나 제조 분야의 외산 솔루션 도입 비율이 약 90%에 달하며, 대표적 애플리케이션인 ERP와 SCM의 국내시장 규모는 세계시장 대비 0.4~0.6% 정도의 성장세를 보일 것으로 추정

[스마트제조 애플리케이션 국내 시장 규모 및 전망]

(단위 : 억 원, %)

구분	'19	'20	'21	'22	'23	'24	'25	CAGR
국내시장	13,450	14,795	16,275	17,902	19,692	21,661	23,827	10.1

* 출처 : Smart Manufacturing Platform Market (MARKETSANDMARKETS, 2020)를 바탕으로 네모아이씨지에서 재추정

☐ 스마트제조 애플리케이션 분야는 스마트제조의 핵심 분야로, 정부는 민관합동 스마트제조 추진단을 통해 지능형 유연 생산공장 보급사업을 진행 중이며, 대표적 애플리케이션인 MES, APS, SCM, ERP 개발 관련 중소기업이 스마트제조 지원정책의 대상

- 중소기업의 경우, 정부에서 2025년까지 3만 개 보급·확산사업(추정 시장 1조 원, 중소기업 비중 98.1%, 중견기업 비중 1.9%)으로 자체적인 경쟁력 확보를 위한 스마트제조 도입이 확산하여 대기업의 협력업체들도 대기업의 변화에 대응하기 위한 투자가 지속해서 확대될 것으로 전망되며, 스마트제조 시장이 커질 것으로 예상

☐ 스마트공장용 애플리케이션 기술력 부족, 소프트웨어 기술은 대부분 해외에 의존하고 있는 상황. 스마트공장에서 생기는 많은 양의 데이터를 적절하게 처리하는 소프트웨어 시스템 기술개발 필요

- 스마트공장용 SW 기술력은 HW 분야에 비해 상대적으로 뒤처짐. 소프트웨어 수준은 선진국 대비 70%로 세계 최고 수준의 IT 인프라를 적절하게 활용하고 있지 못하는 상황

☐ 결론적으로 국내 스마트제조 공장 플랫폼 시장의 대부분은 주로 선진 외국기업이 장악하고 있는 실정. 최근 스마트공장 시범 사업 추진을 통해 공급 기술의 국산화율은 34.1%로 높은 편이지만 주로 중저가 장비, 부품, 소모품 등에 한정

- 부가가치가 높은 지능형 장비 및 시스템 기술은 대부분 외국 제품이 대다수. 공정 모델링 등의 기술이 개별적으로 개발(선진국 대비 70% 수준, KISTEP) 되고 있으나, 국내 중소 및 중견 제조기업에 필요한 고객 맞춤형 공정설계 기술 등 통합 기술은 없으며 투자 여력도 부족한 상황

생산 스케쥴링 시스템(APS)

3. 기술 개발 동향

☐ 기술경쟁력
- 생산 스케쥴링 시스템(APS)은 미국이 최고기술국으로 평가되었으며, 우리나라는 최고기술국 대비 73.6%의 기술 수준을 보유하고 있으며, 최고기술국과의 기술격차는 1.8년으로 분석
- 중소기업의 기술경쟁력은 최고기술국 대비 62.7%, 기술격차는 2.4년으로 평가
- 유럽(93.4%)> 일본(89.6%)> 한국> 중국(68.4%)의 순으로 평가

☐ 기술수명주기(TCT)[86]
- 생산 스케쥴링 시스템(APS)은 7.44의 기술수명주기를 지닌 것으로 파악

가. 기술개발 이슈

◎ **APS 시스템 개요**

☐ APS 시스템은 MRP 시스템과는 달리 자재계획과 자원계획을 동시에 수립하여 통합적 생산계획을 제공

[APS시스템 도입전/후]

* 출처 : 코아시스템 홈페이지

---

86) 기술수명주기(TCT, Technical Cycle Time): 특허 출원연도와 인용한 특허들의 출원연도 차이의 중앙값을 통해 기술 변화속도 및 기술의 경제적 수명을 예측

전략제품 현황분석

- [ ] 또한 휴리스틱(heuristic) 방법론, 인공지능(AI; artificial intelligence) 기법, 최적화(optimization) 방법론과 연계하여 기존의 MRP와는 달리 논리적인 접근을 통해 생산계획의 문제점을 신속히 발견할 뿐만 아니라 계산처리가 빨라져서 시간을 단축하고 더 정확성이 높은 생산계획을 수립
  - 이를 통해 정확하고 신속한 납기산정 및 정시납품이 가능

- [ ] 국내의 경우 APS 시스템은 이산형 제조로 일컫는 전자, 전기 및 기계 산업 등에 중점적으로 적용 및 개발되었고, 섬유, 화학 및 소비재 등의 다양한 분야로도 점차 확산이 되는 추세

- [ ] APS의 역할은 ERP와 MES 사이의 틈을 메워 두 시스템을 연결하고 생산계획의 품질을 제고하며 업무 생산성을 향상, 수요계획에서 생산계획을 거쳐 제조실행과 자재 발주를 통합하는 Closed Loop 체계를 구성

- [ ] APS 시스템의 적용 효과를 볼 수 있는 환경으로는 가용자원이 한정적인 상황에서 고객의 주문에 대한 납기를 단축해야 하거나, 치열한 제조 경쟁에 직면하고 있는 경우에 해당
  - 즉, 변화가 심한 생산 작업환경이나 다양한 주문에 따라 신속하게 대처할 수 있는 능력이 요구되는 작업환경, 자본집약형 생산방식의 작업환경, 제품의 작업순서가 중요하게 반영되는 생산 작업환경 및 지정된 납기에 생산 제품을 공급해야 하는 작업환경 등에 적용

[APS, SCM, ERP 애플리케이션 핵심 계획 특성]

	APS	SCM	ERP
특징적인 접근	전술적 전략	전술적 전략	거래
계획 방법	동적	동적	고정
데이터처리	빠른	매질을 통해	빠른
의사결정 보조	최적으로 제시	미래에 대한 현재	과거부터 현재까지
데이터 업데이트 빈도	실시간	실시간	일괄적
주요 초점	제조에서 배송까지의 프로세스 시뮬레이션	배달 프로세스에 대한 수요 시뮬레이션	데이터 및 통합 관리
제약 처리	동시에	동시에	독립적
분석모델	상향식 접근	상향식 접근	하향식 접근
최적화	높은	높은	낮음
계획 기간	배수	배수	단일
계획 접근법	제약/비제약 기반 계획	제약 기반 계획	제한된 제약이 있는 용량 기반 계획
계산 방법	최적화, 알고리즘	전체론적	MRP 계산

* 출처 : TEC

◎ 중소제조기업용 APS 시스템 도입 조건

☐ 중소제조기업들은 핵심기술 및 인력 부족과 높은 소프트웨어 및 하드웨어 기술의 외부 의존도로 4차 산업혁명 대응 기반이 취약

- 대기업보다 첨단 ICT 기술 및 공장 스마트화 역량의 크게 미달할 뿐만 아니라 솔루션 시스템 개발 비용의 과다와 인력 부족 등으로 IT 기술 활용도가 매우 낮은 실정

☐ 중소제조기업들은 데이터 수집 장치를 통한 생산 이력 및 불량제품 관리와 같은 기본적인 정보관리시스템조차 갖추고 있지 못한 실정으로 제품 수명주기 단축 및 고객의 요구 다양성에 따른 탄력적인 제품생산이 곤란

☐ 따라서 중소제조기업을 위하여 4차 산업혁명 대응 기반 마련을 위한 생산데이터 관리 도구 활용을 통한 MES의 조기 구축 및 효율적인 생산계획수립을 위한 중소제조기업용 통합스케줄링 기법의 개발 보급이 필요

☐ 중소제조기업의 현실을 반영한 제약조건들

- 시스템 개발 및 적용에 대한 비용 부담을 고려
- 전문기술 및 인력의 부재로 인한 시스템 편의성을 고려
- 현장의 생산데이터 수집 및 관리가 미흡한 점을 고려
- 도입된 시스템에 대한 작업자의 신뢰 부족 등을 고려

☐ 결국, 중소제조기업 형의 APS 시스템은 낮은 개발 비용과 직관적인 운영 로직을 통해 접근이 쉬워야 하며, 정보화 기술이 미흡한 제조 현장에 적합한 데이터 관리 체계가 구축되어야 함

나. 생태계 기술 동향

(1) 해외 플레이어 동향

☐ 스마트공장과 관련하여 시장을 주도하고 있는 주요 기업들로는 미국의 Flir, National Instrument, 일본의 Mitsubishi, 프랑스의 Schneider Electric 센서와 소프트웨어 및 하드웨어를 포함하여 공정의 전 영역에 걸친 통합 솔루션을 제공하는 기업들로 스마트공장의 기술시장을 선도

[스마트공장 요소 기술별 기업 분류]

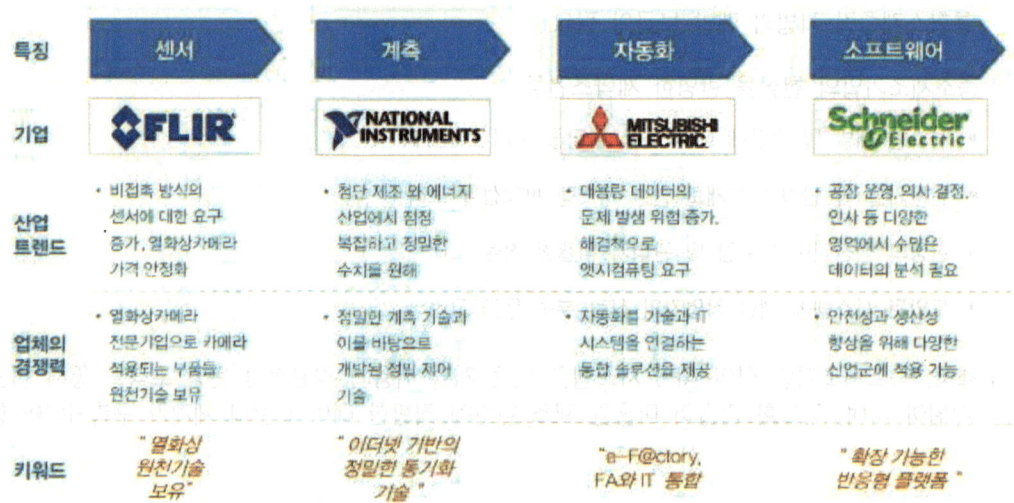

* 자료: 스마트 팩토리 선봉 기업 (테크월드, 2019)

☐ (Flir) 적외선 센서 전문기업으로 스마트팩토리의 핵심 하드웨어인 센서 공급. ERP, CRM(Customer Relationship Management) 및 공급망 관리시스템인 SCM의 실시간 재고 파악 및 생산 감시 등의 핵심기술 제공

☐ (Schneider) 소프트웨어 전문기업으로 데이터 분석을 바탕으로 생산 및 운영 의사결정에 도움. 빅데이터, 인공지능 등의 최신 기법을 사용하여 공장별 최적화가 가능한 플랫폼 형태의 서비스 제공

☐ (Siemens) 생산 설비, 제어시스템 및 산업용 소프트웨어 등 거의 모든 산업 분야의 제조 및 공정 자동화 솔루션을 보유하고 있으며 자동화, 디지털화 영역에 핵심 역량 집중

☐ (Rockwell Automation) 센서 장비, 제어 장비 등 하드웨어에서 네트워크 기술 및 소프트웨어와 같은 인프라와 응용프로그램까지 산업 전 분야에 걸친 자동화와 정보 솔루션 제공

☐ (Honeywell) 자동화기기, 제어기기, 전자통신 제조업체로 대형 전자장치에서 소형 온도 조절기까지 다양한 제품을 공급하고 있으며 데이터 처리 시스템과 산업용 애플리케이션 등 소프트웨어 솔루션으로 사업 영역 확대

(2) 국내 플레이어 동향

☐ (포스코ICT) 포항제철소를 스마트 팩토리로 바꾸기 위한 작업을 진행 중. IoT 센서를 적용해 제조 현장의 데이터를 수집하고 빅데이터로 분석·예측함은 물론 AI를 통한 자가 학습으로 최적의 제어를 가능하게 하는 생산 환경을 구현

- 효율적 설비관리로 무장애 생산체계를 실현하고 품질결함 요인을 사전에 파악해 불량을 최소화
- 생산공정을 시뮬레이션하고 작업장의 위험 요소를 실시간으로 조치해 안전한 생산 환경을 구현

☐ (LG CNS) 삼정KPMG와 '스마트팩토리 보안 사업 강화 및 협업' MOU 체결. 양사는 스마트팩토리 컨설팅을 진행하고 서비스 확장을 계획 중

- 스마트팩토리 보안기술, 운영관리, 관제 시스템을 중점적으로 기술개발 진행

☐ (케이에스텍) '20년 7월 IT 미디어 플랫폼 토크 아이티(Talk IT)를 통해 생산 최적화 스케줄링 솔루션 소개 웨비나를 진행

- KSTEC은 1998년부터 최적화, 인공지능, 빅데이터, 시각화 솔루션 판매, 개발 및 컨설팅 사업을 해 오고 있는 소프트웨어 업체
- IBM, 오토메이션 애니웨어(Automation Anywhere), 데이터이쿠(Dataiku)등 글로벌 업체와 비즈니스 관계를 맺고 있음
- KSTEC은 이번 웨비나를 통해 중소, 중견기업 및 대기업에까지 적용할 수 있는 생산 최적화 스케줄링 솔루션 〈싱크플랜 APS 라이트〉를 소개

☐ (LS일렉트릭) 청주 공장 : 제조업 혁신 추구

- 2011년부터 약 4년간 200억 원 이상의 투자를 통해 단계적으로 스마트공장을 구축. ICT와 자동화 기술을 접목해 다품종 대량생산은 물론 맞춤형·소량다품종 생산도 가능한 시스템의 변혁을 구현
- 자동화 시스템 기반 스마트공장, 자재관리부터 조립 포장까지 구현, 생산성 60% 이상 향상
- APS(Advanced Planning System)가 적용된 유연 생산 시스템으로 운영
- APS는 주문부터 생산계획, 자재 발주까지 자동 생산관리가 가능한 유연 생산방식으로 생산 라인에 적용되어 조립-검사-포장 등 전 공정의 자동화를 구현

☐ (지에스티) 스마트팩토리 지원 다품종소량생산 맞춤형 APS 개발

- 스마트팩토리 솔루션 전문업체 지에스티는 정밀가공 분야에서 다품종소량생산과 긴급 납기에 대응할 수 있는 간트차트를 이용한 생산계획 고도화 솔루션을 개발
- 정밀가공산업은 몇몇 양산제품을 제외하고는 대부분 다품종 소량 생산하기 때문에 공정 표준화가 어렵고, 또한 표준화된 제조실행시스템(MES)을 사용하는 기업도 긴급 생산이나 생산내용 변경 등 빈번한 공정 변경 상황에 대응하기 어려운 것이 현실
- 지에스티는 시각화된 간트차트를 활용해 전체 생산계획과 공정 상황을 한눈에 파악할 수 있는 고도화된 생산계획시스템(APS)을 개발

☐ (대웅제약) 2017년 대웅제약은 고객수요 변화에 가장 신속하게 대응할 수 있는 APS 시스템을 구축하고 본격적인 가동

- 고객수요의 변화에 유연한 생산계획을 수립할 수 있는 APS 시스템은 원료, 포장재 등의 자원정보와 생산 설비, 생산인력 등 생산에 필요한 모든 정보가 고려되어 자동으로 최적의 생산 일정을 빠르게 수립
- 대웅제약 관계자는 "APS 시스템 구축은 매출의 증대에 따른 생산대응력 확보와 제품의 생산과 유통 과정을 하나의 통합망으로 관리하는 경영전략시스템을 수행함으로써 최고의 생산경쟁력을 확보할 것으로 기대한다"라고 포부를 밝힘

☐ (신성이앤지) 반도체 클린룸 장비 국산화에 성공한 신성이앤지는 빅데이터 분석 기반으로 한 국내 최초 클린에너지 기반 스마트공장을 구축 중

- 생산계획시스템(APS)과 연동해 실시간 공장의 전력 사용량을 분석, 시간별 에너지 발전계획을 수립. 생산동력의 40%가량을 태양광 에너지로 충당할 계획

다. 국내 연구개발 기관 및 동향

(1) 연구개발 기관

[생산 스케줄링 시스템(APS) 기술개발 기관]

기관	소속	연구 분야
한국생산기술연구원	지능형생산시스템 연구부	• 고품질 가공을 위한 로봇 기반 유연가공 생산 시스템 기술 연구 • 생산 공정 및 로봇 가공 협업을 위한 스마트 안전 시스템 기술 연구
울산과학기술원	기계 항공 및 원자력공학부 전기전자컴퓨터공학부 시스템신뢰성 연구실 4차산업혁신연구소	• 클라우드 및 고성능 컴퓨팅 • 스마트 컴퓨팅, 스마트 제어 및 인공지능 • 제조업 4차 산업혁명 플랫폼 구축 • IoT 통신/네트워크 및 스마트 센서 핵심 원천 기술
한국전자기술연구원	스마트제조연구센터	• 스마트공장 기기 간 상호호환성, 확장성 지원 기술 • 공정·설비 개선 제품 및 서비스 지원 기술 • 스마트공장 관련 설비·SW 기술

(2) 기관 기술개발 동향

- ☐ (지에스티) 다품종 소량의 긴급 납기 대응을 위한 정밀가공 제조 분야의 클라우드 기반 중소제조형 APS 시스템 개발
  - 다품종 소량의 단납기 대응이 가능한 클라우드 기반 APS 서비스 개발
  - ERP 및 MES 연계성 최적화
  - APS 시스템 기능확장 KIP 분석 중심

- ☐ (연합시스템) 제조 데이터의 수집, 분석을 통해 클라우드에 구축된 빅데이터를 기반으로 AI 알고리즘을 통한 자동생산계획(Advaced Plaig ad Schedulig)수립 지원 솔루션 개발 (2020-12-16 ~ 2022-12-15)
  - 공작기계로부터 데이터 추출 및 클라우드 빅데이터 구성
  - 자동생산계획(APS) 중 생산 스케쥴 계획 기능 상세 화면설계, DB 스키마 설계 및 개발
  - Machine Learning을 위한 모델 생성 및 검증, 지속적인 정확성 향상 작업

- ☐ (성균관대학교) 실시간 시스템의 보안성 통합을 위한 실시간 스케줄링 플랫폼 설계: 모델 확장, 최적화 및 검증 (2019-03-01~2021-02-28)
  - 혼합-임계 모델을 지원하는 실시간 시스템의 보안성 분석
  - 혼합-임계 모델에 특화된 보안 솔루션을 위한 실시간 스케줄링 기술 연구
  - 실시간 시스템의 스케줄링 보안 솔루션의 구현 및 최적화 연구

- ☐ (한국과학기술원) 반도체 제조 공정 장비를 위한 개방형 스케줄링 시스템 기술개발 (2018/11/01 ~ 2021/10/31)
  - 학술연구로 개발된 반복 사이클`에 대한 Baseline 규칙과 여기에 챔버 내 이상 발생, 레시피 변경, 시작 및 종료 등에 대한 예외 처리 규칙을 개발, 결합하고 이 예외 처리 규칙을 체계적으로 모델링하여 Baseline 규칙과 합성하고 검증하는 기술을 개발
  - 다양한 장비구조, 운영상황, 운영조건에 대해 충분히 사전 학습하여 새로운 운영조건에 추가 학습 없이 적용할 수 있는 강화학습 기반 스케줄링 규칙 개발 기술을 개발
  - 개발 완료된 스케줄링 규칙을 SCF로 스케줄러에 원격 다운로드, 실행할 수 있는 기술을 개발

- ☐ (한양대학교) 클라우드 제조를 위한 제조 빅데이터 분석 기반의 스마트 스케줄링 시스템 개발 (2019/09/01 ~ 2023/02/28)
  - 클라우드 제조 플랫폼에 따라 그 특성이 크게 다르다는 점에서, 클라우드 제조 운영방안은 플랫폼의 특성에 따라 수정 및 확장
  - 중소 제조기업이 참여하는 클라우드 제조 플랫폼을 구축하여 맞춤형 제품을 생산하는 데 도움

4. 특허 동향

가. 특허동향 분석

(1) 연도별 출원동향

☐ 생산 스케쥴링 시스템(APS) 기술의 지난 20년(2000년~2019년)간 출원동향[87]을 살펴보면 2000년대 초반부터 최근까지 특허 출원율의 등락을 반복하고 있으며, 전체적으로는 큰 변화 없이 관련 특허 출원이 지속적으로 이루어지고 있는 것으로 나타남

- 각 국가별로 살펴보면 일본이 가장 활발한 출원 활동을 보이고 있는 것으로 나타났으며, 미국, 한국 및 유럽도 유사한 추세의 출원 활동이 진행되고 있는 것으로 나타남

☐ 국가별 출원비중을 살펴보면 일본이 전체의 54%의 출원 비중을 차지하고 있어, 최대 출원국으로 생산 스케쥴링 시스템(APS) 분야를 리드하고 있는 것으로 나타났으며, 미국은 28%, 한국은 10%, 유럽은 8% 순으로 나타남

[연도별 출원동향]

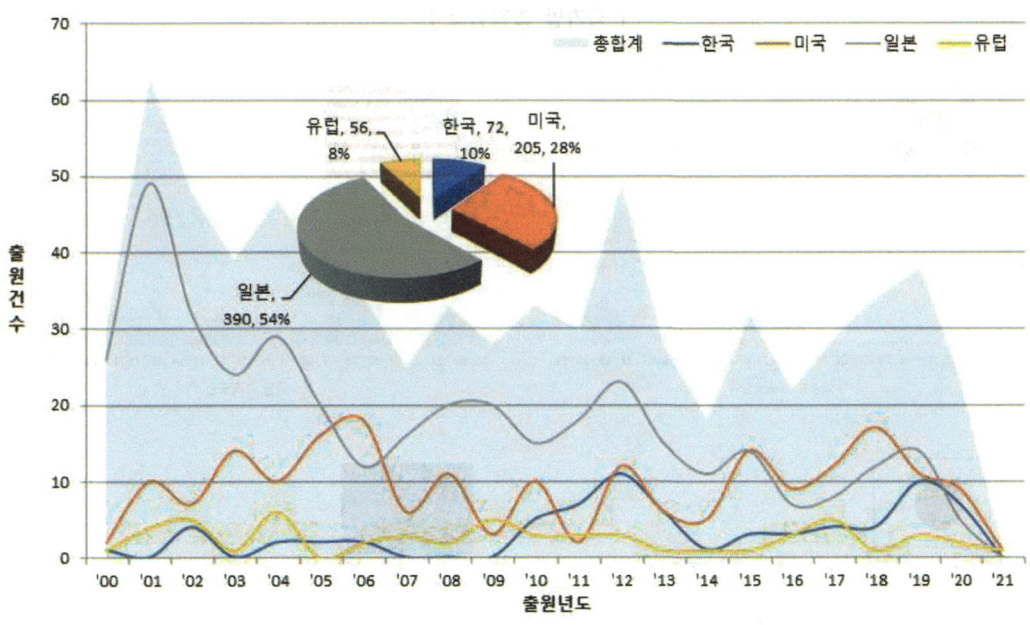

---

87) 특허출원 후 1년 6개월이 경과하여야 공개되는 특허제도의 특성상 실제 출원이 이루어졌으나 아직 공개되지 않은 미공개데이터가 존재하여 2020, 2021년 데이터가 적게 나타나는 것에 대하여 유의해야 함

(2) 국가별 내·외국인 출원현황

☐ 한국의 내외국인 출원현황을 살펴보면, 생산 스케쥴링 시스템(APS) 기술과 관련하여 출원활동이 저조하게 진행된 것으로 나타나 증감의 경향을 판단하기 어려우나, 2000년대에는 내국인의 출원활동이 활발하지 않게 나타났으나, 2010년대 이후에는 내국인의 출원활동이 활발한 것으로 나타나, 해외 기업의 진출 가능성이 낮은 것으로 나타남

☐ 미국의 경우, 분석 초기에는 외국인의 출원활동이 활발하지 않은 것으로 조사되었으나, 최근에는 외국인에 의한 출원활동 비중이 높아진 것으로 나타나, 해당 기술 분야에서 내수 시장 장악도가 낮은 것으로 나타남

☐ 일본의 내외국인 출원현황은, 생산 스케쥴링 시스템(APS) 기술을 주도하고 있는 것으로 나타났으며, 2000년대 초반부터 최근까지 내국인의 출원 비중이 높은 것으로 나타나, 자국 국적 출원인의 주도로 기술개발이 진행되고 있는 것으로 분석됨

☐ 유럽의 경우, 생산 스케쥴링 시스템(APS) 기술과 관련하여 출원활동이 저조하게 진행된 것으로 나타나 증감의 경향을 판단하기 어려우나, 2000년대 초반부터 최근까지 내국인의 출원 비중이 낮은 것으로 나타나, 자국민의 기술개발 활동은 활발하지 않은 것으로 분석됨

[국가별 출원현황]

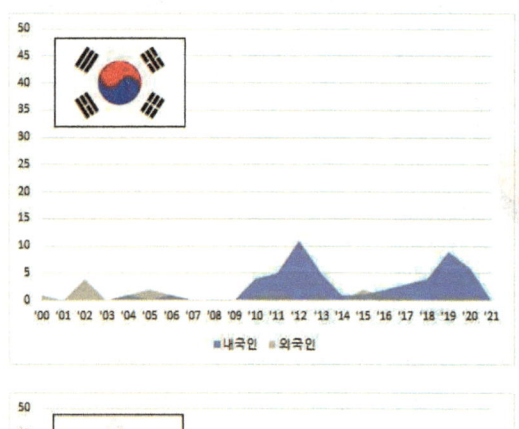
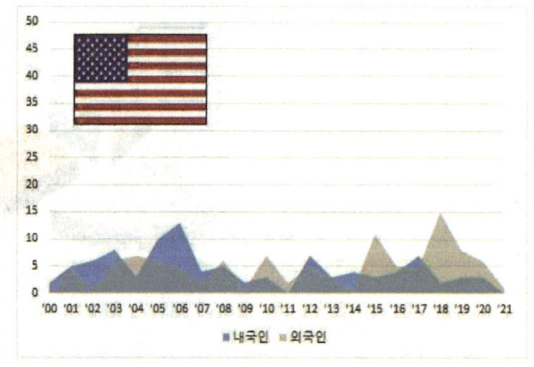
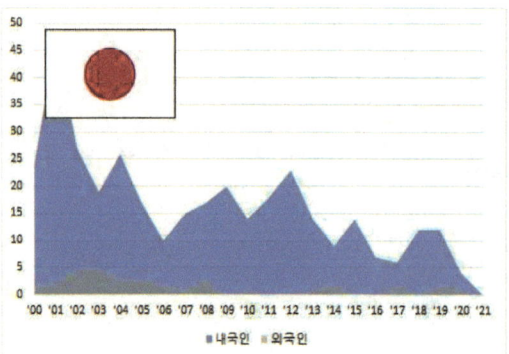
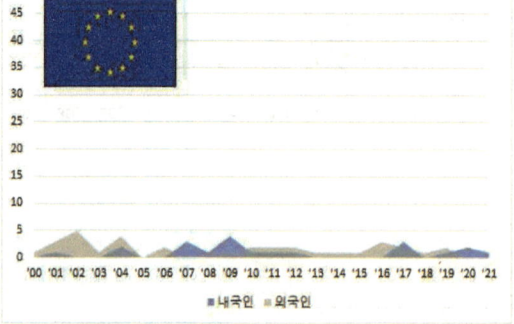

나. 주요 기술 키워드 분석

(1) 기술개발 동향 변화 분석

☐ 생산 스케쥴링 시스템(APS) 기술에 대한 구간별 기술 키워드 분석을 진행하였으며, 전체 분석구간에서 Production Schedule, 생산 스케쥴, 스케쥴링 장치, 생산 계획, 대기 시간, Production Line 등 생산 스케쥴링 시스템(APS) 관련 기술 키워드들이 다수 도출됨

- 최근 분석구간에 대한 기술 키워드 분석 결과, 최근 1구간에는 Cluster Tool, Production Schedule, Production Line 등의 키워드가 도출되었으며, 2구간에서는 Substrate Conveyance Schedule, Substrate Processing 등 1구간의 주요키워드와 유사한 키워드가 도출됨

[특허 키워드 변화로 본 기술개발 동향 변화]

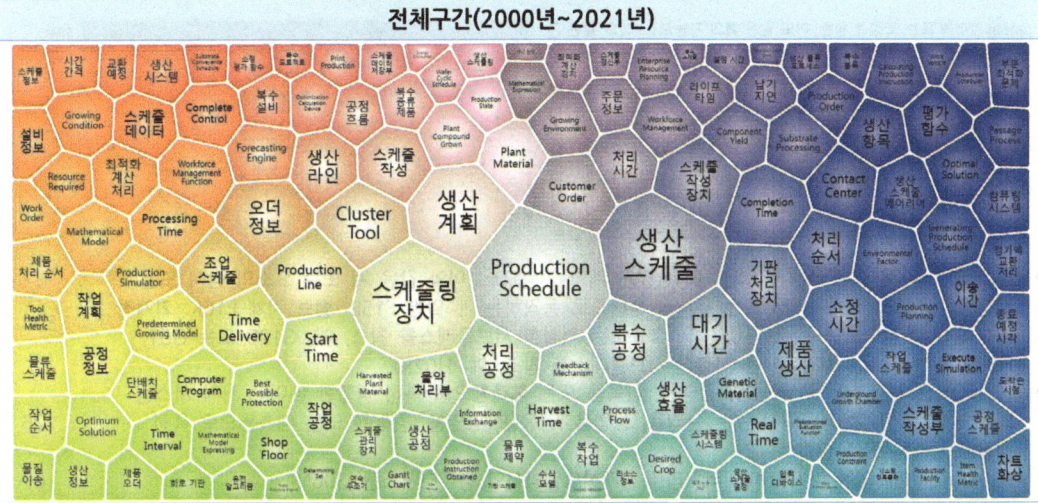

- Production Schedule, 생산 스케쥴, 스케쥴링 장치, 생산 계획, 대기 시간, Production Line, 스케쥴 작성 장치, 처리 공정, Cluster Tool, 기판 처리 장치, Start Time, Customer Order, 복수 공정

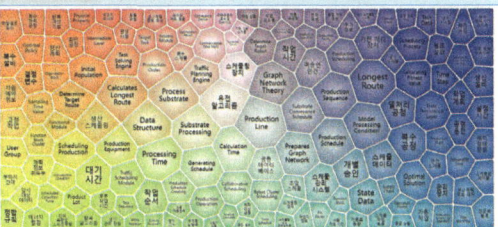

- Cluster Tool, Production Schedule, Production Line, 스케쥴 작성 장치, Wafer Cyclic Schedule, 복수 공정, 스케쥴 작성부, Start Time, 제품 생산, 생산 정보, Schedule Management, 회로 기판, Main Control Device, Passage Process

- Substrate Conveyance Schedule, Substrate Processing, Production Schedule, Data Structure, Production Sequence, Calculation Time, Process Substrate, Model Processing Condition, Processing Time, Prepares Graph Network, Calculates Longest Route

(2) 기술-산업 현황 분석[88]

☐ 생산 스케쥴링 시스템(APS) 기술에 대한 Subclass 기준 IPC 분류결과, 제어계 또는 조정계 일반; 이와 같은 계의 기능요소; 이와 같은 계 또는 요소의 감시 또는 시험장치(G05B) 및 관리용, 상업용, 금융용, 경영용, 감독용 또는 예측용으로 특히 적합한 데이터 처리 시스템 또는 방법; 그 밖에 분류되지 않는 관리용, 상업용, 금융용, 경영용, 감독용 또는 예측용으로 특히 적합한 시스템 또는 방법(G06Q)으로 다수의 특허가 분류되는 것으로 조사됨

☐ KSIC 산업분류 결과, 다수의 특허가 배전반 및 전기 자동제어반 제조업 산업으로 분류되는 것으로 조사됨

[기술-산업 분류 분석]

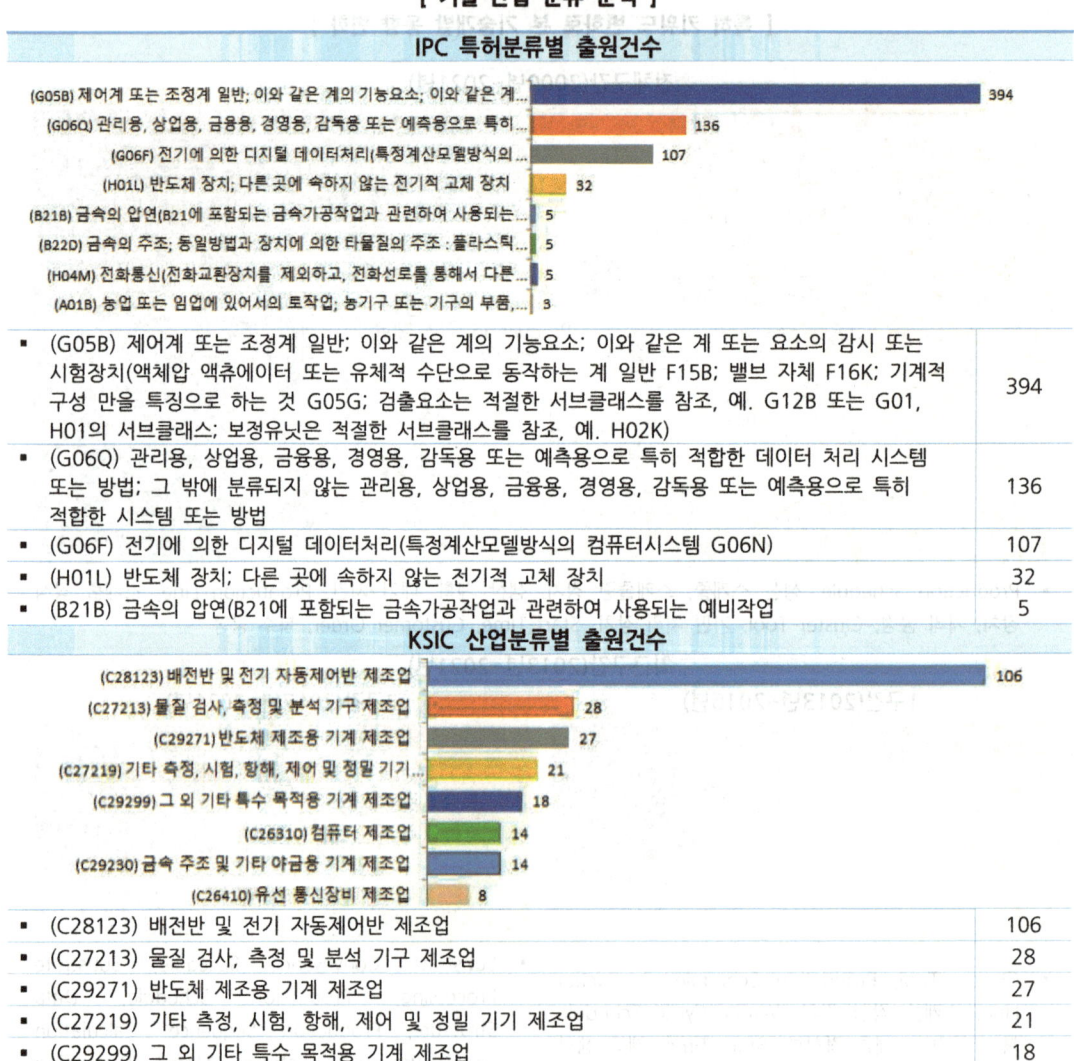

IPC 특허분류별 출원건수

분류	건수
(G05B) 제어계 또는 조정계 일반; 이와 같은 계의 기능요소; 이와 같은 계 또는 요소의 감시 또는 시험장치(액체압 액츄에이터 또는 유체적 수단으로 동작하는 계 일반 F15B; 밸브 자체 F16K; 기계적 구성 만을 특징으로 하는 것 G05G; 검출요소는 적절한 서브클래스를 참조, 예. G12B 또는 G01, H01의 서브클래스; 보정유닛은 적절한 서브클래스를 참조, 예. H02K)	394
(G06Q) 관리용, 상업용, 금융용, 경영용, 감독용 또는 예측용으로 특히 적합한 데이터 처리 시스템 또는 방법; 그 밖에 분류되지 않는 관리용, 상업용, 금융용, 경영용, 감독용 또는 예측용으로 특히 적합한 시스템 또는 방법	136
(G06F) 전기에 의한 디지털 데이터처리(특정계산모델방식의 컴퓨터시스템 G06N)	107
(H01L) 반도체 장치; 다른 곳에 속하지 않는 전기적 고체 장치	32
(B21B) 금속의 압연(B21에 포함되는 금속가공작업과 관련하여 사용되는 예비작업	5

KSIC 산업분류별 출원건수

분류	건수
(C28123) 배전반 및 전기 자동제어반 제조업	106
(C27213) 물질 검사, 측정 및 분석 기구 제조업	28
(C29271) 반도체 제조용 기계 제조업	27
(C27219) 기타 측정, 시험, 항해, 제어 및 정밀 기기 제조업	21
(C29299) 그 외 기타 특수 목적용 기계 제조업	18

---

[88] 해당제품 특허데이터를 대상으로 윕스 보유 기술·산업·시장 동향 분석 플랫폼 'Build' 활용

다. 주요 출원인 분석

☐ 생산 스케쥴링 시스템(APS) 기술의 전체 주요출원인(Top 5)을 살펴보면, 주로 일본 국적의 출원인이 다수 포함되어 있는 것으로 나타났으며, 제 1 출원인으로는 일본의 KOBE SEIKO SHO (KOBE STEEL LTD)인 것으로 나타남

- KOBE SEIKO SHO (KOBE STEEL LTD)는 일본의 철강 업체이자 건설 장비 제조 업체로, 제강, 용접, 엔지니어링, 에코 솔루션 등의 생산 시스템을 갖춘 기업임

☐ 생산 스케쥴링 시스템(APS) 기술 관련 국내 주요출원인으로 한국조선해양 및 부산대학교가 도출되었으며, 한국만 출원을 진행한 것으로 나타남

[주요출원인 동향]

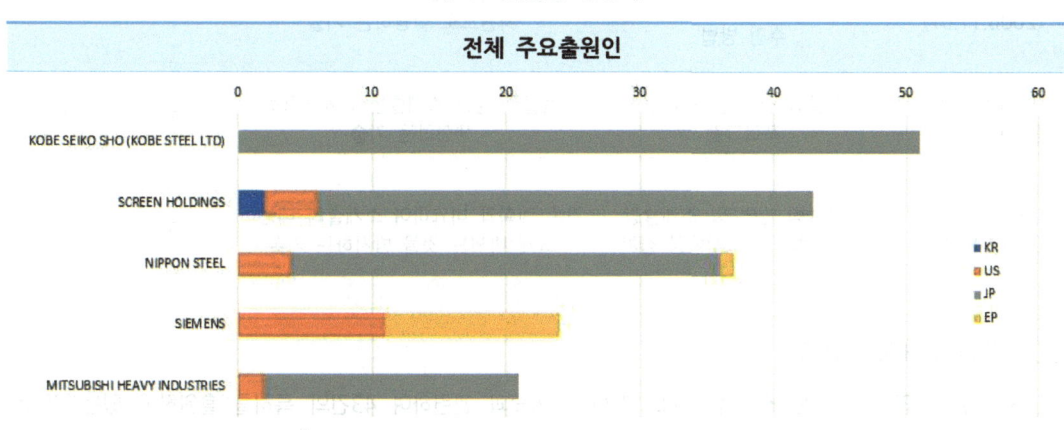

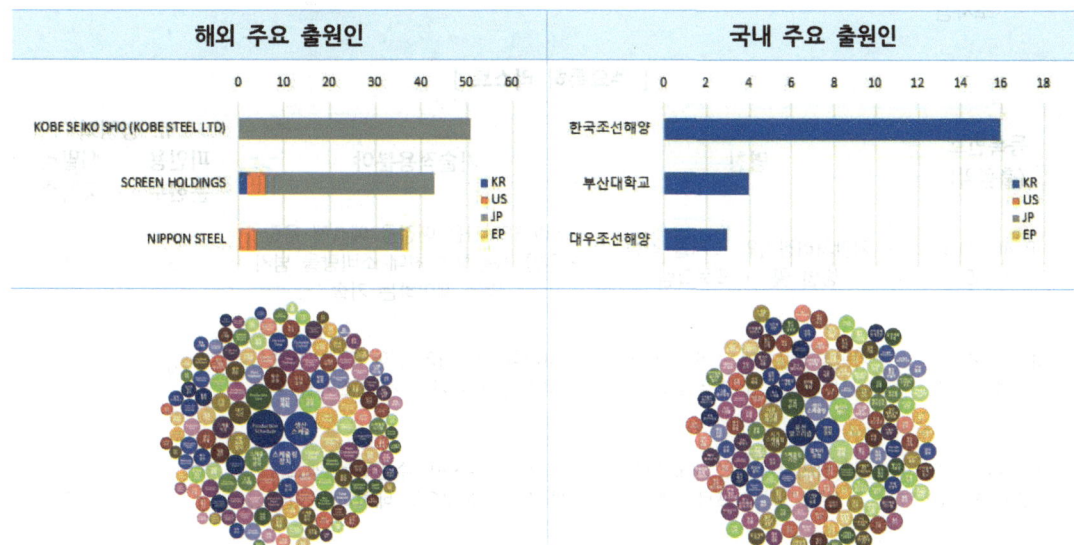

- Production Schedule, 생산 스케줄, 스케줄링 장치, 생산 계획, Production Line, 스케줄 작성 장치, 처리 공정, Cluster Tool, 대기 시간, 기판 처리 장치, Start Time, Customer Order
- 유전 알고리즘, 영업 정보, 열처리 공정, 생산 스케줄링, 작업 순서, 스케줄링 기간, 폴리머 생산, 생산 정보, 차기 스케줄링 기간, 자원 등급별 재고량, 초기 재고량, 스케줄링 단계

(1) 해외 주요출원인 주요 특허 분석[89]

☐ KOBE SEIKO SHO (KOBE STEEL LTD)

- 일본 기업으로, 생산 스케쥴링 시스템(APS) 기술과 관련하여 51건의 특허를 출원하고 있는 것으로 조사됨

[주요특허 리스트]

등록번호 (출원일)	명칭	기술적용분야	IP 경쟁력	
			피인용 문헌수	패밀리 국가수
JP 5657189 (2006.11.07)	스케줄 수정 장치 및 스케줄 수정 프로그램, 및 스케줄 수정 방법	생산 공정의 계획 작성에서 복수의 자원으로 할당하는 기술	17	1
JP 4322571 (2003.06.27)	스케쥴링 장치 및 스케쥴링 프로그램	적절한 생산 스케줄을 효율적으로 생성하는 기술	7	1
JP 5885637 (2012.10.16)	스케쥴링 방법 및 스케쥴링 프로그램, 및 스케쥴링 장치	기존 계획과 비요하여 스케줄의 내용이 크게 바뀌는 것을 방지하는 기술	5	1

☐ SCREEN HOLDINGS

- 일본 기업으로, 생산 스케쥴링 시스템(APS) 기술과 관련하여 43건의 특허를 출원하고 있는 것으로 조사됨

[주요특허 리스트]

등록번호 (출원일)	명칭	기술적용분야	IP 경쟁력	
			피인용 문헌수	패밀리 국가수
JP 4073186 (2001.09.20)	기판처리장치의 스케줄 작성 방법 및 그 프로그램	소비재의 사용 예정을 예측해 용량 자원을 사용하여 최대 소비량을 넘지 않게 제어하는 기술	23	3
JP 3758992 (2001.05.16)	기판처리장치의 스케줄 작성 방법 및 그 프로그램	처리를 개시하기 전에 미리 처리 순서에 근거해 기판 처리 스케줄 기술	13	2
JP 3880348 (2001.09.10)	기판처리장치의 스케줄 작성 방법 및 그 프로그램	처리액의 수명에 수반하는 액교환 예정을 우선적으로 배치하는 기술	11	2

---

[89] 최근 출원특허 중, 등록특허를 기준으로 피인용문헌수 및 패밀리 국가수가 큰 특허를 주요특허로 도출

☐ NIPPON STEEL

- 일본 기업으로, 생산 스케쥴링 시스템(APS) 기술과 관련하여 37건의 특허를 출원하고 있는 것으로 조사됨

[주요특허 리스트]

등록번호 (출원일)	명칭	기술적용분야	IP 경쟁력	
			피인용 문헌수	패밀리 국가수
JP 4734024 (2005.05.12)	열간 압연 공장의 가열·압연 스케쥴 작성 장치, 작성 방법, 컴퓨터 프로그램, 및 컴퓨터 판독 가능한 기록 매체	가열로장입·추출 스케줄을 요구해 가열로 연료 비용을 최소화하는 기술	14	1
US 7676293 (2004.12.24)	Production schedule creation device and method, production process control device and method, computer program, and computer-readable recording medium	생산 시뮬레이터를 위한 생산 지시를 계산하는 기술	8	7
US 7865260 (2010.01.08)	Production schedule creation device and method, production process control device and method, computer program, and computer-readable recording medium	생산 시뮬레이터를 위한 생산 지시를 계산하는 기술	1	7

(2) 국내 주요출원인 주요 특허 분석[90]

☐ 한국조선해양

- 생산 스케쥴링 시스템(APS) 기술과 관련하여 한국을 위주로 16건의 특허를 출원하고 있는 것으로 조사됨

[주요특허 리스트]

공개번호 (출원일)	명칭	기술적용분야	IP 경쟁력	
			피인용 문헌수	패밀리 국가수
KR 2012-0075556 (2010.11.23)	선각 마스터 스케줄 관리 시스템	선각 마스터 스케줄을 관리하기 위하여 단일 호선별로 선각하는 기술	1	1
KR 2021-0045093 (2019.10.16)	선박블록 생산관리 지원시스템	선박 생산주체 의한 블록 생산 계획을 수립하는 기술	0	1
KR 2014-0078228 (2012.12.17)	선박 건조공정의 중일정 엑티비티 생성방법	호선 정보들이 기설정된 업무관리 프로그램	0	1

---

[90] 최근 출원특허 중, 등록특허를 기준으로 피인용문헌수 및 패밀리 국가수가 큰 특허를 주요특허로 도출

전략제품 현황분석

☐ 부산대학교

- 생산 스케쥴링 시스템(APS) 기술과 관련하여 한국을 위주로 4건의 특허를 출원하고 있는 것으로 조사됨

[주요특허 리스트]

등록번호 (출원일)	명칭	기술적용분야	IP 경쟁력	
			피인용 문헌수	패밀리 국가수
KR 2016270 (2018.12.28)	열간 자유단조 공정의 작업 계획 최적화 시스템 및 방법	가열로에 투입할 원소재 그룹을 최적화 알고리즘을 이용하여 최적화하는 기술	1	2
KR 2263524 (2019.12.10)	반복 개선 기법을 활용한 수치 제어 공작 기계의 작업 스케쥴링 최적화 방법 및 장치	반복 개선 알고리즘을 통한 하이브리드 형태로 진행되어 효율적인 스케쥴링을 위한 최적화 기술	0	1
KR 1984460 (2019.04.08)	머신러닝 기반 자동 공작기계 작업 스케쥴링 방법 및 장치	가장 높은 평가지표를 갖는 스케쥴이 선택되도록 선택확률을 설정하는 기술	0	1

☐ 대우조선해양

- 생산 스케쥴링 시스템(APS) 기술과 관련하여 한국을 위주로 3건의 특허를 출원하고 있는 것으로 조사됨

[주요특허 리스트]

등록/공개번호 (출원일)	명칭	기술적용분야	IP 경쟁력	
			피인용 문헌수	패밀리 국가수
KR 1587467 (2013.10.25)	프로젝트 일정 계획 시스템 및 그 방법	조선업에서 생산계획자가 시스템 설치 및 검사 일정이 고려된 일정 계획을 수립하는 기술	0	1
KR 2005-0082919 (2004.02.20)	선박의 생산 설계 일정과 생산 일정의 연계 방법	생산 설계 일정과 생산의 블록 작업 일정이 연계되어 생산 계획이 반영된 생산 설계 일정을 수립하는 기술	1	1
KR 2021-0047459 (2019.10.22)	선박의 블록제작을 위한 강재입고일정 설정방법	적치 기간을 최소화하여 장기간 적치에 따른 녹발생을 억제하여 강재 품질을 향상시키는 기술	0	1

라. 기술진입장벽 분석

(1) 기술 집중력 분석[91]

□ 생산 스케쥴링 시스템(APS) 관련 기술에 대한 시장관점의 기술독점 현황분석을 위해 집중률 지수(CRn) 분석 결과, 상위 4개 기업의 시장점유율이 21.4로 독과점 정도가 보통 수준으로 분석되어 주요 출원인들 간의 시장 경쟁이 치열하게 이루어지는 경쟁적 시장으로, 규제 당국이 목표로 하는 경쟁 강도의 보통 범위에 속하는 것으로 분석됨

□ 국내 시장에서 중소기업의 점유율 분석결과 50.0으로 생산 스케쥴링 시스템(APS) 기술에서 중소기업의 점유율은 높은 것으로 분석되고, 국내 시장에서 중소기업의 진입장벽은 높지 않은 것으로 판단됨

[주요출원인 및 한국 중소기업 집중력 분석]

	주요출원인	출원건수	특허점유율	CRn	n
주요 출원인 집중력	KOBE SEIKO SHO (KOBE STEEL LTD)(일본)	51	7.1%	7.1	1
	SCREEN HOLDINGS(일본)	43	5.9%	13.0	2
	NIPPON STEEL(일본)	37	5.1%	18.1	3
	SIEMENS(독일)	24	3.3%	21.4	4
	MITSUBISHI HEAVY INDUSTRIES(일본)	21	2.9%	24.3	5
	HITACHI(일본)	19	2.6%	27.0	6
	MITSUBISHI ELECTRIC(일본)	17	2.4%	29.3	7
	INTERNATIONAL BUSINESS MACHINES(미국)	16	2.2%	31.5	8
	한국조선해양(한국)	16	2.2%	33.7	9
	TOSHIBA(일본)	14	1.9%	35.7	10
	전체	723	100%	CR4=21.4	
	출원인 구분	출원건수	특허점유율	CRn	n
국내시장 중소기업 집중력	중소기업(개인)	36	50.0%	50.0	중소기업
	대기업	8	11.1%		
	연구기관/대학	9	12.5%		
	기타(외국인)	19	26.4%		
	전체	72	100%	CR중소기업=50.0	

---

91) 상위 몇 개 기업의 특허점유율을 합한 것으로, 특허동향조사에서는 통상 CR4를 사용하며, CRn값이 0에 가까울수록 시장 독과점 수준이 낮은 것을 의미하고, CR4 값이 40에서 60일 경우(CR1 지수는 50 이상일 경우, CR2 또는 CR3 지수는 75 이상일 경우) 시장의 독과점 수준이 높은 것으로 해석됨

CRn(집중률지수, Concentration Ratio n) = (1위 출원인의 특허점유율) + ... + (n위 출원인의 특허점유율)

전략제품 현황분석

(2) IP 경쟁력 분석92)

☐ 생산 스케쥴링 시스템(APS) 기술의 주요출원인들의 IP 경쟁력 분석결과, INTERNATIONAL BUSINESS MACHINES의 기술영향력이 가장 높고 SCREEN HOLDINGS의 시장확보력이 가장 높은 것으로 분석됨

- INTERNATIONAL BUSINESS MACHINES : 영향력지수(PII) 2.77 / 시장확보력(PFS) 1.07
- SCREEN HOLDINGS : 영향력지수(PII) 0.54 / 시장확보력(PFS) 1.20

☐ 1사분면으로 도출된 SIEMENS, INTERNATIONAL BUSINESS MACHINES의 특허가 시장확보력 및 질적 수준이 높은 특허로, 기술적 파급력과 상업적 가치가 큰 것으로 해석됨

[주요출원인 IP 경쟁력 분석]

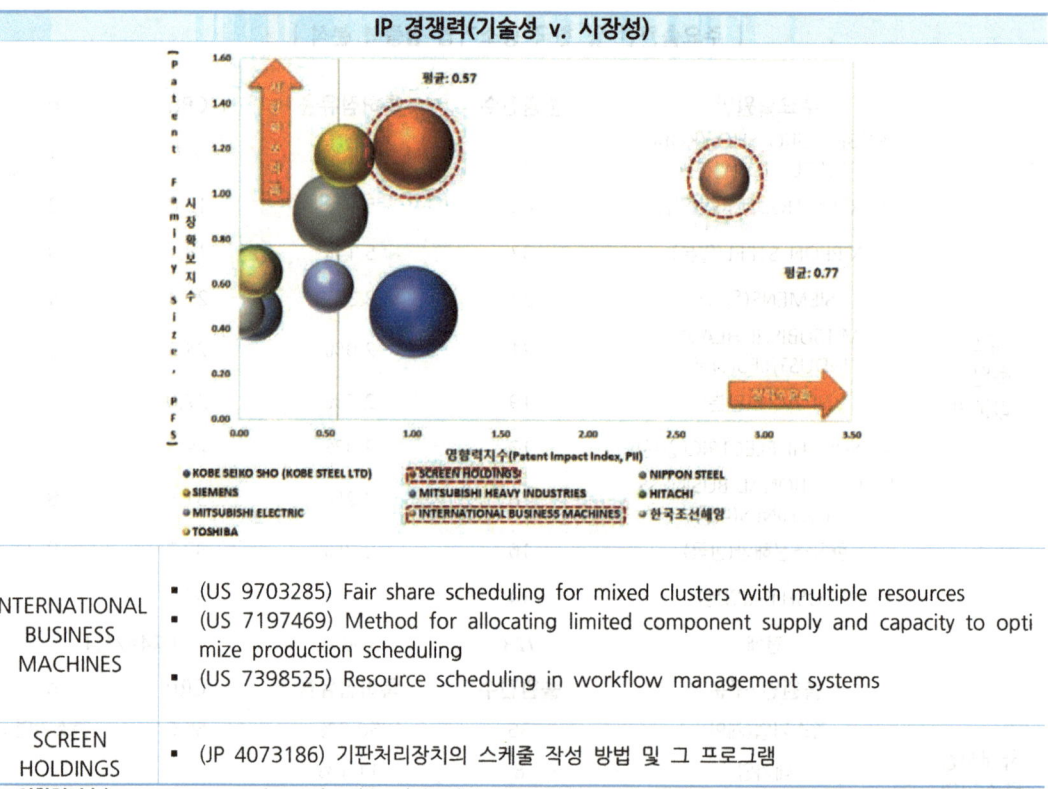

INTERNATIONAL BUSINESS MACHINES	▪ (US 9703285) Fair share scheduling for mixed clusters with multiple resources ▪ (US 7197469) Method for allocating limited component supply and capacity to optimize production scheduling ▪ (US 7398525) Resource scheduling in workflow management systems
SCREEN HOLDINGS	▪ (JP 4073186) 기판처리장치의 스케줄 작성 방법 및 그 프로그램

* **영향력지수(Patent Impact Index, PII)**: 다른 경쟁주체의 기술수준이 고려된 특정한 주체의 '상대적인' 기술적 중요도 또는 혁신성과의 가치 정보가 포함된 기술수준으로, 특허의 피인용 횟수를 특정 기술분야 내에서의 상대적인 값으로 전환시킨 지수임

* **시장확보지수(Patent Family Size, PFS)**: 특정 주체가 특정 기술분야에서 소수의 특정 국가에서만 시장확보를 하고자 하는지 아니면 다수의 세계 주요 국가들에서 시장확보를 하고자 하는지에 대한 분석으로, PFS가 높은 특허는 그만큼 상업적 가치가 큰 기술에 대한 특허인 것으로 해석될 수 있으며, PFS가 높은 출원인은 세계 여러 국가에서 사업을 하고 있는 출원인 것으로 해석될 수 있음(2020 공공 R&D 특허기술동향조사 가이드라인, 한국특허전략개발원)

* **버블크기** : 출원 특허 건 수 비례

---

92) PFS = 특정 주체의 평균 패밀리 국가 수 / 전체 평균 패밀리 국가 수
   PII = 특정 주체 보유특허의 피인용도[CPP] / 전체 유효특허의 피인용도

5. 요소기술 도출

가. 특허 기반 토픽 도출

☐ 723개의 특허의 내용을 분석하여 구성 성분이 유사한 것끼리 클러스터링을 시도하여 대표성이 있는 토픽을 도출

[생산 스케줄링 시스템(APS)에 대한 토픽 클러스터링 결과]

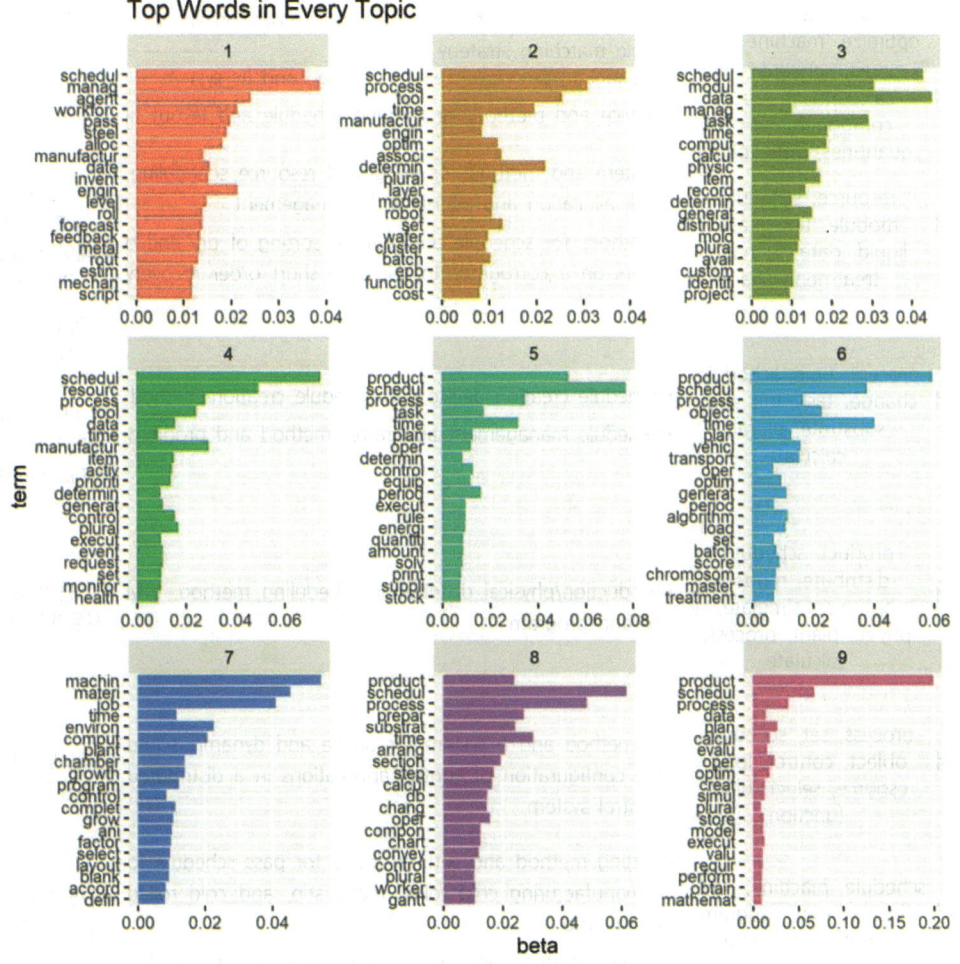

나. LDA[93] 클러스터링 기반 요소기술 도출

[LDA ・클러스터링 기반 요소기술 키워드 도출]

No.	상위 키워드	대표적 관련 특허	요소기술 후보
클러스터 01	schedule, process, product, oper, execute, prepare, control, condition, steel, manage	• Allocation schedule creation method of molten steel ladle and allocation schedule creation device • Control device for working schedule	수요 맞춤형 공장운영 최적화 기술
클러스터 02	schedule, item, tool, process, manufacture, plural, determine, optimize, machine, time	• Multi-item and multiple stage process dynamic lot size scheduling method accompanied by production frame • Flexible job-shop scheduling method based on limited stable matching strategy	APS와 다양한 제조시스템/장비 간 인터페이스 지원 기술
클러스터 03	product, schedule, plan, calculate, produce, component, solve, quantities, date, plural	• Production schedule creation method and its system • Device and method for forming schedule and layout plan	AI활용 생산데이터 분석 및 최적화 기술
클러스터 04	resource, schedule, module, time, task, liquid, data, manage, treatment, avail	• System and method for integrated resource scheduling, task allocation and agent work management • Methods for schedule optimization sorting of dry end orders on a corrugator to minimize short order recovery time	스마트 제조솔루션과 빅데이터 플랫폼의 연동 기술
클러스터 05	process, time, schedule, change, task, lot, start, substrate, plural, calculate	• Schedule creation device and schedule creation method • Schedule management apparatus, method and program	DP(Demand Planning), SP(Supply Planning), PP(Production Planning)의 활용기술
클러스터 06	product, schedule, distribute, model, optimize, simulate, physic, plant, process, calculate	• Production/physical distribution scheduling method, device and program	납기 예측 시뮬레이션 기술
클러스터 07	process, set, schedule, object, control, load, resource, select, block, function	• A method and a system for online and dynamic schedule configuration of control applications in a distributed control system	예측모델 자율생성 인공지능 기술
클러스터 08	schedule, machine, time, allocate, step, program, compute, oper, select, solve	• Setting method and setting device for pass schedule for manufacturing cold rolled metal stip, and cold rolled metal strip • System, method and control apparatus for scheduled operation of machine tools	유연생산을 위한 동적 스케줄링 기술
클러스터 09	schedule, data, manufacture, product, time, value, process, job, resource, evaluate	• Information processing system for scheduling procurement of raw material from a plurality of companies • System for controlling regeneration medical product manufacturing schedule	제조환경 데이터 실시간 처리 및 하드웨어 기반의 동기화 기술

---

93) Latent Dirichlet Allocation

다. 특허 분류체계 기반 요소기술 도출

☐ 생산 스케쥴링 시스템(APS) 관련 특허에서 총 10개의 주요 IPC코드(메인그룹)를 산출하였으며, 각 그룹의 정의를 기반으로 요소기술 키워드를 아래와 같이 도출

[IPC 분류체계에 기반한 요소기술 도출]

IPC 기술트리		요소기술 후보
(서브클래스) 내용	(메인그룹) 내용	
(B21B) 금속의 압연(B21에 포함되는 금속가공작업과 관련하여 사용되는 예비작업	• (B21B-037) 금속압연기에 특히 적용되는 제어장치 제어방법 또는 그들 장치로 생산되는 제품	-
(G05B) 제어계 또는 조정계 일반; 이와 같은 계의 기능요소; 이와 같은 계 또는 요소의 감시 또는 시험장치	• (G05B-019) 프로그램제어계	-
(G06F) 전기에 의한 디지털 데이터처리	• (G06F-009) 프로그램제어를 위한 장치, 예. 제어장치	-
	• (G06F-003) 컴퓨터로 처리할 수 있는 형식으로 전송된 데이터를 변환하는 입력기구; 처리장치로부터 출력장치로 데이터를 전송하기 위한 출력기구, 예. 인터페이스 기구	-
	• (G06F-017) 디지털 컴퓨팅 또는 데이터 프로세싱 장비, 방법으로서 특정 기능을 위해 특히 적합한 형태의 것	-
	• (G06F-019) 특수한 어플리케이션에 특히 적합한 디지털 컴퓨팅 또는 데이터 처리 장치 또는 방법	-
(G06Q) 관리용, 상업용, 금융용, 경영용, 감독용 또는 예측용으로 특히 적합한 데이터 처리 시스템 또는 방법; 그 밖에 분류되지 않는 관리용, 상업용, 금융용, 경영용, 감독용 또는 예측용으로 특히 적합한 시스템 또는 방법	• (G06Q-010) 경영; 관리	DP(Demand Planning), SP(Supply Planning), PP(Production Planning)의 활용기술
	• (G06Q-050) 특정 사업 부문에 특히 적합한 시스템 또는 방법, 예. 공익사업 또는 관광	-
(H01L) 반도체 장치; 다른 곳에 속하지 않는 전기적 고체 장치	• (H01L-021) 반도체 장치 또는 고체 장치 또는 그러한 부품의 제조 또는 처리에 특별히 적용되는 방법 또는 장비	-
(H04M) 전화통신	• (H04M-003) 자동 또는 반자동 교환기	-

라. 최종 요소기술 도출

☐ 산업·시장 분석, 기술(특허)분석, 전문가 의견, 타부처 로드맵, 중소기업 기술수요를 바탕으로 로드맵 기획을 위하여 요소기술 도출

☐ 요소기술을 대상으로 전문가를 통해 기술의 범위, 요소기술 간 중복성 등을 조정·검토하여 최종 요소기술명 확정

[생산스케쥴링시스템(APS) 분야 요소기술 도출]

요소기술	출처
APS와 다양한 제조시스템/장비 간 인터페이스 지원 기술	특허 클러스터링, 전문가 추천
스마트 제조솔루션과 빅데이터 플랫폼의 연동 기술	특허 클러스터링, 전문가 추천
예측모델 자율생성 인공지능 기술	특허 클러스터링, 전문가 추천
제조환경 데이터 실시간 처리 및 하드웨어 기반의 동기화 기술	특허 클러스터링, 전문가 추천
AI활용 생산데이터 분석 및 최적화 기술	특허 클러스터링, 전문가 추천
유연생산을 위한 동적 스케쥴링 기술	특허 클러스터링, 전문가 추천
납기 예측 시뮬레이션 기술	특허 클러스터링, 전문가 추천
DP(Demand Planning), SP(Supply Planning), PP(Production Planning)의 활용기술	특허 클러스터링, IPC 기술체계, 전문가 추천
수요 맞춤형 공장운영 최적화 기술	특허 클러스터링, 전문가 추천

6. 전략제품 기술로드맵

가. 핵심기술 선정 절차

☐ 특허 분석을 통한 요소기술과 기술 수요와 각종 문헌을 기반으로 한 요소기술, 전문가 추천 요소기술을 종합하여 요소기술을 도출한 후, 핵심기술 선정위원회의 평가 과정 및 검토/보완을 거쳐 핵심기술 확정

☐ 핵심기술 선정 지표: 기술개발 시급성, 기술개발 파급성, 기술의 중요성 및 중소기업 적합성
- 장기로드맵 전략제품의 경우, 기술개발 파급성 지표를 중장기 기술개발 파급성으로 대체

[핵심기술 선정 프로세스]

① 요소기술 도출	→	② 핵심기술 선정위원회 개최	→	③ 핵심기술 검토 및 보완	→	④ 핵심기술 확정
• 전략제품 현황분석 • LDA 클러스터링 및 특허 IPC 분류체계 • 전문가 추천		• 전략 분야별 핵심기술 선정위원의 평가를 종합하여 요소기술 중 핵심기술 선정		• 선정된 핵심기술에 대해서 중복성 검토 • 미흡한 전략제품에 대해서 핵심기술 보완		• 확정된 핵심기술을 대상으로 전략제품별 로드맵 구축 개시

나. 핵심기술 리스트

[생산스케줄링시스템(APS) 분야 핵심기술]

핵심기술	개요
유연생산을 위한 동적 스케줄링 기술	• 공장의 실시간 상태에 따른 최적 생산계획 도출을 지원하는 유동우선순위 생산스케줄링 기술 • 생산관리에 유연성을 더할 수 있도록 실시간 데이터와 상호작용하여 스케줄을 조정할 수 있는 기술
AI활용 생산데이터 분석 및 최적화 기술	• AI 기술을 활용하여 실시간 데이터 분석을 통한 인사이트를 도출/분석/활용하는 기술 • 딥러닝 기술 등을 활용하여 데이터를 분석하고 최적의 데이터를 시뮬레이션하는 기술 • 비정형 데이터의 수집 및 패턴인식을 통한 의미있는 정보 분석기술
납기 예측 시뮬레이션 기술	• AI 기반의 예측정보를 이용하여 사전 예방적 납기/물류 운영을 수행하는 기술 • 제조 빅데이터 분석을 통하여, 향후 발생 가능한 이슈사항을 예측하여 자동으로 납기 우선순위를 조정하는 기술 • 상황 예측을 위한 학습모델 생성 및 이에 기반한 예측 기술
APS와 다양한 제조시스템/장비 간 인터페이스 지원 기술	• ERP, MES, PLM 등 스마트제조 어플리케이션간에 호환성을 보장하고 인터페이스를 원활하게 하는 표준과 연동 기술 • 제조현장에서 사용되고 있는 운영시스템과 빅데이터 플랫폼, 설비 간의 연동을 통한 데이터 분석 및 활용 기술

다. 중소기업 기술개발 전략

- ☐ MES의 조기 구축 및 효율적인 생산계획 수립을 위한 중·소 제조기업용 통합스케쥴링 기법 개발
- ☐ 전문기술 및 인력 부재, 정보화 기술이 미흡한 중·소 제조 현장에 적합한 데이터관리체계 구축
- ☐ 산·학 및 중·소·대기업 간의 연계를 통한 시스템 개발 및 적용에 대한 비용 부담 최소화

라. 기술개발 로드맵

(1) 중기 기술개발 로드맵

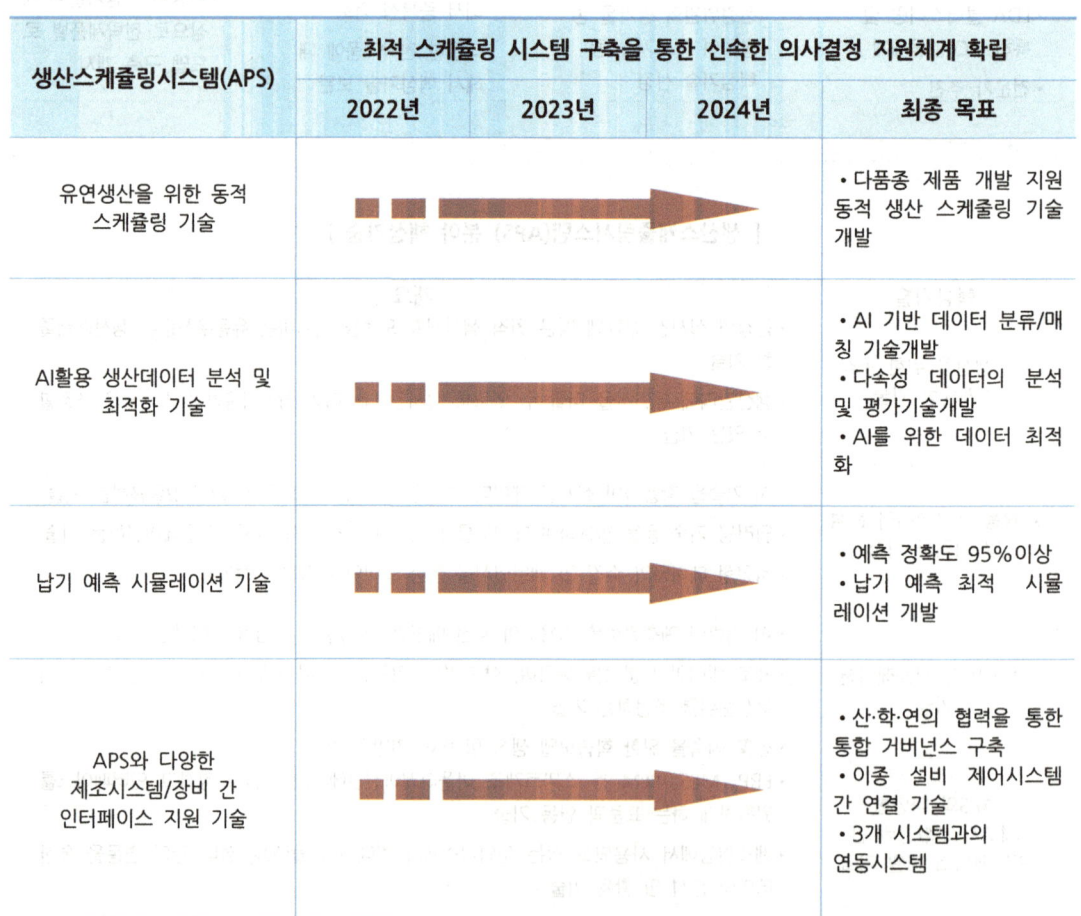

[생산스케쥴링시스템(APS) 기술개발 로드맵]

생산스케쥴링시스템(APS)	최적 스케쥴링 시스템 구축을 통한 신속한 의사결정 지원체계 확립			
	2022년	2023년	2024년	최종 목표
유연생산을 위한 동적 스케쥴링 기술				• 다품종 제품 개발 지원 동적 생산 스케쥴링 기술 개발
AI활용 생산데이터 분석 및 최적화 기술				• AI 기반 데이터 분류/매칭 기술개발 • 다속성 데이터의 분석 및 평가기술개발 • AI를 위한 데이터 최적화
납기 예측 시뮬레이션 기술				• 예측 정확도 95%이상 • 납기 예측 최적 시뮬레이션 개발
APS와 다양한 제조시스템/장비 간 인터페이스 지원 기술				• 산·학·연의 협력을 통한 통합 거버넌스 구축 • 이종 설비 제어시스템 간 연결 기술 • 3개 시스템과의 연동시스템

(2) 기술개발 목표

□ 최종 중소기업 기술로드맵은 기술/시장 니즈, 연차별 개발계획, 최종목표 등을 제시함으로써 중소기업의 기술개발 방향성을 제시

[생산스케줄링시스템(APS) 핵심요소기술 연구목표]

핵심기술	기술요구사항	연차별 개발목표			최종목표	연계R&D 유형
		1차년도	2차년도	3차년도		
유연생산을 위한 동적 스케줄링 기술	동적 생산 스케줄링 시스템	제품 특징별 생산 정보 학습 기술 개발	공정/작업자/설비간 상태 정보 분석을 통한 예측 알고리즘 개발	실시간 상태 정보에 따른 유연생산 지원 동적 스케줄링	다품종 제품 개발 지원 동적 생산 스케줄링 기술 개발	상용화
AI활용 생산데이터 분석 및 최적화 기술	데이터 매칭률 (%)	90% 이상	95% 이상	98% 이상	AI 기반 데이터 분류/매칭 기술 개발	상용화
	공정 적합율	90% 이상	95% 이상	99% 이상	다속성 데이터의 분석 및 평가기술 개발	산학연
	수집데이터의 표준화	데이터 표준화 기술 완성	비정형 데이터 정의 완료	AI를 위한 수집 데이터 표준화 완료	AI를 위한 데이터 최적화	산학연
납기 예측 시뮬레이션 기술	예측 모델 AI 알고리즘 기술	규칙 기반 예측	실시간 예측 및 대응	예측 모델 적용을 통한 AI 알고리즘 기술 개발	예측 정확도 95% 이상	상용화
	일정 학습모델 및 예측 시스템	상황 데이터 수집 및 DB 구축	상황 예측 모델 생성 알고리즘 개발	실시간 상황 예측 프레임워크 완성	납기 예측 최적 시뮬레이션 개발	산학연
APS와 다양한 제조시스템/장비 간 인터페이스 지원 기술	제조 데이터 통합체계 구축 기술	오픈 기반 개방형 제조 시스템 구축	실시간 운영 데이터 연계 생산·납기 통합 운영 기술	실시간 운영 데이터 연계 및 제조·서비스 운영 통합 기술	산·학·연의 협력을 통한 통합 거버넌스 구축	산학연
	연결성공율 (%)	95% 이상	98% 이상	100%	이종 설비 제어시스템 간 연결 기술	산학연
	ERP, MES, PLM과의 연동 기술	IoT 기술 구축	표준 프로토콜 기술 개발	3개 시스템과의 연동	3개 시스템과의 연동시스템	상용화

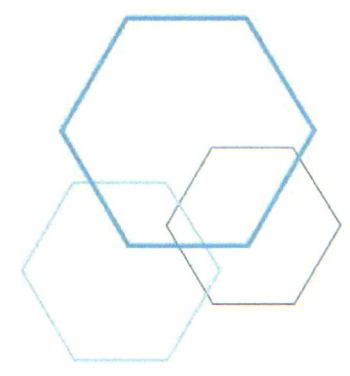

전략제품 현황분석

스마트제조용 지능형 애플리케이션

스마트제조용 지능형 애플리케이션

정의 및 범위

- 스마트제조 IT 솔루션의 최상위 시스템으로 MES(Manufacturing Execution System), ERP(Enterprise Resource Planning), PLM(Product Lifecycle Management), SCM(Supply Chain Management) 등의 플랫폼상에서 각종 제조실행을 수행하는 소프트웨어
- 스마트제조의 전체적인 공정설계, 제조실행분석, 품질분석, 설비보전, 안전/증감작업, 유통/조달/고객 대응 등을 실행하는 애플리케이션을 포함하는 방향으로 발전 중

전략 제품 관련 동향

시장 현황 및 전망	제품 산업 특징
• (세계) 제조용 지능형 애플리케이션의 세계 시장 규모는 2019년 42억 달러에서 연평균 18.0%씩 성장하여 2025년 112억 달러 규모에 이를 전망 • (국내) 제조용 지능형 애플리케이션의 국내시장 규모는 2019년 1조 3,570억 원에서 연평균 18.0% 성장하여 2025년 3조 6,633억 원에 이를 전망	• 전통 제조업의 성장 정체로 새로운 공정 혁신에 대한 요구가 증대, 스마트공장에 관한 관심이 전 산업 분야에 걸쳐 나타나고 있는 상황 • 기존의 MES, SCM 등의 애플리케이션 시장은 성숙하여 있으나 스마트제조용으로 변신 중 • 스마트공장의 핵심 기술은 소프트웨어로 빅데이터, 인공지능 기술과 함께 개발 필요
정책 동향	기술 동향
• 국내 스마트제조 분야는 제조업혁신 3.0, 중소기업 스마트제조 혁신 전략, 스마트공장 확산 및 고도화 전략이 추진 중 • 미국의 첨단제조파트너십, 일본의 미래투자전략, 중국의 중국제조 2025 등으로 세계 각지에서도 스마트 공장을 위한 사업이 진행 중 • 민관합동 스마트제조 추진단은 스마트제조 지원 사업을 통하여 지능형 유연 생산공장 보급사업을 진행 중	• 철강, 석유화학, 자동차와 같은 전통 제조업 중심으로 기술혁신을 위한 스마트공장 기술 개발이 적용 중, • 국내의 경우 공정 데이터의 수집과 관리를 위하여 IoT 기술 접목 및 분산 환경에서의 데이터 수집/관리 기술, 빅데이터 분석 기술 및 보안 기술에 대한 연구가 활발 • AI를 활용한 공정 단계 개선 및 통합으로 단계 축소 및 생산성 향상을 위한 방향으로 개발이 진행 중
핵심 플레이어	핵심기술
• (해외) Siemens, Rold, The Procter & Gamble Company, Dassault System, GE, SAP, Rockwell Automation, BMW, ABB • (대기업) 삼성SDS, LG CNS, 포스코ICT, SK C&C • (중소기업) 수아랩, 티라유텍, 큐빅테크, 에임시스템, 디에프엑스, 한컴 MDS, 엑센솔루션, MIPS, 퓨쳐메인, 미라콤아이앤씨, 위즈코어, 효성인포메이션시스템	• 비정형 빅데이터 (동영상, 이미지 등) 고속 분석 기술 • AI 활용 데이터 분석 및 최적화 기술 • 설비 제어시스템 인터페이싱 기술 • 불량 원인 진단 및 품질 예측 기술 • 유연생산을 위한 동적 스케줄링 기술

중소기업 기술개발 전략

→ 다양한 장비의 인터페이싱과 데이터 통합기술 개발로 중소기업용 스마트제조 기반 솔루션 제공

→ AI를 접목한 실시간 생산성 및 불량 분석과 최적화 등 제조업에서 사용할 수 있는 MES+ 개발

→ ERP, SCM, MES 등의 기존의 다양한 애플리케이션 간의 연동으로 가치사슬 전체 최적화

→ 현장 데이터 수집 최적화 방안 및 데이터처리, 실시간 모니터링, 분석 최적화

1. 개요

가. 정의 및 필요성

(1) 정의

- ☐ 스마트제조 IT 솔루션의 최상위 시스템으로 MES(Manufacturing Execution System), ERP(Enterprise Resource Planning), PLM(Product Lifecycle Management), SCM(Supply Chain Management) 등의 플랫폼상에서 각종 제조실행을 수행하는 소프트웨어

- ☐ 스마트제조의 전체적인 공정설계, 제조실행분석, 품질분석, 설비보전, 안전/증강작업, 유통/조달/고객 대응 등을 실행하는 애플리케이션
    - 애플리케이션은 들어온 데이터를 조작하여 가치를 만들어내는 소프트웨어의 일종
    - 응용 분야로 공정설계, 제조실행분석, 품질분석, 설비보전, 안전/증강작업, 유통/조달/고객 대응에 응용
    - 스마트제조의 개선, 혁신 효과 극대화를 위한 지능화, 네트워크화된 제조 현장의 시스템 요소와 실시간 연계하여 전 공장, 가치사슬의 최적 운영을 지원하는 고도화된 ICT 활용, 응용 기술로 구성

[스마트제조용 지능형 애플리케이션 적용 예시]

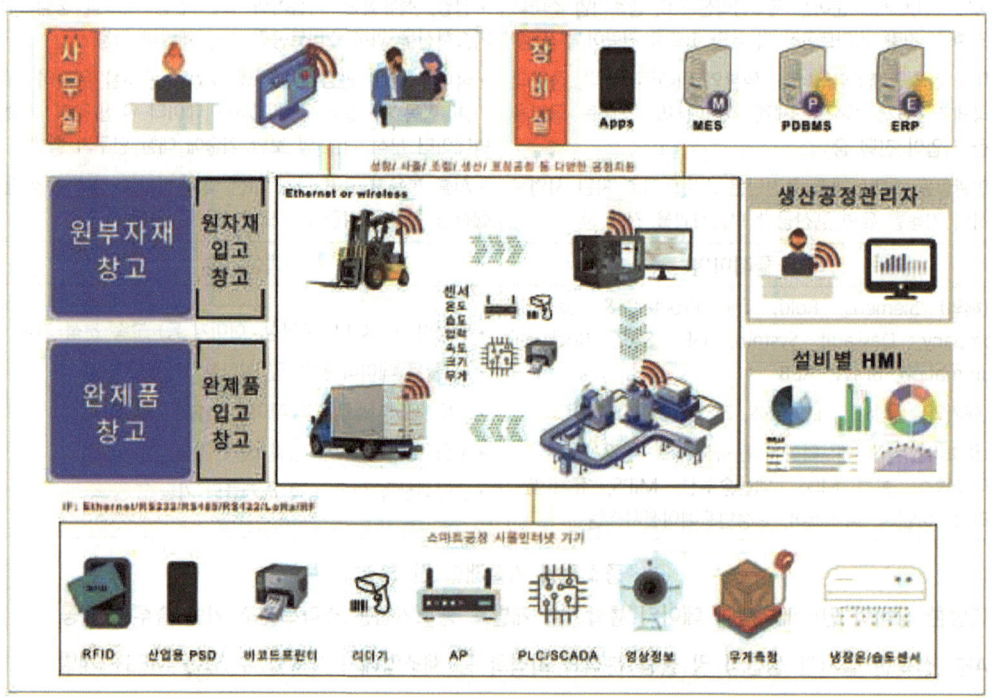

* 출처: Tech Report (헬로티, 2021)

(2) 필요성

☐ 스마트제조의 핵심인 애플리케이션은 주어진 데이터를 바탕으로 연산을 시행하여 최적 솔루션을 제공. 따라서 애플리케이션의 성능이 곧 스마트공장의 생산성과 밀접한 연관

- IoT, 빅데이터, CPS 등 ICT를 바탕으로 실시간으로 연동, 피드백되는 데이터를 효율적으로 처리, 저장, 관리하는 다양한 제조 업무에 최적으로 활용할 수 있는 요구
- 인공지능 기술과 융합하여 과거 결과에 의한 Feedback 시스템 구현으로 애플리케이션 자체적으로 학습이 가능

☐ 제조업에 종사하는 노동력 감소 및 기능공이나 숙련공의 고령화 가속으로 인한 지능형 애플리케이션이 필요

- 출산율 저하 및 고령층 경제활동 증가 등의 영향으로 선진국의 제조업 생산인구는 급감하고 고령화되지만, 중국·인도 등 개도국은 탄탄한 노동력을 보유
- 글로벌화·도시화·인구구조의 변화, 에너지 형태의 전환이라는 지구 규모의 끊임없는 사회적 변화는 이에 대응하는 솔루션 발견을 위한 기술적 원동력을 촉구
  - 빠르게 고령화되고 있는 제조 숙련공들의 노하우를 공유하고 전수하는 시스템을 설계함으로써 생산인구 감소를 극복하고 생산성 향상 필요
- 국내 중소기업은 기초적인 애플리케이션도 아직은 부족한 실정이어서 수작업에 많이 의존

☐ 중소기업의 경우 소규모로 다양한 제품을 생산해야 하는 경우가 많아 스마트제조 지능형 애플리케이션의 유연성 확보가 필수

- 생산 계획 변경 시 신속하게 기존 애플리케이션이 적용할 수 있어야 함
- 고객사의 발주계획이 자주 바뀌어 이에 긴급히 대응해야 하는 문제로 인한 생산 계획 신뢰성 저하

[스마트제조용 지능형 애플리케이션이 활용된 분야]

냉난방기 에너지 절감 시스템
국내 최대 A, B제철소
에너지 절감 검증 완료
에어컨 정비/온습도 관리 증명

기존 설비 원격 모니터링 시스템
국내 최대 제철소
기존 설비, 기존 센서 무선화

집진기 에너지 절감 시스템
C, D, E제철소
연간 10억원, 40% 적용
에너지 절감

PLC IO Data 모니터링 시스템
PLC 무선정보전송
IoT 모니터링 시스템

냉동창고 에너지 절감 시스템
최고의 면, 소스 F제조기업
연간 15% 에너지 절감

스팀트랩 상태 모니터링
화학 단지, 식품, 철강
스팀 손실 실시간 모니터링

회전체·감속기·베어링 상태 모니터링 시스템
H자동차, P식품
이상알림 시스템 구현

종합 상황 모니터링 시스템
변전소, 변압기, 보일러, 컴프레서
각종 설비 전력/상태 모니터링

* 출처 : 스마트팩토리 (중앙일보, 2019)

나. 범위 및 분류

(1) 가치 사슬

☐ 후방산업은 공정설계 플랫폼, 제조실행 분석 플랫폼, 품질분석 플랫폼, 설비보전 플랫폼, 안전/증감작업 플랫폼, 조달/고객 대응 플랫폼으로 구성

☐ 전방산업은 기존의 센서 산업, 임베디드 디바이스 산업, 휴대전화 디지털 TV, 가전, 자동차, 첨단 무기 등으로 구성

[스마트제조 애플리케이션 분야 산업구조]

후방산업	스마트제조 애플리케이션 분야	전방산업
인공지능, 빅데이터 분석 등 플랫폼, 산업용통신, 센서, 제어기 등 장비 디바이스	스마트제조 애플리케이션 SW (MES, ERP, PLM, SCM 등)	센서 산업, 임베디드 디바이스 산업, 스마트제조 산업, 휴대전화 디지털 TV, 자동차, 첨단 무기 등

(2) 용도별 분류

☐ 스마트제조용 지능형 애플리케이션의 용도는 아래와 같이 분류 가능

[용도별 분류]

전략제품	용도	내용
스마트제조 애플리케이션	APS	• 수요예측, What-if 분석, 납기 약속, 계획 최적화, S&OP(Sales & Operation Planning)
	SCM	• 기반 기술: BarCode, 식별코드, EDI(Electronic Data Interchange) 등이 존재 • 응용 기술: CAO(Computer Assisted Ordering), CRP(Continuous Replenishment Planning), Cross-Docking 등을 사용
	ERP	• 4세대 언어로 일컬어지는 객체 기술에 기반으로 ERP 컴포넌트를 개발하였으며, 기업의 환경에 맞게 커스터마이징을 가능하게 함 • MDM(Master data management), MRP(Material resource planning) 등 생산관리 시스템, FRM, MRM, HRM
	PLM	• PBS(Product Breakdown Structure): 제품 고유의 계층구조로 LPS와 함께 설계단계부터 고려 • LPS(Lifecycle Process Structure): 제품의 생애주기 프로세스 구조로 모델링 및 무결성을 정의 • IMS(Issue Management System): 프로세스 수행 중 발생한 이슈에 대해 체계적으로 관리 • KMS(Knowledge Management System): IMS에서 정제된 지식을 관리
	MES	• API(Application Programming Interface): 타 시스템과의 인터페이스 기술 • EDI(Electronic Data Interchange): 외부 영역과의 인터페이스 기술 • ORB(Object Request Broker): 제조 현장의 이벤트를 타 정보시스템에 전달하기 위한 최신 기술

2. 산업 및 시장 분석

가. 산업 분석

◎ **제조 분야에서 스마트제조 지능형 애플리케이션의 필요성 증가**

☐ 제조업에 종사하는 노동력 감소 및 기능공이나 숙련공의 고령화 가속
- 출산율 저하 및 고령층 경제활동 증가 등의 영향으로 선진국의 제조 강국들의 생산인구 급감
- 글로벌화·도시화·인구구조의 변화, 에너지 형태의 전환이라는 지구 규모의 끊임없는 사회적 변화는 이에 대응하는 솔루션 발견을 위한 기술적 원동력 촉구

☐ 선진국의 제조기업들은 자국 노동자들의 고임금으로 비교적 인건비가 저렴한 개발 도상국으로 공장을 이전해야 하는 오프쇼어링(Off-Shoring) 현상 심화
- 도시화의 진전, 소비문화 확산, 저임금의 제조업 기피, 서비스업 선호 등에 따라 서비스업 중심의 경제구조로 전환되면서 제조업 취업의 매력도는 갈수록 저조
- 제조업이 값싼 노동력을 찾아 개도국으로 이전하면서 제조업 전반의 노동가치 하락, 제조업의 공동화 현상 급속히 진전

[**주요국의 생산인구**]

(단위 : %)

국가	1990	2000	2010	2020	2030	2040
미국	65.8	66.3	67.1	64.3	61.0	60.4
일본	69.7	68.2	63.8	58.8	57.1	53.3
독일	68.9	68.1	65.8	64.0	58.7	55.7
한국	69.4	71.7	72.7	70.7	63.0	56.8
중국	64.9	67.5	73.5	70.1	68.0	63.4

* 출처: 생산가능 인구 15~65세 미만 대상 (UN 인구통계국)

☐ ICT와 정보통신 기술의 발달로 전 생산 과정이 디지털화되면서 실시간 제조 관리가 가능해졌고, 데이터 기반의 분석이 가능
- 기술의 진보로 공장이 스스로 생산, 공정통제 및 수리, 작업장 안전 등을 관리하는 완벽한 스마트 팩토리 (Smart Factory)로 전환
- 스마트팩토리는 생산기기와 생산품 간 상호 소통체계를 구축해 전체 생산공정을 최적화·효율화하고, 산업 공정의 유연성과 성능을 새로운 차원으로 업그레이드

[중소기업용 스마트제조 솔루션]

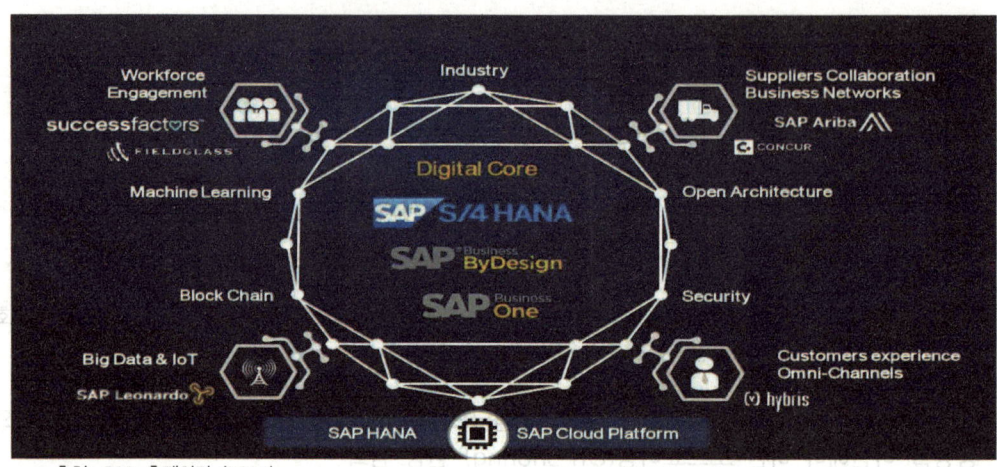

* 출처: SAP 홈페이지 (2021)

☐ 센서, IoT, 빅데이터, 클라우드 등의 기반 기술의 급성장으로 스마트제조 산업 적용에 적극적

- ICT의 발전은 산업 공정에서 완전한 자동생산 체계와 지능형 시스템 구축을 가능하게 함으로써 스마트한 생산과 함께 제조업의 생산성과 효율성을 제고

- ICT는 네트워크에 접속된 기기끼리 자율적으로 동작하는 M2M(Machine to Machine), 개발·판매·ERP(Enterprice Resource Management)·PLM(Product Lifecycle Management) ·SCM(Supply Chain Management) 등의 업무 시스템에 활용되어 자동화 촉진

☐ 제조 강국의 세대교체 가속화, 상품 수출과 기술 서비스 접목 활성화

- 브릭스(BRICs) 국가를 중심으로 제조 경쟁력 상승세가 지속되지만, 미국·독일·일본·한국 등 전통 제조 강국의 순위는 하락하는 추세

- 선진국들이 상품 수출국을 대상으로 지적재산권 판매 및 라이센싱, 기술 정보 및 서비스를 확대함으로써 수출 경쟁력 하락을 방어

☐ 수기로 작성하고 자료를 관리하던 과거와 달리 모든 제조 과정의 디지털화

- ICT를 기반으로 모든 사물이 인터넷으로 연결되어 사람과 사물, 사물과 사물 간의 정보를 교환하고 상호 소통하는 사물인터넷이 신성장 동력으로 부상

- 공장 내부(설비·반제품·작업자)는 물론, 공장 외부(고객·조달·유통·재고 부문) 외의 네트워크가 강화되면서 제조 생태계 차원에서의 공정 최적화 달성

☐ 제조 생태계와 초연결 사회 간의 실시간 연계·소통이 가능

- 모든 것이 네트워크화되는 초연결 사회에서 제조업은 단순 생산 프로세스의 변화나 최적화를 초월해 포괄적·편재적인 HMI(Human-Machine Interface)를 형성

- 모바일·소셜·클라우드·정보 등의 ICT가 통합·연계되면서 스마트팩토리, 스마트 홈, 스마트 시티 등의 생활을 실시간으로 연결 가능

□ 선진국의 제조업 부활 정책 총공세 및 제조업의 중요성 재조명

- 미국은 COVID-19로 일자리 감소를 우려해 자국 기업들에 본국 이전을 장려하는 리쇼어링 정책
- 미국과 일본을 중심으로 세제 혜택 강화, 제조 R&D 강화 및 제조업 효율화를 위한 에너지 정책 등 제조업 중심의 혁신체계 구축 노력 가시화
- 독일은 다가올 4차 산업혁명을 주도하고, 미래 제조업의 경쟁력을 선점하기 위해 '인더스트리 4.0' 프로젝트에 2억 유로를 투자
- EU는 유럽 제조업의 부활을 성공시키기 위해 기업과 정부가 공통의 행동계획을 수립하고, 향후 15년에 걸쳐 연간 약 900억 유로를 투자할 계획

◎ 제조 분야의 네트워크화

□ 미래의 제조업은 기존 제조방식이 없어지는 것이 아닌 제품 생산의 구조와 개념이 네트워크화되고 분산 생산 형태로 변화할 것

- 기존 생산설비와 함께 개인 소유의 3D 프린터나 팹, 랩(Fab, Lab) 등 팹 커뮤니티의 다양한 생산설비가 인터넷에 연결되어 모든 사물의 네트워크화 진행
- 생산설비 네트워크화를 기반으로 다양한 주제에 의한 분산적 생산이 크게 증가할 것으로 예상

□ 제조 생태계의 네트워크화와 사물인터넷의 개화

- ICT를 기반으로 모든 사물이 인터넷으로 연결되어 사람과 사물, 사물과 사물 간 정보를 교환하고 상호 소통하는 사물인터넷이 신성장 동력으로 부상
  - 센싱이나 데이터 취득이 가능한 사물에 인터넷을 연결하는 기술인 사물인터넷의 발전은 우리의 생활뿐만 아니라 제조업의 생산방식으로 180도로 바꿔놓을 전망
- 공장 내부(설비·반제품·작업자)는 물론, 공장 외부(고객·조달·유통·재고 부문) 외의 네트워크가 강화되면서 제조 생태계 차원에서의 공정 최적화 달성

[5G 기반 스마트팩토리 개요도]

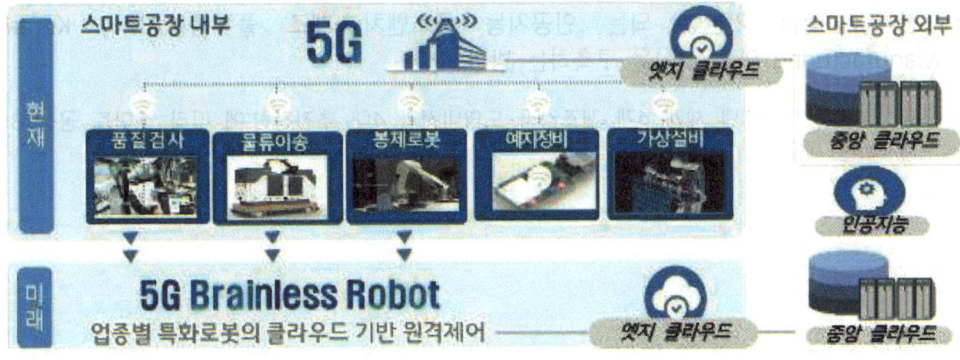

* 출처: 5G 기반 스마트팩토리 솔루션 보급 추진 (연합뉴스, 2019)

☐ 초연결 사회 간의 실시간 연계·소통 가능과 제조 생태계

- 모든 것이 네트워크화되는 초연결 사회에서 제조업은 단순 생산 프로세스의 변화나 최적화를 초월해 포괄적·편재적인 HMI(Human-Machine Interface)를 형성
- 모바일·소셜네트워크·클라우드 등의 ICT가 통합·연계되면서 스마트제조, 스마트 홈, 스마트시티 등의 생활을 실시간으로 연결하는 것이 가능
  - 원격업무지도(스마트 홈), 안전사고 발생 시 지자체 안전 관리망과 연계해 즉시 조치(스마트제조·시티), 완제품 이송 시 지능형 교통시스템과 연동해 물류비용 최소화

☐ 스마트제조는 앞으로 인공지능을 결합한 생산 시스템으로 진화할 것으로 기대

- 공장자동화의 개념은 '공장'과 '제조'의 범위로 볼 수 있으나, 최근 스마트제조 기술은 다양해진 소비자의 요구사항에 실시간 대응하기 위해 가치사슬의 수평적 통합으로 확대·발전

◎ 애플리케이션 분야는 스마트제조의 핵심

☐ 애플리케이션은 스마트제조 시스템에서 두뇌 역할로 최상단에 있는 핵심 기술. 하드웨어를 제어하고 데이터를 가공하여 고부가가치 생산. 따라서, 소프트웨어의 성능에 따라 생산능률과 기업이익에 직결

☐ 정부는 민관합동 스마트제조 추진단을 통해 지능형 유연 생산공장 보급사업을 진행 중이고 대표적 애플리케이션인 MES, SCM, ERP가 스마트제조 지원정책의 가장 큰 수혜

- 지원 규모는 대기업 출연 동반성장 기금으로 운영되며, 지원 대상은 대기업 2~3차 협력기업 등의 중소기업이 대상

◎ 국가별 스마트제조 지원정책 강화

☐ 우리나라에서는 제11차 비상경제 중앙대책본부 회의 겸 제1차 한국판 뉴딜 관계장관회의에서 한국판 뉴딜의 첫 번째 후속 조치로 인공지능·데이터 기반 중소기업 제조혁신 고도화 전략을 발표

- 전략의 핵심 기반이 되는 인공지능 중소벤처 제조 플랫폼(KAMP, Korea AI Manufacturing Platform)을 구축하는 방안 마련
- 또한, 정부는 '2030년 세계 4개 제조강국 도약비전과 4대 추진전략'에 따라 스마트 공장 3만 개 구축계획을 세움

☐ 미국 정부는 스마트제조뿐만 아니라 운송, 전력망, 의료 및 헬스케어, 국방 등에 이르기까지 광범위한 분야에 걸쳐 시스템 개발을 진행 중

- 신미국혁신전략을 통한 정부-대기업, 중소기업-개인이 혁신에 참여하여 시너지를 내는 2트랙 혁신 진행

☐ 일본은 2000년부터 경제 산업성과 도쿄대가 협력해 '강력한 제조업'을 지칭하는 모노즈쿠리 프로젝트를 진행하며, 과거 값싼 노동력을 얻기 위해 중국, 동남아 등지로 공장을 옮겨야 했던 문제를 제조 산업에 ICT를 도입함으로써 해결 중

- 아베 정부도 제조업 경쟁력을 강화하기 위해 2020년까지 GDP 600조 엔 달성을 위한 액션 플랜 성격의 일본 재흥 전략을 세우고 추진 중
- IoT, 빅데이터, 인공지능을 통한 산업구조 변혁으로 생산성 혁명, 혁신, 벤처 창출

☐ 독일은 미래 제조업의 경쟁력을 선점하기 위해 인더스트리 4.0을 플랫폼 인더스트리 4.0으로 개정

- 통신 네트워크를 통해 공장 안팎의 사물과 서비스들을 연계하여 새로운 가치를 창출하고 비즈니스 모델을 구축하는 중
- 자동차, 기계 등 제조업에 ICT를 접목해 모든 생산공정, 조달 및 물류, 서비스까지 통합적으로 관리하는 스마트제조 구축을 목표로 IoT, CPS, 센서 등의 기반 기술 개발 및 생태계 확산에 집중

☐ EU는 유럽 제조업의 부활을 성공시키기 위해 기업과 정부가 공통의 행동계획을 수립하고, 향후 15년에 걸쳐 연간 약 900억 유로를 투자할 계획

☐ 중국도 '중국제조 2025'을 발표하고 생산 장비 고도화 및 정보통신 진흥을 위한 계획을 수립하고 IoT 센터를 설립해 CPS 연구 등에 1.17억 달러를 펀딩하는 등 적극적 입장

- 차세대 IT 기술, 첨단 CNC[94]공작기계 및 로봇 등의 10대 육성 전략 수립을 통해 제조업 개조 및 고도화, 전략적 신성장 산업 육성

---

94) Computer Numerial Control의 줄임말

나. 시장 분석

(1) 세계시장

☐ 전 세계 제조용 지능형 애플리케이션 시장 규모는 2019년 42억 달러에서 연평균 18.0%씩 성장하여 2025년 112억 달러 규모에 이를 전망

[제조용 지능형 애플리케이션 세계 시장 규모 및 전망]

(단위 : 십억 달러, %)

구분	'19	'20	'21	'22	'23	'24	'25	CAGR
세계시장	4.2	4.9	5.8	6.8	8.1	9.5	11.2	18.0

* 출처 : Smart Manufacturing Platform Market (Marketsandmarkets, 2021)

☐ 아시아의 경우 세계 주요 기업들의 제조 공장이 낮은 인건비의 아시아 내 개발 도상국에 위치, 제조 공정의 생산성 향상을 위한 스마트제조 도입이 다른 지역에 비해 빠를 것으로 예상

(2) 국내시장

☐ 국내 제조용 지능형 애플리케이션의 국내시장 규모는 2019년 1조 3,570억 원에서 연평균 18.0% 성장하여 2025년 3조 6,633억 원에 이를 전망

[제조용 애플리케이션 국내 시장 규모 및 전망]

(단위 : 억 원, %)

구분	'19	'20	'21	'22	'23	'24	'25	CAGR
국내시장	13,570	16,013	18,895	22,296	26,309	31,045	36,633	18.0

* 출처 : 2021 스마트팩토리 시장 전망 (인더스트리 뉴스, 2020)

3. 기술개발 동향

☐ 기술 경쟁력
- 스마트제조용 지능형 애플리케이션은 미국이 최고 기술국으로 평가되었으며, 우리나라는 최고 기술국 대비 79.7%의 기술 수준을 보유하고 있으며, 최고 기술국과의 기술격차는 1.8년으로 분석
- 중소기업의 기술 경쟁력은 최고 기술국 대비 66.4%, 기술격차는 2.4년으로 평가
- 유럽(98.2%)> 한국> 일본(76.3%)> 중국(64.7%)의 순으로 평가

☐ 기술수명주기(TCT)[95]
- 스마트제조용 지능형 애플리케이션은 6.79의 기술수명주기를 지닌 것으로 파악

가. 기술 개발 이슈

◎ 스마트제조 애플리케이션의 기술별 제품 분류 관점

☐ 수요 맞춤형 공정 및 운영 최적화 기술
- 고객의 다양한 제품 수요에 유연하게 대응하고 설계-생산으로 신속하게 연계할 수 있도록 맞춤형 공정·운영 최적화 기술 필요
- 고객 맞춤형 공정설계 자동화 기술을 바탕으로 레이아웃, 라인 밸런싱까지 통합 설계하는 플랫폼을 구성하고, 가상모델-실운영 데이터 연계를 통한 운영단으로 연계되는 공정설계 애플리케이션 개발
- 실시간 4M 상태 모니터링 및 피드백 제어 기술을 바탕으로 공정설계 시뮬레이터와 연동된 다품종 라인에 대한 동적 생산 계획 플랫폼을 구성하여 에너지 데이터까지 고려된 생산 운영 애플리케이션 개발

☐ 예측 기반 품질 및 설비 고도화 기술
- 대규모의 품질 리콜과 설비 이상에 의한 라인 중단에 사전 대응할 수 있도록 설비 공정 상태와 연계한 예측 기반 품질 설비 고도화 기술 필요
- 대용량 제조 데이터에 대한 분석 마이닝 기술을 바탕으로 공정품질 예측 및 출하 후 제품수명 예측 모델을 개발, 예측 결과 실시간 피드백하여 제어할 수 있는 품질분석 애플리케이션 개발
- 설비상태에 대한 실시간 데이터를 바탕으로 설비고장을 진단하고 유지·보수하는 보전 기술과 이를 보전계획으로 연계하는 운영 기술을 통합하여 설비 건전성을 관리하고 지식화하는 설비보전 애플리케이션 개발

---

95) 기술수명주기(TCT, Technical Cycle Time): 특허 출원연도와 인용한 특허들의 출원연도 차이의 중앙값을 통해 기술 변화속도 및 기술의 경제적 수명을 예측

□ 인간 중심 안전 및 작업 지원 기술

- 작업자가 공장 내 위험·불편 상황에 부닥치지 않고 편안하고 효율적인 작업환경에서 일할 수 있도록 인간중심 안전·작업 지원 기술 필요

- 가상·증강현실 기술을 바탕으로 업무환경을 지원하는 작업자 지원 애플리케이션과 공장 공간정보에 대한 표준모델을 바탕으로 위치인식 기반의 작업자 상태를 사전 감지·대응하는 안전 애플리케이션 개발

□ 지능형 유통 및 조달 물류 기술

- 가치사슬 전체에서 실시간으로 자재·부품·제품 흐름을 추적 관리하고 실물-시스템을 일치시킬 수 있도록 지능형 유통·조달 물류 기술 필요

- 실시간 데이터 분석을 바탕으로 한 지능형 창고 운영 기술과 공급망 리스 대처 기술을 개발하고 가치사슬을 연계한 물류 최적화 플랫폼에 탑재하여 지능형 물류 조달 애플리케이션 개발

□ 스마트팩토리 통합 운영 및 서비스 기술

- 스마트팩토리 애플리케이션들에 대한 효과적인 운영환경을 제공할 수 있도록 애플리케이션 간 통합, 하위 플랫폼 및 디바이스와의 연계 및 기타 관련 시스템들과의 연동을 위한 운영 및 서비스 기술 필요

- 대용량 제조 데이터를 연동한 스마트팩토리 애플리케이션의 통합 운영 프레임워크를 개발하고, 실시간 데이터 기반 가상모델 생성 기술과 제조 지식화 기술을 탑재하여 확장된 운영 및 서비스 환경구축

◎ 해외 기술 수준과 이슈

□ 미국의 첨단 제조 기술 전략

- 첨단 제조혁신을 통해 국가 경쟁력 강화 및 좋은 일자리 창출, 경제 활성화

- '미국 제조업 재생 계획'발표, 이를 지원할 인프라 구축

□ 일본의 산업재흥플랜을 기반으로 한 산업구조 혁신

- 연구개발 투자 부진, 설비투자 감소, 비즈니스 모델 한계, 경영자원 효율성 저하 등 복합적인 문제에 봉착한 일본 제조업의 위기 극복

- 일본재흥전략 중 하나인 '일본 산업재흥플랜'에서는 첨단 설비투자 촉진, 과학기술 혁신 추진을 핵심과제로 제조업 부흥을 독려

□ 독일의 인더스트리 4.0 구상 및 추진

- 독일은 지속적인 경제성장, 일자리 창출, 기후변화 및 고령화에 대응하기 위해 2006년부터 '하이테크 전략 2020' 전략을 추진

- 2011년 하이테크 전략 2020에 ICT 융합을 통한 제조업 창조경제 전략인 '인더스트리 4.0' 전략을 주요 테마로 포함하고, 이 전략을 강도 높게 추진

[미국·독일·일본의 제조업 창조경제 주요 정책]

구분	미국	일본	독일
추진배경	• 경쟁력 강화, 국가안보 대응 • 좋은 일자리 창출	• 산업기반 강화 과학기술 혁신 추진	• 경제성장, 일자리 창출, 기후변화, 고령화 대응
기본정책	• 국가 첨단 제조방식 전략계획	• 산업재흥플랜	• 하이테크 전략2020
핵심사업	• 첨단 제조 기술 사업(AMP)	• 전략적 이노베이션 창조사업(SIP)	• 인더스트리 4.0
촉진 인프라	• 제조 혁신기관(NNI) • 제조 혁신 네트워크(NNMI)	• 종합과학기술회의	• 인더스트리 4.0 플랫폼
주요 추진과제	• 에너지 절감용 제조 공정 혁신 • 제조 기술 가속화 센터 건립 • 제조혁신 네트워크 구축 • 제조 부문 로봇 개발	• 에너지: 연소 기술 및 구조재료 등 5개 과제 • 차세대 인프라: 자동운전 시스템 등 3개 과제	• 유무선 ICT를 활용한 스마트 공장(Smart Factory) 구현

* 출처: '제조업을 업그레이드하자, 미·일·독 제조업 R&D 정책동향 및 시사점', (현대경제연구원)

◎ 국내 기술 수준과 이슈

☐ 국가정보자원관리원의 지능형 클라우드 기반 정부 클라우드 서비스 전환 사업

- 2022년까지 1,576억 원 투입하는 '지능형 클라우드 컴퓨팅 센터 전환'
- 지능형 클라우드 전환 시 정보자원 할당 업무처리 절차 간소화·자동화 가능 및 관리원이 지역별로 운영·구축 중인 4개 데이터 센터를 연계해 단일 센터처럼 운영·관리 가능
- 부처별 신산업 추진 위한 차세대 전자정부 시스템 지원
- 관리원은 지능형 클라우드 컴퓨팅 센터 전환 사업에 2020년 167억 원을 들여 고용노동부 등 10개 기관의 31개 업무를 SDDC 기반 지능형 클라우드로 시범 전환하고 2022년까지 단계적 확대할 계획
- 국산 범용서버와 공개 소프트웨어 적극적 도입해 국내 클라우드 산업 활성화 지원 방침

☐ 2018년 스마트제조 기술 수준 조사의 기술 경쟁력 조사 항목 중 스마트제조용 지능형 애플리케이션 관련 항목은 총 5개로 평균은 75.6%로 선진국 대비 추격 기술로 평가

- 최고 기술 수준은 APS, MES로 최고 기술국 미국 대비 86.8% 수준으로 평가
- 최저 기술 수준은 PLM으로 최고 기술국 미국 대비 50.2% 수준으로 평가

☐ 국내의 기존 산업용 전기 기계 또는 시스템 통합 개발 기업들이 스마트팩토리로 전환 중

- 공장자동화 시스템의 대표 기업인 LS산전, 두산인프라코어 등이 응용시스템과 요소기술 개발에 주력하고 있으며, 응용시스템 개발 기업 외에 SI 기업인 SK C&C, LG CNS 등이 스마트팩토리 사업을 적극적으로 추진 중이나, 요소기술 개발이 낙후하여 상당수의 핵심 기술을 해외에 의존하고 있는 실정

[제품분류별 경쟁자]

기술 분류		주요 업체
디바이스	설비 센서 액추에이터	Rockwell, GE,PTC, CDS,Siemens PLM, ABB, Siemens, chneider, Invensys, SAP, DessaultSystems, Mitsubishi
	통신 모듈 송수신 센서 단말기	퀄컴, TI, 인피니온, GE, IBM, Apple, Google, 브로드컴, 미디어텍, ARM, 삼성, Cinterion, Telit, Sierra, SIMcom, E-divie, Teluar
서비스	소프트웨어 플랫폼 솔루션	jasper, Axeda, Aeris, Pachube, 퀄컴, Inilex, Datasmart, Om nilink, Data Technology Service, Cisco, Siemens, Bosch
	통신사업	Verizon, Sprint, AT&T, Vodafone, T-mobile, NTT 도코모, SKT
	서비스 사업	CrossBridge, Numerex, KORE 등

* 출처: 2018년 스마트제조 기술수준조사 (스마트 제조산업협회, 2018)을 재편집

☐ 현재 제조실행시스템(MES), ERP 솔루션은 삼성SDS를 비롯한 국내 SI 업체들이 공급할 수 있으나, 제품수명주기관리(PLM)는 글로벌 기업에 의존

- 그럴 뿐만 아니라 컨트롤러, 서보모터/드라이브 등 핵심부품, High-End의 장비, 유연 생산 운용솔루션 등 스마트제조의 핵심 요소 대부분은 독일, 일본, 미국으로부터 수입

- 현재 국내 공급사의 경우 스마트제조 필요기술 중 일부를 단품으로 공급하는 소규모 기업 위주로, Legacy System에 대응할 수 있는 토탈 패키지 제공 능력 부족

- MES, ERP, SCM 등의 정보시스템 외에 제조 현장에서 활용되는 다양한 애플리케이션이 중소기업 등에서 개발 중이나 SI 사업 중심으로 전개되고 있어서 통합된 개발과 현장 적용이 필요한 상태(IT 공급기업 + 대기업 기술 공유)

전략제품 현황분석

◎ 수평적·수직적 통합 흐름

☐ 애플리케이션의 종류와 역할

- (ERP) Enterprise Resource Planning의 약자로 흔히 '전사적 자원관리'라고 하며, 정보의 통합을 위해 기업의 모든 자원을 최적으로 관리하자는 개념으로 기업자원관리 혹은 업무 통합관리라고 지칭

- (SCM) Supply Chain Management의 약자로, 기업에서 원재료의 생산·유통 등 모든 공급망 단계를 최적화해 수요자가 원하는 제품을 원하는 시간과 장소에 제공하는 '공급사슬 관리'를 의미

- (PLM) 제품 수명 주기 관리(Product Life-cycle Management)라고 부르며, 제품 설계도부터 최종 제품 생산에 이르는 전체과정을 일관적으로 관리해 제품 부가가치를 높이고 원가를 줄이는 생산 프로세스로 제품수명주기와 관련된 제품정보 데이터 및 관리 서버 시스템과 다수의 클라이언트 시스템의 네트워크 시스템 등이 제공

- (MES) MES는 Manufacturing Execution System의 약자로 계획되거나 주문받은 제품을 최종 제품이 될 때까지 생산활동을 최적으로 수행하도록 정보를 제공하며, 정확한 실시간 데이터로 공장 활동을 지시하고 룰을 제시할 뿐만 아니라, 실시간으로 활동 결과를 보고하여 의사결정에 도움을 주는 시스템

[스마트제조 애플리케이션의 통합]

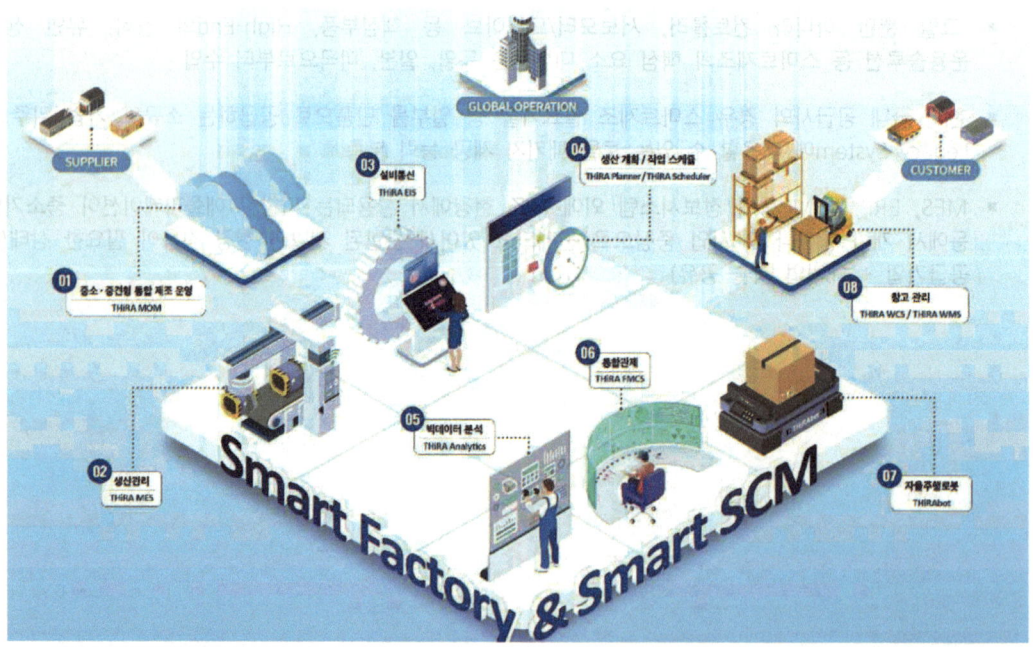

* 출처: 티라유텍 홈페이지 (2021)

□ 애플리케이션 경계가 없어지는 수평적 통합 흐름이 발생

- 비용 및 시간을 절감하고 기업의 생산성과 효율성을 높이기 위해 맞춤형 제품을 주문에서 설계에서 생산, 판매 및 유통까지 제품 전 주기를 수평적으로 통합하여 시장 상황에 빠르게 대응할 수 있도록 제조 Value-Chain이 유기적으로 연결된 지능화된 맞춤형 제조의 필요성이 증가
- (지멘스) 지멘스는 제조 SW를 통합한 「TIA Portal」솔루션 개발하여 MES, PLM, ERP 등 모든 솔루션의 기능을 통합하여 제조 全 단계 및 가치사슬을 관리할 수 있는 SW 개발

□ 하드웨어와 소프트웨어가 통합되는 수직적 통합도 중요한 흐름

- 산업별, 업종에 따라 공장 스마트화를 위해 요구되는 핵심 요소, 모듈을 HW, SW 포함하여 수직적으로 통합한 패키지 기술
- (GE) 빅데이터 수집·분석을 위한 「Predix」플랫폼 개발하여 컨트롤러, 생산 장비 등 HW의 데이터를 수집·분석하기 위한 플랫폼 SW를 개발을 통한 설비 성능 효율적 관리

◎ **클라우드, 빅데이터·AI 플랫폼과 애플리케이션의 연결**

□ 사물인터넷·빅데이터·클라우드 컴퓨팅·스마트 로봇 등 기반 기술의 동시다발적 발전

- ICT의 발전은 산업 공정에서 완전한 자동생산 체계와 지능형 시스템 구축을 가능하게 함으로써 스마트한 생산과 함께 제조업의 생산성과 효율성을 제고
  - 사물인터넷으로 정보교환, 클라우드로 정보를 더하고, 빅데이터로 상황을 분석, 생산 시뮬레이션을 가동하는 생산체계 구축이 가능, 로봇은 휴먼-머신 인터페이스로 작업
- M2M(Machine to Machine) 및 사물인터넷 등의 ICT는 네트워크에 접속된 기기끼리 자율적으로 동작하기 위한 기반을 제공하며, ERP·PLM·SCM 등의 업무 시스템에 연계되어 자동화 촉진

□ 산업 자동화 업체 솔루션이 스마트공장 애플리케이션과 플랫폼 시장을 주도

- 해외에서 스마트공장 플랫폼을 제공하는 기업 유형은 아마존, 마이크로소프트, 구글, SAP, 오라클 등 IT 그룹과 GE, 지멘스, 슈나이더일렉트릭 등 산업 자동화 그룹의 2가지로 구분
- 투자은행 도이치방크는 IT 기술력보다 도메인 노하우, 자동화 전문성이 산업 인터넷 클라우드 플랫폼 성공에 더 중요하다고 주장하면서, 현재 산업 자동화 그룹이 더 우위에 있다고 평가
- 이미 스마트공장을 도입한 국내 대기업들도 GE Predix, 지멘스 MindSphere 등 해외 산업 자동화 업체 제품을 선호하며, 국산 플랫폼도 점진적으로 입지를 넓혀 나갈 것으로 기대

나. 생태계 기술 동향

(1) 해외 플레이어 동향

☐ (Siemens) 생산설비, 제어시스템 및 산업용 소프트웨어 등 거의 모든 산업 분야의 제조 및 공정 자동화 솔루션을 보유

- 물리적 가치 사슬 전체의 완전한 디지털 표현으로, 고객이 개발 및 생산하는 데이터를 총체적으로 통합할 수 있도록 포괄적 하드웨어와 소프트웨어 포트폴리오 제공

- 플랜트 전체의 라이프사이클을 다루어 공장이 실제 운영되기 전 시뮬레이션, 테스트, 최적화를 반복하여 공장 에너지 효율 최대화와 운영 안정화를 보장

- 개별산업 분야의 산업용 소프트웨어 및 자동화 통합 포트폴리오 제공. 제품 제조업체와 기계 및 라인 설계자는 공급 업체를 포함하여 전체 가치사슬 통합 및 디지털화 가능

[Siemens의 스마트공장 단계별 서비스]

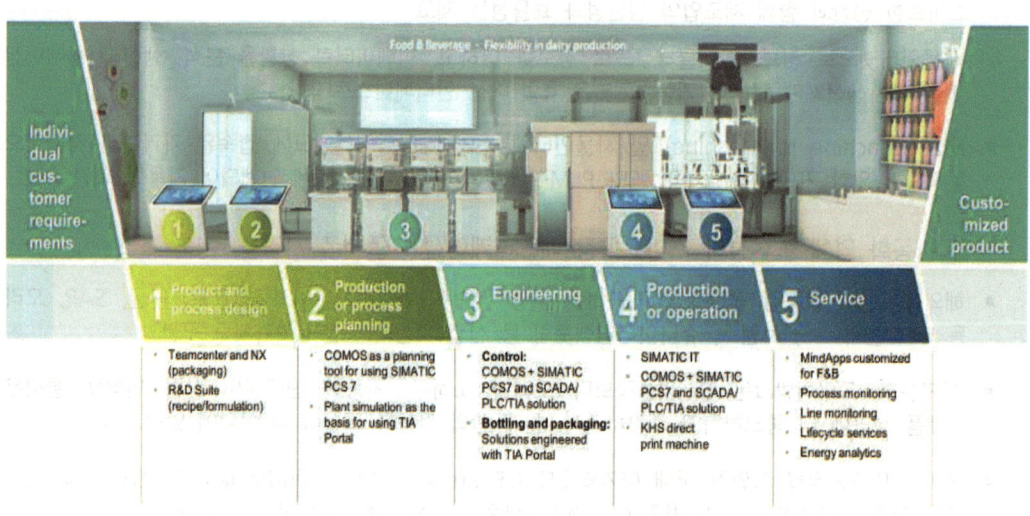

* 출처: Siemens 홈페이지

☐ (Schneider Electric) 프랑스에 있는 스마트공장 솔루션 제공, 생산성 향상, 에너지 절감 기술을 보유

- EcoStrucxure TM 기술을 사용하여 공장 내 에너지 사용량 약 30% 절감

- IoT에서 수집한 데이터로 비용 추정

- 주기적인 소프트웨어 업데이트로 생산 효율 향상

- ☐ (The Procter & Gamble Company) 미국의 대표적인 소비재 생산 기업으로 핵심 성과지표의 성과가 떨어지는 원인을 실시간으로 바로 포착할 수 있는 시스템 구축
  - 다양한 센서 활용, 실시간 공정 품질관리
  - 프라하에 있는 주요 대학 및 스타트업과 협력
  - 생산성은 160%, 고객 만족도는 116% 증가

- ☐ (Dassault System) 카티야라는 3D CAD로 알려졌으나 다쏘시스템의 MES는 가트너 보고서에서 실행력과 비전의 완성도 부분에서 최고점을 받으며 리더 회사로 등극
  - 최근에는 MES의 한계를 극복한 전 세계에 걸쳐진 공장끼리 정보를 공유하며 통합 생산 운영 관리가 가능한 MOM(Manufacturing Operation Management)을 출시
  - 다쏘시스템의 DELMIA Apriso는 세계적인 규모와 협업과 동기화, 시스템 통일성을 이뤄내 통상적으로 2%에서 6%까지의 이익 증가가 가능하다고 표현
  - 다쏘시스템은 항공 우주 및 방위 산업, 운송과 자동차, 산업 장비, 최첨단 산업, 소비재, 소매 제품과 의료기기에 이르기까지 폭넓은 분야에서 600여 개의 회사와 협력관계

- ☐ (GE) 2011년부터 10억 달러를 투자하여 개발한 산업 IoT 애플리케이션 플랫폼으로 모든 기계를 지능화하는 데 필요한 소프트웨어와 관련 서비스를 통해 산업 인프라 및 운영 전반에 혁신을 유발하였으며, Edge-to-Cloud 플랫폼, 디지털트윈, SaaS 애플리케이션 등의 기술 제공
  - 항공기 엔진에 센서 부착하면, 자료수집, 프레딕스를 통해 정비, 보수의 최적 시기를 예측하는 등 최적 운영 방법을 도출하여, 연료 절감, 고장 예방 등 추가 수익 창출

- ☐ (Johnson n Johnson) 미국의 첨단 의료기기 제조사로 AI와 IoT를 이용해 기계의 청소·검사·수정·대기 시간 등 비가동시간 감소, 운영 비용 절감

- ☐ (SAP) ERP의 대표 기업으로 시스템, 애플리케이션, 데이터처리 등의 IT 기술을 바탕으로 ERP와 같이 기업의 사업 운영 및 고객 관계를 관리하는 기업용 소프트웨어 제공
  - 기존의 PLC → MES → ERP로 수직 구조화되어 있는 아키텍처에서 PLC와 바로 실시간 인터페이스 가능한 MES와 통합된 ERP를 제공해 생산 환경의 동적 변화에 더욱 유연하게 대응할 수 있는 솔루션 제공

- ☐ (Mitsubishi Electric) 'e-F@ctory'는 자동화 기술과 인텔의 사물인터넷 기술이 접목된 차세대 공장자동화(FA) 시스템 개발을 진행 중
  - 미쯔비시 전기는 로봇, 제어기, PLC 등 공장자동화와 관련된 다양한 기기 제어 솔루션을 보유하고 있으며 공장 전체를 커버하는 패키지형 솔루션으로 확대
  - 조기 고장예측 등을 통한 생산성 향상을 목표로 진행 중

- ☐ (Danfoss) 덴마크의 에너지 제품 기업으로 스마트 센서 등의 데이터로 공정 효율화, 디지털 추적 및 자동 모니터링 시스템으로 생산성 30% 증대

☐ (Phoenix Contact) 독일의 산업 자동화 분야의 세계 선두 기업으로 IoT를 통해 생산기기와 생산품 간 상호 소통체계 구축, 전체 생산 과정을 최적화

☐ (Rockwell Automation) 센서 장비, 제어 장비와 같은 하드웨어에서 네트워크 기술 및 S/W와 같은 인프라 및 응용프로그램까지 산업 전 분야에 걸친 자동화와 정보 솔루션 제공

- 네트워크를 통합하여 공통의 생산 플랫폼을 구축하고, 데이터 액세스를 실현하여 연간 4~5% 생산성 향상, 폐기물 감소로 수십만 달러의 비용 절감, 공장 가동 시점을 몇 개월에서 몇 주로 앞당기는 등 출시 기간 단축, 품질 향상을 통해 결함 절반으로 감소, 정시 납품률을 82%에서 98%로 향상하는 등 실질적인 사업 실적 획득

☐ (Honeywell) 자동화기기, 제어기기, 전자통신 제조업체로 대형 전자장치에서 소형 온도조절기까지 다양한 제품을 공급하고 있으며 데이터 처리 시스템과 산업용 애플리케이션 등 소프트웨어 솔루션으로 사업 영역 확대

☐ (Toyota) 스마트제조를 통해 기존 JIT(Just in Time) 체계를 고도화하여 부품 공급사, 물류업체 등 전 공급망 정보를 통합관리

☐ (BMW) 인력과 부품의 적시 공급으로 재고를 줄이고 품질을 올리는 생산 시스템인 '린 생산방식(Lean Process)' 방식으로 시장의 요구와 수요 변화에 대응

☐ (ABB) 디바이스에서 엣지·클라우드까지 연결하는 스위스 ABB의 통합·표준 디지털제품으로 ABB의 전문지식과 네트워크 연결성, 최신 디지털 기술·혁신이 결합한 솔루션과 플랫폼 개발

- 하이델베르크 공장은 90년 이상 차단기를 생산해온 ABB의 대표공장으로 최근 ABB Ability를 적용해 미래형 스마트화를 추진 중이며, 3% 생산성 증대, 유연한 운영, 변형제품 생산 3배 상승, 정확한 납기 일정, 고품질 제품 생산 등의 효과 기대

(2) 국내 플레이어 동향

◎ 대기업 동향

☐ (LG CNS) 스마트제조 구축을 위한 통합된 표준 개발 및 운영환경인 제조 ICT 플랫폼 'Factova'를 구축

- 상품 기획 및 공정 설비 기간 단축, 품질검사 정확도 향상, 재고관리 최적화 및 물류비용 최소화 등 전 단계에서 지능화를 통해 생산 효율성 제고

- 자사의 소프트웨어 플랫폼 기술과 LG전자의 장비 및 공정설계 역량, LGU+의 통신 인프라를 결합하여 제조 전 과정에서 표준화된 개발과 운영이 가능하며 LG전자의 북미 세탁기 공장 및 LG디스플레이 파주 OLED 공장, LG화학 폴란드 전지 공장 등에서 활용

- 반년 이상 소요되던 상품 기획 단계를 AI 빅데이터 기반 시장 분석 및 설계 자동화와 시뮬레이션을 통해 2~3개월로 단축 가능

- 수작업으로 수집되어 하루 이상 소요되던 제조 공정 설비 데이터를 IoT 기반으로 실시간 수집, 기존에 사람이 수집하기 어렵던 진동 데이터뿐 아니라 창고의 온·습도나 정전기, 악취 등 다양한 종류의 데이터도 센서로 자동화된 수집·분석·대응 가능

- AI 빅데이터 플랫폼인 'DAP'를 기반으로 비전 검사를 적용, 정확도를 99.7%까지 향상 가능

- 실시간 위치추적 시스템과 IoT 기술로 배송 전 과정을 실시간 관리, 배송 지연·누락 발생 시 신속한 대응 가능하고 제품 입출고 관리를 통한 제조관리 최적화 및 물류비용 최소화 가능

[LG CNS의 스마트공장 보안 솔루션]

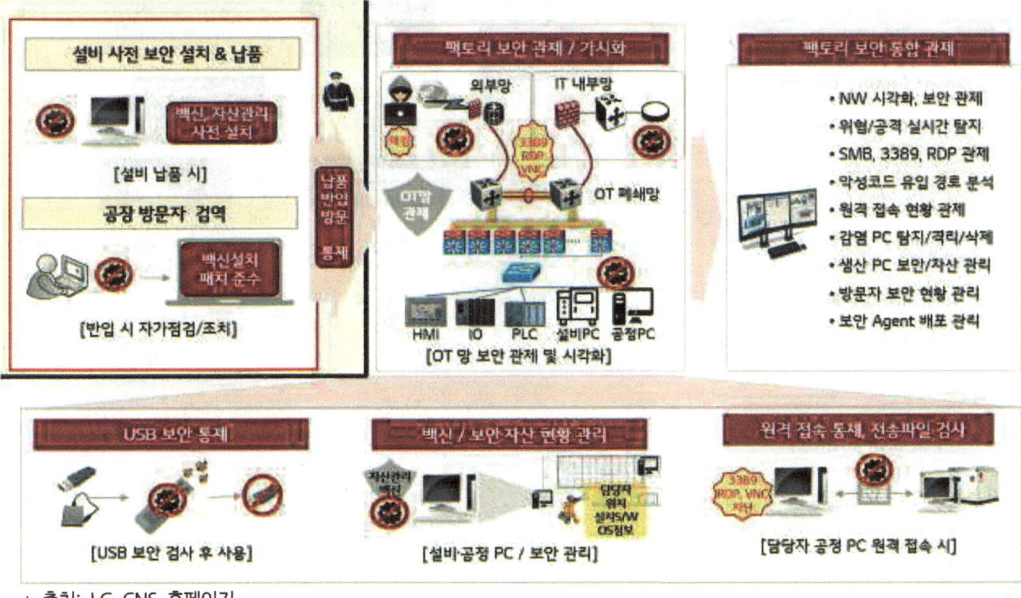

* 출처: LG CNS 홈페이지

- ☐ (SK C&C) 데이터를 수집·통합해 분석하고 효율적 공정 운영, 품질관리, 설비제어를 지원하는 다양한 솔루션 체계를 수립
    - 스마트제조 솔루션은 특정 제조 공정상 데이터뿐만 아니라, 제품 생산·관리와 관련된 전체 밸류체인상 데이터를 실시간 연계·분석해 최적화
    - 물류제어(MCS, Material Control System)·AI 기반 검사 등 자동화 솔루션을 비롯해 생산관리(MES), 품질관리(QMS), 장비 관리 등 제조 운영 솔루션과 통합 분석 솔루션을 제공
- ☐ (포스코 ICT) '15년부터 광양 제철소 후판 공장을 대상으로 스마트제조 시범 사업을 시행하고, 연간 약 160억 원의 원가 절감에 성공
    - 데이터 수집과 분석 플랫폼인 '포스프레임'을 개발해 데이터를 쉽게 활용할 수 있도록 표준화를 구축하고, 기초적인 머신러닝 기법부터 딥러닝 같은 고급 분석기법까지 다양한 분석 도구 활용이 가능

◎ 중소기업 동향

- ☐ (티라유텍) 고객사의 제조 컨설팅, 핵심 솔루션, 시스템 구축 및 운영 등 스마트제조 관련 소프트웨어(SW) 솔루션 전문기업으로 고객사의 스마트제조 투자 확대 등 산업의 고도화로 물류로봇, 클라우드/플랫폼 서비스, 빅데이터 분석을 통한 AI 솔루션까지 사업영역 확장

[티라유텍의 스마트공장 개념도]

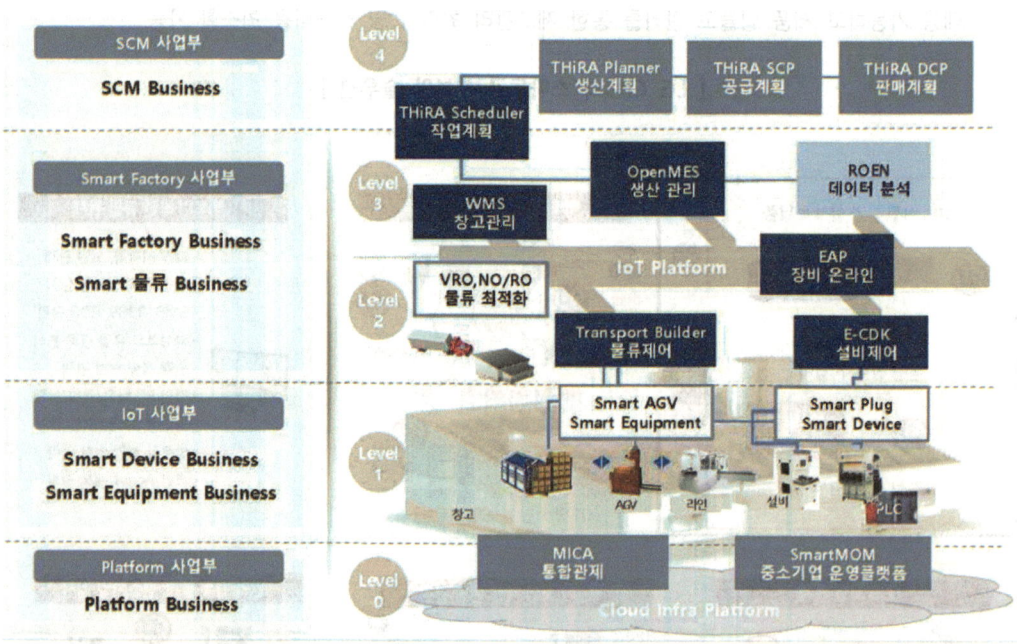

* 출처: LG CNS 홈페이지

☐ (큐빅테크) IoT를 적용한 설비 인터페이스를 통해, 생산공정의 실시간 모니터링, 빅데이터 분석에 따른 통계적 품질관리를 가능하게 하는 솔루션 공급

☐ (에임시스템) 반도체, 태양광, 자동차/기계, 화학/전자재료 등 다양한 분야의 생산정보시스템을 구축하였으며 공장·장비 자동화를 위한 MES 및 제어 솔루션을 보유 중

☐ (디에프엑스(DFX)) 스마트한 의사결정을 위한 공장 레이아웃 컨설팅하는 업체로 시뮬레이션을 통해 체계적인 레이아웃을 설계함으로써 통합적 최적화, 사전 문제분석 및 해소에 의한 개선 효과 극대화, 지속적 프로세스 개선을 통한 업무 혁신을 기대

☐ (엑센솔루션) 자동차 부품, 반도체, 중공업, 기계, 식품, 제약 등 다양한 제조업을 대상으로 MES Master Plan 컨설팅 서비스 및 제조 시스템 구축 서비스를 제공

☐ (한컴 MDS) 산업용 IoT 플랫폼 씽스핀(ThingSPIN) 개발
- 제조 빅데이터를 활용한 설비의 예지 정비 모니터링 시스템으로 공장 내 설비의 사전 이상 진단 및 수명 예측을 통해 최적의 설비상태를 유지토록 하며 자사의 산업용 IoT 플랫폼(씽스핀)과 atvise사의 SCADA 솔루션, FLIR 사의 열적외선 카메라 등을 활용
- 연결성 지원, 시각화 지원, 실시간 지원, 양방향 원격지원 등 데이터의 실시간 수집, 저장, 가시화 구현
- 설비 모니터링, 예지 정비, 에너지 관리 등에 활용할 수 있으며, 실제 세계적 석유가스기업인 Halliburton의 원격 해양 시추 제어시스템을 구축하여 해양 시추 작업정확도 향상, 압력 확인 통한 펌프 변형, 누출의 파악 및 감시, 의도하지 않은 가스, 석유 분출 예방 등을 가능하게 함

[산업용 IoT 플랫폼 ThingSPIN의 기능]

구분	사업 내용
산업용 IoT 플랫폼 (ThingSPIN)	• 데이터의 실시간 수집·저장·가시화를 구현하는 산업용 IoT 플랫폼 • (연결성 지원) 국제 표준 통신 프로토콜(OPC UA) 지원 • (시각화 지원) 시계열 데이터 가시화 지원(차트, 그래프, 표 등) • (실시간 지원) 실시간 데이터 모니터링 및 실시간 이벤트 저장 • (양방향·원격 지원) 기기를 양방향으로 원격에서 제어 가능 • (데이터 호환 지원) 다양한 데이터 출처·유형 및 DB 연동 가능 • (플랫폼 연동 지원) 빅데이터·머신러닝 등 다양한 플랫폼 연동 가능

* 출처: 제조 엔지니어링 설계 기술 및 산업동향 보고서(첨단정보통신융합산업기술원, 2020)

☐ (MIPS) 지속해서 업계 내 기업들을 대상으로 서비스를 제공
- 차별화된 포트폴리오를 활용해 컴퓨팅 효율 극대화를 위한 하드웨어 멀티 스레딩(multi-threading)과 소프트웨어 아이솔레이션을 위한 하드웨어 기반 가상화 서비스를 공급

☐ (퓨쳐메인) 설비에서 발생하는 진동 등의 경향 및 정밀주파수 분석, 고장 패턴 분석 등 복합 분석을 통해 결함 초기 단계에서 이상을 감지하고 적절한 대책을 제시하는 솔루션을 개발하여 서비스

- ☐ (미라콤아이앤씨) 삼화왕관의 스마트제조화 단계별 프로젝트를 추진, 1단계로 정보화를 위한 제조생산시스템(MES) 구축, 2단계로 설비·물류 자동화 구축으로 지능화된 공장을 완성하고, 실시간 수집된 정보를 바탕으로 빠르고 정확한 의사결정 가능
- ☐ (위즈코어) 자동차 부품, 식품, 화장품 등의 다양한 산업군에 기존의 복잡하고 무거운 MES를 단계별로 구성하여 현장에 적용, 구축 기간 단축 등을 통해 통합 모니터링 및 분석 플랫폼으로 확장 서비스 제공
- ☐ (효성인포메이션시스템) 국가정보자원관리원의 '정보자원 통합 및 지능형 클라우드 인프라 시범 구축 사업'에 성공
    - SDC, SDS, SDN을 포함하는 소프트웨어 정의 인프라와 차세대 네트워크인 리프-스파인(Leaf-Spine) 아키텍처, 클라우드 관리 및 자동화 소프트웨어 결합한 솔루션 활용

다. 국내 연구개발 기관 및 동향

1) 연구개발 기관

[스마트제조용 지능형 애플리케이션 분야 주요 연구조직 현황]

기관	소속	연구 분야
한국생산기술연구원	융합생산기술연구소 IT융합공정그룹	• 공정 모니터링 및 최적화 • 재구성 유연 생산 플랫폼 • 실시간 생산 운영 및 설비관리 • 생산 정보화 서비스
한국전자통신연구원	IoT 연구본부 5G 기가서비스연구부문	• ICT 융합형 제조 서비스 실증·확산 기반 구축 사업 • 개인화 제조 서비스 기반 구축 사업 (과학기술정보통신부)
울산과학기술원	기계항공 및 원자력공학부 전기전자컴퓨터공학부 시스템신뢰성 연구실 4차산업혁신연구소	• 클라우드 및 고성능 컴퓨팅 • 스마트 컴퓨팅, 스마트 제어 및 인공지능 • 제조업 4차 산업혁명 플랫폼 구축 • IoT 통신/네트워크 및 스마트 센서 핵심 원천 기술

(2) 기관 기술 개발 동향

- ☐ (한국생산기술연구원) 클라우드 기반의 스마트 제조 플랫폼 & IoT 수집 모듈 개발 (2020-04-01~2020-09-30)
    - 클라우드 환경의 조선산업 배관, 철의장 제작 공장의 스마트 공장 플랫폼 서비스용 웹애플리케이션 구축
    - Open-API를 사용하여 개방형 IoT 애플리케이션 개발
    - 중견/중소기업에 구축된 장치/설비 데이터 송/수신을 방법 조사를 통한 적합한 Interface 개발

- ☐ (한국전자통신연구원) 다양한 멀티 클라우드의 활용·확산을 극대화하는 멀티 클라우드 서비스 공통 프레임워크 기술 개발 (2019-04-01~2022-12-31)
    - 멀티 클라우드 애플리케이션을 위한 특화 서비스 프레임워크 설계 및 프로토타입 개발
    - 멀티 클라우드 서비스 공통 프레임워크를 위한 개방형 API 개발 및 통합 시험
    - 멀티 클라우드 서비스 공통 프레임워크의 클라이언트 도구 개발 및 통합 시험

- ☐ (한국전자기술연구원) 스마트공장 기기 간 상호호환성 확장성을 위한 실시간 연결 전송 및 산업용 통신 기술 개발 (2018-08-01~2020-12-31)
    - 통합 OPC UA Server/Client 및 PubSub 모델 구축 기술 개발
    - IoT, Industry 4.0 Edge, 클라우드 연계 기반 기술 개발
    - 산업용 이더넷 프로세서 기반 TSN 플랫폼 적용 기술 개발
    - 로봇 기반의 실시간 제어 및 동기화 지원 테스트베드 구축

4. 특허 동향

가. 특허동향 분석

(1) 연도별 출원동향

☐ 스마트제조용 지능형 애플리케이션 기술의 지난 20년(2000년~2019년)간 출원동향[96]을 살펴보면 2000년대에는 특허 출원 증감 추이의 큰 변화가 없었으나 2010년대 들어서 증가하는 추세를 보임

- 각 국가별로 살펴보면 미국이 가장 활발한 출원 활동을 보이고 있는 것으로 나타났으며, 유럽, 한국 및 일본도 유사한 추세의 출원 활동이 진행되고 있는 것으로 나타남

☐ 국가별 출원비중을 살펴보면 미국이 전체의 30%의 출원 비중을 차지하고 있어, 최대 출원국으로 스마트제조용 지능형 애플리케이션 분야를 리드하고 있는 것으로 나타났으며, 유럽은 28%, 한국은 26%, 일본은 16% 순으로 나타남

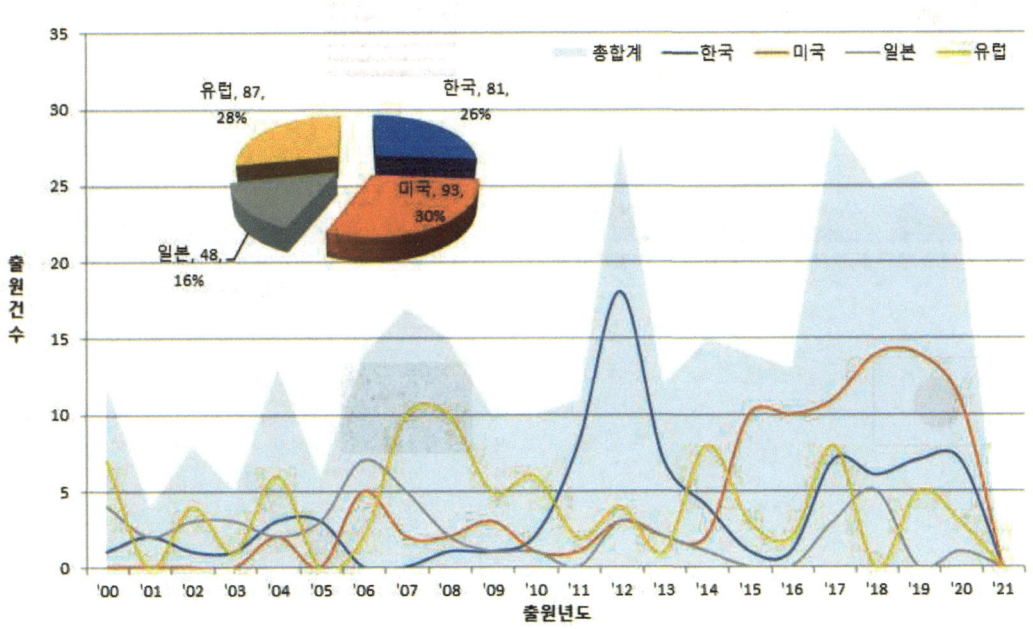

[연도별 출원동향]

---

96) 특허출원 후 1년 6개월이 경과하여야 공개되는 특허제도의 특성상 실제 출원이 이루어졌으나 아직 공개되지 않은 미공개데이터가 존재하여 2020, 2021년 데이터가 적게 나타나는 것에 대하여 유의해야 함

(2) 국가별 내·외국인 출원현황

☐ 한국의 내외국인 출원현황을 살펴보면, 2000년대 초반부터 최근까지 내국인의 출원활동이 활발한 것으로 조사되어, 자국민의 기술개발 활동이 활발하게 진행되고 있는 것으로 분석됨

☐ 미국의 경우, 2000년대에는 외국인의 출원활동이 활발하지 않게 나타났으나, 2010년대 이후에는 외국인의 출원활동이 활발한 것으로 나타나, 해당 기술 분야에서 미국 시장에 대한 관심도가 높은 것으로 나타남

☐ 일본의 내외국인 출원현황은, 분석 초기에는 외국인의 출원활동이 활발하지 않은 것으로 조사되었으나, 최근에는 외국인에 의한 출원활동 비중이 높아진 것으로 나타나, 해외 기업의 진출 가능성이 높은 것으로 나타남

☐ 유럽의 경우, 2000년대 초반부터 최근까지 내국인의 출원 비중이 높은 것으로 나타나, 해당 기술 분야에서 내수 시장 장악도가 높은 것으로 나타남

【 국가별 출원현황 】

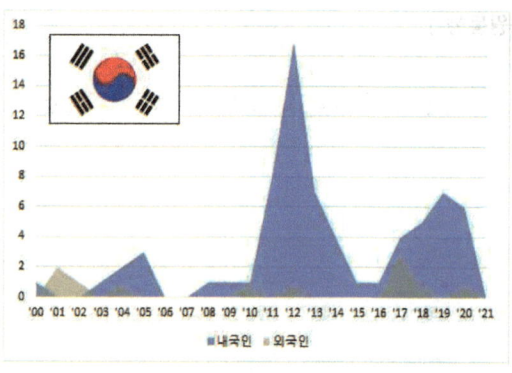
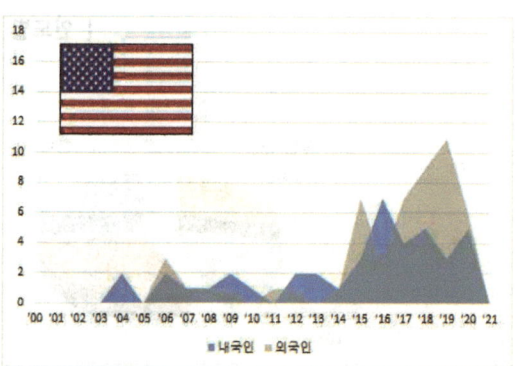
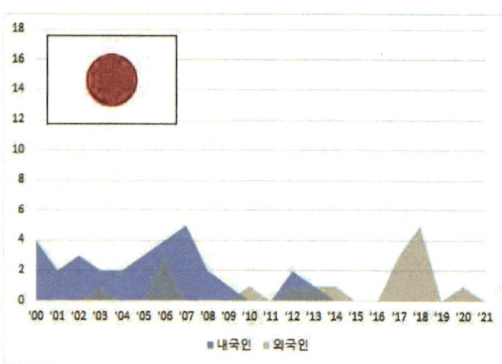
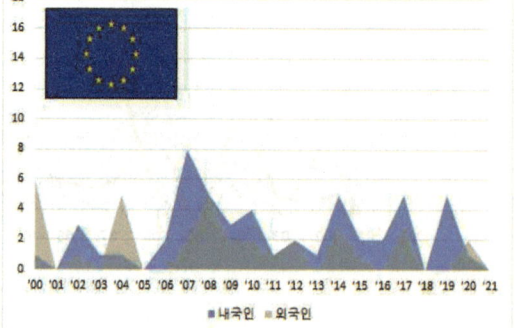

나. 주요 기술 키워드 분석

(1) 기술개발 동향 변화 분석

☐ 스마트제조용 지능형 애플리케이션 기술에 대한 구간별 기술 키워드 분석을 진행하였으며, 전체 분석구간에서 Process Control, Control Device, Software Module, Field Device, Electronic Device, Program Instruction 등 스마트제조용 지능형 애플리케이션 관련 기술 키워드들이 다수 도출

- 최근 분석구간에 대한 기술 키워드 분석 결과, 최근 1구간에는 Control Device, Production Order, Given Workflow, Engineering Time 등의 키워드가 도출되었으며, 2구간에서는 Process Control, Program Instruction, Gateway Device 등 1구간의 주요키워드와 유사한 키워드가 도출

[특허 키워드 변화로 본 기술개발 동향 변화]

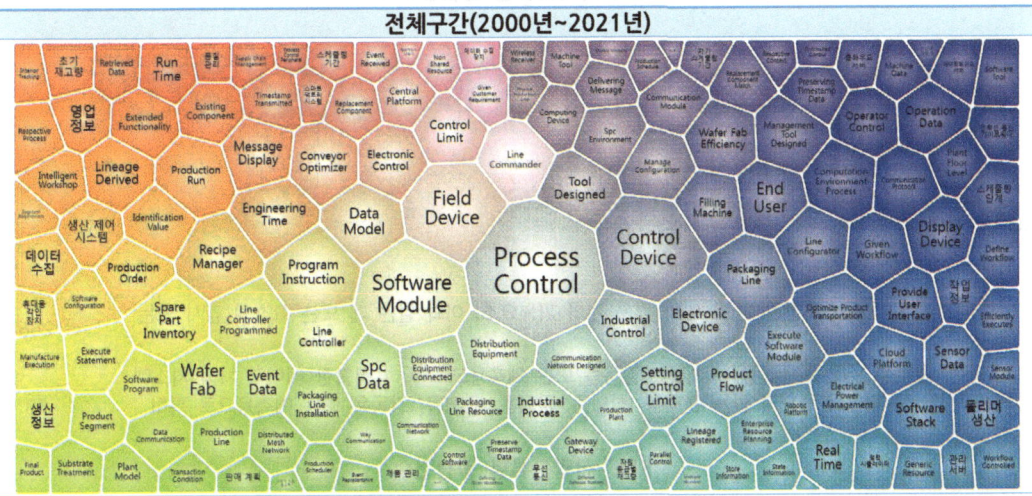

- Process Control, Control Device, Software Module, Field Device, Electronic Device, Program Instruction, Filling Machine, Distribution Equipment, Data Model, Packaging Line, Line Controller, Tool Designed, Industrial Control, Engineering Time

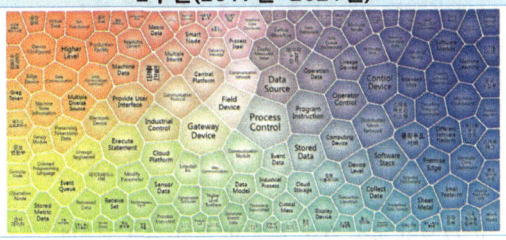

- Control Device, Production Order, Given Workflow, Engineering Time, Process Control, Given Customer Requirement, Data Model, Field Device, 영업 정보, Plant Floor Level, Non Shared Resource, Generic Resource

- Process Control, Program Instruction, Gateway Device, Field Device, Computing Device, Industrial Control, Operator Control, Communication Module, Communication Protocol, Distributed Mesh Network

(2) 기술-산업 현황 분석97)

☐ 스마트제조용 지능형 애플리케이션 기술에 대한 Subclass 기준 IPC 분류결과, 제어계 또는 조정계 일반; 이와 같은 계의 기능요소; 이와 같은 계 또는 요소의 감시 또는 시험장치(G05B) 및 관리용, 상업용, 금융용, 경영용, 감독용 또는 예측용으로 특히 적합한 데이터 처리 시스템 또는 방법; 그 밖에 분류되지 않는 관리용, 상업용, 금융용, 경영용, 감독용 또는 예측용으로 특히 적합한 시스템 또는 방법(G06Q)으로 다수의 특허가 분류되는 것으로 조사됨

☐ KSIC 산업분류 결과, 다수의 특허가 배전반 및 전기 자동제어반 제조업 산업으로 분류되는 것으로 조사됨

[기술-산업 분류 분석]

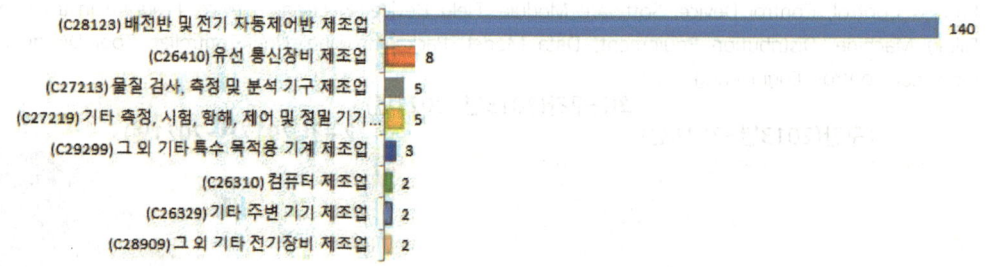

(G05B) 제어계 또는 조정계 일반; 이와 같은 계의 기능요소; 이와 같은 계 또는 요소의 감시 또는 시험장치	256
(G06Q) 관리용, 상업용, 금융용, 경영용, 감독용 또는 예측용으로 특히 적합한 데이터 처리 시스템 또는 방법; 그 밖에 분류되지 않는 관리용, 상업용, 금융용, 경영용, 감독용 또는 예측용으로 특히 적합한 시스템 또는 방법	53

(C28123) 배전반 및 전기 자동제어반 제조업	140
(C26410) 유선 통신장비 제조업	8
(C27213) 물질 검사, 측정 및 분석 기구 제조업	5
(C27219) 기타 측정, 시험, 항해, 제어 및 정밀 기기 제조업	5
(C29299) 그 외 기타 특수 목적용 기계 제조업	3

---

97) 해당제품 특허데이터를 대상으로 윕스 보유 기술·산업·시장 동향 분석 플랫폼 'Build' 활용

다. 주요 출원인 분석

- 스마트제조용 지능형 애플리케이션 기술의 전체 주요출원인(Top 5)을 살펴보면, 주로 한국 국적의 출원인이 다수 포함되어 있는 것으로 나타났으며, 제 1 출원인으로는 독일의 SIEMENS인 것으로 나타남
  - SIEMENS는 독일의 엔지니어링 회사이며, 자동화 및 제어, 에너지, 전력 발전, 철도, 의료 등 사업 부문을 가진 복합기업임
- 스마트제조용 지능형 애플리케이션 기술 관련 국내 주요출원인으로 한국조선해양 및 대우조선해양이 도출되었으며, 한국만 출원을 진행한 것으로 나타남

[주요출원인 동향]

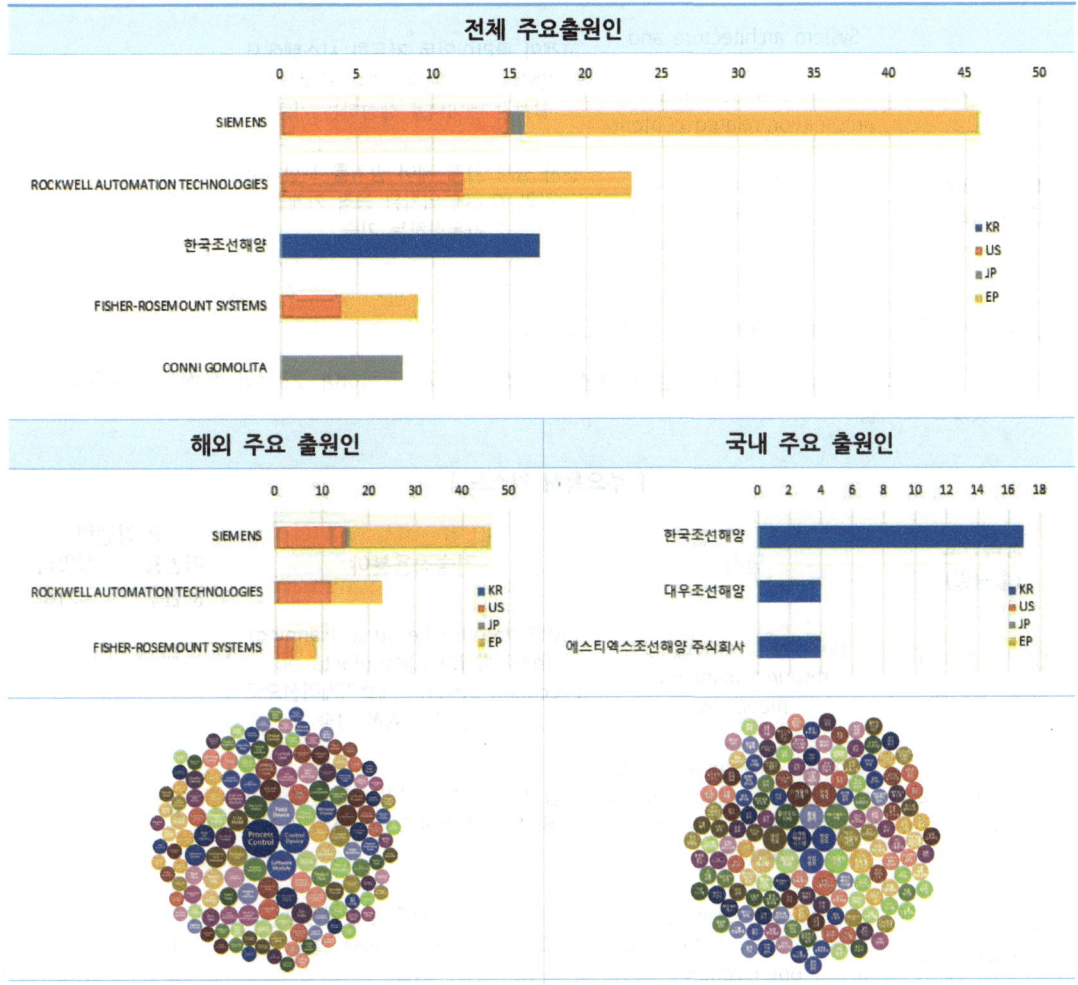

- Process Control, Control Device, Software Module, Field Device, Electronic Device, Program Instruction, Filling Machine
- 스마트 팩토리 시스템, 영업 정보, 작업 정보, 품질 관리, 클라우드 서버, 데이터베이스 서버, 스케줄링 기간, 폴리머 생산, 생산 정보

(1) 해외 주요출원인 주요 특허 분석[98]

☐ SIEMENS

- 유럽 기업으로, 스마트제조용 지능형 애플리케이션 기술과 관련하여 46건의 특허를 출원하고 있는 것으로 조사됨

[주요특허 리스트]

등록번호 (출원일)	명칭	기술적용분야	IP 경쟁력	
			피인용 문헌수	패밀리 국가수
US 9285798 (2012.08.24)	Production management for manufacturing execution systems	공급망을 따라 적시에 식별하고 중단을 처리하는 조직 간 추적 및 추적 시스템	7	3
EP 1407334 (2002.07.05)	System architecture and method for network-delivered automation-related content	고객의 클라이언트 자동화 시스템에서 인터넷을 통해 수집된 제어 프로세스의 실시간 데이터를 생성하는 기술	1	6
EP 1853982 (2006.02.27)	Method for electronically operating a machine tool	전자 공작 기계 제어 장치를 포함하고 작업 장소에 위치된 공작 기계를 자동화하는 기술	0	6

☐ ROCKWELL AUTOMATION TECHNOLOGIES

- 미국 기업으로, 스마트제조용 지능형 애플리케이션 기술과 관련하여 23건의 특허를 출원하고 있는 것으로 조사됨

[주요특허 리스트]

등록번호 (출원일)	명칭	기술적용분야	IP 경쟁력	
			피인용 문헌수	패밀리 국가수
US 10101734 (2017.02.10)	Routing of enterprise resource planning messages	ERP(Enterprise Resource Planning) 메시지를 MES(Manufacturing Execution System) 애플리케이션으로 라우팅하기 위한 기술	6	2
US 10620612 (2018.03.27)	Predictive maintenance and process supervision using a scalable industrial analytics platform	산업 시설에 있는 여러 다양한 소스의 데이터를 통합하고 수집하는 기술	6	1
US 10359767 (2016.02.23)	Secure models for model-based control and optimization	모델 서버의 메모리에 저장된 인스턴스화된 모델 객체를 설계하는 기술	1	3

---

98) 최근 출원특허 중, 등록특허를 기준으로 피인용문헌수 및 패밀리 국가수가 큰 특허를 주요특허로 도출

☐ FISHER-ROSEMOUNT SYSTEMS

- 필리핀 기업으로, 스마트제조용 지능형 애플리케이션 기술과 관련하여 9건의 특허를 출원하고 있는 것으로 조사됨

[주요특허 리스트]

등록번호 (출원일)	명칭	기술적용분야	IP 경쟁력	
			피인용 문헌수	패밀리 국가수
US 10386827 (2016.09.23)	Distributed industrial performance monitoring and analytics platform	분산 공정 제어 시스템에서 데이터를 모니터링하고 분석하기 위한 시스템	68	9
EP 2048561 (2008.09.16)	Methods and apparatus to upgrade and provide control redundancy in process plants	공정 플랜트에서 제어 중복성을 업그레이드 하는 기술	11	6
US 11137745 (2018.04.30)	Open architecture industrial control system	개방 구조 산업 제어 시스템	5	6

(2) 국내 주요출원인 주요 특허 분석[99]

☐ 한국조선해양

- 스마트제조용 지능형 애플리케이션 기술과 관련하여 한국을 위주로 17건의 특허를 출원하고 있는 것으로 조사됨

[주요특허 리스트]

공개번호 (출원일)	명칭	기술적용분야	IP 경쟁력	
			피인용 문헌수	패밀리 국가수
KR 2013-0082682 (2011.12.14)	Ｅｒｐ를 이용한 배관 도면 관리 시스템 및 그 방법	EPR 서버에 접속하여 검색 페이지를 통해 검색조건을 입력하여 현장 생산작업에 필요한 도면 관련 정보를 제공하는 기술	2	1
KR 2013-0044880 (2011.10.25)	자재 물량 관리 시스템	자재 물량에 대한 정보를 자동으로 획득하여 작업 공수 감소 및 작업의 효율성을 증진시키기 위한 기술	2	1
KR 2014-0102017 (2013.02.13)	선박의 조인트 물량 산출 시스템 및 방법	선박의 배관품 설치 작업에 소요되는 공수 산정용 의장 조인트 물량 산출 시스템	1	1

---

99) 최근 출원특허 중, 등록특허를 기준으로 피인용문헌수 및 패밀리 국가수가 큰 특허를 주요특허로 도출

전략제품 현황분석

☐ 대우조선해양

- 스마트제조용 지능형 애플리케이션 기술과 관련하여 한국을 위주로 4건의 특허를 출원하고 있는 것으로 조사됨

[주요특허 리스트]

등록/공개번호 (출원일)	명칭	기술적용분야	IP 경쟁력	
			피인용 문헌수	패밀리 국가수
KR 1584575 (2014.11.28)	선박의 제조공정 관리 시스템 및 그 방법	선박의 건조시 설계 개정도 등록, 작업지시 리뷰/확정, 자재 신청, 작업지시 및 실적 등록, 작업 확인, 선행/후행의 인수 및 검사 과정을 관리하는 기술	3	1
KR 1451372 (2012.10.31)	잠수함 건조를 위한 생산 bom 생성 방법	일반 확정 계약으로 잠수함을 건조하는 기술	2	1
KR 2013-0027069 (2011.09.05)	선박제조 시 실시간 공정실적 집계, 모니터링 장치 및 방법	선박제조 시 공정실적 실시간 집계, 모니터링 기술	2	1

☐ 에스티엑스조선해양 주식회사

- 스마트제조용 지능형 애플리케이션 기술과 관련하여 한국을 위주로 4건의 특허를 출원하고 있는 것으로 조사됨

[주요특허 리스트]

등록/공개번호 (출원일)	명칭	기술적용분야	IP 경쟁력	
			피인용 문헌수	패밀리 국가수
KR 1343691 (2012.02.06)	용접재료 투입량 관리 방법 및 그 시스템	데이터 베이스 시스템 및 ERP 시스템을 이용하여 용접재료 투입량을 관리하는 기술	2	1
KR 1485635 (2012.09.17)	시뮬레이션 기반 강재 관리 시스템 및 그 방법	전처리 계획, 이적 계획 및 적치 계획 수립시 시뮬레이션을 수행하는 기술	0	1
KR 2013-0100804 (2012.01.31)	이알피 시스템을 이용한 경하 중량 산출 시스템 및 그 방법	선박 건조시 ERP(Enterprise resource planning) 시스템을 이용한 경하 중량 산출 시스템	1	1

라. 기술진입장벽 분석

(1) 기술 집중력 분석[100]

☐ 스마트제조용 지능형 애플리케이션 관련 기술에 대한 시장관점의 기술독점 현황분석을 위해 집중률 지수(CRn) 분석 결과, 상위 4개 기업의 시장점유율이 30.7으로 독과점 정도가 보통 수준으로 분석되어 주요 출원인들 간의 시장 경쟁이 치열하게 이루어지는 경쟁적 시장으로, 규제 당국이 목표로 하는 경쟁 강도의 보통 범위에 속하는 것으로 분석됨

☐ 국내 시장에서 중소기업의 점유율 분석결과 64.2로 스마트제조용 지능형 애플리케이션 기술에서 중소기업의 점유율은 매우 높은 것으로 분석되고, 국내 시장에서 중소기업의 진입장벽은 낮은 것으로 판단됨

[주요출원인 및 한국 중소기업 집중력 분석]

	주요출원인	출원건수	특허점유율	CRn	n
주요 출원인 집중력	SIEMENS(독일)	46	14.9%	14.9	1
	ROCKWELL AUTOMATION TECHNOLOGIES(미국)	23	7.4%	22.3	2
	한국조선해양(한국)	17	5.5%	27.8	3
	FISHER-ROSEMOUNT SYSTEMS(필리핀)	9	2.9%	30.7	4
	CONNI GOMOLITA(일본)	8	2.6%	33.3	5
	GUANGDONG UNIVERSITY OF TECHNOLOGY(중국)	7	2.3%	35.6	6
	APPLIED MATERIALS(미국)	6	1.9%	37.5	7
	TRUMPF WERKZEUGMASCHINEN(독일)	5	1.6%	39.2	8
	TETRA LAVAL HOLDINGS & FINANCE(스위스)	4	1.3%	40.5	9
	대우조선해양(한국)	4	1.3%	41.7	10
	전체	309	100%	CR4=30.7	
	출원인 구분	출원건수	특허점유율	CRn	n
국내시장 중소기업 집중력	중소기업(개인)	52	64.2%	64.2	중소기업
	대기업	14	17.3%		
	연구기관/대학	4	4.9%		
	기타(외국인)	11	13.6%		
	전체	81	100%	CR중소기업=64.2	

---

100) 상위 몇 개 기업의 특허점유율을 합한 것으로, 특허동향조사에서는 통상 CR4를 사용하며, CRn값이 0에 가까울수록 시장 독과점 수준이 낮은 것을 의미하고, CR4 값이 40에서 60일 경우(CR1 지수는 50 이상일 경우, CR2 또는 CR3 지수는 75 이상일 경우) 시장의 독과점 수준이 높은 것으로 해석됨

CRn(집중률지수, Concentration Ratio n) = (1위 출원인의 특허점유율) + ... + (n위 출원인의 특허점유율)

(2) IP 경쟁력 분석[101]

☐ 스마트제조용 지능형 애플리케이션 기술의 주요출원인들의 IP 경쟁력 분석결과, FISHER-ROSEMOUNT SYSTEMS의 기술영향력 및 시장확보력이 가장 높은 것으로 분석됨

- FISHER-ROSEMOUNT SYSTEMS : 영향력지수(PII) 4.70 / 시장확보력(PFS) 2.13

☐ 1사분면으로 도출된 FISHER-ROSEMOUNT SYSTEMS, APPLIED MATERIALS의 특허가 시장확보력 및 질적 수준이 높은 특허로, 기술적 파급력과 상업적 가치가 큰 것으로 해석됨

[주요출원인 IP 경쟁력 분석]

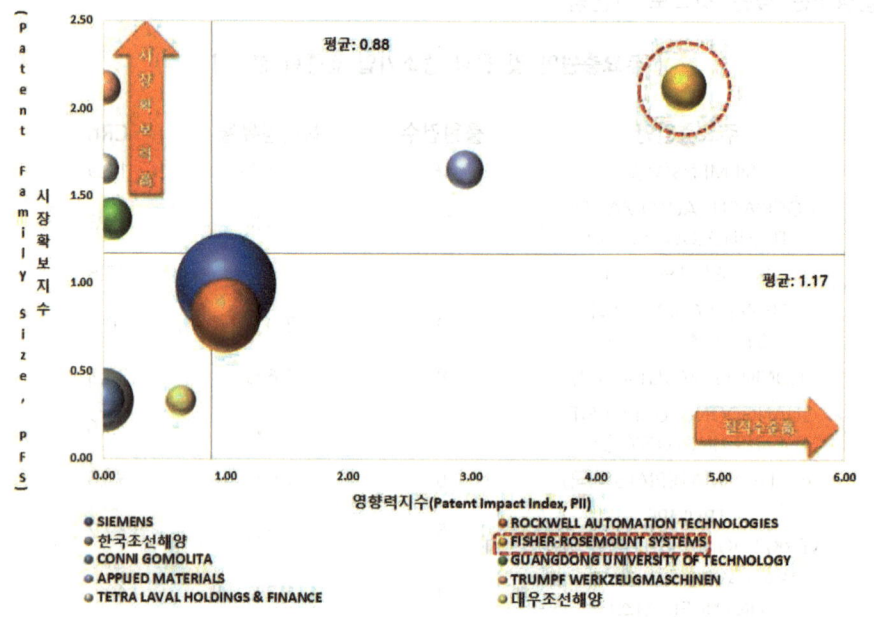

FISHER-ROSEM OUNT SYSTEMS	▪ (US 10386827) Distributed industrial performance monitoring and analytics platform ▪ (EP 2048561) Methods and apparatus to upgrade and provide control redundancy in process plants ▪ (US 11137745) Open architecture industrial control system

* **영향력지수(Patent Impact Index, PII)**: 다른 경쟁주체의 기술수준이 고려된 특정한 주체의 '상대적인' 기술적 중요도 또는 혁신성과의 가치 정보가 포함된 기술수준으로, 특허의 피인용 횟수를 특정 기술분야 내에서의 상대적인 값으로 전환시킨 지수임
* **시장확보지수(Patent Family Size, PFS)**: 특정 주체가 특정 기술분야에서 소수의 특정 국가에서만 시장확보를 하고자 하는지 아니면 다수의 세계 주요 국가들에서 시장확보를 하고자 하는지에 대한 분석으로, PFS가 높은 특허는 그만큼 상업적 가치가 큰 기술에 대한 특허인 것으로 해석될 수 있으며, PFS가 높은 출원인은 세계 여러 국가에서 사업을 하고 있는 출원인인 것으로 해석될 수 있음(2020 공공 R&D 특허기술동향조사 가이드라인, 한국특허전략개발원)
* **버블크기**: 출원 특허 건 수 비례

---

101) PFS = 특정 주체의 평균 패밀리 국가 수 / 전체 평균 패밀리 국가 수
　　PII = 특정 주체 보유특허의 피인용도[CPP] / 전체 유효특허의 피인용도

5. 요소기술 도출

가. 특허 기반 토픽 도출

☐ 309개의 특허의 내용을 분석하여 구성 성분이 유사한 것끼리 클러스터링을 시도하여 대표성이 있는 토픽을 도출

[스마트제조용 지능형 애플리케이션에 대한 토픽 클러스터링 결과]

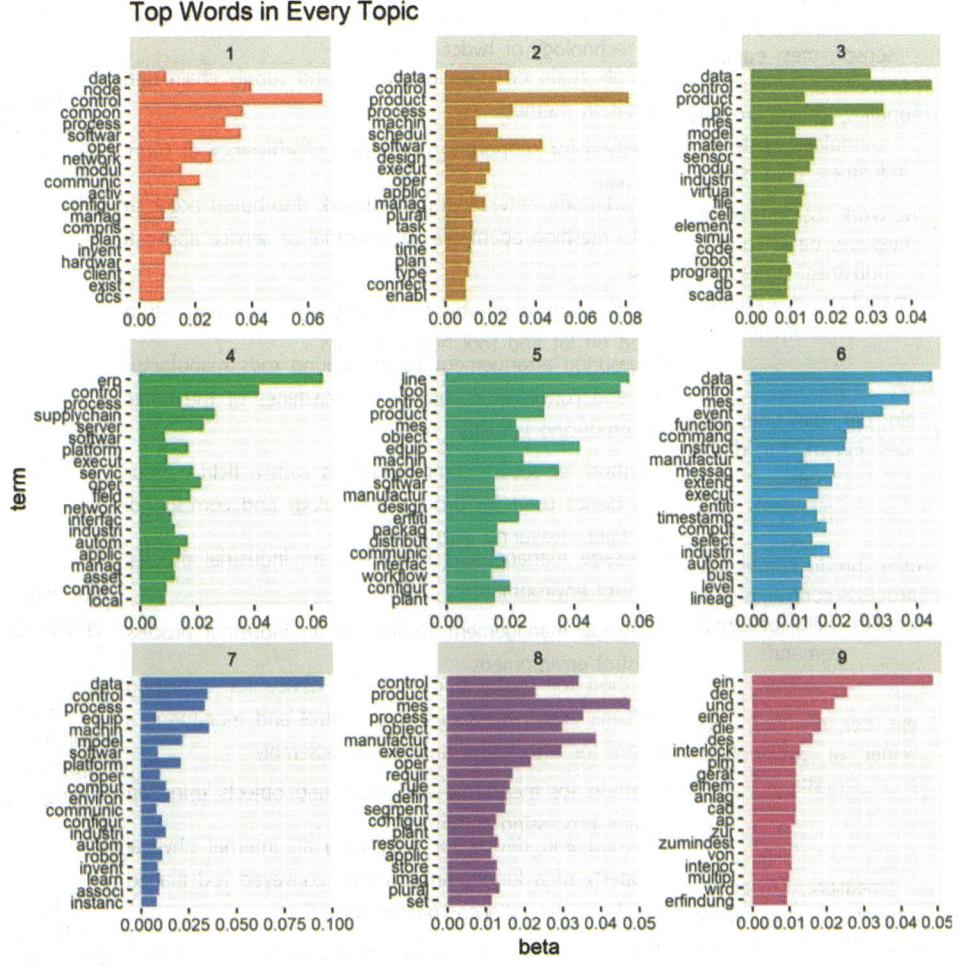

나. LDA[102] 클러스터링 기반 요소기술 도출

[LDA 클러스터링 기반 요소기술 키워드 도출]

No.	상위 키워드	대표적 관련 특허	요소기술 후보
클러스터 01	mes, message, execute, display, select, entities, extend, function, database, communicate	• Extending mes functionalities in a bus-based architecture • Exchanging messages in a mes system	-
클러스터 02	message, work flow, set, data, object, execute, comprise, sensor, mes, equip	• Controlling a manufacturing plant with a mes system • Redundant transmission of data messages for the control technology of hvdct systems	AI 활용 데이터 분석 및 최적화 기술
클러스터 03	material, product, supplies, chain, process, simulate, cost, industries, plan, stock	• Supply chain optimization system and supply chain optimization method • Method for supporting promotion of efficiency of supply chain	AI 활용 데이터 분석 및 최적화 기술
클러스터 04	network, communicate, message, data, control, industries, process, manufacture, execute, component	• Smart node network for a network distributed according to meshing adaptable to industrial or service applications • Method and apparatus for scheduling production lots based on lot and tool health metrics	-
클러스터 05	ein, der, die, und, mit, des, einem, zur, dem, das	• Measuring arrangement for measuring rods manufactured and conveyed in rod-making machines of the tobacco-producing industry • Method for secure communications with a field measuring device used for process technology and corresponding field measuring instrument	불량 원인 진단 및 품질 예측 기술
클러스터 06	oper, product, message, process, control, signal, supplies, field, processor, demand	• Message management facility for an industrial process control environment • Message management facility for an industrial process control environment	설비 제어 시스템 인터페이싱 기술
클러스터 07	ein, der, die, des, und, einer, ist, zur, wobei, von	• Method for configuring a display device for displaying dynamic alarm messages of a control and monitoring system for a technical automation assembly • Method for measuring and inspecting objects using an image processing system	비정형 빅데이터(동영상, 이미지 등 고속 분석 기술)
클러스터 08	measure, object, comprise, invent, sensor, value, detect, industries, node, target	• Method and device for measuring an internal physical property of a longitudinally axially conveyed rod-shaped article of the tobacco- processing industry • System for rough localization of moveable cooperative targets during laser tracker based industrial object measurement	위치인식 및 환경인지 기반 물류 자동화 기술
클러스터 09	data, product, manufacture, entities, chain, supplies, resource, item, process, configur	• Supply chain model generation system • Managing design updates in a manufacturing execution system	설비 내외부 환경 변화 대응형 설비 운영 기술

102) Latent Dirichlet Allocation

다. 특허 분류체계 기반 요소기술 도출

☐ 스마트제조용 보안시스템 관련 특허에서 총 3개의 주요 IPC코드(메인그룹)를 산출하였으며, 각 그룹의 정의를 기반으로 요소기술 키워드를 아래와 같이 도출

[IPC 분류체계에 기반한 요소기술 도출]

IPC 기술트리		요소기술 후보
(서브클래스) 내용	(메인그룹) 내용	
(G06F) 전기에 의한 디지털 데이터처리	• (G06F-021) 부정행위로부터 프로그램 또는 데이터, 그 컴퓨터 부품을 보호하기 위한 보안 장치	-
(H04L) 디지털 정보의 전송, 예. 전신통신	• (H04L-009) 비밀 또는 보안통신을 위한 배치	-
(H04W) 무선통신네트워크	• (H04W-012) 보안 장치, 예. 접속 보안 또는 부정 검출; 인증, 예. 사용자 신원 또는 권한 검증; 프라이버시 또는 익명성 보호	-

라. 최종 요소기술 도출

☐ 산업·시장 분석, 기술(특허)분석, 전문가 의견, 타부처 로드맵, 중소기업 기술수요를 바탕으로 로드맵 기획을 위하여 요소기술 도출

☐ 요소기술을 대상으로 전문가를 통해 기술의 범위, 요소기술 간 중복성 등을 조정·검토하여 최종 요소기술명 확정

[스마트제조용 지능형 애플리케이션 분야 요소기술 도출]

요소기술	출처
비정형 빅데이터(동영상, 이미지 등 고속 분석 기술)	특허 클러스터링, 전문가 추천
AI 활용 데이터 분석 및 최적화 기술	특허 클러스터링, 전문가 추천
데이터 분석을 통한 최적 솔루션 제공 기술	전문가 추천
설비 제어 시스템 인터페이싱 기술	특허 클러스터링, 전문가 추천
불량 원인 진단 및 품질 예측 기술	특허 클러스터링, 전문가 추천
유연생상을 위한 동적 스케쥴링 기술	전문가 추천
생산 공정 자동화를 위한 설계 기술	전문가 추천
설비 내외부 환경 변화 대응형 설비 운영 기술	전문가 추천
위치인식 및 환경인지 기반 물류 자동화 기술	특허 클러스터링, 전문가 추천

6. 전략제품 기술로드맵

가. 핵심기술 선정 절차

☐ 특허 분석을 통한 요소기술과 기술수요와 각종 문헌을 기반으로 한 요소기술, 전문가 추천 요소기술을 종합하여 요소기술을 도출한 후, 핵심기술 선정위원회의 평가과정 및 검토/보완을 거쳐 핵심기술 확정

☐ 핵심기술 선정 지표: 기술개발 시급성, 기술개발 파급성, 기술의 중요성 및 중소기업 적합성
  ■ 장기로드맵 전략제품의 경우, 기술개발 파급성 지표를 중장기 기술개발 파급성으로 대체

[핵심기술 선정 프로세스]

① 요소기술 도출	② 핵심기술 선정위원회 개최	③ 핵심기술 검토 및 보완	④ 핵심기술 확정
• 전략제품 현황 분석 • LDA 클러스터링 및 특허 IPC 분류체계 • 전문가 추천	• 전략분야별 핵심기술 선정위원의 평가를 종합하여 요소기술 중 핵심기술 선정	• 선정된 핵심기술에 대해서 중복성 검토 • 미흡한 전략제품에 대해서 핵심기술 보완	• 확정된 핵심기술을 대상으로 전략제품별 로드맵 구축 개시

나. 핵심기술 리스트

[스마트제조용 지능형 애플리케이션 분야 핵심기술]

핵심기술	개요
비정형 빅데이터(동영상, 이미지 등) 고속 분석 기술	• 디바이스를 통해 수집된 가공되지 않은 비정형 빅데이터를 가시화 및 빠른 분석을 수행하는 기술 • 동영상, 이미지 등의 비정형 빅데이터를 비전처리 할 수 있는 기술 • 비정형 데이터에서 패턴 및 예측을 도출
AI활용 데이터 분석 및 최적화 기술	• AI 기술을 활용하여 실시간 데이터 분석을 통한 인사이트를 도출/분석/활용하는 기술 • 딥러닝 기술 등을 활용하여 데이터를 분석하고 최적의 데이터를 시뮬레이션하는 기술 • 비정형 데이터의 수집 및 피쳐 정의
설비 제어시스템 인터페이싱 기술	• 이종의 설비 제어시스템에 대한 정보 변환 및 인터페이스 연결 기술 • 설비, 장비 등의 성능과 공정과정을 관리할 수 있는 시스템과 상호작용할 수 있는 인터페이스 구현 기술 • 설비 제어시스템의 기능 정의 및 인터페이스 구축
불량 원인 진단 및 품질 예측 기술	• 육안으로 식별할 수 있는 모든 불량에 대한 진단 및 머신비전을 활용한 정확한 품질 예측 기술 • 제품, 공정, 설비 시스템의 오류를 비전처리로 진단하고, 모니터링하여 제조된 제품의 품질을 예측할 수 있는 기술 및 제품의 불량률 예측 기술
유연생산을 위한 동적 스케줄링 기술	• 공장의 실시간 상태에 따른 최적 생산계획 도출을 지원하는 동적 생산 스케줄링 기술 • 생산관리에 유연성을 더할 수 있도록 데이터와 상호작용하여 스케줄을 조정할 수 있는 기술 • 유연생산을 위한 동적 스케줄링 기술

다. 중소기업 기술개발 전략

☐ 다양한 장비의 인터페이싱과 데이터 통합기술 개발로 중소기업용 스마트제조 기반 솔루션 제공

☐ AI를 접목한 실시간 생산성 및 불량 분석과 최적화 등 제조업에서 사용할 수 있는 MES+ 개발

☐ ERP, SCM, MES 등의 기존의 다양한 애플리케이션 간의 연동으로 가치사슬 전체 최적화

☐ 현장 데이터 수집 최적화 방안 및 데이터 처리, 실시간 모니터링, 분석 최적화

라. 기술개발 로드맵

(1) 중기 기술개발 로드맵

[스마트제조용 지능형 애플리케이션 기술개발 로드맵]

스마트제조용 지능형 애플리케이션	공정설계, 제조실행 분석, 품질분석 등 지능형 애플리케이션을 통해 시스템 간 유연성, 지능성, 실시간성을 확보			최종 목표
	2022년	2023년	2024년	
비정형 빅데이터 (동영상, 이미지 등) 고속 분석 기술	━━━━━━━━━━▶			• 대용량 빅데이터실시간 분석 및 시각화 기술 개발 • 제품공정과정의 산출물의 적절성 분석 및 평가기술 개발 • 비정형 데이터 준 실시간 분석
AI활용 데이터 분석 및 최적화 기술	━━━━━━━━━━▶			• AI 기반 데이터 분류/매칭 기술 개발 • 다속성 데이터의 분석 및 평가기술 개발 • AI를 위한 데이터 최적화
설비 제어 시스템 인터페이싱 기술	━━━━━━━━━━▶			• 이종 설비 제어시스템 간 연결 기술 개발 • 설비제어를 위한 인터페이스구현 • 설비제어 시스템의 전산 운영
불량 원인 진단 및 품질 예측 기술	━━━━━━━━━━▶			• 현장 제약 극복 딥러닝 기반 머신비전 기술 개발 • 불량, 품질 평가 기술 개발 • 범용적으로 사용이 가능한 품질 예측
유연생산을 위한 동적 스케줄링 기술	━━━━━━━━━━▶			• 다품종 제품 개발 지원 동적 생산 스케쥴링 기술 개발 • 생산 데이터처리 및 동적 스케줄링 알고리즘 개발 • 동적으로 변경되는 스케쥴러개발

(2) 기술개발 목표

□ 최종 중소기업 기술로드맵은 기술/시장 니즈, 연차별 개발계획, 최종목표 등을 제시함으로써 중소기업의 기술개발 방향성을 제시

[스마트제조용 지능형 애플리케이션 핵심요소기술 연구목표]

핵심기술	기술요구사항	연차별 개발목표			최종목표	연계R&D 유형
		1차년도	2차년도	3차년도		
비정형 빅데이터 (동영상, 이미지 등) 고속 분석 기술	빅데이터 분석	비정형데이터 모델링 및 최적 관리 기능 개발	비정형 데이터 분석 기능 개발	인터랙티브 데이터 검색과 시각화	대용량 빅데이터실시간 분석 및 시각화 기술 개발	기술혁신
	비정형빅데이터 분석속도와 매칭율	90%이상	95%이상	99%이상	제품공정과정의 산출물의 적절성 분석 및 평가기술 개발	창업형
	분석 정확도	분석 기술 완성	70% 이상의 정확도	90% 이상의 정확도	비정형 데이터 준 실시간 분석	기술혁신
AI활용 데이터 분석 및 최적화 기술	데이터 매칭률 (%)	90% 이상	95% 이상	98% 이상	AI 기반 데이터 분류/매칭 기술 개발	상용화
	공정 적합율	90%이상	95%이상	99%이상	다속성 데이터의 분석 및 평가기술 개발	산학연
	수집데이터의 표준화	데이터 표준화 기술 완성	비정형 데이터 정의 완료	AI를 위한 수집 데이터 표준화 완료	AI를 위한 데이터 최적화	산학연
설비 제어 시스템 인터페이싱 기술	연결성공율 (%)	95% 이상	98% 이상	-	이종 설비 제어시스템 간 연결 기술	산학연
	설비제어 기술	90%이상	95%이상	99%이상	설비제어를 위한 인터페이스구현	기술혁신
	인터페이싱 동작률	제어 시스템 기능 정의	인터페이스 개발	제어시스템 인터페이스 100% 동작	설비 제어 시스템의 전산 운영	상용화
불량 원인 진단 및 품질 예측 기술	불량 검출율(%)	90% 이상	95% 이상	98% 이상	현장 제약 극복 딥러닝 기반 머신비전 기술 개발	산학연
	공정모니터링 기술	80%이상	90%이상	99%이상	불량, 품질 평가 기술 개발	산학연
	2종 이상의 제품 불량 판별	품질 예측률 60%	품질 예측률 80%	품질 예측률 95%	범용적으로 사용이 가능한 품질 예측	기술혁신
유연생산을 위한 동적 스케쥴링 기술	동적 생산 스케줄링	제품 특징별 생산 정보 학습 기술 개발	공정/작업자 간 상태 정보 분석을 통한 예측 알고리즘 개발	실시간 상태 정보에 따른 유연생산 지원 동적 스케줄링	다품종 제품 개발 지원 동적 생산 스케줄링 기술 개발	창업형
	시스템 모니터링기술	80%이상	85%이상	90%이상	생산 데이터처리 및 동적 스케줄링 알고리즘 개발	상용화
	스케쥴링 기술 개발	생산 스케줄 정의	동적 스케줄러 개발	-	동적으로 변경되는 스케쥴러	상용화

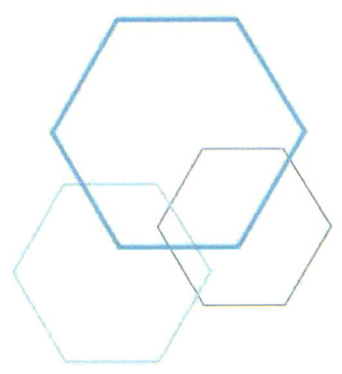

전략제품 현황분석

스마트제조용 웨어러블 기기

스마트제조용 웨어러블 기기

정의 및 범위

- 제조용 웨어러블 기기란 CPS, AR/VR 기술, 시스템 등을 활용하여 작업자가 착용할 수 있고, 스마트제조 활동을 간접적으로 도와주는 장비나 도구를 의미
- 복잡한 제조과정에서 증강현실 및 가상현실 기술을 활용하여 업무에 필요한 정보와 데이터를 즉각적으로 확인하여 공정 과정을 분석/파악하고 제조공정을 제어하며, 향후 효율적인 제조공정의 계획이 가능하게 하는 기술을 포함

전략 제품 관련 동향

시장 현황 및 전망	제품 산업 특징
• (세계) 산업용 웨어러블 세계 시장 규모는 2019년 38억 달러에서 2025년 77억 달러로 연평균 12.4%로 성장할 것으로 전망 • (국내) 국내 웨어러블 기기 시장은 2019년 7,140억 원에서 2025년 3조 4,465억 원으로 연평균 30.0%로 성장할 것으로 전망	• 차세대 미디어로서 VR·AR 분야에 글로벌 IT 기업 및 스타트업 진입 활성화 • 금융권에서 스마트워치, 안경, 손목 밴드 등과 같은 형태의 웨어러블 기기 활용한 결제 영역에서의 활발한 활용 • ICT 기술을 활용해 웨어러블 디바이스를 다양한 산업에 적용 가능 (헬스케어, 엔터테인먼트 용 등)
정책 동향	기술 동향
• 과학기술정보통신부는 '가상·증강현실 분야 선제적 규제 혁신 로드맵'을 발표하여 VR·AR 관련 규제를 개선 중 • 정부의 혁신성장동력 13개 분야 중 하나로 VR·AR 추진 • 산업통상자원부는 VR·AR를 이용한 오락, 교육뿐만 아니라 교통, 제조, 의료, 국방 등으로 산업 확대 정책 추진	• 헬스케어 웨어러블 스마트 디바이스는 다양하게 사용되면서 활용 범위가 확대되고, 이를 통해 안전 및 건강관리를 더욱 편리하게 하여 삶의 질을 개선하는 효과 기대 • 제조업에서 VR·AR 기술을 활용하면 공정, 조립과정 등을 미리 계획하고 시험하여 기기가 보조역할을 하여 숙련공 육성과 인력의 기술 수준 균일성 확보 가능
핵심 플레이어	핵심기술
• (해외) Apple, Huawei, Fitbit, GE, UPSkill, 미쯔비시, MS, Vuzix, Autodesk, VEC, ESI Group • (대기업) 삼성, 네이버랩스 • (중소기업) 제일모직, 증강기능, 버넥트, 테크빌교육, YJ링크, 맥스트, 마젠타로보틱스, 디지테크정보, 익스트리플	• 영상·통신 기능 웨어러블 기기 기술 • 증강현실용 Inside-out tracking AI 카메라 디바이스 • 웨어러블 휴먼 모션 정보 실시간 트래킹 디바이스 • 실내용 정밀 공간 좌표 인식 웨어러블 디바이스 • 웨어러블 제스쳐 기반 입력 인터페이스 디바이스

중소기업 기술개발 전략

→ AR/VR 관련 디바이스에 대한 영상/신호처리 지연율 보정 등의 핵심 알고리즘 기술개발
→ AR/VR 기술은 다양한 산업 영역에 대해 통합적 관점의 기술개발 전략 수립이 필요
→ 다양한 영역에서 정보통신(ICT) 기술을 활용함에 따라 다양한 산업에 활용될 가능성이 커 산업 내 특화 기술과 규제 환경 등을 고려한 제품 개발에 집중 필요

1. 개요

가. 정의 및 필요성

(1) 정의

☐ 제조용 웨어러블 기기란 CPS, AR/VR 기술, 시스템 등을 활용하여 작업자가 착용할 수 있고, 스마트제조 활동을 간접적으로 도와주는 장비나 도구를 의미

☐ 스마트제조용 웨어러블 기기 시뮬레이션 기술개발 및 보급

- 제조기업을 대상으로 기존 작업자의 작업 능률을 향상시키거나 도움을 주는 시뮬레이션 사용
- 개방형 시뮬레이션 기술로 확장하여 제조기업들의 유사 공정을 대상으로 스마트 웨어러블 기기 운용에 대한 타당성 분석과 운영 방안 제공
- 스마트제조용 웨어러블 기기에 특화된 다양한 add-in 지원 모듈을 개발하여 기존 시뮬레이션에 추가함으로써 스마트제조 도입 사전 검증용 시뮬레이션 기술 수준 제고

[스마트제조에서 스마트제조용 웨어러블 기기의 위치]

* 출처 : 네모아이씨지 자체 작성

(2) 필요성

☐ 실시간 3D 형식의 정보 제공을 통해 실수의 사전 방지와 작업의 효율성 제공

- 중소기업의 경우 모든 시스템을 통합하는 것은 현실적으로 불가능, 시스템 내부에서 작업자와의 실시간 상호작용을 위한 웨어러블 기기가 실용적
- 시스템에서 얻어진 데이터가 불완전할 때 작업자가 획득하는 데이터를 연계시킬 필요가 있으며, 연계되는 데이터도 공정과 종합되어야 하나 현실에서는 정합성이 떨어지는 경우가 다수
- 시뮬레이션을 통해 공정의 데이터, 컴포넌트 시퀀싱, 예상 시간 등의 정보들을 알 수 있고, 이를 바탕으로 여러 대안 간의 비교가 가능해져 엔지니어가 가상현실을 이용하여 사전에 조립과 분해 순서를 평가하고 최적화시킬 뿐만 아니라 제조공정에 필요한 시간, 지원과 툴링에 대해서 확인 가능
- 제조공정에서 오류가 생기는 것을 사전에 방지할 수 있을 뿐만 아니라, 원하는 제품을 생산해내는 데 가장 효율적인 공정을 찾고, 해당 공정의 타당성과 실현 가능성을 평가

☐ 세부적인 공정 과정에 부분적으로도 적용할 수 있어 전체 공정 통합에 기여

- 가상현실은 직업훈련뿐만 아니라 직원들이 다양하고 복잡한 공정을 한눈에 파악할 수 있도록 도와주며, 관리자는 공정 전체를 살펴 어떤 기능의 개선이 생산성을 높이고 직원의 스트레스를 줄일 수 있는지 등을 확인 가능
- 재고·유통관리 등 물류관리에서도 증강현실 기술의 활용 가치가 높으며, 증강현실 안경이 상품의 바코드를 인식하면 어디로 이동되어야 할 제품인지, 재고가 어느 정도 쌓여있는지 등을 알려줘 관리가 수월해지고, 제품을 찾기 위해 드는 조사비용이 감소하며, 필요한 자료는 자동으로 업데이트되어 증강현실 기기를 통해 사람들에게 실시간으로 전달
- 직원이 복잡한 조립과정을 진행할 경우 조립 순서와 조립 방법에 대한 정보가 자동으로 눈과 귀를 통해 전달될 수 있으며, 작업이 필요한 시점이나 볼트를 조이는 정도 등 매 순간 필요한 정보를 정확하게 확인 가능
- 가상공정계획은 여러 관계자에게 조립공정의 청사진을 시각적으로 표현해주어 미리 조립과정을 살펴보면서 여러 분야의 관계자들이 모여 생산성, 스케줄링 등의 요소들을 분석하고 부적절한 부분을 수정 가능

☐ 스마트 공장의 타당성을 확보하기 위한 사전 검증 도구로 활용

- 스마트제조 기술 단계별 공정 범위 설정을 위한 사전 분석 도구로써 스마트제조 도입의 비용 대비 효과에 대한 체계적 분석 및 검증 플랫폼 제공
- 스마트제조용 웨어러블 기기 도입과 운영 기술 제공을 통해 자동화가 어려운 제조기업에 맞는 현실적 스마트제조 기획 도구로 활용
- 사전 검증 절차 후 스마트제조용 웨어러블 기기 도입 기업의 모범사례/실패 요인 및 성공적 도입 절차 등의 공유를 위한 참조 모델 풀(pool) 구성 및 확산

나. 범위 및 분류

(1) 가치사슬

- 웨어러블 기기의 후방산업으로는 웨어러블 기기 구현을 위한 기반 산업인 소재 산업과 투명하거나, 휘어지는 플렉서블 디스플레이를 생산하여 제공하는 디스플레이산업, 웨어러블 기기의 가장 큰 맹점으로 분석되는 전원공급(저장) 장치 산업인 배터리 산업 등이 있음

- 전방산업으로는 웨어러블 기기를 통해 다양한 서비스를 제공할 수 있는 응용서비스 분야들이 속할 수 있을 것으로 전망되며, 대표적으로는 스마트 헬스케어 산업, 유비쿼터스 컴퓨팅 산업 및 홈 네트워크산업 등이 있음

[웨어러블 디바이스 분야 산업구조]

후방산업	웨어러블 디바이스 분야	전방산업
특수소재 산업(섬유 등), 디스플레이산업(투명, 플렉서블), 배터리 산업(전원공급장치), 소프트웨어 산업	웨어러블 디바이스	스마트 헬스케어 산업, 유비쿼터스 컴퓨팅 산업, 홈 네트워크 산업, 인포테인먼트 산업, 이동통신 산업

(2) 기술별 분류

☐ 스마트제조 도입과 운영 과정에서 설비 및 공정, 작업변경, 자동화 장비 도입 시 작업자, 관리자와 제조 시스템 간의 유기적 협업을 유도하고 안전을 확보할 수 있는 제조 활동 보조, 생산성 분석 및 제고를 지원하는 인간-제조공학적 원천기술 및 시스템 통합 제품 기술

[인간-기계 협업 핵심기술 별 정의]

분류		기술 설명
원천 기술	음성/제스처 기반 인간-기계 협업 기술	• 작업자가 음성/제스처 등의 NUI를 이용한 인간과 기계의 상호작용을 통한 인간-기계 제조 협업 기술
	지식기반 인간-기계 협업을 위한 인간-기계 작업 자율 할당/플래닝 기술	• 다중복합센서 데이터를 기반으로 작업자 노하우 수집-분석을 통한 업종별 작업 모델 모듈화 및 지식화를 통해 인간-기계 간 협업을 위한 작업 자동 할당 및 플래닝 기술
제품 기술	인간-기계 협업 기반 최적 생산성 예측 시스템	• 작업자의 생산성 제고 및 안전을 고려하기 위하여 공장의 작업환경분석 및 모델링, 시뮬레이션 등을 활용한 협업공정의 타당성 및 효과분석 기술을 포함하는 인간-기계 협업공정의 최적 생산성
	NUI(Natural UI) 기반 인간-기계 협업 작업증강시스템	• 작업자의 음성/제스처 등의 NUI(Natural UI) 기반 인간-기계 협업작업 지원을 위한 위치추적, AR, VR, MR 등을 활용한 작업증강시스템
	안전 보장 인간-기계 자율 협업 시스템	• 작업자 안전을 보장하면서 인간-기계가 생산효율 극대화를 위해 자율적으로 작업 할당, 플래닝하고, 수행할 수 있도록 지원하는 협업 시스템

전략제품 현황분석

2. 산업 및 시장 분석

가. 산업 분석

◎ VR·AR 산업정책 현황

□ 비대면 시대 VR·AR 산업 대상으로 정부는 'VR·AR 선제적 규제혁신 로드맵' 발표
- 규제혁신 10대 아젠다에 가상현실, 증강현실, 바이오헬스, 로봇, 인공지능 등이 포함
- 네거티브 규제체계로 바꾸고 낡은 불명확한 부분은 기준과 가이드라인 제시
- 규제뿐만 아니라 연구개발 투자 및 전문 인력 양성 등 현장 소통형 혁신 방안 마련

[VR · AR 분야 선제적 규제혁신 로드맵 주요 내용]

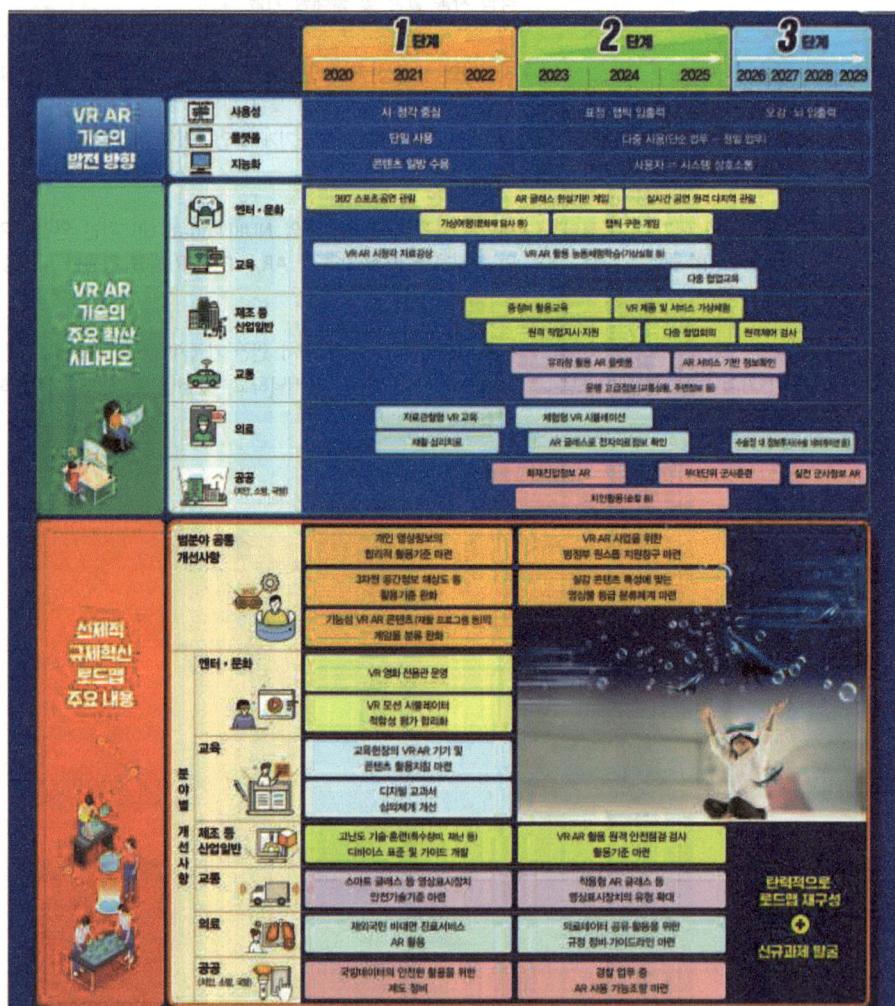

* 출처 : 가상·증강현실 (VR·AR) 분야 선제적 규제혁신 로드맵 (과학기술정보통신부, 2020.08.03)

☐ VR·AR 경진대회 개최하여 유망기업 선발지원

- 경기컨텐츠진흥원이 VR·AR 웨어러블 관계기업을 발굴하기 위하여 시작한 NRP 육성 프로그램
  - 선정된 27개 기업은 자금 지원과 맞춤형 멘토링을 진행하여 사업화 지원
- 문화체육관광부는 VR·AR 콘텐츠 제작, 기업의 해외 진출 및 입주 지원 등의 정책을 추진
  - 2019년 VR·AR 콘텐츠 산업을 주력 산업으로 육성하기 위해 '콘텐츠 산업 3대 혁신전략'을 발표
  - 한국가상증강현실콤플렉(KoVAC)에 200평 규모의 실감컨텐츠 제작시설을 구축하고 중소기업 활용을 지원

☐ 산업통상자원부는 VR·AR을 이용한 가상훈련시스템, 디바이스 관련 기술개발 정책을 추진

- 2015년~2021년까지 VR을 이용한 체험형 가상훈련 기술개발(산업안전·교육·재활·의료 가상훈련시스템 개발), 2017년~2020년까지 AR 핵심부품 원천기술 개발을 지원
- 2018년~2022년까지 VR을 이용한 공간정보기반의 육상 및 비행 이동체를 위한 가상훈련시스템 개발
- 2018년~2021년까지 AR을 이용한 제조·유통·의료 등의 산업응용 디바이스 개발을 지원
- 산업통상자원부의 VR·AR 사업 지원 예산은 2017년 약 53억 원, 2018년 약 89억 원, 2019년에 약 94억 원으로 꾸준히 증액

[산업통상자원부 주요 VR·AR 사업 지원 현황]

구분	내역사업명
'17	• 극장용 VR 장편영화인 '기억을 만나다' 등 프런티어 프로젝트 지원(6건) • 글로벌 애니메이션 '버디 VR'등 중형과제 지원(10건)
'18	• 웹툰 '조의 영역' VR툰 등 대형과제 지원(6건) • 돔 상영관용 VR 등 중형과제 지원(8건) • 가상 면접체업 '피칭워' 전통문화 체험 AR, VR 면접 체험, VR 에듀테인먼트 콘텐츠 등 소형과제 지원(6건) • 세계 VR 산업대회에서 한국 공동관 운영(15개 기업 참여, 총 200건의 상담 건수) • IAAPA Attractions EXPO에서 한국 공동관 운영(10개 기업 참여, 총 413건 상담 건수) • 뉴 콘텐츠 해외 진출 지원(9건) • 뉴 콘텐츠 센터 내 장비 및 이용 지원 • 사업화 지원 프로그램(투자설명회, 컨설팅, 네트워킹 프로그램 등) 운영 및 사업화 자금 지원

☐ 차세대 미디어로서 VR·AR 분야에 글로벌 IT 기업 및 스타트업의 진입이 활발히 이루어지고 있음

- 현재 VR·AR 서비스는 스마트폰의 보완재로써 사용되고 있으나, 향후 기술개발 진전에 따라 통신, 미디어, 컴퓨팅이 기능을 모두 구현할 수 있다면 스마트폰 시장을 넘볼 수 있을 것으로 예측
- VR·AR 콘텐츠 분야에서는 게임과 엔터테인먼트 등을 중심으로 스타트업이 활발히 활동하고 있고, 소니, MS, 월트디즈니, 20세기폭스, 타임워너 등 전통적인 글로벌 미디어 기업은 이러한 스타트업 투자를 통해 시장 진출, 국내도 스타트업 주도로 VR·AR 콘텐츠 제작이 이루어지고 있음
- VR·AR 플랫폼 및 디바이스 분야에서는 구글, 애플, 페이스북, MS, 삼성 등 IT 대기업이 시장을 점유하고 있으며 여기에 스타트업이 가세
- VR·AR 네트워크의 경우 선진국을 필두로 하여 유무선 통신사 주도로 5G와 와이파이6 서비스를 상용화하는 정책 추진

◎ 산업용으로 적용 분야 확대

☐ 다양한 영역에서 정보통신(ICT) 기술을 활용함에 따라 웨어러블 디바이스를 피트니스, 헬스케어·의료, 인포테인먼트 및 산업·군사 등의 다양한 산업에 활용될 가능성이 큰 상황에서 산업 내 특화 기술과 규제 환경 등을 고려한 제품 개발에 집중 필요

- 건강관리, 치료 목적의 웨어러블 기기의 관심이 증가하여 관련 시장이 급격히 성장
- 소득수준이 증가함에 따라 여가생활을 즐기는 사용자들이 증가하고 이러한 사용자들의 요구를 파악하여 운동 효과를 높일 수 있는 웨어러블 제품이 출시
- 휴대하는 형태의 제품 및 액세서리와 같은 액세서리형, 의류 형태인 의류 일체형, 신체에 부탁할 수 있는 형태의 신체 부착형, 신체에 직접 이식하거나 복용하는 형태의 생체 이식형으로 분류 가능

☐ 글로벌 가상현실(VR)과 증강현실(AR) 시장은 일반인들이 구매할 수 있는 제품들과 수익화 가능성을 보여주는 서비스들이 등장하여 높은 관심 속에 기업들의 투자가 확대

- VR HMD(Head Mounted Display) 제작 기업인 오큘러스가 20억 달러에 페이스북에 인수된 후 삼성전자, SONY 등 다양한 글로벌 기업들이 가상현실 산업에 참여
- 오큘러스는 디스플레이에 양안에 해당하는 두 개의 왜곡 이미지를 출력 후, 어안렌즈로 보정하여 고품질 VR을 낮은 비용으로 제공하는 새로운 방식을 제시하여 VR 시장의 확대를 가져오고 기술력을 인정받아 페이스북에 인수
- 삼성전자는 페이스북에 인수된 오큘러스와 협력하여 갤럭시 스마트폰을 삽입하여 VR을 경험할 수 있는 기어VR을 개발

☐ 제조업 현장에서도 생산 효율성 제고를 위해 가상현실 및 증강현실 기술을 적극적으로 활용 중

- 그동안 게임, 영상 등 재미와 흥미 중심의 엔터테인먼트 분야에서 대중화가 진행되고 있던 가상현실 기술이 최근 다양한 산업 분야와 융합하여 새로운 고부가가치산업을 창출
- 특히 ICT와 융합하여 새로운 스마트제조를 구축하거나, 실물 이미지에 가상영상을 겹쳐 보여주며 실시간 정보전달이 가능한 증강현실 기술도 제품 개발, 물류관리 등에서 빠르게 확산

☐ 여러 산업에서의 활용성이 높고, 기술 시장진입이 비교적 수월, AR/VR 연동도 가능하여 스타트업 및 중소기업이 기술개발을 통해 시장을 선점할 기회 형성

[AR/VR 기술의 유망 응용 분야]

분류	AR/VR 가치 활용 분야
콘텐츠	• AR/VR 제품 디자인, 제조공정 테스트, VR 여행 콘텐츠, VR 전시관 서비스, 타인의 경험 공유, VR 쇼핑몰, AR/VR 교육 서비스, VR 헬스/스포츠, 오감 엔터테인먼트, AR/VR 테마파크, AR/VR 게임, 심리치료 서비스, VR 채팅
플랫폼	• 물류관리, 글로벌 유통 및 결제 플랫폼, VR 편집 소프트웨어, 내비게이션 플랫폼, 공유 플랫폼, 가상 매대 플랫폼, 공동 작업 플랫폼, 시뮬레이터, 실시간 통역 플랫폼, VR 소셜 네트워크
디바이스	• 지능형 센서, VR 촬영기기, VR 제작 스튜디오, 장애인 전용 VR 기기, VR 체험방, VR 헬스 기구

* 출처 : 산업연구원(KIET), 2016

☐ 의료분야 웨어러블 기기 활용

- 웨어러블(wearable) 의료기기란, 웨어러블 디바이스의 한 종류로서 센서가 갖춰져 사람이 착용할 수 있는 의료기기를 뜻하는데요. 다양한 영역과 기관의 신체 변화를 감지 및 모니터링 기기
- 웨어러블 의료기기는 사람의 혈당, 혈압, 심장발동률, 혈액 함량, 체온, 호흡 빈도수 등 건강지표를 수시로 체크할 수 있는 진단용 웨어러블 의료기기와 각종 질병 진료에 도움을 주는 치료용 웨어러블 의료기기로 구분

[웨어러블 의료기기 분류]

용도	의료기기
진단용 웨어러블 기기	• 생체신호 및 모니터링용 웨어러블 의료기기 • 태아 감시 및 산과용 웨어러블 의료기기 • 신경 감시 웨어러블 의료기기 등
치료용 웨어러블 기기	• 인슐린 펌프용 웨어러블 의료기기 • 통증관리용 웨어러블 의료기기 • 호흡치료용 웨어러블 의료기기 • 보청기용 웨어러블 의료기기 등

* 출처 : 2019 의료기기 시장 기술 정보지 (한국보건산업진흥원, 2019)

- 유형에 따라서도 크게 휴대형(Portable), 부착형(Attachable), 이식/복용형(Eatable)으로 분류
  - 휴대형은 스마트폰과 같이 휴대하는 형태의 제품으로 안경, 시계, 팔찌 형태이며, 부착형은 패치(patch)와 같이 피부에 직접 부착할 수 있는 형태, 이식/복용형은 웨어러블 디바이스의 가장 궁극적인 단계로 인체에 직접 이식하거나 복용할 수 있는 형태

[휴이노의 메모워치(좌)와 삼성전자 삼성 헬스모니터(우)]

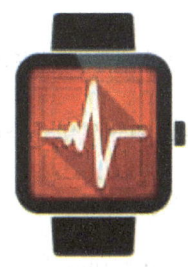
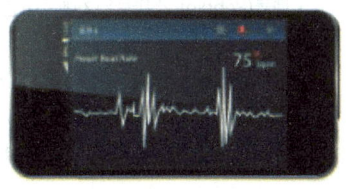

* 출처 : 휴이노 홈페이지   * 출처 : 삼성전자 홈페이지

☐ 금융권의 웨어러블 기기 활용

- 금융권에서 웨어러블 기기는 스마트워치, 안경, 손목 밴드 등과 같은 형태의 웨어러블 기기를 이용한 결제 영역에서 가장 활발하게 활용

- 웨어러블 결제 시스템은 NFC, RFID, QR코드 및 바코드와 같은 구현 기술을 이용할 수 있고, 심전도, 지문 등의 바이오 정보 등 활용할 수 있으며, 모바일 결제에 이용되어온 비접촉 POS 터미널과 백엔드 결제처리 인프라도 웨어러블을 위한 결제 기능을 확대하기 위해 활용

- 또한, 기존의 비밀번호, 공인인증서, OTP(One Time Password) 등을 대신하여 본인인증을 위해 보안성이 높으면서도 외우거나 소지하지 않고 생체정보를 이용할 수 있는 특징을 가진 인증 대체 수단으로 주목

전략제품 현황분석

☐ 웨어러블 결제서비스 - 스마트워치

- 소니, 모토로라 등 휴대전화 단말기 업체를 중심으로 시작된 스마트워치 시장은 모바일 운영체제 기반의 앱을 통해 여러 가지 이용자 편의 기능과 웨어러블 결제서비스까지 제공하는 형태로 발달하면서 여러 업체(애플, 삼성, LG, 화웨이 등)가 시장에 참가

[스마트워치 웨어러블 결제서비스]

회사	내용
페이팔	• 페블(Pebble) 스마트워치에 '14년 11월 지급 결제 앱 탑재(페이팔 가맹점에서 생성한 결제 코드를 인식하는 방법으로 서비스 제공) • 애플의 애플워치에 모바일 결제 시스템 '애플페이'를 통해 서비스(지문 인식 센서와 모바일 결제 기능 제공) • 삼성의 스마트워치에서 모바일 결제 시스템 제공
벤딩고 애둘레이드 은행(호주)	• 삼성전자 스마트워치 갤럭시 기어에서 사용할 수 있는 모바일 결제 서비스 '레디'를 출시(갤럭시기어 레디 앱의 QR코드를 인식해 결제)

* 출처 : 금융권의 웨어러블 기기 활용 및 보안 동향 (금융보안원)

스마트제조용 웨어러블 기기

☐ 웨어러블 결제서비스 - 스마트밴드
- 스마트밴드에서 제공되는 NFC 기능, 생체정보 등을 이용하여 결제에 활용하는 서비스

[스마트밴드 결제서비스 활용 사례]

서비스명/회사	내용
bPAY / Barclaycard	• 밴드에 스마트 칩(바클레이 카드의 bPay 칩)과 라디오 안테나가 내장된 비접촉(NFC) 기반의 결제
MEVU / MEVU	• 인간의 특정 동작(제스쳐)만으로 비트코인 결제가 가능한 스마트 팔찌 • 블루투스 저전력 에너지(Bluetooth Low Energy, BLE)를 이용하여 POS 단말기로 거래정보(transaction) 전송되어 결제 가능
Nymi / Bionym	• 심전도를 통해 개인 인증 및 이를 활용하여 다양한 인증 확인 • 웨어러블 비트코인 지갑으로 사용 • 심전도 정보와 결부되어 있어 밴드가 분실되어도 자금에 접근 불가능함
Token / Token	• 일반 은행 계좌, 신용카드, 전자화폐, 페이팔 계정 등 결제 계정을 선택하여 웨어러블 밴드인 Token에 연결 가능 • 엄지 지문 인식, PIN 코드, 기기 자체의 3가지 보안 메커니즘으로 구성
Wirecard / Wirecard	• 블루투스 4.0(BLE)을 통한 비접촉 지급 결제 • 사용자는 우선 스마트폰을 통해 일회용 토큰을 충전해야 하며, 이는 Wirecard의 NFC HCE(host card emulation) 기술을 통해 이루어짐 • 토큰은 카드 정보를 대체하며 안전한 서버에 저장
Visa Wristband / CaixaBank	• 카이사 은행은 디지털 보안업체인 젬알토의 옵텔리오 비접촉 미니태그(Optelio Contact less MiniTag) 솔루션*을 받아 결제서비스 제공 • 20유로까지는 비접촉만으로 결제, 이상의 경우 사용자 비밀번호 입력 필요

* 출처 : 금융권의 웨어러블 기기 활용 및 보안 동향 (금융보안원)

나. 시장 분석

(1) 세계시장

□ 산업용 웨어러블 세계 시장 규모는 2019년 38억 달러에서 2025년 77억 달러로 연평균 12.4%로 성장할 것으로 전망

- 이와 같은 성장을 주도하는 요인으로는 산업 현장에서 효과적인 커뮤니케이션과 협업작업에 대한 요구 사항의 증가, 생산 및 교육 영역에서 증강현실과 가상현실 기술 활용에 대한 기업의 관심 증가, 제조공정 자동화 등

- 특히 인더스트리 4.0 트렌드의 확산에 기반한 스마트제조 및 창고 애플리케이션에서 웨어러블 디바이스의 중요성이 커지고 있어, 향후 산업용 웨어러블 시장이 성장하는데 더 큰 기회를 제공하게 될 것

[산업용 웨어러블 세계 시장 규모 및 전망]

(단위 : 십억 달러, %)

구분	'19	'20	'21	'22	'23	'24	'25	CAGR
합계	3.8	4.3	4.8	5.4	6.1	6.8	7.7	12.4

* 출처 : 산업용 웨어러블 시장의 성장 기회 및 예측(2020-2027년) : 장치 유형, 구성요소, 산업, 지역별 (Global Information, Inc., 2021.01)를 근거로 네모아이씨지에서 재추정

□ 세계 웨어러블 기기의 출하량은 2019년 1억 9,850만 대에서 연평균 8.9% 성장하여 2025년에는 3억 1,510만 대 수준으로 증가할 전망

[웨어러블 디바이스 품목별 세계시장 규모 및 전망]

(단위: 백만 대, %)

제품	'19	'20	'21	'22	'23	'24	'25	CAGR
Clothing	3.0	3.9	5.1	6.6	8.5	11.1	16	30.2
Earwear	54.4	61.1	68.6	77.0	86.5	97.1	109.1	12.3
Watch	90.6	99.4	109.0	119.6	131.3	144.0	157.9	9.7
Wristband	49.0	49.3	49.7	50.0	50.4	50.8	51.1	0.7
Others	1.7	1.8	2.0	2.2	2.3	2.5	2.57	8.2
Total	198.5	216.2	235.4	256.4	279.0	303.8	315.1	8.9

* 출처: Quarterly Wearable Device Tracker (IDC, 2019.03.18)

[웨어러블 디바이스 세계 시장 규모 및 전망]

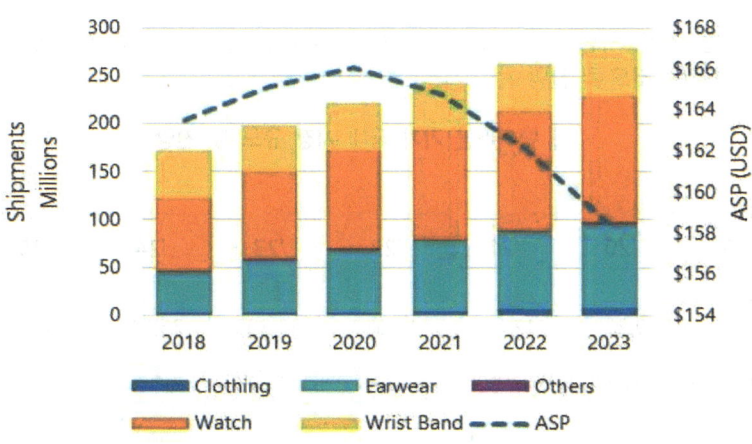

* 출처 : IDC, 2019

☐ 웨어러블 기술 세계 시장 규모는 2019년 406억 달러에서 2025년 882억 달러로 연평균 17.6%로 성장할 것으로 전망

[웨어러블 기술 세계 시장 규모 및 전망]

(단위 : 십억 달러, %)

구분	'19	'20	'21	'22	'23	'24	'25	CAGR
합계	40.6	46.2	52.6	59.8	68.1	77.5	88.2	17.6

* 출처 : WEARABLE TECHNOLOGY MARKET - GROWTH, TRENDS, COVID-19 IMPACT, AND FORECASTS (2021 - 2026) (Modorintellignece, 2020)를 근거로 네모아이씨지에서 재추정

(2) 국내시장

☐ 국내 웨어러블 기기 시장은 2019년 7,140억 원에서 2025년 3조 4,465억 원으로 연평균 30.0%로 성장할 것으로 전망

[웨어러블 기기 국내 시장 규모 및 전망]

(단위 : 억 원, %)

구분	'19	'20	'21	'22	'23	'24	'25	CAGR
국내시장	7,140	9,282	12,067	15,687	20,393	26,511	34,465	30

* 출처 : 웨어러블 디바이스 (과학기술일자리진흥원, 2018.08)을 근거로 네모아이씨지 재추정

3. 기술개발 동향

☐ 기술경쟁력
- 스마트제조용 웨어러블 기기는 미국이 최고기술국으로 평가되었으며, 우리나라는 최고기술국 대비 89.2%의 기술 수준을 보유하고 있으며, 최고기술국과의 기술격차는 1.1년으로 분석
- 중소기업의 기술경쟁력은 최고기술국 대비 75.0%, 기술격차는 1.9년으로 평가
- 한국> 일본(86.6%)> 유럽(84.3%)> 중국(69.3%)의 순으로 평가

☐ 기술수명주기(TCT)[103]
- 스마트제조용 웨어러블 기기는 4.49의 기술수명주기를 지닌 것으로 파악

가. 기술개발 이슈

◎ 웨어러블 기기 기술들의 핵심 기술별 분류

[웨어러블 스마트 기기의 핵심기술 및 연구 테마]

구분	악세서리형 (Portable)	의류일체형 (Attachable)	신체부착/생체이식형 (Eatable/Implementable)
핵심 기술	• 초소형/고용량 배터리 • 저전력 고성능 SoC • 플렉서블, 박막형 투과형 디스플레이 • 초소형/정밀 비전 센서 • 사용자 인터랙션 기술	• 전도성 소재, 원사, 직물 센서 개발 • 직물 회로보드 기술 • 접착형 전자소자 패키징 기술	• 고분자 회로보드 및 전자소자 패키징 기술 • 안테나 및 통신 기술 • 소재 및 탈부착 기술
문제점	• 크기, 무게, 배터리, 지속시간 • 입출력 방식	• 굽힘, 접힘, 오염 등에 대한 내구성 • 세탁성 및 양산 기술	• 신축성/유연성 • 인체 무해성 • 양산 기술
연구 테마	• 저발열/저전력/초소형화 • 웨어러블 통신 기술 • 센서 일체형 디스플레이 • 촉감 표현 기술 • 디바이스 협업 및 UI/UX 기술	• 의류 디스플레이 기술 • 모션 인식 의류 기술 • FAN(Fabric Area Network) • 상황 기반 색/무늬 변화	• 고전도성, 저전력화 • 유연/투명 부품 기술 • 무구속/무자각 생체신호 측정 기술 • 의료/웰니스용 생체신호 • 측정 센터 및 시스템

---

103) 기술수명주기(TCT, Technical Cycle Time): 특허 출원연도와 인용한 특허들의 출원연도 차이의 중앙값을 통해 기술 변화속도 및 기술의 경제적 수명을 예측

◎ 스마트제조용 웨어러블 기기에 필요한 기술

☐ 작업자, 장비, 환경에 대한 분석, 모델링 기술개발

- 생산/제조 장비, 설비, 제조 로봇 등에 대한 분석, 모델링, 작업자의 제조 활동에 대한 분석, 모델링, 생산/제조 환경 및 프로세스에 대한 분석, 모델링 등의 기술개발이 진행 중

☐ 미국 퍼듀대는 MIT와 인디애나대 공동 연구팀과 로봇 및 기계 간의 상호작용을 현실감 있게 시뮬레이션할 수 있는 기술개발 중

- IoT를 사용, 인간과 로봇과 기계를 무선으로 연결함으로써 서로 통신하고 협력이 가능

☐ 스마트제조용 웨어러블 기기의 최적 운영 및 타당성 검증을 위한 시뮬레이션 기술개발

- 노동집약형 단순 반복 작업(예: 육안검사, 조립, 포장)의 최적화 지원을 위한 협동 로봇 등의 기계와 협업 모델링 및 시뮬레이션 기술
- 이송, 운반, 적재 등 근거리 이동 작업의 최적 동선 및 물류 대안 분석을 위한 시뮬레이션 기술
- 스마트제조용 웨어러블 기기의 생산성 목표 달성을 위한 최적 시뮬레이션 기술

☐ 스마트제조용 웨어러블 기기의 경제성 효과에 대한 가시적 분석 및 예측 기술개발

- 스마트제조용 웨어러블 기기 도입을 위한 인적, 물적 자원 투입의 기대 효과 사전 분석 기술
- 스마트제조용 웨어러블 기기의 최적화 예측 기술 적용 전후 생산성/경제성/작업자/작업환경 개선 효과분석 결과 제시 및 검증

□ 작업자와 협업하여 부품 조립, 패키징, 측정 검사 등을 수행하는 협동 로봇이 스마트제조 구축을 위한 핵심적인 요소로 드러나면서 작업자와 생산장비, 로봇, 자동화시스템 등의 기계 시스템 간의 협업을 통한 생산성 혁신에 관한 관심이 증대되는 중

- ■ AR/VR과 결합하고 있는 다양한 요소 기술들은 AR/VR 산업뿐만 아니라 다양한 분야의 응용 가능한 기반 기술들로서 하나의 기술이 다양한 목적으로 활용할 수 있는 전략을 마련
  - 동적 기술은 더 정밀한 센서 개발을 촉진하며 정밀한 사용자의 위치와 상황을 인지하여 서비스를 제공하는 IoT 등의 서비스에서 활용 가능
- ■ 요소기술 개발 시, AR/VR뿐만 아니라 다른 영역의 서비스나 판매를 고려하여 기술 활용도를 높이고 실패의 위험을 감소
  - AR/VR의 기술개발을 통해 다양한 산업발전에 동시에 기여

[산업용 실감 콘텐츠 개요도]

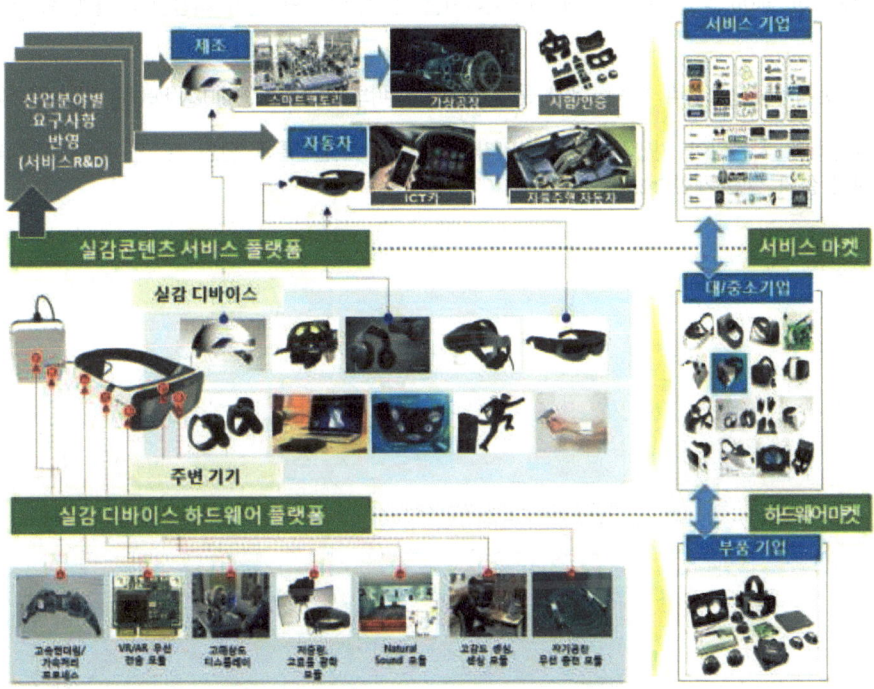

* 출처 : 실감콘텐츠 출현으로 인한 콘텐츠 산업의 변화 및 대응 전략 (정보통신산업진흥원, 2017.12.29.)

◎ 다양한 분야에서 이용되는 웨어러블 스마트 기기 기술

☐ 웨어러블 스마트 디바이스 중 가장 빠르게 성장 중인 헬스케어(건강) 분야

- 병원에서는 환자의 생체신호를 확인 및 추적하고 작업 흐름을 개선하며 퇴원 후에도 환자의 자가 건강관리를 도울 수 있을 전망이며 환자들 역시 점점 자기 건강 모니터링과 데이터 공유를 원하므로 시장 확대 촉진
- 사용자가 자발적으로 바이오칩이 내장된 웨어러블 디바이스를 착용하고 자신의 건강을 실시간으로 모니터링, 운동량 및 건강 상태를 확인할 수 있으며, 응급상황에서도 신속하고 정확한 의료 서비스를 받음
- 헬스케어 관련 규제에 자유로워 관련 기업들의 활발한 시장진입 전망
- 최근 연구 중인 몇 웨어러블 기기는 에너지파를 이용해 혈액에서 발견된 위해 물질을 치료하도록 고안, 이 웨어러블 기기를 통해 외부에너지를 전달함으로써 기기 착용자의 혈액 속 특정물질 등을 치료
- 외래환자 재활 및 물리 치료를 위해 운동 추적기인 '피트링스 페블'(Fitlinxx Pebble)을 활용하여 치료
- 다양하게 사용되어 지면서 활용 범위가 확대되고, 이를 통해 안전 및 건강관리를 더욱 편리하게 하여 삶의 질을 개선하는 효과 기대

☐ 다양한 직종에 종사하는 이용자들을 위한 웨어러블 스마트 기기 전용 교육 콘텐츠 개발

- 어린이에게 친숙한 캐릭터를 활용한 게임 및 다양한 교육 콘텐츠 등을 통해 웨어러블 스마트 디바이스를 제공해 아동의 실제 교육 활동에도 긍정적인 효과와 직감적인 사용 지원과 핸즈프리(Hands-free)로 실행학습 제공

- 군사, 의료, 소방 교육 등 교육비용이 많이 소요되고 위험성이 높은 분야의 교육들은 실행학습이 가능한 콘텐츠와 웨어러블 스마트 기기를 활용하여 기존의 교육 및 학습 지원

- 웨어러블 스마트 디바이스를 사용하여 원격으로 수술 활동을 관찰하거나 지시하는 협진 활동 및 증강현실을 통해 모의 수술 교육과 같은 다양한 활동 진행 중

- 미국 테네시주립대에서는 의료기기 제작업체와 제휴를 맺고 의과대학 교육에 웨어러블 스마트 디바이스인 구글 글라스를 도입하여 수술에 관련된 교육에 집중도를 높이고 긍정적인 결과 도출

- 실행학습이 가능한 교육 콘텐츠를 발전하고 개발하여 기존의 교육이나 학습을 대체하여 교육의 질을 향상하고 많은 사람에게 다양한 교육 기회를 제공함으로써 더욱 향상된 삶을 제공하는 효과 전망

☐ 헬스케어 분야 다음으로 큰 시장 규모를 가질 것으로 예상되는 엔터테인먼트 분야에서의 웨어러블 스마트 기기 기술 활용

- 엔터테인먼트 분야의 웨어러블 디바이스는 실제 환경과 유사하지만, 실제가 아닌 어떤 특정한 환경이나 상황을 이용하여 현실의 효과를 더욱 증가시킬 수 있으며, 이때의 가상 환경이나 상황은 사용자의 감각을 자극하고 실제와 비슷한 공간적, 시간적 체험을 제공함으로써 마치 현실에서 실제로 일어나는 것처럼 만들어 이용자의 만족도 향상

- 웨어러블 스마트 디바이스가 스마트폰, 태블릿 PC 상에서의 게임환경과 다른 차별화된 요소는 사용자의 동작을 센서를 통해 정확하게 디지털화하여 사용자가 가상현실을 보다 실감 나게 느낄 수 있고, 실제와 가상공간을 더 쉽게 넘나들면서 가상현실에 몰입시킴

- 게임업체들은 센서 기술과 게임기의 컴퓨팅 능력을 이용한 가상현실을 위한 환경을 구축하고 있으며, 모바일 게임 콘텐츠 시장에도 진입 중

◎ AR/VR 기술의 발전

☐ AR/VR 기술 발전은 삶의 영역으로 들어와 새로운 서비스와 시장을 만들어 내고 다양한 산업 활용을 거쳐 산업 경쟁력으로 자리 잡고 폭넓은 영향이 예상되어 AR/VR 기술 발전을 경쟁력으로 활용할 수 있는 적절한 대응책 마련이 필요

- AR/VR 기술은 경계의 파괴로 혼합현실이 등장했으며, 오감 기술, 동적 기술, 다중접속기술 같은 요소기술 발전과 함께 사람들의 삶의 영역에서 경험할 수 있는 기술로 발전 중으로 향후 산업과 사회에 큰 영향 예상

☐ VR, AR과 더불어 현실과 가상의 정보를 융합, 현실 세계를 반영한 가상 세계를 구현하는 MR(Mixed Reality, 혼합현실) 주목

- MR은 가상현실이 주는 이질감을 완화함과 동시에 증강현실의 낮은 몰입도를 개선하는 등 현실과 가상을 균형감 있게 융합함으로써 VR과 AR의 단점을 보완하고 특장점을 강화
- VR과 AR의 경계를 나누지 않고, 가상현실의 몰입감과 증강현실의 현실 소통의 특징을 융합한 혼합현실(Mixed Reality)이 대두
  - 마이크로소프트는 홀로그래픽 기술을 사용한 안경 기기인 홀로렌즈를 발표하고, 사용된 기술은 AR/VR의 구분이 없다고 설명
  - 현실 배경에 가상 사물을 합성한 마이크로소프트와 달리 인텔은 가상현실의 배경에 현실의 신체나 사물의 이미지를 일부 합성하는 기술로 융합현실(Merged Reality)을 제시

☐ 과업 특화형 AR/VR 디스플레이 도구에는 시인성과 전력 시인성, 전력 소모를 줄인 디스플레이 기술, 극초전력 CPU 및 구동 SW 기술, 착용형 디바이스를 위한 센서 기술 등이 포함

- AR/VR 분야를 선도하고 있는 글로벌 기업 및 연구그룹들은 인간-기계 협업을 구현하기 위해 PC/콘솔/스마트폰 기반의 HMD 기술에 집중적으로 연구개발 투자를 진행

◎ AR/VR 기술을 통한 인간-기계 협업

☐ VR/AR 원격 협업 기술은 발전 방향에 따라 3가지 관점에서 분류[104]
- 협업에 참여하는 사용자의 역할에 따라 동등-역할 협업, 비등-역할 협업으로 구분
- VR/AR 작업 공간 공유, 공간 이외에 영상, 음성, 제스처 등 가상 객체 공유로 구분
- 협업 공간 내 참여하는 사용자들의 감성 정보 공유 정도에 따라 구분

☐ 현장 작업자가 원거리에 있는 원격 전문가의 도움을 받아 작업을 수행할 수 있는 증강현실 원격 협업 시스템 개발
- 사무실에 있는 전문가는 대형화면을 보면서 작업을 지시하고, 현장 작업자는 모바일 장치를 이용하여 작업 내용을 전송하거나 지시사항을 수신
  - 이 시스템의 특징은 현장 작업자의 태블릿으로 촬영한 영상을 원격의 전문가가 실시간으로 볼 수 있으며, 포인팅(Pointing)과 드로잉(Drawing)의 방법으로 지시사항 전달 가능

☐ 제조업에서 VR 기술을 활용하면 공정, 조립과정 등을 미리 계획하고 시험하여 효율적인 공정설계가 가능
- 가상공정계획은 조립공정의 청사진을 시각적으로 표현할 수 있어 미리 조립과정을 살펴보며 생산성, 스케줄링 등의 요소를 분석하고 수정 가능

☐ VR/AR 기술을 통해 현실 세계에 있는 물체를 가상 객체로 모델링 할 때 그 가상 객체는 현실 물체의 외형을 복사할 뿐 아니라, 현실 속의 무게, 질감, 속도 등의 물리 속성을 가짐으로써 협업 환경에서의 현실감, 정보의 이해, 작업 판단의 효과성 등을 습득 가능
- 카메라를 비롯한 다양한 센서를 통한 물체의 외형, 질량, 질감과 같은 물리적 정보뿐 아니라 생산자 정보, 유통정보 등 다양한 정보를 획득, 저장할 방법이 필요
  - 사용자가 이 정보를 이용할 수 있도록 하는 가시화 기술 필요

---

[104] 출처:ETRI, 가상현실/증강현실 원격 협업기술 동향, 방준성, 2017

◎ 허공 제스처를 활용한 새로운 입력 방식 출현

☐ 2010년 설립된 립모션은 3D 동작 컨트롤 기기를 통해 손동작을 실시간으로 추적할 수 있어 다양한 AR/VR에 응용 중

- 국내 기업인 엠씨넥스는 립모션과의 협업을 통해 개발한 VR용 모션 인식 3D Depth Camera를 활용해 빅셀방식의 3D Depth와 TOF 방식의 3D Depth 카메라 개발을 진행

☐ 2015년 구글은 구글 I/O 2015에서 프로젝트 솔리라는 명칭의 허공 제스처 프로젝트를 통해 1mm 이하의 미세한 움직임도 감지하는 기술을 소개

☐ 영국의 스타트업 리소는 손가락에 장착하는 컨트롤러를 개발했으며, 이는 다른 기기를 탑재하지 않아도 허공 제스처로 상호작용을 하는 것이 특징

[리소 컨트롤러와 립모션 이미지]

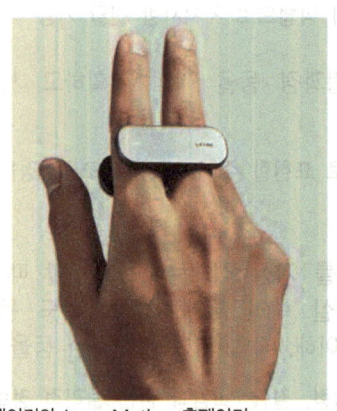 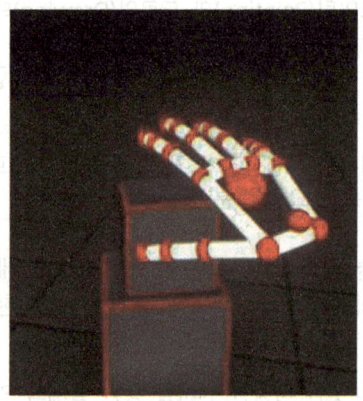

* 출처: litho 홈페이지와 Leap Motion 홈페이지

☐ 마이크로소프트의 아바타 키넥트는 아바타를 이용한 원격 협업 시스템으로 두 사람이 가상의 콘텐츠를 증강현실 환경에서 공유하고 손동작으로 콘텐츠를 제어하는 것이 가능

- 시스템의 한 노드에는 사용자 전신의 몸짓을 추적하는 카메라가 HMD에 부착되고, 사용자는 비디오 투시형 HMD를 착용하고 이를 통해 상대방의 아바타와 작업을 해야 하는 콘텐츠를 체험할 수 있고, 손동작을 이용하여 가상의 물건을 옮기거나 선택하는 작업을 원격 사용자와 공동 수행 가능

◎ 자동차·항공기 정비용 AR 스마트 글래스

☐ 저비용항공사의 확대 추세로 기존 대형민항사는 경쟁우위를 지키기 위해 신규 항공기를 도입
- 한정된 정비인력으로 인해 정비지원 능력이 포화상태

☐ 정비지원용 웨어러블 AR 스마트 글래스 개발, 5G 통신 기반 원격 정비점검 RMS(Remote Management Service) 기술개발
- 오디오, 카메라 등 원격 정비점검이 가능한 인체공학적 설계 적용 스마트 글라스 플랫폼 개발
- 현장 적용에 적합하도록 AR용 3D 데이터베이스 개발
- 적용엔진 3D 부품 상세도, 정비 절차 및 분해/조립 절차 3D 작업서 개발

☐ 스마트 글래스 개발은 항공기 정비뿐만 아니라 스마트제조에서의 웨어러블 기기 기술개발에 기여 하는 중
- 작업시간 및 정비오류 감소를 통한 효율적인 정비가 가능, 정비 소요 비용 감소로 수익 증대

☐ 국내 스타트업인 증강지능은 항공기 및 자동차 정비가 가능한 스마트글래스 기반의 플랫폼인 'IAR-MAP'(Intelligent Augmented Reality·Maintenance Platform)을 개발

[스마트 안경을 쓰고 항공기를 쳐다보면 표출되는 매뉴얼]

* 출처 : 증강지능의 'IAR-MAP'(Intelligent Augmented Reality·Maintenance Platform)

전략제품 현황분석

나. 생태계 기술 동향

(1) 해외 플레이어 동향

☐ (Facebook) 2021년 페이스북은 촬영, 공유, 통화, SNS 기능을 탑재한 페이스북의 스마트글래스 레이밴 스토리 출시

- AR 기능은 아직 탑재하지 않았지만, AR 글래스 개발의 첫 단추

- 500만 화소 카메라 2대, 스피커 2대, 마이크 3대가 삽입되어 동영상 촬영, 녹음 등이 가능하며 사진 500장 또는 동영상 35개 저장이 가능

- 촬영된 사진이나 영상은 페이스북, 인스타와 같은 SNS와 연동해 즉각 업로드 가능

[페이스북의 스마트 글래스 레이밴 스토리]

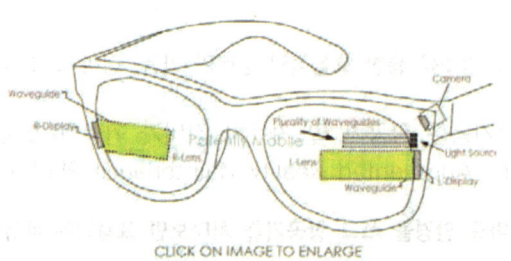

* 출처 : 페이스북, 스마트글래스로 스마트폰 대체 노린다…특허 보니 (서울와이어, 2020.06.15.)

☐ (Apple) Apple Store, Apple Arcade, Apple Card, Apple Music, Apple News +, Apple Pay, Apple TV +, iBook's Store, iCloud, iMessage 등 다양한 서비스 제공

- 증강현실(AR) 관련 스타트업을 인수하고 기술 연구에 매진, AR 글래스를 개발 중이며 2022년 출시 예정

- 애플이 개발 중인 AR 헤드셋은 매끄러운 디자인, 직물과 가벼운 소재를 채택하여 기기를 장시간 편안하게 착용할 수 있게 하고 고해상도 디스플레이가 탑재될 것으로 전망

☐ (Huawei) 글로벌 정보통신 기술 솔루션 제공 업체로 건강 및 피트니스 트래커와 스마트워치를 포함하는 웨어러블 장치를 통해 사용자의 일상 활동, 운동 및 수면에 대한 데이터를 실시간 파악할 수 있게 함

- 시장조사업체 스트래티지애널리틱스(SA)의 조사에 따르면 화웨이는 올해 2분기 전 세계 글로벌 웨어러블 디바이스(스마트워치·피트니스밴드) 시장점유율 21%를 차지하며 전체 순위 1위에 오름

528

- ☐ (Fitbit) 건강 결과에 영향을 미치는 건강 솔루션을 제공하는 기술에 중점을 둔 미국의 기업으로 웨어러블 기기와 소프트웨어 및 서비스를 결합하여 소비자가 건강 및 피트니스 목표를 달성하도록 도움을 제공
  - 피트니스에 수반되는 걸음 수, 심박수, 수면의 질, 오른 계단 수, 기타 개인 지표 등의 데이터를 측정하는 스마트밴드, 무선통신 지원 웨어러블 테크놀로지 장치 등의 제품 보유
  - 최근 구글을 모기업으로 삼으면서 웨어러블 분야 광폭 행보로 헬스케어뿐 아니라 빅데이터를 통한 신약 개발 등 바이오 분야 진출 전망
  - 2012년 '구글 글래스' 상용화에 실패한 구글은 애플 삼성전자 등 경쟁사와 달리 그간 웨어러블 OS와 SW 개발에만 주력하며 기기 개발은 소극적인 상황이었는데, 이에 구글의 웨어러블 OS '웨어OS', 스마트폰을 포함한 HW 브랜드 '픽셀' 등과 핏비트 노하우를 결합하면 새로운 플랫폼, 신제품 개발로 이어지며 시너지 효과를 창출할 수 있을 전망

- ☐ (GE) 프리딕스(Predix) 애플리케이션을 통하여 개별 장비에 들어가는 특정 부품의 고장 시점을 예측 가능
  - GE는 스마트 안경을 통해 풍력 터빈 기술자에게 탑, 박스, 배선, 레이아웃 지침을 디지털 방식으로 겹쳐 표시함으로써 조립 시간을 향상
  - 장비 관리자가 장비의 고장 가능성에 대한 경고를 받고 올바른 결정을 내리는데 필요한 정보 또한 쉽게 얻을 수 있어 부품의 고장으로 인한 기계 전체의 고장과 수리비 절감 효과
  - 장비의 현재 상태, 운영환경, 다른 장비에 발생한 유사 손상 및 수리 관련 머신러닝 데이터를 바탕으로 적절한 조치 제안

- ☐ (UPSkill) 산업용 글래스 제품 Sky Light는 AR 기술을 이용하는 제품이며, 실시간성 데이터 교환과 현재 상태를 캡처하고 저장하는 기술과 실제 현장에 적용된 제품과 상태를 교환할 수 있는 인터페이스 기술이 강점
  - 음성처리 같은 실시간 데이터 처리에 유리하여 음성을 통한 시스템 명령이 용이한 제품

- ☐ (Mitsubishi) 고객들에게 지시사항을 제공하는 지루한 과정을 해결하기 위해 Mitsubishi의 미뷰(MeView) 증강현실 앱을 통해 고객들에게 자사의 공조기 제품을 설치 또는 장착하는 방법 제시
  - 고객들은 더 이상 장황한 설명서를 뒤적일 필요가 없게 되었고, 산업 현장에서도 이와 같은 작업지시 용도의 인간-기계 협업이 진행 중

☐ (MS) 가상현실 플랫폼인 '홀로렌즈'를 개방하고 인텔, AMD, 퀄컴, 에이서, 에이수스, 델, HP, 레노버, MSI 등 기업에 홀로렌즈를 탑재한 단말기를 개발하게 하는 오픈소스 전략으로 AR/VR 생태계 구축을 추진

- AR/VR 산업의 다양한 수요와 복잡한 비즈니스 모델을 기업이 단독으로 충족시키는 데는 한계

- AR/VR 기술은 특정 사업 영역에만 국한되는 것이 아니며, 포괄하는 기술 영역도 광범위하며 시장 내 고객의 다양한 수요가 존재

☐ (Autodesk/VEC) 디자인 소프트웨어 기업 오토데스크는 공장 디자인과 시뮬레이션을 위한 VR 솔루션을 발표한 바 있으며, 영국 VEC(Virtual Engineering Centre)은 Genlab의 공장 전체 레이아웃 변경을 위해 가상현실을 활용하고 이를 실제 현장에 적용한 결과, 제품 생산시간이 감소해 생산성이 5% 향상되었으며 연간 생산량을 20% 증가시킬 수 있었다고 발표

☐ (Vuzix) 산업용 아이웨어(Eyewear)인 부직스 M2000 AR은 콘텐츠를 연결된 장치로부터 실제 세계의 콘텐츠 비디오 스트림으로 표시하고, 이는 현장에서 기술 데이터 또는 수리 절차를 확인해야 하는 관리자 또는 직원들에게 유용하게 활용 중

[Vuzix의 인간-기계 협업 도구]

* 출처 : Vuzix 홈페이지

☐ (ESI Group) 엔지니어링 솔루션 기업으로 가상현실을 적용해 제품생산과 점검을 위한 솔루션을 개발했으며, 이를 통해 가상현실 환경과 기존 CAVE를 결합해 자동차 내부와 외부를 시각화하고 개발자가 시각화한 오브젝트와 상호작용할 수 있게 해 설계 초반에 오류를 발견하고 제거[105]

- 미국 자동차 제조사 포드(Ford)와 파트너십을 통해 물리적으로 생산된 프로토타입 없이 다양한 설계변경과 제품개선이 가능하게 되었으며, 과거보다 문제를 발견하고 수정하기도 용이한 것으로 평가

---

105) VR 시장의 새로운 성장동력, VR 엔지니어링(스타트업투데이, 2018. 10. 23)

(2) 국내 플레이어 동향

☐ (삼성전자) 의료용 데이터 규제 샌드박스 시행으로 삼성전자의 갤럭시워치는 심전도(EGG), 생체전기임피던스북석센서(BIA) 등을 탑재하여 사용자의 건강 상태를 분석하는 기능을 탑재하여 출시

- 갤럭시워치는 혈압, 심전도, 혈중 산소 포화도 등 다양한 건강 지표를 측정
- 건강지표 측정뿐만 아니라 운동 기록 관리, 습관 관리 등이 가능

[삼성전자사의 웨어러블 기기 '갤럭시워치']

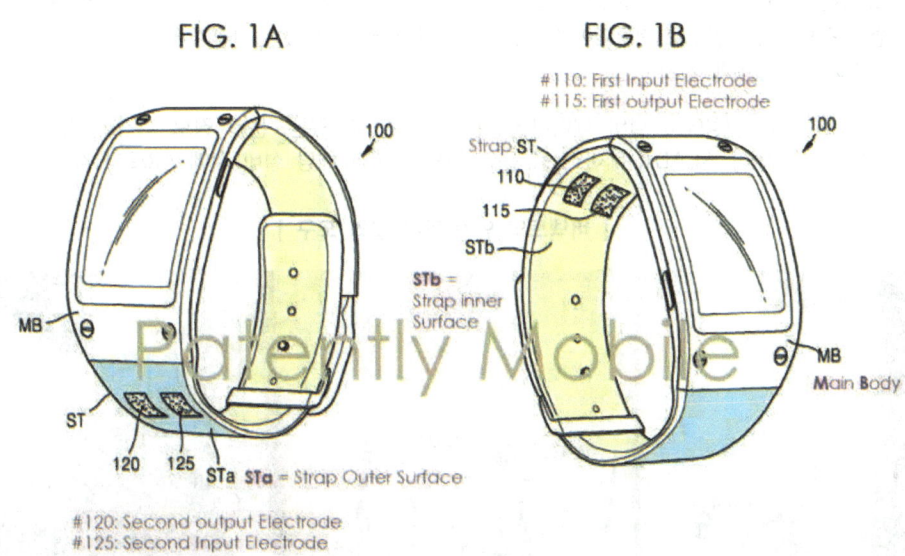

* 출처: 삼성전자 홈페이지

☐ (네이버랩스) 자체 구축한 데이터와 위치를 기반으로 미아 방지 웨어러블 기기 '아키' 제품을 출시, 유아용 위치 기반 서비스 출시 및 중소기업 제품으로 스마트 시계·밴드 분야에서 휴이노가 개발한 웨어러블 시계형 심전도 기기인 MEMO Watch와 인공지능 기반 분석 소프트웨어가 2등급 의료기기 허가 승인받음

☐ (제일모직) 무선통신 모듈인 NFC(Near Field Communication) Tag를 신사복 상의 안주머니에 삽입하여 여러 기능을 사용할 수 있는 Smart Suit를 출시

- Smart Suit는 스마트 포켓에 휴대전화기를 넣었다 빼면 자동으로 화면 잠금이 해제되는 Un-lock 기능, SMS, E-mail을 이용한 명함 전송, 회의 참석 등 다양한 기능들을 보유

☐ (증강지능) 인하대학교 인공지능연구실에서 창업한 기업인 증강지능은 산업용 AR 내비게이션 플랫폼은 스마트팩토리와 항공기 MRO(Maintenance, Repair, Overhaul, Conversion) 분야의 AR 작업 가이드를 제공 중

- 작업자가 착용한 AR 기기를 통해 작업 상황에 대한 부품의 조립 위치, 순서, 방법 등의 정보를 작업자의 시각 내에 자동으로 투영하여 작업효율을 높임

☐ (버넥트) AR을 활용한 기술개발에 주력 중이며, 객체 학습/인식/추적 원천기술 보유

- 버넥트 코어를 활용하면 다양한 스마트글라스 기기와 운영체제를 지원하며, 움직이는 다수의 2차원, 3차원, 공간 등을 복합 인식하고 내부망에 구축할 수 있는 서버로 대량의 객체를 인식하는 기술로 스마트글라스의 카메라로 주변 사물을 실시간으로 촬영하며, 분석할 수 있는 기술

- '버넥트 리모트'는 스마트글라스를 통한 원격업무 지원 솔루션으로 스마트글라스를 착용한 작업자가 현장 정보를 실시간으로 전문가에게 전송하고 상황실에 앉아 있는 관리자가 각 현장 정보를 실시간으로 파악해 근로자에게 지시

- '버넥트 뷰'는 현장에서 설비 데이터를 바로 확인할 수 있는 '운전 정보 시각화 및 점검' 제품으로 IoT 센서 데이터, SCADA 데이터 등 운영 정보를 현장 해당 설비 위에 AR로 시각화하고 점검

[버넥트의 인간-기계 협업 도구]

* 출처: 버넥트 홈페이지

- ☐ (YJ링크) 한국전자제조산업전에서 'YJ 화상 지원(Visual Support)'과 'YJ 스마트뷰 (Smart View)' 두 가지 제품을 소개
  - YJ 화상 지원은 AR 글래스를 통해 현장 근로자가 보는 시점을 그대로 YJ링크 전문가와 공유하고, 전문가가 화면에서 이를 확인해 정확한 피드백이 가능
  - 'YJ 스마트뷰'는 현장 근로자가 보유한 태블릿이나 스마트폰 등의 모바일 기기를 장비에 비춰, 상태를 진단할 수 있게 해주는 앱으로 앱에서 장비 진단 기능을 실행하고 모바일 기기의 카메라를 장비에 있는 바코드를 비추면 AR로 장비 상태를 확인하고 해결법까지도 AR로 제시

- ☐ (맥스트) 증강현실과 영상통화 기술을 결합한 기업형 원격 지원 서비스 '비바(VIVAR)'를 출시하고, 기존의 원격 지원 방식에 증강현실을 이용한 'AR Pen' 기능 등의 다양한 기능을 추가하였으며, 증강현실 소프트웨어 개발 도구 'AR SDK 3.0'을 출시
  - 즉석에서 현실 세계를 인식해 가상 물체를 증강하는 인스턴트 트래킹 기술이 탑재, SLAM 기술을 적용해 증강현실 구현에 이용

- ☐ (마젠타로보틱스) 영상처리 개발 전용 임베디드시스템을 이용하면 작업 진행 상황을 실시간으로 제공
  - 시스템 커스터마이징에 의해 MES 시스템과 연동도 가능하고, VCSR(Visual Control Software for Robot)을 적용한 원격제어 시스템을 개발 및 제공하고, VR 시뮬레이션 기반의 로봇 제어 시스템은 직관적인 UI로 사용이 용이

다. 국내 연구개발 기관 및 동향

(1) 연구개발 기관

[스마트제조용 웨어러블 기기 기술개발 기관]

기관	소속	연구 분야
한국생산기술연구원	휴먼융합연구부	• 정밀화학, 섬유, 고분자 소재 기술 / 바이오 소재 기술 연구개발 및 실용화 • 인간공학 기반의 스마트텍스트로닉스, 웨어러블 디바이스 연구개발 및 실용화 • 첨단 융합 공연, 전시 산업 콘텐츠 및 공정 플랫폼 기술개발
한국전자기술연구원	휴먼IT융합연구센터	• 웨어러블 헬스케어 시스템 • 의료용 진단기기 및 치료기기 • 스마트 뷰티기기 및 시스템 • 전자약 및 생체전자기기 기술
한국기계연구원	로봇메카트로닉스연구실	• 로봇메카트로닉스 융합기술 • 차세대 산업 로봇 기술 • 인간·로봇 협력 기술

(2) 기관 기술개발 동향

☐ (한국생산기술연구원) 근전도 웨어러블 기기 결합형 스마트 의복 개발 (2020-11-01~2021-10-31)
- 범용으로 사용할 수 있는 피트니스 및 헬스케어용 스마트웨어 개발
- 의복과 디바이스를 분리하여 생산 공정성과 가격경쟁력을 높이면서 활용도를 극대화할 수 있도록 제작

☐ (오리온엔이에스) 유기전기변색 소재를 활용한 웨어러블 스마트 아이웨어용 플렉시블 전기변색 소자 개발 (2020-08-01~2022-07-31)
- 스마트 웨어러블 아이웨어 디바이스로서의 전기변색 플렉시블 소자 설계
- OEG 체인이 도입된 트리아릴아민 구조체의 개발과 다양한 형태의 전자 받개 유닛과의 조합을 통한 고성능/고안정성 전기변색 소재용 유기 구조체의 개발
- 선정된 유기변색 재료에 적합한 전해질 재료 및 공정 개발

☐ (전남대학교) 딥러닝과 증강현실의 융합을 통한 지능형 제조 HHI 기술개발 (2019-06-01~2022-05-31)
- AR 기술에 딥러닝 적용을 통한 Human-Human Interaction 지원

☐ (한국기계연구원) 실내/실외 작업자 업무 효율성 향상을 위한 증강형 웨어러블 글래스 기기 및 원격 업무 관리 소프트웨어의 개발 (2019-12-02~2020-12-01)
- 작업자가 웨어러블 디바이스를 이용하여 작업할 수 있는 자동화, 디지털화된 스마트공장 환경 시스템을 통하여 안전성 확보
- 시뮬레이션 기능으로 제조 및 작업환경 현황분석, 결과 예측할 수 있는 시스템 개발

☐ (카이언스) 스마트 의류 플랫폼 기반 신체활동 취약자 실시간 케어용 웨어러블 상황인식 센서 디바이스 기술개발 (2018/07/01 ~ 2020/12/31)
- 스마트의류 적용형 센서 디바이스 시제품 개발
- 클라우드 기반 지능형 인체 안전 상태 관리 시스템 설계 및 구축

전략제품 현황분석

4. 특허 동향

가. 특허동향 분석

(1) 연도별 출원동향

☐ 스마트제조용 웨어러블 기기 기술의 지난 20년(2000년~2019년)간 출원동향106)을 살펴보면 2000년대에는 특허 출원 증감 추이의 큰 변화가 없었으나 2010년대 들어서 증가하는 추세를 보임

- 각 국가별로 살펴보면 한국이 가장 활발한 출원 활동을 보이고 있는 것으로 나타났으며, 미국, 유럽 및 일본도 유사한 추세의 출원 활동이 진행되고 있는 것으로 나타남

☐ 국가별 출원비중을 살펴보면 한국이 전체의 43%의 출원 비중을 차지하고 있어, 최대 출원국으로 스마트제조용 웨어러블 기기 분야를 리드하고 있는 것으로 나타났으며, 미국은 36%, 유럽은 12%, 일본은 9% 순으로 나타남

[연도별 출원동향]

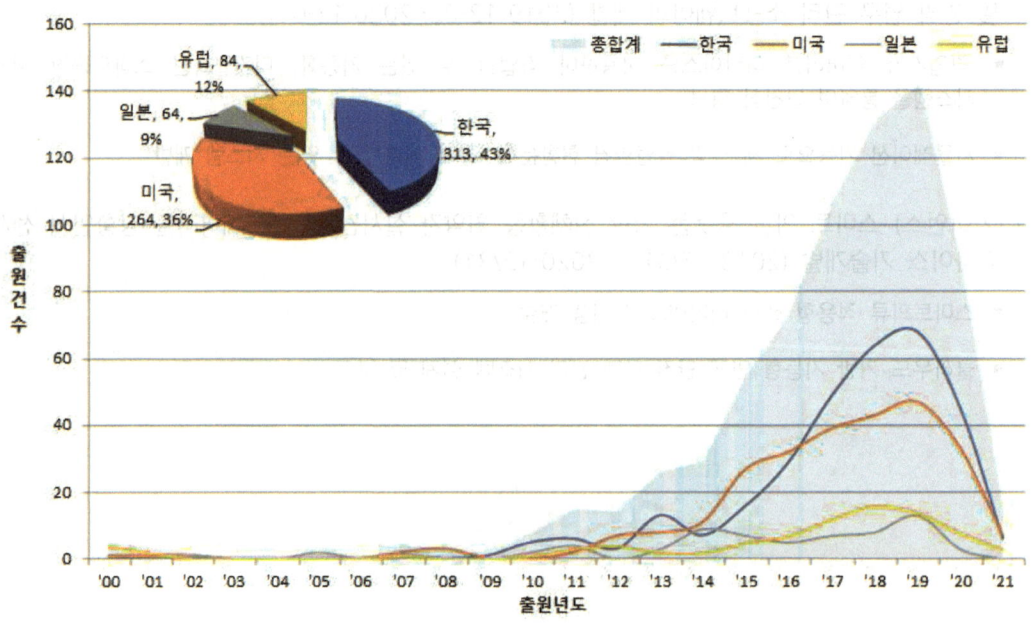

---

106) 특허출원 후 1년 6개월이 경과하여야 공개되는 특허제도의 특성상 실제 출원이 이루어졌으나 아직 공개되지 않은 미공개데이터가 존재하여 2020, 2021년 데이터가 적게 나타나는 것에 대하여 유의해야 함

(2) 국가별 내·외국인 출원현황

☐ 한국의 내외국인 출원현황을 살펴보면, 2000년대에는 내국인의 출원활동이 활발하지 않게 나타났으나, 2010년대 이후에는 내국인의 출원활동이 활발한 것으로 나타나, 자국 국적 출원인의 주도로 기술개발이 진행되고 있는 것으로 분석됨

☐ 미국의 경우, 분석 초기에는 외국인의 출원활동이 활발하지 않은 것으로 조사되었으나, 최근에는 외국인에 의한 출원활동 비중이 높아진 것으로 나타나, 자국민의 기술개발 활동은 활발하지 않은 것으로 분석됨

☐ 일본의 내외국인 출원현황은, 스마트제조용 웨어러블 기기 기술과 관련하여 출원활동이 저조하게 진행된 것으로 나타나 증감의 경향을 판단하기 어려우나, 2000년대 초반부터 최근까지 내국인의 출원 비중이 높은 것으로 나타나, 해당 기술 분야에서 일본 시장에 대한 관심도가 높지 않은 것으로 나타남

☐ 유럽의 경우, 2000년대에는 외국인의 출원비중이 낮게 나타났으나, 2010년대 이후에는 내국인의 출원비중이 낮아지는 경향을 보이고 있어, 해외 기업의 진출 가능성이 높은 것으로 나타남

[국가별 출원현황]

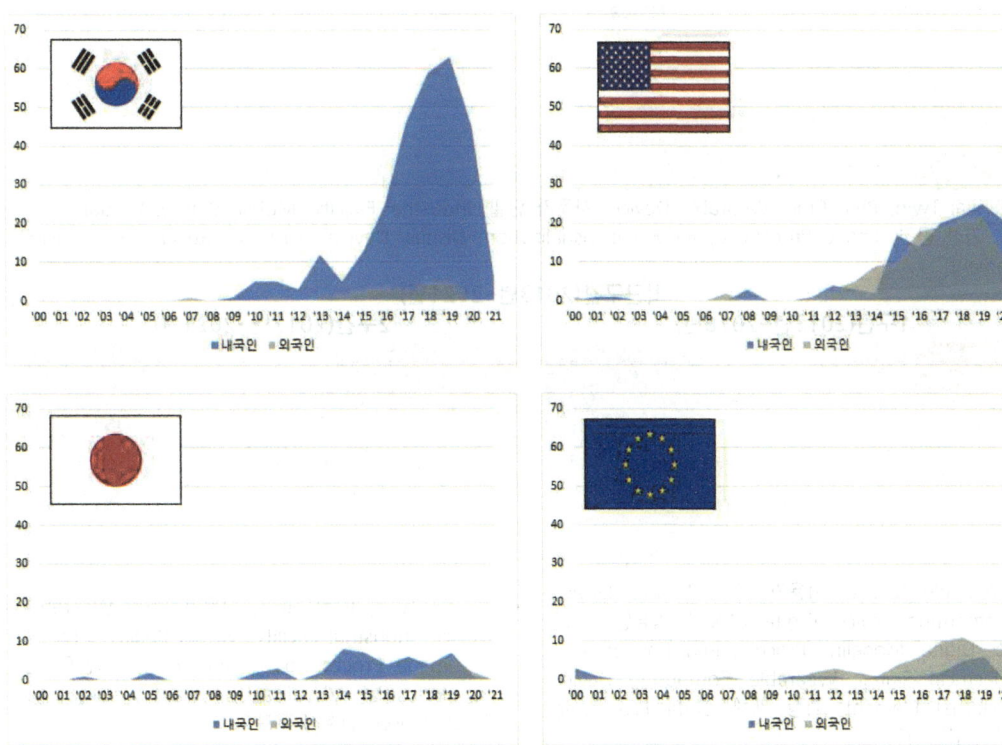

나. 주요 기술 키워드 분석

(1) 기술개발 동향 변화 분석

☐ 스마트제조용 웨어러블 기기 기술에 대한 구간별 기술 키워드 분석을 진행하였으며, 전체 분석구간에서 Digital Twin, Real Time, Wearable Device, 사용자 단말, Industrial Facility 등 스마트제조용 웨어러블 기기 관련 기술 키워드들이 다수 도출됨

- 최근 분석구간에 대한 기술 키워드 분석 결과, 최근 1구간에는 Wearable Device, Mobile Device, Computing Device 등의 키워드가 도출되었으며, 2구간에서는 Digital Twin, Real Time, Wearable Device, Industrial Facility 등 1구간의 주요키워드와 유사한 키워드가 도출됨

[특허 키워드 변화로 본 기술개발 동향 변화]

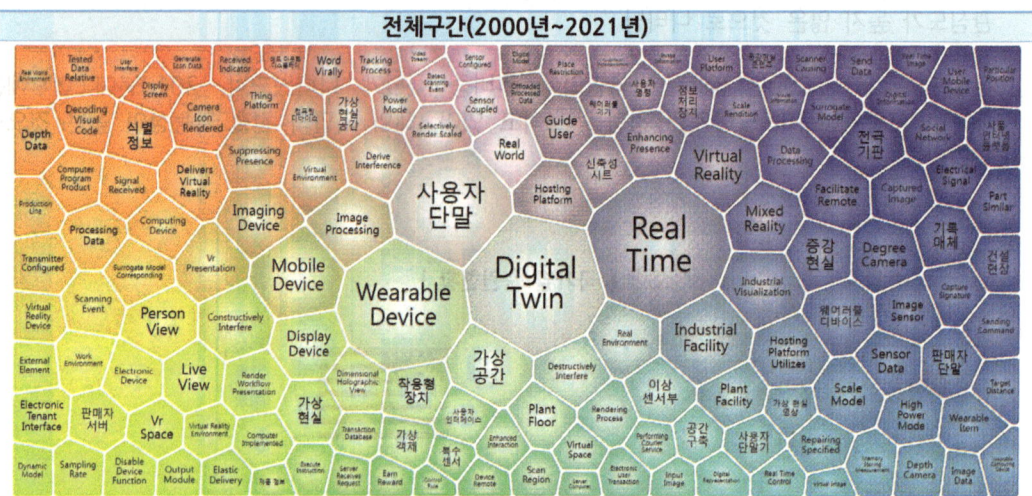

- Digital Twin, Real Time, Wearable Device, 사용자 단말, Industrial Facility, Mobile Device, Virtual Reality, 가상 공간, Image Processing, Industrial Visualization, Display Device, Hosting Platform, Real Environment

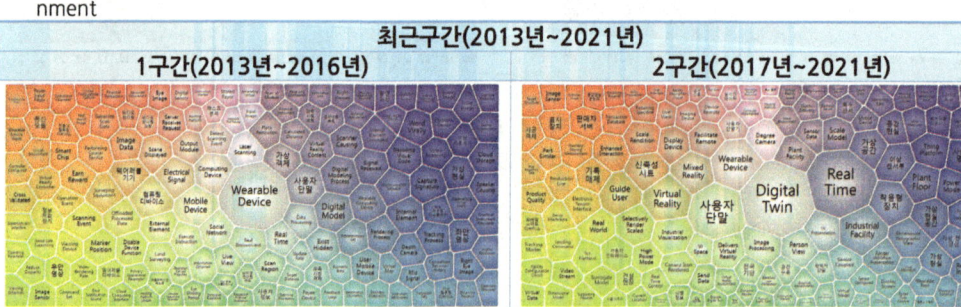

- Wearable Device, 사용자 단말, Mobile Device, Computing Device, Digital Model, 컴퓨팅 디바이스, Digital Modeling Process, Real Environment, Electrical Signal, Wearable Computing Device, External Element, 가상 객체, Data Processing, 웨어러블 기기

- Digital Twin, Real Time, 사용자 단말, Wearable Device, Industrial Facility, Virtual Reality, 가상 공간, Image Processing, Mixed Reality, 착용형 장치, Industrial Visualization, Plant Facility, Vr Presentation, 신축성 시트

(2) 기술-산업 현황 분석[107]

☐ 스마트제조용 웨어러블 기기 기술에 대한 Subclass 기준 IPC 분류결과, 관리용, 상업용, 금융용, 경영용, 감독용 또는 예측용으로 특히 적합한 데이터 처리 시스템 또는 방법; 그 밖에 분류되지 않는 관리용, 상업용, 금융용, 경영용, 감독용 또는 예측용으로 특히 적합한 시스템 또는 방법(G06Q) 및 전기에 의한 디지털 데이터처리(특정계산모델방식의 컴퓨터시스템 G06N)(G06F)으로 다수의 특허가 분류되는 것으로 조사됨

☐ KSIC 산업분류 결과, 다수의 특허가 기타 주변 기기 제조업 산업으로 분류되는 것으로 조사됨

[기술-산업 분류 분석]

IPC 특허분류별 출원건수

(G06Q) 관리용, 상업용, 금융용, 경영용, 감독용 또는 예측용으로 특히 적합한 데이터 처리 시스템 또는 방법; 그 밖에 분류되지 않는 관리용, 상업용, 금융용, 경영용, 감독용 또는 예측용으로 특히 적합한 시스템 또는 방법	254
(G06F) 전기에 의한 디지털 데이터처리(특정계산모델방식의 컴퓨터시스템 G06N)	185
(G06T) 이미지 데이터 처리 또는 발생, 일반	165
(G05B) 제어계 또는 조정계 일반; 이와 같은 계의 기능요소; 이와 같은 계 또는 요소의 감시 또는 시험장치	82
(G06K) 데이터의 인식; 데이터의 표시; 기록매체; 기록매체의 취급(우편물의 구분 B07C)	24

KSIC 산업분류별 출원건수

(C26329) 기타 주변 기기 제조업	111
(C28123) 배전반 및 전기 자동제어반 제조업	58
(C26310) 컴퓨터 제조업	53
(C26519) 비디오 및 기타 영상 기기 제조업	29
(C26410) 유선 통신장비 제조업	11

---

107) 해당제품 특허데이터를 대상으로 윕스 보유 기술·산업·시장 동향 분석 플랫폼 'Build' 활용

다. 주요 출원인 분석

☐ 스마트제조용 웨어러블 기기 기술의 전체 주요출원인(Top 5)을 살펴보면, 주로 미국 국적의 출원인이 다수 포함되어 있는 것으로 나타났으며, 제 1 출원인으로는 미국의 ROCKWELL AUTOMATION TECHNOLOGIES인 것으로 나타남

- ROCKWELL AUTOMATION TECHNOLOGIES는 미국의 산업자동화 기업으로, 아키텍처 및 소프트웨어, 제어 제품 및 솔루션이라는 2가지 부문을 통해 사업을 운영함

☐ 스마트제조용 웨어러블 기기 기술 관련 국내 주요출원인으로 한국전자통신연구원 및 삼성전자가 도출되었으며, 한국 다음으로 미국, 유럽, 일본 순으로 출원을 진행한 것으로 나타남

[주요출원인 동향]

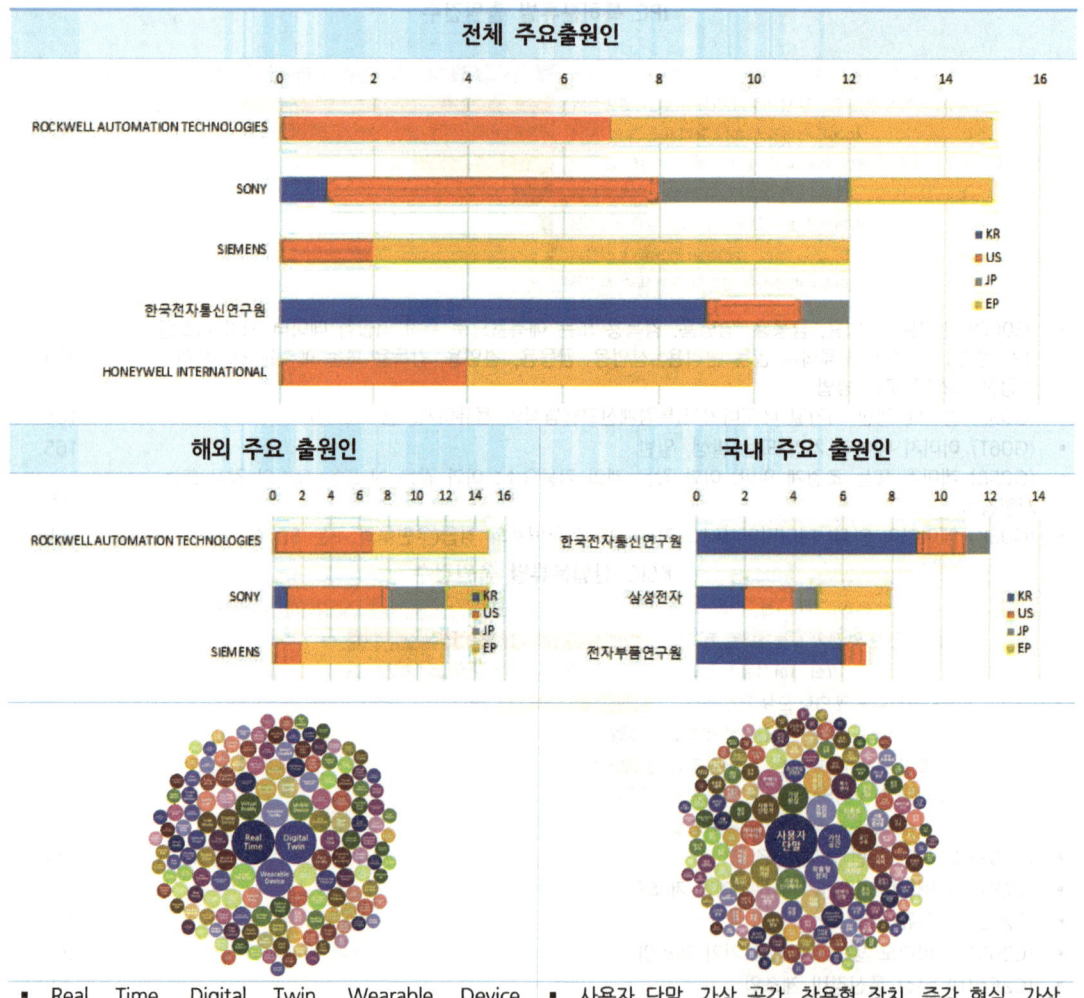

- Real Time, Digital Twin, Wearable Device, Industrial Facility, Virtual Reality, Mobile Device, Image Processing, Industrial Visualization
- 사용자 단말, 가상 공간, 착용형 장치, 증강 현실, 가상 현실, 사용자 인터페이스, 신축성 시트, 이상 센서부, 사용자 단말기, 전극 기판, 가상 현실 공간, 가상 객체

(1) 해외 주요출원인 주요 특허 분석[108]

☐ ROCKWELL AUTOMATION TECHNOLOGIES

- 미국 기업으로, 스마트제조용 웨어러블 기기 기술과 관련하여 15건의 특허를 출원하고 있는 것으로 조사됨

[주요특허 리스트]

등록번호 (출원일)	명칭	기술적용분야	IP 경쟁력	
			피인용 문헌수	패밀리 국가수
US 10388075 (2017.09.28)	Virtual reality and augmented reality for industrial automation	산업 시설의 가상 현실(VR) 및 증강 현실(AR) 프레젠테이션을 생성하고 웨어러블 기기에 전달	54	3
US 10950051 (2015.06.30)	Systems and methods for presenting an augmented reality	제1 산업 자동화 장비를 포함하는 시설의 일부의 시각적 표현을 캡처하는 이미지 센서 및 제1 컴퓨팅 장치를 제2 컴퓨팅 장치에 통신적으로 연결하는 통신 구성요소를 포함	30	2
US 10319128 (2016.12.27)	Augmented reality presentation of an industrial environment	사용자가 산업 시설을 통과할 때 사용자의 웨어러블 컴퓨터에서 렌더링하기 위한 증강 현실 프레젠테이션을 생성	9	2

☐ SONY

- 일본 기업으로, 스마트제조용 웨어러블 기기 기술과 관련하여 15건의 특허를 출원하고 있는 것으로 조사됨

[주요특허 리스트]

등록번호 (출원일)	명칭	기술적용분야	IP 경쟁력	
			피인용 문헌수	패밀리 국가수
US 10365767 (2014.03.14)	Augmented reality image processing apparatus and method, and program	이미지 클리핑부는 입력 영상에서 사용자에 의해 터치 조작된 허상이 표시된 영역을 클리핑하여 클리핑된 이미지를 획득	7	7
US 9829706 (2015.02.12)	Control apparatus, information processing apparatus, control method, information processing method, information processing system and wearable device	웨어러블 디바이스의 디스플레이에 표시된 제1 이미지에 애니메이션 처리를 적용	5	3
US 10380779 (2015.10.21)	Wearable information processing device	인체의 머리에 장착되어 부착 방향에 관계없이 사용성을 유지할 수 있는 정보 처리 장치	0	4

---

108) 최근 출원특허 중, 등록특허를 기준으로 피인용문헌수 및 패밀리 국가수가 큰 특허를 주요특허로 도출

전략제품 현황분석

□ SIEMENS

- 유럽 기업으로, 스마트제조용 웨어러블 기기 기술과 관련하여 12건의 특허를 출원하고 있는 것으로 조사됨

[주요특허 리스트]

등록번호 (출원일)	명칭	기술적용분야	IP 경쟁력	
			피인용 문헌수	패밀리 국가수
US 10782668 (2018.03.12)	Development of control applications in augmented reality environment	자동화 시스템의 컨트롤러를 위한 제어 애플리케이션의 개발을 위한 시스템	9	3
EP 1157314 (2000.03.02)	Use of augmented reality fundamental technology for the situation-specific assistance of a skilled worker via remote experts	원격 위치에서 전문 지식을 활용하기 위한 시스템 및 방법	4	6
EP 1183578 (2000.03.02)	Augmented reality system for situation-related support for interaction between a user and a technical device	조립 명령의 문맥 의존적 디스플레이를 위한 모바일 장치를 포함하는 증강 현실 시스템	2	6

(2) 국내 주요출원인 주요 특허 분석[109]

□ 한국전자통신연구원

- 스마트제조용 웨어러블 기기 기술과 관련하여 한국과 미국을 위주로 12건의 특허를 출원하고 있는 것으로 조사됨

[주요특허 리스트]

등록/공개번호 (출원일)	명칭	기술적용분야	IP 경쟁력	
			피인용 문헌수	패밀리 국가수
KR 1749023 (2014.01.16)	Iot diy 플랫폼을 지원하는 전자 장치(electronic device supporting the internet of things and do it yourself platform)	IoT DIY 플랫폼을 지원하는 전자 장치	3	1
US 2015-0116358 (2014.10.27)	Apparatus and method for processing metadata in augmented reality system	지도 상의 증강 현실 객체의 위치인 관심 지점에 대한 정보를 설정하는 관심 지점 노드 정의 컴포넌트; 및 가상 지도, 레이어, 지도 마커 및 관심 지점을 로드하도록 구성된 컨트롤러	8	2
JP 2012-128854 (2011.12.07)	증강형 3차원 입체 영상을 제시하기 위한 혼합 현실 디스플레이 플랫폼 및 운영 방법	여러 가지 3차원 영상 디스플레이 장치를 이용하여보다 깊고 넓고 높은 공간에 자연스럽게 표현되는 3차원 영상을 제시	1	3

---

[109] 최근 출원특허 중, 등록특허를 기준으로 피인용문헌수 및 패밀리 국가수가 큰 특허를 주요특허로 도출

☐ 삼성전자

- 스마트제조용 웨어러블 기기 기술과 관련하여 유럽과 미국을 위주로 8건의 특허를 출원하고 있는 것으로 조사됨

[주요특허 리스트]

등록번호 (출원일)	명칭	기술적용분야	IP 경쟁력	
			피인용 문헌수	패밀리 국가수
US 9224246 (2013.03.15)	Method and apparatus for processing media file for augmented reality service	증강 현실 서비스를 위한 미디어 파일 처리 방법 및 장치	38	4
KR 2209064 (2013.11.20)	착용식 전자 디바이스로부터 프로세싱의 위임(delegating processing from wearable electronic device)	하나 이상의 프로세서와 메모리를 포함하는 착용식 컴퓨팅 디바이스	1	11
US 9147291 (2013.04.19)	Method and apparatus of processing data to support augmented reality	증강 현실(AR)을 지원하기 위한 데이터 처리 방법 및 장치	7	3

☐ 전자부품연구원

- 스마트제조용 웨어러블 기기 기술과 관련하여 한국과 미국을 위주로 7건의 특허를 출원하고 있는 것으로 조사됨

[주요특허 리스트]

등록번호 (출원일)	명칭	기술적용분야	IP 경쟁력	
			피인용 문헌수	패밀리 국가수
KR 1199290 (2011.03.31)	증강현실을 이용한 플랜트 관리 방법 및 시스템(method and system for plant management by augmentation reality)	플랜트 내에 마련된 설비를 촬영한 실제 영상에, 점검 대상 설비를 나타내기 위한 가상 영상을 오버랩하여 디스플레이	6	2
KR 1957771 (2016.06.30)	Iot 기반의 공장 통합 관리 장치에 의한 웹 서비스 방법(method for web service by apparatus for managing factories in internet of things)	서로 다른 기반을 가지는 스마트 공장들을 하나의 플랫폼을 통해 연결하고 통합된 웹 서비스를 제공	5	1
KR 1969203 (2016.12.23)	Iot 기반의 공장 통합 관리 시스템에 의한 공장 데이터 보안 관리 방법(factory data security management method by iot-based integrated factory management system)	공장에서 정책에 따라 배포 가능한 데이터는 Factory Digital Image 모듈을 통해 별도로 관리 운영	2	1

라. 기술진입장벽 분석

(1) 기술 집중력 분석[110]

☐ 스마트제조용 웨어러블 기기 관련 기술에 대한 시장관점의 기술독점 현황분석을 위해 집중률 지수(CRn) 분석 결과, 상위 4개 기업의 시장점유율이 7.4로 독과점 정도가 매우 낮은 수준으로 분석되어 완전 자유경쟁 시장(Perfect competiton)으로, 해당 기술의 시장 진입 용이성이 매우 높은 것으로 판단됨

☐ 국내 시장에서 중소기업의 점유율 분석결과 67.1으로 스마트제조용 웨어러블 기기 기술에서 중소기업의 점유율은 매우 높은 것으로 분석되고, 국내 시장에서 중소기업의 진입장벽은 낮은 것으로 판단됨

[주요출원인 및 한국 중소기업 집중력 분석]

	주요출원인	출원건수	특허점유율	CRn	n
주요 출원인 집중력	ROCKWELL AUTOMATION TECHNOLOGIES(미국)	15	2.1%	2.1	1
	SONY(일본)	15	2.1%	4.1	2
	SIEMENS(독일)	12	1.7%	5.8	3
	한국전자통신연구원(한국)	12	1.7%	7.4	4
	HONEYWELL INTERNATIONAL(미국)	10	1.4%	8.8	5
	TATA CONSULTANCY SERVICES(인도)	10	1.4%	10.2	6
	THE BOEING(미국)	9	1.2%	11.4	7
	TENCENT TECHNOLOGY (SHENZHEN) COMPANY(중국)	8	1.1%	12.6	8
	삼성전자(한국)	8	1.1%	13.7	9
	GENERAL ELECTRIC(미국)	7	1.0%	14.6	10
	전체	725	100%	CR4=7.4	
	출원인 구분	출원건수	특허점유율	CRn	n
국내시장 중소기업 집중력	중소기업(개인)	210	67.1%	67.1	중소기업
	대기업	17	5.4%		
	연구기관/대학	61	19.5%		
	기타(외국인)	25	8.0%		
	전체	313	100%	CR중소기업=67.1	

110) 상위 몇 개 기업의 특허점유율을 합한 것으로, 특허동향조사에서는 통상 CR4를 사용하며, CRn값이 0에 가까울수록 시장 독과점 수준이 낮은 것을 의미하고, CR4 값이 40에서 60일 경우(CR1 지수는 50 이상일 경우, CR2 또는 CR3 지수는 75 이상일 경우) 시장의 독과점 수준이 높은 것으로 해석됨

CRn(집중률지수, Concentration Ratio n) = (1위 출원인의 특허점유율) + ... + (n위 출원인의 특허점유율)

(2) IP 경쟁력 분석[111]

□ 스마트제조용 웨어러블 기기 기술의 주요출원인들의 IP 경쟁력 분석결과, ROCKWELL AUTOMATION TECHNOLOGIES의 기술영향력이 가장 높고 삼성전자의 시장확보력이 가장 높은 것으로 분석됨

- ROCKWELL AUTOMATION TECHNOLOGIES : 영향력지수(PII) 2.34 / 시장확보력(PFS) 1.21
- 삼성전자 : 영향력지수(PII) 2.02 / 시장확보력(PFS) 2.71

□ 1사분면으로 도출된 HONEYWELL INTERNATIONAL, 삼성전자의 특허가 시장확보력 및 질적 수준이 높은 특허로, 기술적 파급력과 상업적 가치가 큰 것으로 해석됨

[주요출원인 IP 경쟁력 분석]

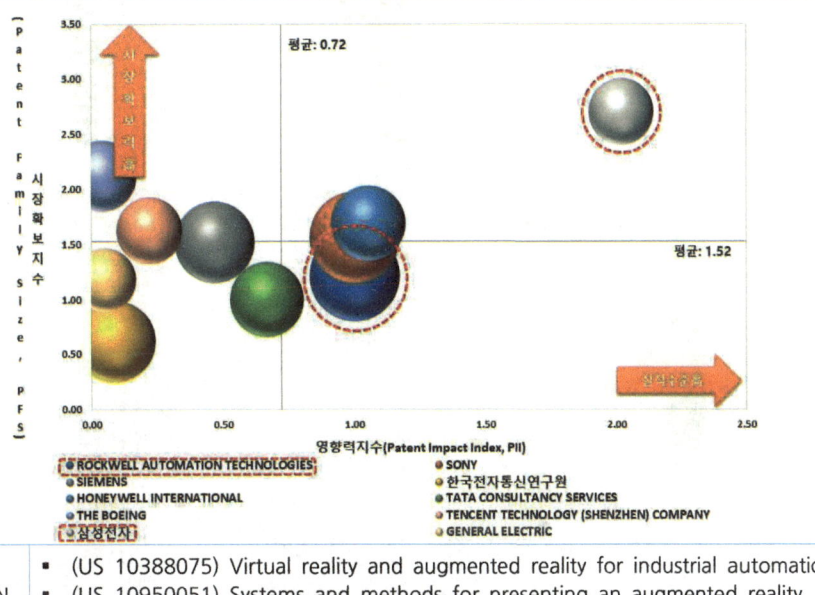

ROCKWELL AUTOMATION TECHNOLOGIES	▪ (US 10388075) Virtual reality and augmented reality for industrial automation ▪ (US 10950051) Systems and methods for presenting an augmented reality ▪ (US 10319128) Augmented reality presentation of an industrial environment
삼성전자	▪ (KR 2209064) 착용식 전자 디바이스로부터 프로세싱의 위임(delegating processing from wearable electronic device)

* **영향력지수(Patent Impact Indes, PII)**: 다른 경쟁주체의 기술수준이 고려된 특정 주체의 '상대적인' 기술적 중요도 또는 혁신성과의 가치 정보가 포함된 기술수준으로, 특허의 피인용 횟수를 특정 기술분야 내에서의 상대적인 값으로 전환시킨 지수임
* **시장확보지수(Patent Family Size, PFS)**: 특정 주체가 특정 기술분야에서 소수의 특정 국가에서만 시장확보를 하고자 하는지 아니면 다수의 세계 주요 국가들에서 시장확보를 하고자 하는지에 대한 분석으로, PFS가 높은 특허는 그만큼 상업적 가치가 큰 기술에 대한 특허인 것으로 해석될 수 있으며, PFS가 높은 출원인은 세계 여러 국가에서 사업을 하고 있는 출원인인 것으로 해석될 수 있음(2020 공공 R&D 특허기술동향조사 가이드라인, 한국특허전략개발원)
* **버블크기**: 출원 특허 건 수 비례

---

111) PFS = 특정 주체의 평균 패밀리 국가 수 / 전체 평균 패밀리 국가 수
　　PII = 특정 주체 보유특허의 피인용도[CPP] / 전체 유효특허의 피인용도

5. 요소기술 도출

가. 특허 기반 토픽 도출

☐ 725개의 특허의 내용을 분석하여 구성 성분이 유사한 것끼리 클러스터링을 시도하여 대표성이 있는 토픽을 도출

[스마트제조용 웨어러블 기기에 대한 토픽 클러스터링 결과]

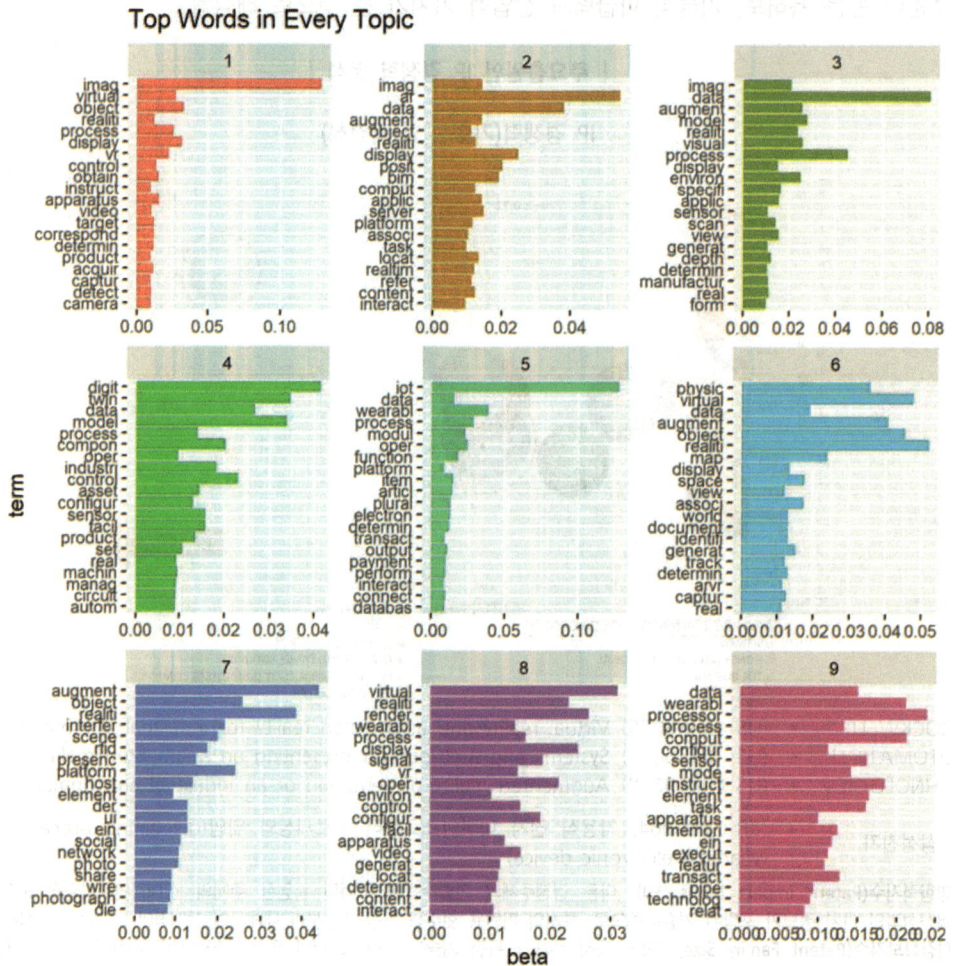

나. LDA[112] 클러스터링 기반 요소기술 도출

[LDA 클러스터링 기반 요소기술 키워드 도출]

No.	상위 키워드	대표적 관련 특허	요소기술 후보
클러스터 01	imag, object, display, virtual, process, vr, apparatus, obtain, control, target	• Augmented reality processing method, object recognition method, and related apparatus • Information processing program, information processing system	-
클러스터 02	ar, data, display, posit, bim, server, imag, applic, augment, locat	• Augmented reality platform and method using letters, numbers, and/or math symbols recognition • Information processing device	-
클러스터 03	data, process, model, visual, augment, environ, realiti, imag, specifi, view	• Wearable devices for courier processing and methods of use thereof • Additive manufacturing-coupled digital twin ecosystem based on multi-variant distribution model of performance	웨어러블 휴먼 모션 정보 실시간 트래킹 디바이스
클러스터 04	digit, twin, model, data, control, compon, industri, facil, sensor, asset	• Ai extensions and intelligent model validation for an industrial digital twin • Creation of a digital twin from a mechanical model	5G 기반 디지털 트윈 환경용 웨어러블 디바이스
클러스터 05	iot, wearabl, process, oper, modul, function, data, item, articl, plural	• Systems and methods for extending reasoning capability for data analytics in internet-of-things (iot) platform • Information-processing device and information-processing method	웨어러블 제스쳐 기반 입력 인터페이스 디바이스
클러스터 06	realiti, virtual, object, augment, physic, map, data, space, associ, generat	• Alignment of plant models in augmented reality • Apparatus and method for processing metadata in augmented reality system	-
클러스터 07	augment, realiti, object, platform, interfer, scene, rfid, presenc, host, der	• Augmented reality device • Method for evaluating the installation position of a measuring device in an installation	증강현실용 Inside-out tracking AI 카메라 디바이스
클러스터 08	virtual, render, display, realiti, oper, signal, configur, process, video, control	• Virtual reality platform for retail environment simulation • Virtual reality and augmented reality for industrial automation	-
클러스터 09	processor, comput, wearabl, instruct, element, sensor, task, data, mode, process	• Augmented reality assisted monitoring of a product • Comparison of a real system with a digital twin by means of data traffic analysis	-

---

112) Latent Dirichlet Allocation

다. 특허 분류체계 기반 요소기술 도출

☐ 스마트제조용 웨어러블 기기 관련 특허에서 총 10개의 주요 IPC코드(메인그룹)를 산출하였으며, 각 그룹의 정의를 기반으로 요소기술 키워드를 아래와 같이 도출

[IPC 분류체계에 기반한 요소기술 도출]

IPC 기술트리		요소기술 후보
(서브클래스) 내용	(메인그룹) 내용	
(G05B) 제어계 또는 조정계 일반; 이와 같은 계의 기능요소; 이와 같은 계 또는 요소의 감시 또는 시험장치	• (G05B-019) 프로그램제어계	웨어러블 제스쳐 기반 입력 인터페이스 디바이스
(G06F) 전기에 의한 디지털 데이터처리	• (G06F-001) 그룹 G06F 3	-
	• (G06F-003) 컴퓨터로 처리할 수 있는 형식으로 전송된 데이터를 변환하는 입력기구; 처리장치로부터 출력장치로 데이터를 전송하기 위한 출력기구, 예. 인터페이스 기구	-
	• (G06F-009) 프로그램 제어를 위한 장치, 예. 제어 장치	-
	• (G06F-015) 디지털 컴퓨터 일반	-
(G06K) 데이터의 인식; 데이터의 표시; 기록매체; 기록매체의 취급(우편물의 구분 B07C)	• (G06K-009) 인쇄문자, 손으로 쓴 문자를 독취하거나 인식 또는 패턴을 인식하기 위한 방법 또는 장치, 예. 지문인식	증강현실용 Inside-out tracking AI 카메라 디바이스
(G06Q) 관리용, 상업용, 금융용, 경영용, 감독용 또는 예측용으로 특히 적합한 데이터 처리 시스템 또는 방법; 그 밖에 분류되지 않는 관리용, 상업용, 금융용, 경영용, 감독용 또는 예측용으로 특히 적합한 시스템 또는 방법	• (G06Q-010) 경영; 관리	-
	• (G06Q-030) 거래, 예. 쇼핑 또는 전자상거래	-
	• (G06Q-050) 특정의 업종에 특히 적합한 시스템 또는 방법, 예. 공익 사업 또는 관광업 (헬스케어 인포매틱스 G16H)	웨어러블 의료 정보 실시간 모니터링 디바이스
(G06T) 이미지 데이터 처리 또는 발생, 일반	• (G06T-019) 컴퓨터 그래픽용 3D 모델 또는 화상의 조작	실내용 정밀 공간 좌표 인식 웨어러블 디바이스

라. 최종 요소기술 도출

☐ 산업·시장 분석, 기술(특허)분석, 전문가 의견, 타부처 로드맵, 중소기업 기술수요를 바탕으로 로드맵 기획을 위하여 요소기술 도출

☐ 요소기술을 대상으로 전문가를 통해 기술의 범위, 요소기술 간 중복성 등을 조정·검토하여 최종 요소기술명 확정

[스마트제조용 웨어러블 기기 분야 요소기술 도출]

요소기술	출처
웨어러블 휴먼 모션 정보 실시간 트래킹 디바이스	특허 클러스터링, 전문가추천
증강현실용 Inside-out tracking AI 카메라 디바이스	특허 클러스터링, IPC 기술체계, 전문가추천
실내용 정밀 공간 좌표 인식 웨어러블 디바이스	IPC 기술체계, 전문가추천
5G 기반 디지털 트윈 환경용 웨어러블 디바이스	특허 클러스터링, 전문가추천
웨어러블 제스쳐 기반 입력 인터페이스 디바이스	특허 클러스터링, IPC 기술체계, 전문가추천
웨어러블 의료 정보 실시간 모니터링 디바이스	IPC 기술체계, 전문가추천

6. 전략제품 기술로드맵

가. 핵심기술 선정 절차

☐ 특허 분석을 통한 요소기술과 기술 수요와 각종 문헌을 기반으로 한 요소기술, 전문가 추천 요소기술을 종합하여 요소기술을 도출한 후, 핵심기술 선정위원회의 평가 과정 및 검토/보완을 거쳐 핵심기술 확정

☐ 핵심기술 선정 지표: 기술개발 시급성, 기술개발 파급성, 기술의 중요성 및 중소기업 적합성
- 장기로드맵 전략제품의 경우, 기술개발 파급성 지표를 중장기 기술개발 파급성으로 대체

[핵심기술 선정 프로세스]

① 요소기술 도출	→	② 핵심기술 선정위원회 개최	→	③ 핵심기술 검토 및 보완	→	④ 핵심기술 확정
• 전략제품 현황 분석 • LDA 클러스터링 및 특허 IPC 분류체계 • 전문가 추천		• 전략분야별 핵심기술 선정위원의 평가를 종합하여 요소기술 중 핵심기술 선정		• 선정된 핵심기술에 대해서 중복성 검토 • 미흡한 전략제품에 대해서 핵심기술 보완		• 확정된 핵심기술을 대상으로 전략제품별 로드맵 구축 개시

나. 핵심기술 리스트

[스마트제조용 웨어러블기기 분야 핵심기술]

핵심기술	개요
영상·통신기능 웨어러블 기기 기술	• 클라우드 기반 AR 글래스를 위한 광학/디스플레이 기술
증강현실용 Inside-out tracking AI 카메라 디바이스	• Visual-SLAM 기반 독립형 위치 추적 기기
웨어러블 휴먼 모션 정보 실시간 트래킹 디바이스	• MEMS 기반 사용자 동작을 실시간 추적하는 3D 부착형 트래커
실내용 정밀 공간 좌표 인식 웨어러블 디바이스	• 마커리스(Markless) 객체 인식을 통한 사용자 위치측정 기기
웨어러블 제스쳐 기반 입력 인터페이스 디바이스	• 비전(Vision)기반 인체 포즈를 활용한 인터페이스 기기

다. 중소기업 기술개발 전략

☐ AR/VR 관련 디바이스에 대한 영상/신호처리 지연율 보정 등의 핵심 알고리즘 기술개발

☐ AR/VR 기술은 다양한 산업 영역에 대해 통합적 관점의 기술개발 전략 수립이 필요

☐ 다양한 영역에서 정보통신(ICT) 기술을 활용함에 따라 다양한 산업에 활용될 가능성이 커 산업 내 특화 기술과 규제 환경 등을 고려한 제품 개발에 집중 필요

라. 기술개발 로드맵

(1) 중기 기술개발 로드맵

[스마트제조용 웨어러블 기기 기술개발 로드맵]

스마트제조용 웨어러블 기기	물리공간과 가상공간을 연동하는 디지털 트윈 인터페이스 요소기술 상용화			
	2022년	2023년	2024년	최종 목표
영상·통신기능 웨어러블 기기 기술				디스플레이 해상도/밝기 2K/10Knit, 카메라 FOV 지연시간 90도 20ms
증강현실용 Inside-out tracking AI 카메라 디바이스				센서해상도 FOV XGA이상 160도 (Ultra-wide)
웨어러블 휴먼 모션 정보 실시간 트래킹 디바이스				지연시간 20ms 이하
실내용 정밀 공간 좌표 인식 웨어러블 디바이스				위치 정확도 10mm +/-3.5mm
웨어러블 제스쳐 기반 입력 인터페이스 디바이스				지연시간 20ms 이하

(2) 기술개발 목표

☐ 최종 중소기업 기술로드맵은 기술/시장 니즈, 연차별 개발계획, 최종목표 등을 제시함으로써 중소기업의 기술개발 방향성을 제시

[스마트제조용 웨어러블기기 핵심요소기술 연구목표]

핵심기술	기술요구사항	연차별 개발목표			최종목표	연계R&D 유형
		1차년도	2차년도	3차년도		
영상·통신기능 웨어러블 기기 기술	[디스플레이] 해상도/밝기	FHD/1Knit	QHD/3Knit	2K/10Knit	2K/10Knit	상용화
	[카메라] FOV(per Eye) 지연시간	50도 이상 40ms 이하	70도 30ms	90도 20ms	90도 20ms	
증강현실용 Inside-out tracking AI 카메라 디바이스	센서해상도 FOV	VGA 110도	SVGA 130도 (Wide)	XGA이상 160도 (Ultra-wide)	XGA이상 160도 (Ultra-wide)	기술혁신
웨어러블 휴먼 모션 정보 실시간 트래킹 디바이스	지연시간	35ms이하	30ms이하	20ms이하	20ms이하	창업형
실내용 정밀 공간 좌표 인식 웨어러블 디바이스	위치정확도	30mm +/-5mm	20mm +/-4mm	10mm +/-3.5mm	10mm +/-3.5mm	산학연
웨어러블 제스쳐 기반 입력 인터페이스 디바이스	지연시간	35ms이하	30ms이하	20ms이하	20ms이하	창업형

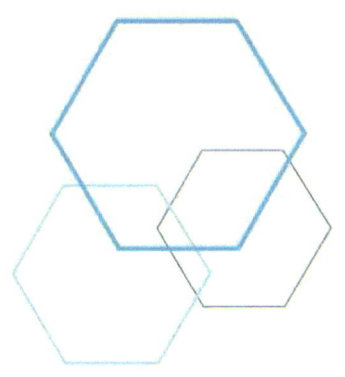

전략제품 현황분석

자율형 공정 제어 솔루션

자율형 공정 제어 솔루션

정의 및 범위

- 자율형 공정 제어 솔루션은 스마트공장 전체에 걸쳐 고신뢰 제어 성능 확보와 함께 (자율) 제어 알고리즘, 지능형 HMI, 센서·네트워크, 엣지 컴퓨팅 등이 차세대 신기술이 융합된 제어 시스템 기술
- 자율형 공정 제어 솔루션은 전력, 가스, 수도 및 교통시스템과 같은 국가 주요 기반 시설이나 산업 분야에서 원거리에 산재된 시스템의 효과적인 모니터링 및 제어 시스템을 포함

전략 제품 관련 동향

시장 현황 및 전망	제품 산업 특징
• (세계) 자율형 공정제어 관련 세계시장 규모는 '19년 457억 달러에서 '25년 648억 달러로 연평균 6.0%로 성장할 것으로 전망 • (국내) 자율형 공정제어 관련 국내 시장 규모는 '19년 2조 8,080억 원 수준에서 '25년 4조 8,139억 원으로 연평균 9.4%로 성장할 것으로 전망	• 자율형 공정 제어 솔루션은 제어 시스템이 실시간으로 공정 내부 데이터를 취합하여 세부 공정을 조절하여 원가 절감은 물론 생산량을 늘리고 불량률을 낮출 수 있어 현재 다양한 산업 분야에서 도입을 고려하고 있는 상황 • 실시간으로 데이터를 얻고 통신하기 위해선 IT 관련 기술이 필수적, IoT 기술과 네트워크 발전으로 공정 제어 관련 기술개발이 활발히 진행 중
정책 동향	**기술 동향**
• 정부는 2021년부터 2027년까지 '자율형 IoT 핵심기술 개발 사업'을 위한 R&D 과제 추진 • 또한, 2020년 디지털 뉴딜 사업의 하나로 'AI, 데이터 기반 중소기업 제조혁신 고도화 전략' 발표	• 제어 시스템의 명확한 통신 기준이 없는 상황이었으나 플랫폼화 추세로 여러 기업이 표준 규약을 사용하기 시작. 표준 프로토콜 사용으로 관련 기술 발전은 더욱 빠를 것으로 예상 • 신속하고 정확하게 문제점을 포착하여 조기에 경보시스템이 작동하는 시스템으로 사전에 기술적 결함을 예방할 수 있는 방향으로 기술개발
핵심 플레이어	**핵심기술**
• (해외) Siemens, Schneider Electric, Emerson, ABB, Mitsubishi • (대기업) SK C&C, 포스코ICT • (중소기업) 오토닉스, LS산전, 싸이몬, 티라유텍	• AI 기반 유연 생산 스케줄링 및 핵심 공정 최적화 기술 • 설비 고장 현상, 원인, 조치 결과 등의 공정 노하우 지식화 기술 • 사람-기계 협업 기반 최적 생산성 예측 및 작업 할당 기술 • 제조 가상화를 위한 생산공정 디지털트윈 기술 • AI 기반 분산형 공정 최적제어 시스템 기술

중소기업 기술개발 전략

→ 다양한 센서와 공정이 연결된 네트워크 인프라 구축 필요

→ 스마트제조 지원 정책에 맞춰 중소기업용 설비제어 솔루션 개발 필요

→ 통합 모니터링 구축(디바이스 자체(Healthy Check), Sensor Data 등)을 통해 AI 기반 모니터링 데이터 분석 기술개발

1. 개요

가. 정의 및 필요성

(1) 정의

☐ 자율제어 솔루션이란 특정 절차 또는 프로세스를 스스로 규제하여 정해진 매개변수에 최대한 근접하여 준수할 수 있도록 스마트공장 전체에 걸쳐 고신뢰 제어 성능 확보와 함께 (자율) 제어 알고리즘, 지능형 HMI, 센서·네트워크, 엣지 컴퓨팅 등의 차세대 신기술이 융합된 제어 시스템 기술

- 제어 시스템은 특정의 작업이나 공정을 감시, 제어하여 목표하는 결과나 값을 얻는 시스템으로 기본 형태에는 결과를 바탕으로 행동을 수정하는 피드백(feedback) 방법, 미래의 결과를 예상하고 수정하는 피드포워드(feed forward)방법 두 가지 존재

- 제어 시스템은 전기적·기계적 방법, 유체의 압력 등 이들의 복합된 방법으로 작동하고, 건물의 온도 및 습도 조절, 모니터링 등 스마트제조 설비 전반에 영향

[자율형 공정 제어의 개요]

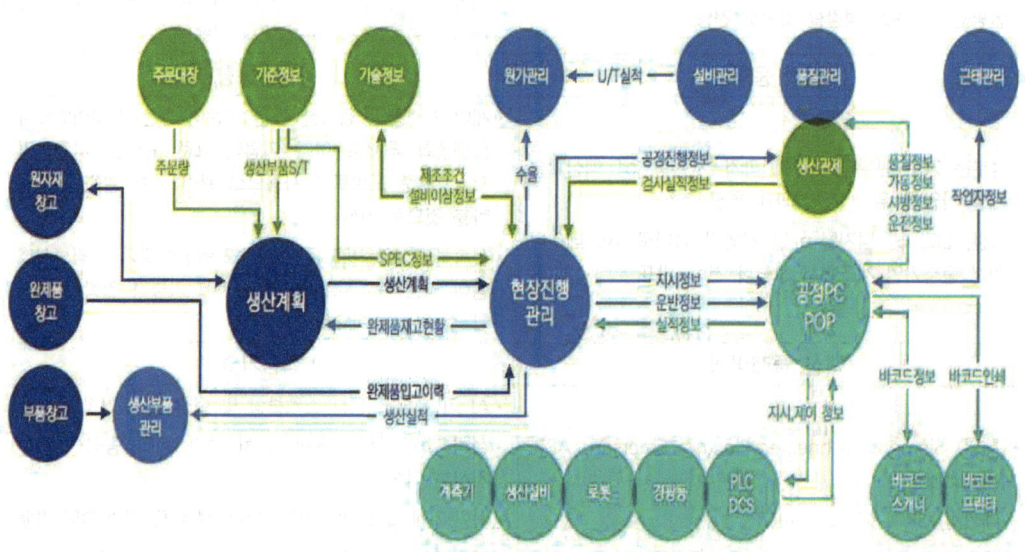

* 출처: ㈜에스제이에스일렉트릭 홈페이지 (2021)

(2) 필요성

☐ 자율형 공정제어는 목표와의 오차에 더 빠르게 반응하고, 이보다 이상적인 것은 오차를 예상하여 사전에 대응할 수 있도록 하여 생산 시스템을 예측할 수 있도록 체계 형성

- 공정 자동화를 통해 수작업의 한계를 극복하고 생산 시스템의 효율을 높임. 공장 프로세스 대부분에 접용이 가능하여 제품의 품질확보 가능

- 자율제어의 가장 간단한 형태는 하나 또는 다수의 매개변수를 모니터링하고 정해진 임곗값 초과 시 메시지를 전송하거나 신호를 보내어 수동으로 대응할 수 있게 하는 것이지만 한 단계 더 나아간 완전한 자율제어 시스템은 자재가 소진되면 필요한 양을 자동으로 주문하는 내장된 컨트롤 기능으로 인해 불필요한 재고 발생을 현격히 감소

☐ 스마트제조는 OT와 ICT의 융합을 통한 생산성과 품질향상에 목표를 두며 OT와 ICT를 연결하는 축이 바로 자율형 공정제어 솔루션

- 기획 의도부터 최종 사용자 경험까지 제품이 태어나 소비되는 전 과정에 걸쳐 품질을 최우선 가치로 상정하는 통합 품질 관리가 중요

☐ IoT 기반 센서에서 얻은 데이터를 인공지능을 통해 분석하여 생산공정을 관리하여 일정 계획을 조정 및 지능화. 제품 품질과 생산 효율이 높아지며 인건비와 같은 고정비용의 감소. MES에 지능형 공정 제어 솔루션을 더하여 효율적이고 신속한 공정 제어가 가능

[제어 시스템의 구성]

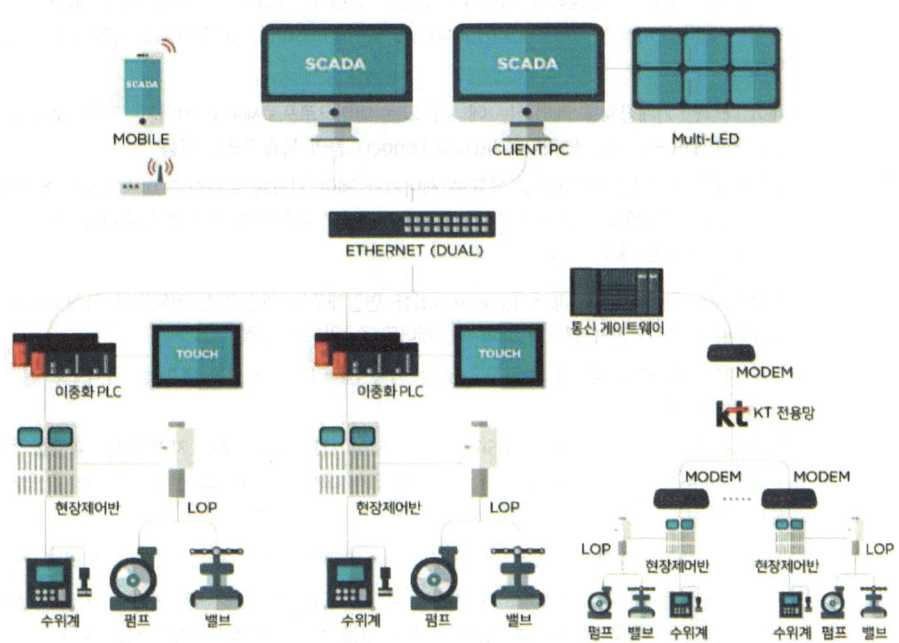

* 출처: CIMON 홈페이지 (2021)

나. 범위 및 분류

(1) 가치사슬

☐ 자율형 공정 제어 솔루션의 후방산업에는 센서 산업, 보안, 인공지능, 빅데이터, 엣지 컴퓨팅, 네트워크 산업이 있으며, 전방산업은 제조업 전반이 해당

[자율형 공정 제어 솔루션 분야 산업구조]

후방산업	자율형 공정 제어 솔루션 분야	전방산업
센서 산업, 자율제어 알고리즘, 인공지능, 빅데이터, 엣지 컴퓨팅, 네트워크 산업	기계장치, 제어기, 인터페이스, 제어기술	제조업 및 대형구조물, 조선, 항공, 자동차 등

(2) 구성요소별 분류[113]

[자율형 공정제어를 위한 구성요소]

분류	소분류
기계장치	· 공정변수를 측정하기 위한 센서(Sensor) 혹은 전송기(Transducer)나 공정 파라미터를 가동하기 위한 스위치나 모터 같은 전기 전자 장치(액추에이터)가 사용 · 센서는 측정한 공정변수를 제어기가 인식할 수 있도록 정해진 직선성을 갖는 아날로그 신호(전압, 전류, 저항값)로 변환하여 제어기로 전송하게 된다. 측정하고자 하는 제어 대상체의 공정변수로는 온도(Temperature), 습도(Humidity), 압력(Pressure), 유량(Flow), 레벨(Level) 등이 있다.
제어기	· 제어 대상인 기계장치를 제어하는 데 사용되는 마이크로프로세서로 제어기, 지시경보계 (Indicator), 기록계(Recorder), 데이터로거(Data Logger) 등이 복합적으로 사용 · 1차적으로 이상적인 공정제어를 목표로 제어기가 제어 기능을 수행하고 이외의 기기들은 공정제어가 제대로 수행되고 있는지를 감시(지시경보계)하고 기록(기록계)하며 데이터를 저장(데이터로거)하고 표시하는 등의 역할
인터페이스	· 기계장치(mechanism)와 제어기(controller)를 연결해주는 과정으로, 전체적인 기계장치 구성 후에 제어기인 전기 전자 장치와 대화 즉, 제어될 수 있도록 연결 · 현장 내의 공정변수 정보를 확인하고 일괄 연동 제어(HMI, PLC를 통한)를 목적으로 통신 기반을 채택하여 관리 · 과거에는 시리얼통신(RS-232C, RS422, RS485)이 사용되었고 로컬 지역에서만 활용할 수 있어 원거리 원격에서의 모니터링에 어려운 단점이 있어 고속 필드버스와 산업용 이더넷을 탑재한 제품들이 출시
제어기술	· 자동화시스템을 사용자가 원하는 응답을 얻을 수 있도록 해주는 제어 알고리즘을 의미 · 크게 시퀀스제어와 피드백제어로 구분하며 시퀀스제어는 미리 정해진 순서에 따라 동작시키는 것을 의미하고, 피드백제어는 물리량(제어량)의 값을 목표치에 일치시키는 것을 의미

---

[113] 정동곤, 스마트 매뉴팩처링을 위한 MES 요소 기술, 2013

2. 산업 및 시장 분석

가. 산업 분석

◎ **스마트제조의 핵심기술 공정제어**

☐ 스마트제조 분야에서 필수 핵심기술은 자동화된 공정 관리
- (프로세스 산업) 프로세스 산업은 자동화를 통해 대량 생산을 가능하게 하며 지속적이고 연속적인 프로세스 생산을 보장. 프로세스 산업의 디지털화가 가속화되는 추세
  - 석유&가스 산업, 화학 산업, 식품&음료 산업, 광업&금속 산업, 전력 산업, 제약 산업, 제지&펄프 산업, 기타 산업 등
- (조립산업) 조립산업에서 자동화 공정을 통해 공정의 일관성 향상, 처리량 증가, 품질향상, 작업 시간 단축, 수동 작업 감소, 높은 안전성 등과 같은 효과
  - 자동차 산업, 반도체 및 전자기기 산업, 기계 제조 산업, 항공우주 및 방위 산업, 의료기기 산업, 기타 산업 등

☐ 공정의 전 과정을 통합하여 소수의 운영자가 공정을 직접 제어할 수 있는 가상의 시스템을 도입 진행 중이며 기존 생산관리 시스템인 MES, ERP와 연계하여 범용성을 확보
- 클라우드 기반 MES, ERP를 도입 스마트 산업 제어 시스템의 센서나 디바이스로부터 정보를 실시간으로 수집

◎ **스마트제조 관련 생태계 협력 강화**

☐ 제조 분야의 디지털화에 대응하기 위한 스마트제조 생태계 내의 파트너십이 활발하게 진행 중
- 특히, 산업용 제어 및 공장 자동화 분야의 경우, 기업 간 협업의 형태로 다양한 디지털 기술(인공지능, AR/VR, 블록체인, 보안, IoT 등)과의 연계를 시도하며 시장이 성장하는 추세
  - (자동화 솔루션 분야) 연속 공정 대비 이산 공정 분야의 자동화 솔루션 공급기업이 연속 공정을 대상으로 하는 기업들 대비 디지털 친숙도(디지털화)가 높은 것으로 드러남

☐ PLC와 DCS의 경계가 없어지면서 Total Solution으로 진화
- PLC와 DCS는 큰 차이가 있었으며, 완전히 독립적인 시장을 형성했으나 컴퓨팅 기술의 발달로 90년대 중반부터 서서히 PLC와 DCS를 큰 차이 없이 사용
- 예전에 분산처리시스템으로 구성하였던 DCS 시스템도 워낙에 컴퓨팅 기술의 발달로 정보의 활용 측면이 강조되면서 통합 운영 시스템 구성하면서 최근의 주요 업체들은 Total Solution을 제시

전략제품 현황분석

◎ 공장제어뿐 아니라 산업제어로 확대

☐ 최근 제어 시스템은 다양한 산업 분야 및 제조, 발전, 가공 등의 산업시설뿐만 아니라 전력, 자원 운송 등 주요 정보통신 기반 시설 및 빌딩, 공항 등의 시설에 적용되고 있으며, IT와 산업제어시스템(ICS) 네트워크가 융합되는 중

- 미국을 중심으로 한 자동화 표준 단체인 ISA(International Society of Automation)는 산업제어시스템을 구성하는 제품 및 시스템의 보안요구사항을 정의하고 이를 표준으로 주도함과 동시에, 산업제어시스템을 구성하는 SCADA, DCS, PLC 등의 장치에 대한 보안성을 시험·평가하고, 산업제어시스템을 운영하는 조직의 정보보호 관리체계를 심사하는 산업제어시스템의 안전성을 확보하기 위한 산업제어시스템 평가인증 제도에 대한 개발을 본격화

- 스마트 산업 제어 시스템은 OT(Operation Technology) 영역과 IT(Information Technology) 영역의 결합을 기반으로 함

[공정 제어를 넘어선 자율형 산업제어의 예시]

* 출처 : 5G 스마트항만으로 탈바꿈 (정보통신신문, 2020)

◎ 제어 시스템의 표준과 보안이 새로운 이슈

☐ 시스템 간 통신규격이 표준화되어있지 않아 현장에서 다양한 시스템을 연계시키기 어려운 상황. 제조사별 규격이 다르면 All-in-one(통합) 시스템을 공급하지 못하는 중소기업의 경우 경쟁력 약화 우려

- IoT, 클라우드와 같은 최신 IT 기술의 융합과 더불어 보안 위협이 매우 증가함에 따라 IT 분야와 같은 수준의 보안이 요구

☐ 미국을 중심으로 스마트 산업제어시스템에 대한 정보보호 대책을 수립하고 구현하기 위해 산업제어시스템 보안 기술 및 보안요구사항을 정립하고 이러한 보안 요구사항을 충분하고 정확하게 구현하였는지 평가하여 산업제어시스템 구성요소에 대한 신뢰성을 보장하고자 하는 움직임이 활발하게 진행 중

- 미국 ICS CERT 보고서에 따르면 산업제어시스템에서 발생하는 사이버 보안 사고의 55%는 지능형 지속 위협(APT)이며, 산업제어시스템 환경에서 일어나는 모든 사고의 40%는 사람의 부적절한 행동으로 발생

- 스마트 산업제어시스템이 사용되는 기반 시설이나 시스템이 미치는 영향력은 광범위하므로 만약 사이버 공격으로 정상적인 기능 수행에 문제가 발생하면 수많은 사람의 안전에 큰 타격을 입힐 수 있으므로 산업 제어 시스템 환경에 적합한 보안 기술에 관한 끊임없는 연구와 개발로 보안 취약점을 최소화

◎ 정부의 스마트제조 관련 R&D 과제 추진

☐ 정부는 2021년부터 2027년까지 7개년 계획으로 '자율형 IoT 핵심기술 개발 사업'을 추진하여 ▲자율사물 ▲자율 연결 ▲자율 트윈 ▲서비스 및 시험인증의 4개 분야로 추진될 예정

- 자율 사물은 자가 진단 보정과 자체 의사결정이 가능한 초경량 디바이스로 사물들끼리 협업해 문제를 해결하는가 하면, 사람의 표현과 의도를 인지해 스스로 반응하는 모습이 구현될 전망

- 자율 연결은 다양한 유형의 사물을 자유롭게 연결하는 IoT 자율제어 네트워크를 실현하여 서로 다른 네트워크를 연결하기 위한 게이트웨이 기술과 머신러닝을 기반으로 상황에 맞는 최적의 네트워크 경로를 설정하는 기능 등이 구현될 것으로 보임

- 자율 트윈은 현장에서 트윈 간 연동으로 실시간 예측과 제어를 수행하는 플랫폼 개발을 목표로 사물이 소비하는 지식을 분산 환경에서 생성·융합하고 공유하는 사물 지식 웹 기술도 동원될 예정

- 서비스 및 시험인증 분야로는 자율형 IoT 융합 서비스 개발 및 핵심기술 검증, 관련 중소·중견기업 기술지원 생태계 구축 예정

나. 시장 분석

(1) 세계시장

□ 자율형 공정제어 관련 세계시장 규모는 2019년 457억 달러 수준에서 2025년 648억 달러 수준의 시장으로 연평균 약 6.0%씩 성장할 것으로 전망

- 분산 제어 시스템(DCS)은 2019년 160억 달러에서 연평균 성장률 5%로 증가하여, 2025년에는 214억 달러에 이를 것으로 전망
  - DCS 시장은 구성요소를 기반으로 하드웨어, 소프트웨어 및 애프터 서비스로 분류되며 개개의 프로세스 디테일을 제어하는 통합서브 시스템과 이를 감독하는 최고단(supervisory level)이 포함

- 프로그램 가능 논리 제어기(PLC)는 2019년 138억 달러에서 연평균 성장률 3.2%로 증가하여, 2025년에는 167억 달러에 이를 것으로 전망
  - PLC는 제조 현장의 다양한 센서와 액추에이터에서 발생하는 데이터를 수집, 처리하며 이에 연결되어 실시간으로 통신하기 위한 입·출력, 독립된 전원공급, 실시간 처리 능력을 탑재

- 감시 제어 & 데이터 수집(SCADA)은 2019년 58억 달러에서 연평균 성장률 6.4%로 증가하여, 2025년에는 84억 달러에 이를 것으로 전망
  - SCADA는 제조시스템의 작업을 시각화하고, 신뢰할 수 있는 정보를 제공하여 제조 자동화 프로세스의 효과적인 감독을 수행하며, 데이터 수집 및 에너지 소비, 난방, 환기를 제어하고 모니터링하여 제조업에 적극적 적용이 가능

- 인간-기계 인터페이스(HMI)는 2019년 43억 달러에서 연평균 성장률 9.9%로 증가하여, 2025년에는 76억 달러에 이를 것으로 전망
  - HMI는 사용자와 기계 사이의 인터페이스 역할을 수행하여 데이터의 시각화를 향상시키고, 운영자가 제조 프로세스를 조정 및 제어할 수 있게 도와주는 핵심기술로, 복잡한 프로세스 변수를 실행가능하고 유용한 정보로 변환하는데, 도움이 되는 하드웨어 및 소프트웨어로 구성됨

[자율형 공정제어 관련 세계시장 규모 및 전망]

(단위 : 십억 달러, %)

분야	'19	'20	'21	'22	'23	'24	'25	CAGR
DCS	16.0	16.8	17.6	18.5	19.4	20.4	21.4	5.0
PLC	13.8	14.2	14.7	15.2	15.7	16.2	16.7	3.2
SCADA	5.8	6.2	6.6	7.0	7.4	7.9	8.4	6.4
PAM	5.7	6.3	7.0	7.8	8.7	9.6	10.7	11.5
HMI	4.3	4.7	5.2	5.7	6.3	6.9	7.6	9.9
제어 종합	45.7	48.4	51.3	54.4	57.7	61.2	64.8	6.0

* 출처: Industrial Control And Factory Automation Market (Marketsandmarkets, 2020)

(2) 국내 시장

☐ 자율형 공정제어 관련 국내 시장 규모는 2019년 2조 8,080억 원 수준에서 2025년 4조 8천억 원이 넘는 시장으로 연평균 약 9.4%씩 성장할 것으로 전망

- 분산 제어 시스템(DCS)은 2019년 7,200억 원에서 연평균 성장률 7.4%로 증가하여, 2025년에는 1조 1,050억 원에 이를 것으로 전망

- 프로그램 가능 논리 제어기(PLC)는 2019년 5,280억 원에서 연평균 성장률 6.6%로 증가하여, 2025년에는 7,748억 원에 이를 것으로 전망

- 감시 제어 & 데이터 수집(SCADA)은 2019년 5,040억 원에서 연평균 성장률 9.2%로 증가하여, 2025년에는 8,546억 원에 이를 것으로 전망

- 인간-기계 인터페이스(HMI)는 2019년 3,960억 원에서 연평균 성장률 10.6%로 증가하여, 2025년에는 7,248억 원에 이를 것으로 전망

- 특권 접근 관리 솔루션(PAM)은 2019년 6,600억 달러에서 연평균 성장률 13.0%로 증가하여, 2025년에는 1조 3,741억 원에 이를 것으로 전망

[자율형 공정제어 관련 국내 시장 규모 및 전망]

(단위 : 억 원, %)

분류	2019	2020	2021	2022	2023	2024	2025	CAGR
DCS	7,200	7,733	8,305	8,920	9,580	10,289	11,050	7.4
PLC	5,280	5,628	6,000	6,396	6,818	7,268	7,748	6.6
SCADA	5,040	5,504	6,010	6,563	7,167	7,826	8,546	9.2
HMI	3,960	4,380	4,844	5,357	5,925	6,553	7,248	10.6
PAM	6,600	7,458	8,428	9,523	10,761	12,160	13,741	13.0
제어 종합	28,080	30,720	33,607	36,766	40,222	44,003	48,139	9.4

* 출처: Industrial Control And Factory Automation Market (Marketsandmarkets, 2020)

3. 기술개발 동향

☐ 기술경쟁력
- 자율형 공정 제어 솔루션은 미국이 최고기술국으로 평가되었으며, 우리나라는 최고기술국 대비 88.2%의 기술 수준을 보유하고 있으며, 최고기술국과의 기술격차는 1.3년으로 분석
- 중소기업의 기술경쟁력은 최고기술국 대비 75.3%, 기술격차는 1.9년으로 평가
- 유럽(93.1%)> 한국> 일본(83.5%)> 중국(65.7%)의 순으로 평가

☐ 기술수명주기(TCT)[114]
- 자율형 공정 제어 솔루션은 6.71의 기술수명주기를 지닌 것으로 파악

가. 기술개발 이슈

◎ 자동화시스템의 일반적인 구성요소

☐ 기계장치(mechanism) 및 센서
- 자동화와 공정제어를 실현하기 위해서는 데이터를 수집하고 공정을 작동시키는 데 필요한 신호를 내보내는 메커니즘을 구성하는 부분
- 공정변수를 측정하기 위한 센서(Sensor) 혹은 전송기(Transducer)나 공정 파라미터를 가동하기 위한 스위치나 모터 같은 전기 전자 장치(액추에이터)가 사용
- 센서는 측정한 공정변수를 제어기가 인식할 수 있도록 정해진 직선성을 갖는 아날로그 신호(전압, 전류, 저항값)로 변환하여 제어기로 전송

☐ 제어기(controller)
- 센싱 요소를 바탕으로 신호를 주고받고 제어할 수 있게 이루어진 하나의 단일 컴퓨터 시스템으로 운영자 및 감시 시스템의 명령 신호뿐 아니라 프로세스 전반에 걸친 피드백을 받아 신호를 계산하고 제어하는 것을 반복 수행
- 일차적으로 이상적인 공정제어를 목표로 제어기가 제어 기능을 수행하고 이외의 기기들은 공정제어가 제대로 수행되고 있는지를 감시(지시 경보계)하고 기록(기록계)하며 데이터를 저장(데이터로거)하며, 제어기의 입력부는 변환기로부터 전송받은 아날로그 신호를 샘플링하여 공정변수의 현재 값을 표시, 측정하는 역할 수행

---

114) 기술수명주기(TCT, Technical Cycle Time): 특허 출원연도와 인용한 특허들의 출원연도 차이의 중앙값을 통해 기술 변화속도 및 기술의 경제적 수명을 예측

☐ 인터페이스(Interface)
- 기계장치(mechanism)와 제어기(controller)를 연결해주는 과정으로, 전체적인 기계장치 구성 후에 제어기인 전기 전자 장치와 대화 즉, 제어될 수 있도록 연결해주는 것을 의미
- 현장 내의 공정변수 정보를 확인하고 일괄 연동 제어(HMI, PLC를 통한)를 목적으로 통신 기반을 채택하여 관리
- 과거의 시리얼통신(RS-232C, RS422, RS485)에서 스마트제조에서는 주로 원거리 제어를 위해 고속 필드버스와 산업용 이더넷을 탑재한 제품들을 사용 중

☐ 제어기술
- 자동화시스템을 사용자가 원하는 응답을 얻을 수 있도록 해주는 제어 알고리즘을 말하며, 크게 시퀀스제어와 피드백제어로 구분
- 시퀀스제어는 미리 정해진 순서에 따라 동작시키는 것을 의미하고, 피드백제어는 물리량(제어량)의 값을 목표치에 일치시키는 것을 의미
- 스마트제조에서는 마이크로컴퓨터 기술에 기반을 둔 디지털 컴퓨터에 의해 직접 제어되고 이산 제어, 연속 제어 등의 제어 형태와 관계없이 제어용 컴퓨터(real-time controller)는 일반적으로 공정과 실시간 통신이 필요

◎ 스마트 설비제어 솔루션 아키텍처

☐ 스마트 설비제어 솔루션 아키텍처는 아래 그림과 같으며 크게 4가지 부분으로 구분
- Data 수집 서버
  - 데이터 적재: 디바이스(설비) 데이터(Healthy 정보, 상태, Sensor 데이터)
  - 디바이스(설비) 모니터링: 디바이스 실시간 데이터 모니터링 및 이상감지
- DCS(Distributed Control System)
  - 각 디바이스(설비) 데이터 통합 실시간 모니터링 및 적재
- APC(Advanced Process Control)
  - 디바이스(설비) 간 데이터 연동 제어
  - 실시간 데이터 보정(Feed-Back or Feed-Forward)
- 설비 통신서버
  - 다양한 디바이스(설비)의 통신 방식 지원
  - 수집된 데이터의 실시간 보고(Data 수집 서버, APC 또는 기간 시스템 등)
  - 디바이스(설비) 제어(Interlock, Data 보정) 명령

[스마트 설비제어 솔루션 구성도]

* 출처 : 엠아이큐브솔루션 홈페이지 (2020)

◎ 설비제어의 진화 방향

☐ 스마트제조의 완성을 위해서는 실시간으로 상호 작용해야 하고 많은 애플리케이션에서 비전 기반 AI를 구현할 필요성이 있어서 다양한 산업 분야의 분산된 기계를 모니터하기 위해서는 IIoT 기반의 데이터 교환이 필요

- 스마트 비전, 인공지능(AI), 로봇 제어 및 선택적으로 IIoT 기반 모니터링, 유지 보수 및 관리 등 여러 실시간 및 비실시간 작업 제어를 통해 딥러닝 기반 인공지능 알고리즘을 활용한 상황 인식을 비롯한 여러 작업을 병렬로 처리해야 하는 차세대 비전 기반 협업 로봇, 자동화 제어 및 자율 차량을 목표로 다양한 개발이 진행 중

- PLC → MES → ERP로 수직 구조화되어 있는 아키텍처에서 PLC와 바로 실시간 인터페이스 가능한 MES와 통합된 ERP를 제공해 생산 환경의 동적 변화에 유연하게 대응할 수 있는 방향으로 진화 중

☐ 최근의 IoT 제품들은 직접 TCP/IP망을 통해서 측정값이나 상태 값을 바로 HMI나 IT시스템 서버에 전송하고 조작 신호를 받아 수행

- 새롭게 등장하는 기술은 대표적으로 MQTT, Node-RED, OPC-UA 기술로 관련 제품이 2016년부터 시장점유율을 높이는 중

- HMI나 SCADA와는 다른 새로운 클라우드 시스템에 데이터를 보내어 빅데이터 수집, 통계, 분석, 예측으로 제어기술의 본래 목적인 최적화 제어로 진행 중

- [ ] SCADA 시스템인 경우는 기존의 Windows나 유닉스/리눅스 플랫폼을 벗어나서 완전한 개방형 구성으로 DB와 Visualization은 SCADA 기능 서비스를 넘어서 MES와 EMS 영역에서 아주 중요한 역할을 수행 중
    - MS-Windows에서 지금까지 SCADA 기술도 Silverlight, HTML 5 그리고 WPF 기술을 사용해 더욱 고급화

◎ PLC도 진화 중

- [ ] Device Networking, Open I/O System, PC based Control의 세 기술은 현재 Industrial Automation 시장의 Key Trend이며 Cost 절감과 Flexibility가 이러한 경향을 주도
    - 특히 Control H/W의 독립성, 유연한 Operation, 저 가격의 Automation Solution에 대한 요구가 Control H/W Platform과 S/W의 분리, 2) PLC Platform과 I/O의 분리를 가속화
    - 또한 이러한 경향이 심화함에 따라, Control 기능이 I/O Device에 내장되는 현상이 나타나고, 이에 따라 이러한 기기를 이용한 분산 제어(Distributed Control)가 제조업체에 의해 채용

- [ ] Control 규모에 따른 유형의 변화 ① 소규모 제어 : Low-end, 개별 PLC System이 앞으로도 지속해서 사용될 전망 ② 대규모 제어 : 여러 Maker의 Controller를 혼합 사용하여, 가장 가격 경쟁력 있는 Control System을 구성

- [ ] 기존 PLC의 가장 커다란 장점은 신뢰성과 고속의 제품성능에 있으며, Open Control에서는 다양한 유연성에도 불구하고, 종래 PLC에서 제공되었던 이러한 장점을 제공하는 데 성공하지 못하고 있었으나, 최근에 주목받고 있는 Embedded Control은 이러한 장점과 더불어 OCS(Open Control Software)의 장점도 같이 제공할 수 있는 기술로 부각

◎ 산업(설비)제어의 보안 강화 추세

- [ ] 산업 제어 시스템은 내부의 장비들을 연결하기 위한 내부 네트워크로서 전사적 네트워크, 제어 네트워크, 필드 네트워크가 있고 각 영역의 장비를 연결하고 있어, 연결된 제어 장비는 다양한 경로로 접근할 수 있으며 각 접속점 및 네트워크 영역별 보안성이 취약하여 신속한 피해가 예상
    - 주요 기반 시설 산업 제어 시스템 특성 및 구성요소, 벤더에 종속적인 통신 프로토콜 등으로 인하여 기존 엔터프라이즈 보안 시스템 적용 불가능
    - 의도적 또는 비의도적인 행위로 인하여 주요 기반 시설 산업 제어 시스템의 안전한 시스템 운영을 방해하는 활동에 대한 우려 증대

- [ ] 현재의 Firewall, IDS(Intrusion Detection System), IPS(Intrusion Prevention system) 등의 엔터프라이즈 보안 제품군은 외부 네트워크 경계 영역에 집중되어 있어서 내부 인프라에서 발생하는 문제에 취약한 상태
    - 내부자 위협을 포함하여 침투경로가 다양해지는 상황에서 제어망도 경계망 보안에 초점이 맞춰져 있어 내부 행위분석의 방안이 미약

☐ 산업 제어 시스템은 외부 인터넷망과는 차단돼 있어 일반 통신망을 통해 제어 시스템에 침투하는 것은 사실상 불가능하다고 생각하지만, USB 메모리·CD 롬·외장하드 등 외부 장치를 내부 전산망의 컴퓨터에 연결하면 악성코드가 침투 가능

- 엔터프라이즈 시스템은 범용 OS 및 IP 기반 프로토콜을 가진 아키텍처의 보안솔루션이지만, 고유의 OS와 네트워크, 통신 프로토콜을 사용한 산업 제어 시스템은 이러한 기존 보안솔루션 사용의 어려움이 존재

- 기존의 산업제어시스템들은 제어용 컴퓨터 내장기기와 독자적인 통신 프로토콜이 적용되어 외부에서 분리 독립된 구성으로 구축·운영됐지만, 최근, 스마트 ICS는 업무 효율화와 다양한 분야 적용을 위해 일반 업무용 시스템 망과 연계하기 위해 IT 및 인터넷 기술을 이용하게 되었으며, 이에 따라 ICS에도 범용 표준 기술이 적용되고 개방화가 빠르게 진행되는 중

- 폐쇄적인 제어 프로토콜을 수행하는 고립 시스템에서, MS 윈도우, Unix, TCP/IP와 같은 표준 기술 및 프로토콜로 전환되고 있고 IT 망과의 통합이 이루어지고 있어, 정보통신 인프라에 존재하는 사이버 보안 취약성 및 사고의 가능성이 산업제어시스템에도 그대로 재현될 가능성이 증대되는 중

☐ 설비제어 시스템에 대한 정보보호 필요성이 점차 증대됨에 따라 ICS의 보안솔루션 도입이 가속화되었으며, 기존 보안솔루션을 스마트 ICS 환경에 적합하도록 변경 및 적용한 새로운 스마트 ICS 보안솔루션이 필요

◎ 설비제어의 표준화 동향

☐ 산업 제어 시스템 통신 프로토콜은 각 회사에서 독자적으로 개발된 비표준 프로토콜이었으나 점차 공개된 표준 프로토콜을 사용하는 추세

- 공개 표준 프로토콜은 공격자에게 산업 제어 시스템 및 네트워크 동작에 대한 다양한 지식을 제공하게 됨으로써 산업 제어 시스템에 대한 사이버 침해의 가능성과 위험성이 높아지고 있어 보안성 대책 요구가 증가

- 공개 표준 프로토콜은 공격자에게 산업 제어 시스템 및 네트워크 동작에 대한 다양한 지식을 제공하게 됨으로써 산업 제어 시스템에 대한 사이버 침해의 가능성과 위험성이 높아지고 있어 보안성 대책 요구가 증가

- 산업제어 프로토콜에는 150~200개가 존재하며, 이들 대부분은 각 회사에서 독자적으로 개발되어 비표준 프로토콜이었으나 점차 공개된 표준 프로토콜을 수용하는 추세이며, 현재 각 벤더들은 자신의 산업 제어 시스템 프로토콜을 산업 표준으로 채택하기 위해 경쟁 중

☐ 표준규격의 채용이 고객에게는 중요한 문제이며, 다양한 범위의 제품을 공급하는 PLC 메이커들은 이러한 표준화에 적합한 제품을 공급하여 경쟁력을 확보

나. 생태계 기술 동향

(1) 해외 플레이어 동향

☐ (Siemens) 모터, 센서 시스템, 생산 관리 시스템(MES) 등 스마트제조를 위한 부품뿐 아니라 빅데이터, 인공지능을 활용한 자율형 통합 솔루션도 제공

- 기계 제작 시 최대 정밀도와 속도를 제공할 수 있는 소프트웨어인' SIMOTION'을 출시, 해당 제품은 OPC UA 통신 프로토콜을 준수하고 다른 소프트웨어와 쉽게 통합될 수 있는 'SINAMICS Safety' 기술이 접목되어 보안 강화

[지멘스의 SINAMICS Safety]

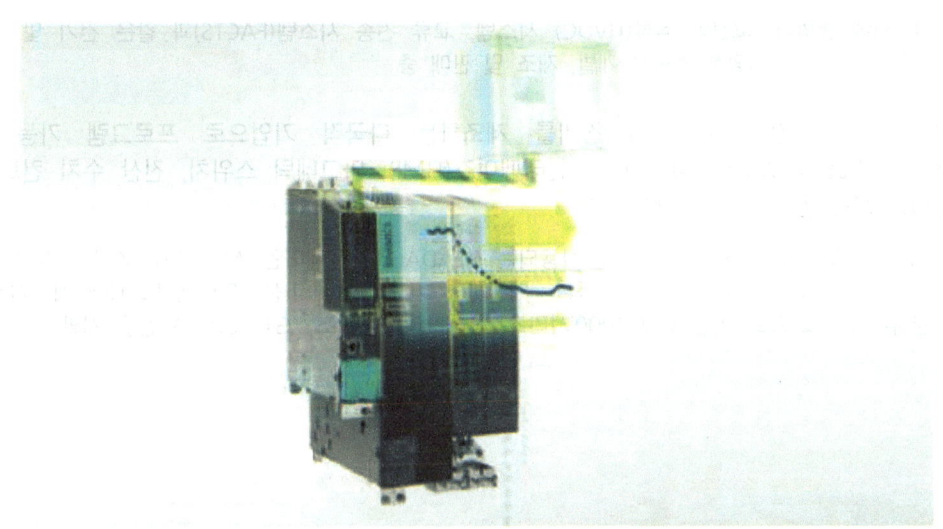

* 출처 : 지멘스 홈페이지 (2021)

☐ (Schneider Electric) 프랑스의 다국적 기업으로 계장 기술로 유명한 Foxboro(Invensys), PLC로 유명한 Modicon과 Indusoft Web Studio를 인수한 글로벌 에너지관리 및 자동화 전문기업

- 하드웨어, 소프트웨어 및 서비스에 이르는 에너지관리 및 자동화 솔루션 전문으로 분산 제어 시스템(DCS), 프로그램 가능 논리 제어기(PLC), 서보모터, 휴먼 머신 인터페이스(HMI), 전용 컨트롤러, 감시 제어&데이터 수집기(SCADA) 소프트웨어, 인클로저, 산업용 통신 기기 등의 자동화 제품을 제조 및 판매 중
- 이더넷과 프로피버스로 구성되어 있으며 여러 장치를 연결하는 산업용 통신 기기와 배선 및 연결용 케이블 제품을 포함하는 인클로저 등을 개발

전략제품 현황분석

☐ (Emerson) 기술 및 엔지니어링 분야의 글로벌 선도 기업으로 화학, 석유 및 가스, 정유, 펄프 및 제지, 발전, 수처리, 금속 광업, 식음료, 생명과학 등 다양한 산업의 생산, 가공 및 유통의 자동화 관련 제품을 제조 및 판매 중

- 특히, 모터, 센서, 제어 밸브, 감시 제어&데이터 수집기(SCADA), 스위치와 같은 자동화 제품을 제조 및 판매 중
- 모니터링 응용 프로그램에 사용되는 SCADA 플랫폼인 'Open Enterprisev3'를 개발하였으며, 화학, 금속 광업, 식음료, 석유 및 가스와 같은 다양한 산업에서 압력, 유량, 온도를 자동으로 측정하는 계측 장비를 생산 중

☐ (ABB) 로봇, 에너지, 자동화 기술 분야를 주된 사업으로 하는 스위스의 다국적 기업으로 감시 제어 및 데이터 수집이 가능한 감시 제어&데이터 수집기(SCADA)를 판매 중

- 이 외에 변압기, 고전압 직류(HVDC) 시스템, 교류 전송 시스템(FACTS)과 같은 전기 및 자동화 제품, 시스템 등 다양한 제품을 개발, 제조 및 판매 중

☐ (Mitsubishi) 전자 및 전기 장비를 제조하는 다국적 기업으로 프로그램 가능 논리 제어기(PLC), 서보모터, 휴먼 머신 인터페이스(HMI), 마그네틱 스위치, 전산 수치 컨트롤러, 산업용 로봇 등을 제조 및 판매 중

- 공정 제조의 모니터링 및 감시에 사용되는 SCADA 소프트웨어인 'MC Works64', 'AX facility', 'MC historian', 'AX portal' 등을 개발하였으며, 휴먼 머신 인터페이스(HMI)에 사용되는 엔지니어링 소프트웨어인 'GOT2000'시리즈, 'GOT1000'시리즈, 'GT SoftGOT'등을 개발

(2) 국내 플레이어 동향

☐ (SK C&C) 인공지능·빅데이터·클라우드와 마이크로서비스아키텍처(MSA) 등 최신 정보기술과 융합된 통합 플랫폼 모델을 기반해 스마트팩토리 구축

- 스마트 팩토리 구축을 위한 통합 솔루션 SCALA 출시

- 물류 제어(MSC)·AI 기반 검사 등 자동화 솔루션을 비롯해 생산관리·품질관리·장비 관리 등 제조 운영 솔루션과 통합 분석 솔루션을 제공

[SK C&C의 스마트팩토리 솔루션 SCALA 모식도]

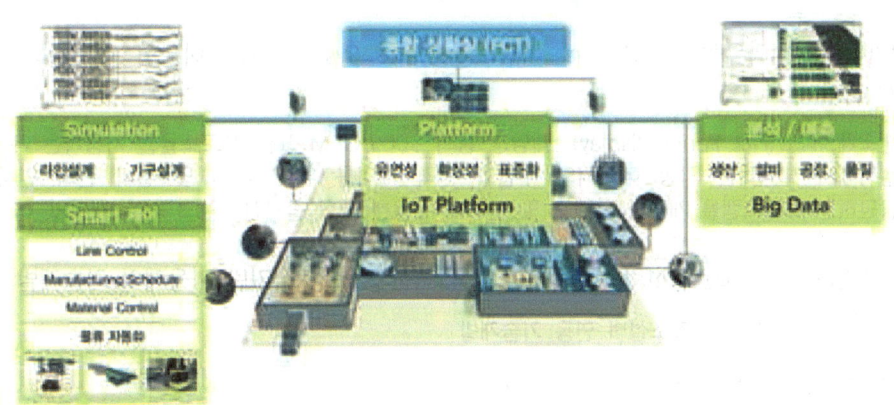

* 출처 : SK C&C 홈페이지 (2020)

☐ (포스코ICT) IoT 센서를 적용해 제조 현장의 데이터를 수집하고 빅데이터로 분석·예측함은 물론 AI를 통한 자가 학습으로 최적의 제어를 가능하게 하는 생산 환경을 구현

- 효율적 설비 관리로 무장애 생산체계를 실현하고 품질결함 요인을 사전에 파악해 불량을 최소화

- 생산공정을 시뮬레이션하고 작업장의 위험 요소를 실시간으로 조치해 안전한 생산 환경을 구현

☐ (오토닉스) 자동차 생산공정에 맞춤형 자동화 솔루션 제공

- 프레스 공정: 풀 메탈 원주 고주파 발진형 장거리 근접센서

- 용접 공정: 고기능 PID 온도조절기, 풀 메탈 원주 내스패터 근접센서

- 도장 공정: LCD 디스플레이 PID 온도조절기, 디지털 멀티 판넬메타, 단상 LED 디스플레이 슬림 전력 조정기

- 의장 공정: 3D 화이버 레이저 마킹 시스템, 비전 센서 VG 시리즈, 압력 센서/표시기

- ☐ (LS산전) LS산전은 국내 대표 PLC 생산업체로 1983년에 국산 첫 소형 PLC로 발표된 STARCON-A를 시작으로 XGT 시리즈까지 출시
  - XGT 시리즈에는 4가지로 XGK (Master-K 프로그램 호환용), XGI (Glofa 프로그램 호환 및 IEC 61131 표준언어 지원용), XGR(XGI와 호환되는 이중화 PLC용), XHB (블록형 소형 PLC) 가 있음
  - 차세대 HMI 신제품 iXP2 시리즈를 2018년 3월 출시한 바 있으며, 2019년 5월에는 이탈리아의 파르마 국제 자동화시스템 박람회에서 오토메이션 라인업을 공개

- ☐ (싸이몬) 싸이몬은 국내 PLC 제조사로서는 유일하게 중대형 PLC 시스템 및 소형 PLC 시스템을 위한 OPC UA 모듈 개발을 완료, 공급 중
  - PLC와 상위 소프트웨어인 SCADA와 통신이 끊길 때를 대비해 PLC에서 일정 시간의 데이터를 저장하는 기능을 가진 이더넷 기반의 Data logger module도 개발

- ☐ (티라유텍) 티라유텍은 LMS(Line Management System)라는 이름의 설비제어 솔루션을 출시
  - 반도체, FPD(Flat Panel Display), 태양광 등의 SECS/GEM 표준 프로토콜을 사용하는 제조 현장의 설비에서 발생하는 각종 데이터의 수집과 원격 제어를 위한 MES 및 설비 간의 인터페이스를 담당하는 프로그램을 개발하며 배포 및 관리에 유용한 통합 솔루션

- ☐ (한국산업기술대학교) 고신뢰 ICT-제조설비를 위한 빅데이터 기반 자율제어 기술개발
  - 산업 표준기반의 ICT-제조설비 연동 기술개발
  - ICT-제조설비의 빅데이터 분석 시스템 개발
  - 고신뢰 ICT-제조설비를 위한 자율제어(모니터링-분석-전략-실행) 엔진 개발

- ☐ (한국과학기술원) 자율 운전 소형모듈형 원자로 연구센터
  - 사고 시 원자로 피동 정지 기능이 확보된 수냉각 무붕산 자율형 ATOM의 최적화된 노심 개념 도출 및 노심 성능 해석
  - 수냉각 장주기 (주기길이> 6년) ATOM 노심 개념 도출 및 최적화된 핵연료주기 시스템 구축
  - ATOM 시스템의 피동 안전성 확보를 위한 자연순환 공랭식 안전 계통 개념개발
  - 증기사이클 대체용 ATOM-SCO2 발전 사이클 설계 개발 및 자연순환 SCO2 공랭기술 개발
  - 내장형 제어봉 구동장치가 적용된 ATOM의 전자동 부하추종운전 알고리즘 및 전 범위 통합형 고지능 플랜트 제어·계측 시스템 연구개발
  - 무붕산 냉각재 환경에서의 노심 성능 및 안전성 극대화를 위한 핵연료와 재료 연구개발

다. 국내 연구개발 기관 및 동향

(1) 연구개발 기관

[자율형 공정제어 솔루션 기술개발 기관]

기관	소속	연구 분야
한국기계연구원	로봇메카트로닉스 연구실	• **양팔 로봇, 협동 로봇, 저동력 로봇** 등 차세대 산업 로봇 기술 • **충돌감지, 전신 감각 인공피부, 간편 교시 장치** 등 협동 로봇용 센서 및 제어 기술 • 하이브리드 자기베어링 및 응용 기술
한국전자기술연구원	지능정보연구본부 융합시스템연구본부	• 고속/경량 인공지능 추론 기술 • 인공지능 학습데이터 구축 및 활용 기술 • 스마트 시티, 무인이 동체, 조선·해양 등 IoT 융합 기술 • 나노/MEMS 기반 스마트센서
한국전자통신연구원	에너지지능화연구실 엣지컴퓨팅응용서비스 연구실	• 에너지 환경센싱 및 예측 제어 기술 연구 • ML 기반 데이터 분석 및 이상 진단 기술 연구 • 에너지 장치 실시간 통신 기술 • 실시간으로 광계층을 감시하는 스마트 광원격노드 기술

(2) 기관 기술개발 동향

- ☐ (지오플랜) 생산설비 자율제어를 위한 Jig & Fixtue 무선제어 스마트센서 및 디지털트윈 기술개발 (2020-06-25~2022-06-24)
    - 스마트 제품 센서 성능 고도화 개발
    - 자율제어 설비를 위한 스마트센서 효율적 운영을 위한 디지털트윈 플랫폼 설계 및 개발
    - 자율제어 생산공정 테스트베드 설계

- ☐ (한국로봇융합연구원) 수산 식품 생산핵심공정 자동화시스템 및 자율인지형 스마트 공정제어 시스템 개발 (2021-04-01~2025-12-31)
    - 스마트 수산 식품 가공공장 표준화 및 통합 운영시스템 현장 실증 테스트베드 구축
    - 수산 식품 생산핵심공정 자동화시스템 및 자율인지형 스마트 공정제어 시스템 개발
    - 지능정보 기반 데이터관리 및 스마트 검사 시스템 개발

- ☐ (금오공과대학교) 확률 최적화 기반 공정제어 및 증강현실을 가진 사이버 물리 시스템 구축 (2018-06-01~2021-05-31)
    - AR 인터페이스를 통한 제조 현장에서의 모델링 지원 및 공정 시뮬레이션 기능 구현 및 공정 과정에서 발생하는 다차원의 불확실성을 처리할 수 있는 제어모델 연구
    - 제조공장 이상 진단을 위한 데이터 샘플링 및 분류 머신 SW 개발 및 인공지능 기술 기반의 제조공정 데이터 결측치 추정 및 이상 진단 프레임워크를 개발

4. 특허 동향

가. 특허동향 분석

(1) 연도별 출원동향

☐ 자율형 공정제어 솔루션 기술의 지난 20년(2000년~2019년)간 출원동향115)을 살펴보면 2000년대 초반부터 최근까지 특허 출원 증감 추이에 큰 변화 없이 관련 특허 출원이 지속적으로 이루어지고 있는 것으로 나타남

- 각 국가별로 살펴보면 한국이 가장 활발한 출원 활동을 보이고 있는 것으로 나타났으며, 일본, 미국 및 유럽도 유사한 추세의 출원 활동이 진행되고 있는 것으로 나타남

☐ 국가별 출원비중을 살펴보면 한국이 전체의 39%의 출원 비중을 차지하고 있어, 최대 출원국으로 자율형 공정 제어 솔루션 분야를 리드하고 있는 것으로 나타났으며, 일본은 34%, 미국은 19%, 유럽은 8% 순으로 나타남

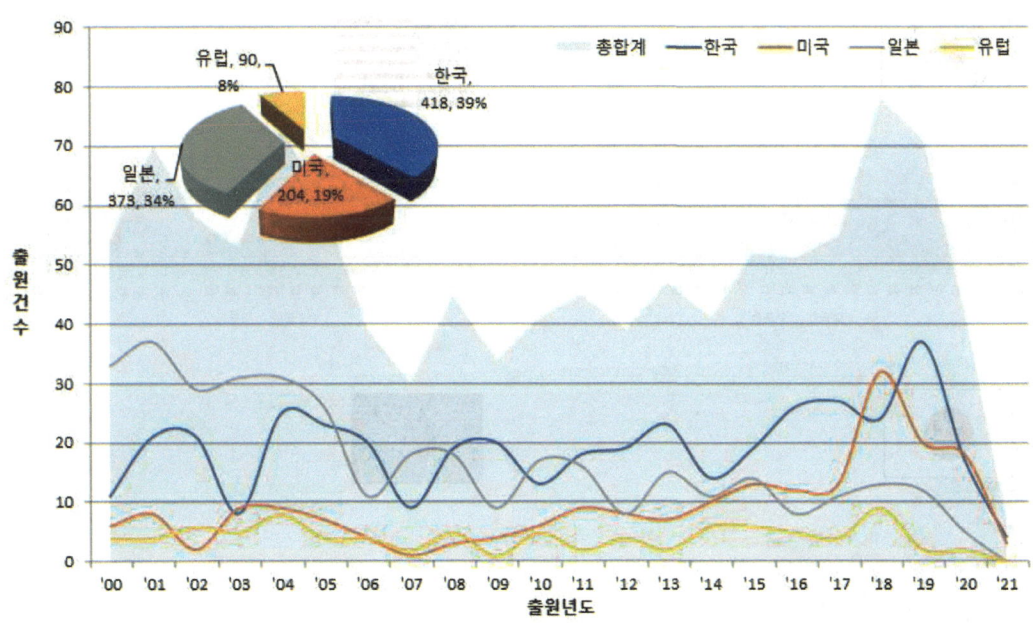

[연도별 출원동향]

---
115) 특허출원 후 1년 6개월이 경과하여야 공개되는 특허제도의 특성상 실제 출원이 이루어졌으나 아직 공개되지 않은 미공개데이터가 존재하여 2020, 2021년 데이터가 적게 나타나는 것에 대하여 유의해야 함

(2) 국가별 내·외국인 출원현황

☐ 한국의 내외국인 출원현황을 살펴보면, 외국인의 출원활동이 활발하지 않은 것으로 조사되었으며, 특히 최근에는 내국인에 의한 출원활동 비중이 더 높은 것으로 나타나, 자국 국적 출원인의 주도로 기술개발이 진행되고 있는 것으로 분석됨

☐ 미국의 경우, 2000년대에는 외국인의 출원비중이 높게 나타났으나, 2010년대 이후에는 내국인의 출원비중이 높아지는 경향을 보이고 있어, 자국민의 기술개발 활동이 활발하게 진행되고 있는 것으로 분석됨

☐ 일본의 내외국인 출원현황은, 2000년대 초반부터 최근까지 외국인의 출원 비중이 낮은 것으로 나타나, 해당 기술 분야에서 일본 시장에 대한 관심도가 높지 않은 것으로 나타남

☐ 유럽의 경우, 자율형 공정 제어 솔루션 기술과 관련하여 출원활동이 저조하게 진행된 것으로 나타나 증감의 경향을 판단하기 어려우나, 2000년대 초반부터 최근까지 외국인의 출원활동이 활발한 것으로 조사되어, 해외 기업의 진출 가능성이 높은 것으로 나타남

[국가별 출원현황]

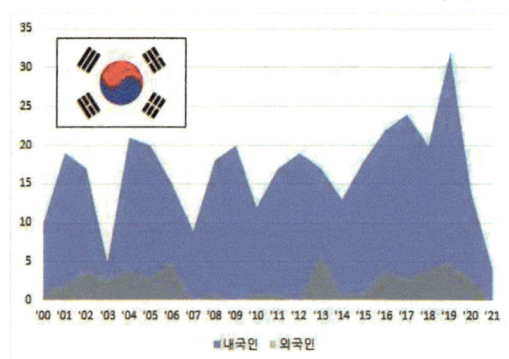
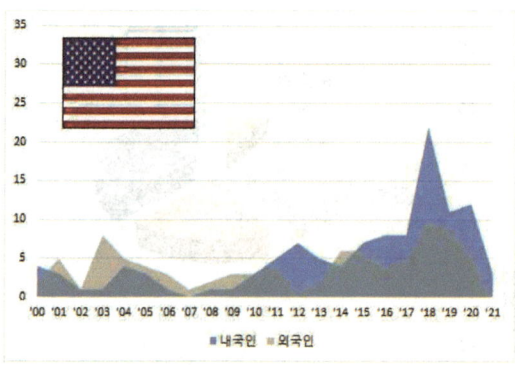
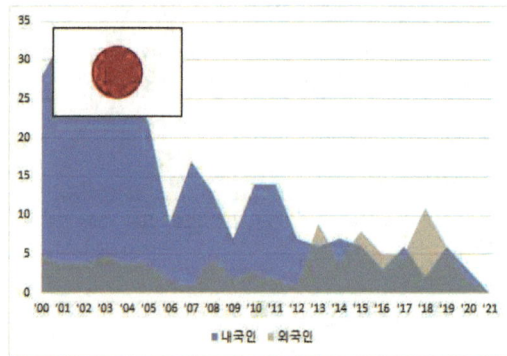
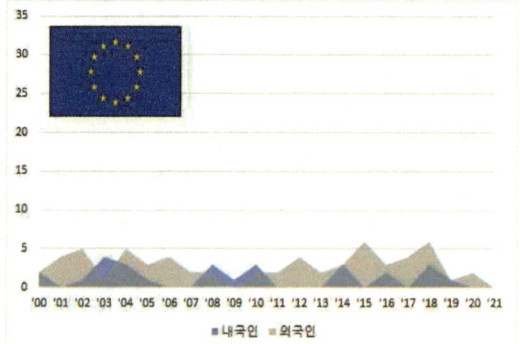

나. 주요 기술 키워드 분석

(1) 기술개발 동향 변화 분석

☐ 자율형 공정 제어 솔루션 기술에 대한 구간별 기술 키워드 분석을 진행하였으며, 전체 분석구간에서 자동 제어, Real Time, Industrial Process Control, Real Time Control, Field Device 등 자율형 공정 제어 솔루션 관련 기술 키워드들이 다수 도출됨

- 최근 분석구간에 대한 기술 키워드 분석 결과, 최근 1구간에는 자동 제어, Industrial Process Control, Real Time, 중앙관제 서버 등의 키워드가 도출되었으며, 2구간에서는 자동 제어, Machine Learning, Real Time Control, Field Device 등 1구간의 주요키워드와 유사한 키워드가 도출됨

[특허 키워드 변화로 본 기술개발 동향 변화]

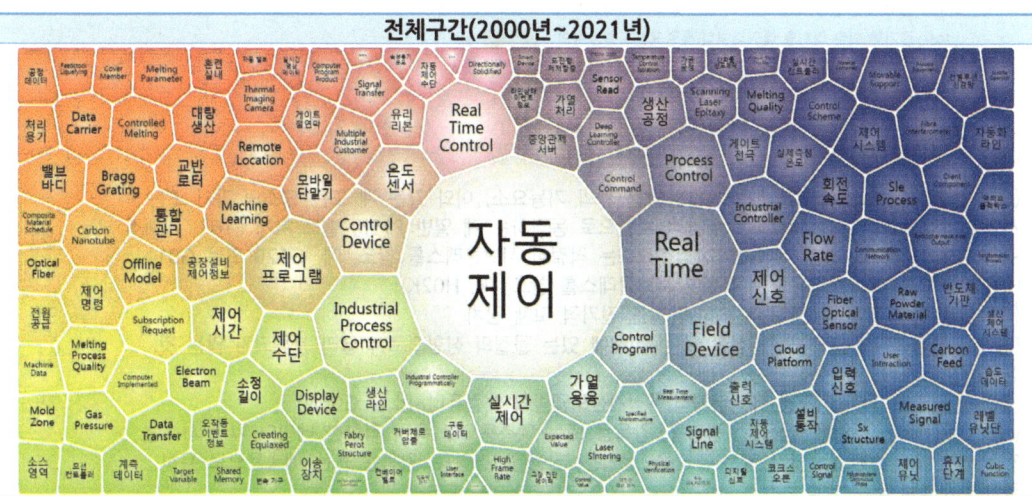

- 자동 제어, Real Time, Industrial Process Control, Real Time Control, Field Device, 제어 프로그램, Process Control, 실시간 제어, Control Device, 제어 신호, 제어 수단, Control Command, Control Program, Machine Learning

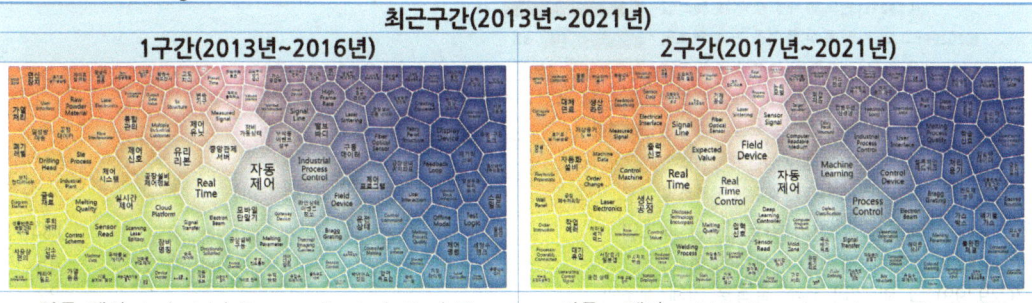

- 자동 제어, Industrial Process Control, Real Time, 중앙관제 서버, Field Device, 공장설비 제어정보, 구동 데이터, 모바일 단말기, 유리 리본, 제어 프로그램, Cloud Platform, 오작동 이벤트 정보, 라인상태 이벤트 정보, 제어 신호

- 자동 제어, Machine Learning, Real Time Control, Field Device, Process Control, Real Time, Industrial Process Control, Deep Learning Controller, Expected Value, Control Device, Disclosed Technology Encompass

(2) 기술-산업 현황 분석[116]

☐ 자율형 공정 제어 솔루션 기술에 대한 Subclass 기준 IPC 분류결과, 제어계 또는 조정계 일반; 이와 같은 계의 기능요소; 이와 같은 계 또는 요소의 감시 또는 시험장치(G05B) 및 반도체 장치(H01L)로 다수의 특허가 분류되는 것으로 조사됨

☐ KSIC 산업분류 결과, 다수의 특허가 배전반 및 전기 자동제어반 제조업 산업으로 분류되는 것으로 조사됨

[기술-산업 분류 분석]

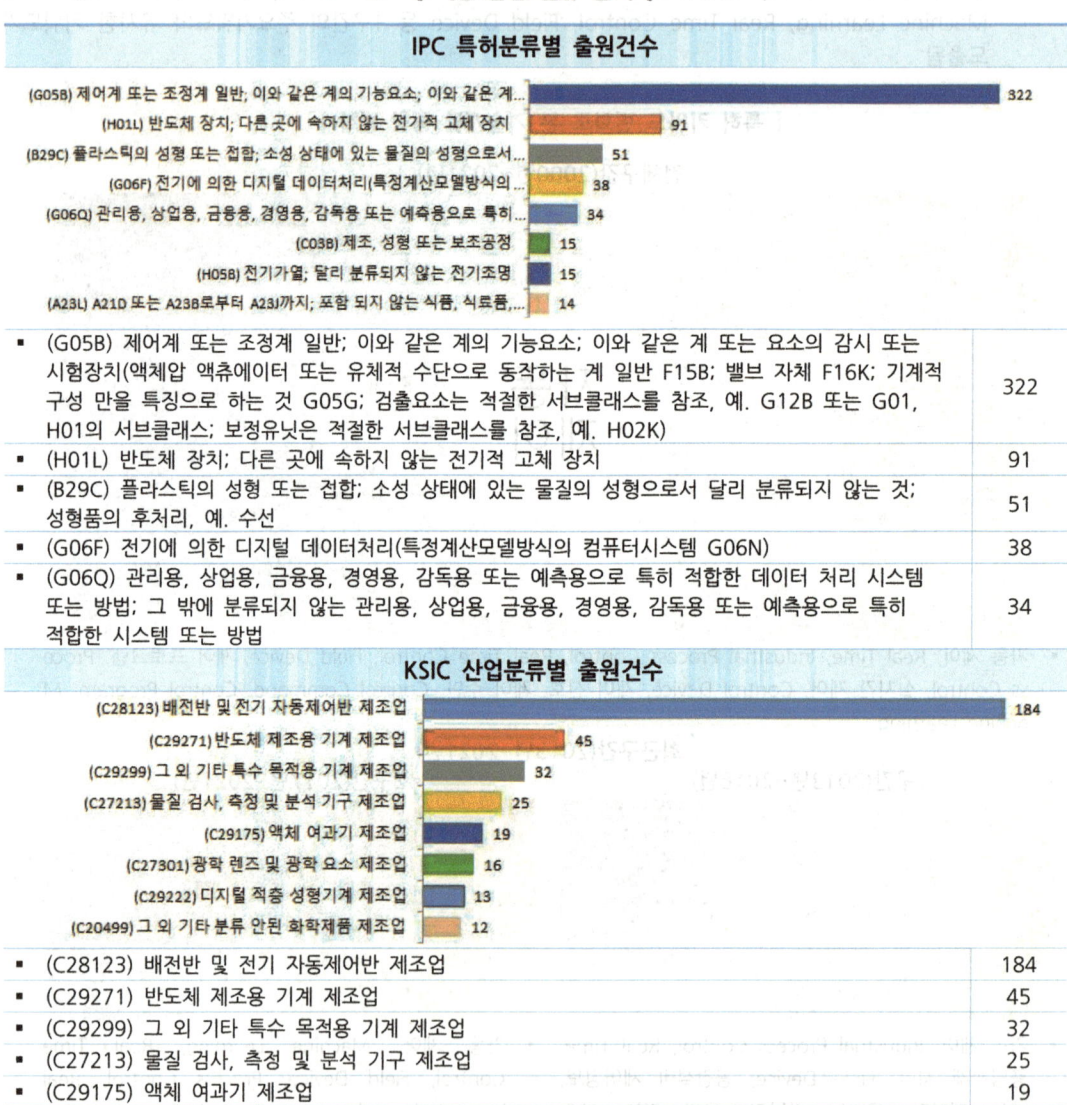

IPC 특허분류별 출원건수	
(G05B) 제어계 또는 조정계 일반; 이와 같은 계의 기능요소; 이와 같은 계 또는 요소의 감시 또는 시험장치(액체압 액츄에이터 또는 유체적 수단으로 동작하는 계 일반 F15B; 밸브 자체 F16K; 기계적 구성 만을 특징으로 하는 것 G05G; 검출요소는 적절한 서브클래스를 참조, 예. G12B 또는 G01, H01의 서브클래스; 보정유닛은 적절한 서브클래스를 참조, 예. H02K)	322
(H01L) 반도체 장치; 다른 곳에 속하지 않는 전기적 고체 장치	91
(B29C) 플라스틱의 성형 또는 접합; 소성 상태에 있는 물질의 성형으로서 달리 분류되지 않는 것; 성형품의 후처리, 예. 수선	51
(G06F) 전기에 의한 디지털 데이터처리(특정계산모델방식의 컴퓨터시스템 G06N)	38
(G06Q) 관리용, 상업용, 금융용, 경영용, 감독용 또는 예측용으로 특히 적합한 데이터 처리 시스템 또는 방법; 그 밖에 분류되지 않는 관리용, 상업용, 금융용, 경영용, 감독용 또는 예측용으로 특히 적합한 시스템 또는 방법	34

KSIC 산업분류별 출원건수	
(C28123) 배전반 및 전기 자동제어반 제조업	184
(C29271) 반도체 제조용 기계 제조업	45
(C29299) 그 외 기타 특수 목적용 기계 제조업	32
(C27213) 물질 검사, 측정 및 분석 기구 제조업	25
(C29175) 액체 여과기 제조업	19

---

116) 해당제품 특허데이터를 대상으로 윕스 보유 기술·산업·시장 동향 분석 플랫폼 'Build' 활용

다. 주요 출원인 분석

☐ 자율형 공정 제어 솔루션 기술의 전체 주요출원인(Top 5)을 살펴보면, 주로 미국 국적의 출원인이 다수 포함되어 있는 것으로 나타났으며, 제 1 출원인으로는 미국의 ROCKWELL AUTOMATION TECHNOLOGIES인 것으로 나타남

- ROCKWELL AUTOMATION TECHNOLOGIES는 미국의 산업자동화 기업으로, 아키텍처 및 소프트웨어, 제어 제품 및 솔루션이라는 2가지 부문을 통해 사업을 운영함

☐ 자율형 공정 제어 솔루션 기술 관련 국내 주요출원인으로 삼성전자 및 포스코가 도출되었으며, 한국 다음으로 미국, 유럽 순으로 출원을 진행한 것으로 나타남

[주요출원인 동향]

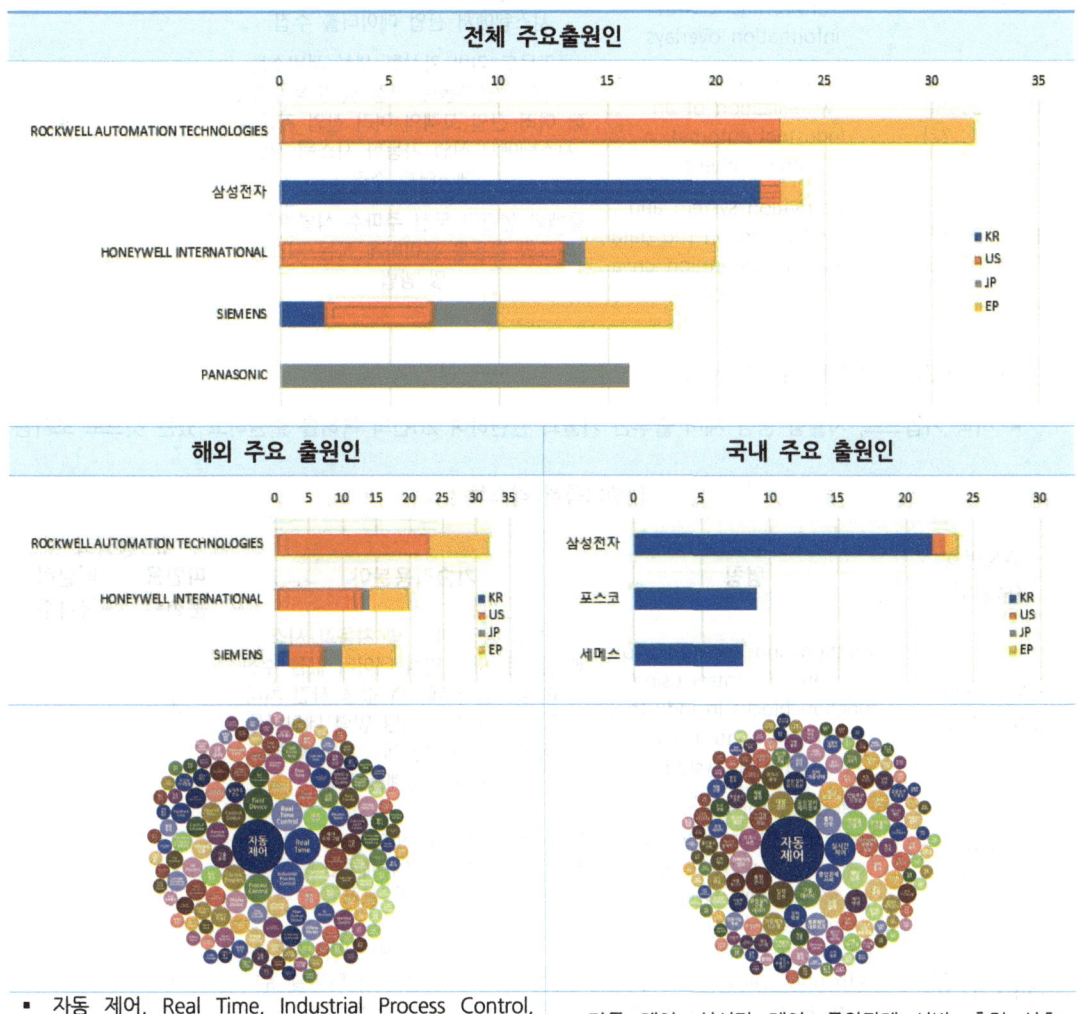

- 자동 제어, Real Time, Industrial Process Control, Real Time Control, Field Device, Process Control, 제어 수단, Control Command, Control Device, Control Program, Machine Learning

- 자동 제어, 실시간 제어, 중앙관제 서버, 출력 신호, 공장설비 제어정보, 구동 데이터, 모바일 단말기, 제어 신호, 입력 신호, 대량 생산, 제어 프로그램, 소정 길이

(1) 해외 주요출원인 주요 특허 분석[117]

☐ ROCKWELL AUTOMATION TECHNOLOGIES

- 미국 기업으로, 자율형 공정 제어 솔루션 기술과 관련하여 32건의 특허를 출원하고 있는 것으로 조사됨

[주요특허 리스트]

등록번호 (출원일)	명칭	기술적용분야	IP 경쟁력	
			피인용 문헌수	패밀리 국가수
US 9709978 (2013.11.22)	Using cloud-based data for virtualization of an industrial automation environment with information overlays	클라우드 기반 가상화 생성 서비스는 클라우드 플랫폼에 저장 및 분석을 위해 여러 산업 고객의 여러 산업 자동화 시스템에서 산업 데이터를 수집	77	3
US 9989958 (2013.11.22)	Using cloud-based data for virtualization of an industrial automation environment	클라우드 기반 가상화 생성 서비스는 클라우드 플랫폼에 저장 및 분석을 위해 여러 산업 고객의 여러 산업 자동화 시스템에서 산업 자동화 시스템 관련 데이터를 수집	71	3
EP 1750185 (2006.07.26)	Automation system and method based on rfid data defining an operation on a product	물체와 연관된 무선 주파수 식별(RFID) 태그의 활용을 용이하게 하는 시스템 및 방법	31	2

☐ HONEYWELL INTERNATIONAL

- 미국 기업으로, 자율형 공정 제어 솔루션 기술과 관련하여 20건의 특허를 출원하고 있는 것으로 조사됨

[주요특허 리스트]

등록번호 (출원일)	명칭	기술적용분야	IP 경쟁력	
			피인용 문헌수	패밀리 국가수
US 9665089 (2015.01.21)	Method and apparatus for advanced control using function blocks in industrial process control and automation systems	(i) 산업 공정 제어 및 자동화 시스템과 관련된 다중 입력 데이터 값을 수신하고, (ii) 입력 데이터 값을 사전 처리하고, (iii) 사전 처리된 입력 데이터를 저장하도록 구성된 제1 기능 블록을 실행하는 단계를 포함	4	5
US 10409270 (2016.03.23)	Methods for on-process migration from one type of process control device to different type of process control device	산업 공정 제어 및 자동화 시스템의 첫 번째 공정 컨트롤러에 새로운 통신 인터페이스를 설치	7	2
EP 3123258 (2015.03.10)	Remote terminal unit (rtu) with universal input/output (uio) and related method	시스템은 적어도 하나의 산업 제어 및 자동화 필드 장치 및 원격 터미널 유닛(RTU)을 포함	0	6

---

[117] 최근 출원특허 중, 등록특허를 기준으로 피인용문헌수 및 패밀리 국가수가 큰 특허를 주요특허로 도출

☐ SIEMENS

- 유럽 기업으로, 자율형 공정 제어 솔루션 기술과 관련하여 18건의 특허를 출원하고 있는 것으로 조사됨

[주요특허 리스트]

등록번호 (출원일)	명칭	기술적용분야	IP 경쟁력	
			피인용 문헌수	패밀리 국가수
US 7177708 (2005.01.31)	Method for the automated control of a technical installation and process control system for carrying out said method	프로세스 단계를 수행하기 위해 데이터 전송에 의해 상호 연결된 복수의 설치 구성요소를 갖는 기술 설비의 자동 제어 방법 및 시스템	47	6
US 10705511 (2018.08.31)	Abstraction layers for automation applications	추상화 계층을 통해 자동화 기능을 구현하기 위한 시스템은 런타임 환경에서 실행 가능한 제어 애플리케이션과 자동화 장비 추상화 프레임워크를 포함	4	7
KR 2257938 (2016.08.10)	산업 애플리케이션들을 위한 스킬 인터페이스(산업 애플리케이션들을 위한 스킬 인터페이스)	가상-물리 생산 시스템은, 하나 이상의 공작물들을 포함하는 제품을 집합적으로 생산하도록 구성된 복수의 가상-물리 생산 유닛들을 포함	0	9

(2) 국내 주요출원인 주요 특허 분석[118]

☐ 삼성전자

- 자율형 공정 제어 솔루션 기술과 관련하여 한국과 유럽을 위주로 24건의 특허를 출원하고 있는 것으로 조사됨

[주요특허 리스트]

등록번호 (출원일)	명칭	기술적용분야	IP 경쟁력	
			피인용 문헌수	패밀리 국가수
KR 0634162 (2002.05.15)	스플리트 게이트 메모리 장치 및 그 제조방법(split-gate memory device and fabricating method thereof)	스택 게이트는 데이터의 소거 시에 과잉 소거의 문제가 있는데, 스플리트 게이트는 이러한 과잉 소거의 문제를 회피할 수 있음	8	3
KR 0567623 (2004.06.09)	반도체 기판 가공 방법 및 반도체 기판 가공 장비	반도체 기판들을 해당 가공 장비에 로딩 후, 샘플링 검사의 필요여부를 판단	2	1
US 9903705 (2016.07.11)	Apparatus for focus control and method for manufacturing semiconductor device	자동 초점 제어 장치는 웨이퍼의 표면에서 반사된 빛을 수신하고 수신된 신호에 기초하여 수광 신호를 생성하는 광 검출기, 제1 신호 중 하나인 구동 신호를 생성하는 컨트롤러를 포함	0	2

---

[118] 최근 출원특허 중, 등록특허를 기준으로 피인용문헌수 및 패밀리 국가수가 큰 특허를 주요특허로 도출

전략제품 현황분석

□ 포스코
- 자율형 공정 제어 솔루션 기술과 관련하여 한국을 위주로 9건의 특허를 출원하고 있는 것으로 조사됨

[주요특허 리스트]

등록번호 (출원일)	명칭	기술적용분야	IP 경쟁력	
			피인용 문헌수	패밀리 국가수
KR 0995598 (2003.12.31)	코크스 제조공정에서의 연소실 온도 제어장치 및 그제어방법	연소실의 측정된 온도치와 설정하고자 하는 설정온도를 비교하여 그 편차값을 출력하는 온도조절수단과; 온도조절수단의 편차값을 연소가스 제어밸브의 개도값으로 변환 출력	5	1
KR 0742896 (2001.04.09)	생산설비의 장애 감지 및 제어 장치, 생산설비의 장애 감지 및 제어 방법	생산설비의 장애 감지 및 제어 장치에 있어서, 생산 설비의 다수의 주요한 구성요소에 각각 시설되어 해당 장애발생을 검출	3	1
KR 0823618 (2001.10.31)	도금공장 웰더를 위한 소재 두께별 루퍼량의 자동결정 및제어방법	웰더(4)에 사용될 소재의 두께 범위를 미리 n 개의 영역으로 구분하여 각 영역에서 소재의 탄성 및 무게와 웰더(4)의 특성을 고려하여 모터를 구동시킬 오차 보상 범위값(Kn)을 시행착오법에 의하여 설정	1	1

□ 세메스
- 자율형 공정 제어 솔루션 기술과 관련하여 한국을 위주로 8건의 특허를 출원하고 있는 것으로 조사됨

[주요특허 리스트]

등록번호 (출원일)	명칭	기술적용분야	IP 경쟁력	
			피인용 문헌수	패밀리 국가수
KR 0931857 (2007.11.02)	웨이퍼 이송 로봇을 구비하는 반도체 제조 설비 및 그의자동 티칭 방법	본 발명은 반도체 제조 설비 및 그의 웨이퍼 이송 로봇의 자동 티칭 방법에 관한 것이다.	13	1
KR 1964964 (2012.05.08)	기판 이송 로봇의 자동 티칭 장치를 구비하는 반도체 제조 설비 및 그의 티칭 방법	본 발명은 기판 제조 설비를 제공한다.	10	1
KR 0566408 (2004.10.15)	반도체 제조 공정에서의 도포막 두께 제어 장치 및 그의제어 방법	하나의 처리 유닛에 대한 데이터를 입력받아서 다른 처리 유닛들에 대한 자동 티칭이 가능하므로 웨이퍼 이송 로봇의 티칭 소요 시간을 줄임	3	1

라. 기술진입장벽 분석

(1) 기술 집중력 분석119)

☐ 자율형 공정 제어 솔루션 관련 기술에 대한 시장관점의 기술독점 현황분석을 위해 집중률 지수(CRn) 분석 결과, 상위 4개 기업의 시장점유율이 8.7으로 독과점 정도가 매우 낮은 수준으로 분석되어 완전 자유경쟁 시장(Perfect competiton)으로, 해당 기술의 시장 진입 용이성이 매우 높은 것으로 판단됨

☐ 국내 시장에서 중소기업의 점유율 분석결과 61.5로 자율형 공정 제어 솔루션 기술에서 중소기업의 점유율은 매우 높은 것으로 분석되고, 국내 시장에서 중소기업의 진입장벽은 낮은 것으로 판단됨

[주요출원인 및 한국 중소기업 집중력 분석]

	주요출원인	출원건수	특허점유율	CRn	n
주요 출원인 집중력	ROCKWELL AUTOMATION TECHNOLOGIES(미국)	32	2.9%	2.9	1
	삼성전자(한국)	24	2.2%	5.2	2
	HONEYWELL INTERNATIONAL(미국)	20	1.8%	7.0	3
	SIEMENS(독일)	18	1.7%	8.7	4
	PANASONIC(일본)	16	1.5%	10.1	5
	TOSHIBA(일본)	13	1.2%	11.3	6
	MITSUBISHI ELECTRIC(일본)	9	0.8%	12.2	7
	HITACHI(일본)	9	0.8%	13.0	8
	포스코(한국)	9	0.8%	13.8	9
	BRIDGESTONE(일본)	8	0.7%	14.6	10
	전체	1,085	100%	CR4=8.7	
	출원인 구분	출원건수	특허점유율	CRn	n
국내시장 중소기업 집중력	중소기업(개인)	257	61.5%	61.5	중소기업
	대기업	73	17.5%		
	연구기관/대학	37	8.9%		
	기타(외국인)	51	12.2%		
	전체	418	100%	CR중소기업=61.5	

---

119) 상위 몇 개 기업의 특허점유율을 합한 것으로, 특허동향조사에서는 통상 CR4를 사용하며, CRn값이 0에 가까울수록 시장 독과점 수준이 낮은 것을 의미하고, CR4 값이 40에서 60일 경우(CR1 지수는 50 이상일 경우, CR2 또는 CR3 지수는 75 이상일 경우) 시장의 독과점 수준이 높은 것으로 해석됨
CRn(집중률지수, Concentration Ratio n) = (1위 출원인의 특허점유율) + … + (n위 출원인의 특허점유율)

전략제품 현황분석

(2) IP 경쟁력 분석[120]

☐ 자율형 공정 제어 솔루션 기술의 주요출원인들의 IP 경쟁력 분석결과, ROCKWELL AUTOMATION TECHNOLOGIES의 기술영향력이 가장 높고 SIEMENS의 시장확보력이 가장 높은 것으로 분석됨

- ROCKWELL AUTOMATION TECHNOLOGIES : 영향력지수(PII) 2.21 / 시장확보력(PFS) 0.81
- SIEMENS : 영향력지수(PII) 1.12 / 시장확보력(PFS) 2.00

☐ 1사분면으로 도출된 SIEMENS, TOSHIBA, BRIDGESTONE의 특허가 시장확보력 및 질적 수준이 높은 특허로, 기술적 파급력과 상업적 가치가 큰 것으로 해석됨

[주요출원인 IP 경쟁력 분석]

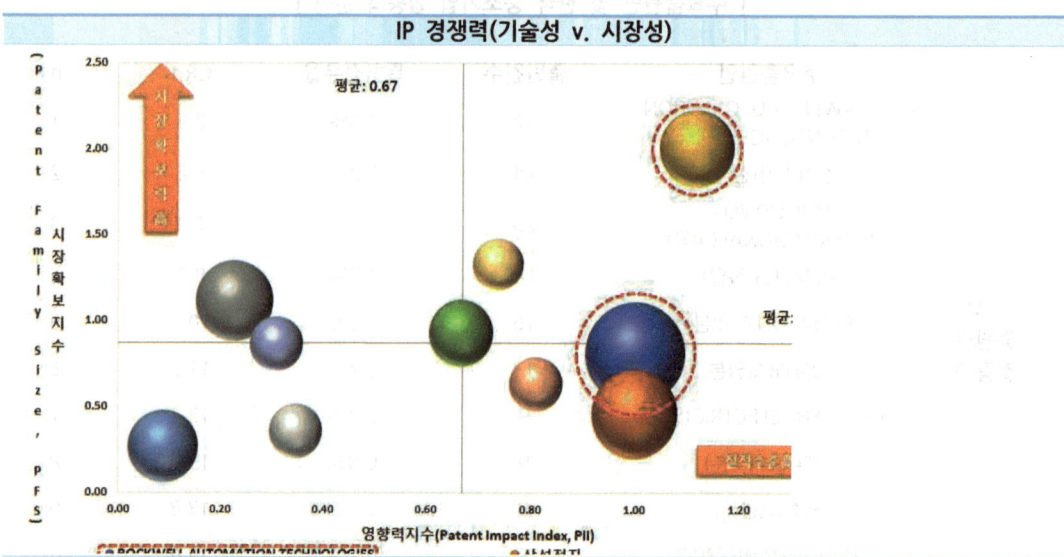

ROCKWELL AUTOMATION TECHNOLOGIES	▪ (EP 1750185) Automation system and method based on rfid data defining an operation on a product
SIEMENS	▪ (US 7177708) Method for the automated control of a technical installation and process control system for carrying out said method ▪ (KR 2257938) 산업 애플리케이션들을 위한 스킬 인터페이스(산업 애플리케이션들을 위한 스킬 인터페이스)

* **영향력지수(Patent Impact Indes, PII)**: 다른 경쟁주체의 기술수준이 고려된 특정 주체의 '상대적인' 기술적 중요도 또는 혁신성과의 가치 정보가 포함된 기술수준으로, 특허의 피인용 횟수를 특정 기술분야 내에서의 상대적인 값으로 전환시킨 지수임
* **시장확보지수(Patent Family Size, PFS)**: 특정 주체가 특정 기술분야에서 소수의 특정 국가에서만 시장확보를 하고자 하는지 아니면 다수의 세계 주요 국가들에서 시장확보를 하고자 하는지에 대한 분석으로, PFS가 높은 특허는 그만큼 상업적 가치가 큰 기술에 대한 특허인 것으로 해석될 수 있으며, PFS가 높은 출원인은 세계 여러 국가에서 사업을 하고 있는 출원인인 것으로 해석될 수 있음(2020 공공 R&D 특허기술동향조사 가이드라인, 한국특허전략개발원)
* **버블크기** : 출원 특허 건 수 비례

---

120) PFS = 특정 주체의 평균 패밀리 국가 수 / 전체 평균 패밀리 국가 수
  PII = 특정 주체 보유특허의 피인용도[CPP] / 전체 유효특허의 피인용도

5. 요소기술 도출

가. 특허 기반 토픽 도출

☐ 1085개의 특허의 내용을 분석하여 구성 성분이 유사한 것끼리 클러스터링을 시도하여 대표성이 있는 토픽을 도출

[자율형 공정 제어 솔루션에 대한 토픽 클러스터링 결과]

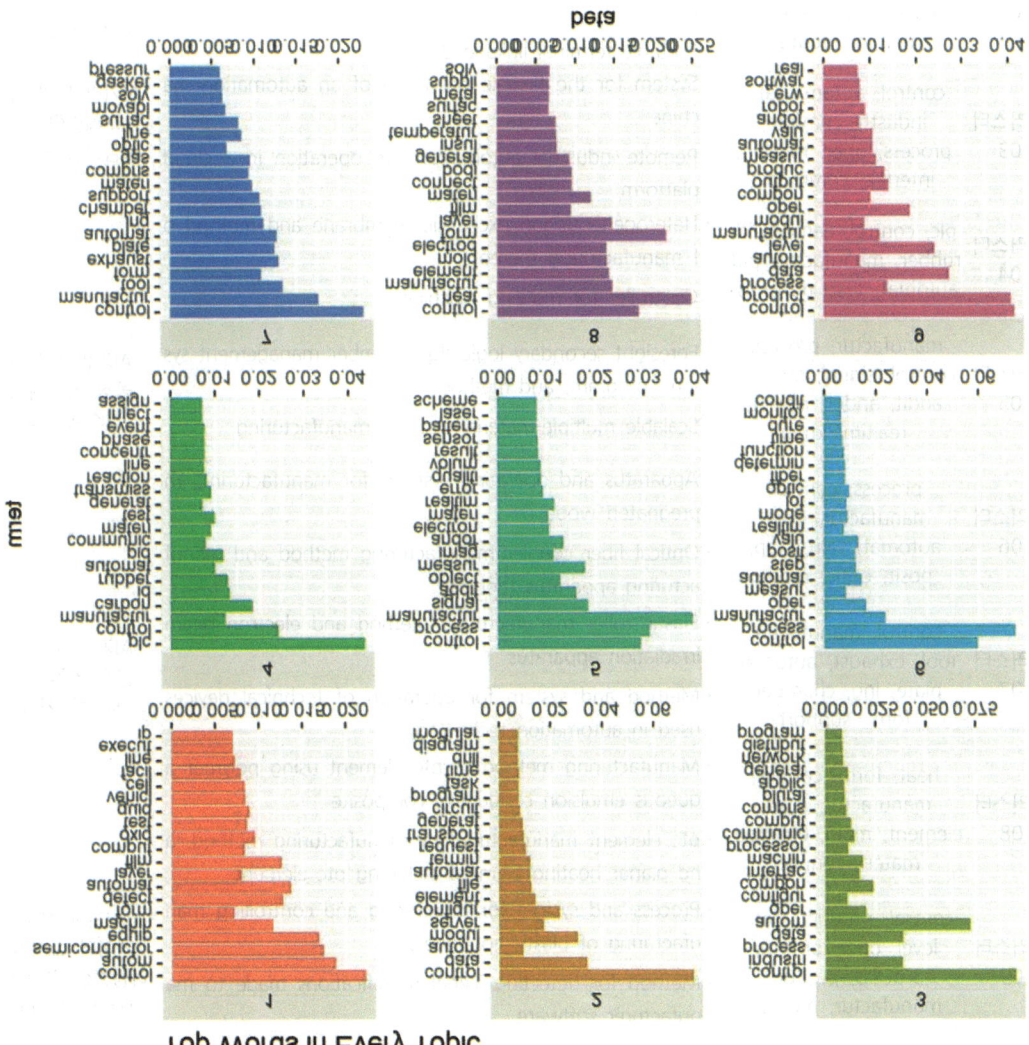

나. LDA[121] 클러스터링 기반 요소기술 도출

[LDA 클러스터링 기반 요소기술 키워드 도출]

No.	상위 키워드	대표적 관련 특허	요소기술 후보
클러스터 01	control, autom, semiconductor, equip, automat, defect, film, machin, oxid, guid	• Work conveyance facility system by automated guided vehicle and work mounting truck • Practical measurement system for a manufacturing process	정정정보 실시간 취득을 위한 IoT 플랫폼 기술
클러스터 02	control, data, modul, configur, server, element, file, automat, termin, request	• Internet of things automotive intelligent control panel and internet of things automotive intelligent management system • Portable terminal linkage device	설비 제어시스템 인터페이싱 및 데이터 연동 기술
클러스터 03	control, autom, data, industri, compon, process, oper, machin, interfac, communic	• System for the flexible operation of an automation machine • Remote industrial automation site operation in a cloud platform	AI기반 유연생산 스케줄링 및 핵심공정 최적화 기술
클러스터 04	plc, control, carbon, id, rubber, manufactur, pid, automat, test, transmiss	• Heterogeneous ion exchange membrane and method of manufacturing thereof • Controller for molding machine	-
클러스터 05	manufactur, process, control, signal, measur, addit, andor, object, realtim, imag	• Foresight secondary logic flow number management system, program, and method • Scalable multiple-material additive manufacturing	AI기반 분산형 공정 최적제어 시스템 기술
클러스터 06	process, control, manufactur, oper, automat, valu, step, posit, optic, mode	• Apparatus and operating systems for manufacturing impregnated wood • Optical fiber coupler manufacturing method and manufacturing apparatus thereof	-
클러스터 07	control, manufactur, tool, exhaust, automat, plate, lng, chamber, form, support	• Elastic roller manufacturing method and electron beam irradiation apparatus • Method and system for operation of technical devices used in automation technology	AI기반 분산형 공정 최적제어 시스템 기술
클러스터 08	heat, form, control, manufactur, layer, element, mold, electrod, materi, connect	• Manufacturing method of ptc element using polymer aqueous emulsion conductive composite • ptc element manufactured by manufacturing method, and planar heating element including ptc element	-
클러스터 09	control, product, data, level, oper, output, process, produc, manufactur, measur	• Process and system for monitoring and controlling manufacturing of plastic containers • Method for detecting illegal modifications made to manufacturer software	AI기반 설비 데이터 실시간 이상발생 감지 및 모니터링 기술

---

121) Latent Dirichlet Allocation

다. 특허 분류체계 기반 요소기술 도출

☐ 자율형 공정 제어 솔루션 관련 특허에서 총 10개의 주요 IPC코드(메인그룹)를 산출하였으며, 각 그룹의 정의를 기반으로 요소기술 키워드를 아래와 같이 도출

[IPC 분류체계에 기반한 요소기술 도출]

IPC 기술트리		요소기술 후보
(서브클래스) 내용	(메인그룹) 내용	
(B29C) 플라스틱의 성형 또는 접합; 소성 상태에 있는 물질의 성형으로서 달리 분류되지 않는 것; 성형품의 후처리, 예. 수선	• (B29C-064) 첨가제 제조, 즉. 부가적 증착, 첨가제 응집 또는 첨가제 적층 (additive layering)에 의한 3 차원 [3D] 물체의 제조, 예. 3D 프린팅, 광조형 또는 선택적 레이저 소결에 의한 것	설비 제어시스템 인터페이싱 및 데이터 연동 기술
(C02F) 물, 폐수, 하수 또는 오니(슬러지)의 처리	• (C02F-001) 물, 폐수 또는 하수의 처리	-
(F16H) 전동장치(Gearing)	• (F16H-061) 회전운동 전달용 변속 또는 역전전동장치의 제어기능	AI기반 설비 데이터 실시간 이상발생 감지 및 모니터링 기술
(G05B) 제어계 또는 조정계 일반; 이와 같은 계의 기능요소; 이와 같은 계 또는 요소의 감시 또는 시험장치	• (G05B-013) 적응제어, 즉 미리 지정된 기준에 따라서 최적한 동작을 하도록 그 자체를 자동적으로 조정하는 계	설비 고장 현상, 원인, 조치결과 등의 공정 노하우 지식화 기술
	• (G05B-019) 프로그램제어계	-
	• (G05B-023) 제어계 또는 그 일부의 시험 또는 감시	AI기반 분산형 공정 최적제어 시스템 기술
(G06F) 전기에 의한 디지털 데이터처리	• (G06F-019) 특수한 어플리케이션에 특히 적합한 디지털 컴퓨팅 또는 데이터 처리 장치 또는 방법	공정설비용 AI 탑재 엣지컴퓨팅 기술
(G06Q) 관리용, 상업용, 금융용, 경영용, 감독용 또는 예측용으로 특히 적합한 데이터 처리 시스템 또는 방법; 그 밖에 분류되지 않는 관리용, 상업용, 금융용, 경영용, 감독용 또는 예측용으로 특히 적합한 시스템 또는 방법	• (G06Q-050) 특정의 업종에 특히 적합한 시스템 또는 방법, 예. 공익 사업 또는 관광업 (헬스케어 인포매틱스 G16H)	사람-기계 협업기반 최적 생산성 예측 및 작업 할당 기술
(H01L) 반도체 장치; 다른 곳에 속하지 않는 전기적 고체 장치	• (H01L-021) 반도체 장치 또는 고체 장치 또는 그러한 부품의 제조 또는 처리에 특별히 적용되는 방법 또는 장비	-
(H05B) 전기가열; 달리 분류되지 않는 전기조명	• (H05B-003) 저항가열	-

라. 최종 요소기술 도출

☐ 산업·시장 분석, 기술(특허)분석, 전문가 의견, 타부처 로드맵, 중소기업 기술수요를 바탕으로 로드맵 기획을 위하여 요소기술 도출

☐ 요소기술을 대상으로 전문가를 통해 기술의 범위, 요소기술 간 중복성 등을 조정·검토하여 최종 요소기술명 확정

[자율형 공정 제어 솔루션 분야 요소기술 도출]

요소기술	출처
설비 제어시스템 인터페이싱 및 데이터 연동 기술	특허 클러스터링, IPC 기술체계, 전문가추천
정정정보 실시간 취득을 위한 IoT 플랫폼 기술	특허 클러스터링, 전문가추천
설비 고장 현상, 원인, 조치결과 등의 공정 노하우 지식화 기술	IPC 기술체계, 전문가추천
AI기반 유연생산 스케줄링 및 핵심공정 최적화 기술	특허 클러스터링, 전문가추천
AI기반 설비 데이터 실시간 이상발생 감지 및 모니터링 기술	특허 클러스터링, IPC 기술체계, 전문가추천
제조 가상화를 위한 생산공정 디지털트윈 기술	전문가추천
사람-기계 협업기반 최적 생산성 예측 및 작업 할당 기술	IPC 기술체계, 전문가추천
AI기반 분산형 공정 최적제어 시스템 기술	특허 클러스터링, IPC 기술체계, 전문가추천
공정설비용 AI 탑재 엣지컴퓨팅 기술	IPC 기술체계, 전문가추천

6. 전략제품 기술로드맵

가. 핵심기술 선정 절차

☐ 특허 분석을 통한 요소기술과 기술수요와 각종 문헌을 기반으로 한 요소기술, 전문가 추천 요소기술을 종합하여 요소기술을 도출한 후, 핵심기술 선정위원회의 평가과정 및 검토/보완을 거쳐 핵심기술 확정

☐ 핵심기술 선정 지표: 기술개발 시급성, 기술개발 파급성, 기술의 중요성 및 중소기업 적합성
  - 장기로드맵 전략제품의 경우, 기술개발 파급성 지표를 중장기 기술개발 파급성으로 대체

[핵심기술 선정 프로세스]

① 요소기술 도출	→	② 핵심기술 선정위원회 개최	→	③ 핵심기술 검토 및 보완	→	④ 핵심기술 확정
• 전략제품 현황 분석 • LDA 클러스터링 및 특허 IPC 분류체계 • 전문가 추천		• 전략분야별 핵심기술 선정위원의 평가를 종합하여 요소기술 중 핵심기술 선정		• 선정된 핵심기술에 대해서 중복성 검토 • 미흡한 전략제품에 대해서 핵심기술 보완		• 확정된 핵심기술을 대상으로 전략제품별 로드맵 구축 개시

나. 핵심기술 리스트

[자율형 공정 제어 솔루션 분야 핵심기술]

핵심기술	개요
AI기반 유연생산 스케줄링 및 핵심공정 최적화 기술	• 유연 생산 최적화를 위하여 인공지능 기반의 생산 계획을 수립하는 스케줄링 엔진 및 스케줄링에 기반하여 공정 운영을 최적화하는 기술
설비 고장 현상, 원인, 조치결과 등의 공정 노하우 지식화 기술	• 정형화되지 않은 암묵지 형태로 전해지는 현장의 노하우 중심의 제조 공정기술을 취득하고 최적화·보정·표준화 등을 통해 지식화하는 기술
사람-기계 협업기반 최적 생산성 예측 및 작업 할당 기술	• 다양한 제조 현장에 맞는 작업자 중심의 기계/장비/로봇과의 협업을 통한 생산성 향상 및 작업자 안전 제공 기술
제조 가상화를 위한 생산공정 디지털트윈 기술	• 제조기준 정보를 이용하여 디지털 공간에 제조공정 및 공정 운영을 반영한 가상의 공장을 구축하는 기술
AI기반 분산형 공정 최적제어시스템 기술	• 제품 및 제조 환경의 변화를 정밀하게 계측 및 인지하고, 인공지능 기술에 기반하여 자동화 설비 스스로 변경된 상황에 대응하는 기술

다. 중소기업 기술개발 전략

- ☐ 다양한 디바이스(PLC, HMI, OPC, File, Sensor 등)의 Connectivity 확보
- ☐ 스마트제조 지원 정책에 맞춰 중소기업용 설비제어 솔루션 개발 필요
- ☐ 통합 모니터링 구축(디바이스 자체(Healthy Check), Sensor Data 등)을 통해 AI 기반 모니터링 데이터 분석 기술개발

라. 기술개발 로드맵

(1) 중기 기술개발 로드맵

[자율형 공정 제어 솔루션 기술개발 로드맵]

자율형 공정 제어 솔루션	운영환경 변화에 따라 실시간으로 공정을 최적제어하는 솔루션			최종 목표
	2022년	2023년	2024년	
AI기반 유연생산 스케줄링 및 핵심공정 최적화 기술			➔	상황변화에 따른 최적 스케줄을 생성하여 공정 최적화에 활용
설비 고장 현상, 원인, 조치결과 등의 공정 노하우 지식화 기술			➔	공정 노하우 지식화를 위한 데이터 확보
사람-기계 협업기반 최적 생산성 예측 및 작업 할당 기술			➔	생산성 최적 예측을 통한 인간-기계 협업 작업 계획 수립
제조 가상화를 위한 생산공정 디지털트윈 기술			➔	제조공정을 디지털화하여 컴퓨터 상에 구축
AI기반 분산형 공정 최적제어시스템 기술			➔	AI를 활용하여 실시간으로 생산 공정 최적 제어

(2) 기술개발 목표

☐ 최종 중소기업 기술로드맵은 기술/시장 니즈, 연차별 개발계획, 최종목표 등을 제시함으로써 중소기업의 기술개발 방향성을 제시

[자율형 공정 제어 솔루션 핵심요소기술 연구목표]

핵심기술	기술요구사항	연차별 개발목표			최종목표	연계 R&D 유형
		1차년도	2차년도	3차년도		
AI기반 유연생산 스케줄링 및 핵심공정 최적화 기술	스케줄링 정확도 향상율 (%)	10	20	30	상황변화에 따른 최적 스케줄을 생성하여 공정 최적화에 활용	기술혁신
설비 고장 현상, 원인, 조치결과 등의 공정 노하우 지식화 기술	현장 데이터 확보율 (%)	50	70	90	공정 노하우 지식화를 위한 데이터 확보	산학연
사람-기계 협업기반 최적 생산성 예측 및 작업 할당 기술	인간-기계 협업 공정수	1	3	5	생산성 최적 예측을 통한 인간-기계 협업 작업 계획 수립	기술혁신
제조 가상화를 위한 생산공정 디지털트윈 기술	제조공정의 디지털트화 수준 (%)	70	80	90	제조공정을 디지털화하여 컴퓨터 상에 구축	창업형
AI기반 분산형 공정 최적제어시스템 기술	공정 최적화율 (%)	80	90	98	AI를 활용하여 실시간으로 생산 공정 최적 제어	기술혁신

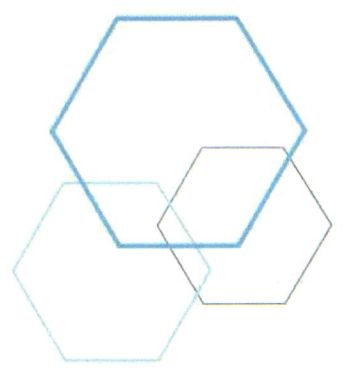

전략제품 현황분석

스마트제조용 보안시스템

스마트제조용 보안시스템

정의 및 범위

- 스마트제조용 보안시스템이란 ICT 기술 의존도가 높은 스마트제조의 안전하고 안정적인 운영을 위하여 스마트제조 수행 요소인 어플리케이션, 플랫폼 및 장비·디바이스의 정보 보안을 위해 효과적인 모니터링 및 통제를 수행하는 시스템
- 국내 중소공장에 적용된 시스템(MES, PLM, ERP 등), 공장 사무환경(ICT)과 공장 제어시스템·설비·기기(OT) 등에 대한 안전성·신뢰성·보안성 확보

전략제품 관련 동향

시장 현황 및 전망	제품 산업 특징
• (세계) '19년 전 세계 ICS 보안 시장규모가 15억 달러, '25년 말에는 23억 1,000만 달러에 이를 것으로 예상되며, 이 기간 CAGR은 6.6%에 이를 것으로 예상 • (국내) 국내 정보 보안 시장규모는 2019년 3조 6,187억 원에서 연평균 8.0% 성장하여 2025년 5조 7,424억 원 규모에 이를 전망	• 정보의 디지털화로 제조 분야 기술 관련 보안의 중요성이 강조되고 있음. 핵심기술 유출 등 보안 관련 사고 발생이 증가하는 추세 • IT 보안기술은 진입장벽이 높아 개별 기업 자체적으로 보안망을 구축하기 어려운 상황, 대기업의 독과점 구조로 시장 형성 • 업무 자동화와 유연성을 위해 제조 시스템이 네트워크에 연결되어 악성코드 등의 정보 보안 문제 취약
정책 동향	기술 동향
• 스마트제조 보안 강화를 위해 국제표준화기구인 IEC는 'IEC 62443'과 같은 스마트공장 보안 표준 제시 • 한국산업지능화협회는 '스마트팩토리 보안 위협과 대응전략' 세미나 및 교육을 제공하여 기업들의 보안 전략을 구성 중 • 한국인터넷진흥원에서 스마트공장 중요정보 유출 방지 가이드를 발간하여 스마트공장 가이드라인 제시	• 기업의 내부 정보 노출을 최소화하기 위해 중소기업용 보안관제 시스템 및 플랫폼 개발 • IT 영역과 OT 영역이 융합되어 외부 위협 요인을 실시간으로 파악하고 취약점을 조기에 알려주는 모니터링 시스템 개발 진행 중 • 미국 국립표준기술원(NIST)에서 스마트공장에 적용할 수 있는 '산업제어시스템 보안 가이드' 발간
핵심 플레이어	핵심기술
• (해외) Schneider Electric, ISCI, NSIST, ISA, McAfee • (대기업) 포스코ICT, SK 인포섹 • (중소기업) 지란지교시큐리티, 펜타시큐리티, 마크애니, 안랩, 엔엔에스피	• 5G 이동통신 MEC (Mobile Edge Computing) 연계 스마트제조 보안기술 • 외부 연계 보안 강화를 고려한 고신뢰 네트워크 접속제어 기술 • 클라우드 기반 스마트제조 보안플랫폼 기술 • 스마트제조 보안 위협 요소 및 약점 분석·대응 기술

중소기업 기술개발 전략

→ 중소 제조기업에 적합한 보급형 보안 핵심기술과 관리체계의 개발

→ 업무 프로세스별 보안 모니터링을 위한 설비 시스템 및 네트워크 상태 분석에 대한 연구개발

→ 제어 프로세스 트랜잭션 추적 기반의 능동적 공격 위협 탐지 기술개발 필요

1. 개요

가. 정의 및 필요성

(1) 정의

☐ 스마트 제조용 보안시스템이란 ICT 기술 의존도가 높은 스마트제조의 안전하고 안정적인 운영을 위하여 스마트제조 수행 요소인 애플리케이션, 플랫폼 및 장비·디바이스의 정보 보안을 위해 효과적인 모니터링 및 통제를 수행하는 시스템

- 스마트공장의 디지털화로 관련 네트워크의 취약점을 통해 핵심기술이 유출되는 보안사고가 빈번하게 발생, 이에 대한 스마트 제조용 보안시스템 인식 제고

[스마트 제조용 보안시스템의 활용]

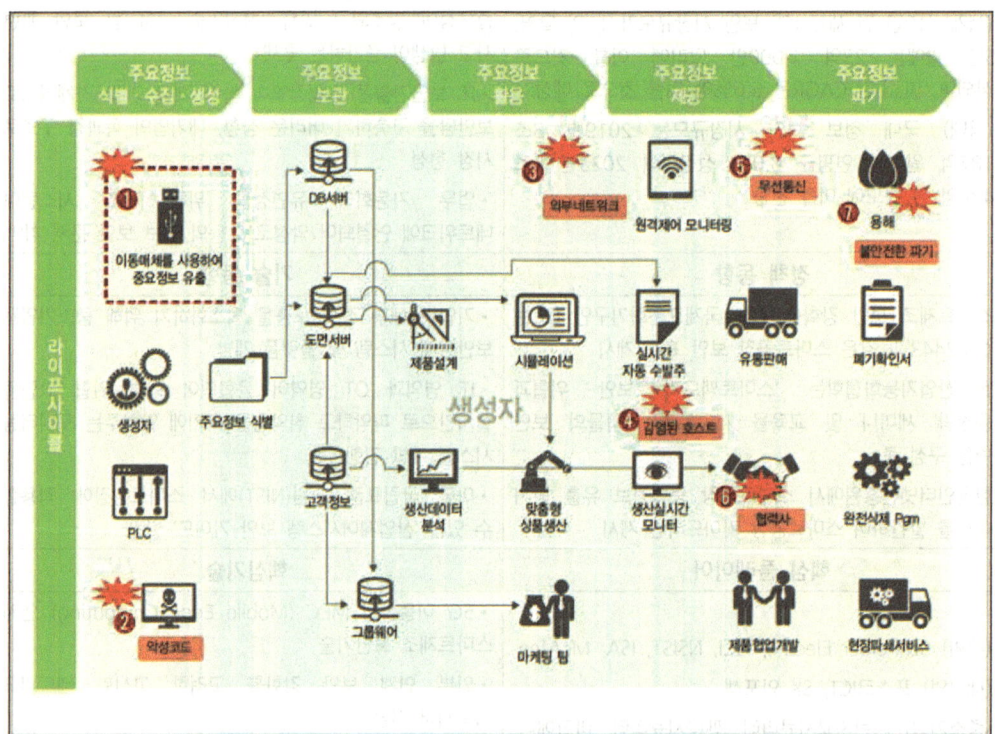

* 출처: LG CNS 제공, 2020

(2) 필요성

☐ 공장 설비를 제어하고 운영하기 위해 기반 기술이 디지털화되었으며 인터넷에 연결되는 추세, 그러나 그 취약점을 이용한 기술 및 정보 유출 사례가 빈번하게 발생하고 있어 관련 보안시스템 확보가 중요해짐

- 각종 제조 설비와 기기 등이 지능(스마트)을 갖추게 되고, 공장 작업용 도구, 로봇들과 같은 공장자동화 기기와 결합하여 네트워크에 연결되어 작동하는 스마트제조로 변화하면서 사이버 세계와 연동 발전하는 중
- 중소기업 공장 환경이 더욱 스마트해질수록 기업이나 공장 내·외부로부터 사이버 해킹, 공격, 테러 등의 위험성 존재. 해킹으로 인한 시스템 마비는 전체 공정에 영향을 미치고 피해가 상당할 것으로 예상

☐ 스마트공장 내부의 중요정보나 기술 유출 위협에 대응

- 안티바이러스 솔루션이 구축되지 않았거나 시스템 내 패치 관리가 제대로 되지 않아 보안 위협에 취약한 산업 장비의 악성코드 감염 및 이를 통한 중요정보 유출
- 외부에서 스마트제조를 원격 제어하거나 모니터링할 수 있는 호스트 장비를 악용하여 중요정보 유출
- 스마트제조에서 사용되는 무선통신 보안 약점을 악용한 스니핑 공격 등을 통해 중요정보 유출
- 매각·폐기된 자산과 출력물을 영구 삭제 솔루션 및 디가우저(Degausser) 등을 통해 완전히 삭제하고 파기하지 않아 남아있는 정보가 복구되어 중요정보 유출

☐ 스마트공장의 대형화로 추세로 증가하는 IoT 기기들에 대한 보안솔루션 필요

- OT(Operation Technology) 분야는 ICT 분야에 비해 비교적 안정성과 보안성이 확보되었으나 ICT의 경우 인터넷을 통한 무차별 공격에 대응하기 쉽지 않은 상황
- 스마트제조에서 사용되는 IoT 기기들(각종 센서나 액추에이터, 제어·동작 기기들)이 적게는 수십~수백 개(중소공장)에서, 많게는 수십만~수백만 개(자동차, 전자 등 대규모 공장)가 사용 중
- IoT 기기들은 스마트한 기능 구현을 위해 내부에 임베디드 소프트웨어가 장착되고 더불어 LAN, WiFi, Mobile 네트워크 등 인터넷에 연동되는 기능을 갖추면서 상대적으로 해킹이 가능

나. 범위 및 분류

(1) 가치사슬

☐ 스마트 제조용 보안시스템 분야 후방산업은 공정설계 보안, 기계 및 전자통신 부분 제조업, 유무선 정보통신망 등이 있고 전방산업으로는 시설보안, 공공부문 인프라, 에너지 관리 등이 존재

[스마트 제조용 보안시스템 분야 산업구조]

후방산업	스마트 물류창고 분야	전방산업
공정설계 보안, 제조 시행 분석 보안, 기계 및 전자통신 부분 제조업, 유무선 정보통신망	IT, OT, IoT 기반 스마트 제조용 보안시스템	시설보안, 공공부문 인프라, 의료부문, 에너지 관리, 신분 확인

(2) 용도별 분류

☐ 클라우드가 점점 보편화되면서 보안영역도 점차 확대되는 양상으로 클라우드 보안솔루션도 인프라 보안, 방화벽, 네트워크, 데이터 보호, 접근제어 등 용도별로 다양화

☐ 네트워크 보안
- 네트워크 보안을 위해 업무 영역과 OT 영역 세분화하여 네트워크 분리하고, 세분화된 네트워크는 방화벽 또는 네트워크 장비 ACL(Access Control List) 설정으로 접근 통제
- 업무망과 공장망 간 데이터 전송을 중재하는 Plant DMZ를 구축하여 망간 직접적인 연결 제한, 공장 내부에서 업무망 또는 외부망으로 데이터 전송 시 단방향 게이트웨이 구축

☐ 침입/악성코드 탐지
- 외부망에서 내부 스마트팩토리를 보호하기 위해 인터넷 접점에서 침입을 탐지/방지할 수 있는 솔루션 구축
- 공장 내부도 산업제어시스템 무결성 및 가용성 침해에 대응해 산업제어시스템 이상징후 탐지 솔루션 구축
- 바이러스 및 악성코드 탐지를 위한 바이러스 백신 설치
- 업무 영역과 제어 시스템 영역을 통합하여 이상 행위를 모니터링 할 수 있는 통합보안관제시스템 구축 필요

☐ 중요정보 보호

- 스마트팩토리 중요정보: 국가 핵심기술, 특허 기술, 제품생산정보, 제조 공정도, 설계 도면, 제품 원가 분석자료(BOM)
- 보호해야 할 중요정보, 저장 및 활용 위치 파악
- 중요 정보보호를 위해 데이터베이스 접근 통제, 암호화, 인증/권한관리, 매체 제어 등 기술 적용

☐ 생산설비 보안

- 센서, 엑추에이터, 산업용 로봇 등 생산설비의 기기마다 보안 적용이 어려울 수 있으므로 각 기업에서는 보안기술이 적용된 생산설비 우선 채택하여 적용
- 생산설비에 기기 인증을 적용하고 설비 간 통신 시 데이터 노출 및 변조를 막기 위해 암호화를 제공하는 통신 프로토콜(Zigbee Alliance AES-CCM, Bluetooth BR/EDR 등) 사용 권장

[용도별 분류]

용도	세부 내용
인프라	• 인공지능, 클라우드 보안솔루션 구축 기술 • 하이브리드 IT 인프라를 위한 관리형 클라우드 기반 보안 및 규정 준수 기술
네트워크	• 프라이빗 클라우드를 위한 SDN 솔루션 기술 • 클라우드 환경에서 방화벽 등의 보안 서비스 기술
웹 애플리케이션	• 자동화된 학습기능을 통해 알려진 위협과 알려지지 않은 위협, 봇공격, 잠재적인 위협이 되는 어플리케이션 취약성으로부터 앱과 데이터 보호 • AWS 등의 워크로드에 대한 애플리케이션 제어, 시스템 무결성 모니터링, 도용 방지 등 주요 보안 제어 항목 자동화 기술
차세대	• 클라우드 환경 내 방화벽, 침입방지시스템, 어플리케이션 컨트롤, 데이터 유출 방지 등 기술 제공
방화벽	• 사무실과 클라우드 연결 및 원격 제어접근, 동적 프로파일링 어플리케이션 인식 기술로 새로운 보안 위협으로부터 보호
접근	• SaaS 및 온프레미스 전체에서 앱에 대한 자격 증명과 API 보안 제공 및 지원
데이터	• 암호화, 키 관리 및 정책 기반 제어를 통해 데이터 보호, EC2 인스턴스에 대한 전체 디스크 암호화 제공 • 온프레미스 키 관리자에 따라 제어, 클라우드 저장 데이터 보안

2. 산업 및 시장 분석

가. 산업 분석

◎ **인터넷과 연결된 스마트공장, 사이버 해킹 위협에 취약**

☐ 스마트공장은 IoT 기기와 함께 인터넷 네트워크에 연결되어 공정이 지능화되고 생산성이 향상되었지만, 보안이 취약해져 보안 관련 사고가 증가하는 추세

[최근 10년간 주요 보안 사고 예시]

발생시기	대상	공격 형태/피해
2011.08	다국적 석유회사	• SCADA 시스템에 대한 운영자료를 수집하여 유출
2011.11	미국 상수도	• 일리노이주 상수도 시설 시스템에 침투하여 펌프 작동 시스템 파괴
2012.10	독일 제철소	• 제어 시스템의 파괴로 인한 용광로의 제어 및 정상적인 Shutdown 불가로 큰 피해 발생
2014.06	유럽 스카다	• 유럽 스카다(SCADA) 시스템 설치 프로그램에 포함된 하벡스(Havex) 멀웨어 발견
2015.12	우크라이나 전력	• 멀웨어를 통해 발전소 제어 시스템을 중단하여 정전을 유발, 8만여 가구 정전 발생
2016.04	미국 전력	• 랜섬웨어가 첨부된 이메일을 통한 스피어 피싱 공격이 발생, 내부 네트워크까지 감염이 확산되자 추가 피해 발생을 막기 위해, 회사 시스템 일시 중지
2017.06	일본 자동차	• 혼다자동차 사야마 공장 워너크라이 랜섬웨어에 감염되어, 약 48시간 동안 엔진 생산과 조립 중단
2017.10	미국 댈러스 비상 사이렌	• 무선통신망의 해킹으로 인해 댈러스의 비상 사이렌이 15시간 동안 가동됨
2018.08	TSMC	• 애플의 차기 폰에 탑재되는 AP를 독점 생산하는 TSMC가 워너크라이 변종에 감염되어 48시간 동안 생산 중단되고 이로 인해 납품 지연, 매출 및 손익 피해와 기업의 신뢰도 하락
2019.03	노르웨이 노르스크하이드로	• 세계 최대 알루미늄 생산자인 노르웨이 대기업 노르스크하이드로가 랜섬웨어 공격 받아 미국과 유럽의 IT 시스템까지 영향을 미치고, 생산 중단, 약 4,100만 달러 손실, 주가 3.4% 하락
2020.01	미쓰비시 전기	• 일본의 미쓰비시 전기에서 일본 방위 기술과 관련된 정보와 중요한 사회 인프라에 관한 데이터가 유출되는 사고 • 미쓰비시 전기 측은 해킹 수법 등을 참고하였을 때 방위 관련 기밀 정보를 주로 노리는 중국계 해커 집단 'Tick(틱)'이 관련됐을 것으로 추정
2020.05	Microsoft	• Microsoft 의 Github 계정이 탈취되어 자체 개발한 Repository에서 500GB에 달하는 데이터가 유출되는 사고가 발생되었으며 샤이니 헌터스(Shiny Hunters) 해킹 조직의 소행이며, 현재 탈취한 500GB 중 약 1GB의 데이터가 무료 유포된 것으로 확인됨

* 출처 : SK인포섹 EQST 자료를 인용 및 재구성

◎ 정보의 가치가 커지며 보안 시장은 산업용과 개인용 모든 부분에서 성장 중

☐ 스마트폰 대중화로 개인용 보안 시장은 물론, 산업용 보안 시장 모두 성장 예상
- 2020년 국내 보안 시장 규모는 5조 9,581억 원으로 지난해 대비 5.2% 성장할 것으로 전망
- 2020 국내외 보안 시장 전망보고서에 따르면 2020년에는 5조 9,581억 원, 2021년에는 6조 원대에 돌입하는 고성장세를 유지할 것으로 예측

☐ 국내는 스마트제조 보안 관련 기업과 전문가가 부족한 실정
- 국내 스마트제조 제품, 기술 등을 공급하는 기업에 스마트제조 보안 전문가가 전무
- 스마트제조 보안 관련 전문인력 양성 체계가 없고, 관련 전문가 태부족

☐ 다국적 거대기업의 독과점 구조가 강하고 신규진입이 매우 어려움
- GE, Siemens, ABB, Rockwell Automation, Schneider Electric 등 외국 기업 중심의 제품 공급과 서비스 제공이 이루어지는 중
- 국내에서는 LS 산전에서 통신망 관련 기술(RAPIENet)을 국제표준화하였고 스마트제조 관련 PLC 제품 중심으로 공급하고 있으며, 다양한 장비를 제조 판매 중
- 스마트제조 관련 보안 제품이나 서비스는 단방향 보안 통신 장비 등 부분적으로 개발 판매 중

◎ 중소기업은 자체 보안시스템 구축이 어려워 사이버 보안이 취약

[스마트제조에서 발생 가능한 사이버 보안 위협 요소]

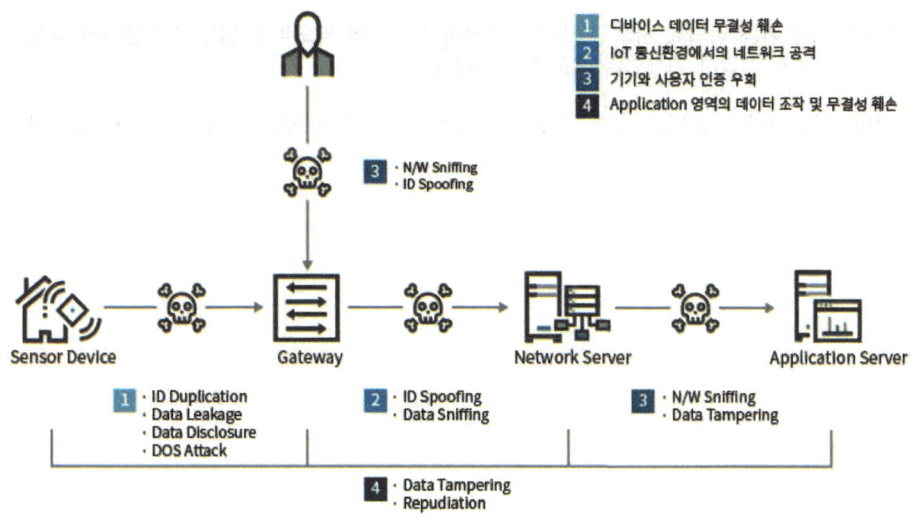

* 출처 : PentaSecurity 제공, 2021

- ☐ 스마트제조에서는 업무의 효율을 위해 산업제어시스템과 IT 시스템을 연결하는 경우가 다수
    - 산업제어시스템 유지보수를 위해 이동형 저장 매체를 연결하는 때도 많아 랜섬웨어 등 악성코드에 감염되는 사례가 빈번히 발생
    - 중소공장에 스마트제조 기술을 접목하여 우수한 성과를 얻고 있으나, 대부분 스마트제조 보급·확산에 주력하고 있고, 이를 안전하게 보호할 정보보호 기술을 적용 소수
    - 중소기업에서 스마트제조를 추진하면서 ICT 시스템이나 기기 등에 투자하고 있지만, 이를 보호하고 안전하게 사용할 수 있도록 하는 정보보호 분야에 대한 투자는 거의 하지 않고, 보안에 대한 투자는 후 순위로 미루어 두고 있는 상태
- ☐ 스마트제조에서 사용하는 모든 ICT 시스템·기기·기술들에 보안을 고려하지 않을 때 사이버 위협·공격 등이 발생하게 될 것이고, 공장이 멈추거나 피해 발생 시 치명적
    - 특히, 편리성을 위해 무선 LAN(WiFi), 이동통신(Mobile) 기술 등을 활용하여 스마트제조 구축 시 활용하는 무선 및 이동통신 기술과 관련한 보안을 고려하는 것이 무척 중요

◎ 사이버 보안 인식 제고로 보안 관련 기술개발이 활발히 진행 중

- ☐ 해킹 방어대회, 화이트 해커 육성 등 사이버 보완 관련 정책과 교육이 시행됨
- 최근에는 인공지능을 활용한 사이버 해킹 방어 기술에 대한 연구가 주를 이루고 있음
    - 파이어아이, 시만텍 등 Threat Intelligence를 운영하는 대형 글로벌 보안기업은 이미 위협분석에 머신러닝 기술을 적용 중
- ☐ 일본도 최근에는 동영상 해석 기술이나 인공지능(AI), 클라우드와 같은 혁신적 기술을 보안에 응용하여 고도의 보안시스템이 구축되는 사례 증가
    - 단순한 보안 기능 이외에 사회 인프라 솔루션이나 기업의 백오피스 업무 시스템과의 융합 등 새로운 시스템 서비스 개발이 진행되며 새로운 시장이 탄생
    - 이러한 최신 기술의 도입을 위해 업종 간 제휴가 가속화되고 있어 업계 판도의 변화도 함께 발생

◎ 세계 각국은 사이버 보안기술 지원 장려

☐ 독일의 스마트팩토리 보안 동향

- 스마트제조 보안의 3요소인 기밀성, 무결성, 가용성을 중심으로 보안 정책 강화

- 인더스트리 4.0의 초기에 언급된 문제점들을 해결하기 위해 정치적, 사회적으로 더욱 폭넓은 접근 시도, 인더스트리 4.0의 적용 전략을 바탕으로 5개 핵심 분야로 세분화하여 보안 실무그룹 WG3(Security of Networked System)를 포함한 5개 작업반 운영

- 인더스트리 4.0 발전을 위해 데이터에 대한 신뢰도 및 보안이 필요하므로 제삼자 공격으로부터 기업의 정보가 안전하게 보호되도록 7가지 가이드라인 제시

- 인더스트리 4.0 구현에 필요한 기술적 보호조치뿐만 아니라 특히 요구되는 보안조직 구조 및 역할에 관해 설명하고 있는 IT 보안
  - 회사의 규모, 상황에 따라 최고 (정보) 보안책임자, IT 보안책임자, 제품 보안책임자, 산업보안 책임자를 지정하도록 권고

[세계의 사이버 보안 업체]

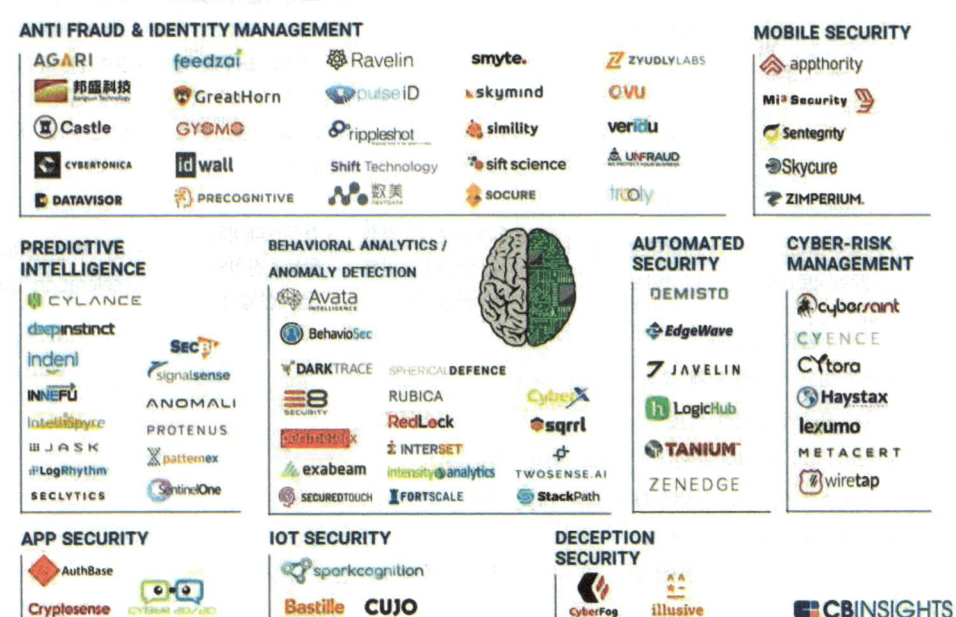

* 출처: Cybersecuritys next step market map, CBinsights', 2019

전략제품 현황분석

☐ (일본) 일본은 다양한 산업, 기업, 사람, 기계, 데이터가 연결됨에 따라 AI 등의 기술을 사용해 신규 부가 가치 및 제품/서비스의 생산성을 향상시켜, "고령화 사회", "노동 부족"과 같은 사회적 문제 해결을 통한 국가 경제의 발전을 촉진하는 커넥티드 인더스트리즈 정책 발표

- 자율주행 및 모빌리티 서비스, 제조 및 로봇, 바이오 기술 및 소재, 플랜트/인프라 보안 관리, 스마트라이프 등 5대 분야별로 구분하여 추진

- 보안과 관련해서 플랜트/인프라 보안 관리 내에서 공장 안전 개선, 내부 보안 강화하는 내용과 함께 영역별 과제 간 공통 과업에서 사이버 보안 조치 구현 등 제시

[커넥티드 인더스트리즈 5대 중점 분야]

구분	자율주행 및 모빌리티 서비스	제조 및 로봇	바이오 기술 및 소재	플랜트/인프라 보안 관리	스마트 라이프
비전	· 교통사고 감소 · 교통 혼잡 완화 · 환경 부하 감소 · 분산 에너지 관리 · 유통 포함 모바일 서비스의 확장	· 생산 최적화 · 논스톱 공장 · 사고 및 부하 감소	· 혁신적인 재료 및 의료/약물 개발 · 에너지 자원 대책 · 사회 개혁을 위한 혁신적인 소재 개발	· 공장 안전 및 생산성 개선 · 내부 보안과 수익 능력 창출 · 센서, 드론, 기타 고급 기술의 효과적인 활용	· 스마트라이프 시장은 사회 고령에 따른 노동력 부족 및 기타 사회 문제 등을 극복'
시장, 경제효과: 2030년, 글로벌 단위	· 자율주행차 시장: 870억 달러 · 운전시간 절약에 따른 경제적 효과: 1,000억~1조 달러	· Industrial Internet market이 향후 20년 이내에 세계 GDP 10조~15조 달러로 증가	· 바이오 시장: 약 1.6조 달러	· 인프라 노후화 및 수요 확대로 약 200조 엔의 시장 창출	· 2011년 무상 노동 화폐 평가액: 약 100조 엔 (가전 시장 약 7조 엔)
추진주체	· 자율주행비즈니스 검토회(국토교통성)	· RRI(로봇혁명 이니셔티브)	· COCN(산업 경쟁력 간담회), 일본 화학공업협회	· 플랜트데이터 활용촉진회의 (경제산업성)	· IoT 추진 랩(IoT Acceleration Lab)
과제간 공통 과업	· 데이터 공유 및 활용 · 세계 최고 수준의 인재 육성 · 국제 표준의 전략적 적용 · 중소기업의 "커넥티드 인더스트리즈" 적용 지원 · AI 시스템 및 해외 확장에 대한 추가 개발 지원 · 사이버 보안 조치의 구현 등				

* 출처: Connected Industries(일본 경제산업성), 일본의 제조업 혁신정책 추진 현황과 시사점

◎ **국내 스마트팩토리 보안 동향**

☐ 한국산업지능화협회(KOIIA)는 스마트팩토리 환경에서의 보안 위협과 대응전략 세미나를 개최하여 기업들의 보안 위협 상황을 진단하고 전문가와 함께 보안 인사이트 도출

☐ 국가표준기술원은 스마트공장 국제 표준 로드맵에서 보안 과제(제조 분야 ISMS 인증 기준, 스마트공장 네트워크 보안 적용 차등화, 스마트공장 기기 상호 보안 인증 등)를 포함하여 제시한 바 있으나 실제 이에 대한 연구과제 진행 미흡

☐ 한국인터넷진흥원에서 스마트팩토리 중요정보 유출 방지 가이드 발간하여 스마트팩토리 특성에 맞추어 기업의 중요정보 유출 방지를 위한 방안 마련코자 10개의 가이드 제시

☐ 과학기술정보통신부는 2020년 융합보안 및 해킹 대응체계 고도화를 위해 1,810억 원을 투자하고 5G와 융합한 서비스 모델 개발과 인재 양성에 주력

- 2019년 4월 국가 사이버안보 전략에 따르면 ▲국가 핵심 인프라 안전성 제고 ▲사이버 공격 대응 역량 고도화 ▲신뢰와 협력 기반 거버넌스 정립 ▲사이버 보안 산업 성장 기반 구축 ▲사이버 보안 문화 정착 ▲사이버안보 국제협력 선도 등의 6대 전략 과제를 2022년까지 추진한다는 계획을 발표

[국가 사이버안보 기본계획]

Ⅱ 비전·목표 및 전략체계

비전	자유롭고 안전한 사이버공간을 구현하여 국가 안보와 경제 발전을 뒷받침하고 국제 평화에 기여
목표	▲국가 주요기능의 안정적 수행, ▲사이버공격에 빈틈없는 대응, ▲튼튼한 사이버안보 기반 구축
전략과제 (6대)	① 국가 핵심 인프라 안전성 제고 ② 사이버공격 대응역량 고도화 ③ 신뢰와 협력 기반 거버넌스 정립 ④ 사이버보안 산업 성장기반 구축 ⑤ 사이버보안 문화 정착 ⑥ 사이버안보 국제협력 선도
기본계획 시행계획	국가 사이버안보 중점과제(18개) 및 세부과제(100개)

* 출처 : 국가 사이버안보 기본계획, 국가안보실, 2019

나. 시장 분석

(1) 세계시장

□ 2019년 전 세계 ICS(Industrial Control Systems Security) 보안 시장규모가 15억 8천만 달러였으며, 2025년 말에는 23억 7천만 달러에 이를 것으로 예상하며, 이 기간 CAGR은 7.0%에 이를 것으로 예상

- 최근에는 클라우드 기술 상용화로 클라우드 보안 시장이 주목받고 있으며, 시장 선점을 위해 실리콘밸리 내 대기업의 인수합병이 활발히 진행

[산업용 관리시스템 보안 세계시장 규모 및 전망]

(단위 : 십억 달러, %)

구분	'19	'20	'21	'22	'23	'24	'25	CAGR
세계시장	15.0	16.0	17.1	18.2	19.4	20.7	22.1	6.6

* 출처: ICS Security Market, Marketsandmarkets, 2021

□ 세계 사이버보안 시장은 2019년에 1,364억 달러로 평가되었으며, 연평균 14.5%의 CAGR을 기록하면서 2025년에는 3,074억 달러에 이를 것으로 예상

[사이버보안 세계시장 규모 및 전망]

(단위 : 십억 달러, %)

구분	'19	'20	'21	'22	'23	'24	'25	CAGR
세계시장	136.4	156.2	178.8	204.8	234.5	268.5	307.4	14.5

* 출처: The cybersecurity market, Mordor Intelligence, 2020

(2) 국내시장

□ 국내 정보 보안 시장규모는 2019년 3조 6,187억 원에서 연평균 8.0% 성장하여 2025년 5조 7,424억 원 규모에 이를 전망

[국내 정보 보안 시장 규모]

(단위 : 억 원, %)

구분	'19	'20	'21	'22	'23	'24	'25	CAGR
국내시장	36,187	39,082	42,209	45,585	49,232	53,171	57,424	8.0

* 출처: 2020 국내 정보보호산업 실태조사를 기초로 네모아이씨지 재산정

3. 기술개발 동향

☐ 기술경쟁력
- 스마트제조용 보안시스템은 미국이 최고기술국으로 평가되었으며, 우리나라는 최고기술국 대비 70.3%의 기술 수준을 보유하고 있으며, 최고기술국과의 기술격차는 2.3년으로 분석
- 중소기업의 기술경쟁력은 최고기술국 대비 60.7%, 기술격차는 2.9년으로 평가
- 유럽(86.9%)>일본(74.2%)>한국>중국(61.9%)의 순으로 평가

☐ 기술수명주기(TCT)[122]
- 스마트제조용 보안시스템은 5.79의 기술수명주기를 지닌 것으로 파악

가. 기술개발 이슈

◎ 4차 산업혁명에 맞는 보안기술 추가 필요

☐ 산업보안 국제표준(IEC 62443)은 공장 시스템 참조모델을 Level 0에서 Level 4까지 계층화
- 일반 직원들이 업무를 수행하는 영역(Level 4)은 IT 인프라 시스템 및 애플리케이션이 존재하는 구간, IT 보안기술 적용
- 제품 생산을 위한 제어 시스템 운영관리 영역(Level 3)과 제조 공정 영역(Level 1, 2)은 제어 시스템 보호를 위해 OT 보안기술을 적용
- 센서, 액추에이터, 생산 로봇 등이 작동하는 생산 현장 영역(Level 0)은 IoT 보안기술을 적용

[스마트제조용 보안시스템 기술 분류]

전략 품목	기술별 관점	계층	세부 기술
스마트제조용 보안시스템	IT 보안기술	Level 4	• ERP, PLM, SCM
	OT 보안기술	Level 3	• MES, WMS
		Level 2	• HMI, EWS, Historian
		Level 1	• DCS, SCADA PLC, RTU
	IoT 보안기술	Level 0	• 센서, 액추에이터, 로봇, 생산설비

---

122) 기술수명주기(TCT, Technical Cycle Time): 특허 출원연도와 인용한 특허들의 출원연도 차이의 중앙값을 통해 기술 변화속도 및 기술의 경제적 수명을 예측

- ☐ 스마트제조 제어시스템에 사용되는 산업용 IoT 기기 관련 보안 수요 증가
    - 도입기에 있는 산업 제어 시스템 보안기술은 침해사례 발생으로 제품 수요가 급격하게 증가하고 있으며, 이에 따른 추가적인 기술개발의 요구가 왕성하게 나타나게 되어 기술의 성숙 정도는 당분간 급격한 성장의 추세를 보일 것으로 전망
    - SCADA 시스템에서 통신 프로토콜로 주로 사용되고 있는 Modbus와 DNP3는 암호와 인증/인가 기능을 추가한 프로토콜 상의 보안을 고려하였으나, 가용성 관점의 서비스 거부 공격에 대한 보안 사항은 고려하지 않고 있음
    - IEC에서는 전력 분야에서 제어프로토콜 상의 보안 취약점 이외에 서비스 거부 공격 관점에서 보안 사항을 고려하기 시작
    - 최근 공격 목표와 공격 형태를 기준으로 제어 시스템 표준 프로토콜(DNP3, Modbus) 환경에서 발생하는 공격을 분류하고, 이에 대한 방어를 위한 연구 진행

- ☐ 대세는 클라우드 기반 보안솔루션
    - 포브스에 따르면, 2020년 글로벌 기업의 클라우드 전환율이 83%에 이를 것으로 전망
    - 국내외 보안솔루션 사업자 중심으로 기존에 보유 중인 솔루션을 클라우드에 최적화하고 멀티테넌시 기술개발과 글로벌 노드 확보로 SECaaS 유사 형태로 보안 서비스 제공 업체가 등장하는 추세
    - 클라우드 보안 서비스가 서비스형 소프트웨어 서비스인 SaaS의 형태로 제공됨을 고려하였을 때, 국내 퍼블릭 클라우드 시장 내에서 가장 큰 비중을 차지하고 있는 클라우드 애플리케이션 서비스(SaaS)를 통해 클라우드 애플리케이션 통합 보안 서비스의 전망 예측 가능
    - SK 인포섹, 안랩을 포함한 국내 보안기업들은 클라우드 보안사업을 진행 중이며, 보안사업을 비주류로 여기던 대기업들이 시장에 뛰어들면서 클라우드 보안 시장이 급속 성장
    - 삼성SDS는 데이터가 외부로 유출되어도 쓸모없게 만드는 화이트박스 암호, 동형암호 기술과 데이터 유출을 원천 차단하기 위해 데이터 복호화에 필요한 암호키에 자체 알고리즘을 적용

- ☐ 기업 보안담당자들이 원하는 EDR(Endpoint Detection and Response) 솔루션
    - '2019년 기업 정보보호 이슈 전망' 보고서에 따르면 국내 기업 보안담당자들이 올해 도입할 보안솔루션으로 엔드포인트 위협 탐지·대응(EDR) 솔루션을 지목
    - EDR은 엔드포인트에서 일어나는 여러 위협을 지속해서 탐지하고 빠르게 대응할 수 있는 '보안 위협 탐지-분석-대응' 솔루션

- ☐ 미국의 스마트팩토리 보안 동향
    - 미국 국립표준기술원(NIST)에서 스마트공장에 적용할 수 있는 '산업제어시스템 보안 가이드(NIST SP 800-82)' 발간, 산업제어시스템(Industrial Control System) 보안 개념을 IT 보안기술과 비교하면서 IT 전문가들이 산업제어시스템을 이해할 수 있도록 가이드 제시
    - ISA(국제자동화협회)에서는 자동화 산업 분야 기업들이 사이버 보안 위협으로부터 보호할 수 있도록 산업 자동화 및 제어 시스템(IACS) 가이드라인(ISA 99)을 발표, 이 표준이 IEC(국제 전기기술 위원회) 표준(IEC 62443 Security for IACS)으로 발전

[쿤텍의 산업제어시스템 보안 모델 Deception Grid]

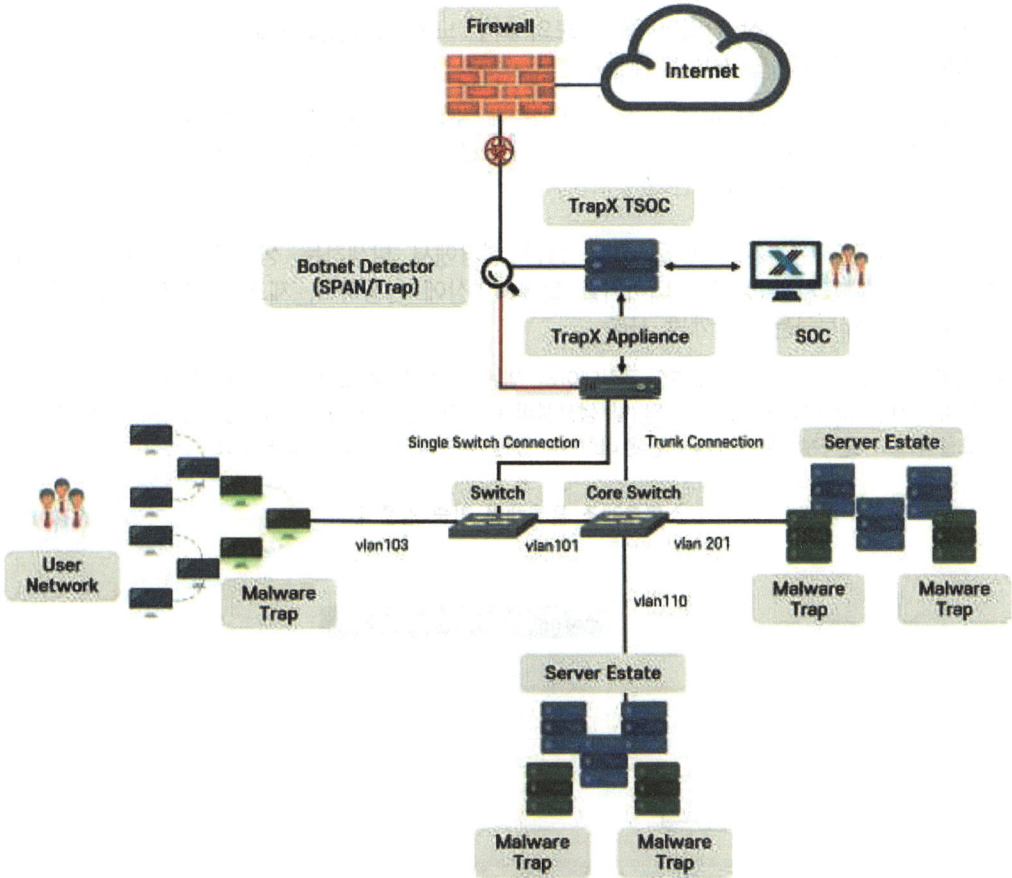

* 출처: 쿤텍, 국내 산업제어시설 OT 보안 위해 '디셉션 그리드' 보급, 데일리시큐, 2021

☐ RSA 2019 주제 "Better" 및 특징

- 미국에서 2019년 3월에 열린 RSA Conference USA 2019는 'Better'라는 주제로 더 나은 사이버 환경을 위해 우리 모두의 협력이 필요함을 강조

- 가장 큰 화두는 '제로 트러스트(Zero Trust)'이며, 사용자, 애플리케이션, 디바이스 등 모든 요소가 보안의 치명적인 존재가 될 수 있다는 흐름을 전제로 보안시스템을 구축하는 것이 필요함을 강조

- 엔드포인트 보안과 더불어 클라우드 보안이 더욱 강조되었고 SIEM의 역할을 부각하는 기업 증가

- 최근 멀티 클라우드 환경과 클라우드 허브 구축이 확산되면서 보안 체계 복잡성의 증가와 가시성의 저하가 동반되고 있어, 작년 전시회에 이어 클라우드 보안을 위한 다양한 솔루션 등장

- 보안 성능 및 정확도 향상을 위해 활발히 도입이 이루어지고 있는 자동화(automation) 시스템과 더불어 보안 오케스트레이션(orchestration) 솔루션을 소개하는 기업이 증가

◎ 중소기업용 스마트공장 보안솔루션 개발 확대

☐ 원격 관제 과정에서 대상 기업의 중요정보의 외부 노출 가능성을 최소화하기 위한 중소기업용 원격보안관제 플랫폼 및 서비스 개발

- 기업 내에 설치될 소형 분석 시스템에서 1단계 분석을 수행하고 추가 분석이 필요한 정보만을 안전하게 외부의 원격 관제 센터로 취합하여 2단계 정밀 분석을 수행하는 Multi Layer 분석 플랫폼을 개발하는 방향이 추진 중

☐ MES-블록체인 연동 기술개발을 통해 생산 현장에서 발생하는 생산활동의 최적화를 위한 제반 활동 수행 시 발생하는 데이터를 블록체인상에 연동하여, 제조 공정 데이터의 투명화 및 신뢰성을 확보하는 기술개발 시도

- 핵심 기능으로 스마트제조 MES 공정데이터 위변조 방지 및 스마트제조 MES 공정데이터 조회가 돼야 하며, Lot 단위의 공정데이터 및 생산설비 데이터, 관련 작업지시서, 품질검사서 등을 분석하여 효율적으로 블록체인상에 연동 및 관리할 수 있는 블록체인 기술 설계가 필요

[스마트제조 블록체인 기술 검증]

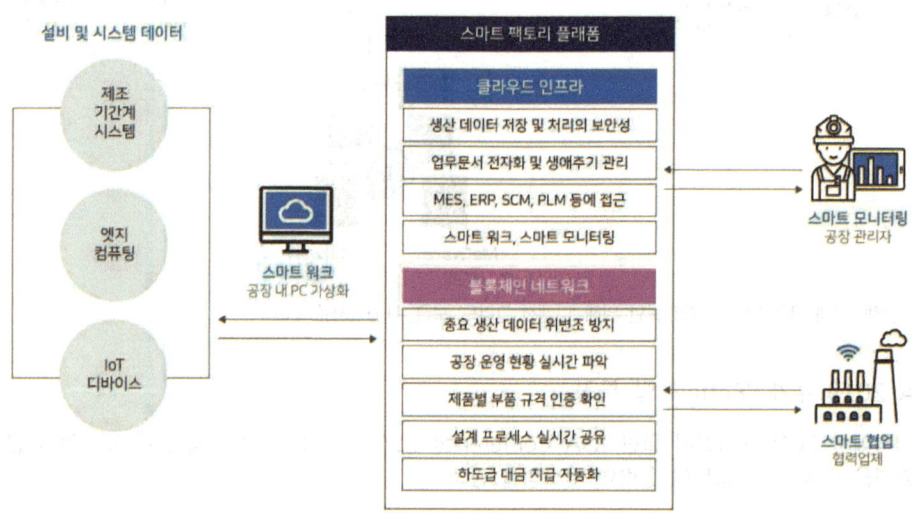

* 출처: Tilon 제공, 2021

◎ 범용성을 위한 제품 표준 규격이 필요

☐ 스마트제조에 대한 보안 인증 제도와 프로그램이 시행되거나 예정

- 세계 산업 제어 시스템 제조업체들이 직면하는 중요한 도전은 사이버 보안 위험에 대처하는 것이며, 전 세계적으로 사이버 보안을 강화하기 위한 인증제도 시행 중

- 특히, 미국은 연방정부 주도하에 민간 인증기관인 UL과 협업으로 제조 보안을 위한 CAP(Cyber Security Assurance Program) 인증 기준과 제도를 마련하여 시행 중

- ISCI(ISA Security Compliance Institute)의 SCADA 보안 검사에 대한 공식화와 ISA 99 WG4에서 정한 표준은 이전의 산업 검사와 인증제도를 대체할 것으로 예상

[기술 현황]

기술	세부 내용
네트워크 보안	• 업무 영역과 OT 영역을 세분화하여 네트워크를 분리, 방화벽 또는 네트워크 장비 ACL 설정으로 접근 통제 • 외부망으로 데이터 전송 시 단방향 게이트웨이를 구축 필요
침입/악성코드 탐지	• 외부망에서 내부 스마트제조를 보호하기 위해 인터넷 접점에서 침입을 탐지/방지할 수 있는 솔루션 필요 • 업무와 제어 시스템 영역을 통합하여 이상 행위를 모니터링할 수 있는 통합보안관제시스템 필요
중요정보 보호	• 데이터베이스 접근 통제, 암호화, 인증/권한관리, 매체 제어 등의 기술 적용 필요
생산설비 보안	• 기기 인증을 적용하고 생산설비 간 통신 시 데이터 노출 및 변조를 막기 위해 암호화를 제공하는 통신 프로토콜의 사용이 필요

☐ 스마트제조와 관련된 보안 위협에 대해서 유럽 사이버 보안 조직인 ECSO의 WG3에서는 Industry 4.0 and ICS Sector Report에서 6개의 주요 보안 과제를 언급

- 안전과 보안의 융합 (Safety-Security Convergence)
- 산업용 IoT에 대한 사이버 보안 (Cyber security of Industrial IoT)
- 산업용 제어 시스템에 대한 침입 탐지 (Intrusion detection on Industrial Control Systems)
- 사이버-물리 위협 통합 관리 (Manage cyber-physical threats)
- 조직 및 역할의 변화 (Organisational and behavioural changes)
- 밸류체인을 포함하는 보안 (Security throughout the value chain)

나. 생태계 기술 동향

(1) 해외 플레이어 동향

☐ (Schneider Electric) 프랑스의 다국적 기업으로 산업용 기기의 네트워크 보안을 평가하는 인증인 아킬레스 커뮤니케이션 인증(Achilles Communications Certification) 수여

- 스마트공장 보안을 위한 산업용 보안솔루션 'Security Expert' 제품 개발
- 외부 데이터 차단, DDoS 공격으로 과부하 돼도 시스템 정상 작동

[산업제어용 물리적 단방향 보안게이트웨이 구성도]

* 출처 : IoT, 산업제어시스템서 효과 극대화. 최우선 과제는 보안, 데이터넷

☐ (ISCI) 자체 개발한 ISASecure 프로그램은 제품과 시스템이 네트워크 공격에 견고하고 알려진 취약점이 없음을 보증하기 위해 독립적으로 인증

☐ (NSIST) 스마트제조에 적용할 수 있는 '산업제어시스템 보안 가이드(NIST SP 800-82)'를 발간

☐ (ISA) 자동화 산업 분야 기업들이 사이버 보안 위협으로부터 보호할 수 있도록 산업 자동화 및 제어 시스템(IACS) 가이드라인(ISA 99)을 발표하였고 IES 표준으로 발전

☐ (McAfee) 최근 클라우드 보안 전문기업 Skyhigh Networks를 인수해 CASB 솔루션 '스카이하이 시큐리티 클라우드(Skyhigh Security Cloud)' 제공

- '스카이하이 시큐리티 클라우드'는 보안을 클라우드 상에서 처리할 수 있도록 단일 플랫폼을 제공하는 것이 특징

☐ (NIST, ICS-CERT) 미국 상무부 산하 국립표준연구소(NIST)와 국토안보부(DHS) 산하 ICS-CERT를 중심으로 산업제어시스템, SCADA 등에 대한 보안 취약점을 찾아서 연방정부 주도하에 신속한 보안 대책을 마련하여 표준화하고 관련된 정보들을 기관·기업 등에 제공 중

(2) 국내 플레이어 동향

☐ SECaaS 솔루션을 시장에 내놓고 있는 주요 보안업체는 안랩, 지란지교시큐리티, 트렌드마이크로, 모니터랩, 시만텍, 엔피코어 등이 있으며, 수산아이앤티, 이스트시큐리티 등이 서비스 출시를 준비 중

☐ (안랩) 보안의 기초라는 의미를 담은 세카스 브랜드 '시큐그라운드'를 내놓으며 주문형(on-demand) 보안 서비스 제공

- 현재 시장에 나와 있는 안랩의 SECaaS 솔루션은 이메일 랜섬웨어 보안 서비스, 사이트 스키퍼, 웹 가드 등

[안랩의 보안솔루션]

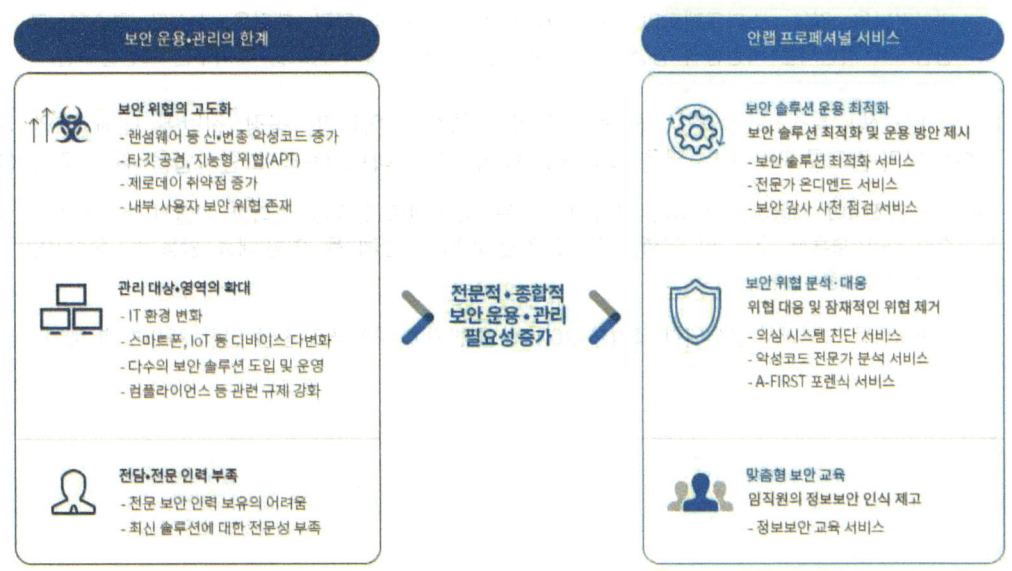

* 출처 : 안랩 제공, 2021

☐ (지란지교시큐리티) 클라우드에서 악성코드를 탐지·차단하는 클라우드 이메일 보안을 세카스 방식으로 서비스

☐ (펜타시큐리티) 데이터수집부터 모니터링, 프로세스 제어까지 가능하도록 안전한 스마트제조 환경을 구축하고, 스마트제조 운영 과정에서 발생할 수 있는 보안 위협을 최소화할 수 있는 펜타 스마트제조 시큐리티(Penta Smart Factory Security) 솔루션을 제공

☐ (마크애니) 클라우드 환경으로 업무환경이 전환되면서 문서보안에 대한 보안 위협이 증가하고 있으므로, 이런 위협에 대응할 수 있도록 기존의 클라우드 문서보안 솔루션과 함께 마크애니가 보유하고 있는 개인정보 보안, 웹 보안, 전자 문서 유통 보안, 기록물 보안 등에 솔루션을 클라우드 환경으로 서비스화를 지속해서 진행할 예정

☐ (엔엔에스피) 산업제어시스템 보안기술, 스마트 그리드 보안기술 등을 토대로 하드웨어 기반의 물리적 단방향 보안게이트웨이, 산업용 네트워크 포트 이중화 장비 등을 자체 개발하여 국내·외에 시판

- 국가 주요 기반 시설에 대한 다양한 위협으로부터 제어망을 보호하기 위한 산업제어용 물리적 단방향 보안게이트웨이 최초 상용화

- 기존의 단일 네트워크 회선(Port)으로만 구성 가능한 것을 스위치 또는 포트를 이중화하는 네트워크 포트 이중화 시스템(NPR)을 개발하여 무정지 시스템 환경으로 개선

☐ (포스코ICT) 안랩과 함께 스마트팩토리 보안 분야 공동사업 추진

- 안랩의 '운영기술(OT) 전용 보안 위협 탐지 센서' 솔루션으로 산업제어시스템 내 악성코드와 네트워크 보안 취약점 등 탐지 및 분석

- 포스코의 인공지능 기반 스마트팩토리 보안솔루션 '포쉴드(Poshield)'는 인공지능 기술의 일종의 머신러닝을 적용, 스마트팩토리 시스템에 내려지는 제어 명령 패턴을 스스로 학습한 뒤 외부 침입으로 의심되는 비정상적 명령이 내려지면 관리자에게 즉시 경고를 내려주는 보안솔루션

☐ (SK 인포섹) 특정 보안 장비나 단일 서비스 중심이 아니라, 공장 전반에 대해 보안 계획 수립·유지·관리를 지원하는 것을 특징으로 내세우며 스마트팩토리 보안사업을 위한 조직 설립

- SK 인포섹이 제공하는 사이버 방역 서비스는 생산·제조 공정을 고려한 기술적·관리적 보호 방안 수립, 보안솔루션 구축 및 운영, 취약점 진단·모의해킹·관제 등 예방·대응 활동 등 종합적인 보안 서비스를 갖춤

- 스마트팩토리 보안사업을 위한 조직을 2020년 하반기에 구성하고 전담 인력 280여 명 배치

다. 국내 연구개발 기관 및 동향

1) 연구개발 기관

[스마트제조용 보안시스템 기술개발 기관]

기관	소속	연구분야
한국생산기술연구원	지능형 생산시스템연구부	• 작업자 작업부하 정량화를 통한 생체 정보 기반 안전 디바이스, 센서 모듈 설계 및 미래 선도형 의료/복지기기 요소 기술 개발 • 생산시스템 특화 제품-공정-설비 데이터 관리/운영 및 서비스플랫폼 및 이기종 제조 장비의 통합인터페이스 기술개발
한국 전자 기술원	정보미디어연구센터	• 지능형 보안플랫폼 개발 • 상황인지·개인화 미디어 플랫폼 개발
한국전자통신연구원	정보보호 연구본부	• 해킹 공격 사전 예방을 위한 공격 그래프 기반 공격 경로 예측 및 보안성 평가 기술 • 사이버 위협의 보호 대상이 스스로 변이함으로써 공격 시도 자체를 어렵게 하는 사이버 자가 변이(Moving Target Defense) 기술 • 해킹에 의한 기기 위변조 및 비인가 접근을 차단하는 스마트 경량 사물인터넷(IoT) 기기용 보안기술

(2) 기관 기술개발 동향

☐ (두두아이티) MITRE ATT & CK ICS 기반의 스마트제조 사이버 위협 헌팅 및 방비 시스템 (2020-11-30 ~ 2022-11-29)
- P2V 기술을 활용하여 스마트공장의 사이버(컴퓨팅) 파트를 디지털 트윈으로 변환하는 기술개발
- 스마트공장의 물리 파트를 시뮬레이션 모델로 제작하는 도구 개발
- CALDERA와 디지털 트윈 간의 연동 기술개발

☐ (라온컨버전스) 스마트시티 안전을 위한 블록체인 기반 융합 보안시스템 개발 (2019-04-01~ 2020-12-31)
- 블록체인 기술이 적용된 시설물 제어 서버 시스템 개발
- 블록체인이 적용된 지역 관제 서버 시스템 개발
- 지진파 검출의 고도화를 위한 딥러닝 기술이 적용된 중앙 제어 서버 시스템 개발

☐ (부산대학교 산학협력단) 스마트공장 네트워크 인프라용 보안 칩 및 실시간 제어프로토콜 보안기술 개발 (2019/04/01 ~ 2022/12/31)
- 안전하고 신뢰할 수 있는 스마트공장 네트워크 인프라를 위한 TLS/제어프로토콜 전용 보안 칩과 실시간 제어프로토콜 보안기술, 장비/게이트웨이/서비스 간 end-to-end 보안기술 개발
- 수요 기업 현장에서 실증하여 기능/성능/보안성 검증 목표

☐ (한국인터넷진흥원) 5G 코어망에 대한 사이버 공격 피해를 예방하기 위한 지능형 탐지 및 대응 기술개발 (2019-04-01~2022-12-31)
- 5G 보안 위협 데이터베이스 구축 및 프로토콜 보안 취약점 동적 분석 자동화 연구(KAIST)
- 5G EN-DC 망 Control/User-Plane 사용자 세션 식별 기술 프로토타입 개발

☐ (한국전자통신연구원) 맞춤형 보안 서비스 제공을 위한 클라우드 기반 지능형 보안기술 개발(2016-04-01~2019-12-31)
- 클라우드 인프라 매니저 기능 고도화
- 클라우드 기반 지능형 보안 서비스 제공을 위한 사용자 관리 포털 시스템 고도화
- SDS 콘트롤러 기반 네트워크 트래픽 로드에 따른 동적 보안 서비스를 위한 표준 인터페이스 개발

4. 특허 동향

가. 특허동향 분석

(1) 연도별 출원동향

☐ 스마트제조용 보안시스템 기술의 지난 20년(2000년~2019년)간 출원동향[123]을 살펴보면 2000년대 초반부터 최근까지 관련 특허출원 건수가 꾸준히 증가하는 추세를 보임

■ 국가별로 살펴보면 미국이 가장 활발한 출원 활동을 보이는 것으로 나타났으며, 상대적으로 비중이 적긴 하나 일본, 유럽 및 한국도 유사한 추세의 출원 활동이 진행되고 있는 것으로 나타남

☐ 국가별 출원 비중을 살펴보면 미국이 전체의 52%의 출원 비중을 차지하고 있어, 최대 출원국으로 스마트제조용 보안시스템 분야를 리드하고 있는 것으로 나타났으며, 일본은 20%, 유럽은 18%, 한국은 10% 순으로 나타남

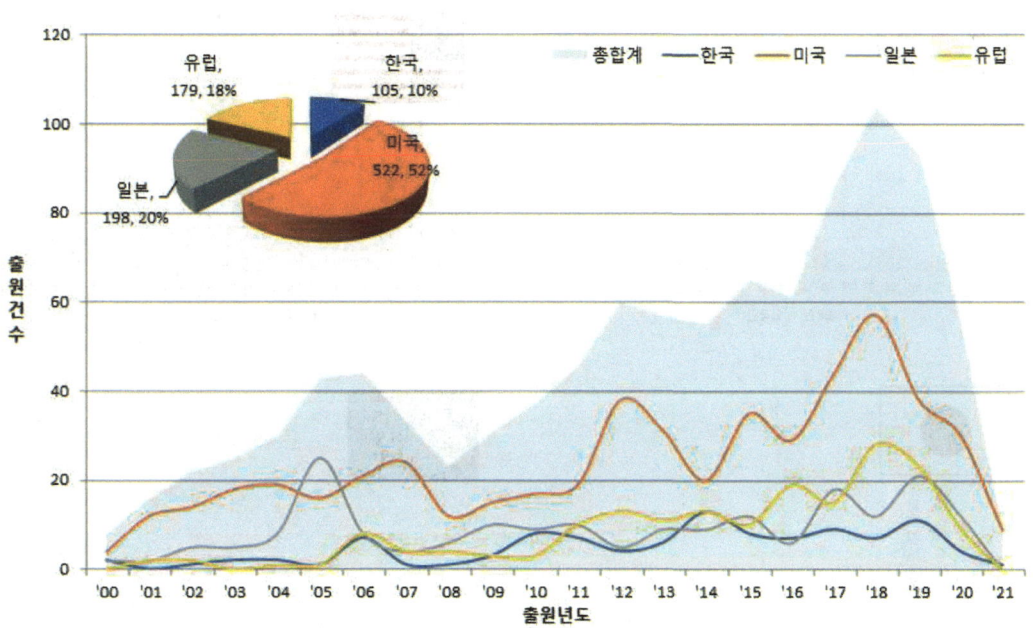

[연도별 출원동향]

---

[123] 특허출원 후 1년 6개월이 경과하여야 공개되는 특허제도의 특성상 실제 출원이 이루어졌으나 아직 공개되지 않은 미공개데이터가 존재하여 2020, 2021년 데이터가 적게 나타나는 것에 대하여 유의해야 함

(2) 국가별 내·외국인 출원현황

☐ 한국의 내외국인 출원현황을 살펴보면, 2000년대에는 외국인의 출원비중이 높게 나타났으나, 2010년대 이후에는 내국인의 출원비중이 높아지는 경향을 보이고 있어, 자국 국적 출원인의 주도로 기술개발이 진행되고 있는 것으로 분석됨

☐ 미국의 경우, 스마트제조용 보안시스템 기술을 주도하고 있는 것으로 나타났으며, 2000년대 초반부터 최근까지 외국인의 출원 비중이 낮은 것으로 나타나, 자국민의 기술개발 활동이 활발하게 진행되고 있는 것으로 분석됨

☐ 일본의 내외국인 출원현황은, 2000년대 초반부터 최근까지 내국인의 출원 활동이 활발한 것으로 조사되어, 해당 기술 분야에서 일본 시장에 대한 관심도가 높지 않은 것으로 나타남

☐ 유럽의 경우, 2000년대 초반부터 최근까지 내국인의 출원 활동이 활발하지 않은 것으로 조사되어, 해외 기업의 진출 가능성이 높은 것으로 나타남

[국가별 출원현황]

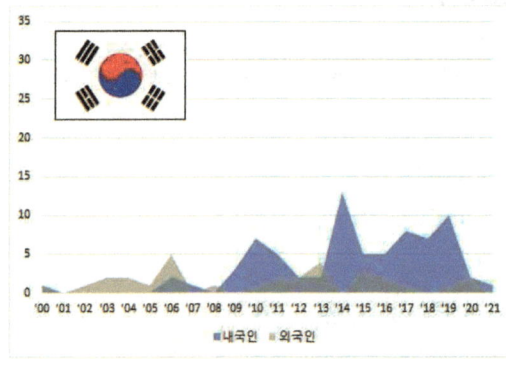
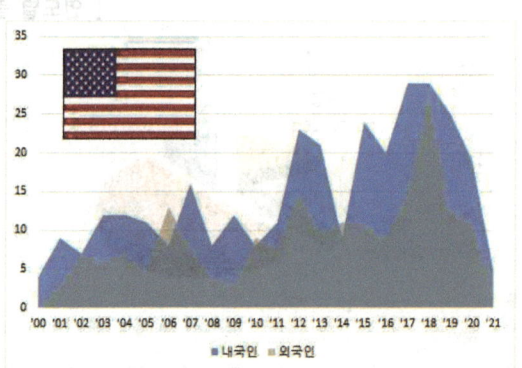
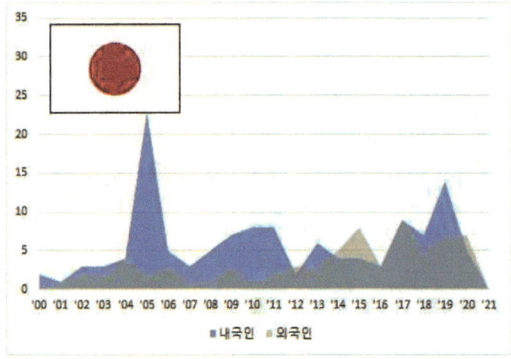
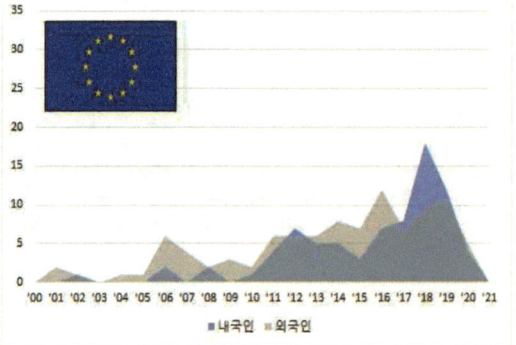

나. 주요 기술 키워드 분석

(1) 기술개발 동향 변화 분석

☐ 스마트제조용 보안시스템 기술에 대한 구간별 기술 키워드 분석을 진행하였으며, 전체 분석구간에서 Industrial Control, Private Key, Public Key, Industrial Device 등 스마트제조용 보안시스템 관련 기술 키워드들이 다수 도출됨

- 최근 분석구간에 대한 기술 키워드 분석 결과, 최근 1구간에는 Industrial Control, Control Module, Electronic Device, Response Datagram 등의 키워드가 도출되었으며, 2구간에서는 Industrial Control, Public Key, Electronic Device, Private Key 등 1구간의 주요 키워드와 유사한 키워드가 도출됨

[특허 키워드 변화로 본 기술개발 동향 변화]

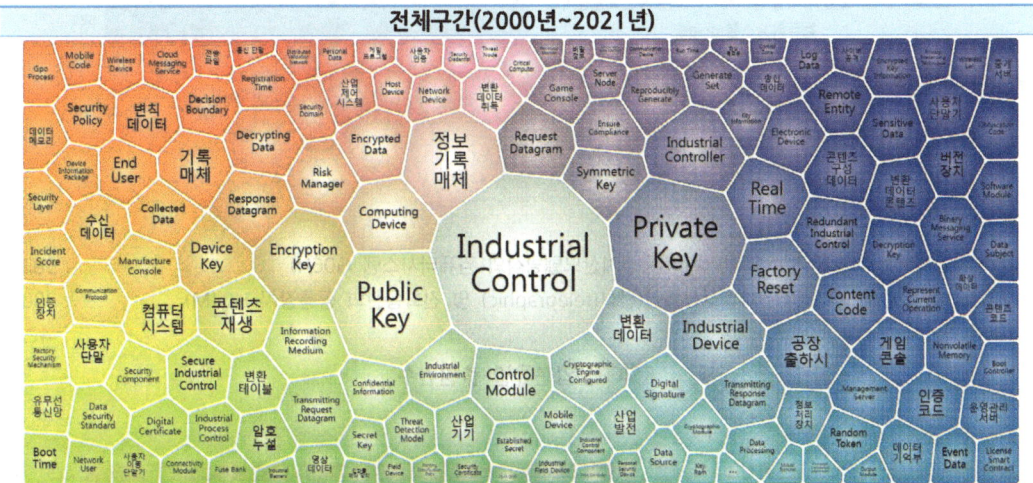

- Industrial Control, Private Key, Public Key, 정보 기록 매체, Industrial Device, Encryption Key, Industrial Controller, Control Module, Computing Device, Factory Reset, Information Recording Medium, Symmetric Key, 변환 데이터, Response Datagram

- Industrial Control, Control Module, Electronic Device, Response Datagram, Factory Reset, Redundant Industrial Control, Transmitting Request Datagram, Request Datagram, Transmitting Response Datagram

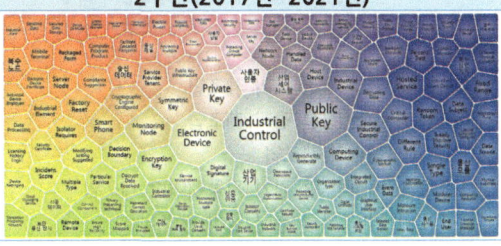

- Industrial Control, Public Key, Electronic Device, Private Key, Computing Device, Monitoring Node, Industrial Device, 산업 기기, Symmetric Key, Secure Industrial Control, Encryption Key, 산업 제어 시스템, Reproducibly Generate

(2) 기술-산업 현황분석[124]

☐ 스마트제조용 보안시스템 기술에 대한 Subclass 기준 IPC 분류결과, 전기에 의한 디지털 데이터처리(G06F) 및 디지털 정보의 전송, 예. 전신통신(H04L)으로 다수의 특허가 분류되는 것으로 조사됨

☐ KSIC 산업분류 결과, 다수의 특허가 기타 주변 기기 제조업 산업으로 분류되는 것으로 조사됨

[기술-산업분류 분석]

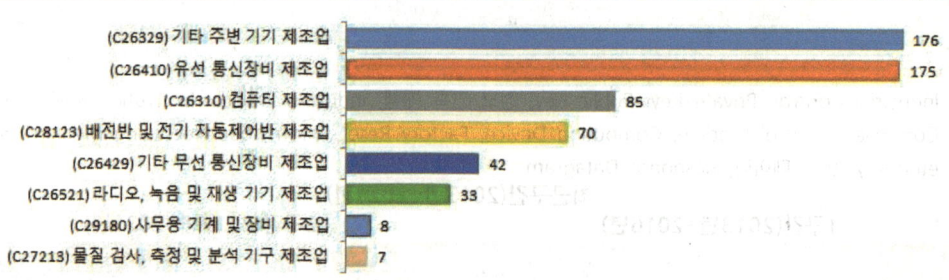

▪ (G06F) 전기에 의한 디지털 데이터처리(특정계산모델방식의 컴퓨터시스템 G06N)	582
▪ (H04L) 디지털 정보의 전송, 예. 전신통신(전신(telegraphic) 및 전화통신의 공통장치 H04M)	380
▪ (H04W) 무선통신 네트워크	42

▪ (C26329) 기타 주변 기기 제조업	176
▪ (C26410) 유선 통신 장비 제조업	175
▪ (C26310) 컴퓨터 제조업	85
▪ (C28123) 배전반 및 전기 자동제어반 제조업	70
▪ (C26429) 기타 무선 통신 장비 제조업	42

---

124) 해당제품 특허데이터를 대상으로 윕스 보유 기술·산업·시장 동향 분석 플랫폼 'Build' 활용

다. 주요 출원인 분석

☐ 스마트제조용 보안시스템 기술의 전체 주요 출원인(Top 5)을 살펴보면, 주로 미국 국적의 출원인이 다수 포함되어 있는 것으로 나타났으며, 제1 출원인으로는 미국의 ROCKWELL AUTOMATION TECHNOLOGIES인 것으로 나타남

- ROCKWELL AUTOMATION TECHNOLOGIES는 미국의 산업 자동화 기업으로, 아키텍처 및 소프트웨어, 제어 제품 및 솔루션이라는 2가지 부문을 통해 사업을 운영함

☐ 스마트제조용 보안시스템 기술 관련 국내 주요 출원인으로 중앙대학교 및 주식회사 유비즈코아가 도출되었으며, 한국 다음으로 미국에 출원을 진행한 것으로 나타남

[주요 출원인 동향]

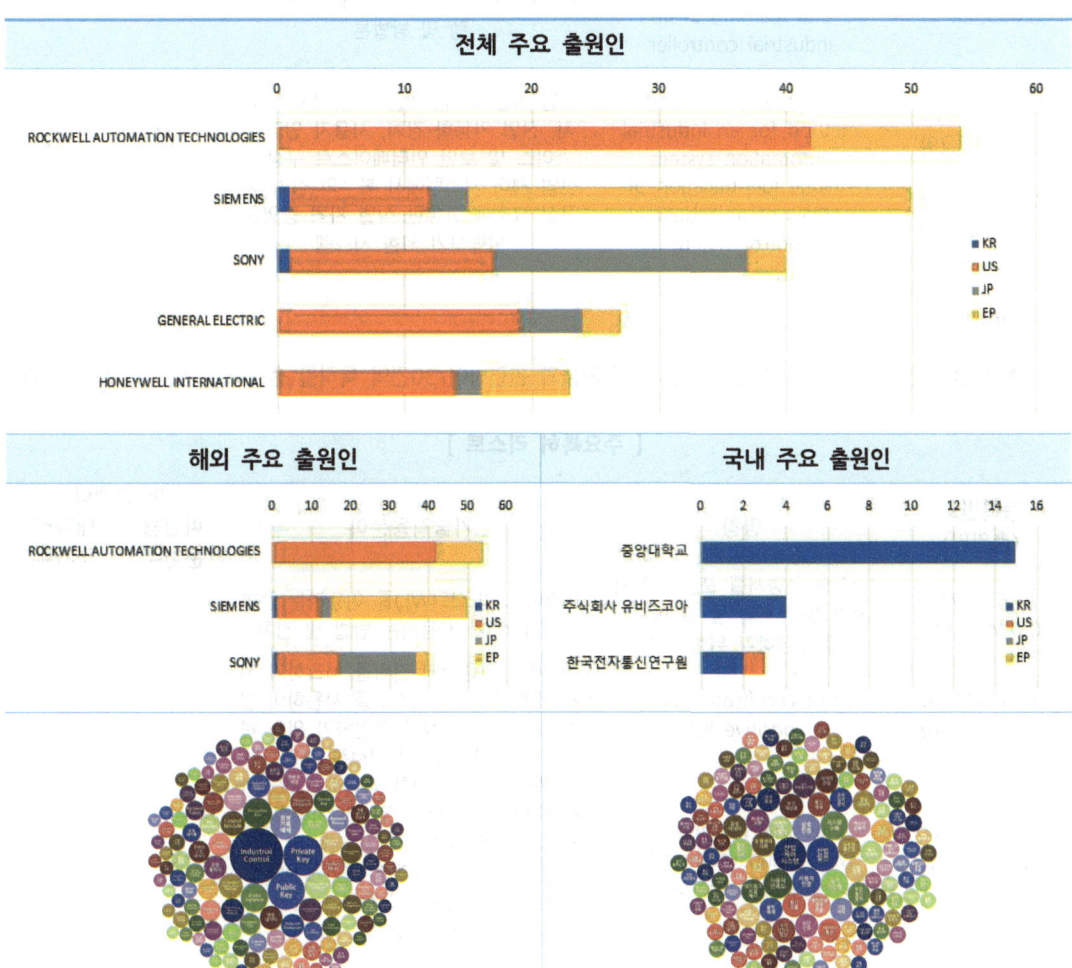

- Industrial Control, Private Key, Public Key, 정보 기록 매체, Encryption Key, Digital Signature, Industrial Device, Computing Device, Control Module, Information Recording Medium
- 산업 제어 시스템, 산업 발전, 사용자 인증, 상호 인증, 사용자 만족도, 시스템 구축, 국가 기간망, 사용자 이동 단말기, 운영관리 서버, 유무선 통신망, 중개 서버, 산업 기기, 보안 재인증, 통신 채널

(1) 해외 주요 출원인 주요 특허 분석[125]

☐ ROCKWELL AUTOMATION TECHNOLOGIES

- 미국 기업으로, 스마트제조용 보안시스템 기술과 관련하여 54건의 특허를 출원하고 있는 것으로 조사됨

[주요특허 리스트]

등록번호 (출원일)	명칭	기술적용분야	IP 경쟁력	
			피인용 문헌수	패밀리 국가수
US 8909926 (2003.09.12)	System and methodology providing automation security analysis, validation, and learning in an industrial controller environment	네트워크 기반 산업용 컨트롤러 환경에서 자동화 보안을 용이하게 하는 시스템 및 방법론	356	2
US 7530113 (2004.07.29)	Security system and method for an industrial automation system	산업 자동화 시스템은 보안 액세스 장치, 산업 자동화 장치, 사용자 인터페이스 및 보안 인터페이스로 구성	152	3
US 8327130 (2007.09.25)	Unique identification of entities of an industrial control system	산업 제어 시스템에서 복수의 장치 및 구성 요소에 고유한 식별 자격 증명을 발행하기 위한 시스템	118	1

☐ SIEMENS

- 유럽 기업으로, 스마트제조용 보안시스템 기술과 관련하여 50건의 특허를 출원하고 있는 것으로 조사됨

[주요특허 리스트]

등록번호 (출원일)	명칭	기술적용분야	IP 경쟁력	
			피인용 문헌수	패밀리 국가수
JP 6351742 (2014.12.08)	기기의 증명서를 포함한 메시지의 생성 방법 및 그 메시지를 생성하기 위한 장치	포지티브 리스트(WL)를 이용하는 증명서(ZERT)를 사용하는 방법 및 장치	1	8
US 10911432 (2014.12.08)	Use of certificates using a positive list	인증서는 인증서의 진위를 체크하기 위한 서명 및 긍정 리스트를 사용하여 인증서의 허용가능성을 확인하기 위한 하나의 허용가능성 정보를 가짐	1	8
US 9124581 (2013.01.11)	Industrial automation system and method for safeguarding the system	자동화 시스템에 대한 액세스를 요청하는 유닛에 할당되고 유닛과 자동화 시스템의 지문 결정 구성요소 간의 통신의 하나 이상 매개변수를 기반으로 하는 디지털 지문을 포함하는 산업 자동화 시스템	4	4

---

125) 최근 출원특허 중, 등록특허를 기준으로 피인용문헌수 및 패밀리 국가수가 큰 특허를 주요특허로 도출

☐ SONY
- 일본 기업으로, 스마트제조용 보안시스템 기술과 관련하여 40건의 특허를 출원하고 있는 것으로 조사됨

[주요특허 리스트]

등록번호 (출원일)	명칭	기술적용분야	IP 경쟁력	
			피인용 문헌수	패밀리 국가수
US 8332950 (2006.03.01)	Disc manufacturing method, data recording apparatus, information recording medium, information processing apparatus and method, and computer program	계산된 암호화된 볼륨 ID 제품 마크에 기초하여 생성된 값과, 제조하고자 하는 디스크 세트에 대한 식별자 세트인 볼륨 ID가 생성	32	3
US 8185732 (2007.01.25)	Information processing apparatus, information recording medium manufacturing apparatus, information recording medium, information processing method, information recording medium manufacturing method, and computer program	정보 처리 장치는 정보 기록 매체에 기록된 데이터 처리 프로그램을 포함하는 콘텐츠 코드를 획득하고 콘텐츠 코드에 따라 데이터 처리를 실행하는 데이터 처리 유닛; 및 정보 처리 장치의 장치 식별자를 포함하는 장치 증명서를 저장하는 메모리를 포함	30	4
US 7730304 (2004.06.30)	Device authentication information installation system	장치 인증 정보는 그대로 암호화된 상태로 CE 장치(9)에 공급되므로, 장치 인증 정보는 높은 안전성으로 저장	27	5

(2) 국내 주요출원인 주요 특허 분석[126]

☐ 중앙대학교
- 스마트제조용 보안시스템 기술과 관련하여 한국을 위주로 15건의 특허를 출원하고 있는 것으로 조사됨

[주요특허 리스트]

공개번호 (출원일)	명칭	기술적용분야	IP 경쟁력	
			피인용 문헌수	패밀리 국가수
KR2021-0078313 (2019.12.18)	에너지 데이터 도난 유출을 막기 위한 에너지 딥러닝 산업보안시스템	홈 스마트 기기들로부터 수집된 에너지 데이터 정보를 도난을 방지하고 간단한 알고리즘을 통해 에너지 도난을 탐지	0	1
KR2021-0078306 (2019.12.18)	산업정보 침입 방지를 위한 암호 지급방식 산업보안시스템	실시간 암호화로 인하여 산업정보 침입을 방지	0	1
KR2020-0081750 (2018.12.28)	산업기술정보의 분산저장을 통한 무결성 보장 보안관리 적용 시스템	산업기술정보를 중요도에 따라 등급을 구분하여 저장하고, 정보의 기본 구성요소들을 추출하여 일정 단위로 묶어 블록에 저장	0	1

---

126) 최근 출원특허 중, 등록특허를 기준으로 피인용문헌수 및 패밀리 국가수가 큰 특허를 주요특허로 도출

주식회사 유비즈코아

- 스마트제조용 보안시스템 기술과 관련하여 한국을 위주로 4건의 특허를 출원하고 있는 것으로 조사됨

[주요특허 리스트]

등록번호 (출원일)	명칭	기술적용분야	IP 경쟁력	
			피인용 문헌수	패밀리 국가수
KR 1018470 (2010.07.03)	바이너리 cdma 통신망 상의 보안 인증 시스템 및 그 구동 방법	Binary CDMA 기술과 ARIA 기술이 접목된 무선 통신 보안 기술	1	1
KR 1236894 (2010.11.11)	유무선 통신망 상의 상호보안 인증 시스템 및 그 인증 방법	사용자 이동 단말기를 소지한 사용자의 개인신상 정보 유출을 방지	0	1
KR 1026647 (2010.07.26)	통신 보안시스템 및 그 방법과 이에 적용되는 키 유도 암호알고리즘	사용자 단말기와 운영관리 서버 각기 생성된 트래픽 보호 안정키의 일치 여부에 따라 통신 보안을 실시	0	1

한국전자통신연구원

- 스마트제조용 보안시스템 기술과 관련하여 한국과 미국을 위주로 3건의 특허를 출원하고 있는 것으로 조사됨

[주요특허 리스트]

등록/공개번호 (출원일)	명칭	기술적용분야	IP 경쟁력	
			피인용 문헌수	패밀리 국가수
KR 1893518 (2016.10.28)	제어 시스템의 업데이트 관리 장치, 업데이트 검증 장치 및 그 방법(update management apparatus of industry control system, apparatus and method for update verification)	무결성 검증이 완료된 업데이트용 파일을 최종 업데이트용 파일로 생성하는 업데이트용 파일 생성부를 포함	1	2
US 11144644 (2017.10.24)	Update management apparatus of industry control system, apparatus and method for update verification	제어 시스템의 업데이트 관리 장치 및 업데이트 검증 장치 및 방법	1	2
KR 2021-0063049 (2019.11.22)	산업 제어 시스템을 위한 위험도 산출 방법 및 이를 위한 장치(method for calculating risk for industrial control system and apparatus using the same)	타겟 산업 제어 시스템의 운영자 모듈로 타겟화된 위험도를 제공	0	2

라. 기술진입장벽 분석

(1) 기술 집중력 분석127)

☐ 스마트제조용 보안시스템 관련 기술에 대한 시장관점의 기술독점 현황분석을 위해 집중률 지수(CRn) 분석 결과, 상위 4개 기업의 시장점유율이 17.0으로 독과점 정도가 낮은 수준으로 분석되어 주요 출원인들에 의한 기술 집중화 정도가 거의 없는 시장으로 판단됨. 즉, 스마트제조용 보안시스템 기술은 제품 구매자가 우위에 있는 기술 분야로 기업들 간의 경쟁 강도가 높고, 시장 진입 용이성이 높은 것으로 분석됨

☐ 국내 시장에서 중소기업의 점유율 분석결과 40.0으로 스마트제조용 보안시스템 기술에서 중소기업의 점유율은 높은 것으로 분석되고, 국내 시장에서 중소기업의 진입장벽은 높지 않은 것으로 판단됨

[주요출원인 및 한국 중소기업 집중력 분석]

	주요출원인	출원건수	특허점유율	CRn	n
주요 출원인 집중력	ROCKWELL AUTOMATION TECHNOLOGIES(미국)	54	5.4%	5.4	1
	SIEMENS(독일)	50	5.0%	10.4	2
	SONY(일본)	40	4.0%	14.3	3
	GENERAL ELECTRIC(미국)	27	2.7%	17.0	4
	HONEYWELL INTERNATIONAL(미국)	23	2.3%	19.3	5
	BEDROCK AUTOMATION PLATFORMS(미국)	22	2.2%	21.5	6
	INTERNATIONAL BUSINESS MACHINES(미국)	21	2.1%	23.6	7
	INTEL(미국)	19	1.9%	25.5	8
	중앙대학교(한국)	15	1.5%	27.0	9
	MITSUBISHI ELECTRIC(일본)	14	1.4%	28.4	10
	전체	1,004	100%	CR4=17.0	
	출원인 구분	출원건수	특허점유율	CRn	n
국내시장 중소기업 집중력	중소기업(개인)	42	40.0%	40.0	중소기업
	대기업	6	5.7%		
	연구기관/대학	27	25.7%		
	기타(외국인)	30	28.6%		
	전체	105	100%	CR중소기업=40.0	

---

127) 상위 몇 개 기업의 특허점유율을 합한 것으로, 특허동향조사에서는 통상 CR4를 사용하며, CRn값이 0에 가까울수록 시장 독과점 수준이 낮은 것을 의미하고, CR4 값이 40에서 60일 경우(CR1 지수는 50 이상일 경우, CR2 또는 CR3 지수는 75 이상일 경우) 시장의 독과점 수준이 높은 것으로 해석됨
CRn(집중률지수, Concentration Ratio n) = (1위 출원인의 특허점유율) + ... + (n위 출원인의 특허점유율)

(2) IP 경쟁력 분석128)

- 스마트제조용 보안시스템 기술의 주요출원인들의 IP 경쟁력 분석결과, ROCKWELL AUTOMATION TECHNOLOGIES의 기술영향력이 가장 높고 BEDROCK AUTOMATION PLATFORMS의 시장확보력이 가장 높은 것으로 분석됨
    - ROCKWELL AUTOMATION TECHNOLOGIES : 영향력지수(PII) 3.34 / 시장확보력(PFS) 0.68
    - BEDROCK AUTOMATION PLATFORMS : 영향력지수(PII) 0.75 / 시장확보력(PFS) 3.68

- 1사분면으로 도출된 의 특허가 시장확보력 및 질적 수준이 높은 특허로, 기술적 파급력과 상업적 가치가 큰 것으로 해석됨

[주요출원인 IP 경쟁력 분석]

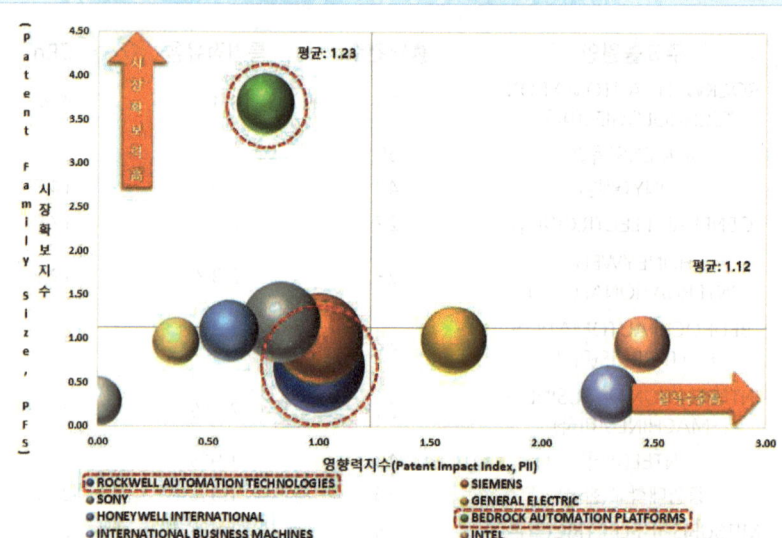

ROCKWELL AUTOMATION TECHNOLOGIES	• (US 8909926) System and methodology providing automation security analysis, validation, and learning in an industrial controller environment • (US 7530113) Security system and method for an industrial automation system
BEDROCK AUTOMATION PLATFORMS	• (US 9467297) Industrial control system redundant communications/control modules authentication • (US 11144630) Image capture devices for a secure industrial control system

* **영향력지수(Patent Impact Index, PII)**: 다른 경쟁주체의 기술수준이 고려된 특정 주체의 '상대적' 기술적 중요도 또는 혁신성과의 가치 정보가 포함된 기술수준으로, 특허의 피인용 횟수를 특정 기술분야 내에서의 상대적인 값으로 환산시킨 지수임

* **시장확보지수(Patent Family Size, PFS)**: 특정 주체가 특정 기술분야에서 소수의 특정 국가에서만 시장확보를 하고자 하는지 아니면 다수의 세계 주요 국가들에서 시장확보를 하고자 하는지에 대한 분석으로, PFS가 높은 특허는 그만큼 상업적 가치가 큰 기술에 대한 특허인 것으로 해석될 수 있으며, PFS가 높은 출원인은 세계 여러 국가에서 사업을 하고 있는 출원인인 것으로 해석될 수 있음(2020 공공 R&D 특허기술동향조사 가이드라인, 한국특허전략개발원)

* **버블크기** : 출원 특허 건 수 비례

---

128) PFS = 특정 주체의 평균 패밀리 국가 수 / 전체 평균 패밀리 국가 수
PII = 특정 주체 보유특허의 피인용도[CPP] / 전체 유효특허의 피인용도

5. 요소기술 도출

가. 특허 기반 토픽 도출

☐ 1,004개의 특허의 내용을 분석하여 구성 성분이 유사한 것끼리 클러스터링을 시도하여 대표성이 있는 토픽을 도출

[스마트제조용 보안시스템에 대한 토픽 클러스터링 결과]

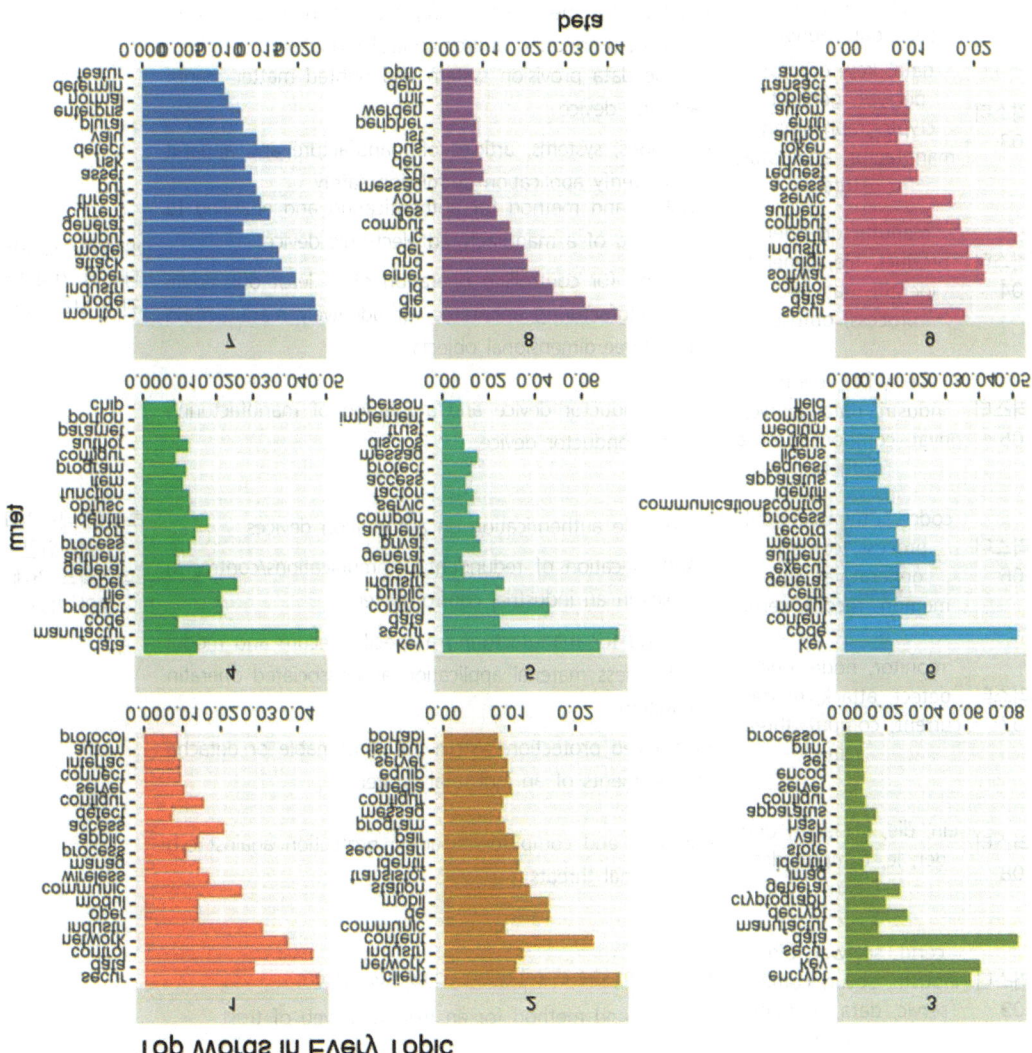

나. LDA[129] 클러스터링 기반 요소기술 도출

【 LDA 클러스터링 기반 요소기술 키워드 도출 】

No.	상위 키워드	대표적 관련 특허	요소기술 후보
클러스터 01	secur, control, network, industri, data, communic, access, wireless, configur, manag	• System and methodology providing automation security analysis • validation, and learning in an industrial controller environment	업무 프로세스별 보안 위협요소 및 취약점 대응관련 보안 기술
클러스터 02	client, content, de, mobil, station, industri, transistor, identif, secondari, network	• Physically non-clonable function device with transistors, and method for manufacturing same • Method for the secure configuration and usage of a system of monitoring and/or control modules	데이터 및 사용자 실시간 모니터링 기술
클러스터 03	data, key, encrypt, decrypt, generat, cryptograph, imag, manufactur, apparatus, store	• Image data provision system and printed matter manufacturing device • Methods, systems, articles of manufacture and apparatus to verify application permission safety	-
클러스터 04	manufactur, oper, product, file, generat, identifi, data, port, process, obfusc	• System and method for authenticating and enabling functioning of a manufactured electronic device • Method for controlling operation of at least one additive manufacturing apparatus for additively manufacturing of three-dimensional objects	DB/클라우드 기반 데이터 저장 및 관리 보호 기술
클러스터 05	secur, key, control, industri, data, public, privat, compon, messag, authent	• Semiconductor device and a method of manufacturing a semiconductor device	-
클러스터 06	code, authent, modul, process, content, generat, execut, memori, record, certif	• Rapid file authentication on automation devices • Authentication of redundant communications/control modules in an industrial control system	초분산 네트워크 연계를 위한 네트워크 경계 보안 기술
클러스터 07	monitor, node, oper, detect, attack, model, current, comput, threat, valu	• Method for manufacturing a specific secure and modular business material application and associated operating system • Advanced protection system for consumable or detachable elements of an industrial printer	-
클러스터 08	ein, die, id, einer, und, der, ic, comput, des, von	• Method and computer including protection against cyber criminal threats	-
클러스터 09	certif, softwar, digit, industri, secur, comput, servic, data, authent, request	• Digital media distribution computer system • System and method for an extended web of trust	-

---

129) Latent Dirichlet Allocation

다. 특허 분류체계 기반 요소기술 도출

☐ 스마트제조용 보안시스템 관련 특허에서 총 3개의 주요 IPC코드(메인그룹)를 산출하였으며, 각 그룹의 정의를 기반으로 요소기술 키워드를 아래와 같이 도출

[IPC 분류체계에 기반한 요소기술 도출]

IPC 기술트리		요소기술 후보
(서브클래스) 내용	(메인그룹) 내용	
(G06F) 전기에 의한 디지털 데이터처리	• (G06F-021) 부정행위로부터 프로그램 또는 데이터, 그 컴퓨터 부품을 보호하기 위한 보안 장치	업무 프로세스별 보안 위협요소 및 취약점 대응관련 보안 기술
(H04L) 디지털 정보의 전송, 예. 전신통신	• (H04L-009) 비밀 또는 보안통신을 위한 배치	무선 네트워크 보안 기술, 초분산 네트워크 연계를 위한 네트워크 경계 보안 기술
(H04W) 무선 통신 네트워크	• (H04W-012) 보안 장치; 인증; 프라이버시 또는 익명성 보호	DB/클라우드 기반 데이터 저장 및 관리 보호 기술

라. 최종 요소기술 도출

☐ 산업·시장 분석, 기술(특허)분석, 전문가 의견, 타부처 로드맵, 중소기업 기술수요를 바탕으로 로드맵 기획을 위하여 요소기술 도출

☐ 요소기술을 대상으로 전문가를 통해 기술의 범위, 요소기술 간 중복성 등을 조정·검토하여 최종 요소기술명 확정

[스마트제조용 보안시스템 분야 요소기술 도출]

요소기술	출처
초분산 네트워크 연계를 위한 네트워크 경계 보안 기술	특허 클러스터링, IPC 기술체계, 전문가추천
DB/클라우드 기반 데이터 저장 및 관리 보호 기술	특허 클러스터링, IPC 기술체계, 전문가추천
업무 프로세스별 보안 위협요소 및 취약점 대응관련 보안 기술	특허 클러스터링, IPC 기술체계, 전문가추천
무선 네트워크 보안 기술	IPC 기술체계, 전문가추천
데이터 및 사용자 실시간 모니터링 기술	특허 클러스터링, 전문가추천
행위 프로파일링 기술	전문가추천

6. 전략제품 기술로드맵

가. 핵심기술 선정 절차

- 특허 분석을 통한 요소기술과 기술수요와 각종 문헌을 기반으로 한 요소기술, 전문가 추천 요소기술을 종합하여 요소기술을 도출한 후, 핵심기술 선정위원회의 평가과정 및 검토/보완을 거쳐 핵심기술 확정

- 핵심기술 선정 지표: 기술개발 시급성, 기술개발 파급성, 기술의 중요성 및 중소기업 적합성
  - 장기로드맵 전략제품의 경우, 기술개발 파급성 지표를 중장기 기술개발 파급성으로 대체

[핵심기술 선정 프로세스]

① 요소기술 도출	→	② 핵심기술 선정위원회 개최	→	③ 핵심기술 검토 및 보완	→	④ 핵심기술 확정
• 전략제품 현황 분석 • LDA 클러스터링 및 특허 IPC 분류체계 • 전문가 추천		• 전략분야별 핵심기술 선정위원의 평가를 종합하여 요소기술 중 핵심기술 선정		• 선정된 핵심기술에 대해서 중복성 검토 • 미흡한 전략제품에 대해서 핵심기술 보완		• 확정된 핵심기술을 대상으로 전략제품별 로드맵 구축 개시

나. 핵심기술 리스트

[스마트제조용 보안시스템 분야 핵심기술]

핵심기술	개요
5G 이동통신 MEC (Mobile Edge Computing) 연계 스마트제조 보안 기술	• MEC 내에 공장의 제어시스템, 제어단말, 주요 기기 등에 대한 접근통제 서비스 제공 • 기기에 대한 접근 이력, 제어명령 등의 로그를 저장 • 접근기록 등의 분석을 통한 보안통제 기술
외부 연계 보안강화를 고려한 고신뢰 네트워크 접속제어 기술	• 폐쇄망인 스마트제조망에서 외부 연계가 이뤄지는 경우, 인터넷, 이동통신망 등 공중통신망을 경유하여도 논리적으로 분리된 네트워크 구성으로 안전하게 정보를 전달할 수 있는 폐쇄 그룹 보안통신이 가능하도록 해주는 고신뢰 하드웨어 기반 네트워크 접속제어 기술
클라우드 기반 스마트제조 보안플랫폼 기술	• 제조현장에 적합한 보급형 스마트제조를 지원하면서 다양한 보안 위협에 대응할 수 있게 해주는 클라우드 서비스 기반의『스마트제조 보안 플랫폼』구축 기술
스마트제조 보안 위협요소 및 취약점 분석·대응 기술	• ICT 환경에서 가능했던 다양한 침해 위협이 스마트제조업 분야 환경에서 어떻게 나타날 수 있는지 분석하고, 이러한 침해 위협에 기반하여 침해사고 탐지를 위해 필요한 정보 수집 및 분석 기술, 침입 및 위협 탐지 기술과 발생한 침해 사고에 대응하기 위한 침입 차단, 제거 및 복구 기술 그리고 침해 원인분석 기술

다. 중소기업 기술개발 전략

- ☐ 중소제조기업에 적합한 보급형 보안 핵심기술과 관리체계의 개발
- ☐ 업무 프로세스별 보안 모니터링을 위한 설비 시스템 및 네트워크 상태 분석에 대한 연구개발
- ☐ 제어 프로세스 트랜잭션 추적기반의 능동적 공격 위협 탐지 기술 개발 필요

라. 기술개발 로드맵

(1) 중기 기술개발 로드맵

[스마트제조용 보안시스템 기술개발 로드맵]

스마트제조용 보안시스템	보급형 보안 핵심기술과 관리체계 개발			최종 목표
	2022년	2023년	2024년	
5G 이동통신 MEC (Mobile Edge Computing) 연계 스마트제조 보안 기술			→	5G MEC 기반 산업용 기기 및 단말 접근 통제 기술 개발
외부 연계 보안강화를 고려한 고신뢰 네트워크 접속제어 기술			→	공중통신망을 경유하여 폐쇄 그룹 보안통신을 실시할 노드 탐색과 경로 설정 및 암호화된 통신이 가능한 고신뢰 하드웨어 기반 네트워크 접속제어 플랫폼 개발
클라우드 기반 스마트제조 보안플랫폼 기술			→	중소 제조업용 클라우드 기반 스마트팩토리 보안플랫폼 개발
스마트제조 보안 위협요소 및 취약점 분석·대응 기술			→	중소형 제조기업 대상 제어보안 침해사고 탐지 및 대응 플랫폼 개발

(2) 기술개발 목표

☐ 최종 중소기업 기술로드맵은 기술/시장 니즈, 연차별 개발계획, 최종목표 등을 제시함으로써 중소기업의 기술개발 방향성을 제시

[스마트제조용 보안시스템 핵심요소기술 연구목표]

핵심기술	기술요구 사항	연차별 개발목표			최종목표	연계R&D 유형
		1차년도	2차년도	3차년도		
5G 이동통신 MEC (Mobile Edge Computing) 연계 스마트 제조 보안 기술	접근통제 정확도	MEC 내에 공장의 제어시스템, 제어단말, 주요 기기 등에 대한 접근통제 서비스 제공	기기에 대한 접근 이력, 제어명령 등의 로그를 저장	접근기록 등의 분석을 통한 보안통제	5G MEC기반 산업용 기기 및 단말 접근 통제 기술 개발	상용화
외부 연계 보안강화를 고려한 고신뢰 네트워크 접속제어 기술	네트워크 보안성	안전하지 않은 망(공중통신망)을 통해서도 분류된 정보를 안전하게 전달하는 기술	소프트웨어 기반의 네트워크 노드 접속 기술	네트워크 노드 구성 관리 소프트웨어 기술	공중통신망을 경유하여 폐쇄 그룹 보안통신을 실시할 노드 탐색과 경로 설정 및 암호화된 통신이 가능한 고신뢰 하드웨어 기반 네트워크 접속제어 플랫폼 개발	상용화
클라우드 기반 스마트제조 보안플랫폼 기술	클라우드 서비스	스마트 팩토리 보안 플랫폼 개발을 위한 보안 원천기술 개발	중소·중견 제조업용 클라우드 기반 스마트 팩토리를 위한 보안 플랫폼 개발	스마트팩토리 보안 플랫폼 표준화 추진 및 실증을 위한 시범사업 실시	중소 제조업용 클라우드 기반 스마트팩토리 보안플랫폼 개발	기술혁신
스마트제조 보안 위협요소 및 취약점 분석·대응 기술	침해탐지·분석	국내외 선진 기술 동향 연구, 중소기업 보안 실태 조사, 제어보안 침해사고 탐지 및 대응 플랫폼 설계	제어보안 침해사고 탐지 및 대응 플랫폼 개발, 중소기업 제어보안 가이드라인 작성 및 배포	개발 기술의 상용화 준비 및 실증	중소형 제조기업 대상 제어보안 침해사고 탐지 및 대응 플랫폼 개발	기술혁신

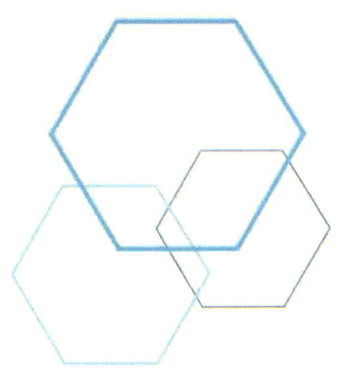

전략제품 현황분석

보급형 스마트팜 솔루션

보급형 스마트팜 솔루션

정의 및 범위

- 정보통신기술(ICT)을 활용해 원격으로, 자동으로 '시간과 공간의 제약 없이' 작물의 생육환경을 관측하고 최적의 상태로 관리하는 과학 기반의 농업방식
- 스마트팜은 농작물과 가축의 생육 정보와 환경정보 등에 대한 정확한 데이터를 기반으로 언제 어디서나 농작물과 가축의 생육환경을 점검하고, 적기 처방함으로써 노동력·에너지·양분 등을 종전보다 덜 투입하고도 농산물의 생산성과 품질 제고가 가능한 농업을 의미

전략제품 관련 동향

시장 현황 및 전망	제품 산업 특징
• (세계) 세계 스마트팜 시장은 2019년 106억 달러에서 2025년에 190억 달러로 연평균 10.1%로 성장할 것으로 전망 • (국내) 국내 스마트팜 시장 규모는 2019년 2조 1,064억 원에서 연평균 6.7% 성장하여 2025년 3조 1,083억 원 규모에 이를 전망	• 기상이변, 농지 감소 등으로 인해 작황이 어려운 경우가 발생, 안정적인 농산물 공급을 위해 실내형 스마트팜이 대안으로 제시됨 • 1인 가구의 증가, 소포장 농산물 선호, 신선 농수산물 당일배송 등으로 농산물 소비·구매 트렌드 변화에 따른 스마트팜 산업의 확대 • ICT 기술의 발전으로 농업 빅데이터를 활용한 농장 환경 개선으로 생산량 증가 및 고품질 농산물 생산 가능
정책 동향	**기술 동향**
• 정부는 스마트팜 확산 방안에 따라 경북 상주, 전북 김제를 포함한 4곳을 스마트팜 혁신 벨리로 선정하고 스마트팜 전문 시설과 인재를 육성 중 • 농식품부·과기정통부·농진청이 공동 기획한 스마트팜 패키지 혁신 기술 개발사업이 예비 타당성 조사를 통과, 데이터 기반의 지능형 의사결정을 통한 저투입·고효율의 안정적 농축산물 생산이 가능한 기술 연구에 돌입	• IoT 사물인터넷 기술을 활용하여 스마트팜 내부를 최적의 환경을 유지하며 실시간 피드백 시스템으로 외부 환경 변화에도 유연하게 대처하는 기술 개발 • 빅데이터/AI를 활용하여 복합 알고리즘 개발, 알고리즘은 스마트팜 모니터링 및 제어에 사용되며 농업생산 라이프사이클에 맞춰 학습하는 지능형 플랫폼 개발
핵심 플레이어	**핵심기술**
• (해외) Trimble, Fancom BV, RAVEN INDUSTRIES, SPREAD, Panasonic farm, ASO Farm Land, Plenty, Sungiao, INFARM, IBM • (대기업) KT, SK텔레콤, LG 유플러스 • (중소기업) 그린플러스, 미래원, 우듬지팜, 우성하이텍	• 수확 시스템 효율화 기술 • 병충해 및 재해 예측 기술 • 에너지 절감형 환경 최적화 기술 • 작물생육 정보 데이터베이스 구축 • 작물 생육 상태 자동 분석 시스템 • 품종 개량 및 조직 배양 기술

중소기업 기술개발 전략

➜ 농업 가치사슬 내 기업들과 타 산업 컨소시엄 등을 통한 적극적인 스마트팜 확대 필요
➜ 스마트팜 관련 통합시스템의 개발과 수출로 연계하기 위한 한국형 성공모델 구축
➜ 유통/판매 구조를 효율화하기 위해서는 입·출하 자동화 및 유통량 파악 등의 기술 개발이 필요

1. 개요

가. 정의 및 필요성

(1) 정의

☐ 정보통신기술(ICT)을 활용해 원격으로, 자동으로 '시간과 공간의 제약 없이' 작물의 생육환경을 관측하고 최적의 상태로 관리하는 과학 기반의 농업방식

- 스마트팜은 농작물과 가축의 생육 정보와 환경정보 등에 대한 정확한 데이터를 기반으로 언제 어디서나 농작물과 가축의 생육환경을 점검하고, 적기 처방함으로써 노동력·에너지·양분 등을 종전보다 덜 투입하고도 농산물의 생산성과 품질 제고가 가능한 농업을 의미
- 농작물 재배 시설의 온도·습도·이산화탄소·토양 등을 사물인터넷(IoT) 기술로 측정해 분석 결과에 따라 제어 장치를 구동하여 적절한 상태로 변화

☐ 스마트팜은 일반적으로 IoT, 빅데이터, AI, 자동화 시스템 및 로봇 기술들을 시설원예(비닐·유리 온실), 축사, 과수원 등에 접목하여 농작물과 가축의 생육환경 유지·관리를 원격 또는 자동으로 수행할 수 있는 지능화된 농장 형태가 존재

- 농업용의 플랜트 팜, 축산용의 애니멀 팜, 수산용의 아쿠아 팜을 모두 포함하기도 하지만, 본 로드맵에서 스마트팜은 농축산 분야로 한정

[스마트팜을 구성하는 ICT 기술과 개요도]

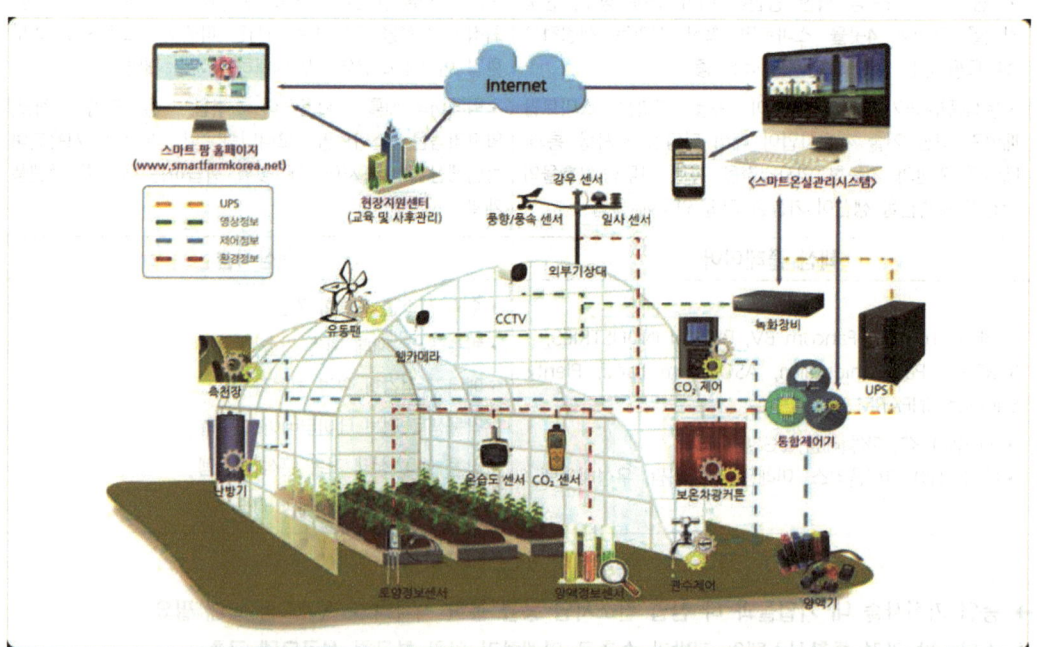

* 출처 : 농림수산식품교육문화정보원 제공, 2021

(2) 필요성

☐ 농·축산업 종사자 고령화로 인력 확보에 어려움을 겪는 농가가 증가하고 있음. 지속적인 인력난으로 농사를 중단하여 생산 면적 감소는 물론 품질 경쟁력 약화. 상대적으로 인력이 적게 필요한 스마트팜 방식의 농업이 주목받는 중

- '20년 기준, 농가는 103만 6천 가구, 농가 인구는 231만 7천 명으로 통계집계 이후 처음으로 전체인구에서 농가 인구가 5% 미만인 4.5% 수준인 것으로 나타남
- '20년 기준, 연령별 농가 인구는 50세 이상이 전체 농가 인구의 75.3%로 대다수가 50세 이상으로 조사됨

[국내 농가 인구 감소 추이]

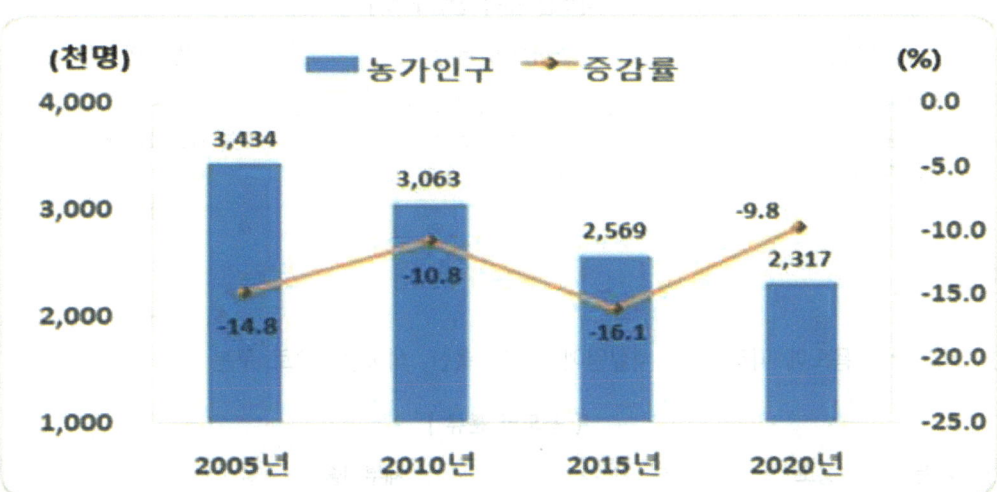

* 출처 : 지난해 농업 인구감소 및 고령화 더욱 '심화', 농축유통신문 2021

☐ 스마트팜은 ICT, 빅데이터, 인공지능 등의 첨단기술이 융합된 것으로 농업 분야에 청년 인구 유입에 기여할 뿐만 아니라 관련 기반 산업 활성화에도 도움

- (생산성 향상) 최적화된 생육환경 제공으로 투입재, 노동력 절감 가능
- (수출 확대) 통제된 첨단시설을 통해 연중 안정적 생산 및 바이어 요구 대응
- (일자리 창출) 전문재배사, 소프트웨어 개발자, 사물인터넷 서비스 기업 등 청년 일자리 창출
- (환경친화적) 병해충 질병·감소, 악취 관리, 불필요한 양분 공급 감소 등

나. 범위 및 분류

(1) 가치사슬

☐ 스마트팜의 가치사슬은 농산물 생산자를 중심으로 후방산업 및 전방산업으로 정리

- 스마트팜의 후방산업에는 농업 투입재 정보 관리, 농업용 ICT 자재 조달, 농자재(비료, 농약) 조달 등 존재
- 생산 영역은 생산자(농업경영체) 정보 관리, 스마트농장 운영, 농축산물 산출 활동 등이 있음
- 전방산업의 가치 활동에는 농산물 가공, 농산물 유통 등이 존재

[스마트팜 분야 산업구조]

후방산업	스마트팜 분야	전방산업
농업 투입재 정보 관리, 농업용 ICT 자재 조달, 농자재(비료, 농약 등)	생산자(농업경영체) 정보 관리, 스마트농장 운영, 농축산물 산출 활동	농산물 가공, 농산물 유통

(2) 용도별 분류

☐ 스마트팜은 용도에 따라 크게 시설원예, 과수, 축산, 식물공장으로 구분

[용도별 분류]

전략제품	용도	세부기술
스마트팜	시설원예 분야	• PC 또는 모바일을 통해 온실의 온습도, 이산화탄소 등을 모니터링하고 창문 개폐, 영양분 공급 등을 원격 자동으로 제어하여 재배하는 작물의 최적 생육환경을 유지 관리할 수 있는 농장
	과수 분야	• PC 또는 모바일을 통해 온습도, 기상 상황 등을 모니터링하고 원격으로 관수, 병해충 관리 등이 가능한 과수원
	축산분야	• PC 또는 모바일을 통해 온·습도 등 축사 환경을 모니터링하고 사료 및 물 공급 시기와 양을 원격 자동으로 제어할 수 있는 농장
	식물공장 (수직형 농장)	• 인공 구조물(온실, 건축물 등) 내에서 생육환경(빛, 공기, 열, 양분)을 인공적으로 제어하며 날씨나 계절 변화와 무관하게 공산품처럼 계획생산이 가능한 시스템 • 광원에 따라 ①인공광형 (완전제어형), ②자연광 병용형 (부분제어형)으로 구분되며, 완전제어형 식물공장을 수직형 농장으로 분류

2. 산업 및 시장 분석

가. 산업 분석

◎ 전 세계 식량 소비량 증가와 공급 불확실성 문제 대두

☐ USDA(2021)에 따르면 향후 10년간 세계 농산물 수요 및 무역 규모는 2030년까지 점진적으로 증가할 것으로 예상
- COVID-19로 인한 세계 무역 시스템 지연과 공급 불확실성으로 각국의 식량안보가 중요한 문제로 떠오름
- 반면, 신흥 개발도상국의 꾸준한 소득 증가세가 세계 농산물 수요의 지속적인 성장세를 이끌어갈 것으로 예상
- 대부분 개발도상국의 농산물에 대한 수요는 자국 내 생산 규모보다 매우 빠르게 성장할 것이며, 초과 수요 대부분을 자국 내에서 충족시키기 어려워 수입 의존도가 크게 증가하고 있는 실정
- 개발도상국들의 인구는 세계적으로 빠른 속도로 증가하고 있으며, 1인당 소득의 급격한 증가, 도시화, 인프라 및 식품 체인시스템(food chain system)의 향상, 현대식 식품시장에 대한 접근성 개선 등으로 인해 식품 소비패턴이 변화

◎ 산업 단지에서 발생하는 에너지를 스마트팜에 활용

☐ 스마트팜을 이용한 에너지신산업 창출도 기대
- 대단위 산업 단지에서는 냉각수로 사용되고 버려지는 대량의 폐열이 나오는 상황
- 냉각수는 대기와의 온도 차이로 인해 수증기를 발생시키고 기업들은 수증기로 인한 민원 과다
- 이러한 폐열을 히트펌프로 회수해 스마트팜에 활용한다면 민원 문제 해결은 물론 기업의 친환경 이미지 제고 가능
- 또한, 퇴직자들을 위한 재취업 플랜으로도 가능

◎ 국내 농축산물 소비 트렌드 변화

☐ 1인 가구의 증가, 소포장 농산물 선호, 신선 농수산물 당일배송 등으로 농산물 소비·구매 트렌드 변화
- 안전한 먹거리에 대한 인식이 높아지면서 가공식품 구매가 줄고, 유기농, 자연농 등에 대한 수요증가와 함께 신선식품에 대한 관심도도 함께 높아짐
- 구매 장소로 전통시장, 대형마트 줄고 온라인 급성장(연평균 24.4%, 구매액 기준)

◎ 완전 자동화 설비가 갖춰진 3세대 스마트팜 기술

☐ 1세대는 현재 선도 농가를 중심으로 보급·확산되고 있는 스마트팜 모델로 IT 기술을 접목

- 시설의 환경정보를 모니터링하고 농업인이 스마트폰을 활용해 시·공간적 제약받지 않고 직접 원격제어 하는 수준의 자동화 시설을 통해 농업생산의 편의성 대폭 확대

☐ 2세대는 빅데이터, AI, IoT 등 지능 정보기술을 활용하는 초보적인 데이터 기반 스마트팜 모델

- 현재 생육 정보 모니터링 등 핵심기술 중심으로 파일럿연구가 활발히 진행 중이며 향후 현장 실증, 핵심기술 고도화, 대상 작물·축종 확대 등의 현장 맞춤형 상용화 모델 확립 등 추가 기술개발이 요구
- 스마트팜 도입 농가 중 가장 큰 비중을 차지하고 있는 2세대 스마트팜 기술은 현재 가장 완성도가 높고 농가별 맞춤형으로 설비가 가능한 플랫폼 형태 기술

☐ 3세대는 신재생에너지+지능 정보기술+로봇 기술 등 첨단기술 간 융합을 통한 완전 무인화, 자동화된 스마트팜 모델

- 기존의 영농경험 및 기술, 노하우가 없어도 정확한 데이터를 기반으로 최소한의 노동력과 에너지, 자원을 투입, 더 높은 생산력과 고품질 농축산물 생산이 가능하게 하기 위한 원천기술 개발 및 실증이 필요한 기술

[3세대 스마트팜 기술 개요]

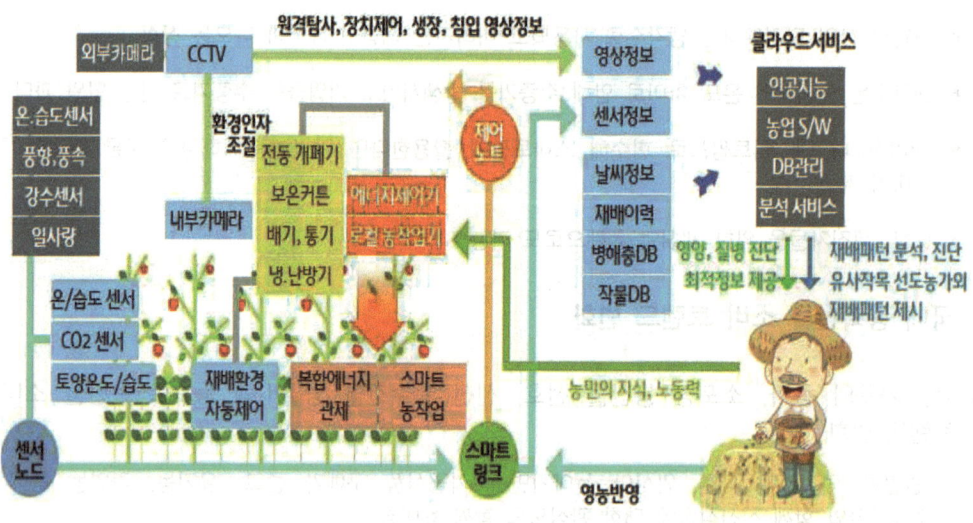

* 출처 : 국립농업과학원 스마트팜개발과 제공, 2021

[세계 스마트팜 시장규모 및 전망]

(단위 : 백만 달러, %)

구분	1세대	2세대	3세대
목표실현시기	현재	2025년	2030년
목표효과	편의성 향상	생산성 향상	지속가능성 향상
주요기능	원격 시설제어	정밀 생육관리	전주기 기능·자동관리
핵심정보	환경정보	환경정보, 생육정보	환경정보, 생육정보, 생산정보
핵심기술	통신기술	환경정보, 생육정보	통신기술, 빅데이터/AI, 로봇
의사결정/제어	사람	사람/컴퓨터	컴퓨터
대표예시	스마트폰 온실제어 시스템	데이터 기반 생육관리 소프트웨어	지능형 로봇공장

* 출처 : Kharn (2020) 농업현안 해결열쇠, 미래농업 '스마트팜' 주목, 2020

☐ 국내 스마트팜 기술은 벤처 기업이나 중소기업의 주도로 성장 중. 선진국에 비해 농업 관련 산업이 작지만 불안정한 농산물 공급과 가격 상승 등의 이슈로 스마트팜에 대한 관심이 증가하여 성장 가능성이 큼

- 국내 벤처 기업 엔씽은 컨테이너형 스마트팜을 개발 완료하여 상용화를 거쳐 보급 중
- 자체 기술로 핵심부품을 만든다고 해도 해외에 비해 국내 시장규모가 미미해 수익을 내기 어려운 구조이므로, 관련 기업들의 성공사례를 찾기 쉽지 않은 상황
- 최근 들어 정부가 스마트팜 확산에 적극적이고 KT·SKT·카카오 등 ICT 대기업들도 관련 제품과 서비스 개발이 늘고 있음

◎ IoT 기술과 농·축산업의 협력, 스마트팜

☐ 식량 소비량 증가와 농업 종사자 수 감소로 식량안보가 위협받는 상황, 적은 인력으로 농산물 생산량을 증가시키기 위해 IoT 기술을 활용한 스마트팜이 필수적

- 스마트팜의 확대는 농업 분야뿐만 아니라 ICT, 빅데이터, 인공지능 등 관련 산업 분야의 기술 개발도 촉진
- 생산·유통·소비 등 농·식품의 가치사슬(value-chain)에 ICT를 융·복합하여 생산의 정밀화, 유통의 지능화, 경영의 선진화 등 상품, 서비스, 공정 혁신 및 새로운 가치를 창출 가능

☐ 사물인터넷(IoT) 제품 다양화 및 인공지능(AI)의 발전에 따라, 향후 스마트팜에 새로운 기회가 창출될 것으로 예상

- 이미 유럽, 미국 등 농업 선진국에서는 농업의 단계마다 ICT 기술을 접목시키며 농축산물을 정밀하게 생산하는 것이 가능해짐
- 미국의 경우 농업의 현대화를 넘어 '미래화'를 추진하며 기존의 정보통신기술과 농업의 융합을 적극적으로 추진하고 있는데, 구글의 경우 농업에 대한 빅데이터를 수집해 종자, 비료, 농약 살포에 도움을 주는 인공지능 의사결정 지원시스템 기술개발 지원 중

[미국의 스마트팜 기업 에어로팜]

* 출처 : '농업계 애플' 스마트팜 기업 에어로팜, 스팩 통해 상장, Depth Report, 2021

☐ 농업과 첨단기술과의 결합 시도의 사례

- 인공지능(AI)과 드론, 사물인터넷(IoT) 등 첨단기술을 결합해 단위 면적당 생산성을 개선하는 '어그테크(AgTech·Agricultural Technology)'가 전 세계적으로 주목

- 전 세계 어그테크 스타트업과 투자자 정보를 제공하는 업체 어그펀더(Agfunder)와 LG경제연구원의 최근 자료를 보면, '10년 4억 달러에 불과했던 어그테크 투자 규모는 '17년 43억 달러(약 4조 8,600억 원)로 10배 이상 증가

- FBN(Farmers Business Network)은 농가로부터 수집된 방대한 데이터를 분석해 작물 종류와 파종·수확 시기 등에 관한 최적화된 정보를 제공. 최근 데이터 분석의 정밀도를 높이기 위해 드론과 인공위성 사진까지 접목, 드론 센서가 농작물을 모니터링하고 이를 통해 수확 시기를 파악하는 기술의 상용화 시도

- 시앤드스프레이(See&Spray)라는 이름의 AI 상추 로봇은 탑재된 카메라를 통해 상추 위치를 인식하고, 필요한 만큼 정확히 제초제를 뿌려 사람이 직접 뿌릴 때보다 농약 사용량을 90%나 감소

- 미국 MIT 미디어랩은 식물 재배에 필요한 주요 환경 요소를 인위적으로 구현해 채소의 미세한 맛과 색감까지 조절하는 '푸드 컴퓨터' 기술을 연구 중

☐ 국내외적으로 기업형 영농뿐만 아니라 소규모 농업에서도 스마트팜 도입 사례가 늘고 있으며, 최근에는 ICT 대기업들이 새롭게 진출하는 사례도 등장

- 주로 농업 선진국인 미국과 서유럽 국가들을 위주로 노지 농업, 시설재배, 축산·낙농 등의 분야에서 스마트팜과 관련된 기술 또는 장비를 개발하는 기업들이 빠르게 성장

- 국내의 경우 아직은 미국이나 유럽의 선진국들에 비해서 관련 산업 기반이 미약하나, 최근 스마트팜에 대한 관심이 고조되면서 향후 빠르게 발전할 가능성

- 국내에서도 한국생산기술연구원에서는 선별장에서 상용화 수준의 6단계 토마토 숙도판별 자동화를 위한 딥러닝 기반 영상처리 기술을 개발하고 온실에서 숙도별 수확량 예측 및 수확 자동화 로봇 기술을 연구 중

☐ (일본) 후지쯔, NEC, NTT, IBM 등 다수의 기업이 시장에 진입하며 서비스 개발 활기

- NEC의 M2M 기반 생육환경 감시 및 물류 서비스, 후지쓰의 농업관리 클라우드 서비스, IBM의 농산물 이력 추적 서비스 등이 대표적

☐ (이스라엘) 세계 최고의 온실 관리 기술을 가지고 있으며 고객 맞춤형 설비와 컨설팅 등의 스마트팜 기술을 수출

- 온실의 점적·미량관개 시스템 공급업체 네타핌(NETAFIM)은 110개국에 재배 솔루션 '유매니지(uManage)' 플랫폼과 다른 작물을 재배하고 농업을 운영하는 통합적인 솔루션 제공
  - '점적·미량관개 시스템'은 송수관을 따라 설치된 물 배출구를 통하여 물방울, 연무 등의 방법으로 소량의 물을 자주 공급하는 관개 방법

☐ (덴마크) 통제된 시설 안에서 빛·공기·열 등 생물이 자랄 수 있는 환경을 인공적으로 조절하여 공산품처럼 농산물을 생산

- 크리스텐센 농장에서는 빌딩 형태의 입체식 자동 식물공장과 태양광, 고압나트륨 램프를 병행한 광원 시스템을 도입

☐ (독일) 교육·연구연방 기관, 농기계 제조업체 등 24개의 민간업체가 공동 진행하는 'iGreen' 프로젝트를 진행

- 위치기반 서비스, 지식 네트워크를 바탕으로 농기계의 효율성을 높이는 연구를 추진했으며 사용자에게 지능형 기술·표준자료를 제공해 데이터 기반 공동 서비스를 허용

◎ **미국·일본 등의 선진국 대규모 스마트팜 지원 정책**

☐ (미국) 미국의 경우, 90년대부터 장기적으로 지속 가능한 농업 및 환경 촉진을 주요 전략으로 설정하고 그 영향으로 미국 농업은 영농규모가 확대

- 첨단기계의 사용이 활발하며 농산물 생산량과 교역량 측면에서 세계적으로 높은 비중
- 농무부를 중심으로 농업 ICT 융합 R&D 정책을 추진하고 있고, 주로 장기적이고 고위험·고수익(Hish Risk, High Return) 과제를 추진

☐ (일본) 일본의 경우 정부 차원에서 농업 ICT 융합 기술 연구개발을 적극적으로 지원

- 정부는 농업의 국제경쟁력 향상을 통하여 약 4,500억 엔의 농산물 수출액을 2020년 1조 엔으로 확대할 계획
- 농림수산청은 농업계와 경제계의 협력에 의한 첨단 농업 모델 확립 실증사업을 2014년에 착수하여 농업에 ICT 기술을 적용하여 저비용·고효율의 생산체계 구축을 위한 정부와 기업의 공동 프로젝트 대상으로 정부 보조금을 지급
- 2009년에 '식물공장 보급 확대 종합대책'을 마련하고 지속적인 투자를 통해 2013년 3월 기준으로 전국에 304개소의 식물농장(총 33ha)을 설치하여 일반 온실보다 50% 정도의 생산량 증대 효과

◎ 국내 스마트팜 관련 정부 지원 정책

☐ 정부는 스마트팜 기술개발에 연속성을 부여하고 기술 자립 및 수출까지 연결시키기 위해 '스마트팜 다부처 패키지 혁신기술 개발사업 추진'

- 농림축산식품부, 과학기술정보통신부, 농촌진흥청 등 부처 간 협업을 통해 '스마트팜 실증·고도화', '차세대 융합·원천기술' 연구사업 등 2대 분야의 10대 전략과제, 35개 추진과제 설정

- 이중 '온실그린에너지 순환 및 이용기술' 전략과제는 △그린에너지기반 다중생산(전력-열-CO_2) △자원순환형 복합 에너지 저장 △ZERO 배출 스마트팜 친환경 공조 △스마트 온실 에너지-자원 모니터링 및 시뮬레이터 △고효율 맞춤형 스마트 온실 냉난방 패키지 기술개발로 이뤄져 있어 에너지 업계에서도 주목

- 이번 사업은 2세대 스마트팜의 국내 농업 현장 안착과 무인·자동화된 차세대(3세대) 융합·원천기술 개발을 집중하여 지원해 글로벌 기술리더십을 확보

- '스마트팜 다부처 패키지 혁신기술 개발'은 2020년부터 2029년까지 10년간 7,160억 원을 투입할 예정이며 농림부는 표준화와 사업화 등 상용화를 추진하고, 농진청은 스마트팜 고도화 핵심기술을 개발하고, 과기정통부는 미래 스마트팜 기술개발 목적

☐ 2019년 10월, 농식품부·과기정통부·농진청이 공동 기획한 스마트팜 패키지 혁신기술 개발사업이 예비타당성조사를 통과하면서, '21~'27년 7년간 3,867억 원(국비 3,333억 원, 민자 534억 원) 규모의 예산을 투입하여, 데이터 기반의 지능형 의사결정을 통한 저투입·고효율의 안정적 농축산물 생산이 가능한 스마트팜 기술 연구에 돌입

나. 시장 분석

(1) 세계시장

☐ 세계 스마트팜 시장은 2019년 106억 달러에서 2025년에 190억 달러까지 성장할 것으로 전망

- 급격한 기후변화와 사막화 같은 환경적 변수가 작용하여 농산물 공급에 차질을 빚는 경우가 많아 스마트팜이 대안으로 떠오름
- 스마트팜 시장이 급성장한 것은 급격한 인구증가로 인한 농업생산량 증대 필요성과 농가의 ICT 기술의 적용이 급증했기 때문
- 또한, 가축감시 및 질병 등에 대한 농민들의 관심이 높아지고 있기 때문에 첨단 가축 모니터링 제품을 채택하여 관리 비용을 절감하는 중

[세계 스마트팜 시장규모 및 전망]

(단위 : 십억 달러, %)

연도	'19	'20	'21	'22	'23	'24	'25	CAGR
스마트팜 (세계)	10.6	11.7	12.9	14.2	15.6	17.2	19.0	10.1

*출처 : Smart Agriculture Market, MARKETSANDMARKETS, 2021

(2) 국내 시장

☐ 국내 스마트팜 시장 규모는 '19년 2조 1,064억 원에서 연평균 6.7% 성장하여 '25년 3조 1,083억 원 규모에 이를 전망

☐ 지능형 농작업기, 식물공장 등을 합친 2020년 스마트농업 전체시장은 5조 4,048억 원으로 추정

☐ 2021년 농림축산식품부는 COVID-19에 대응하고 농산업 디지털화를 위해 예산안을 전년 대비 3,581억 원 증액

☐ 전 세계적으로 스마트팜에 대한 관심이 증대되고 향후 시장규모가 크게 성장할 것으로 전망됨에 따라 국내 대기업에서도 스마트팜 분야 투자를 확대

[국내 스마트팜 시장규모 및 전망]

(단위 : 억 원, %)

구분	'19	'20	'21	'22	'23	'24	'25	CAGR
국내 시장	21,064	22,475	23,981	25,588	27,302	29,132	31,083	6.7

* 출처: 스마트팜 다부처 패키지 혁신기술개발사업 예비타당성조사, KISTEP, 2019

3. 기술개발 동향

☐ 기술경쟁력
- 보급형 스마트팜 솔루션은 미국이 최고기술국으로 평가되었으며, 우리나라는 최고기술국 대비 86.2%의 기술 수준을 보유하고 있으며, 최고기술국과의 기술격차는 1.5년으로 분석
- 중소기업의 기술경쟁력은 최고기술국 대비 73.5%, 기술격차는 2.0년으로 평가
- 유럽(88.4%)>한국>일본(73.2%)>중국(65.0%)의 순으로 평가

☐ 기술수명주기(TCT)[130]
- 보급형 스마트팜 솔루션은 6.22의 기술수명주기를 지닌 것으로 파악

가. 기술개발 이슈

◎ 농업 종사자 감소를 고려한 무인 스마트팜 기술 개발 방향

☐ 전문가들만 운전하고 작업할 수 있었던 기계식 농기계에 전자 기술의 도입으로 누구나 쉽고 정밀하게 농작업이 가능한 것이 큰 방향
- 많은 농사 지식과 정보가 데이터베이스화되고, 이를 바탕으로 컴퓨터가 인공지능 기술들을 활용해 농민이 농사 처방과 농작업에 대한 보다 쉬운 의사결정이 가능
- 농업에도 로봇 기술의 적용이 확산하여 제초작업, 분뇨처리, 농약 살포 등과 같이 사람이 하기에 어렵고 힘든 농작업이나 위험한 작업을 사람과 함께 협력하여, 쾌적한 환경에서 쉽고 편하게 작업 가능
- 이러한 첨단의 농작업 기능들이 스마트폰, 스마트 패드와 같은 태블릿 형태의 스마트 IT 기기에 인터페이스 되어 모니터링과 제어가 가능

☐ 미국의 스마트팜은 대규모 경작지를 효율적으로 관리할 수 있는 농업 로봇 개발에 집중
- '로봇공학 이니셔티브 농업 R&D 프로그램'을 통해 자율주행이 가능한 로봇형 트랙터와 농작업 기계, 작물 및 해충 관리를 위해 나뭇잎·토양 샘플 등을 자동 수집하는 로봇, 상이한 지형과 토양 조건에서 농업생산량 증대를 위해 인간과 협업할 수 있는 농업 로봇 플랫폼 개발, 로봇-인간 및 로봇-환경 인터페이스 핵심기술 개발이 추진 중

☐ 국내에서도 몇 년 전부터 정부의 지원과 ICT 기업들의 적극적인 진출로 스마트팜 도입 사례가 빠르게 증가하고 있고 대규모 기업형 스마트팜도 사례도 등장
- 카카오는 제주를 기반으로 '카카오파머'라는 농업과 ICT 결합형 스마트팜 사업을 도입·확대하고 있고, SK텔레콤은 사물인터넷 기술을 활용해 '스마트팜'이라는 비닐하우스 자동제어시스템을 상용화하는 등 ICT 기업들의 관련 분야 진출도 확대

---

[130] 기술수명주기(TCT, Technical Cycle Time): 특허 출원연도와 인용한 특허들의 출원연도 차이의 중앙값을 통해 기술 변화속도 및 기술의 경제적 수명을 예측

◎ ICT 기술 발전으로 농업 현장에 접목 중인 IoT 기기

☐ 현장 중심형 사물인터넷 기반 스마트팜 융합 서비스 시스템이 실제로 적용
- IoT 기술은 스마트팜 원격 재배, 동물 체내에 센서를 삽입하여 건강관리, 농산물 자동 선별정보 및 입·출고관리, 수발주·배송 등 농식품 유통 이력 관리, 기능성 식품개발 등에 활용 중
- 로봇 부문에서는 무인 자동화 기술을 활용하고 있는 식물공장, 자동 육묘 및 파종 로봇 등으로 드론 분야에서는 무인기 활용 방제와 드론 활용 산지 작황 정보 관측 등에 이용

☐ 실시간 소비자 직거래 스마트팜 플랫폼 개발
- 재배과정의 실시간 중계 기반 농작물 거래 시스템에 관한 것으로서, 재배과정에서 발생하는 여러 상황을 소비자에게 공개하여 재배의 투명성을 높일 수 있는 거래 시스템 개발
- 작물의 성장 과정에서 발생하는 리스크를 반영하여 예상 산출량을 계산하고 작물의 판매 단가를 계산하는 가격 산정 서버 구축으로 농가의 생산량 예측

◎ 3세대를 넘어선 완전 자동화 스마트팜 기술 개발 전략

☐ 과기정통부가 추진하는 '미래 스마트팜 기술 개발'은 빅데이터, 인공지능(AI) 등 4차 산업혁명 시대의 핵심기술을 농업에 접목시키기 위한 전략
- 사람의 경험 보다 데이터의 수집, 분석, 활용을 통해 미래 농업이 이루어짐으로 데이터 기반의 지능형 스마트팜 구현에 필요한 융합·원천기술 확보 목적
- 지능화, 지속가능성, 개인 맞춤형을 위해 과기정통부는 데이터 기반 지능형 스마트팜의 핵심 융합·원천 기술 개발 과제 도출

☐ 초기 스마트팜은 원예 분야에 집중되었지만 4차 산업 산업혁명 핵심기술들을 본격 적용하면서 다양한 분야로 진화하며 대표적으로 스마트 원예를 비롯하여 스마트 축산, 스마트 노지, 스마트 유통 등으로 구분

☐ '스마트 원예'는 ICT 기술을 접목, 장미 같은 원예 작물의 최적 생장 환경을 유지 관리하여 생산성과 부가가치를 향상시키는 스마트팜 기술
- 유리온실이나 비닐하우스 등의 시설 운영에 있어, PC나 스마트폰 등을 이용해 온도와 습도, 환기 상태 등을 모니터링하고 원격제어를 통해 영양분 공급이나 창문 개폐를 제어하며 특히, LED 광원을 활용한 식물공장을 세계적으로 주목

☐ '스마트 축산'은 소, 양돈, 양계를 중심으로 가축의 사육과정에 ICT 기술을 접목해 축산업의 생산성과 부가가치를 향상시키는 기술
- 스마트폰·태블릿PC·PC 등을 통해 축사 환경을 지속적으로 모니터링하고 물 공급과 사료 배급 시기는 물론 가축의 건강과 발정 시기 등 체크

[스마트 축사 흐름도]

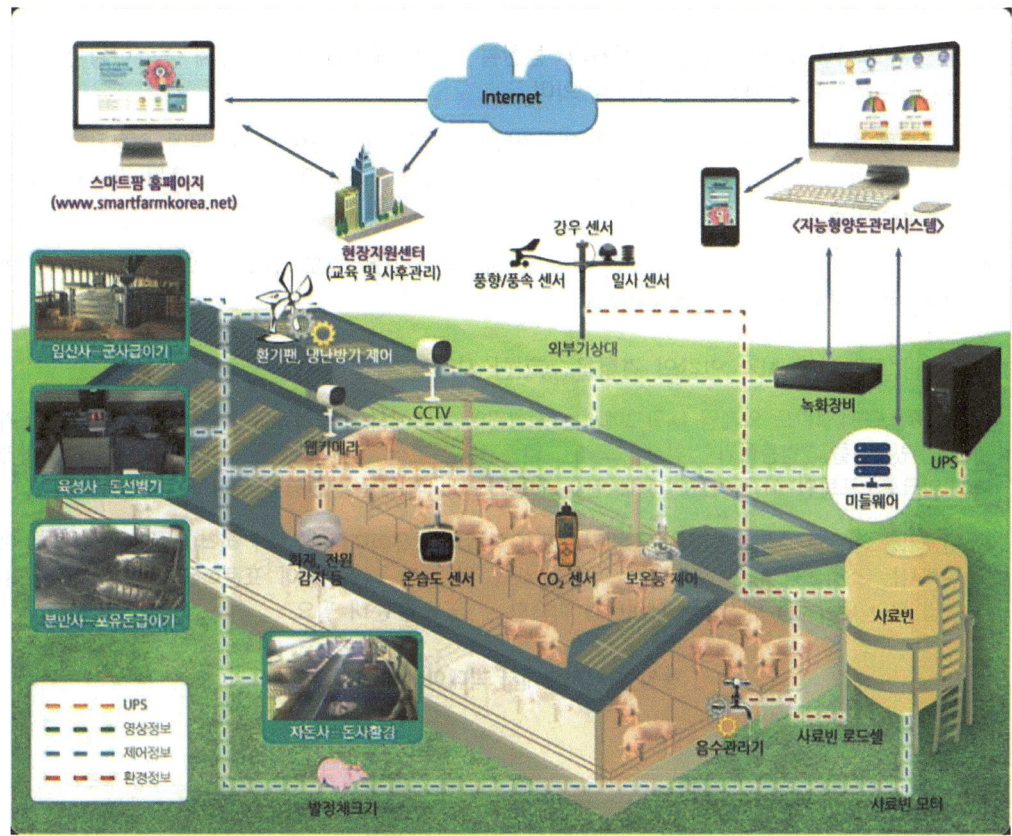

* 출처 : 농림수산식품교육문화정보원 제공, 2021

☐ '스마트 노지'는 ICT와 자동화 설비를 활용해 온실 밖의 노지(露地)에서 재배하는 작물에 원격으로 자동 관수(물주기), 병충해 예방관리 등을 가능하게 하는 기술
- 센서를 통해 토양이나 환경정보를 실시간 모니터링해 최적의 생육환경 조성

☐ '스마트 유통'은 생산자인 농민으로부터 최종 소비자에 이르는 유통 과정에 정보의 원활한 교환과 공유체계 제공
- 농축산물의 생산과 가공은 물론 물류와 판매, 최종 소비 단계까지 전 유통 과정에 대한 정보 공유

전략제품 현황분석

◎ AI 및 빅데이터 기술을 활용한 데이터 기반 스마트팜 플랫폼 개발 필요

☐ 농업 AI 스마트팜 플랫폼은 생산자가 농산물 생산 예측과 농업 관제 등 다양한 부분을 조절할 수 있도록 지원하는 플랫폼을 의미

- 스마트팜 플랫폼 구축을 위해서는 AI(인공지능)와 빅데이터 기술이 스마트팜에 적용될 수 있도록 농업에 쓰이는 다양한 변수를 데이터화 해 협력 기관에 제공하고 이를 통해 도출된 기술이 현장에서 적용되는 과정을 하는 것이 어려운 과정
- 작물의 생육 기간이 길 때 데이터 확보에 어려움을 겪을 수도 있으며, 외부적인 변수가 많아 파라미터 설정이 중요

☐ 스마트팜 운영에서 AI가 인간의 경험을 능가한 사례가 발생[131]

- 2018년도 네덜란드 와게닝 대학교에서는 시설원예 분야에서 인공지능이 과연 사람의 경험을 능가할 수 있는지를 검증하기 위한 국제 인공지능 온실 재배대회를 개최하였는데, 놀랍게도 마이크로소프트의 AI 팀이 시설원예 분야 전문가보다 더 높은 생산량을 달성
- 인공지능 기반의 스마트팜 기술을 발전시키기 위해서는 유의미한 데이터 축적이 매우 필요하며 이를 위해서는 스마트팜 관련 환경뿐만 아니라 생육 및 농경 데이터들이 표준화된 방법으로 수집되고, 농업 분야 인공지능 엔진들이 데이터를 학습할 수 있도록 준비 필요

【 농업 가치사슬에서 빅데이터 활용 】

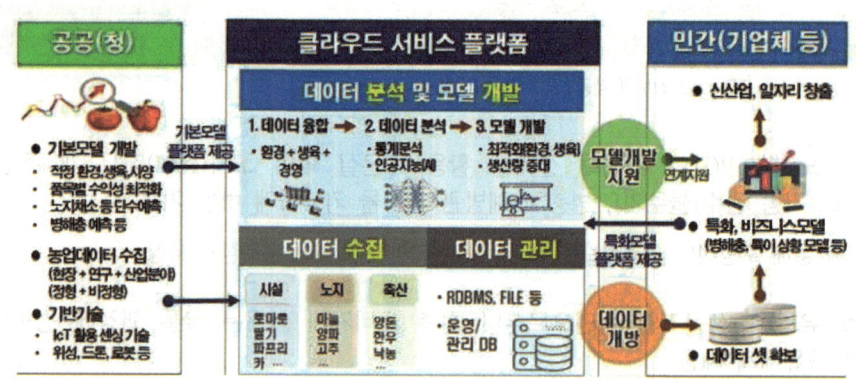

* 출처: 농업도 AI와 빅데이터로 한다, Digital Money, 2020

---

131) 스마트팜 인공지능 준비를 위한 매우 중요한 시점(한국농기계신문, 2019.09)

[스마트팜 관련 기술 개발 과제]

최종목표	핵심기술 및 주요 기능
빅데이터	• 기상정보 및 관련 빅데이터를 활용한 농업용 저수지 정보 분석 기술 개발 • 작물생육 자동 센싱 및 생육데이터 분석시스템 개발 • 축산 ICT 장치 기준설정 및 빅데이터 활용, 젖소 건강모니터링 기술 연구 • 가축의 형질 결정 유전인자에 대한 빅데이터 분석을 통한 생산성 향상 기술 개발 • 빅데이터 기반 종축 선발체계 및 ICT 융합 종자 개량 정보 활용 기술 개발
인공지능 (AI)	• 인공지능 기반 IoT 클라우드 형 개방형 스마트팜 통합제어 장치 개발 및 산업화 • 가축 생체 정보 기반 동물복지 돈사 관리 모형 개발 • 신경 회로망 응용 토마토 주요 병충해 실시간 진단 분석 기술 개발
로봇	• ICT 연동 축사 자동 사료 급여 및 다기능 작업용 로봇 시스템 개발 • 농업생산 무인 자동화 인력 양성 및 연구 • 병충해 모니터링용 무인기 및 항공 방제용 무인기 개발을 통한 방제시스템 구축 • 주요 밭작물의 생육 모니터링을 위한 무인기 기반 원격탐사 기술 개발
사물인터넷 (IoT)	• IoT 상태모니터링 기술 기반 스마트 양봉 시스템 구현 및 국가방역체계 적용 • IoT 기반 저수지 붕괴 예·경보 시스템 개발 • IoT 기반 양돈 작업환경 통합 제어환경 구축 및 안전 증진 연구
ICT 융복합	• ICT/BT 기반 양파·마늘 작물의 가뭄·저온·병해 현장 진단 및 작황 예측 기술 개발 • 영상기술 활용 가축 호흡기 질병과 철새 이동 모니터링 및 피드백 시스템 개발 • u-IT 기반 광역 통합 RPC 모델 개발 • ICT 융복합 기술 활용 배 및 파프리카 안전 및 품질관리 기술 개발 • 시설원예 스마트팜 관련 신제품 실증시험지원 및 테스트베드 구축 • ICT 기반 시설재배양액의 재활용 및 환경제어 복합형 양액 시스템 개발 • 스마트폰 기반 주요 시설원예 작물 병해충 진단·처방 시스템 구축 및 실증 연구 • ICT 도입으로 농산물 유통 효율 개선이 가능한 온라인 직경매 시스템 사업화 • 축산 스마트팜용 ICT 기자재 국산화 기술 개발 • ICT 기반 지능형 스마트폰 앱과 나노 촉매 기술을 활용 돈사 악취 저감 시스템 기술 개발 • 열화상 카메라 기술을 활용한 ICT 융합 대가축 건강모니터링 기술 개발 • 시설농업용 ICT 융·복합기술 기반 CO_2 시비 및 에너지 통합시스템 개발 • 시설원예 생산량 증대 및 경영비 절감을 위한 클라우드 기반 자율제어 시스템 개발 • ICT 기반 농업 가뭄 모니터링 신기술 개발 • 시설농업 ICT 융합 운영 활성화 모델 개발 • ICT 융합 스마트 원예시설 산업화 모델 개발 • ICT 시설원예 데이터 기반 복합환경제어기 기능 개선 방안 연구 • ICT 활용 축종별 스마트축사 관리모델 개발 • ICT 융합 시설재배 포도 병해충 예측 및 생육 정밀 관리 기술 연구 • ICT 기반 공정 육묘 스마트 관수 시스템 연구

* 출처: 융합연구정책센터, 융합연구리뷰, 2018

◎ 스마트팜을 넘어서 흙이 필요 없는 '에어로팜'

☐ 미국 동부지역에 있는 뉴저지의 '농업 분야의 애플'이라는 별명의 벤처 기업 등장

- 기술적으로 가장 앞서 있다는 평가를 받는 스마트팜을 개발하여 최소의 자원으로 최대의 효과를 내며 운영

☐ 작물이 뿌리를 내릴 지지대와 필요한 양분을 공급하는 정도의 역할 외에는 흙 속에 특별한 기능이 들어있지 않다는 점에서 파생된 분무식 재배시스템 개발

- 작물이 성장하는 데 필요한 영양분을 제공하고 위로 자랄 때 줄기를 잡아주는 지지대만 있으면, 물만 가지고도 작물을 키울 수 있다는 점에 집중
- 한동안 수경재배 방식은 농업의 미래라는 기대를 받았지만, 상당한 양의 물이 필요하다는 점에서 보완 사항이 필요
- 과도한 물 소비로 인한 문제점이 대두되자, 물 소비를 줄이는 새로운 재배방식의 필요성이 대두되었고 그런 필요성에 의해 에어로팜 방식 개발
- 특수 제작된 천(cloth medium) 위에 작물을 키우는데 천 사이로 내려온 뿌리에 물과 양분을 분무기로 뿜어 기르는 방법
- 일반 농사 방식보다 95%가량 적게, 그리고 기존의 수경재배 방식보다는 40%가량 적은 양의 물 사용뿐 아니라 동시에 뿌리에도 충분한 산소 공급
- 또한, 에어로팜 시스템은 흙을 사용하지 않기에 농사를 짓는 기간 동안 잡초나 해충으로부터 안전

[에어로팜 시스템의 원리]

에어로팜의 구조
식물의 뿌리를 물에 담그거나 흙에 심지 않고
특수 제작된 천 밑으로 뿌리내리는 형태의 수직농장

* 출처 : 에어로팜을 아시나요?, 현대자동차, 2021

☐ 빅데이터 등 ICT 기술 활용하여 미래 농업으로 주목

- 에어로팜은 작물 생장에 최적화된 LED 자동화 시스템을 적용하여 작물 생장에 필요 없는 빛을 없애는 방식으로 효율을 높여 기존의 스마트팜보다 수확량을 75% 향상
- 9m 높이의 복층형 재배시스템에서 재배하기 때문에 면적당 연간 생산량이 일반 농장보다 약 400배 정도 뛰어나지만, 재배 기간은 15일에 불과하여 수경재배 방식과 비교했을 때 효율성 대폭 상승
- 또한, 에어로팜 시스템은 13만 개의 데이터를 모니터링하고 분석 및 예측을 통해 수확하고 있어 고품질을 일관성 있게 유지
- 물의 사용을 대폭 줄인 친환경 농법과 빅데이터를 활용한 ICT 시스템을 적절하게 유지하고 있어서 가장 선진화된 농업 시스템으로 에어로팜이 주목받고 있음

☐ 에어로팜의 보완 사항

- 고압으로 물과 영양분을 분무해야 하므로 초기 시설비가 많이 소요된다는 점은 사업자에게 상당한 부담
- 뿌리가 항상 공기에 노출되어 있으므로 외부 온도에 따라 뿌리 온도도 자주 변하기 때문에 이에 대한 조절이 어렵다는 단점
- 물과 영양분을 분무하는 노즐이 여러 가지 요인에 의해 막히게 됐을 때 이를 보수하기 위한 상당한 투자가 필요하고, 정전이 발생했을 때 분무가 되지 않아서 단기간에 피해를 볼 수 있음

나. 생태계 기술 동향

(1) 해외 플레이어 동향

☐ (Trimble) 물리적 세계와 디지털 세계를 연결하는 제품과 서비스를 제공

- Trimble 솔루션은 전 세계 150개국 이상에서 사용되고 있습니다. 40개국 이상에 위치한 직원들은 뛰어난 딜러 및 유통 파트너 네트워크와 결합하여 고객에게 서비스를 제공하고 지원
- 전략적 인수를 통해 유기농 제품 개발을 강화하여 최신 기술을 더 넓은 시장에 제공

[Trimble의 스마트농업 제어 시스템]

 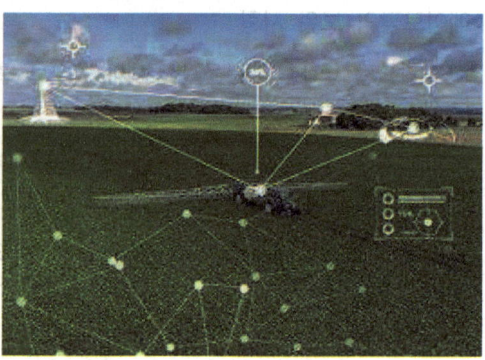

* 출처 : Trimble, 2021

☐ (Fancom BV) 림뷔르흐주에 본사를 둔 네덜란드 회사

- 가축과 환경을 존중하는 방식으로 농부들이 더 효율적이고 균일하며 안전하고 수익성 있게 생산할 수 있도록 하는 축사를 위한 미래 지향적이고 혁신적인 기술 제공
- 비용 절감, 낭비 감소 및 노동 투입 감소

☐ (RAVEN INDUSTRIES) 미국 사우스다코타주에 본사를 두고 있으며, 정밀농업 관련 제품을 제조하는 업체

- GPS, 필드 컴퓨터, 보조 운전 시스템 및 기타 현장 관리 기술 기반 제품을 포함한 스마트농업 제품 및 기구를 생산 및 판매 중

☐ (SPREAD) 교토에서 상추를 수직형 식물공장에서 재배하고 있는데, 상추 공장은 세계 최대 규모의 수직형 식물공장

- Spread 사가 흑자로 돌아선 계기는 유통회사와 상생과 함께 철저하게 실내에서 길러지기 때문에 기후변화를 완전히 피할 수 있었기 때문. 현재 대형마트 이토요카도에 주로 상추를 납품하고 있는데, 가뭄, 폭우, 폭설 등이 와도 항상 가격이 유지되기 때문에 인기
- 현재 수직형 식물공장 중 로봇으로 재배가 가능한 가장 진보한 형태의 스마트팜 공장을 보유 중

- ☐ (Panasonic farm) 전통적으로 IT 회사이며, 국내와 마찬가지로 미래 사업으로 스마트팜 사업을 시작하여 현재 싱가포르에서 채소농장을 운영
  - 이 공장에서는 연간 약 80ton의 채소를 생산하여 바로 소비자들에게 공급

- ☐ (ASO Farm Land) 아소 구주 국립공원 내 표고 550m ASO의 대자연 내에서 건강을 주제로 한 건강 테마파크로 ASO Farm Land는 특이하게 스마트팜을 한국의 KT와 제휴하여 운영
  - 한국 여행객들도 많이 찾는 곳으로 국내에서도 이러한 복합 건강 테마파크를 벤치마킹 중

- ☐ (Plenty) 미국 수직 농장 시스템 개발회사로 최근 중국에 300개 수직 농장을 건축
  - 이 회사의 목표는 월마트 가격으로 최고의 작물을 최고의 첨단 수직 식물공장에서 생산하여 납품
  - 중국에서는 북경, 상해, 심천 등지에 도심 내에서 수직 식물공장을 만들어 바로 공급
  - 기존 수직형 식물농장처럼 선반 방식이 아닌 건물의 벽면에 재배장치를 설치하고 물을 위에서 아래로 흘려보내는 방식으로 물 사용량은 최소화하고 생산은 기존 재배면적보다 350배의 생산

- ☐ (Sungiao Urban Agricultural District) 미국 기업으로 상해 푸동공항 주변에 대규모 수직형 식물공장 단지를 추진 중
  - 이는 2,400만 명이 살고 있는 상해에 123,000 k㎡의 농경지가 도시화되어 농사를 지을 수 없게 되자, 250acre 규모로 수직형 식물공장 단지를 추진하여 미국의 SASAKI 설계사무소에서 전체 Master Plan을 계획하였고, 스마트팜 단지 내에는 광장, 공원, 주거, 상점, 음식점, 스마트팜과 사이언스 뮤지엄이 도입될 예정
  - 이 단지는 모두 수경재배로 작물을 재배하고, LED와 영양 공급 장치를 통해 전체를 유지
  - 단지 내에는 대규모 스마트팜이 조성되는데, 여기에서는 잎이 많은 채소, 즉, 상추나 양배추, 시금치 등을 재배할 예정이고, 재배된 채소들은 음식점이나 마트에 팔고, 일부는 수출까지 할 예정

- ☐ (INFARM) 마트나 음식점 등 실내에서 채소를 재배할 수 있는 수직형 재배시스템을 개발한 회사
  - 현재 독일 내 다른 도시뿐만 아니라, 런던, 파리, 코펜하겐 등 타 국가에 1,000개의 수직 농장을 도입 중
  - Infarm의 수직 농장 재배시스템은 공장이 아니고, 실내에 간단히 설치하는 방식으로 되어 있어서 유럽뿐 아니라 전 세계에 바로 전파될 수 있는 시스템
  - 현재 독일 베를린의 마트, 음식점, 농산물 직거래장 등에 50개의 수직 농장 시스템을 운영하고 있으며, 1개의 수직 농장 시스템에서 한 달 평균 1,200여 개의 채소 생산이 가능하며 맛, 색상, 영양 측면에서 자연 상태의 농작물과 거의 같은 수준을 보장하기 위해 LED, 영양 공급 장치 등을 최대한 활용하는 기술을 개발 중

- ☐ (IBM) 1~2km의 좁은 지역들을 위한 정확한 지역밀착형 일기예보를 제공하는 IBM의 딥썬더를 기반으로 작물의 재식, 재배, 추수, 운송 등 농업 전반에서 수확량 증가, 품질개선을 지원할 수 있는 시스템을 개발

(2) 국내 플레이어 동향

☐ (KT) 기존 정보통신 인프라와 ICT 기술력을 바탕으로 스마트팜 사업 육성, 소규모 농가를 대상으로 스마트팜 도입을 검토하고 지원하여 토탈 솔루션 제공으로 운영 관리를 도움

- KT의 스마트팜 인큐베이팅센터는 농업에 빅데이터, IoT 기술을 접목해 초보 농부들도 작물별로 특화된 재배 데이터를 공유받고, 품질 좋은 생산할 수 있도록 지원
- 이를 기반으로 아랍에미리트 샤르자 코르파칸에 약 180 규모의 장애인 맞춤형 '스마트팜'을 구축
- 'KT기가 스마트팜 2.0 솔루션'을 통해 농가를 대상으로 한 보급사업을 확대

[KT의 스마트팜 전략]

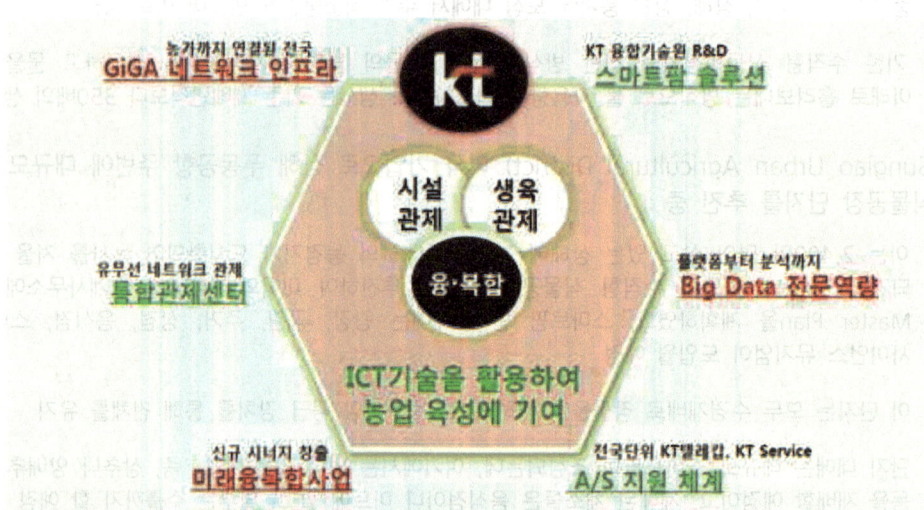

* 출처 : KT 제공, 2021

☐ (LG 유플러스) 농민들의 원활한 스마트팜 이용 및 창조 마을 서비스 활성화를 위해 사물인터넷(IoT) 특화 전용기술인 'NB-IoT'를 적용한 네트워크를 구축하는 등 관련 인프라 확충

☐ (그린플러스) 국내 식물공장 시스템 운영 기업이며 초기 프로토타입의 식물공장으로서 딸기, 양배추, 상추, 각종 엽채류 등을 성공적으로 재배

- 총 8단으로 구성된 시스템을 보유하고 있으며, 자연광 인공광 병용형 식물공장을 설계에서부터 알루미늄 프로파일 압출까지 자체 기술력을 완성
- 유리온실과 식물공장 시스템과의 조합은 기존 LED에만 의존하는 식물공장의 단점 (설치비용, 전력비 등)을 보완하며 생산량을 극대화

- ☐ (미래원) 엽채류 수직형 식물공장으로 최근 5년간 연구 개발하여 연 매출 350억을 달성
    - 외부와 차단된 시설 내에서 빛, 온도, 습도, 이산화탄소, 배양액 등의 환경조건을 인공으로 제어 식물공장 통합제어 시스템과 양액 제어 시스템 기술 개발 및 보유

- ☐ (우듬지팜) 1999년부터 영농을 시작하여 현재는 150여 농가와 함께 파프리카, 토마토, 딸기 등의 작물을 재배하고 있는 농업회사법인
    - 첨단 ICT 기술을 활용한 농경 관리 시스템 구축을 통해 생산성·수익성 증대를 실현하여 연간 720톤 규모의 작물을 생산·유통하고 있으며 스마트폰, PC를 이용한 재배환경 원격제어, 상태조회, 비상통보, 데이터 조회 등 활용을 통한 생육 알고리즘 빅데이터 활용 재배관리 시스템을 구축

- ☐ (우성하이텍) 시설원예, 작물 재배 환경제어에 대한 연구진과 생산기술을 갖추고 자체의 생산설비에서 소프트웨어와 하드웨어를 모두 직접 생산하는 기업
    - 연동 그린하우스 내외부에 설치된 온도 센서, 습도센서, CO_2 센서, 풍향/풍속 센서, 강우 센서 등으로 환경 상태를 인식하고 분석/예측하여, 각종 환경 조절용 기계장치를 유기적으로 작동시켜 최적의 재배환경을 유지되도록 하는 시스템 개발

다. 국내 연구개발 기관 및 동향

(1) 연구개발 기관

[보급형 스마트팜 솔루션 기술개발 기관]

기관	소속	연구분야
국립농업과학원	스마트팜개발과	• 느타리버섯 재배사 스마트팜 모델 개발 • 과원 내 자율주행 로봇 플랫폼 개발 • 식물공장 핵심요소기술 개발
한국과학기술연구원	SFS 융합연구단	• 스마트폰 기반 스마트팜 작물생육 측정 기술 • 딥러닝 기반 스마트팜 작물 생육지표 영상분석 기술 • 스마트팜 작물생산량 예측 모델 기술
한국농촌경제연구원	농산업혁신연구부	• 농업 R&D, 기술 혁신 및 미래 첨단(스마트)농업 연구 • 식품산업 연구 • 농산업 정책(농자재산업, 종묘, 에너지) 연구 • 인적 자원연구
한국전자통신연구원	스마트팜 응용연구실	• 지역 연계 스마트팜 응용 기술 개발 • 클라우드 기반 스마트팜 플랫폼 개발 • 인공지능 기반 자율형 스마트팜 솔루션 개발 • 커넥티드 스마트 팜봇 개발

(2) 기관 기술개발 동향

- ☐ (강원도 농업기술원) 북방형 스마트 온실과 경축 순환형 스마트팜 패키지 통합 운영 국내 실증 및 최적화 (2021-04-07 ~ 2024-12-31)
    - 작물 생산성 검정 및 표준 재배 매뉴얼 개발
    - 북방형 표준 스마트 온실 적응 입식작물 선발
    - 북방형 스마트 온실과 경축 순환형 스마트팜 패키지 통합 운영 국내 실증 및 최적화

- ☐ (글로벌 코딩연구소) 실시간으로 재배작물의 정보 및 거래가 가능한 스마트팜 솔루션 (2020/06/22 ~ 2022/06/21)
    - 빅데이터를 바탕으로 최적의 시기에 최적의 물주기·양액 주기·LED 공급
    - pH 5.5~6.5, EC 0.5-2.0 dS/m 조절 및 공급
    - 영상분석을 통한 실시간 수확 시기 예측 및 전송
    - 수분 센싱 데이터 게더링 및 공급 시스템

- ☐ (국립축산과학원) 개방형 제어 기반 한우 1세대 스마트팜 모델 고도화 및 검증 (2019-01-22~2020-01-21)
    - 한우 사육단계별 자동 사료 급여 시스템을 통한 맞춤형 사양관리 기술 현장 실증
    - 자동 사료 급이기를 활용 사육단계별 사양관리 효과 실증
    - ICT 기능의 통합제어기, PC 및 웹/모바일 서비스플랫폼 개발

- ☐ (국립원예특작과학원) 온실 스마트 환경제어를 위한 측정데이터 통합관리 및 활용 모델 실증 (2016-02-01~2018-12-31)
    - 과채류 스마트 환경제어 시스템 설치 실증 및 개선 알고리즘 적용
    - 경험지식 계량화 및 디지털화를 위한 계측시스템 구축
    - 작목반/지역 단위 측정데이터 통합관리 활용 모델 구축 및 현장 실증

4. 특허 동향

가. 특허동향 분석

(1) 연도별 출원동향

☐ 보급형 스마트팜 솔루션 기술의 지난 20년(2000년~2019년)간 출원동향[132]을 살펴보면 2000년대에는 특허출원 증감 추이의 큰 변화가 없었으나 2010년대 들어서 증가하는 추세를 보임

- 국가별로 살펴보면 한국이 가장 활발한 출원 활동을 보이는 것으로 나타났으며, 미국, 일본 및 유럽도 유사한 추세의 출원 활동이 진행되고 있는 것으로 나타남

☐ 국가별 출원 비중을 살펴보면 한국이 전체의 46%의 출원 비중을 차지하고 있어, 최대 출원국으로 보급형 스마트팜 솔루션 분야를 리드하고 있는 것으로 나타났으며, 미국은 38%, 일본은 8%, 유럽은 7% 순으로 나타남

[연도별 출원동향]

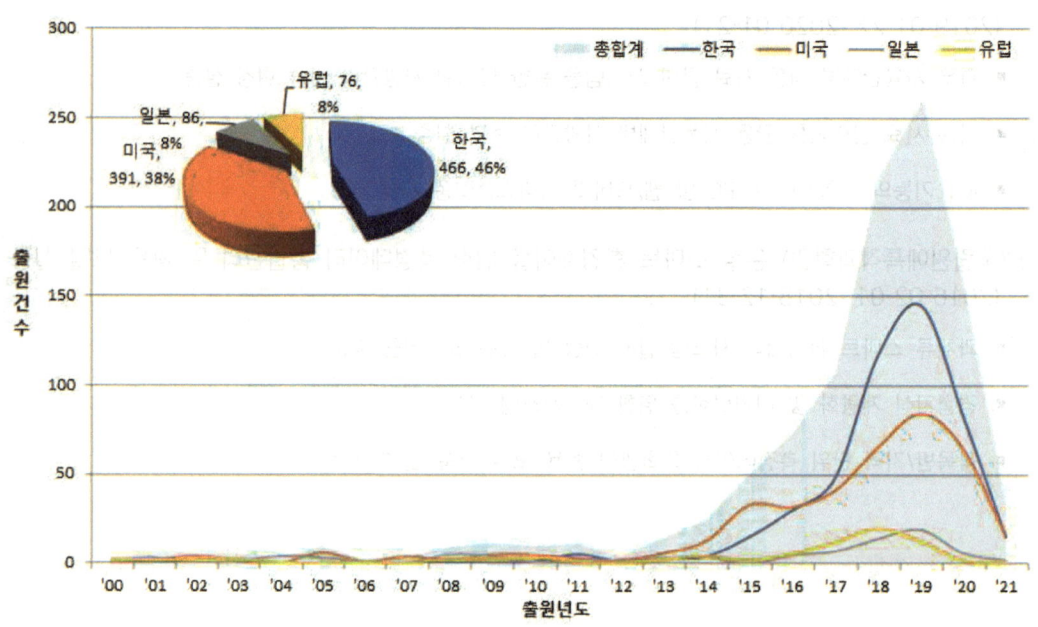

---

132) 특허출원 후 1년 6개월이 경과하여야 공개되는 특허제도의 특성상 실제 출원이 이루어졌으나 아직 공개되지 않은 미공개데이터가 존재하여 2020, 2021년 데이터가 적게 나타나는 것에 대하여 유의해야 함

(2) 국가별 내·외국인 출원현황

☐ 한국의 내외국인 출원현황을 살펴보면, 2000년대에는 외국인의 출원 활동이 활발하게 나타났으나, 2010년대 이후에는 외국인의 출원 활동이 활발하지 않은 것으로 나타나, 자국 국적 출원인의 주도로 기술개발이 진행되고 있는 것으로 분석됨

☐ 미국의 경우, 2000년대 초반부터 최근까지 외국인의 출원 활동이 활발하지 않은 것으로 조사되어, 자국민의 기술 개발 활동이 활발하게 진행되고 있는 것으로 분석됨

☐ 일본의 내외국인 출원현황은, 보급형 스마트팜 솔루션 기술과 관련하여 출원 활동이 저조하게 진행된 것으로 나타나 증감의 경향을 판단하기 어려우나, 외국인의 출원 활동이 활발하지 않은 것으로 조사되었으며, 특히 최근에는 내국인에 의한 출원 활동 비중이 더 높은 것으로 나타나, 해당 기술 분야에서 일본 시장에 대한 관심도가 높지 않은 것으로 나타남

☐ 유럽의 경우, 보급형 스마트팜 솔루션 기술과 관련하여 출원 활동이 저조하게 진행된 것으로 나타나 증감의 경향을 판단하기 어려우나, 2000년대 초반부터 최근까지 외국인의 출원 비중이 높은 것으로 나타나, 해외 기업의 진출 가능성이 높은 것으로 나타남

[국가별 출원현황]

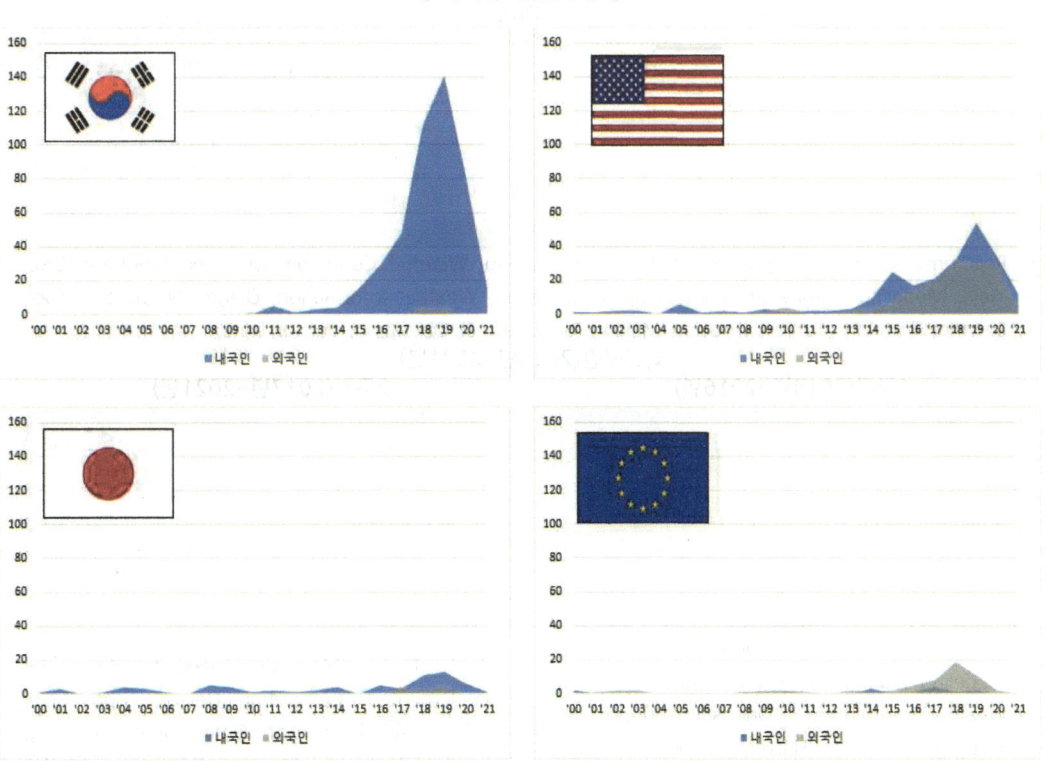

나. 주요 기술 키워드 분석

(1) 기술개발 동향 변화 분석

☐ 보급형 스마트팜 솔루션 기술에 대한 구간별 기술 키워드 분석을 진행하였으며, 전체 분석구간에서 Real Time, Computer Implemented, Machine Learning, Weather Condition 등 보급형 스마트팜 솔루션 관련 기술 키워드들이 다수 도출됨

- 최근 분석구간에 대한 기술 키워드 분석 결과, 최근 1구간에는 Weather Condition, Observed Feedback, Modeling Framework 등의 키워드가 도출되었으며, 2구간에서는 Real Time, Machine Learning, Computer Implemented 등 1구간의 주요 키워드와 유사한 키워드가 도출됨

[특허 키워드 변화로 본 기술개발 동향 변화]

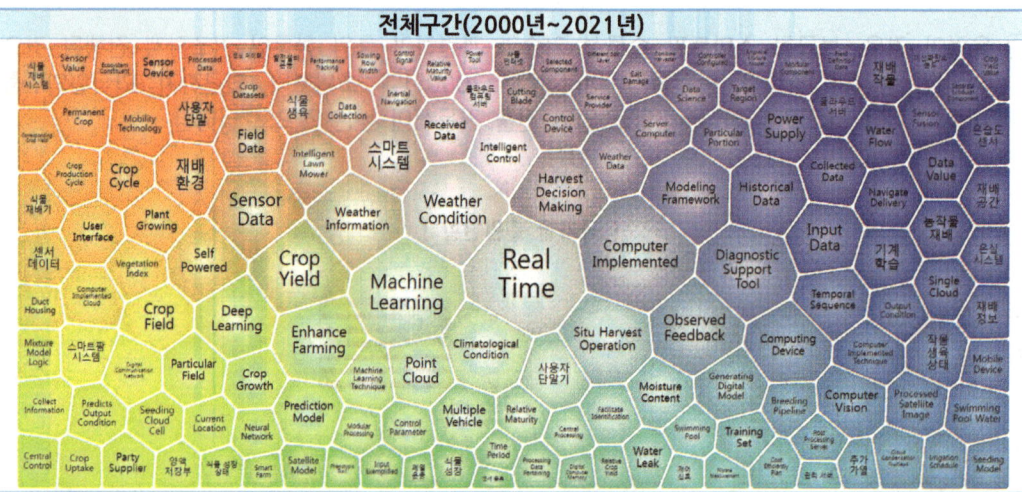

- Real Time, Computer Implemented, Machine Learning, Weather Condition, Observed Feedback, Crop Yield, Modeling Framework, Climatological Condition, Weather Information, Diagnostic Support Tool, Enhance Farming, Harvest Decision Making, Situ Harvest Operation, Sensor Data

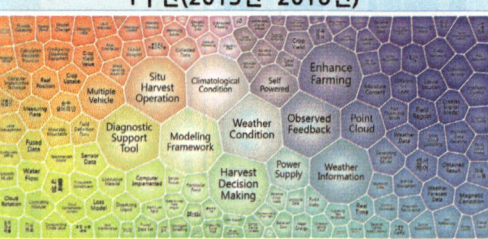

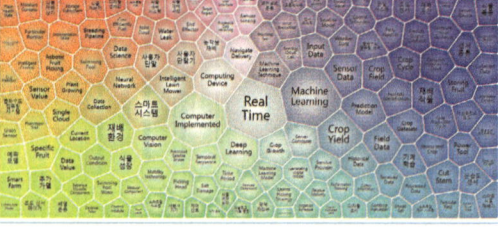

- Weather Condition, Observed Feedback, Modeling Framework, Climatological Condition, Weather Information, Diagnostic Support Tool, Enhance Farming, Harvest Decision Making, Situ Harvest Operation, Point Cloud, Computer Implemented

- Real Time, Machine Learning, Computer Implemented, Computing Device, Crop Yield, 스마트 시스템, Sensor Data, Deep Learning, Intelligent Lawn Mower, Prediction Model, Computer Vision, Machine Learning Technique

(2) 기술-산업 현황분석[133]

□ 보급형 스마트팜 솔루션 기술에 대한 Subclass 기준 IPC 분류결과, 원예; 채소, 화훼, 벼, 과수, 포도, 호프 또는 해초의 재배; 임업; 관수 (A01G) 및 관리용, 상업용, 금융용, 경영용, 감독용 또는 예측용으로 특히 적합한 데이터 처리 시스템 또는 방법; 그 밖에 분류되지 않는 관리용, 상업용, 금융용, 경영용, 감독용 또는 예측용으로 특히 적합한 시스템 또는 방법(G06Q)으로 다수의 특허가 분류되는 것으로 조사됨

□ KSIC 산업분류 결과, 다수의 특허가 비 동력식 수공구 제조업 산업으로 분류되는 것으로 조사됨

[기술-산업분류 분석]

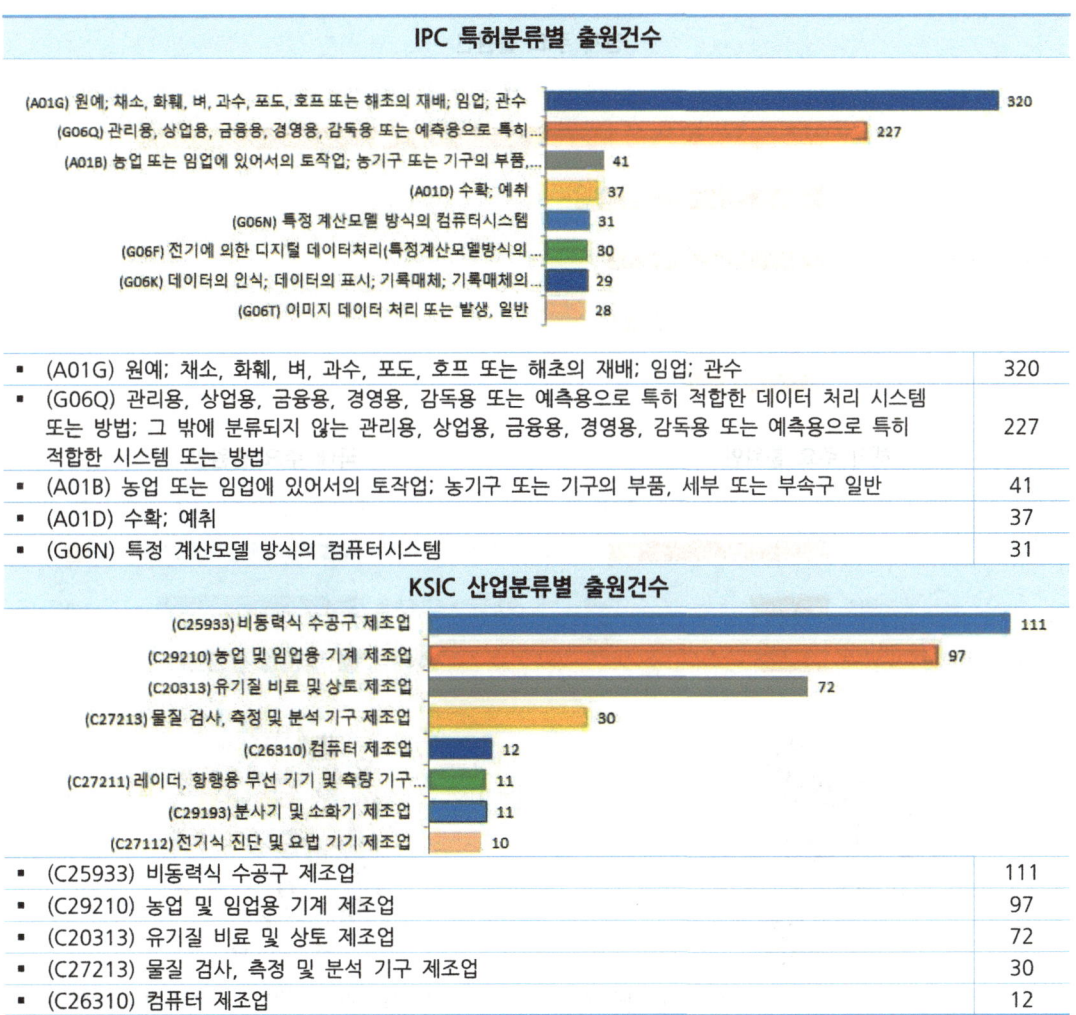

▪ (A01G) 원예; 채소, 화훼, 벼, 과수, 포도, 호프 또는 해초의 재배; 임업; 관수	320
▪ (G06Q) 관리용, 상업용, 금융용, 경영용, 감독용 또는 예측용으로 특히 적합한 데이터 처리 시스템 또는 방법; 그 밖에 분류되지 않는 관리용, 상업용, 금융용, 경영용, 감독용 또는 예측용으로 특히 적합한 시스템 또는 방법	227
▪ (A01B) 농업 또는 임업에 있어서의 토작업; 농기구 또는 기구의 부품, 세부 또는 부속구 일반	41
▪ (A01D) 수확; 예취	37
▪ (G06N) 특정 계산모델 방식의 컴퓨터시스템	31

▪ (C25933) 비동력식 수공구 제조업	111
▪ (C29210) 농업 및 임업용 기계 제조업	97
▪ (C20313) 유기질 비료 및 상토 제조업	72
▪ (C27213) 물질 검사, 측정 및 분석 기구 제조업	30
▪ (C26310) 컴퓨터 제조업	12

---

133) 해당제품 특허데이터를 대상으로 윕스 보유 기술·산업·시장 동향 분석 플랫폼 'Build' 활용

다. 주요 출원인 분석

☐ 보급형 스마트팜 솔루션 기술의 전체 주요 출원인(Top 5)을 살펴보면, 주로 미국 국적의 출원인이 다수 포함된 것으로 나타났으며, 제1 출원인으로는 미국의 THE CLIMATE인 것으로 나타남

- THE CLIMATE는 전 세계 기업 및 정부 지도자들과 협력하는 비영리 조직으로서 에너지 전환 플랫폼 및 스마트 그리드 기술 및 건물 관리 시스템과 같은 스마트 정보통신 기술을 개발함

☐ 보급형 스마트팜 솔루션 기술 관련 국내 주요 출원인으로 한국전자통신연구원 및 대한민국(농촌진흥청장)가 도출되었으며, 한국 다음으로 미국에 출원을 진행한 것으로 나타남

[주요 출원인 동향]

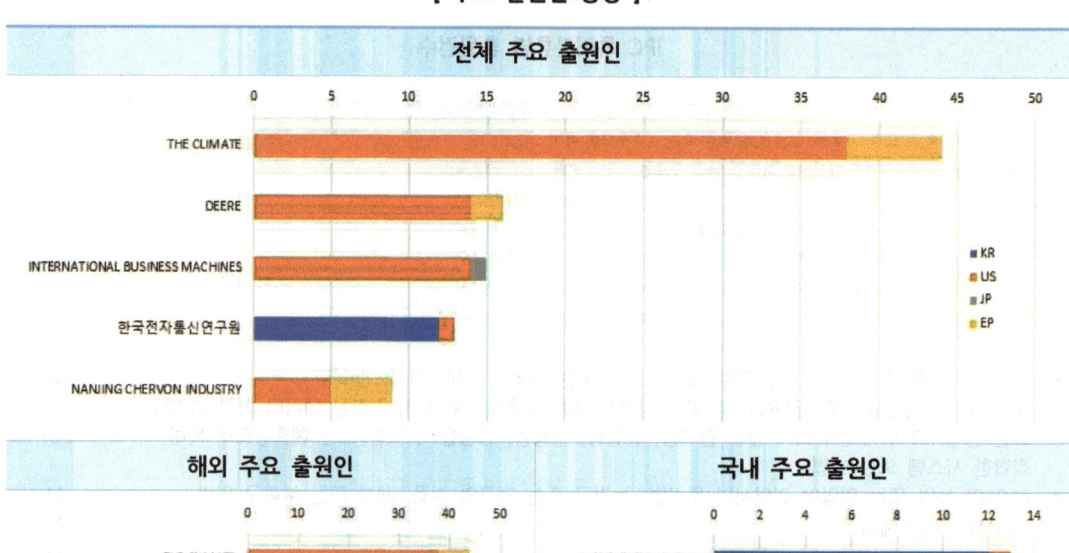

- Real Time, Computer Implemented, Machine Learning, Weather Condition, Observed Feedback, Crop Yield, Modeling Framework, Climatological Condition, Weather Information
- 스마트 시스템, 사용자 단말기, 사용자 단말, 재배 환경, 클라우드 컴퓨팅 서버, 클라우드 서버, 스마트팜 시스템, 농작물 재배, 재배 작물, 식물 성장, 작물 생육 상태, 재배 공간, 식물 성장 상태, 추가 가열

(1) 해외 주요출원인 주요 특허 분석[134]

☐ THE CLIMATE

- 글로벌 기업으로, 보급형 스마트팜 솔루션 기술과 관련하여 44건의 특허를 출원하고 있는 것으로 조사됨

[주요특허 리스트]

등록번호 (출원일)	명칭	기술적용분야	IP 경쟁력	
			피인용 문헌수	패밀리 국가수
US 9974226 (2015.04.20)	Generating an agriculture prescription	농업 장비가 농업 지역에 관한 현재 현장에서 수집된 농업 데이터를 수집하고 현재 현장에서 수집된 농업 데이터를 호스트 장치에 전달	29	11
US 11068625 (2016.11.14)	Generating digital models of nutrients available to a crop over the course of the crop's development based on weather and soil data	현장 데이터, 일기예보 데이터, 물의 흐름, 온도, 질소와 물의 작물 섭취 모델을 기반으로 질소 가용성의 디지털 모델을 생성하는 시스템	18	12
US 10667456 (2015.09.04)	Methods and systems for managing agricultural activities	컴퓨터로 구현한 농업 활동 추천 방법은 메모리와 통신하는 농업 지능 컴퓨터 시스템에 의해 구현	18	12

☐ DEERE

- 미국 기업으로, 보급형 스마트팜 솔루션 기술과 관련하여 16건의 특허를 출원하고 있는 것으로 조사됨

[주요특허 리스트]

등록번호 (출원일)	명칭	기술적용분야	IP 경쟁력	
			피인용 문헌수	패밀리 국가수
US 8437879 (2009.04.21)	Method for providing an application to plants	식물에 자원의 적용을 제공하기 위한 컴퓨터 구현 방법 및 시스템	68	5
US 9521805 (2015.03.10)	Harvester with predictive driving speed specification	경작지의 작물 재배 밀도가 예측적으로 결정되고 수확기의 속도 사양 신호가 계획되는 수확기의 속도 제어 장치 및 방법	6	3
US 10905054 (2018.11.13)	Controlling the operation of forestry machines based on data acquisition	임업 현장의 다양한 위치에서 벌채되는 나무 다발의 특성을 나타내는 정보를 수신	1	3

---

134) 최근 출원특허 중, 등록특허를 기준으로 피인용문헌수 및 패밀리 국가수가 큰 특허를 주요특허로 도출

INTERNATIONAL BUSINESS MACHINES

- 미국 기업으로, 보급형 스마트팜 솔루션 기술과 관련하여 15건의 특허를 출원하고 있는 것으로 조사됨

[주요특허 리스트]

등록번호 (출원일)	명칭	기술적용분야	IP 경쟁력	
			피인용 문헌수	패밀리 국가수
US 10586105 (2016.12.30)	Method and system for crop type identification using satellite observation and weather data	위성 관측 및 기상 데이터를 사용하여 작물 유형 식별을 위한 컴퓨터 구현 방법	10	1
US 10653120 (2017.12.29)	Automated aquaculture pen location	수중 환경에 배치된 양식 우리에 대한 데이터를 검색하고, 양식 우리의 예측 위치를 결정하고, 관심 기간 동안 양식 우리에 대한 데이터를 기반으로 적어도 하나의 관심 요소를 예측하는 단계를 포함	3	1
US 11120552 (2019.02.27)	Crop grading via deep learning	작물 건강 상태는 자동화된 성장 단계 분석을 수행하기 위해 컴퓨터화된 딥 러닝 시스템을 사용	1	1

(2) 국내 주요출원인 주요 특허 분석[135]

한국전자통신연구원

- 보급형 스마트팜 솔루션 기술과 관련하여 한국과 미국을 위주로 13건의 특허를 출원하고 있는 것으로 조사됨

[주요특허 리스트]

등록/공개번호 (출원일)	명칭	기술적용분야	IP 경쟁력	
			피인용 문헌수	패밀리 국가수
US 10579460 (2017.11.27)	Method and apparatus for diagnosing error of operating equipment in smart farm	분석 결과에 따라 스마트 팜에 설치된 운영 장비의 오류 발생 여부를 판단한 결과를 출력하는 단계; 및 사용자 인터페이스를 통해 오류 판단 결과를 사용자에게 제공하는 단계를 포함	5	2
KR 2174466 (2017.11.10)	스마트팜 운용장비의 오류 진단 방법 및 장치(method and apparatus for diagnosing error of operating equipment in smart farm)	스마트팜에서 운용되는 제어기, 센서기 등의 오류를 수집 가능한 제어 데이터들을 이용하여 신속하고 정확하게 검출	2	2
KR 2018-0029381 (2016.09.12)	시설원예 환경 제어 장치 및 방법	인공신경망 및 유전자 알고리즘을 이용한 시설원예 환경 제어 기술	3	1

---

[135] 최근 출원특허 중, 등록특허를 기준으로 피인용문헌수 및 패밀리 국가수가 큰 특허를 주요특허로 도출

대한민국(농촌진흥청장)

- 보급형 스마트팜 솔루션 기술과 관련하여 한국을 위주로 9건의 특허를 출원하고 있는 것으로 조사됨

[주요특허 리스트]

등록/공개번호 (출원일)	명칭	기술적용분야	IP 경쟁력	
			피인용 문헌수	패밀리 국가수
KR 2291827 (2019.06.19)	스마트 팜의 작물 자동 생육 계측 시스템 및 그 방법 (system and method for automatic crop growth measurement in smart farm)	지능형 작물 영상 자동 촬영 장치로부터 수신된 작물 영상을 시계열적으로 처리하여 작물의 생육을 분석하는 작물 생육 분석 장치	0	1
KR 2071716 (2018.04.04)	좌표 매칭 알고리즘을 이용한 경운기 모의운전 시스템 및 이를 이용한 경운기 모의운전 방법	경운기 모형의 움직임과 가상 현실에 표시되는 경운기 이미지의 움직임을 서로 일치시킬 수 있는 경운기 모의운전 시스템 및 이를 이용한 경운기 모의운전 방법	0	1
KR 2021-0059516 (2019.11.15)	태양광 병용 스마트팜 광 공급 시스템 및 광 공급 시스템을 이용한 광 공급 방법	태양광 및 인공광을 광 파이프를 통해 식물공장 내로 광을 유입시켜 식물공장 내의 식물이 외부의 빛을 받을 수 있도록 하는 스마트팜 광 공급 시스템	0	1

서우엠에스

- 보급형 스마트팜 솔루션 기술과 관련하여 한국을 위주로 8건의 특허를 출원하고 있는 것으로 조사됨

[주요특허 리스트]

등록/공개번호 (출원일)	명칭	기술적용분야	IP 경쟁력	
			피인용 문헌수	패밀리 국가수
KR 2283262 (2019.07.30)	스마트팜용 버섯 생장관리 로봇(a mushroom management robot for smart-farm)	스마트팜 내부의 재배환경을 감지하고 감지된 환경정보를 주기적으로 스마트팜의 관리서버로 전송	0	1
KR 2270218 (2019.07.30)	자율주행 관리로봇을 이용한 증강현실 기반의 버섯 재배관리 시스템(a mushroom cultivating management system based on augmented reality by using an autonomous driving robot)	스마트 글라스는 작업지시가 전달되면 지시된 작업내용을 증강현실 기반으로 출력하여 사용자가 정확하게 작업내용을 파악하고 작업을 수행하도록 유도	0	1
KR 2020-0063500 (2018.11.28)	모듈형 스마트팜 버섯재배 시스템(a smart farm mushroom cultivation system of module type)	공급되는 조도 색깔을 다양하게 변화시켜 버섯의 생장을 촉진시키고, 생장중인 버섯의 생장 시기별 고유 향기를 감지하여 수확시기를 판별	1	1

라. 기술진입장벽 분석

(1) 기술 집중력 분석[136]

☐ 보급형 스마트팜 솔루션 관련 기술에 대한 시장관점의 기술독점 현황분석을 위해 집중률 지수(CRn) 분석 결과, 상위 4개 기업의 시장점유율이 8.6으로 독과점 정도가 매우 낮은 수준으로 분석되어 완전 자유경쟁 시장(Perfect competiton)으로, 해당 기술의 시장 진입 용이성이 매우 높은 것으로 판단됨

☐ 국내 시장에서 중소기업의 점유율 분석결과 78.5로 보급형 스마트팜 솔루션 기술에서 중소기업의 점유율은 매우 높은 것으로 분석되고, 국내 시장에서 중소기업의 진입장벽은 낮은 것으로 판단됨

[주요출원인 및 한국 중소기업 집중력 분석]

	주요출원인	출원건수	특허점유율	CRn	n
주요 출원인 집중력	THE CLIMATE(미국)	44	4.3%	4.3	1
	DEERE(미국)	16	1.6%	5.9	2
	INTERNATIONAL BUSINESS MACHINES(미국)	15	1.5%	7.4	3
	한국전자통신연구원(한국)	13	1.3%	8.6	4
	NANJING CHERVON INDUSTRY(중국)	9	0.9%	9.5	5
	대한민국(농촌진흥청장)(한국)	9	0.9%	10.4	6
	X DEVELOPMENT(그리스)	9	0.9%	11.3	7
	KINZE MANUFACTURING(미국)	8	0.8%	12.1	8
	서우엠에스(한국)	8	0.8%	12.9	9
	ITERIS(미국)	8	0.8%	13.6	10
	전체	1,019	100%	CR4=8.6	
	출원인 구분	출원건수	특허점유율	CRn	n
국내시장 중소기업 집중력	중소기업(개인)	366	78.5%	78.5	중소기업
	대기업	14	3.0%		
	연구기관/대학	75	16.1%		
	기타(외국인)	11	2.4%		
	전체	466	100%	CR중소기업=78.5	

---

136) 상위 몇 개 기업의 특허점유율을 합한 것으로, 특허동향조사에서는 통상 CR4를 사용하며, CRn값이 0에 가까울수록 시장 독과점 수준이 낮은 것을 의미하며, CR4 값이 40에서 60일 경우(CR1 지수는 50 이상일 경우, CR2 또는 CR3 지수는 75 이상일 경우) 시장의 독과점 수준이 높은 것으로 해석됨
CRn(집중률지수, Concentration Ratio n) = (1위 출원인의 특허점유율) + ... + (n위 출원인의 특허점유율)

(2) IP 경쟁력 분석137)

☐ 보급형 스마트팜 솔루션 기술의 주요출원인들의 IP 경쟁력 분석결과, KINZE MANUFACTURING의 기술영향력이 가장 높고 THE CLIMATE의 시장확보력이 가장 높은 것으로 분석됨

- KINZE MANUFACTURING : 영향력지수(PII) 7.48 / 시장확보력(PFS) 1.78
- THE CLIMATE : 영향력지수(PII) 2.29 / 시장확보력(PFS) 3.20

☐ 1사분면으로 도출된 THE CLIMATE, KINZE MANUFACTURING의 특허가 시장확보력 및 질적 수준이 높은 특허로, 기술적 파급력과 상업적 가치가 큰 것으로 해석됨

[주요출원인 IP 경쟁력 분석]

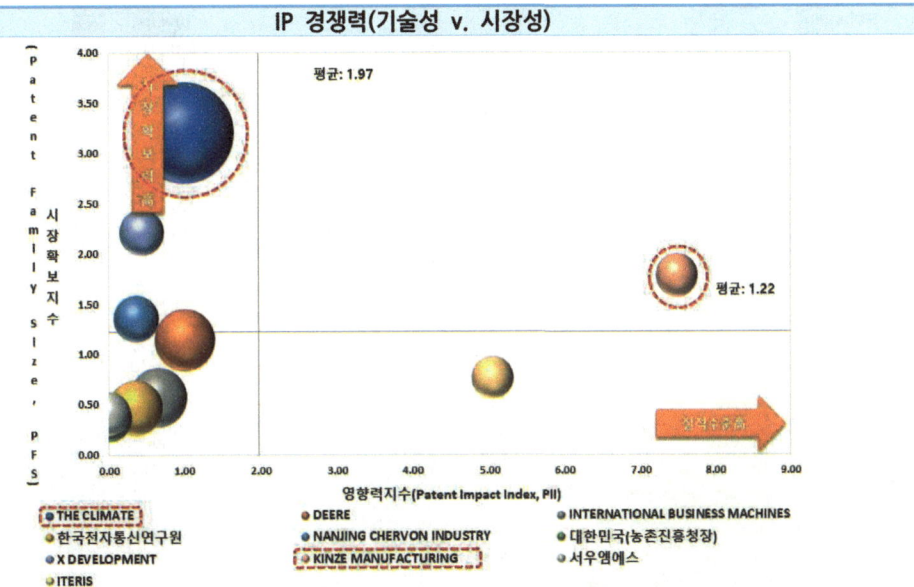

KINZE MANUFACTURING	(US 10045474) Weight distribution system for seed planters and product applicators
THE CLIMATE	(US 11068625) Generating digital models of nutrients available to a crop over the course of the crop's development based on weather and soil data
	(US 10667456) Methods and systems for managing agricultural activities

* **영향력지수(Patent Impact Index, PII)**: 다른 경쟁주체의 기술수준이 고려된 특정 주체의 '상대적' 기술적 중요도 또는 혁신성과의 가치 정보가 포함된 기술수준으로, 특허의 피인용 횟수를 특정 기술분야 내에서의 상대적인 값으로 전환시킨 지수임
* **시장확보지수(Patent Family Size, PFS)**: 특정 주체가 특정 기술분야에서 소수의 특정 국가에서만 시장확보를 하고자 하는지 아니면 다수의 세계 주요 국가들에서 시장확보를 하고자 하는지에 대한 분석으로, PFS가 높은 특허는 그만큼 상업적 가치가 큰 기술에 대한 특허인 것으로 해석될 수 있으며, PFS가 높은 출원인은 세계 여러 국가에서 사업을 하고 있는 출원인인 것으로 해석될 수 있음(2020 공공 R&D 특허기술동향조사 가이드라인, 한국특허전략개발원)
* **버블크기** : 출원 특허 건 수 비례

---

137) PFS = 특정 주체의 평균 패밀리 국가 수 / 전체 평균 패밀리 국가 수
   PII = 특정 주체 보유특허의 피인용도[CPP] / 전체 유효특허의 피인용도

5. 요소기술 도출

가. 특허 기반 토픽 도출

☐ 1,019개의 특허의 내용을 분석하여 구성 성분이 유사한 것끼리 클러스터링을 시도하여 대표성이 있는 토픽을 도출

[보급형 스마트팜 솔루션에 대한 토픽 클러스터링 결과]

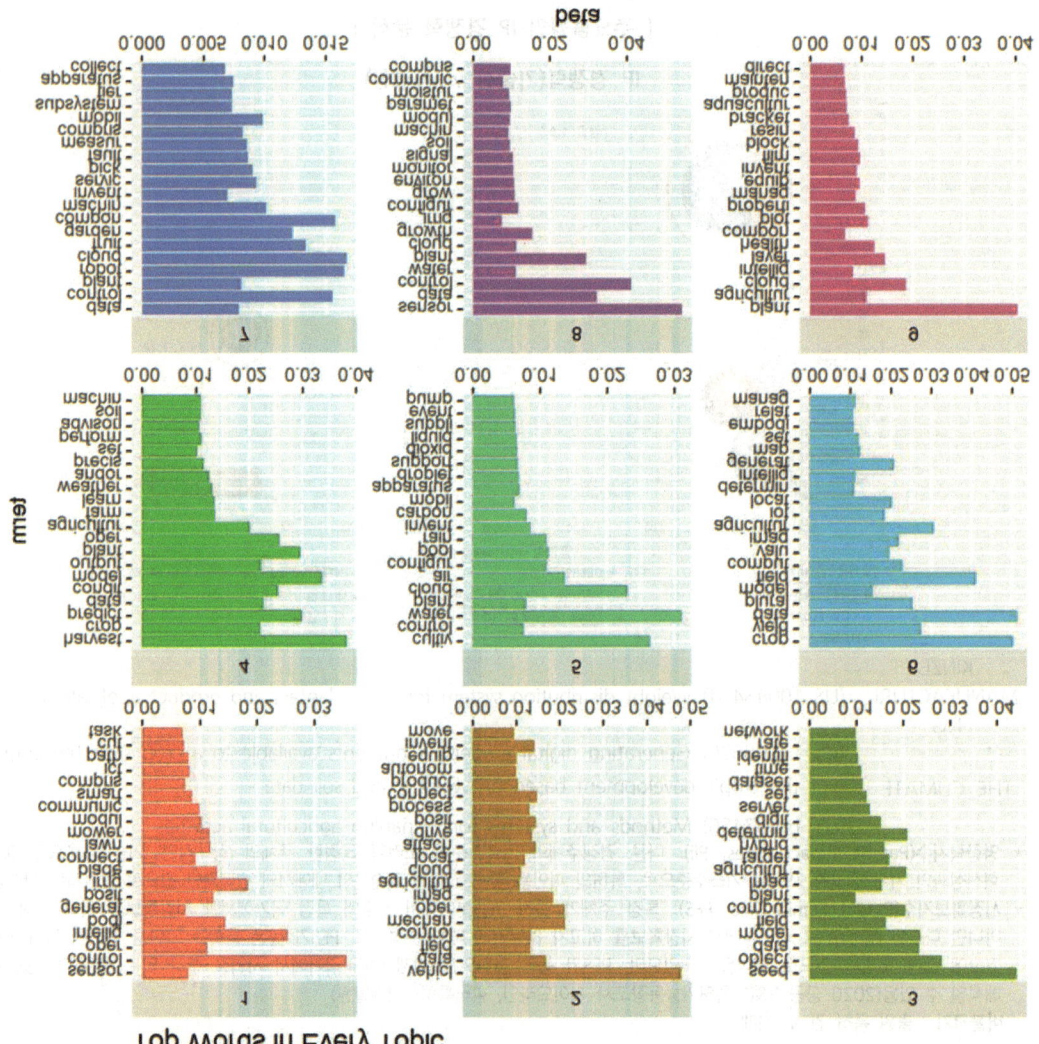

나. LDA[138] 클러스터링 기반 요소기술 도출

[LDA 클러스터링 기반 요소기술 키워드 도출]

No.	상위 키워드	대표적 관련 특허	요소기술 후보
클러스터 01	control, intellig, irrig, bodi, blade, posit, lawn, mower, oper, modul	• Low energy sickle mower and system using controlled gap thin blade shear process and torque management • Wireless interconnection control system and method for improving sprinkler irrigation uniformity of hose reel irrigator with electric drive, Chip saw for mowing	점적 관수제어 시스템 기술
클러스터 02	vehicl, mechan, oper, imag, data, connect, posit, attach, invent, drive	• Autonomous gardening vehicle with camera • Intelligent and adjustable boring and separating apparatus with a cage structure for sandy soil	-
클러스터 03	seed, object, model, data, determin, agricultur, comput, target, field, hybrid	• Method for recommending seeding rate for corn seed using seed type and sowing row width • Managing stages of growth of a crop with micro-precision via an agricultural treatment delivery system	품종 개량 및 조직 배양 기술, 작물 생육 상태 자동 분석 시스템
클러스터 04	harvest, model, predict, plant, oper, condit, data, output, crop, agricultur	• Diagnosis and prediction of in-field dry-down of a mature small grain • coarse grain, or oilseed crop using field-level analysis and forecasting of weather conditions	-
클러스터 05	water, cultiv, cloud, air, pool, configur, rain, invent, carbon, plant	• Amplified relief from drought and famine- a spin-off technology from fossil-fueled climate restoration • Carbon dioxide application facility and application method for crops grown in house, and the like	병충해 및 재해 예측 기술
클러스터 06	data, crop, field, agricultur, yield, plural, comput, imag, generat, locat	• Digital nutrient models using spatially distributed values unique to an agronomic field • Radar based precipitation estimates using spatiotemporal interpolation	-
클러스터 07	cloud, robot, compon, control, fruit, garden, machin, mobil, servic, pick	• Method of scavenging atmospheric energy • causing rainfall, and for dissipating severe weather formations using an electrostatic dirigible	에너지 절감형 환경 최적화기술
클러스터 08	sensor, control, data, plant, growth, configur, cloud, water, grow, environ	• An intelligent integrated plant growth system and a process of growing plant thereof • Rice variant, method for producing the same	작물 생육정보 데이터베이스 구축
클러스터 09	plant, cloud, layer, health, plot, agricultur, properti, film, equip, block	• Method for the preparation of thermotropic greenhouse films • Apparatus and methods for sensing of fire and directed fire suppression	-

---

138) Latent Dirichlet Allocation

다. 특허 분류체계 기반 요소기술 도출

☐ 보급형 스마트팜 솔루션 관련 특허에서 총 10개의 주요 IPC코드(메인그룹)를 산출하였으며, 각 그룹의 정의를 기반으로 요소기술 키워드를 아래와 같이 도출

[IPC 분류체계에 기반한 요소기술 도출]

IPC 기술트리		요소기술 후보
(서브클래스) 내용	(메인그룹) 내용	
(A01B) 농업 또는 임업에 있어서의 토작업; 농기구 또는 기구의 부품, 세부 또는 부속구 일반	• (A01B-079) 토작업의 방법(특별한 작업기의 사용을 필요로 하는 것은 관련되는 적절한 그룹을 참조)	-
(A01D) 수확; 예취	• (A01D-034) 예취수확기	수확 시스템 효율화 기술
(A01G) 원예; 채소, 화훼, 벼, 과수, 포도, 호프 또는 해초의 재배; 임업; 관수	• (A01G-007) 식물의 생태 일반	작물 생육정보 데이터베이스 구축
	• (A01G-009) 용기에서의 재배, 온상 또는 온실	-
	• (A01G-015) 기상상태에 영향을 주는 장치 또는 방법	병충해 및 재해 예측 기술
	• (A01G-025) 정원, 들판, 운동장 또는 그 유사한 것의 관수	-
	• (A01G-031) 무토재배, 예. 수경재배	-
(G06K) 데이터의 인식; 데이터의 표시; 기록매체; 기록매체의 취급(우편물의 구분 B07C)	• (G06K-009) 인쇄문자, 손으로 쓴 문자를 독취하거나 인식 또는 패턴을 인식하기 위한 방법 또는 장치, 예. 지문인식	-
(G06Q) 관리용, 상업용, 금융용, 경영용, 감독용 또는 예측용으로 특히 적합한 데이터 처리 시스템 또는 방법; 그 밖에 분류되지 않는 관리용, 상업용, 금융용, 경영용, 감독용 또는 예측용으로 특히 적합한 시스템 또는 방법	• (G06Q-050) 특정의 업종에 특히 적합한 시스템 또는 방법, 예. 공익 사업 또는 관광업 (헬스케어 인포매틱스 G16H)	품종 개량 및 조직 배양 기술
(G06T) 이미지 데이터 처리 또는 발생, 일반	• (G06T-007) 이미지 분석	-

라. 최종 요소기술 도출

☐ 산업·시장 분석, 기술(특허)분석, 전문가 의견, 타부처 로드맵, 중소기업 기술수요를 바탕으로 로드맵 기획을 위하여 요소기술 도출

☐ 요소기술을 대상으로 전문가를 통해 기술의 범위, 요소기술 간 중복성 등을 조정·검토하여 최종 요소기술명 확정

[보급형 스마트팜 솔루션 분야 요소기술 도출]

요소기술	출처
수확 시스템 효율화 기술	IPC 기술체계, 전문가추천
병충해 및 재해 예측 기술	특허 클러스터링, IPC 기술체계, 전문가추천
에너지 절감형 환경 최적화기술	특허 클러스터링, 전문가추천
작물 생육정보 데이터베이스 구축	특허 클러스터링, IPC 기술체계, 전문가추천
작물 생육 상태 자동 분석 시스템	특허 클러스터링, 전문가추천
품종 개량 및 조직 배양 기술	특허 클러스터링, IPC 기술체계, 전문가추천
재순환방식 관수제어 시스템 기술	전문가추천
점적 관수제어 시스템 기술	특허 클러스터링, 전문가추천
배양액 소독 기술	전문가추천
이온 보충 기술	전문가추천

6. 전략제품 기술로드맵

가. 핵심기술 선정 절차

☐ 특허 분석을 통한 요소기술과 기술수요와 각종 문헌을 기반으로 한 요소기술, 전문가 추천 요소기술을 종합하여 요소기술을 도출한 후, 핵심기술 선정위원회의 평가과정 및 검토/보완을 거쳐 핵심기술 확정

☐ 핵심기술 선정 지표: 기술개발 시급성, 기술개발 파급성, 기술의 중요성 및 중소기업 적합성
- 장기로드맵 전략제품의 경우, 기술개발 파급성 지표를 중장기 기술개발 파급성으로 대체

[핵심기술 선정 프로세스]

① 요소기술 도출	→	② 핵심기술 선정위원회 개최	→	③ 핵심기술 검토 및 보완	→	④ 핵심기술 확정
• 전략제품 현황 분석 • LDA 클러스터링 및 특허 IPC 분류체계 • 전문가 추천		• 전략분야별 핵심기술 선정위원의 평가를 종합하여 요소기술 중 핵심기술 선정		• 선정된 핵심기술에 대해서 중복성 검토 • 미흡한 전략제품에 대해서 핵심기술 보완		• 확정된 핵심기술을 대상으로 전략제품별 로드맵 구축 개시

나. 핵심기술 리스트

[보급형 스마트팜 솔루션 분야 핵심기술]

핵심기술	개요
수확 시스템 효율화 기술	• 인력 투입이 매우 큰 수확 과정에 있어 로보틱스/AI/재배베드 개선 등의 수단으로 수확에 들어가는 코스트를 절감하는 기술
병충해 및 재해 예측 기술	• 외부 환경 조건 / 작물 생육 정보 관찰을 통한 해당 병충해(생리장해를 중점으로)의 발병 정도 예측
에너지 절감형 환경 최적화 기술	• 농업인이 제어하는 것이 아닌 AI 기반 시스템이 자동으로 액츄에이터를 입력하여 전력, 수자원, 비료 등의 투입을 최소화 하는 기술
작물생육정보 데이터베이스 구축	• 작물의 실제 생육 정보를 의미가 적은 단순 시계열적 데이터로 나열하는 것이 아닌 모델링에 의한 체계적이고 AI/빅데이터에서 확실히 사용될 수 있는 의미있는 데이터를 대량으로 실시간 처리하는 기술 • 작물의 성장속도, 크기, 색깔 등의 데이터를 축적할 수 있는 DB구축
작물 생육 상태 자동 분석 시스템	• 작물의 생육 상태를 이미지, 배액 분석만으로 진행되는 것이 아닌 식물체와 주변 환경을 네트워크 모델링하여 수학적 모델을 이용하여 현 상태를 정확히 진단하고 예후까지 정확히 예측하는 시스템 • 작물의 성장속도, 크기, 색깔 등의 데이터 분석 시스템
품종 개량 및 조직 배양 기술	• 오랜 시간이 걸리는 F1 교배 방식에 의한 품종 개량에 앞서 CRISPR/CAS9을 이용한 빠른 개량으로 필요 인자를 빠르게 개량하여 조직 배양으로 대량 증식 시키는 기술

다. 중소기업 기술개발 전략

- ☐ 농업 가치사슬 내 기업들과 타 산업 컨소시엄 등을 통한 적극적인 스마트팜 확대 필요
- ☐ 스마트팜 관련 통합시스템의 개발과 수출로 연계하기 위한 한국형 성공모델 구축
- ☐ 유통/판매 구조를 효율화하기 위해서는 입·출하 자동화 및 유통량 파악 등의 기술개발이 필요

라. 기술개발 로드맵

(1) 중기 기술개발 로드맵

[보급형 스마트팜 솔루션기술개발 로드맵]

보급형 스마트팜 솔루션	스마트 팜 관련 통합시스템의 개발과 수출로 연계하기 위한 한국형 성공모델 구축			최종 목표
	2022년	2023년	2024년	
수확 시스템 효율화 기술				투입 비용 60% 이상 절감
병충해 및 재해 예측 기술				발병 감소율 90% 이상
에너지 절감형 환경 최적화 기술				투입 전기 에너지 40% 이상 절감
작물생육정보 데이터베이스 구축				컨테이너별 시간당 20Gb이상 처리 및 비용 50% 최적화
작물 생육 상태 자동 분석 시스템				작물생육정보 데이터베이스 구축
품종 개량 및 조직 배양 기술				고부가가치 작물 7종 이상

(2) 기술개발 목표

☐ 최종 중소기업 기술로드맵은 기술/시장 니즈, 연차별 개발계획, 최종목표 등을 제시함으로써 중소기업의 기술개발 방향성을 제시

[보급형 스마트팜 솔루션 핵심요소기술 연구목표]

핵심기술	기술요구사항	연차별 개발목표			최종목표	연계R&D 유형
		1차년도	2차년도	3차년도		
수확 시스템 효율화 기술	투입 시간(감소율)	20%	40%	60%	투입 비용 60% 이상 절감	산학연
병충해 및 재해 예측 기술	생리장해, 병충해 발병 감소율	30%	60%	90%	발병 감소율 90% 이상	기술혁신
에너지 절감형 환경 최적화 기술	에너지 절감률	15%	30%	40%	투입 전기 에너지 40% 이상 절감	기술혁신
작물생육정보 데이터베이스 구축	시간당 트래픽 처리량	클라우드 컨테이너별 작물 이미지까지 실시간 전송(시간당 2Gb) / 백엔드 처리	클라우드 컨테이너별 작물 비디오까지 실시간 전송(시간당 10Gb) / 백엔드 처리	비용 최적화로 기존 대비 50% 이상 월 사용료 감소	컨테이너별 시간당 20Gb이상 처리 및 비용 50% 최적화	상용화
	비전처리기술	80%이상	85%이상	90%이상	작물생육정보 데이터베이스 구축	산학연
작물 생육 상태 자동 분석 시스템	범작물적 상미분방정식 계수 적용도(종류 수)	엽채류에 관해 3종류 이상 계수 확립	엽채류 이외 5종	과채/약초 등 7종 이상 확대	고부가가치 작물 7종 이상	기술혁신
	비전처리 및 딥러닝기술	80%이상	85%이상	90%이상	작물생육 상태 자동분석 시스템 구축	산학연
품종 개량 및 조직 배양 기술	대량 증식 후 배양체들의 우량개체 비율	20%	30%	40%	40% 이상의 우량 개체 비율 획득	산학연

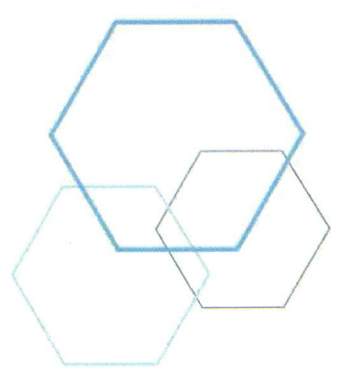

전략제품 현황분석

스마트 축산 솔루션

스마트 축산 솔루션

정의 및 범위

- ICT 기술을 축산에 접목하여 원격·자동으로 가축의 생육환경을 적정하게 유지 관리하는 생산관리와 축산시설의 안전을 강화하고 에너지를 절약할 수 있는 하드웨어적 시설과 소프트웨어적 기술로 정의
- 축사 내·외 환경측정 센싱 및 모니터링, 생산시설(착유기, 사료빈 관리기, 자동 급이기, 비육돈 선별기, 임신돈 군사장치, 액상사료 자동 급이기), 가축 관리(송아지 로봇 착유기, 음수 관리시스템, 전자태그, GPS 분만 알림 시스템, 돼지 개체관리), 농장 종합관리(양돈장 관리프로그램, 젖소 사육관리 시스템) 등의 시설과 프로그램을 범위로 설정

전략제품 관련 동향

시장 현황 및 전망	제품 산업 특징
• (세계) 전 세계 가축 모니터링 시장 규모는 2019년 11억 달러로 평가되었으며 연평균 10.4%로 성장하여 2025년 19억 4,900만 달러 규모에 도달할 것으로 전망 • (국내) 국내 스마트 축산시장은 2019년 약 712억 원 규모로 추산되며 국내 축산업의 성장과 더불어 성장하여 2025년 3,059억 원에 근접할 것으로 전망	• ICT와 연계한 농림축산식품 분야는 아직 사업 초기 단계로 활성화되진 않은 상황, IT 융합 신기술 활용 및 확산을 위하여 기술개발 및 성공모델의 발굴 확대 시급 • 축종별로 살펴보면 양돈/양계의 경우 기계화, 자동화 및 규모화가 빠르게 진행되고 있어 ICT 기반 기술이 상당 부분 적용되고 있지만 낙농/한우 부분은 초기 단계
정책 동향	기술 동향
• '22년까지 축산분야 주요 축종(양돈, 양계, 한우, 낙농) 전업농가의 22%인 5,750호에 스마트축사 보급 계획 • 축산농가 ICT 시설, 장비 설치 및 축산 스마트팜 시범단지 조성 등을 통해 스마트축사 확대 예정 • 데이터 기반 생육 관리, 번식, 질병, 사양, 경영 관련 정보를 관리할 수 있는 농장경영관리프로그램 지원	• 농진청은 LG이노텍과 함께 육계의 실시간 영상 이미지를 활용해 체중을 예측하는 기술을 2020년 6월 개발 • 한우·젖소 농장에서는 자동 착유 솔루션을 비롯하여 사료 공급 및 청소 로봇 도입 진행 중 • 가축의 질병을 손쉽게 파악하여 품질을 높이고 관리를 돕는 기술의 개발과 보급
핵심 플레이어	핵심기술
• (해외) DeLaval, Allflex, Anitrack, GEA, Ewetrack, Faromatics, Serket, Eruvaka Technologies • (국내) 유라이크코리아, 애그리로보텍, 국립축산과학원, 한국축산데이터	• 축사 냄새·안전 통합 모니터링 • 가축 생체정보 측정 및 선별 • 축우 발정 탐지 및 분만 알림 • 축사 냉난방 환경제어기 • 축사 환경정보 수집 및 환경관리기 • 축종별 사료 자동 급이 및 음수 관리시스템

중소기업 기술개발 전략

→ 축종별 스마트축산 핵심 기기 국산화율 현황조사 및 경제성 분석

→ 가축 사육환경 및 개체별 생육 정보의 단순 수집 모니터링 수준을 넘어선 데이터의 복합적인 분석 기술

→ 스마트 축산분야의 기술개발은 비교적 후발 주자인 만큼 ICT 기술과 적극적인 협력 요구

→ 개발된 기자재 및 시설과 이를 운영할 수 있는 소프트웨어의 기술 병행 필요

전략제품 현황분석

1. 개요

가. 정의 및 필요성

(1) 정의

☐ 스마트축산 통합관리시스템은 가축의 생육 정보 및 환경요인 등에 대한 센싱 및 데이터 자료를 기반으로 지능 정보기술 및 기자재를 적용하여 가축에게 최적의 생육환경을 조성하고, 이를 원격·자동 제어하는 하드웨어적 기기와 소프트웨어적 기술로 정의될 수 있음

- 스마트축산 센싱 및 계측 장비 : 축사 환경정보 센싱, 가축 생육·생체정보 센싱
- 스마트축산 생산관리 : 개체별 급이·급수 관리 기술, 가축 생장·생산 예측 모델을 활용한 정밀사양
- 스마트축산 작업환경 관리 및 자동화 : 축사 내부 농작업 정보 모니터링, 축사 관리 및 자동화 축사 실현을 위한 기계·로봇 기술
- 스마트축산 환경관리 : 가축분뇨 관리 및 통합관제, 축산냄새 모니터링, 축사 에너지화 최적화 관리 기술

[스마트 축산 개념도]

* 출처 : 농림축산식품부, 스마트축사 정책홍보, 2020

- 도입 효과 : 사료비 9.2%↓, 고용비 6.6%↓, 분만율 2.5%↑, 상등급 출현 6.9%↑, 질병 발생 피해액 43.9%↓

(2) 필요성

- □ 농촌 절대 인구의 지속적 감소 및 농업 인력의 고령화로 인한 지속가능한 안전 축산물 생산의 위협을 생체정보와 환경정보 등의 데이터를 기반으로 사료·물·에너지 등의 다양한 축산 투입재의 효율적 사용과 더 깨끗하고 안전한 축산물 생산을 위한 새로운 축산 생산 시스템이 필요
    - 농촌의 경우 인력을 구하기 어려워 외국인 노동자가 주를 이루는 상황. 그마저도 노동력 품귀 현상으로 농촌 인건비는 지속적으로 상승하여 영세 농가는 경영에 어려움을 겪고 있음
    - 스마트 축산을 통한 농가 자동화는 농촌 인구 감소에 대응할 수 있는 최적의 수단

- □ 축산의 경우 축사 내·외부 온도, 습도 센서 및 CCTV를 이용한 환경제어 및 자동급이기 등의 사양관리 기술이 보급되고 있고, 가축의 체온과 행동 패턴 등 생체정보 센싱을 통한 축사 환경 계측정보를 활용한 질병 조기 예찰과 최적 사육환경 설정 모형 개발에 관한 연구가 이루어지고 있음

- □ 그러나 국내의 스마트축산 관련 기술은 일부 축종에 한정된 좁은 기술적 적용 범위, 데이터 수집·분석·활용체계의 비표준화와 수집된 데이터의 분석과 활용성 미흡 등으로 인해 스마트축산 관련 기술과 적용 범위가 한계를 가지고 있음
    - 축산관리자 및 생산 주체 능력에 따라 수량, 품질 등이 크게 좌우되는 경향이 있음

- □ 현재 국내의 스마트 축산은 가축과 환경요인에 대한 모니터링과 제어단계에 머물러 있으며, 더 진보된 스마트축산 확대 보급과 시장 선점을 위한 빅데이터 활용 및 최적화 알고리즘 개발 등이 부족한 실정이며 국내외적으로 연평균 10% 이상의 시장이 확대되고 있는 스마트팜 관련 산업 수요에 적응 및 선점을 위한 기자재의 국산화, 시설의 표준화 및 기술의 첨단화가 절실한 실정임

[농가 인구 감소 추이]

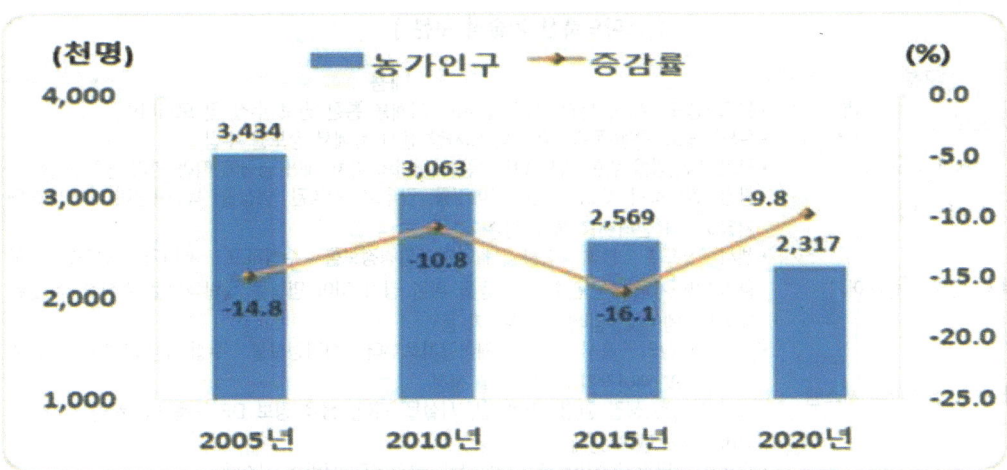

* 출처 : '지난해 농업 인구 감소, 고령화 더욱 심화', 농축유통신문, 2021

나. 범위 및 분류

(1) 가치사슬

☐ 스마트축산 솔루션의 후방산업은 축산업과 관련된 데이터를 분석·처리하는 기술인 인공지능, 빅데이터 기술이 있을 수 있으며, 솔루션의 원활히 작동되도록 하는 하드웨어적인 기술인 통신, 센서, 제어기 등이 요구

☐ 스마트축산 솔루션의 전방산업은 축산업(양돈, 양계, 낙농, 한우 등 농가)이라 할 수 있음

[스마트 축산솔루션 분야 산업구조]

후방산업	스마트 축산솔루션	전방산업
인공지능, 빅데이터 분석 등 플랫폼, 통신, 센서, 제어기 등 장비 디바이스	스마트 축산	양돈, 양계, 낙농, 한우 농가

(2) 용도별/기술적 분류

☐ 스마트축산 용도에 따른 모듈 분류

- 생산관리 : 가축 사양(개체 급이/급수 관리), 축종별 성장/생장 예측 모델, 축종별 경영정보 통합관리
- 축사 복합 환경관리 : 가축 사육환경 변화 예측 기술, 축산 복합 환경(온도, 습도, 유해가스 및 분진) 관리
- 작업관리 및 에너지화 : 축사 작업자 정보 모니터링 및 관리 기술, 축사 에너지 최적화 관리
- 환경관리 : 축산냄새 관리 및 제어, 가축분뇨 관리 및 제어

[스마트축산 기술적 구분]

구분		내용
센서노드	내부	• 온도, 습도, 가스, 분진 센서 및 계측 기계를 통한 정보 수집 및 모니터링
	외부	• 온도, 습도, 풍향·풍속, 강우량, 일사량 센서 등에서 정보를 수집
제어기 노드		• 환기, 냉난방을 위한 축사 단위 독립제어기의 장치 제어 명령에 따라 환기 장치 조절
스마트 영상장치		• 촬영 장비로서 CCTV, 웹 카메라를 갖추고 촬영된 영상을 녹화 장비 DVR 등에 저장하거나 인터넷을 통해 전송
축사 단위 독립제어기		• 센서 노드를 통해 축사 내·외부 환경정보를 수집하고, 제어기 노드를 통해 환기·난방·차광·보온·관수·관비 등을 위한 장치 제어 명령을 독립적으로 수행할 수 있는 제어시스템(PLC, 임베디드 제어기 등)
농가 단위 정보관리 시스템		• 하나 이상의 축사 단위 제어장치로부터 환경정보를 수집·저장·분석하고 개별 축산농장의 제어장치 제어조건을 설정 • 실시간 가축 생장 환경 모니터링, 시설물 제어, 생육 정보 DB 구축 및 분석, 클라우드 서비스 시스템과 연계
기타 장치		• 관제용 단말장치(스마트패드, PC 등), 클라우드 서비스 시스템 • 안전장치 : 무정전 장치(UPS), 낙뢰 보호기, 정전감지기 등

2. 산업 및 시장 분석

가. 산업 분석

◎ **현재 농축산업은 단순 식량 생산에서 벗어나 고부가가치 식품을 생산하기 위해 다양한 첨단기술과 융합하여 고효율·고품질 전략을 추구**

☐ 현대 농업은 1차, 2차, 3차 산업이 연계된 복합 산업이며 단순한 먹거리 생산 위주의 농업에서 벗어나 IT·BT·ET·NT 등 첨단기술과의 융합을 통해 고부가가치 융합산업으로 발전하고 있으며, 스마트농업은 농촌 인구감소 및 노동력 부족, 기상이변에 따른 각종 재해 빈발 등의 문제를 해결하는 방안으로 그 중요성이 확대되고 있음

☐ 그러나 타 분야 ICT 융합보다 농림축산식품 분야는 아직 초기 단계 수준으로, 산업이 활성화되지 못하고 있어 IT 융합 신기술 활용 및 확산을 위한 기술개발 및 성공모델의 발굴 확대가 시급하며, 특히 현장에 적용되고 있는 대부분의 관련 기자재나 기술이 외국의 모델을 차용하는 수준으로 국산화 및 산업화가 요구되고 있음

☐ 축종별로 살펴보면 양돈/양계의 경우 기계화, 자동화 및 규모화가 빠르게 진행되고 있어 ICT 기반 기술이 상당 부분 적용되고 있지만 낙농/한우 부분은 초기 단계에 있는 수중으로 인식됨

☐ 축산시설 및 자재 업체 수는 약 320개에 달하며 상시 종사자 수는 평균 7명이고, 작업 분야별로는 축산시설 및 환경 조절용이 31%로 가장 높으며, 생산물 처리용 24%, 사양 관리용 14%로 나타남. 특히 축산기자재에 대한 매출이 지속적으로 증가하고 있으며 최근에는 ICT 기자재 및 이와 연계된 축산시설 환경 모니터링 제어, 선별기, 급이기 등이 활발하게 보급되고 있음

◎ **스마트 축산분야는 아직 시작 단계**

☐ 스마트축산 핵심 기술과 부품들은 대부분 수입되어 사용되고 있으며 자체 솔루션을 사용하는 경우가 많아 시스템 통합이나 플랫폼화가 어려움

- 많은 축산농가에서 외국산 시스템을 솔루션 형태로 설치하고 있어 제품 가격 및 운용 유지가 어렵고 비싼 실정이며, 기자재 및 제품 간 상호 호환성 결여로 유지보수에 어려움을 겪고 있음

- 또한, 외국산 기자재 및 소프트웨어 사용에 따른 구조 문제로 국내의 축산농장의 데이터가 시스템 설치 및 개발 국가로 유출되고 이러한 데이터를 활용한 시스템과 프로그램들이 다시금 국내에 검증 없이 적용되어 보급되고 있음

☐ 스마트축산 관련 업체가 영세하기 때문에 국내 스마트축산 기술과 보급률이 낮은 실정

- 국내 제품은 업체의 영세성(자본, 기술 및 전문 인력)으로 기자재와 기술이 부분적으로 개발되어 공급되고 있으며, 제품 간 호환율이 낮아 농가에 보급되어 운영 중인 설비 및 제품의 유지보수가 어려운 실정

- ☐ 스마트 축산에 적용되는 기자재 및 시스템은 주로 하드웨어적 시스템으로 축산농가에 노동력 절감과 관리의 효율성을 높이는 긍정적인 기대를 받고 있으나 스마트축산 농장에서 생산된 축산물의 품질 향상과 생산성 효율에 대한 객관적인 검증자료가 부족함

- ☐ 스마트축산 관련 산업에 필요한 전문 인력이 매우 부족한 실정임
  - 농촌의 고령화로 스마트 축산의 주요 기자재 및 설비와 관련된 ICT 기술과 활용 능력이 배양된 인재가 부족하며, 축산분야의 ICT 활용 교육을 이수하거나 교육받은 인력양성 프로그램이 전무하여 산업체에 적합한 인재를 확보하는 데 어려움이 있음
  - 스마트축사에 대한 교육 및 시설의 유지보수를 위한 인력이 부족하며, 농촌의 고령화로 ICT 활용 기술의 습득과 활용이 미숙하므로 기술 전달 및 피드백할 인재가 필요

◎ 정부의 축산분야 ICT 융복합 확산사업 지원

- ☐ '22년까지 축산분야 주요 축종(양돈, 양계, 한우, 낙농) 전업농가의 22%인 5,750호에 스마트축사 보급 계획

- ☐ 번식, 질병, 사양, 경영 관련 정보를 관리할 수 있는 농장경영관리프로그램 지원

- ☐ 축사 내·외부의 환경 모니터링 및 조절 장비 지원
  - 환경관리기, 환풍기, 냉난방기, 송풍 팬, 쿨링 패드, 안개 분무기, 열풍기, 조도관리기(LED), 통합 S/W 등
  - 악취측정, 악취 저감 시스템, 악취 모니터링 시스템 등
    - 상기 장비는 컴퓨터 또는 모바일에서 농장환경정보의 모니터링 및 제어가 가능한 장비에 한함

- ☐ 원격(또는 자동)제어가 가능한 자동화 장비 지원
  - (양돈) 자동급이기, 컴퓨터 액상 급이기, 음수 관리기, 군사급이기, 사료 효율 측정기, 사료빈 관리기, 출하돈 선별기, 발정/임신 진단기, 체중 측정기 등
  - (양계·오리) 자동급이기, 자동급수기, 난 선별기, 부화기, 음수 관리기, 사료빈 관리기, 체중 측정기 등
  - (낙농·한우) 착유기, 로봇 착유기, 자동급이기, 사료빈 관리기, 음수 관리기, 발전 탐지기, TMR 배합기, TMR 자동급이기, 분만 알리미, 자동포유기, 조사료정리기, 체중 측정기, 원유냉각기, BCS 측정기 등

☐ 스마트축산 사업 방향을 살펴보면 ICT 장비 지원은 단일장비보다는 환경·사양관리 패키지 도입과 냄새 저감·질병 예방 장비를 우선 지원

- 그동안 스마트팜 정책을 통해 농가의 생산성 향상이라는 성과는 거뒀지만 기대했던 냄새 저감과 질병 예방 효과는 부족한 상태라고 판단

- 사료 자동급이기 등 생산성 관련 단일장비 도입 비중이 높고 환경관리 및 분뇨처리 관련 장비의 경우 비용으로 인식되어 도입이 미흡하다고 평가

[정부의 축산분야 지원 계획]

구분		내용
돈사 환경관리	내부환경 관리장비	• 온도, 습도, co2, 조도, 암모니아, 이산화탄소, 누전 (정전)감지 등
	외부환경 관리장비	• 온도, 습도, 풍향, 강우, 일사, 풍속 등
제어 장비	임신사	• 발정체크기, 모돈 급이기, 사료빈, 음수 관리기 등
	분만사	• 보온등, 모돈 급이기, 사료빈, 음수 관리기 등
	자돈사	• 보온등, 사료 믹스기, 사료빈, 음수 관리기 등
	비육사	• 돈 선별기, 사료 믹스기, 사료빈, 음수 관리기 등
영상장비		• CCTV(웹카메라), DVR 등
생산경영 관리시스템		• PC, 모니터 등

* 출처: 농림축산식품부, 스마트축사 정책홍보

- ☐ ICT 장비 지원 및 데이터 컨설팅 지원 농가에 대한 빅데이터 플랫폼 연결 의무화를 추진
    - 플랫폼 활용 활성화를 위해 행정지원·사업안내 중심의 컨설팅에서 질병·환경관리, 생산성 향상 등 농가성적 향상을 위한 데이터 기반의 심층 컨설팅으로 변화
    - 축종별로 우수농가를 선정 후 집중 컨설팅을 지원해 경영성적을 제고하고, 빅데이터 활용 우수농가로 육성 및 홍보를 강화한다는 방침
- ☐ 2019년부터 스마트축산 ICT 시범단지 조성사업을 추진
    - 시범단지에는 방역을 위해 외부 차량 차단 및 방역시스템을 설치하고 환경관리 역량 강화를 위해 환경·사양관리 ICT 장비를 패키지로 지원
    - 발생하는 데이터는 빅데이터 플랫폼과 연계해 맞춤형 컨설팅을 지원한다는 계획
- ☐ 농식품부는 시범단지에 퇴액비 공동자원화, 농장별 자동 환기 시스템 구축 등으로 냄새 없는 축산 환경을 조성하고, ICT 단지의 성공모델을 만들어 향후 사업을 확대하겠다는 계획

◎ 1·2·3세대 스마트축산

☐ 1세대 스마트 축산은 ICT 기술을 활용해 단순 환경 모니터링과 원격 조정이 가능한 수준의 시스템

- CCTV 영상정보, 각종 환경계측 감지기 등을 이용해 축사 내·외부의 환경을 점검하고 제어가 가능한 ICT 장비 설치
- 누전·화재 등 감지기(알림 시스템), 사육단계별 맞춤형 사료 급이 장치, 음수 관리기, 사료비 관리기 등 ICT 장비 설치

☐ 2세대는 정밀 사육관리가 가능하여 가축의 생체정보를 기반으로 관리해 생산성을 향상

- 생체정보 감지기(호흡, 맥박, 체온 등), CCTV 영상 분석 등 고급형 ICT 장비에서 생성한 빅데이터를 기반으로 가축을 사육
- 가축 표준 성장 기준에 맞게 건강하게 성장하는지 점검

☐ 3세대는 로봇화, 인공지능 등 첨단기술을 융합한 무인·자동화 시스템

- 농장주의 판단을 넘어 인공지능을 기반으로 한 ICT 장치 제어체계를 구축
- 고급형(2세대) 모델에 인공지능형 사양관리와 로봇형 관리시스템, 인공지능형 출하 시스템을 추가

☐ 국내 스마트팜은 농가 보급 측면에서는 1세대, 기술 연구 측면에서는 2.5세대 수준으로 축산분야에서는 로봇 착유기, 자동급이기 등과 관련해 국내 업체들의 장비 개발 수준이 향상 중

[세대별 스마트팜 모델]

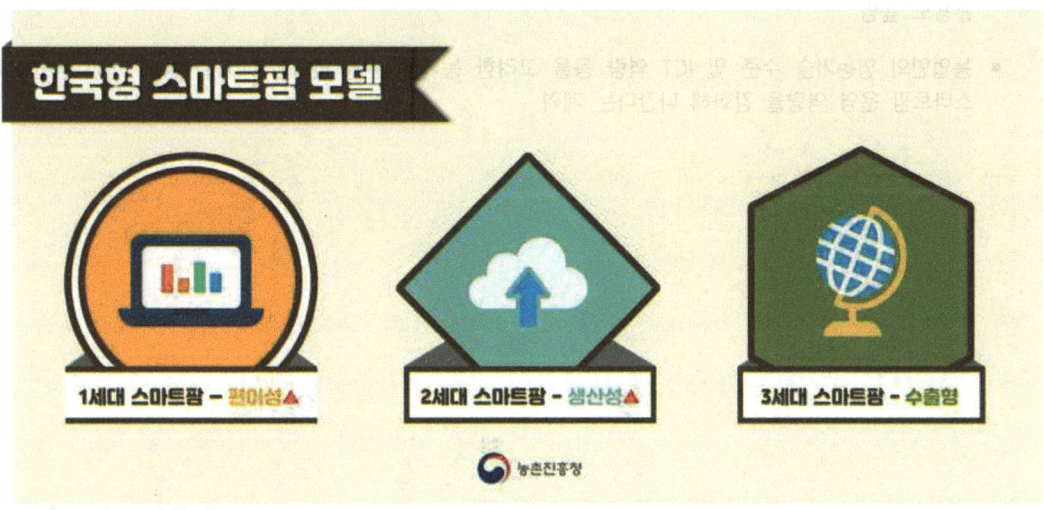

* 출처 : 농촌진흥청 제공, 2021

◎ **미래 스마트 축산 활성화를 위해 관련 기술 분야의 젊은 인력 확보와 기술개발(R&D)에 적극적인 지원 정책 수립**

☐ 스마트 축산은 유능한 청년을 축산에 유입시키고, 전후방 산업의 투자를 이끌어낼 수 있는 대안으로 인식되나 시설 및 장비 도입을 위해 초기 투자 비용이 큼

- 청년 축산인이 초기 투자 비용을 감당하기 쉽지 않기에 농식품부는 청년 농업인 대상의 임대형 스마트팜을 추진하지만, 수요에 비해 공급이 턱없이 부족할 것으로 예상
- 스마트팜 기자재의 수입 의존도가 높고, 관련 소프트웨어 등 핵심 기술도 선진국 대비 개발이 더딘 실정
- 관련 기자재의 표준화가 이뤄지지 않아 단순한 조립 부품도 상호호환이 이뤄지지 않는 경우 발생해 ICT 장비의 통신 방식, 인터페이스 등에 대한 표준이 없어 기기마다 호환이 어렵고 장비의 유지관리 및 정비도 어려움
- 스마트 축산 관련 기업은 대부분 영세한 규모로 운영되고 있어 간단한 시설·장치 교육에 그치는 등 사후 지원이 빈약한 실정

☐ 농식품부는 이 같은 문제 해결을 위해 정책자금 지원 확대 및 한국형 스마트팜 개발 R&D를 추진

- 핵심 ICT 기자재의 국산화·표준화 미흡 부분의 보완이 필요하다고 판단, 스마트팜 관련 기초·원천기술 개발, 현장 실증, 단기 산업화 기술개발, ICT 융복합 실용화 기술(센터, 제어기 등) 개발 등 기술 단계별 농식품부, 농진청, 과기정통부 등 관련 부처 간 역할 분담 및 협업을 통해 한국형 스마트축산 기자재를 개발한다는 방침
- 스마트팜 전문 인력양성을 위해 창업보육센터를 통해 실증중심의 전문화·체계화된 장기 교육을 시행하고, 품목별 전문성과 ICT 역량을 겸비한 전문 컨설턴트를 육성해 스마트팜 도입 농가의 활용도 높임
- 농업인의 영농기술 수준 및 ICT 역량 등을 고려한 농가 수준별 맞춤형 교육을 통해 현장 농업인의 스마트팜 운영 역량을 강화해 나간다는 계획

나. 시장 분석

(1) 세계시장

□ 전 세계 가축 모니터링 시장 규모는 2019년 11억 달러로 평가되었으며 2025년까지 연평균 복합성장률(CAGR) 10.4%로 확대되어 2025년 19억 4,900만 달러 규모에 도달할 것으로 전망

- 동물원의 질병 급증은 가축 감시 시장의 성장의 중요한 동인이며 이는 가축에서 발생하는 이러한 질병이 주요 사회경제적 위협이 되어 생산 손실과 지역 시장, 농촌 경제, 국제 무역의 혼란을 초래할 수 있기 때문

- COVID-19는 2020년 11월 현재 전 세계적으로 수백만 명의 사람들에게 영향을 미치고 동물 건강 산업을 포함한 대부분의 부문에 경제적 영향과 영향을 주어 전국적인 봉쇄와 사회적 거리 두기는 수의사 방문을 중단하거나 지연시키고 있어 가축 감시에 대한 수요가 증가할 것으로 예상

- 가장 주요한 원인은 가축의 사육 두수가 크게 증가할 것으로 예상되기 때문이며 모니터링 시스템은 상당한 비용 절감 효과가 있어서 적용이 확대되는 추세

[축산 모니터링 분야의 세계 시장규모 및 전망]

(단위 : 백만 달러, %)

구분	'19	'20	'21	'22	'23	'24	'25	CAGR
세계시장	1,100	1,210	1,331	1,464	1,611	1,772	1,949	10.4

*출처 : Livestock Monitoring Market, MarketandMarkets, 2021

[북미 지역 축산 모니터링 분야의 시장규모 및 전망]

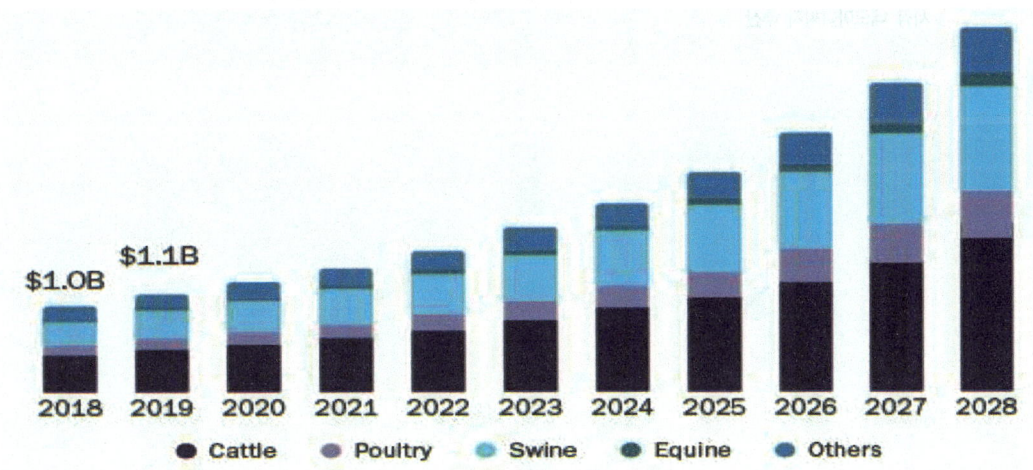

* 출처: Livestock Monitoring Market Report, Grand View Research, 2021

(2) 국내시장

□ 국내 스마트 축산시장은 농림축산식품부의 예산을 근거로 2018년 약 600억 원 규모로 추산되며 국내 축산업의 성장과 더불어 성장하여 2024년 3,500억 원에 근접할 것으로 전망

- 농업 분야 스마트팜 지원사업의 대표사업은 ICT 융복합사업으로, 농림축산식품부는 시설원에 농업의 스마트 온실, 축산업 분야의 스마트축사 확산·보급을 중점적으로 추진

- 2021년 기준 스마트 축산 기술을 적용한 농가가 전체 농가에서 차지하는 비중은 4.1%로 아직 보급이 원활하지 않은 상황이나 꾸준히 증가하는 추세

- 양돈, 양계, 낙농, 한우 농가의 스마트축사 지원은 2016년 430호에서 2018년 1,425호로 2년간 3.3배 규모로 증가했으며 2022년까지 총 5,000 농가 보급 예정

□ 스마트팜 기업 지원사업으로 농림축산식품부는 익산 토마토 농장, 김제 파프리카 농장, 천안 양돈 농장 등을 스마트팜 선도사업 성공 사례로 선정하여 지원하고 있으며, 민간기업들도 기기·장비산업은 중소기업이, 유통은 대기업이 플랫폼을 활용하는 사례가 증가하고 있음

- KT는 전국에 보유한 GIGA 네트워크 인프라와 통합관제 역량, A/S 지원체계, 빅데이터 기술을 융합해 'GIGA 스마트팜' 사업을 추진 중이며, 농림축산식품부와 공동으로 스마트팜 확산을 위해 전국 농촌 10개 거점 지역에 '실습교육장'과 '현장지원센터'를 개설

[스마트축산 산업의 국내 시장규모 및 전망]

(단위 : 억 원, %)

구분	'19	'20	'21	'22	'23	'24	'25	CAGR
국내시장	712	908	1,157	1,476	1,882	2,399	3,059	27.5

* 출처 : 농림축산식품부의 스마트축산 예산과 세계 축산시장 성장률 대비 국내 축산시장 성장률을 기반으로 국내 스마트축산 시장 네모아이씨지 추산

3. 기술개발 동향

□ 기술경쟁력
- 스마트 축산 솔루션은 미국이 최고기술국으로 평가되었으며, 우리나라는 최고기술국 대비 92.7%의 기술 수준을 보유하고 있으며, 최고기술국과의 기술격차는 1.1년으로 분석
- 중소기업의 기술경쟁력은 최고기술국 대비 80.9%, 기술격차는 1.8년으로 평가
- 유럽(94.5%)>한국>일본(70.1%)>중국(67.7%)의 순으로 평가

□ 기술수명주기(TCT)[139]
- 스마트 축산 솔루션은 6.38의 기술수명주기를 지닌 것으로 파악

가. 기술개발 이슈

◎ ICT 기술발전과 함께 다양한 IoT 기기가 축산업계에 적용되기 시작, 식물을 키우는 기존 스마트팜과 달리 실시간 대응이 중요한 축산 업계에서 IoT 기기의 활용도는 더 높을 것으로 예상

□ 농진청은 LG이노텍과 함께 육계의 실시간 영상 이미지를 활용해 체중을 예측하는 기술을 2020년 6월 개발하고, 이 기술로 양계농장들이 연간 96억 원의 경제적 효과를 얻을 수 있을 것으로 기대
- 육계의 무게를 일일이 재지 않아도 출하 시 체중파악 가능하기 때문에 기존 출하 즈음 닭의 무게를 일일이 측정하지만, 실제 출하 시 체중이 변화하면서 측정치와 차이가 발생했던 오류를 줄일 수 있음
- 일반적으로 육계 농가와 닭고기 판매 업체가 맺는 표준계약서에 따르면 닭 출하 체중과 ±50g의 오차범위를 벗어나면 물게 되는 페널티 감소 효과로 농가의 손실 최소화
- 닭이 목표체중에 도달하는 시기를 예측할 수 있어 육계 출하 전 체중 측정에 소비되는 노동력 절감
- 카메라 영상으로 관측한 육계의 크기 정보를 활용해 출하할 때 전체 평균 체중을 예측하는 방식
- 육계 사육 영상 빅데이터를 분석해 총 5만5,974건의 일령·체중별 이미지 데이터베이스를 구축
- 육계의 크기 이미지와 실제 체중과의 상관관계를 분석해 출하 시 체중을 예측하는 모델 개발
- 해당 기술은 육계 실측 평균 체중 1.6kg을 기준으로 예측 평균 체중과의 오차가 20.3g 내외에 불과할 정도로 정확도가 높음

---

[139] 기술수명주기(TCT, Technical Cycle Time): 특허 출원연도와 인용한 특허들의 출원연도 차이의 중앙값을 통해 기술 변화속도 및 기술의 경제적 수명을 예측

□ 한우·젖소, 양돈 농장에는 ICT 기술이 접목된 자동 사료 공급 장치 설치작업 대거 이행
- 이 장치는 정해진 시간이 되면, 사료 저장 창고에서 자동으로 사료가 공급함으로써 사육 두수에 따라 다르지만, 사료 공급에 필요한 인력이 감소로 노동력 절감
- 소나 돼지의 연령이나 건강 상태에 따라 사료량을 원하는 대로 정할 수 있는 기술 탑재
- 소와 돼지에 개별 식별 장치를 부착하고 축사 시설에 센서 등을 설치할 경우 개체별 일일 사료 섭취량과 체중 증가도 파악하며, 스마트폰으로 사료 공급상황을 실시간으로 확인

□ 꼼꼼한 관찰이 필요한 가축의 임신·질병 등을 손쉽게 파악할 수 있는 기술의 개발과 보급
- 유라이크 코리아는 경구 투여형 실시간 축우 헬스케어 통합 서비스 라이브케어를 개발, 서비스 중
- 라이브케어는 IoT 센서를 내장한 바이오 캡슐을 통해 축우의 반추위 내에서 체온 및 활동량 등 생체 데이터를 실시간으로 측정해 로라(LoRa)망으로 전송
- 딥러닝 분석 결과는 애플리케이션과 웹 프로그램으로 농장 사용자에게 제공
- 라이브케어를 이용하면 개체별 컨디션 모니터링을 기반으로 질병 조기 감지 및 번식 관리가 가능해져 농가는 축사 내 전염병 확산 예방, 항생제 절감, 공태일(축우의 비임신 기간) 감소 등 농가 생산성 및 품질 향상 효과
- ▲소 코로나바이러스 설사병 ▲구제역 ▲식체 ▲산욕열 ▲패혈증 ▲케토시스 ▲유방염 ▲유행열 ▲일본뇌염 ▲폐렴 등 40여 가지의 다양한 질병의 예방과 조기 치료가 가능하고, 발정 시기와 분만 시기까지 98%의 정확도로 예측

◎ 스마트 축산 관련 연구개발 활성화를 위한 국가 차원의 정책 시행 중

□ 국립 축산과학원의 축산 스마트팜 연구 현황이 돼지, 산란계, 육계, 오리, 한우, 젖소 총 6종에 대한 한국형 스마트 축산 기본 모델이 개발되었으며 농촌진흥청 농업과학원과 공동으로 환경 센서 19종에 대하여 축산 ICT 장치에 대한 단체표준(안)을 제시
- 장치 표준안 마련의 경우 스마트팜의 품질 향상 및 사후관리 강화를 달성하고 이를 통하여 농업인의 신뢰를 바탕으로 시장 확대를 견인하기 위해 필수적인 요소
- 현장 농업인을 대상으로 한 설문조사 결과, 스마트팜 도입의 걸림돌로 초기 투자 및 관리 비용 부담(53.8%) > ICT 기술 사용의 어려움(16.7%) > 성과에 대한 불확신(12.8%) > 업체 및 기술 신뢰 부족(11.2%) > 인터넷 등 기반 시설 부족(5.5%) 순으로 조사되었으며 스마트 팜 확산을 위하여 시급한 정책에 관한 질문에 대해서는 스마트팜 기술개발(34.3%) > 시설자금 및 지원 강화(30.2%) > 사후관리(A/S) 등 현장 지원 강화(21.4%), 현장 체험형 교육 마련(9.8%) > 스마트팜 성과 홍보 강화(4.3%) 순으로 응답
- 기술개발 및 인프라 마련, 정부 지원 등 외에도 관련 기기 자체에 대한 품질 향상, 신뢰성 마련, 사후관리 등이 매우 중요
- 이에 대응하여 제조사 측에서는 제품 개발 비용 및 생산 비용을 절감하여 양질의 관련 기기 및 핵심 기술을 생산할 수 있도록 유도하고 수요자인 농업인으로서는 맞춤형 시스템 공급을 통하여 사용 및 A/S 등의 편의성 증진을 달성할 수 있도록 핵심 부품 및 기자재에 대한 단체표준을 마련하고 각 제품의 표준 규격, 가이드라인 준수 여부 검증, 사후관리 보증안 등에 대한 마련을 시행

□ 양돈 스마트팜의 경우 앞서 언급한 바와 같이 1세대 모델에 대한 설정을 완료하고 농가 기술 보급을 실시하고 있는 단계이며 현장 실증을 통한 생산성, 작업 편의성 개선 효과 등에 대하여 지속적으로 모니터링을 실시

- 사용자의 PC 및 모바일 기기를 통하여 실시간으로 시설 내부 미기상 및 개체별 사양관리 정보 등에 대한 관제 및 모니터링을 할 수 있고 필요시 환기팬, 조명장치 등의 제어가 가능하도록 플랫폼 구축이 완료

[ICT 통합제어 시스템을 활용한 양돈 스마트팜]

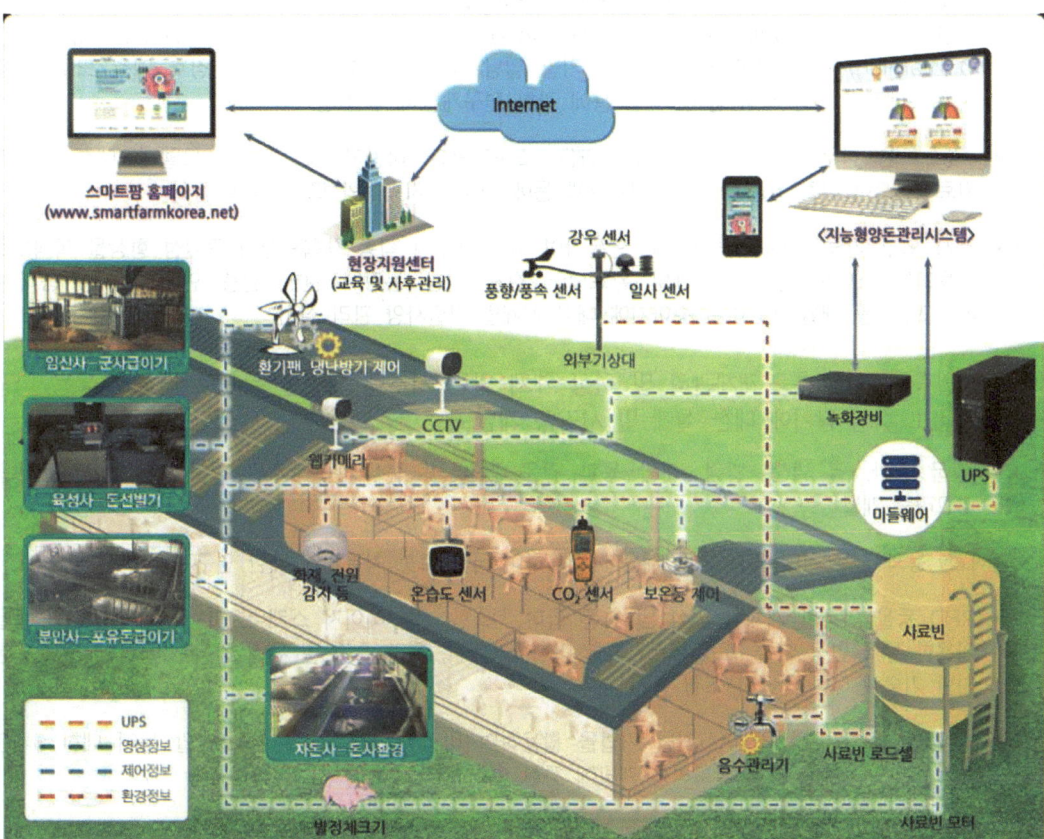

* 출처 : 농림수산식품교육문화정보원 제공, 2021

- 사료빈의 경우 로드셀 및 각종 가스 센서 등을 설치하여 실시간으로 전체 사료 잔량 및 사료의 변패 정도 등을 확인하고, 전체 사료 잔량의 실시간 확인에 따라 농장주는 사료 구입 등과 관련하여 경영 편의성을 도모할 수 있으며 사료 회사는 적시적기에 농가별 원활한 사료 공급을 시행

- 모돈 각 개체에 RFID(Radio Frequency Identification) 태그를 부착하여 각 모돈 개체별 실시간 사료 섭취량, 음수량 관제 및 관리가 가능

- 포유모돈 자동급이기는 농가에서 선호하는 ICT 사양 장비의 하나로 모돈의 나이, 산차 및 BCS(Body Condition Score)를 바탕으로 사료 급여량을 개체별로 제어할 수 있어 기존의 급여방식에 비해 사료 섭취량의 증가, 사료 허실 감소 및 관리자의 노동력이 절감

◎ 2·3세대 스마트축산 도약을 위한 연구개발이 진행 중, 3세대 스마트팜의 경우 사람이 필요 없는 완전 자동화 시스템으로 줄어드는 농가 인구에 대비

☐ 반자동화를 넘어 완전 자동화를 위한 2·3세대 스마트팜 모델 개발을 위한 연구가 활발히 진행 중, 농가 내부의 정밀 센서는 가축의 생체정보를 분석하여 성장 예측 및 감염병 진단 가능

- 돼지 개체관리 및 질병 예찰을 위한 생체지표 탐색 및 설정과 관련하여, 빅데이터 구축을 위한 플랫폼을 마련하고 미기상 데이터, 개체별 급이, 급수 데이터, 운동량 데이터, 생체 데이터 등을 기반으로 CNN(Convolutional Neural Network), RNN(Recurrent Neural Network), DQN(Deep Q Learning) 등 다양한 딥러닝 기술 기반 일당 증체량 예측 모델, 질병 징후 예측 모델, 발정 예측(교배적기 행동 특성 탐지) 모델 등에 관한 연구개발이 추진 중

- 젖소 및 한우 스마트팜의 경우, 양돈 스마트팜과 마찬가지로 1세대 모델에 대한 설정이 완료되었으며 현장 실증을 통한 개선 효과 등에 대하여 지속적인 모니터링을 실시

- 축사 외부 기류의 풍속 및 풍향과 연동하여 시설 내부의 각종 생육환경의 균일성 향상을 목적으로 가동되는 스마트 송풍팬이 개발 완료되어 현재 실험 농장에 관한 실증 연구가 수행 중이며, 자동포유기를 개발하여 어린 송아지에 대한 개체별 정밀사양 관리 실시

☐ 모바일형 스마트 축군·개체관리 및 이상 개체 알림 시스템 확립을 목표로 국산 축우용 다중 생체정보 수집 장치에 대한 설계 및 시작품 개발 중

- 발굽 질환, 열 발생, 발정, 분만 등과 같은 건강 및 번식 관련 주요 상황에 대한 조기 알림 알고리즘 개발

- Lely 등과 같은 거대 외산 기업 제품에 대응하여 국산 로봇 착유기에 대한 연구개발 추진 중

- RFID 등을 이용한 개체별 인식 및 자동 급여 시스템, 3D 레이저 스캐너, 3D Depth 카메라 등을 이용한 유두 인식 기술, 로봇 Arm 기반 머니퓰레이터, 유량 측정 및 유질 검사 기술개발 등 다양한 기반 기술에 대한 국산화 또한 동시 진행

- 3D Depth 카메라 및 머신러닝 기법을 활용하여 비접촉식으로 한우, 젖소, 말 등에 대한 3차원 체형 측정 및 체중 추정 알고리즘 개발에 관한 연구 계획

[스마트축산 주요 분야별 국내·외 기술 적용 현황 비교]

분야	국외	한국
ICT 기자재 표준화·국산화	• ICT 센서는 네덜란드, 오스트리아 샤우어에서 RFID 칩을 개발, 농가 보급률은 40% 정도 • 네덜란드, 덴마크 회사들 중심으로 축산 기자재를 생산·보급 중	• 축산 센서 개발은 대부분 수입에 의존 • 양돈 분야 RFID 칩은 전량 수입 • 양돈 필수 자재 중 자동 급이 장치, 사료빈 관리기, 환경제어기 3종이 국산화 진행 중, 성능 개선 필요
스마트팜 시설 표준화	• ICT 적용 축산표준설계도 및 농가지도 매뉴얼이 있음 • 추천 환기 방식 표준설계도(3종) 보급 중 • 축종별, 사육 규모별 적합 기자재 및 센서 보급	• ICT 적용 축산 표준설계도 개발을 시도 중이나(농협중앙회) 현장의 상황이 다양하여 표준화에 애로 • 환기 방식 표준설계도는 있으나, 실증 및 검증을 거치지 않아 현장 적용성이 떨어져 농가에서는 미활용
빅데이터 기반 생장(사양)관리	• 사양 시설 및 환경관리 표준 매뉴얼을 작성하여 축산농가에 보급 중 • 사양 및 환기관리 방식은 ICT 기반으로 3~5가지 패턴으로 요약 관리 중	• 무창축사(양돈·양계)는 센서에 의한 환경(온도, 환기)관리에만 집중하는 경향 • ICT 기반 표준 매뉴얼이 없음
스마트팜 확산모델	• 축사 시설이 현대화되어 있어 스마트팜 농장을 실행 중 • 축사 사육환경(온·습도, 위해요소 등)관리, 경영프로그램 분석 등 활용	• 선도 농가 중심으로 양돈, 양계 분야는 환경관리 및 경영프로그램 이용 중 • 일반농가는 스마트팜 기술 적용 시도 중이나 경제성 등으로 추진은 미흡

나. 생태계 기술 동향

(1) 해외 플레이어 동향

☐ (DeLaval) 드라발은 낙농업을 위한 통합 착유 솔루션 및 소모품을 제공하는 기술 리더로 1878년 스웨덴에서 구스타프 드라발의 크림 분리기 특허 출원과 동시에 설립

- 자동화 축사를 최첨단 목장으로써 업그레이드하기 위해 로봇 착유기 드라발 VMS ™ V300을 포함하여 오늘날 가장 혁신적인 착유 솔루션을 적용 중
- 착유 솔루션은 인건비 절감은 물론 제품의 위생과 작업자의 안전을 보장하는 스마트팜 기술

[DeLaval 의 착유 솔루션]

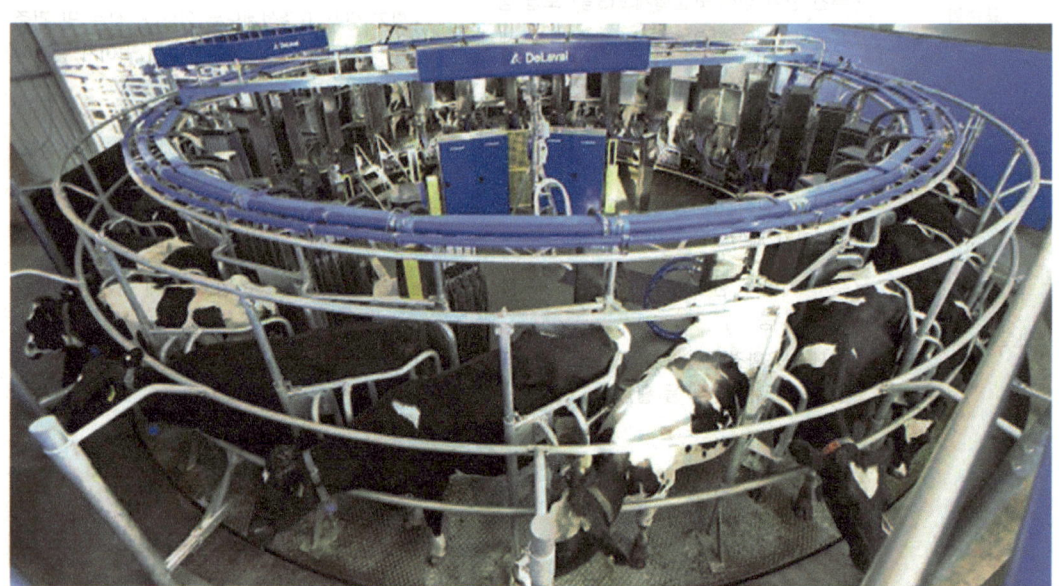

* 출처: 드라발 홈페이지, 2021

☐ (Allflex) 이스라엘의 기업으로 Allflex Livestock Intelligence는 동물 식별, 모니터링, 농장 관리 및 추적을 위한 솔루션의 설계, 개발, 제조 및 제공 분야의 세계적인 리더

- 데이터 기반 솔루션은 농부, 기업 및 국가에서 전 세계 수억 마리의 동물을 관리하는 데 사용되고 있으며 지능적이고 실행 가능한 관리 정보를 제공하는 솔루션을 개발하여 적용 중
- 동물 건강관리업체인 Quantified Ag를 인수하여 병이 나는 동물을 조기에 식별하기 위해 소의 체온과 움직임을 모니터링하는 선도적인 데이터 및 분석하는 기술을 강화하여 동물 관리 및 건강 결과를 개선하거나 향상을 기대

☐ (Serket) 양돈장의 비용 효율성 향상

- 스마트 사육 어플리케이션으로 돼지 기침 시 더 높은 주파수(호흡기 감염의 신호)를 발송, 음향 센서부터 출산 및 생식능력에 대한 보다 정교한 정보 형태에 이르기까지 다양한 서비스 제공
- 농부들이 개별 수준에서 돼지의 행동 패턴에 대한 아주 작은 변화 추적하여 돼지 건강에 이상이 있는 경우 즉시 농부에게 통보

☐ (GEA Farm Technology) 독일의 기업으로 다양한 스마트축산 솔루션을 보유

- 착유 로봇, 로터리 착유기, 분뇨처리 로봇, 사료 자동 공급 장치, 로봇 착유기 제어기, 사료 믹서 및 자동급이기 등 다양한 제품군을 보유

[GEA의 다양한 축산솔루션]

* 출처: GEA 제공, 2021

☐ (Anitrack) 가축의 건강과 활동을 모니터링할 수 있는 스마트 목걸이 개발

- 인간에게 유제품, 쇠고기 및 농업용 방목지와 같은 귀중한 자원을 제공
- 스마트 추적 및 건강 모니터링 솔루션으로 가축이 태어날 때부터 개별적인 주의를 기울여 고품질의 최종 제품 생산
- 비정상적 신호 발생 시 즉시 가축 농장주에게 알림 전송
- 가축 농장주와 필요한 동물 서비스 연결로 질병으로부터 소를 안전하게 지킴

☐ (Ewetrack) 양을 추적하고 모니터링하기 위한 일련의 스마트 사물 인터넷 (IoT) 장치를 출시할 예정

- 양 농장주를 위한 포괄적인 솔루션을 제공
- 양이 울타리가 쳐진 구역을 벗어날 때 농장주에게 알림
- 양들의 상태에 대한 상황들을 즉각적으로 농장주들에게 알리며 특히 야생에서 예기치 못한 분만 시 알림으로 양들의 생존력 강화

(2) 국내 플레이어 동향

☐ (유라이크코리아) 경구 투여형 실시간 축우 헬스케어 통합 서비스 라이브케어의 개발로 기술력을 인정받아 국내는 물론, 덴마크·브라질 등에 설립한 현지법인과 소프트뱅크를 통해 세계 각국에 서비스를 제공

- 2020년 자사가 개발한 양 전용 바이오캡슐(BioCapsule)을 활용한 스마트 축산 서비스용 기술 개념검증(PoC)이 성공하고 이 서비스는 몽골 울란바타르 동쪽 50여km 떨어진 곳에 있는 '에덴소움(Erdene Soum)' 지역 내 양 유목농장을 대상으로 진행
- 2019년 4월에는 일본에 200만 달러(약 24억 6,000만 원) 규모로 수출하기로 계약을 체결

[유라이크코리아 기업 개요와 바이오캡슐]

유라이크코리아 기업 개요	
주요 서비스	라이브케어(LiveCare)
대표	김희진 이화여대 컴퓨터공학 박사
창업연도	2012년 10월
사업 분야	스마트 축산
누적 투자액	50억 원 이상 (산업은행 등)
해외 진출 국가 수	4개국 (일본 법인, 싱가폴 법인, 미국 법인, 유럽 법인(덴마크))

* 출처: 유라이크코리아 제공, 2021

☐ (애그리로보텍) 착유 로봇 시스템, 목장 자동화 솔루션 등 축산 ICT 사업을 영위

- 애그리로보텍 로봇 목장 연간리포트를 발행하여 낙농 스마트 팜시스템 고객들의 데이터를 분석하여 정리한 보고서를 발행
- 국내 축산 기업인 선진과 함께 로봇 착유기를 포함한 다양한 축산용 로봇과 ICT 기술개발

☐ (국립축산과학원) LG 유플러스와 함께 5G 기술 바탕으로 스마트 축산업 경쟁력 강화 농가 소득향상 기대

- 국립 축산과학원 가금연구소와 LG이노텍이 공동 연구 중인 육계 스마트팜 기술개발에 협력하고, 시범 농가 대상 육계 스마트팜 기술 실증·검증 사업 진행, 농가 보급·확산을 위한 5G 네트워크·서비스 앱(App) 등 인프라 구축과 서비스 사업 지원
- 무인 사양관리 시스템 등 ICT(정보통신기술) 기반 시설을 다양한 축종으로 확대해 스마트축산 활성화를 위한 협력 관계를 구축 계획

- ☐ (한국축산데이터) 팜스플랜 시스템을 통해 데이터 분석해 가축 건강 관리 비용은 절감하고 생산성 향상
    - 팜스플랜은 데이터 분석에 기반한 개별 가축 건강 관리 프로그램으로 가축의 혈액, 분변, 사양관리 기록, 영상 데이터를 다각도에서 분석해 가축의 건강 상태를 점검하고 농가에 맞는 맞춤 관리 계획 제공
    - 한국 축산데이터가 팜스플랜을 이용한 농가를 대상으로 조사한 결과, 모돈 한 마리 당 월 약품 비용이 최대 43% 감소하였으며, 모돈 한 마리 당 연간 새끼돼지 출하 수도 기존 17.7마리에서 23.01마리로 30% 이상 증가

[데이터로 가축의 건강 상태 분석하는 한국축산데이터의 시스템]

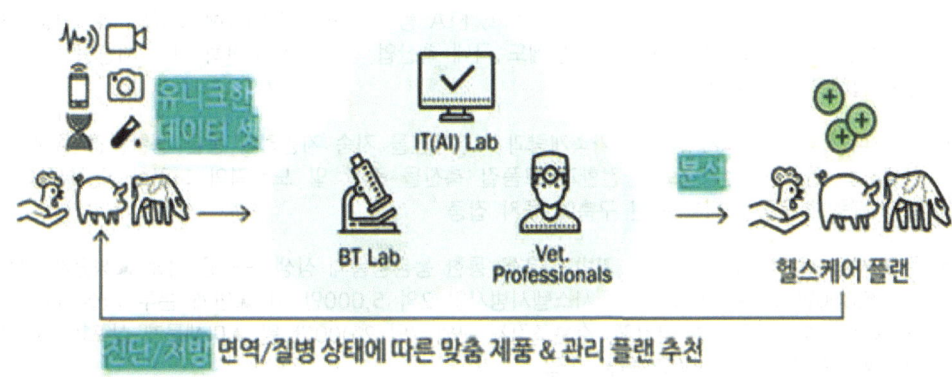

* 출처: 네이버가 투자한 한국축산데이터, 과기부 '데이터댐' 과제 선정, 조선비즈, 2020

◎ 지자체도 앞다퉈 스마트축산 단지 조성을 위한 지원 확대

- ☐ (전라남도) 2021년 농축산 연구개발사업 국비 527억 확보
    - 전라남도는 농림축산식품부 농축산업 연구개발 신규 사업인 '스마트팜 다부처 패키지 혁신 기술개발'과 '축산현안 대응 산업화 기술개발' 사업에 선정되어 527억을 확보하였고 이에 따라 지능형 농작업 로봇, 자율주행 등 지능형 AI 영농기술 개발에 속도가 붙을 것으로 예상
    - 인공지능, IoT, 빅데이터 기술을 활용하여 스마트 농축산업 개발 장려

- ☐ (강원도) '2020년 스마트축산 ICT 시범단지 조성 공모사업' 대상자로 최종 선정되어 평창군 평창읍 노론리 일원 부지면적 22.3ha에 한우 사육 3,500두 규모의 스마트축산 ICT 시범단지 조성사업을 추진
    - 2020년부터 3년간 국비 62억 5,000만 원을 지원받아 스마트축산 ICT 시범단지 조성을 위한 부지 조성 및 도로, 용수, 전기 등의 기반 시설 및 관제·교육센터 설치 추진
    - 스마트축산 ICT 시범단지 조성사업을 통해 깨끗하고 질병 없는 최적화된 사육환경 조성으로 축산 경쟁력 제고와 지속가능한 성장산업으로 발전 기대

□ (전라북도) 2020년 스마트 축산 활성화에 250억 원 집중 투자

- 농림수산식품 교육문화정보원 및 스마트 축산 전문 컨설팅 기관과 함께하여 스마트 축산의 개념에 대한 이해도를 높여 축산농가의 사업 진행관리 등 사업효과의 극대화

- '15년부터 '19년까지 147개소, 300억 원을 지원에 왔으며 '20년 스마트 축산의 본격적인 활성화를 위해 전국에서 가장 많은 예산 250억 원을 확보(전국 1위, 전국 예산 21%)하여 추진

- 축산 ICT 장비 도입으로 자동화 및 빅데이터 활용을 통한 질병 관리와 사양관리로 생산성 향상, 노동력 절감 및 축산환경개선을 가능하게 하여 축산농가 경쟁력 강화에 기여

□ (보령시) 2020년 친환경 스마트 축산 기반 구축을 위해 116억 원 투입

- 2018년 기준 농림업 분야별 소득액 중 축산업이 7,824만 원으로 과수, 채소, 논벼 등 전체 품목 평균액인 4,206만 원을 훨씬 상회하고 있고, FTA 등 시장개방에 대응해 소규모 복합영농 형태에서 규모화·전업화가 급속히 진전되고 있음에도 국내 축산업 경쟁력은 여전히 낮고 재난형 가축전염병의 반복 발생으로 축산업이 위기

- 이에 따라 시는 수요자 중심의 가축개량과 시설개선을 지속 지원하고 농촌 생활환경 주체인 주민과 상생하는 친환경축산업으로의 전환과 고품질 축산물 증산 및 노동력의 노령화 및 부족에 대응해 ICT·IOT를 활용한 스마트 축산 구축에 투자 집중

- 주요 사업으로 악취 발생 억제 기반 구축을 통한 농촌공동체 상생 도모를 위해 ▲생균제 생산, 보급 2억 6,800만 원 ▲바이오 커튼 시스템시범사업 2억 5,000만 원 ▲안개 분무 시설 1억 5,000만 원 ▲분뇨 수거 및 악취 저감제, 수분조절제 구입 7억 2,000만 원 ▲미생물제 살포기, 고속발효기, 정화방류 등에 7억 4,000만 원을 투입

- 경축 순환농업 및 신재생에너지 기반 구축을 위해 ▲맞춤액비 및 완숙퇴비 생산 시범 등 4억 원 ▲공동자원화 개보수 2억 원 ▲스키로더 설치 1억 8,000만 원 ▲액비저장조 설치 및 공동퇴비장 조성 5억 1,800만 원 ▲퇴비유통센터 육성 및 살포비 지원 2억 4,000만 원 등 투입해 축산 분뇨처리 및 자원화를 통한 농가 애로 해소와 경축 순환농업을 촉진 계획

□ (울산시) 친환경 스마트 축산 ICT 시범단지 조성을 위해 '20년 11월 주민설명회 개최하여 스마트 축산 ICT 축산단지는 축산의 분뇨, 악취, 질병 문제를 해결하고 미래 지향적인 축산 발전의 모델 제시

- 국비 62억 5,000만 원을 지원받아 총 583억 원을 투입해 약 17ha 부지에 한우 3,500마리를 사육하는 단지를 조성할 계획

다. 국내 연구개발 기관 및 동향

(1) 연구개발 기관

[스마트 축산솔루션 기술개발 기관]

기관	소속	연구분야
한국전자통신연구원	지능형 시스템연구실	• 구제역 대응을 위한 지능형 플랫폼 개발 • ICT 기반 지능형 스마트 안전 축사 플랫폼(Triplets) 개발 • 3세대 팜클라우드 플랫폼 개발
국립축산과학원	가축 시설복지연구실	• 축종별 ICT 활용 스마트축사 관리모델 개발 • 자동화를 통한 축사 시설 및 환경 개선 기술개발

(2) 기관 기술개발 동향

☐ (아이온텍) 축산 통합관리시스템 H/W 개발 및 실증 (2021-04-07 ~ 2024-12-31)
- 2세대 스마트축사 핵심 H/W 설계
- 환경 데이터 수집을 위한 센서노드 및 통신모듈 개발 및 실증
- 환경 데이터 수집을 위한 센서노드 및 통신모듈 고도화

☐ (한국전자통신연구원) 축산 질병 예방 및 통제 관리를 위한 ICT 기반의 지능형 스마트 안전 축사 기술개발 (2018-04-01 ~ 2022-12-31)
- 가축 질병 방지를 위한 동물복지형 스마트 ICT 안전 축사 모델의 모듈별 개발
- 가축 질병 최소화를 위한 P2V를 위한 정량화 및 단위 개발, 시험
- 가축 질병 방어용 통합 자율 운영을 위한 이상 상황 인지 오차 보정 기술개발 및 운영 알고리즘 상세 설계
- 가축 스트레스 변화 인지 및 면역력 저하 감지 기술개발
- 축사 상시 안전 감시용 검출 엔진 설계 및 개발, I/F 개발

☐ (한국방송통신대학교) 스마트축산 환경·안전 통합관리 시스템 개발 및 실용화 (2017-04-21~2023-12-31)
- 악취 물질 중 현재 센싱 가능한 물질 파악
- 오염원별 정보 취득을 위한 Pilot 시스템 구축
- 센싱 가능한 물질과 실제 악취와의 상관관계 분석
- 축산시설의 환경과 안전 통합관리 시스템 개발

☐ (경상대학교 산학협력단) 생체 및 환경정보 기반 스마트 축산 시스템 개발 (2017-04-21~2023-12-31)
- 국내 양돈 시설에서 수집 가능한 생체정보 인자 설정
- 농가 규모별 수집 가능 형태 분석(사양 환경분석)
- 비접촉식 생체정보 수집시스템 개발

4. 특허 동향

가. 특허동향 분석

(1) 연도별 출원동향

☐ 스마트 축산솔루션 기술의 지난 20년(2000년~2019년)간 출원동향140)을 살펴보면 2000년대에는 특허 출원 증감 추이의 큰 변화가 없었으나 2010년대 들어서 증가하는 추세를 보임

  ■ 국가별로 살펴보면 한국이 가장 활발한 출원 활동을 보이는 것으로 나타났으며, 미국, 일본 및 유럽도 유사한 추세의 출원 활동이 진행되고 있는 것으로 나타남

☐ 국가별 출원 비중을 살펴보면 한국이 전체의 48%의 출원 비중을 차지하고 있어, 최대 출원국으로 스마트 축산솔루션 분야를 리드하고 있는 것으로 나타났으며, 미국은 40%, 일본은 8%, 유럽은 4% 순으로 나타남

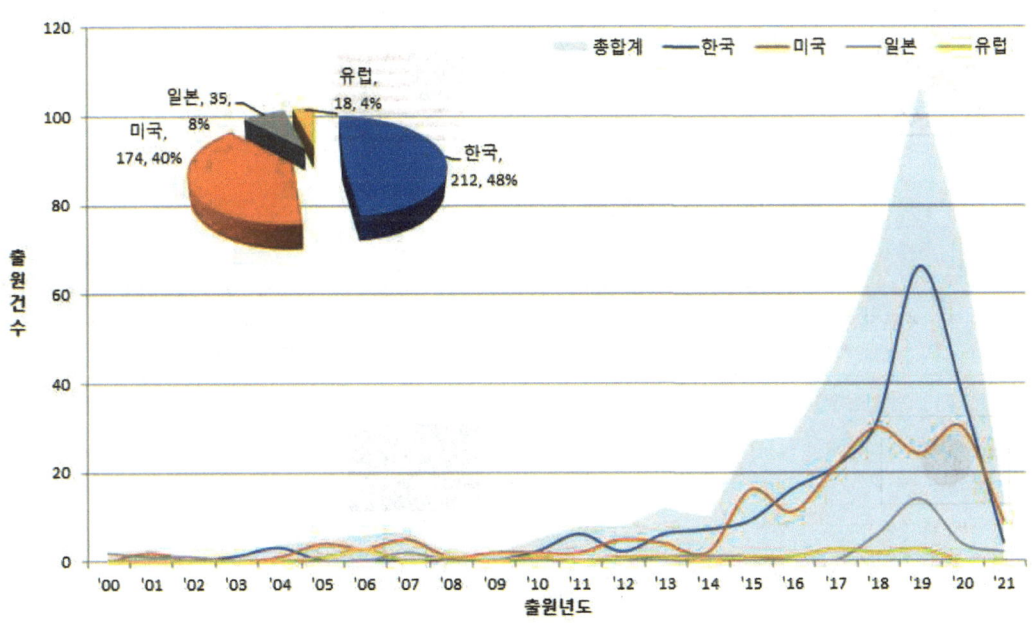

[연도별 출원동향]

---

140) 특허 출원 후 1년 6개월이 경과하여야 공개되는 특허제도의 특성상 실제 출원이 이루어졌으나 아직 공개되지 않은 미공개데이터가 존재하여 2020, 2021년 데이터가 적게 나타나는 것에 대하여 유의해야 함

(2) 국가별 내·외국인 출원현황

☐ 한국의 내외국인 출원현황을 살펴보면, 2000년대 초반부터 최근까지 외국인의 출원 비중이 낮은 것으로 나타나, 자국 국적 출원인의 주도로 기술개발이 진행되고 있는 것으로 분석됨

☐ 미국의 경우, 2000년대 초반부터 최근까지 내국인의 출원 활동이 활발한 것으로 조사되어, 자국민의 기술개발 활동이 활발하게 진행되고 있는 것으로 분석됨

☐ 일본의 내외국인 출원현황은, 스마트 축산솔루션 기술과 관련하여 출원 활동이 저조하게 진행된 것으로 나타나 증감의 경향을 판단하기 어려우나, 2000년대 초반부터 최근까지 외국인의 출원 활동이 활발하지 않은 것으로 조사되어, 해당 기술 분야에서 일본 시장에 대한 관심도가 높지 않은 것으로 나타남

☐ 유럽의 경우, 스마트 축산솔루션 기술과 관련하여 출원 활동이 저조하게 진행된 것으로 나타나 증감의 경향을 판단하기 어려우나, 내국인의 출원 활동이 활발하지 않은 것으로 조사되었으며, 특히 최근에는 외국인에 의한 출원 활동 비중이 더 높은 것으로 나타나, 해외 기업의 진출 가능성이 높은 것으로 나타남

[국가별 출원현황]

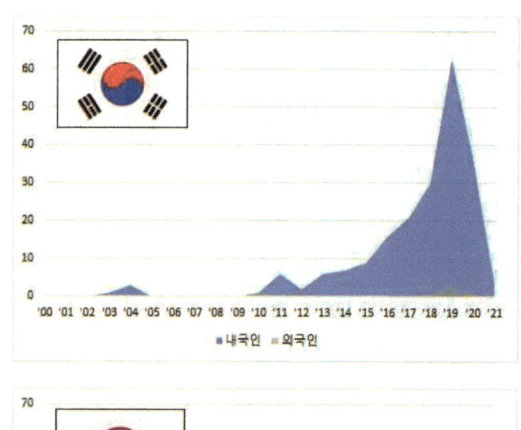
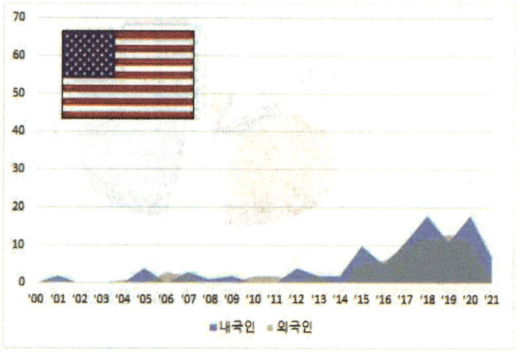
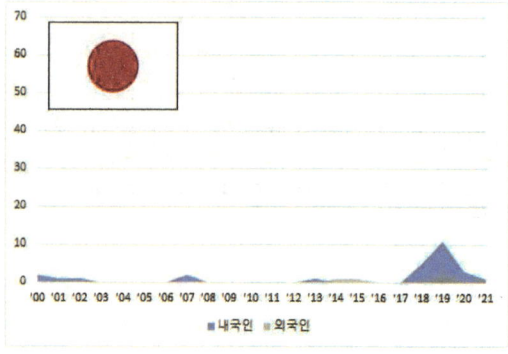
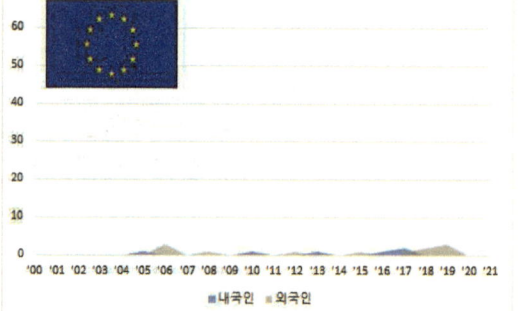

나. 주요 기술 키워드 분석

(1) 기술개발 동향 변화 분석

☐ 스마트 축산솔루션 기술에 대한 구간별 기술 키워드 분석을 진행하였으며, 전체 분석구간에서 Fishing Rod, Composite Value Exceeding, Possible Distress 등 스마트 축산솔루션 관련 기술 키워드들이 다수 도출됨

- 최근 분석구간에 관한 기술 키워드 분석 결과, 최근 1구간에는 Cloud Server, 먹이 배출구, 슬라이딩 동작 등의 키워드가 도출되었으며, 2구간에서는 안개분무시스템, Sensor Data, User Interface, Machine Learning 등의 주요 키워드가 도출됨

[특허 키워드 변화로 본 기술개발 동향 변화]

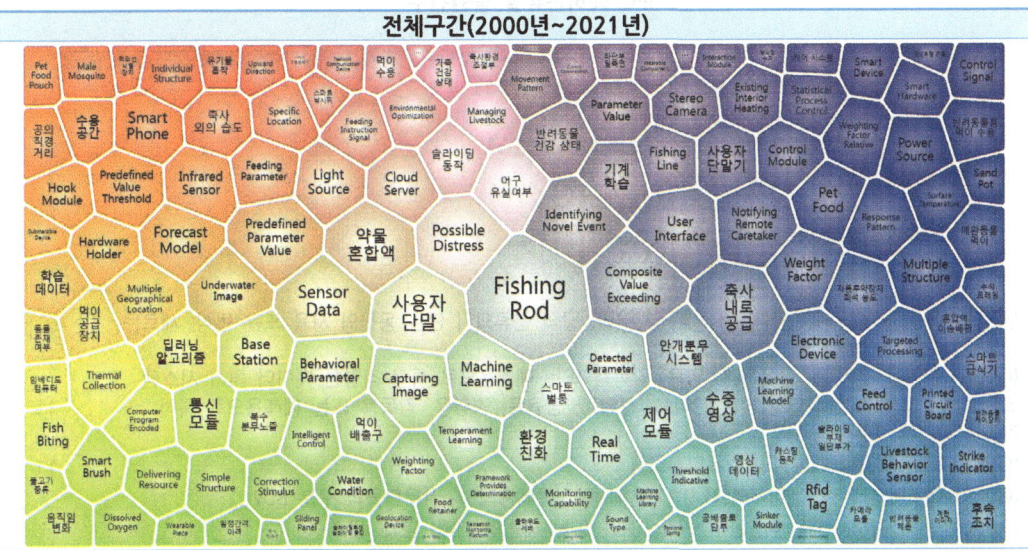

- Fishing Rod, Composite Value Exceeding, Possible Distress, 안개분무시스템, Sensor Data, User Interface, Machine Learning, 약물 혼합액, 축사 내로 공급, Behavioral Parameter, Identifying Novel Event, Detected Parameter

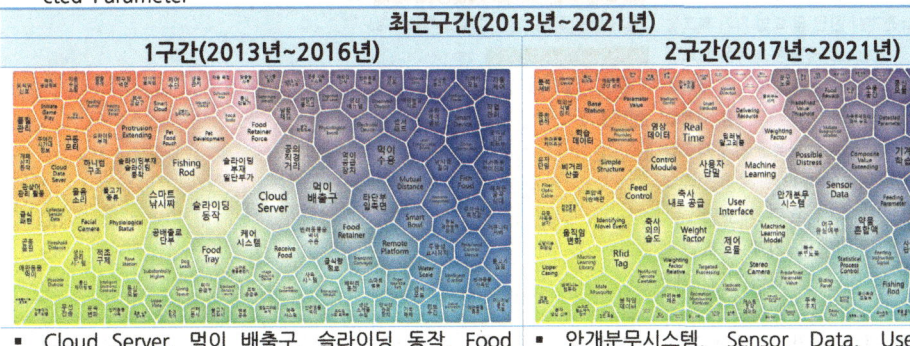

- Cloud Server, 먹이 배출구, 슬라이딩 동작, Food Retainer, 스마트 낚시찌, 먹이 공급 장치, 케어 시스템, Fishing Rod, 타단부 일측면, 공배출로 단부, 공의 직경 거리, 반려동물용 먹이 수용

- 안개분무시스템, Sensor Data, User Interface, Machine Learning, 약물 혼합액, 축사 내로 공급, Composite Value Exceeding, Machine Learning Model, 사용자 단말, Feeding Parameter

(2) 기술-산업 현황분석[141]

☐ 스마트 축산솔루션 기술에 대한 Subclass 기준 IPC 분류결과, 축산; 조류 사육; 양봉; 어류 사육; 어업; 달리 분류되지 않는 동물의 사육 또는 번식; 새로운 동물(A01K) 및 관리용, 상업용, 금융용, 경영용, 감독용 또는 예측용으로 특히 적합한 데이터 처리 시스템 또는 방법; 그 밖에 분류되지 않는 관리용, 상업용, 금융용, 경영용, 감독용 또는 예측용으로 특히 적합한 시스템 또는 방법(G06Q)으로 다수의 특허가 분류되는 것으로 조사됨

☐ KSIC 산업분류 결과, 다수의 특허가 낚시 및 수렵 용구 제조업 산업으로 분류되는 것으로 조사됨

[기술-산업분류 분석]

IPC 특허분류별 출원건수

(A01K) 축산; 조류 사육; 양봉; 어류 사육; 어업; 달리 분류되지 않는 동물의 사육 또는 번식; 새로운 동물	379
(G06Q) 관리용, 상업용, 금융용, 경영용, 감독용 또는 예측용으로 특히 적합한 데이터 처리 시스템 또는 방법; 그 밖에 분류되지 않는 관리용, 상업용, 금융용, 경영용, 감독용 또는 예측용으로 특히 적합한 시스템 또는 방법	19
(G06N) 특정 계산모델 방식의 컴퓨터시스템	11
(G06K) 데이터의 인식; 데이터의 표시; 기록매체; 기록매체의 취급(우편물의 구분 B07C)	7
(A01G) 원예; 채소, 화훼, 벼, 과수, 포도, 호프 또는 해초의 재배; 임업; 관수	4

KSIC 산업분류별 출원건수

(C33303) 낚시 및 수렵 용구 제조업	80
(C29210) 농업 및 임업용 기계 제조업	39
(C27112) 전기식 진단 및 요법 기기 제조업	36
(C21230) 동물용 의약품 제조업	23
(C27213) 물질 검사, 측정 및 분석 기구 제조업	13

---

141) 해당제품 특허데이터를 대상으로 윕스 보유 기술·산업·시장 동향 분석 플랫폼 'Build' 활용

다. 주요 출원인 분석

☐ 스마트 축산솔루션 기술의 전체 주요 출원인(Top 5)을 살펴보면, 주로 미국 국적의 출원인이 다수 포함된 것으로 나타났으며, 제1 출원인으로는 미국의 INTERNATIONAL BUSINESS MACHINES인 것으로 나타남

- INTERNATIONAL BUSINESS MACHINES는 미국의 컴퓨터 및 인공지능 관련 기업으로, 클라우드 서비스, 블록체인, IT 인프라, 사물 인터넷, 협업 솔루션 등을 개발하고 있음

☐ 스마트 축산솔루션 기술 관련 국내 주요 출원인으로 씽크포비엘 및 장희정이 도출되었으며, 한국에만 출원을 진행한 것으로 나타남

[주요 출원인 동향]

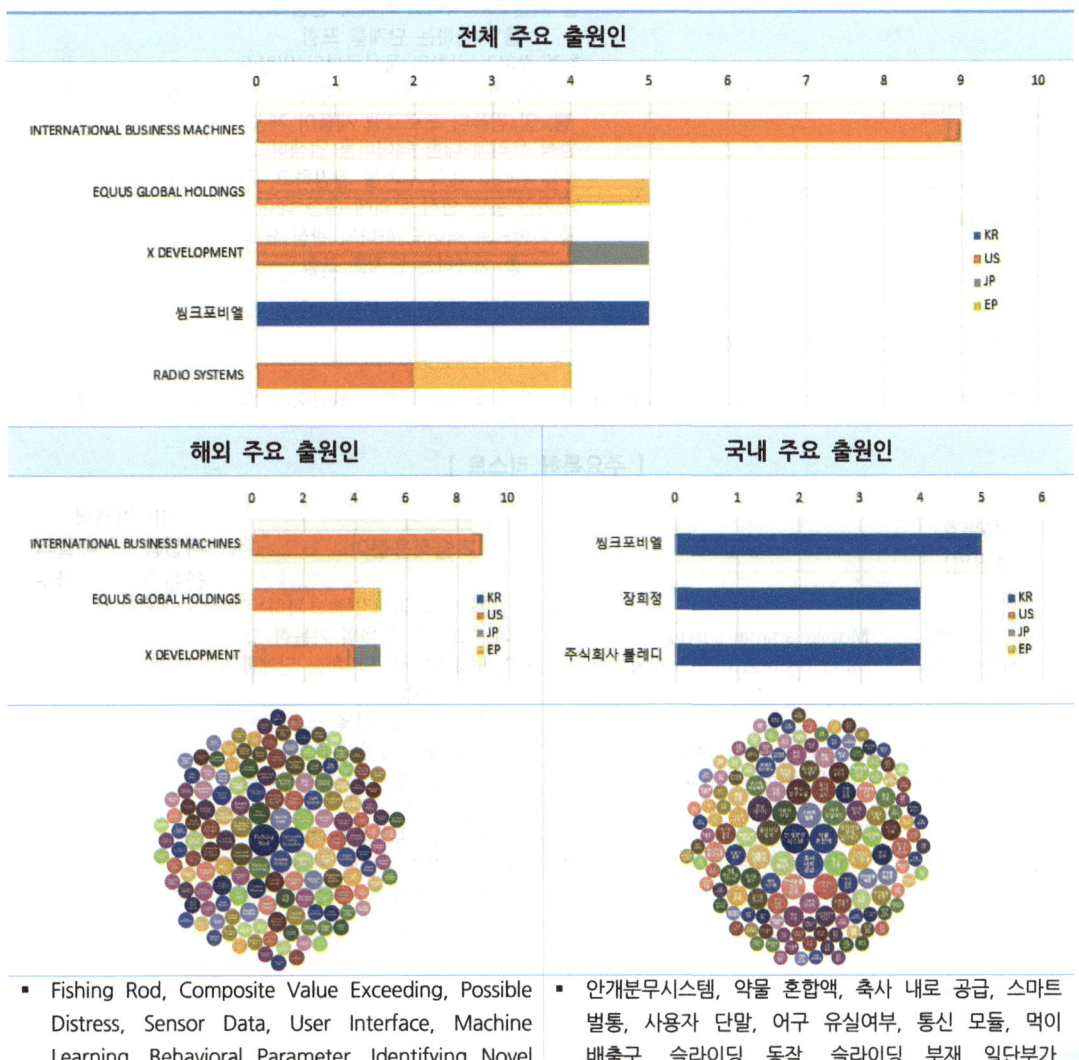

- Fishing Rod, Composite Value Exceeding, Possible Distress, Sensor Data, User Interface, Machine Learning, Behavioral Parameter, Identifying Novel Event, Detected Parameter
- 안개분무시스템, 약물 혼합액, 축사 내로 공급, 스마트 벌통, 사용자 단말, 어구 유실여부, 통신 모듈, 먹이 배출구, 슬라이딩 동작, 슬라이딩 부재 일단부가, 딥러닝 알고리즘, 사용자 단말기, 복수 분무노즐

(1) 해외 주요출원인 주요 특허 분석[142]

☐ INTERNATIONAL BUSINESS MACHINES

- 미국 기업으로, 스마트 축산 솔루션 기술과 관련하여 9건의 특허를 출원하고 있는 것으로 조사됨

[주요특허 리스트]

등록번호 (출원일)	명칭	기술적용분야	IP 경쟁력	
			피인용 문헌수	패밀리 국가수
US 10653120 (2017.12.29)	Automated aquaculture pen location	양식 우리에 대한 데이터를 검색하고, 양식 우리의 예측 위치를 결정하고, 관심 기간 동안 양식 우리에 대한 데이터를 기반으로 적어도 하나의 관심 요소를 예측하는 단계를 포함	3	1
US 10939248 (2021.03.02)	Anti-poaching device	추적 장치가 장착된 동물로부터 밀렵꾼을 유인하기 위한 방법, 컴퓨터 시스템, 및 컴퓨터 프로그램 제품이 제공	0	1
US 10645911 (2017.04.27)	Automated aquaculture pen location	양식 우리에 대한 데이터를 검색하고, 양식 우리의 예측 위치를 결정하고, 관심 기간 동안 양식 우리에 대한 데이터를 기반으로 적어도 하나의 관심 요소를 예측하는 단계를 포함	1	1

☐ EQUUS GLOBAL HOLDINGS

- 미국 기업으로, 스마트 축산 솔루션 기술과 관련하여 5건의 특허를 출원하고 있는 것으로 조사됨

[주요특허 리스트]

등록번호 (출원일)	명칭	기술적용분야	IP 경쟁력	
			피인용 문헌수	패밀리 국가수
US 9629340 (2015.02.19)	Mobile animal surveillance and distress monitoring	미리 정의된 합성 임계값을 초과하는 합성 값에 기초하여 동물의 가능한 고통을 원격 보호자에게 통지하는 단계를 포함	18	5
US 10154655 (2018.02.19)	Mobile animal surveillance and distress monitoring	미리 정의된 합성 임계값을 초과하는 합성 값에 기초하여 동물의 가능한 고통을 원격 보호자에게 통지하는 단계를 포함	5	5
US 9894885 (2017.04.24)	Mobile animal surveillance and distress monitoring	미리 정의된 합성 임계값을 초과하는 합성 값에 기초하여 동물의 가능한 고통을 원격 보호자에게 통지하는 단계를 포함	2	5

---

142) 최근 출원특허 중, 등록특허를 기준으로 피인용문헌수 및 패밀리 국가수가 큰 특허를 주요특허로 도출

□ X DEVELOPMENT

- 유럽 기업으로, 스마트 축산 솔루션 기술과 관련하여 5건의 특허를 출원하고 있는 것으로 조사됨

[주요특허 리스트]

등록/공개번호 (출원일)	명칭	기술적용분야	IP 경쟁력	
			피인용 문헌수	패밀리 국가수
US 10599922 (2018.01.25)	Fish biomass, shape, and size determination	물고기의 모양, 크기 및 질량을 추정하기 위해 컴퓨터 판독 가능 저장 매체에 인코딩된 컴퓨터 프로그램을 포함하는 방법	2	6
US 2020-0184206 (2020.01.24)	Fish biomass, shape, and size determination	물고기의 모양, 크기 및 질량을 추정하기 위해 컴퓨터 판독 가능 저장 매체에 인코딩된 컴퓨터 프로그램을 포함하는 방법	1	6
JP 2021-511012 (2019.04.23)	물고기 측정 스테이션 관리	물고기 화상을 취득하기 위해서, 특정의 구역내에 배치되는 물고기 모니터링 시스템	0	6

(2) 국내 주요출원인 주요 특허 분석[143]

□ 씽크포비엘

- 스마트 축산 솔루션 기술과 관련하여 한국을 위주로 5건의 특허를 출원하고 있는 것으로 조사됨

[주요특허 리스트]

등록/공개번호 (출원일)	명칭	기술적용분야	IP 경쟁력	
			피인용 문헌수	패밀리 국가수
KR 2251643 (2019.05.08)	딥러닝 기반 예측 모델에 기초한, 산유량, 목표 산유량 달성을 위한 tmr 영양 조성, 목표 비용 달성을 위한 tmr 영양 조성 예측 방법	통신망을 통해 외부와 통신하는 축산농가 관리 서버에 의해 수행되는 산유량 예측 방법	0	2
KR 2020-0115317 (2020.03.26)	모돈 이상징후 포착 및 관리 클라우드 서비스 방법 및 장치	컴퓨터 시스템 상에서 수행되는, 이미지 데이터 기반 모돈의 이상 징후 포착 방법	0	2
KR 2021-0115204 (2020.03.12)	가축의 개체별 이상 징후 포착 시스템 및 그 이용 방법 (system for abnormal signs dection of individual animals and method thereof)	컴퓨터 시스템 상에서 수행되는, 센서 데이터 및 이미지 데이터 기반 가축의 개체별 이상 징후 포착 방법	0	2

---

[143] 최근 출원특허 중, 등록특허를 기준으로 피인용문헌수 및 패밀리 국가수가 큰 특허를 주요특허로 도출

장희정

- 스마트 축산 솔루션 기술과 관련하여 한국을 위주로 4건의 특허를 출원하고 있는 것으로 조사됨

[주요특허 리스트]

등록번호 (출원일)	명칭	기술적용분야	IP 경쟁력	
			피인용 문헌수	패밀리 국가수
KR 2053642 (2019.06.12)	안개분무 시스템을 구비하는 ict 융복합 스마트 축사관리 시스템(smart system of barn management with mist spraying system)	복수의 분무노즐을 이용하여 물과 약품이 혼합된 혼합액을 축사내로 분무하는 안개분무 시스템	1	1
KR 2102732 (2019.06.12)	Ict 융복합 스마트 축사관리 시스템(smart system of barn management)	ICT 융복합 스마트 축사관리 시스템은 희석된 약물을 공급하는 자동투약장치; 외부로부터 공급되는 제1 물이 저장되는 물탱크 등을 포함	0	1
KR 2053644 (2019.06.12)	안개분무 시스템을 구비하는 ict 융복합 스마트 축사관리 시스템 및 제어방법(smart system of barn management with mist spray system)	복수의 분무노즐을 이용하여 물과 약품이 혼합된 혼합액을 축사내로 분무하는 안개분무 시스템	0	1

주식회사 볼레디

- 스마트 축산 솔루션 기술과 관련하여 한국을 위주로 4건의 특허를 출원하고 있는 것으로 조사됨

[주요특허 리스트]

등록/공개번호 (출원일)	명칭	기술적용분야	IP 경쟁력	
			피인용 문헌수	패밀리 국가수
KR 1404523 (2013.11.08)	반려동물용 스마트 팻 케어 시스템(pet care system for animal companion)	슬라이딩부재의 슬라이딩 동작에 의해 슬라이딩부재의 일단부가 먹이 수용함의 관통구를 개폐	3	4
KR 1612776 (2013.12.24)	반려동물용 스마트 팻 케어 시스템(pet care system for animal companion)	슬라이딩부재의 슬라이딩 동작에 의해 슬라이딩부재의 일단부가 먹이 수용함의 관통구를 개폐	1	1
KR 2015-0053453 (2013.11.08)	반려동물의 운동부족을 방지하고 반려동물과의 친근감을 향상시킬 수 있는 스마트 팻 케어 시스템(pet care system)	공투입구, 공배출구, 및 먹이 배출구가 형성된 케이스를 구비한 펫 케어 시스템	3	1

라. 기술진입장벽 분석

(1) 기술 집중력 분석144)

☐ 스마트 축산 솔루션 관련 기술에 대한 시장관점의 기술독점 현황분석을 위해 집중률 지수(CRn) 분석 결과, 상위 4개 기업의 시장점유율이 5.5로 독과점 정도가 매우 낮은 수준으로 분석되어 완전 자유경쟁 시장(Perfect competiton)으로, 해당 기술의 시장 진입 용이성이 매우 높은 것으로 판단됨

☐ 국내 시장에서 중소기업의 점유율 분석결과 83.5로 스마트 축산 솔루션 기술에서 중소기업의 점유율은 매우 높은 것으로 분석되고, 국내 시장에서 중소기업의 진입장벽은 낮은 것으로 판단됨

[주요출원인 및 한국 중소기업 집중력 분석]

	주요출원인	출원건수	특허점유율	CRn	n
주요 출원인 집중력	INTERNATIONAL BUSINESS MACHINES(미국)	9	2.1%	2.1	1
	EQUUS GLOBAL HOLDINGS(미국)	5	1.1%	3.2	2
	X DEVELOPMENT(그리스)	5	1.1%	4.3	3
	씽크포비엘(한국)	5	1.1%	5.5	4
	RADIO SYSTEMS(미국)	4	0.9%	6.4	5
	장희정(한국)	4	0.9%	7.3	6
	주식회사 볼레디(한국)	4	0.9%	8.2	7
	PERFORMANCE LIVESTOCK ANALYTICS(미국)	4	0.9%	9.1	8
	ANGLER LABS(미국)	4	0.9%	10.0	9
	경상국립대학교산학협력단(한국)	3	0.7%	10.7	10
	전체	439	100%	CR4=5.5	
	출원인 구분	출원건수	특허점유율	CRn	n
국내시장 중소기업 집중력	중소기업(개인)	177	83.5%	83.5	중소기업
	대기업	3	1.4%		
	연구기관/대학	26	12.3%		
	기타(외국인)	6	2.8%		
	전체	212	100%	CR중소기업=83.5	

---

144) 상위 몇 개 기업의 특허점유율을 합한 것으로, 특허동향조사에서는 통상 CR4를 사용하며, CRn값이 0에 가까울수록 시장 독과점 수준이 낮은 것을 의미하고, CR4 값이 40에서 60일 경우(CR1 지수는 50 이상일 경우, CR2 또는 CR3 지수는 75 이상일 경우) 시장의 독과점 수준이 높은 것으로 해석됨
CRn(집중률지수, Concentration Ratio n) = (1위 출원인의 특허점유율) + ... + (n위 출원인의 특허점유율)

전략제품 현황분석

(2) IP 경쟁력 분석145)

☐ 스마트 축산 솔루션 기술의 주요출원인들의 IP 경쟁력 분석결과, RADIO SYSTEMS의 기술영향력 및 시장확보력이 가장 높은 것으로 분석됨
  - RADIO SYSTEMS : 영향력지수(PII) 3.60 / 시장확보력(PFS) 2.98

☐ 1사분면으로 도출된 EQUUS GLOBAL HOLDINGS, RADIO SYSTEMS, ANGLER LABS의 특허가 시장확보력 및 질적 수준이 높은 특허로, 기술적 파급력과 상업적 가치가 큰 것으로 해석됨

[주요출원인 IP 경쟁력 분석]

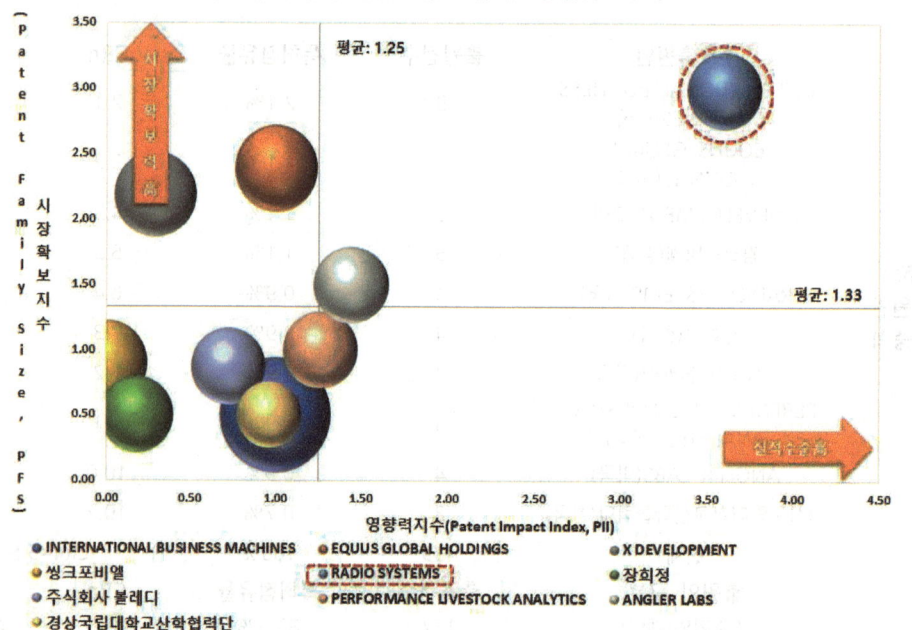

| RADIO SYSTEMS | ▪ (US 7946252) Electronic animal trainer with temperament learning |

* **영향력지수(Patent Impact Index, PII)**: 다른 경쟁주체의 기술수준이 고려된 특정 주체의 '상대적인' 기술적 중요도 또는 혁신성과의 가치 정보가 포함된 기술수준으로, 특허의 피인용 횟수를 특정 기술분야 내에서의 상대적인 값으로 전환시킨 지수임
* **시장확보지수(Patent Family Size, PFS)**: 특정 주체가 특정 기술분야에서 소수의 특정 국가에서만 시장확보를 하고자 하는지 아니면 다수의 세계 주요 국가들에서 시장확보를 하고자 하는지에 대한 분석으로, PFS가 높은 특허는 그만큼 상업적 가치가 큰 기술에 대한 특허인 것으로 해석될 수 있으며, PFS가 높은 출원인은 세계 여러 국가에서 사업을 하고 있는 출원인인 것으로 해석될 수 있음(2020 공공 R&D 특허기술동향조사 가이드라인, 한국특허전략개발원)
* **버블크기** : 출원 특허 건 수 비례

---

145) PFS = 특정 주체의 평균 패밀리 국가 수 / 전체 평균 패밀리 국가 수
　　 PII = 특정 주체 보유특허의 피인용도[CPP] / 전체 유효특허의 피인용도

5. 요소기술 도출

가. 특허 기반 토픽 도출

☐ 439개의 특허의 내용을 분석하여 구성 성분이 유사한 것끼리 클러스터링을 시도하여 대표성이 있는 토픽을 도출

[스마트 축산 솔루션에 대한 토픽 클러스터링 결과]

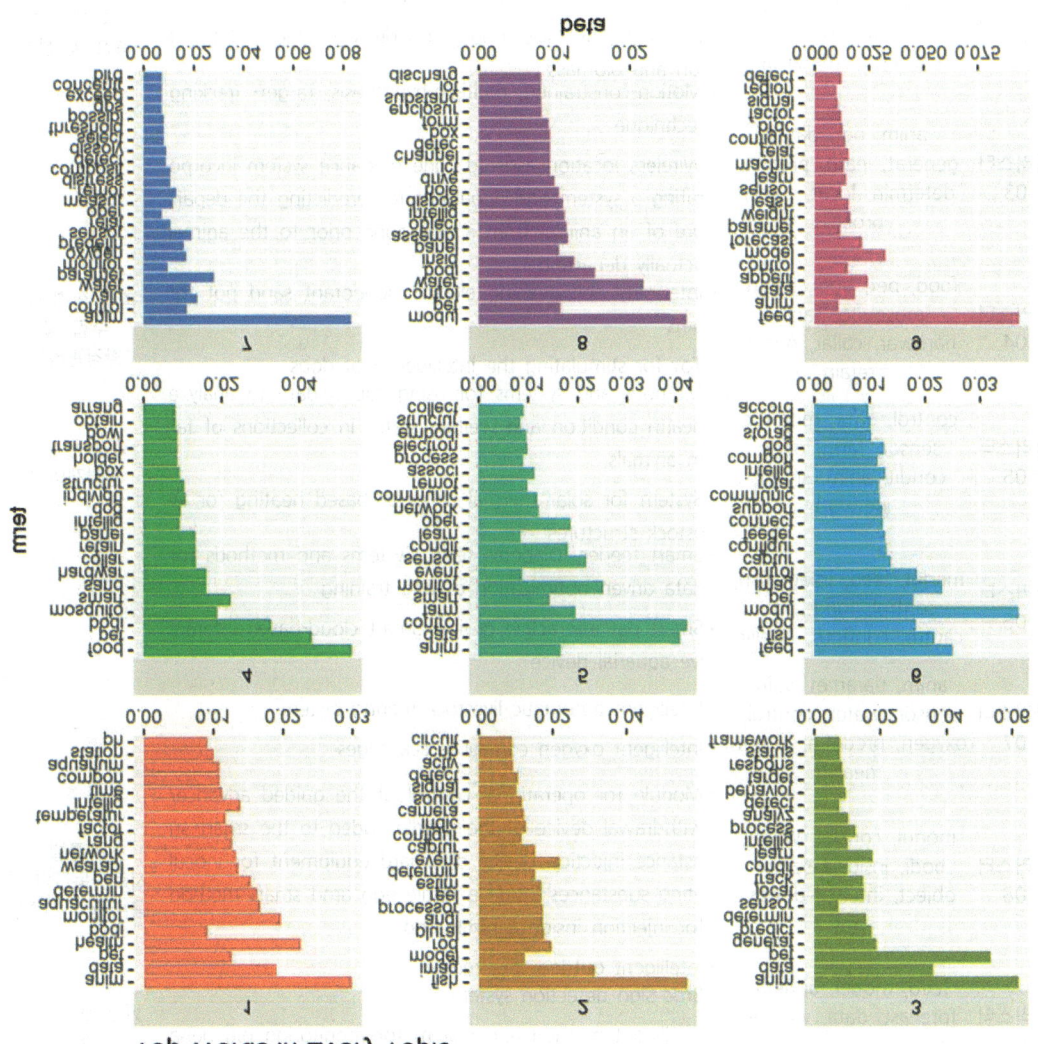

나. LDA[146] 클러스터링 기반 요소기술 도출

[LDA 클러스터링 기반 요소기술 키워드 도출]

No.	상위 키워드	대표적 관련 특허	요소기술 후보
클러스터 01	anim, health, monitor, data, aquacultur, determin, pen, intellig, wearabl, network	• Smart ai powered animal body harness and armour system for real time monitoring of human health and behaviour when within proximity to any support animal or pet • Systems, methods and apparatus for monitoring animal health conditions	가축 행동 영상 측정
클러스터 02	fish, imag, event, rod, plural, angl, processor, reel, estim, determin	• Spinning reel with intelligent alarm function • Estimating fish size, population density, species distribution and biomass	가축 생체정보 측정 및 선별
클러스터 03	anim, pet, data, generat, learn, predict, determin, locat, track, process	• Motion-constrained, multiple-hypothesis, target-tracking technique • Wireless location assisted zone guidance system incorporating a system and apparatus for predicting the departure of an animal from a safe zone prior to the animal actually departing	-
클러스터 04	food, pet, bodi, smart, mosquito, sand, hardwar, collar, panel, retain	• Intelligent self-cleaning electric deodorant sand pot for pets • Toy for stimulating the intelligence of dogs	축사 환경정보 수집 및 환경관리기
클러스터 05	control, data, monitor, sensor, farm, oper, condit, anim, smart, network	• Methods and systems for using sound data to analyze health condition and welfare states in collections of farm animals • System for solar thermal collector based heating for livestock structures	축사 냉난방 환경제어기
클러스터 06	modul, feed, imag, fish, control, food, pet, captur, configur, intellig	• Smart feeder, Diabetes tests, Systems and methods for data driven optimization of dog training • Smart pet interactive device, Smart cloud-based interactive aquarial device	-
클러스터 07	anim, paramet, valu, sensor, water, control, oxygen, predefin, remot, measur	• Intelligent automatic livestock rearing system • Intelligent oxygen control in sea cages	-
클러스터 08	modul, control, water, bodi, insid, assembl, object, intellig, dispos, pet	• Module for operational control of the guided advance/withdrawal device of the needle added to the smart substance injection device on board equipment for inoculating substances inside a fertile egg amd smart method for injection inside a fertile egg • Intelligent outdoor pet feeder	축종별 사료자동급이 및 음수관리 시스템
클러스터 09	feed, model, appetit, forecast, data, weight, leash, relat, control, learn	• Brdc sign detection system • Intelligent method and system for monitoring pig behavior abnormality	가축 행동 영상 측정

---

146) Latent Dirichlet Allocation

다. 특허 분류체계 기반 요소기술 도출

☐ 스마트 축산 솔루션 관련 특허에서 총 10개의 주요 IPC코드(메인그룹)를 산출하였으며, 각 그룹의 정의를 기반으로 요소기술 키워드를 아래와 같이 도출

[IPC 분류체계에 기반한 요소기술 도출]

IPC 기술트리		요소기술 후보
(서브클래스) 내용	(메인그룹) 내용	
(A01K) 축산; 조류 사육; 양봉; 어류 사육; 어업; 달리 분류되지 않는 동물의 사육 또는 번식; 새로운 동물	• (A01K-001) 축사; 그것을 위한 시설	축사 냄새-안전 통합 모니터링
	• (A01K-005) 가축 또는 사냥감용 사료 공급기	축종별 사료자동급이 및 음수관리 시스템, 스마트 TMR 배합기
	• (A01K-015) 동물을 길들이기 위한 도구, 예. 코걸이 또는 족쇄; 동물 전도용구 일반; 훈련구 또는 운동구; 차폐박스	-
	• (A01K-027) 고삐 또는 목줄, 예. 견(犬)용	-
	• (A01K-029) 기타 가축용구	-
	• (A01K-061) 수생 동물의 양식	-
	• (A01K-063) 활어용기, 예· 사육수조	-
	• (A01K-067) 달리 분류되지 않는 동물의 사육 또는 번식; 신규 품종의 동물	축우 발정탐지 및 분만 알림
	• (A01K-097) 낚시용 부속구	-
(G06Q) 관리용, 상업용, 금융용, 경영용, 감독용 또는 예측용으로 특히 적합한 데이터 처리 시스템 또는 방법; 그 밖에 분류되지 않는 관리용, 상업용, 금융용, 경영용, 감독용 또는 예측용으로 특히 적합한 시스템 또는 방법	• (G06Q-050) 특정의 업종에 특히 적합한 시스템 또는 방법, 예. 공익 사업 또는 관광업 (헬스케어 인포매틱스 G16H)	-

라. 최종 요소기술 도출

☐ 산업·시장 분석, 기술(특허)분석, 전문가 의견, 타부처 로드맵, 중소기업 기술수요를 바탕으로 로드맵 기획을 위하여 요소기술 도출

☐ 요소기술을 대상으로 전문가를 통해 기술의 범위, 요소기술 간 중복성 등을 조정·검토하여 최종 요소기술명 확정

[스마트 축산 솔루션 분야 요소기술 도출]

요소기술	출처
축사 냄새-안전 통합 모니터링	IPC 기술체계, 전문가추천
축사 냉난방 환경제어기	특허 클러스터링, 전문가추천
축사 환경정보 수집 및 환경관리기	특허 클러스터링, 전문가추천
가축 생체정보 측정 및 선별	특허 클러스터링, 전문가추천
축종별 사료자동급이 및 음수관리 시스템	특허 클러스터링, IPC 기술체계, 전문가추천
축우 발정탐지 및 분만 알림	IPC 기술체계, 전문가추천
스마트 TMR 배합기	IPC 기술체계, 전문가추천
가축 행동 영상 측정	특허 클러스터링, 전문가추천

6. 전략제품 기술로드맵

가. 핵심기술 선정 절차

☐ 특허 분석을 통한 요소기술과 기술수요와 각종 문헌을 기반으로 한 요소기술, 전문가 추천 요소기술을 종합하여 요소기술을 도출한 후, 핵심기술 선정위원회의 평가과정 및 검토/보완을 거쳐 핵심기술 확정

☐ 핵심기술 선정 지표: 기술개발 시급성, 기술개발 파급성, 기술의 중요성 및 중소기업 적합성
- 장기로드맵 전략제품의 경우, 기술개발 파급성 지표를 중장기 기술개발 파급성으로 대체

[핵심기술 선정 프로세스]

① 요소기술 도출	→	② 핵심기술 선정위원회 개최	→	③ 핵심기술 검토 및 보완	→	④ 핵심기술 확정
• 전략제품 현황 분석 • LDA 클러스터링 및 특허 IPC 분류체계 • 전문가 추천		• 전략분야별 핵심기술 선정위원의 평가를 종합하여 요소기술 중 핵심기술 선정		• 선정된 핵심기술에 대해서 중복성 검토 • 미흡한 전략제품에 대해서 핵심기술 보완		• 확정된 핵심기술을 대상으로 전략제품별 로드맵 구축 개시

나. 핵심기술 리스트

[스마트 축산 솔루션 분야 핵심기술]

핵심기술	개요
축사 냄새-안전 통합 모니터링	• 축사 내·외부 냄새 무인 모니터링 및 화재/정전/낙뢰보호 등 예방 안전 관리
가축 생체정보 측정 및 선별	• 비접촉식 기술 적용 주요 경제 형질 측정 및 개체별 건강 관리 기술
축우 발정탐지 및 분만 알림	• 소(한우, 젖소) 생체정보 기반 발정 탐지 및 분만 관리
축사 냉난방 환경제어기	• 패시브 축사 모델 설계 및 고효율 에너지 관리 기술
축사 환경정보 수집 및 환경관리기	• 환경요인 센싱 측정 및 환기시스템 자동 제어
축종별 사료자동급이 및 음수관리 시스템	• 개체별 급이/급수 정밀 모니터링 및 사양정보 연계 지능형 관리 기술

다. 중소기업 기술개발 전략

- ☐ 축종별 스마트축산 핵심기기 국산화율 현황조사 및 경제성 분석
- ☐ 가축 사육환경 및 개체별 생육 정보의 단순 수집 모니터링 수준을 넘어선 데이터의 복합적인 분석 기술
- ☐ 스마트축산의 산업화, 상용화를 위해 농림축산식품부, 농진청, 대학 및 관련 업계의 네트워크 구축 및 산업 선순환 생태계 조성 필요
- ☐ 개발된 기자재 및 시설과 이를 운영할 수 있는 소프트웨어의 기술 병행 필요
- ☐ 농가에서 쉽게 모니터링 및 제어할 수 있는 환경제어시스템에 대한 기술개발 필요
- ☐ 센서 기술에 대한 지속적인 개발을 통해 오류를 최소화하여 농가에 도움이 될 수 있는 ICT/IoT 장비 도입이 가능하도록 기술개발 필요

라. 기술개발 로드맵

(1) 중기 기술개발 로드맵

[스마트 축산 솔루션 기술개발 로드맵]

스마트 축산 솔루션	ICT/IoT 장비 기반 축산 생산데이터 수집 및 효율적 인력 운영을 통해 생산성과 효율성이 극대화된 지속 가능한 축산업 인프라 구축			
	2022년	2023년	2024년	최종 목표
축사 냄새-안전 통합 모니터링	→→→			축산용 냄새 및 화재 예방 감지 모니터링 시스템
가축 생체정보 측정 및 선별	→→→			개체별 체중/체형 자동측정 및 영상정보 활용 건강관리 시스템
축우 발정탐지 및 분만 알림	→→→			지능형 원격 번식/위생관리 시스템
축사 냉난방 환경제어기	→→→			축사 에너지/환경 설계 기준 및 지능형 복합환경제어 SW
축사 환경정보 수집 및 환경관리기	→→→			축사 복합환경 멀티 센싱 및 환기 제어시스템
축종별 사료자동급이 및 음수관리 시스템	→→→			개체별 정밀사양관리 시스템

(2) 기술개발 목표

☐ 최종 중소기업 기술로드맵은 기술/시장 니즈, 연차별 개발계획, 최종목표 등을 제시함으로써 중소기업의 기술개발 방향성을 제시

[스마트 축산 솔루션 핵심요소기술 연구목표]

핵심기술	기술 요구사항	연차별 개발목표			최종목표	연계R&D 유형
		1차년도	2차년도	3차년도		
축사 냄새-안전 통합 모니터링	가스상 물질 센싱 및 화재 감지 인식 기술	축산 냄새 가스상 물질 센서 노드 및 스파크 발생 인식 기술 개발	Pilot 시스템 제작 및 축산시설 현장 실증 평가	시스템의 신뢰성, 운영방안을 고려한 경제성 평가	축산용 냄새 및 화재 예방 감지 모니터링 시스템	상용화
가축 생체정보 측정 및 선별	비접촉·간접적인 방법을 통한 자동측정 기술	가축 개체별 경제형질 정밀 측정 및 관리기술	직접-간접 자동측정기술에 대한 실증 평가	생체정보 측정/수집 및 이상개체 자동탐지 시스템 개발	개체별 체중/체형 자동측정 및 영상정보 활용 건강관리 시스템	창업성장
축우 발정탐지 및 분만 알림	생체-영상 정보를 통한 발정 및 분만 감지	영상 모니터링 및 우보시스템 연계 개발	지능형 가축 번식/위생 관리 시스템 실증 평가	가축 생애주기 기반 원격 번식/위생 관리시스템 개발	지능형 원격 번식/위생관리 시스템	기술혁신
		발정탐지 정확도 95% 이상	발정탐지 정확도 99% 이상	분만시간 예측정확도 ± 5분	신뢰도 높은 생체 신호 분석 및 예측	
축사 냉난방 환경제어기	에너지/환경 설계기준 및 복합환경 제어 기술	축사 환경 예측 및 지능형 복합환경제어기 개발	축사용 고단열성 소재/복합재 개발	에너지 절감형 패시브 축사 모델	축사 에너지/환경 설계 기준 및 지능형 복합환경제어 SW	상용화
축사 환경정보 수집 및 환경관리기	무선통신 기반 축사 복합환경 멀티센싱 및 환기 제어 기술	축사 공기질(가스, 미세먼지) 측정 장치	생체정보 연계 축산환경관리 알고리즘	축산 환경 모니터링 및 환기시스템 운영 고도화	축사 복합환경 멀티 센싱 및 환기 제어시스템	상용화
축종별 사료자동급이 및 음수관리 시스템	정밀 사양관리 자동제어	경제동물(소, 돼지 닭) 개체별 사양관리 정밀 모니터링	정밀 모니터링 및 사양정보 연계 지능형 관리 기술 현장 실증	경제동물 축종별 정밀 모니터링 및 사양연계 모델	개체별 정밀사양관리 시스템	기술혁신

중소기업 전략기술로드맵 2022-2024

스마트 제조

초판 인쇄 2022년 05월 20일
초판 발행 2022년 06월 03일

저 자 중소벤처기업부, 중소기업기술정보진흥원
발행인 김갑용

발행처 진한엠앤비
주소 서울시 서대문구 독립문로 14길 66 205호(냉천동 260)
전화 02) 364 - 8491(대) / 팩스 02) 319 - 3537
홈페이지주소 http://www.jinhanbook.co.kr
등록번호 제25100-2016-000019호 (등록일자 : 1993년 05월 25일)
ⓒ2022 jinhan M&B INC, Printed in Korea

ISBN 979-11-290-2993-5   (93560)   [정가 73,000원]

☞ 이 책에 담긴 내용의 무단 전재 및 복제 행위를 금합니다.
☞ 잘못 만들어진 책자는 구입처에서 교환해 드립니다.
☞ 본 도서는 [공공데이터 제공 및 이용 활성화에 관한 법률]을 근거로 출판되었습니다.